千年學府文庫

董維鍵文集

上

董維鍵 撰
鍾發喜 宋沛珊 整理

湖南大學出版社·長沙

圖書在版編目（CIP）數據

董維鍵文集：上、下/董維鍵撰；鍾發喜，宋沛珊整理．—長沙：湖南大學出版社，2022.9
（千年學府文庫）
ISBN 978-7-5667-2515-8

Ⅰ.①董…　Ⅱ.①董…②鍾…③宋…　Ⅲ.①社會科學—文集
Ⅳ.①C53

中國版本圖書館 CIP 數據核字（2022）第 086659 號

董維鍵文集（上、下）

DONG WEIJIAN WENJI（SHANG，XIA）

撰　　者：董維鍵
整　　理：鍾發喜　宋沛珊
責任編輯：王桂貞
印　　裝：長沙超峰印刷有限公司
開　　本：787 mm×1092 mm　1/16　**印　　張**：34　**字　　數**：771 千字
版　　次：2022 年 9 月第 1 版　**印　　次**：2022 年 9 月第 1 次印刷
書　　號：ISBN 978-7-5667-2515-8
定　　價：168.00 圓（全兩册）

出 版 人：李文邦
出版發行：湖南大學出版社
社　　址：湖南・長沙・岳麓山　**郵　　編**：410082
電　　話：0731-88822559（營銷部），88821594（編輯室），88821006（出版部）
傳　　真：0731-88822264（總編室）
網　　址：http：//www. hnupress. com
電子郵箱：wanguia@ 126. com

ISBN 978-7-5667-2515-8
9 787566 725158 >

『千年學府文庫』編輯出版領導小組

出版説明

湖南大學歷史上承嶽麓書院，書院肇建於公元九七六年，爲我國古代四大書院之一，歷經宋、元、明、清，朝代更迭，學脉綿延，弦歌不絶。一九〇三年，書院改制爲湖南高等學堂。清末民初，學制迭經變遷，黌宫數度更易。一九二六年定名爲湖南大學，一九三七年改歸國立。一九五三年全國高校院系調整，學校更名爲中南土木建築學院，一九五九年恢復湖南大學校名。享有千年學府之盛譽，承載着我國教育的發展歷程和厚重的文化積澱，是中國教育史、學術史、思想史、文化史的一個縮影。

惟楚有材，於斯爲盛。從嶽麓書院到湖南大學，一批批學者先賢在此教書育人、著書立説，人才之盛，達成之功，史有明徵，班班可考。爲表彰前賢之述作，昭示後生以軌範，開啓學海津梁，溝通中西文明，弘揚大學之道，傳承中華文化，值此嶽麓書院創建一千零四十周年暨湖南大學定名九十周年華誕之際，中共湖南大學委員會、湖南大學决定編纂出版『千年學府文庫』。兹謹述編纂原則如次：

一、以『成就人才，傳道濟民』爲主綫，以全面呈現千年學府發展歷程、辦學模式、師生成就、學術貢獻爲目標，收録反映千年學府學制變遷與文化傳承的學術著述。

二、選録人物係湖南大學及前嶽麓書院、時務學堂、湖南高等學堂、高等實業學堂、優級師範學堂、高等師範學校、公立工業專門學校、法政專門學校、商業專門學校、國立商學院、國立師範學院、省立克强學院、私立民國大學、省立音樂專科學校、中南土木建築學院、湖南工學院、湖南財經學院之卓有成效并具有重要影響之師生員工。已刊者選印，未刻者徵求，切忌貪多，惟期有用。

三、收録文獻，上起九七六年，下訖一九七六年，既合千年之數，更以人事皆需論定。

四、收録文獻，以學術著述、校史文獻、詩文日記爲主，旁及其他，力求精當，不務恢張。

五、收録文獻，有原刻者求原刻影印，無原刻者求善本精印，無善本者由本校校印。排版形式根據著述年代而定，古代著作采用繁體竪排；一九一九年至中華人民共和國成立前，原則上簡體横排，根據版本情況，亦可用繁體竪排，規範標點；中華人民共和國成立後的著作，用簡體横排。

六、文獻整理，只根據底本與參校本、參校資料等進行校勘標點，對底本文字之訛、奪、衍、倒作正、補、删、乙，有需要説明的問題，則作出校記，一般不作注釋。

七、收録文獻，均由整理者撰寫前言一篇，簡述作者生平、是書主旨、學術價值、版本源流及所用底本等。

八、『千年學府文庫』圖書，尚待徵求選定，徵求所得，擬隨時付印，故暫無總目。

『千年學府文庫』卷帙浩繁，上下千載，疏漏缺失，在所難免，尚祈社會各界批評指正。

『千年學府文庫』編輯出版委員會謹識

二〇一六年十月

前言

董維鍵（一八九二年五月十日至一九四二年三月十三日），字潤田，筆名之學，湖南省桃源縣仙洞鄉下大田村（今盤塘鎮青草崗村）人。民國首批公派赴美國留學生，一九二〇年獲哥倫比亞大學經濟學博士，回國任湖南商專教授，曾任國民黨湖南省黨部執委兼宣傳部長、湖南省教育廳長、中國工農通訊社社長、中共上海中央局代理宣傳部長、國民政府戰地黨政設計委員會委員等職，是中國現代頗有建樹的教育家和馬克思主義理論宣傳家，中共國際宣傳與國際情報工作開創人之一。

董先生作爲湖南大學史上名師，一生著述衆多，在學術界特别是二十世紀三十年代的中國政治、經濟學界有很高的聲譽和影響。其著述可歸爲專著、譯著、論文、文稿和科普五類。

一、專著

其中《國際貿易淺説》《各國民權運動史》和《二十世紀之世界》三部是應王雲五主編的《萬有文庫》約稿所著，《萬有文庫》是中國步入現代社會初期影響很大的一部百科叢書，『對於開啓民智，傳播文化，普及知識起到了重要作用』。《紐約時報》曾贊其『爲苦難的中國提供書本而不是子彈』。

一九二九年十月由商務印書館出版發行的《國際貿易淺説》，是董先生的第一部專著。書中運用馬克思主義立場和觀點，對國際貿易的基本原理、職能作用、操作方法、問題風險、解決辦法以及中國的國際貿易問題等作了系統的闡述，指明基於互利的國際貿易，以國家的獨立自主爲前提。更言明『今日我國經濟之發展，其最需要最迫切而不可緩者，約有兩事：即政治之統一與國家之獨立是也。前者完成後，真正和平乃得出現，國内工業乃得有穩步前進之希望。後者之實現，束縛我國經濟生命之不平等條約，乃可以言取消，經濟門户方可由我自主，外人一切操縱剥削之惡習，乃可由我方面自由制裁。此二事實現後，乃可以言對外貿易之發展』，其見解可謂獨到而又深刻。

一九三〇年十月商務印書館出版發行的《各國民權運動史》開宗明義：『今之言民權運動者，對於其意義，不加分析，不加詮釋，遂使一般讀者，不能明瞭民權運動之内容。竊以爲民權運動，至少含有兩義：一屬於政治組織，一爲私人權利。前者相當於英語之德莫克拉西（democracy），即雅里斯多德所謂多人之統治是也……德莫克拉西，在反抗君主專制，將全國統治權由君主手中，轉移於多數人民，使人民不再爲暴政所侵凌。然自政治歷史觀之，暴政之發生，不僅限於君主專制國家，即在民主政體下，亦往往有之，即所謂多數專横是也。』董先生在書中運用歷史唯物主義觀點對英、美、法、德、俄、日和中國的民權運動進行深入的探討分析後指明：『民權運動，不僅在推倒專制，建立民治，而且須經由憲法或普通法律，給予私人以種種權利，俾得於法律上抵抗政府之非法蹂躪。』

在一九三一年四月由商務印書館出版發行的《二十世紀之世界》中，董先生對二十世紀世界政治、經濟、社會與科學的發展變化作了深入的探究與通俗的闡述：『二十世紀初期之社會……厥爲國家政治之逐步民主化，列强間相互矛盾之尖鋭化，與殖民地運動之劇烈化。使讀者明暸本世紀世界之發展過程與現狀。』

一九三三年十一月，針對學界『中國本部都快要亡掉了，那裏還有興趣來研究無關重要的西藏』問題，董先生應生活書店《時事問題叢刊》之約，著就《今日的西藏》一書，對西藏的歷史、政治、經濟、社會狀况以及西藏與内地的糾紛等作了擇要的介紹和深入的剖析，疾呼『越在帝國主義要瓜分中國的今日，西藏問題便越加重要』。

大蕭條（席捲資本主義世界的經濟危機）過後的第二次世界大戰前夕，『法西主義籠罩了全世界……不論在什么國家（先進的、落後的、帝國主義的或殖民地的國家，祇除蘇聯），都有它的踪迹』，甚至有些病急亂投醫的中國人也提出了要用『法西主義救中國』。董先生對此憂心如焚，繼一九三三年初在《申報月刊》第一期發表《法西斯主義之國際性》，揭示『法西斯主義之本質，爲暴力，爲獨裁，爲絶對專制』之後，於一九三四年十月著就《法西主義》一書，通過對德、意、日法西斯本質的深刻剖析，指明『資本主義危機的發展，大批中間階層的赤貧化，無産運動的猛進，這些便是養成法西主義的基本條件』，法西主義『代替了資産階級民主，成爲新的統治方式，在挽救資本主義與鎮壓革命運動這點上，它表現了很大的成績，因此，它到處受到大資産階級的歡迎』。斷言：『法西主義的前途，是決定於社會主義革命的客觀條件的成熟，與無産群衆的鬥争的發展。倘若那些客觀條件成熟了，再加上無産群衆的抗争，那么資本主義就要壽終正寢，法西斯自然没有存在的餘地了。』同時指明『祇要無産者結成大規模的聯合戰綫，一致抗争，定可以給法西主義以嚴重的乃至致命的打擊』。《法西主義》一書的出版，對於揭露法西斯主義的本質，唤起民衆投入反法西斯的鬥争起到了極爲重要的作用。

爲了『用簡潔明瞭的文字，解答抗戰期間國内國外各項重要的問題』，一九三八年四月，《抗戰三日刊》主編鄒韜奮在上海創辦《問題與答案叢刊》，邀請董先生撰寫了《究竟有没有侵略陣綫與和平陣綫》一書，於五月十日該刊第三期出版。對什么是侵略陣綫與和平陣綫及其形成原因與發展趨勢作出明確的解答之後，斷言：『我們敢説，和平陣綫在組織上完成其團結的那一天，就是侵略陣綫瓦解的那一天……侵略陣綫畢竟是個紙老虎，和平陣綫畢竟是個活獅子。』在德、意、日侵略陣綫氣焰囂張，和平陣綫尚在形成過程中的當時，給了人們莫大的鼓舞和鞭策。

二、譯著

董維鍵的第一部譯著《新史學與社會科學》（美國斑兹著），於一九三二年完成，一九三三年一月商務印書館出版。這部近四十萬字的譯著，深得學界好評，列入『中國國家圖書館藏・民國西學要籍・漢譯文獻』，二〇一六年由復旦大學博導李天綱教授整理，上海社會科學院出版社出版。

《西藏志》（英國柏爾著）和《日本的透視》（英國歐脱萊著）兩部譯著是董先生一九三五年被捕後在獄中的兩年完成的。而翻譯《日本的透視》則爲其一九三七年八月被營救出獄後投入抗戰工作，在周恩來領導下負責編輯《敵情研究》奠定了堅實的基礎。

三、論文

二十世紀二三十年代，董維鍵先後在《民心週報》《生活週刊》《全民週刊》《新社會半月刊》《申報月刊》《文化月刊》《國民公論》《世界知識》《新中華》《新學識》《學藝雜志》《東方雜志》等十多種報刊發表了大量論文。

一九二〇年七月，剛從美國留學歸國的董先生，面對當時軍閥混戰、民不聊生的社會亂象，即在《民心週報》第二十八期發表《論國民不可漠視政治》，一針見血地指出：『吾國今日政爭之劇烈，民生之涂炭，皆可歸咎于武人與政客。』『而我國近年來，政爭迭起，人民被政爭之禍者不可言喻。故人民一聞政治之名，即舉顰蹙額，不勝痛恨。而有識之士，乃束身自好，相率引避，以與污濁之政治斷絶。』揭示當時中國社會問題的根源：『一是武人、政客弄權争利；二是廣大民衆漠視政治，不予抗争。』告訴人們：『有人類即有社會，有社會即須有政府，有政府而政治即緣之而生矣。吾人即欲脱離政治，而政治將不與吾人脱離也。吾人既不能脱離政治而巍然立於世界之外，則對於政治宜力圖改良，務使政治不爲吾患。』同時指明：當今『武人之所以以吾人爲魚肉者，因吾人遠舉高蹈而不與争故也。若吾人急起與争，則武人當知衆怒難犯，有退讓悔悟之一日』。海歸博士初試啼聲，首論政治，即不同凡響。一月後他又在《民心週報》發表《政治泛論》，進一步闡明：『是以吾人改良政治最後之目的，不僅在共和，而在平民政治，務使社會上各分子皆得參政以助政治之改良及社會之進行。』

一九二八年底到二戰前夕，董維鍵轉移到上海以經濟學家的公開身份從事黨的地下工作，這幾年以董之學的筆名發表了數十篇論文，主要集中於四個方面的論述：

一是論述國際局勢問題，揭示世界大戰的危機和根源。先後發表了《美國各政黨之總統選舉運動》《德國新國會選舉的意義》《國聯成立經過及其組織》《法國的新國家運動》《廣田新外相的對華外交政策》《我們是不是應該反對一切帝國主義》《俄美復交與東亞和平》《法西斯主義之國際性》《反戰會議開不成功》《停戰協定後的驚人消息》《反對第二次帝國主義大戰》等二十多篇時評政論。

二是論述世界經濟問題，揭示經濟危機的根源與影響。先後發表了《英帝國制定關税的方法》《一九三三年世界經濟之展望》《世界經濟恐慌與世界經濟會議》《美國金融風潮的原因與影響》《世界經濟會議休會了》《一九三三年世界經濟危機的檢討》《大戰後世界經濟發展的回顧與展望》等十來篇經濟論文。

三是論述中國邊疆問題，揭露列强蠶食瓜分中國的陰謀。先後發表了《世界大戰前夜的中國邊疆問題》《中國嚴重的邊疆問題》《西康四川的危機》等文章。

四是論述中國抗戰問題。先後發表了《日本軍事法西斯的剖析》《世界戰争的危機與中國抗戰》等多篇論文。

四、科普

一九二九年初到上海時，董先生以之學筆名在《東方雜志》第一到六期連續發表了《體格和性格的種類》《最初的人類》《電器療病新法》《新發明的一種能力》《夢之解釋》《四千年前的航海》《最近發現地中海内的寶藏》等七篇科普文章。

此外，本書還收録了在湖南省檔案館找到的，董先生在任湖南省教育廳廳長時對乾城縣長、大麓學校等發出的七篇『訓令』手稿。其對湖南現代教育的貢獻與影響，從這些『訓令』可見一斑。

《董維鍵文集》的出版是湖南大學彰顯其優良學術傳統的大手筆，得到湖南大學出版社的支持，我們申報了『董維鍵文獻資料研究』社科課題，於二〇一九年獲常德市社科評審委員會批准立項（重點自籌），常德市名人研究會、中共桃源縣委黨校和桃源縣委黨史辦聯合成立課題組，由宋沛珊、李桂英和本人主持，參加《董維鍵文集》資料搜集整理與研究工作的有喻俊偉、陳文軍、張廷嘉、孫志軍、劉宏嬌、樂華彬、龔京明、丁志林、彭亮等。其中張廷嘉負責資料搜集彙總與編輯及董維鍵論文的文字轉換工作；孫志軍、劉宏嬌等負責董維鍵部分專著的文字轉換；丁志林負責最後校對。常德市名人研究會會長、湖南文理學院教授熊英對資料收集和整理提供了很多幫助；湖南大學出版社原副社長熊志庭對《董維鍵文集》的整理給予了具體指導；中共常德市委組織部副部長董建華，桃源縣盤塘鎮黨委書記金寅星、鎮長彭勃，以及董道文、張勁松、董文華、董明洋、郭建剛等對《董維鍵文集》的整理和出版給予了很大幫助。

董先生一生著述甚多，本次《董維鍵文集》收録的僅爲其正式出版的專著和公開發表的論文，且專著中尚有《世界農業史》《世界殖民地獨立運動》《意大利大觀》和《國際聯盟與國際會議》肆部因資料殘缺而未列入，還有大量文稿（如其抗戰時期編寫的《敵情研究》等）因暫時無法搜到尚未納入。此外，還有四部譯著没有收入。

我們在整理《董維鍵文集》過程中曾採用簡體并對涉及的人物和事件加上頁注，後按出版社的意見轉爲繁體竪排，取消注釋，僅在每篇文末標明來源。因編輯者水準有限，不妥之處，煩請指正。

鍾發喜

二〇二〇年四月記於桃源縣委黨校

整理凡例

一、本书彙輯董维鍵在民國時期出版的專著八種，發表的論文四十篇，以及科普文章和文稿各七篇，以出版或發表時間爲序编排。

二、本書輯录文章中凡徵引文獻均依權威版本校正。因民國時期出版的書刊雜志有許多地方模糊難辨，本書廣泛參考其他文獻進行核對，以求完璧。

三、底本原本有明顯錯誤的，如『猛晋』（猛進），徑加訂正，不再做注，底本中太過生僻的用詞，如『手數料』（即手續費）及不規範的用詞，如『安照』（即按照），統一更改，不再説明。

四、底本均爲舊式標點，今據新式標點整理修正。

五、底本异體字較多，計有三百七十九字约万余处，本書依据《第一批异體字整理表》進行整理。不過涉及人名、地名、書名，及可能産生疑義的仍然照舊。

六、底本所述地名，今昔有异者，全書统一的依舊，如『安南』（即越南）；全書不统一的如『新罕木什爾』（新罕布什爾）则统一按現名更正。

七、尊重學術傳統，文中诸多倒裝詞語，如『單簡』『低降』『運命』『奮振』『奮興』等均不作改動；一些與現時习慣用詞有异的如『藉以』（借以）亦持原狀，不作更改。

八、作者專著《世界民族獨立運動》第九章《臺灣》，與其他獨立国家并列成章显有不妥，為免生歧義而舍弃未录。

九、文末標注底本來源，以便讀者查找和對照。

目録

國際貿易淺説

第一章　國際貿易之理論

何爲而有國際貿易？一國之貨物，何以不消耗於國内，而必須運銷於國外？其運銷之時，往往須經過艱苦之奮鬥，甚至訴之於武力，亦所不惜，此何故耶？對於此問題之解答甚多，而其中之最單簡者必曰，此商人圖利有以使之然也。夫利爲害之對象，利於一方者，必害於對方。若明白言之，則賣方之利，即買方之害也；賣方之所好，當爲買方之所惡。是以在上古中古時代，排斥外貨，嚴拒外商，殆成爲普遍之現象。即在科學昌明之今日，排斥外貨之疑慮，仍不能以自由貿易之理論解釋之，德美各國，仍復力行其保護政策。而美國鑒於對外貿易之落後，及鼓勵工業之必要，除將保護政策，變本加厲，殫力推行外，而且慨然以巨額之津貼，獎勵幼稚工業。關税保護，已爲排斥外貨之利器，今又加以津貼之扶助，則其鋒更不可當矣。然自他方而觀之，資本雄厚之國家，仍復本其衝鋒陷陣之精神，爲再接再厲之奮鬥。對於保護關税、津貼援助諸策略，皆無所畏。最近英美煤油之競賣，非常激烈，初起於印度，繼則波及於倫敦暨美國内地，其衝擊鼓蕩之勢，殊令人望而咋舌；中立輿論，且惴惴然認定爲未來戰禍之導火綫。夫以國外市場之競争，而毅然赴愬於强暴之武力，則尋常之經濟力，已失其自由之運用，而捲入政治範圍矣。本文之所論列，先述國際貿易之基本原則，然後及於超越經濟之説明。質言之，先於經濟範圍中，求得國際貿易之原理，再於經濟境界外，説明其基於非經濟要素之傾向。國際貿易，在其純粹之經濟範圍中，於買賣兩方，皆有利益之可言。若超越其經濟疆域，則僅於賣者有利，而於買者確有害；於强者有利，而於弱者確有害。從事於出口貿易之國家，一變而爲侵掠剥削之國家，容納入口貨之國家，即消耗國家，一變而爲被侵掠被剥削之國家矣。今日來華貿易之外國，如英、美、日、法皆以剥削爲目的者也。而我經濟落後之中國，則垂手受人之宰割。吾人若欲脱離外人之經濟侵掠，則須以政治之手段對付之。若僅斷斷於經濟理論之辯明，則未免過於書痴。其以政治應付之方法，則在從速取得完整獨立之國家資格，然後運用其治權，以爲國内經濟之自由發展，及經濟門户之保障，則庶幾其有濟也。

國際貿易，爲普通貿易之一種徵象，自其經濟方面言之，殆爲貨物與貨物之交易，或爲服役與服役之交換。以貨物言，則凡屬經濟貨物，皆得爲國際貿易中之交換品。以服役言，則銀行、運輸、保險、中間人、經紀人，皆爲國際貿易中不可缺乏之要素。國際貿易與國内貿易不同之點，即在國境之超越。凡一國之商務，透過其國界，而侵入鄰國者，則其性質由國内貿易而變爲國際貿易。其透過國境之原因，有謂起源於個人之企圖利益者，有謂基於價格之不同者，又有謂國貨缺乏而不能不取給於國外者。凡此種種之推測，與國際貿易之理論，皆有密切之關係，今更爲分析而説明之。

國際貿易基於比較成本者——大凡貨物之生産費，在各國各有不同，此之謂比較成本。例如皮鞋一對，在美國之生産費爲二十元，而在中國則僅須六元，則此鞋在美國之成本爲二十元，在中國爲六元，相差爲十四元。假定此兩種皮鞋之質地相等，市面供求情形無甚變動。又假定美人華人，對於美造或華造皮鞋無歧視之嗜好，而兩國之關税，不爲排斥之障礙，則華製皮鞋，因其比較成本之低廉，必侵入美國國内市場。而美國之消耗者，因華貨之質美價廉，亦必欣然購買。華美間之國際貿易關係於以成立，倘無『人爲』之障礙發生，則此關係必能繼續推行。是以國際貿易之第一基礎在於比較成本，殆毫無疑義者也。

比較成本，或基於勞資，或原於地利，各工業國各文明國，皆能享有之，實際上决非一國所能獨占。今設某一國獨占比較成本低廉之利益，而他一國之生産費則非常昂貴，較前者高二三倍不等，則此兩國之間能有永久國際貿易之基礎乎？曰：否。蓋生産費高昂之國家，其貨價亦必昂貴，衹能爲吸收貨物之場所而已。結果衹有貨物之流入，促進國内工業發展之停滯及其他有連帶關係之不良現象。國際貿易，含有對流性，必須雙方對流方能舒暢，若僅一方之流入，當不能持久。

自經濟原理言之，國際貿易，必須發動於以下之兩狀況：第一，一國所享有生産上之利益，較大於他國。第二，又或其國之生産上之不利，較小於他國。夫如是，而後國際貿易在經濟上之基礎乃得成立。蓋在此條件之下，占有生産上優厚利益之國家，必於百尺竿頭更進一步，儘量運用其利益，專精其出品，以圖取得更大利潤之報酬。其生産上之不利益較小者，亦作同樣之運用。生産上之利益，與比較成本成正比例，其不利益之較小者，亦得與之成正比例。質言之，比較成本較小者，必其享有生産上之利益較大，或其不利益較小者也。

基於比較成本或比較利益之貿易，有其自然之趨勢，水到渠自成，不必故爲疏鑿，然後始能蔵事。含有比較利益最大之貨物，其價自廉，而他種之貨價，則較高，商人之貪圖高利者，必將前者之廉價貨物，輸出國外發售，將後者之貨物運進國内。此種商務，在發軔時期，利必倍蓰。然因競争之關係，所獲利潤，又必逐漸低落，而與他種營業之需要相等之資本、技能、判斷力者，同一利率。

就實事言，貿易原起於價格之不平等。若甲地貨物與乙地貨物同一價格，同立於一水平綫上，則兩處之貨物必無流動之可能。而價格之差异，又與貨幣之數量有連帶關係。國際貨幣如金銀等在數量上之分配，頗有天然運用之妙。往往一國之物價，因貨幣之充斥而低落；而他國之貨物，則因貨幣之缺乏，其價格乃高漲。是以貨幣之豐嗇，足以左右物價之高下；而物價之漲跌，足以促進貨物之流動。然貨物之流動，則又影響於現金之轉移。例如美國現今之物價，較他處爲高，則其國内市場，祇有買貨之機會，决無賣貨之能力。而所買各貨，不能以貨物抵償，必須使用現金，而現金之輸出，其影響將使貨價水平綫漸次低降，因貨幣流通額减縮故也。在貨價跌落之中，最初受其牽連者，厥爲含有比較利益之貨物。因此項貨物，易於流通，削其價，則易爲外國市場所吸收故也。反之，現金之流入，則必增加貨幣之流通額。錢價賤而物價昂，而進口貨因必又隨之增益。商場上之實際情形，雖未必如此單簡，然使細心研究之，則理論與實事，誠有極親切極明瞭之關係存乎其間。

然而國際貿易，亦不全繫乎物價之差异者。國貨之缺乏，亦爲國際貨物流動之一大原因。價格之低昂，無關重要。例如美國向不産茶，咖啡可可，亦須由南美洲巴西及其他國輸入。美人對於此等飲料，極爲重視，幾認爲不可缺少之物品。以故不惜重價，向外商購買。無論價格昂貴與否，要在必購之列。又如鴉片烟産於印度，世人之具有芙蓉癖者，必須向印度購運，價值雖昂，亦所不顧。近十數年來，鴉片烟在世界各國之銷數大增，而尤以美國爲甚。美國自酒禁實行後，一般酒徒，皆改其癖好。前之沉淪於酒窖中者，今則一榻横陳，而行其吐霧吞雲之樂矣。鴉片烟既成爲美人不可少之消耗品，則在此情形之下，鴉片烟之運往美國與否，當視其需要量之大小而定。價格即昂，亦無多關係。换言之，凡一國之需要品，而爲本國所不能生産者，則必仰給於外國，國際貿易即緣此而生。與物價無多關係。此類貨物，僅産於一二國，而不能爲他國所産出者，即或産出而生産費過重者，經濟家名之曰享有特殊土地利益之貨物。此亦前文所説明比較成本中之一種具體徵相也。

比較利益，實爲比較成本之基礎。約可分爲二類：第一類，資本、勞工、技術等屬之。第二類，即土地利益是也。前類之利益，多爲英、美、德、法各工業國家所獨占。譬如以英國而論，其資本非常雄厚，利率亦低，除本國所需用之資本外，尚能以大宗財富接濟外國工業家企業家。資本富饒，利率低落，當予生産以莫大之助力，此其一。英國工人，技術高超，生産效率甚巨，一人之生産力，可敵他國服役遲鈍之勞工數人，此其二。有此二者，更可進而求出品之專精，財力人力之集中，專造一種之貨物，以達其精益求精之目的，務期超出他人出品，壓打一切而後已，此其三。此三者爲比較利益之顯著者也。至若土地利益，則限於天時與地利。如水果飲料之類，必合於水土、地利、天時，然後能滋長成熟，不可强其産生於不相宜之地。英美各國，明瞭此意，絶無有主張從事於此種生産之競争，而欲以人力强奪天工之巧者。準此而談，凡在土地利益原則下之貨物，不因價值之支配，而定其在國際商場之移動。而第一類之出品，則必須因價格之等差，始有向國際市場移動之機會。而價格之等差，又必須超過運輸費及其他雜費，否則亦不能移動。

國際貿易基於互利者——國際貿易如衹利於一國，則亦無存在之可能。利己而害人，非欺騙則强迫耳。偶一爲之可耳，欲數數爲之，則不可能，或引起極大之反報。近代國際貿易，就著作家、政治家之言論觀之，似已趨於正軌。欺騙暴力之行，似已減至最低限度。互利之説，甚爲一般著作家所稱道。互利云者，即指經營國際貿易之買賣兩國互受其利而言也。因此又或稱爲兩利。蓋買賣兩方，均蒙其利也。買賣兩方何至均受其惠？驟聆之，不能使人無疑，説明如次：

今設有甲乙二人，甲有牛皮一張而缺少米糧，乙有米糧二斗而缺少牛皮。今又設兩人因探訪之結果，甲自願以其牛皮一張易乙之米糧，乙亦願以其米糧换得甲之牛皮。并議定交换量爲牛皮一張换米二斗。於是交易成立，甲取得牛皮之代價米糧二斗，乙亦取得米糧之代價牛皮一張。在此情形之下，甲視米糧爲重，視牛皮爲輕，故欣然以牛皮易米糧。乙之方面則反是，視牛皮較重，視米糧較輕，故願以米糧易牛皮。準此而談，甲乙兩人皆受其利。甲之利，在其所重視所需要之米糧。乙之利，在其所重視所需要之牛皮。但此類交易，係於物物交换時代行之。就其性質而論，誰爲買者，誰爲賣者，不能定奪。而惟視首先向他人開始交易者爲買者，其對方爲賣者。買賣之分，既不甚明瞭。而授受之際，兩方皆有具體之利益可睹。買者對於賣者，自不生被剥削之疑懼。但此在物物交换時代之社會中則有之。現今之交易，則不如此之煩重。自貨幣流行後，交易之手續，爲之根本改變。原先之賣者與最後之買者，其間經過無數之中間人，彼此難得一面。與從前之買賣而議，迥然不同矣。其結果，交易之中，必須雜以貨幣爲之媒介。凡人所需，衹須以其貨物或服役易取貨幣，再以貨幣换得其需要品。不必如往日之刻舟求劍，遍訪買者，其便利殆有霄壤之别矣。

依據上文所述，現今之交易手續，殆可分爲兩段：第一段在以貨物易貨幣。第二段則又以貨幣易貨物。就表面觀之，物易錢，錢易物，似覺迂緩，不如物物對易之爲直接了當。殊不知步驟之迂緩，適足以形成交易之便利。然而一般淺見者，流徙於交易便利之中，衹知貨幣之重要，而不知貨幣之意義原僅利於交易。更不知以貨易錢，正所以便於最後貨物之取得也。其結果，錢爲重，貨物次之。而視交易第一步爲重，第二步次之。賣貨者挾金而歸，意態自是洋溢。買貨者解囊相授，興趣不免蕭索。如賣者係外人，則蕭索之態更進而仇視之舉。挽回權利，填塞漏卮，殆已透入一般人之心理。在上古中古時代，此種不健全之心理，牢不可破，無怪乎仇視外貨，而嚴禁外人之參加內地商務也。泛言之，重視貨幣，拒絶外貨，不特上古中古之人民，有此不理智心理，即在近代最文明之國家，亦有同樣之傾向，此誠不可解者也。

重視貨幣，必至排斥外貨，實爲國際貿易中之一大障礙。外貨之應拒絶與否，自有其經濟上政治上之理由。若因爲挽回貨幣而排擠之，則誤矣。蓋挽回貨幣，不必以排貨爲手段，自有其他方法以達其目的也。此方法爲何？即以貨物交换貨物是也。若吾人僅從貨幣方面，以研究國際貿易之利害，則必斷定收取金錢之國家爲有利，付出金錢之國家爲有害。換言之，輸出國家有利，輸入國家有害。利害之分既明，則彼此仇視之態度亦必顯著；排貨與報復，相因而起，必使國際貨物不能自由移動。若欲於此糾紛之中尋一便捷之出路，則惟有先將吾人之觀點，加以少許修正。俾得向前透視，不爲左右之塵霧所迷。第一，在國際貿易中，吾人祇認定貨幣爲便利交易之工具，與尋常商務同。第二，入口貨之代價，以出口貨抵償之。既不須貨幣之干預，自無人厚我薄之怨恨。換言之，在此情形之下，經營國際貿易之國家，彼此互爲輸出國家，亦即互爲輸入國家。其相互之地位，殆與物物交易中之買賣兩方相同。雙方利益，皆得兼顧。其利益之形式，與經濟學中所説明之效用相同，即較大效用是也。互利或兩利之説，大抵如是。其爲國際貿易之基礎，自是毫無疑義。

國際貿易中之利益，其關係於輸出國者，不見於表面，非可以一瞥而知之也。必須於進款中求之，方能得其真諦。簡言之，進款提高，則購買外貨，較前容易，是即利益之所在也。今請以二事説明之。第一，進款之增高，須視工人生産之效能。其效能大者，則進款加多。例如以印度與美國比較，其生産麥糧之時間與勞力則各有不同。美國人工之效能較大，其所需要之時間與勞力較小。假如印麥與美麥在國際市場中得同等之價格，則美麥之報酬較厚。換言之，美國生産者之進款較爲增多。第二，進款之提高，則視輸出額與輸入額之比較爲斷。今假定有一國家，富於某種貨物。而外國人對此貨物之需要逐漸增大，則此貨物之價格亦必漸次提高。而生産者之進款，亦因之提高。假若此種物價高漲之生産者，能與其他貨物之生産者通工易事，則後者之進款，又必隨之增高。遂漸漸成爲全國之普遍徵象。其影響所至，全國貨物之價格，當同趨於昂貴。然進款提高，貨價亦提高，其結果適對消。準此而談，進款之加多與否，似無甚關係。殊不知以加高之進款，購買高漲之貨物，此單就國貨而言也。當然無若何利益。今若以增高之進款，購買國外輸入之舶來品，則所購入者，其量必較前爲大。換言之，進款提高，購買外貨之能力亦隨之提高。此實爲最顯明之利益。是以輸出額超過輸入額，則出超之國家，享有進款加高，即購買外貨力加高之利益。若入超於出，則情形適相反。好在國際貿易爲對流現象，輸出輸入，可以任何國家爲起點，亦可以任何國家爲終點，交相爲利，自能持久。

以上所論，更可以舉歐美各國爲例證。英國在其工業發展之初期，棉貨及其他製造品，運往國外求售。而外人對於英貨，亦頗歡迎。以故英貨之銷售甚旺，不必加以若何之推動力。外貨之來英者，因英人不甚需要，其數量甚小。結果，英國進款增高，購買外貨能力亦增大。又歐洲工業之發展，需用各種原料及糧食甚多。而美國即爲此類貨物之供給者。同時美人需用外貨之數量甚微。其結果，使美國成爲進款提高之國家，享有交換外貨之利益。至若英國殖民加拿大、澳洲等，皆爲進款提高之處所。能以一日勞力所出之貨物，換得國外數日勞力所成之出品。其原因在於製造出口貨之勞力，有較大之效能，須知製造出口貨，應視國外之需要而定。外人所不需者，應即停止製造。若欲將國貨推銷於外國，則販賣人、勸銷人、工程師、經理等，皆負有重要責任。若徒恃勞力之效能，則又誤矣。

國際貿易基於『當平』（Dumping）者——國際貿易之起源，又或以當平爲法則者，但其範圍甚小，影響亦微，本可不必提及。然因其爲國際市場中之尋常現象，於國際貿易理論中，自應有其相當之地位。今姑略述之。

無論在何市場，供過於求，則物價落。然欲物價不跌，則惟有減縮供給之數量。可以二法行之。一，減少生産量。二，已成之出品，或銷毀其一部分，或運其一部分至遠方之市場或國外出售。在今日大規模生産情形之下，生産過剩，幾成爲普遍之現象。欲求於事前節制其産額，使與社會需要成相當之比例，已屬不可能之事。貨物充斥之惡現象，實無法屏除或預防。是以欲求産額減少以維持現行之價格，迄不可能。然以完好之貨物而毁壞之，似未免暴殄，心亦有所不忍。美國操牛奶業者，往往於價格驟落之時，將其製就運市之牛奶，傾瀉於地，略不顧惜。不知者或認爲泄憤或指爲殘暴，實則非也。蓋其傾弃之部分，以供給言，則可以減少市面求售之數量，使現在價格不至降落，或已低落，亦得提高。以報酬言，則其價值將取償於未毁部分價格之穩定或高漲。是以此種貨物之銷毁，在個人不成爲損失。然在全社會則不能不認爲一大可惜之損失，而不能予以贊成。即在個人方面，亦常爲不忍之心理所驅使，不肯遽行毁弃。其結果，則於充滿市廛（chán，指街市商店房屋）之貨物中，揀選一部分運往遠方市場或外國發售。後者之方式，通稱爲當平。以字義論，蓋即拋弃廢物之意也。

是以當平之法則，實爲減少國内供給，穩定貨價，因而將過剩貨物運銷外國之出路。頗含有以鄰國爲壑之意。其在外國所售之價格，較國内爲低。因此外國之生産者，受其廉價之影響，往往起仇視之念。英國殖民地，爲免除當平起見，對於外貨之輸入者，令其於運貨之前，須持有非當平之執照，否則不准入口。且有謂在保護政策之下，國貨價高。若運往外國發售，則價故爲削減。是外國人享受賤賣之利益，而國内消耗者，反蒙其昂貴之害，殊不公平，致有反對保護關税之宣傳。經濟原理中論當平之運用甚詳，兹不贅。然其爲國際貿易起因之一，蓋無可疑者也。

綜觀上文所列舉之國際貿易理論，殆有三説：一爲比較成本説或比較利益説；二爲互利説；三爲當平。第一説實爲基本理論。國際貿易，即由此理論而誕育者也。若無此理論爲基礎，則貨物之産生於各國者，必同立於價值之水平綫上，無流動或對流之可能。第二説爲説明國際貿易中之對流現象。今設有兩國於此，一爲永遠輸出國，一爲永遠輸入國。滿載而去，空船而歸，在任何貿易徵象中，絶無有如此之事實。必也其一爲輸出國者，同時又爲輸入國。其他爲輸入國者，又同時爲輸出國。彼此乃有同享之利益，無偏枯之怨恨。其各取得利益之多少，又視生産力及對外需要而定。是以同爲國際市場中之逐鹿者，而各各所獲利益，有等差之别。此説雖非基本理論，要亦有其相當價值。國家間之貿易，得以流垂永久，似已證明互利説之不謬矣。其有利用政治上之威力，繼續剥削脆弱之小國或殖民地者，則已超出經濟原則，當另説明之。第三説不甚重要，然亦爲國際貿易中推動力之一。此外則尚有以調劑擴大爲説者。其意若曰國外新市場之發現，殆無异於探礦者之發現礦場，農人之開發田地，苟能繼續施以艱苦之努力，及良善之處理，匪特可以獲厚利，且能擴大其固有之産業，斯爲擴大說。又經營對外貿易者，似具有獨立之資格，不易受國内商場降落之影響。無論内地財政如何困難，工價如何昂貴，營業費用如何增漲。然其本身所雇用之實力及其出品不至減縮。設使外國需要增加，則其産額擴大，生産費亦因之減低，是謂調劑說。然此兩說，幾全爲個人着想，故認爲祇有次要之價值。至若持貿易自由之説者，則視全世界爲一體，國界障礙，應一律掃除，一方面使保護政策無所憑藉，一方面使國際貿易儘量發展。若輩以爲國際貿易之原動力，仍在個人之尋求私利。而其關於求利之行動，完全以自身之判斷爲標準，既不願受政府之干涉，亦不甘受其保護。此說若能推行，則國際貿易中之障礙，當可祛其一部分，而國家間貨物之流通，亦可較前舒暢，此誠爲國際中之好現象也。然自由貿易之説，僅以求利二字，指明爲國際貿易之起因，似嫌淺薄。在如何條件之下，利潤方能取得，則未言明。故此說在國際貿易理論中，亦祇有次要之價值。

國際貿易之理論，其屬於經濟範圍中者，殆如上述。然按之國際貿易之實際，則往往超過其經濟境界而闖入政治範圍。於是由經濟之支配，一變而爲政治之壓迫。大凡資本主義國家，由財政資本而轉入帝國主義時期，斷無有不假借其政治上之威力，以擁護其對外之貿易。尤其對於弱國及殖民地，左手仗劍，右手挾槍，實行其威凌恐嚇之政策，直至對方之完全屈服而後止。商務追隨國旗，久已成爲帝國主義國家之口頭禪。其意蓋謂對外貿易之進展，應以政治威力爲前驅。外人之來華貿易，在其發軔時期，實以其政治威力爲衝破我國海禁之工具。鴉片戰争，英法聯軍，即其例也。此處殆有一問題焉：即外人何必以其政治威力援助其對外之貿易？其國内貿易何以必定擴充至國外？此問題可以經濟政治兩點説明之。以經濟言，英美各國之資本，積累甚富，國内企業，不能儘量吸收，勢必於國外謀所以容納之。換言之國内貿易，必須擴充至國外，以爲其餘額投資之場所，此其一。英美各國之生産法則，咸基於大規模之調度，生産過量，已成司空見慣之現象，勢必於國外開闢廣大之新市場，以吸收其貨物，使國内之生産，不受貨物剩餘之影響而遽行停滯。自他方而觀之，銷路旺暢，生産擴大，則其生産費亦隨之而比較減少，其出品亦得享有競賣廉價之便利，此其二。今日工業先進各國，原料與糧食，甚形缺乏，皆須仰於國外。美國固曾以原料與糧食之輸出，見稱於歐洲也，然其國内工業之勃興與糧食之産額，適成一反比例。現今美國糧食，僅足自給，將來或須仰給於外，亦未可知。由是觀之，各資本主義國家，除擴大其生産，擴大其對外貿易之外，尚須競競然注意於原料及糧食出産之處所，以爲其生産之準備，此其三。須知帝國主義制度下之商人，皆以貪圖利益爲其唯一之目的者也。公理與人道，皆彼輩所深惡而痛絶。其來也利欲甚熾，急於求富，任何手段，皆不揀擇。今日來華貿易之外商，大率皆此類也。拉斯姆氏在《中國國是論》（*Rasmussen What Is Right About China*, 1927）中論此事甚詳。其謀利之基本原理，即在賤買貴賣。原料與糧食，彼所缺乏者也，則抑其價而購之。製造品，彼所生産者也，則昂其價而沽之。按之經濟原則，價格實由供求之關係而定。然而帝國主義中之商人，則不甘心受經濟勢力之支配，使其牟利之欲望，陷於澹蕩不定之狀態中，勢必求助於本國之政治威力，以造成一極順利之環境。在此環境之中，買賣取予，完全操縱於外人之手。現在之中國，即此環境之好例也。綜言之，在經濟方面，各工業國家，因資本之積累及原料之取得，實有擴充國内貿易而爲國際貿易之必要，然又恐利益無保障，乃不得不訴之於政治威力，以爲其剥削之援助。

在政治方面，對外貿易，似與國威國體有多少之關係。換言之，在國外之對外貿易，似完全爲國威之標幟，幾與國旗有同等之效力。如有侵犯其對外貿易者，殆視與侮辱其國威相等。例如某國之商人或其業務，在某外國受危險，受抨擊，則某國商人之全國必起而一致援助；其國之報章雜志，必且爲之大吹特吹，威脅其政府取强硬之步驟。殊不知商人之於外國營業，事前當已瞭解危險之不可預卜。今若一旦慘遭危險，衹能認爲個人之不幸，於全國固無若何重大之關係也。美國近來輿論中，有主張對於美僑之業務，應令其自身負完全責任，政府不必予以政治意味之援助。此言頗近理，誠可爲任何政府對外政策之資料。然而美政府迄未予以采行，其理由當説明於後。今夫對外貿易，本屬私人營業，得失無關他人。而一般强國人民則認爲含有神聖性質，不可侵犯。其有侵犯者，雖事不關己，亦必共起禦之。此無以名之，名之曰不理智而不可解之情緒。

現今帝國主義各國家之政權，不爲軍閥（如日本、西班牙、德國）所把持，則爲頑固黨（如英國）、資本家（如美國、法國）所壟斷。經營對外貿易之各個人，類皆坐擁萬萬，一呼百應之市儈。軍閥與頑固黨，尚或仰其鼻息；報章、雜志、牧師亦皆其夙所豢養之喉舌。是以市儈之所欲爲，衹須頤指氣使，便可於須臾頃刻之間，收雷動風行之效。苟有拂其意者，如係執政，則以一蹴而祛之，使再無回顧之希望。如係平民，則加以叛國之罪，而施行逮捕及監禁。今日來華駐泊各地之軍隊及兵船，皆無异奉市儈之命令而來也。上海及其他商埠之外國報紙，除極少數尚能維持其獨立資格外，皆市儈之機關報也。在此情形之下，市儈之地位，顯然成一太上政府。故凡合於理智之政策而略有損害其私利者，則必拒絶不肯采行。美國健全輿論之不能采行，即其例證之一也。今日之國際政治，已完全操之若輩之手，世界人類之休咎禍福，亦在其掌握之中。彼輩如能免除其互相之衝突，而爲誠意之合作，則全世界賴以安寧。否則第二次第三次以至於無窮之國際大戰争，必接踵摩肩而起，將陷全世界無辜民衆於血肉横飛之中。以歐戰前之實况及戰後之趨勢觀之，各帝國主義下之市儈而以大規模之集體化，形成其組織者，如美國之托拉斯（Trust），德國之加德耳（Kartel），法國之新狄嘉（Syndicat），英國之大公司及戰後德法合組之國際托拉斯等，對於國内之一般民衆，勞苦階級，則乘其於不知不覺之中，盡其爬刮剥削之能事。而對於國外之弱國及殖民地，則因其肥美可噬而競先攫吞之。後者之方式，蓋原於貨物之推銷及原料之取得，而有必然之趨勢者也。而此項國際貿易中之競争，中經大戰之震撼，業由激烈而就衰歇。但因戰後瘡痍漸復，似又由和緩而漸趨激烈。近來英美煤油競賣，即其最明確之表示也。在競争之過程中，勢必驅使其政治威力爲肉搏之武器。結果仍不免於一戰。然則世界前途之福音，尚遠在虚無縹緲之中而未可目睹也。總而言之，各帝國主義國家，一剥削階級所組成之國家也。其組合之成分如軍閥、官僚、奸商、强頑派等，皆以剥削壓迫爲能事者也。其於殖民地及弱小民族，則剥削壓迫尤甚。基於此原則之國際貿易，殆已由經濟上之自由活動（Free Play）蜕化而爲政治之掠奪矣。現今世界各弱小民族之國民革命運動，尤其是中國反抗帝國主義運動，奔騰澎湃，勢甚猛烈。其目的蓋在反抗帝國主義之政治掠奪。同時并運用民族自决之能力，促進政治上之對等及對抗資格。務使强國弱國間之一切經濟活動，咸歸於正軌，與現今各强國間之狀況同。而此運動之成功，自是時間問題，斷無有外來勢力，能阻撓其最後之勝利也。

國際貿易，既有經濟與政治之兩徵象，則其經營之方法，自不能不采二重之標準。於是强弱之間成立一標準，而强强之間則又樹一標準。强對弱，則以武力爲前驅，取得經濟上政治上種種權利，然後施其席捲囊括之技，使被剥削者手足纏縛，知其殘忍而莫敢誰何。强對强，則不敢如此。經濟上之争鬥仍須於經濟戰場上决其勝負。而武力之準備，則須留爲最後之使用。在此潛伏期間之决鬥中，各剥削階級所組成之國家，則唆使其豢養之宣傳機關如報章、雜志、傳教師、學校教員、無聊學者等，故作駭人聽聞之宣傳，以唤起一般不辨是非甘心作倀之情緒。同時又指麾其政治機關即政府，爲充分之武力準備，以爲其私人權利之擁護，近一二年來，英美在國際貿易中之衝突，已由潛伏而趨於顯著。而爲其明證者，即在該兩國之海軍競賽，與該兩國重要人物關於競賽背景（即國際貿易之争持）之言論。按之近來報紙及出版物，當可知之也。

近來帝國主義之學者，漸次感覺强弱間强强間國際貿易經營之非是，乃有輕描淡寫之批評。例如格尼芬（Griffin）在其所著之《國際貿易原理》（*Principles of Foreign Trade*, 1926, p. 51–52）中有言曰：『就廣義言，國際貿易應足以敦睦邦交，使國際衝突殆不可能。蓋國際貿易，於買賣兩方，均有利益，實足以爲親善之資料也。然而案之實際，則不如此，且常得適相反之結果。其理由殆有二端。第一點，强弱間之貿易，尤其是弱者爲經濟落後之國家，往往爲强者所把持。强者濫用其經濟權，以取得較大之利潤。且常常呼籲於政府之前，説其援助。其結果自爲弱國所不歡悦。然而强弱兩國未即以兵戎相見者，殆由於受屈者之孱弱無能耳。馳赴外國貿易之商人，不但與外人發生買賣關係，而且彼此之間亦同時發生競争行爲。此蓋爲大工業國家間常常發生齟齬之一大原因。歐戰以前之數年中，英德商人之争鬥，已達於短兵相接時期，而尤以在未開發各地爲最鋒利。此種商務争鬥之消息傳諸國内後，自必引起英德兩國人民之妒嫉心。大凡任何國家之人民，對於其國外貿易之旺盛，罔不歡欣鼓舞，特别重視。然究之案之經濟原則，則重視未免過度。甚或認定一國之光榮，亦繫於此，是殆已超過理智之境界而難言之矣。其結果，國交必爲之傷害，甚無謂也。就現今實況言之，歐美各國間之商務，實較各該國與競争地點（district in dispute）間之商務爲大，而且更有利益。德貨销行於英國者，容量甚大。而販賣於南美洲者，反望塵莫及。即令德國將其勁敵——英國完全驅逐於南美洲之外，其貨物之銷數，亦不及售出於英國者之多。同樣，法國爲德貨之最好市場，德國又爲法貨之最好市場。今乃不注重相互間之重要，而唯競競然以外交之策略，争取落後國家之商場，不智甚矣。落後國家，乃窮困人民之集合體，購買力甚低。今乃舍饒富之顧客，以争此窮漢。且又因此而嬰富饒顧客之怒，不智孰甚。换言之，今日之國際商務競争，非基於競賽中獎品之真正重要，殆有不可理解之要素存焉。其影響必至引起國際糾紛。』由是觀之，强弱間之問題，必變爲强强間之問題，如各帝國主義者，不肯捨弃其壓迫剥削之觀念，則終必又有互相殘殺之一日，或至同歸於盡，亦意中事也。

第二章　國際貿易中之職務

國際貿易，實一繁雜之業務也。自工廠以至消耗者，其中經過之手續至爲煩瑣。然言其大者，則約可别爲三類。一曰交换，買賣屬之。二曰分配，運輸、貯藏等事屬之。三曰附屬業務，如財政、保險、標準化等皆在此内。第一類之職務，其目的在交换貨品或轉移所有權。然貨物之交换，則又有賴於販賣術、廣告術之行使，以爲引起需要之援助。常有多種之物品，不易銷售，販賣時極感困難，且費用甚巨。至於分配之職務，則在貨物之轉移及其保存。附屬業務，則容述於後。

（一）交换職務

（甲）買——購買貨物似爲單簡之行動，不發生若何困難。然在現今工業制度下，一切貨品，多由專一之生産手續所造成，往往於買者之需要不合，而買者亦不易覓得合於其需要之貨物。於是生産者與消耗者之間，遂發生一大障礙。欲求此障礙之消除，則有二法焉。一，販賣者將生産者之貨物，搜集於一處而陳列之，任買者之選擇。二，或生産者不俟販賣者之前來接洽，而先以物貨委托之。考之實際，此兩法皆有行之者，然皆不如以雇用中間人爲善。因有一種之中間人，專以買賣爲業務者也。以買賣之事委托之，較爲經濟。在國内貿易中，已有委托中間人之必要，至若國際貿易中之買賣兩方，相距甚遠，交通亦不便利，又加以語言之隔閡，幣制之複雜，則尤有引用中間人之必要。現在各國流行之經紀人，即中間人之一種，其職務在搜集關於貨物來源之報告。如有買貨者，不知貨物之來源及廉價之處所，經紀人當能一一告語之，不過略取佣金，以酬其勞而已。搜集報告及采買等事，殊不易舉，而專家爲之則甚易。是以專家如經紀人，確有其經濟上之價值。經紀人雖不能與國際貿易中之生産者同占重要之位置，然確爲生産之分配中不可缺少之要素也。

（乙）賣——在現今複雜工業制度之下，販賣間之隔閡，殊爲普通之一般人所忽視。非身歷其境者，幾不知購買職務之困難也。然而反觀賣貨之職務，則尤爲重要而且更加困難。廣言之，賣之職務，在於引起買者對於貨物之注意。然而貨物之種類，與販賣之職務，又有多少之關係。貨物之中，有爲日用所必需而價賤者，如油鹽柴米之類，其銷貨甚易。有爲奢侈品或裝飾品，而不爲一般人所必需者，如寶石華服之類，則販賣較難。而最不易售出者，則爲新上市之時髦出品。蓋此項貨物，必須先有多量之宣傳，然後始能唤起顧客之注意。至於貨物之已標準化而定有等級者，則販賣亦不困難。例如以煤炭而論，則不必多費廣告。蓋因顧客認定煤炭有一定之標準。采購與否，一以試驗及價格爲斷定。價廉而貨美者，顧客必樂於購用。至若汽車之販賣術，實非如此之單簡，凡顧客之購買汽車者，除經久與經濟兩要素外，尚須注意於美觀。然究之如何方爲美觀，則賣者不敢輕易斷定，勢必施行最有力之販賣術及廣告術，使買者於不知不覺之中，受其麻醉與誘惑。販賣術之目的，固在引起需要。但需要之發生，則因貨物之種類而异。今又請以汽車與麥糧爲例。汽車之製作，各生產者自有其特點。而需要之發生，僅以某種特製汽車爲限，於他種汽車，則不相干也。麥類則否，對於麥類之需要，則有普遍之影響。因麥類有一定之等級。在同級之麥糧，不論其生產於何地，其質量實相同。買者祇求其質量之同，决不計其生產之异。是以對於麥類之需要，頗有普遍之現象。較之汽車之需要，而僅以某種特製爲限者，蓋迥然不同矣。

由上文所説，進而爲販賣原料與製造品之研究。則知此兩種貨物之銷售，實有不同之問題存於其間。因而采用之方法，亦截然不同。前者之貨物，須有無數之中間人爲之媒介。而後者之貨物，則似有減少中間人之趨向。甚至免除中間人，以求生產者與消耗者發生直接關係。爲何而有此傾向？其理由頗多。而最重要之理由，則原於製造品須有擴大之宣傳，以引起需要。而生產者尤應以身先人，取積極之行動。至於麥棉之類，買者與賣者，同具轉移貨物之熱心，不必以身先人，而爲此積極之舉動。是以對於貨物之宣傳，大可不必。且亦得不償失。至於販賣留聲機，則宣傳甚爲必須而且獲利。此種販賣法之區别，於國際貿易者，極關重要。假令其所販賣者爲原料或大宗物品，則於廣告及販賣術，祇宜相當注意。若所經營者爲製造特品，則應竭力注重宣傳。假令其自身之財力，不够此種工作之消耗，則委托中間人代行可也。

（二）分配職務

（甲）運輸——此項職務，咸由專家舉行。而所謂專家者，即輸出國之鐵道公司、出口商埠之汽車運輸公司、輪船及國外鐵路等是也。運輸職務在國際貿易中較在國内爲重要。而運輸費（與貨價之比較）則又昂貴。職斯之故，即令各專家之運輸費祇有微微之差，亦當捨貴就廉，此其一。以運輸職務爲專業之中間人，能以各顧客所定之貨物，合并而運輸之，因此節省糜費不少。是以在國際運輸中，雇用中間人，不但便利，而且省費，此其二。在國際運輸中，運貨者多爲輪船，其手續至爲繁重，較之鐵路運輸，則煩難數倍。運費之漲跌，既無一定時期，而裝貨之容量，則規定又各不同。因此種種，非覓一熟悉運輸情形之中間人，則不但千頭萬緒，難於着手，而且必虛糜金錢，此其三。此三者，實爲國際運輸中之特色也。

（乙）貯藏——生産與消耗，苟能爲理想中之銜接，使所生産之貨品，立即爲消耗者所吸收，即可免除貯藏之手續。然此不可能者也。因有多種之工業，其生産須合於時機。而他種物品之消耗，則亦含有時機性質。職此之故，有大多數之貨物，於生産之後，即須貯藏。如有購買者，則於倉庫中取出以交付之。貯藏之地點，則或在産生地，或在消耗地，原無一定。前者之法則，較爲經濟。但若運輸需要長久之時間，則以後者之方法爲適宜。在國際貿易中，生産者與消耗者間之距離甚遠，自以貯藏貨物於國外爲佳。蓋所以便於消耗者之購取也。但此方式，需費甚多，而消耗者之需要，又不能預定，故罕有行之者。能於外國商埠，建設貯藏機關者，殆惟巨大之對外貿易公司耳。而出口貿易商人，往往於甲埸買進，乙埸賣出，亦有建設貯藏貨物機關之必要。而貯藏又有爲借款之用者。此情形之下，借款之擔保品，即基於堆棧之收據。然堆棧須以獨立營業者爲合宜。是以貯藏實有二種之作用。一，貯藏所以應時機生産之需要，以委托獨立中間人代理之行爲適當。因其便於借貸故也。二，貯藏之機關，應近於市埸，所以便於消耗者之購買也。若生産者獨自建設貯藏機關，則費用太多，甚不合算。貯藏事務，應以委托中間人辦理較爲妥當。

（丙）改裝——改裝本非獨立職務，然在貨物分配之中，改裝確爲重要手續之一。在貨物販賣之程式中，每至一階段，則貨物之包捆，往往必須改裝。例如製造者之售貨於販賣者，則以較大之單位如頓羅（grass）計算。而販賣者之轉售其貨於消耗者，則以磅打之類計算。又如麥糧之販賣，其來自農民者，則以升斗計算，若售於巨大之顧客如公司，則計算量須改大。換言之，在貨物轉移之中，計量貨物之單位，或須改大或須改小，至無一定。因此貨物之包捆，亦須改裝。然亦有經過販賣之各階段，而不須改裝者。在國際貿易中，自出發以至最後之商埠，貨物輾轉授受，自有改裝之必要，而不可不注意者也。

（三）附屬職務

（甲）保險——在貨物轉移之中，確有三種危險之可能。貨物或受損壞，一也。價格之跌落，二也。買方或賣方，不能或拒絶履行其義務，三也。第一類之危險，照例移之於保險公司。然在國際貿易之中，保險之性質，則有其特异之點，與他之財産保不同。且其規程甚複雜，非精於保險學者，幾不知着手。是以欲保險者，須請保險經紀人爲之代辦。至於價格之危險，則在國際貿易中尤爲顯著。因自生産以至最後之售出，須經過較長之時間。有時生産者不欲冒此危險，乃俟買者定貨，然後出貨。於是價格之危險，即由此而移之於買者。然而買者亦間或用合同方式將價格之危險，移之於賣者。蓋在此情形之下，買者約定於交貨之時，照市價償付，不受危險故也。然價格之危險，亦常由買者與賣者而移之於第三者之商人。其法即由賣者將貨物售於第三者。在貨物未售出之前，如其價格發生變動，則完全由第三者負責。在此情形之中，賣者買者皆不受危險之影響。故曰可將價格之危險，轉移於第三者之商人。除此三種方式外，尚有所謂黑迹（Hedge）者，亦預防價格變動之妙法也，當詳説於後。國際市場中之買賣兩方，因彼此情形不甚熟悉，往往不能履行契約。假若兩方肯請一著名之中間機關爲之媒介，則違背合同之危險可免除。由是觀之，冒險之職務，可由製造者或國外買者或中間人擔任。然因其爲真正之負擔，故必須以利潤或佣金獎勵之。

（乙）財政——凡貨品由生産者完成之後，以至於轉入消耗者之手，其間必須經過多少之時間。在此時間内，資本之投入貨物者，應産生相當之利潤。此項利息，究歸何人擔負，實爲一大問題。利息之擔任，通常稱爲貸資。或者製造者售其貨品於販賣商，而不急於索償，一俟貨物最後轉移於消耗者之手，然後取償於販賣商。又或外國商人之買貨者，以現款定貨。就前者之情形言，則貸資問題，已由製造者自身解決。就後者言，則貸資之負擔，已由國外買者任之矣。然在此兩種情形之中，至少可將負擔之一部分，移轉於銀行。然又或製造者與國外買者，與銀行向無深切之關係，則銀行當不樂於援助，勢必經過第三者之干預。就實際言之，第三者如販賣商或中間人，皆與銀行有長久之關係，因此對於銀行之信用，較製造者或國外買者爲昭著。而銀行亦願爲之援助。貸資問題，較易解決。以故在國際貿易中，如能以貨物售於販賣商或其他中間人，則頗占便利。因中間人對於生産者及購買人之貸資負擔，樂於擔任，而再移之於銀行專家故也。

（丙）標準化——凡在市場發售之貨物，如能標準化，使買賣有所遵循，則交易之手續自趨於便利矣。大多數之貨物，在其生産之法則中，即已定出標準，再無標準化之必要。至於農産物及原料，則因其生産時度量不一或质量不一，必須依照公認之標準，再爲之揀選而類分之。分類之方法，或精或粗，隨人而定。其粗者不過便於顧客之參觀。而精者則買賣時不必觀貨，衹描寫貨物之形質可也。例如麥類之買賣，大半視等級之高下而定。故分類必須精細。然分類須委托有能力、無私心之專家行之。

第三章　國際貿易之方法

國際貿易中之營業方法有二：即直接方法間接方法是也。生産者將其貨物運至國外，由其所派之勸銷人直接賣與消耗者，是謂直接方法。凡貨品之銷售於外國，而須經中間人爲之媒介者，是爲間接方法。我國運銷外國之土貨，多半在内地售於中國人或外國人所開設之貿易公司。再轉售於外國之生産者或消耗者。此種買賣方式，即間接方法之例證也。然自生産之觀點言之，則間接方式往往有不利益處。因在間接方法之中，必須有中間人爲之銜接。而此中間人經理之貨物，不祇一家，往往兼理數家之出品而且含有競争性質者。則中間人當不能專心致力於一家貨物之推銷。其結果，銷售不旺，必爲生產者所不歡悦。是以大規模之生產者，不欲以其貨物之推銷，全權委托於中間人，而乃在外國自行設置銷售機關，并派遣幹練伶俐之勸銷人，與消耗者或零售商直接接洽。大概不易銷行之貨品，須采用此項直接方法以推銷之。然而小規模之製造家，其財力不厚，而僅以出口貿易爲嘗試者，則不必經由直接方式，僅以其貨品托中間人代買可也。

販賣商——製造者之欲銷售其貨物於國外者，其最便利最單簡之方法，即將其貨品賣予海外之販賣商。此種商人之業務，在買進賣去。在一國買進，在他國賣去。其所經理之貨物，或僅限於一種，或一應具備。販賣商之大者，於買進之國家及賣去之國家，皆設有堆棧。所買之貨物，種類甚多，咸貯藏於堆棧。再運往外國，而又貯藏於堆棧。最後即於此處賣於零售商。此爲單行手續。即於一國買進而於他國賣出是也。然大規模之商人，往往買進賣出，同在一國舉行。例如今日中國各商埠之貿易公司，即此類也。中國之土貨，十九由貿易公司買進，運往外國而售於外商。但同時外貨之入口者，亦經由貿易公司之販賣，而轉售於中國之消耗者。販賣商之在英國，實爲最老之國際貿易者。其所購置之船隻甚多。其買進也，不俟顧客之定貨。而惟買入大宗貨物，運往外國，與外貨交易，又將外貨運進國內發售。在英國對外貿易開始之時，其景象確是如此。惟此種商務，實爲一種冒險事業。蓋因國外市場既不易覓得，而海盜之猖獗，又甚可慮故也。然由此而致富者，亦復不少，譬如美國之亞斯多爾（Astor）即其明證也。亞斯多爾先僅以皮貨售於倫敦之商人，嗣後則以船隻裝載皮貨及賤價物品運往中國，而與中國之絲類及其他東方物品交換。再將此項華貨運回美國出售，而獲厚利。但自交通改良後，商務之容量增大，而營業之方法亦較前加多。於是販賣商之範圍，亦因之縮小。美國在戰前之對外貿易，多假手於德商，而運售其貨物於中國及日本。但以目下情形而論，則經由販賣商之貿易，實已逐漸減少。出口販賣商，在英國猶占重要地位。因其在世界各部位，深得土人之好感，能與他國中間人抗衡故也。

販賣商之重要便利，在於囤貨。其所囤蓄之貨物，不但色色具備，而且集中於外國商埠或商務中心。使買者不必久待，即能交貨。若使交通便利，囤貨本可不必。不過海上運輸，緩而且不定。則貨品之囤蓄，實有必要。但交通之改良，已逐漸實現。而囤積貨物，亦因之不如往昔之重要矣。至於含有時機性之貨物如時髦出品，仍以貯藏待時爲佳。販賣商之利益，自買者觀之，在於進貨迅速，不必久待。然自生產者觀之，則販賣商於名譽及好意兩項，皆有代替生產者之意向。此當爲生產者所不悦。救濟之法，則惟有將貨物廣爲分配，使生產者之名譽與好意，得以廣爲傳播，不致全爲販賣商所侵占。然此不過救濟一部分而已。

委托行——委托行（Commission House）有兩種之資格：其代表買者爲一資格，而代表賣者則又另爲一資格，今先就其代表買者之資格言之。美國出口貿易百分之七十由委托行經理，則委托行在國際貿易中之重要，可想而知矣。然委托行與販賣商，同爲中間人，不易辨别。在商人語言中，甚或將二者混爲一談，而在實際上則有區别之必要。今爲説明其分别如次：販賣商爲獨立中間人，其買賣皆爲自身利益。而委托行則據買者之請求，然後動作。近幾年來，因商務競争之關係，而委托行不俟定貨，先行購買者，亦往往有之。此殆爲例外，而近於販賣商之性質矣。委托行之工作有二，即代表買者與賣者是也。代表買者之工作，爲其原來之職務，亦爲其正當之職務。然生産者之欲經營出口貿易，亦往往與委托行發生關係，而以推銷貨物之事托之。委托行除受買賣委托外，且兼營第三種之業務，即以買賣爲自身之利益是也。此業務可免服伺兩主之人困難。緣買賣兩方，皆爲委托行之主人。委托行於此兩主人之間，往往不能服伺如意，致爲兩方所不悦。今若挺身而起，不受何人之委托，而以買賣爲自身單獨經營之利益，則不致引起他人之怨恨。委托行之大者，支行遍於世界。凡在繁盛區域及商務中心地點，皆有委托行之分行在焉。委托行之營業，視其營業之區域而异。其發展對外貿易之程度，亦視其所經營之國家而异。

買者與委托行之關係，由定貨命令而發生。定貨命令者，即買者委托或請求委托行爲買者買貨之文件也。買者可於定貨命令中，指定購買某公司之某種貨物。或僅指明貨物之種類及其等級，至於生産之地點及公司，則任委托行任意選擇。此種委托方式，指明買者對於委托行有巨大之信任。否則當不授予以選擇之大權也。棉花糧食之類，定貨時衹須指明其等級及質量較爲便當。至於製造品，則較爲複雜。應於定貨命令中列舉其種類及製造者之名稱。近來製造者爲顧客之便利起見，特製定貨品之樣本及説明書以備檢閲。購買者亦因此得以易於調查貨品之來源。委托行本爲生産者與購買者間之媒介。今買者既於樣本與説明書中，得與生産者發生直接關係，則委托行之重要，亦因之而減少矣。

國外之買者，既不與國内之製造者相認識，則其定貨之方式，唯有説明貨物之種類及等級。至於貨物自何而來，則任委托行決定之。在此情形之下，委托行之服役，實不可少。委托行之狡黠者，率皆不肯以貨物之來源昭示買者。而他方面則令製造者於交貨之時，將一切標記概行消毁，使收貨者無從探悉其來源。同時并使生産者不知其貨物運銷於何地。設使委托行於此兩種狡猾計劃中，皆有成功之可能，則必爲買賣兩方所倚重，但此態度，終必使人懷疑。然則今之欲免除中間人者，其所持言論，未始無理由。不過在國際貿易中，買賣兩方間之距離甚爲懸隔。欲將中間人完全剔除，勢所不能。折衝之法，則唯使生産者、買者及中間機關誠意合作，以增進相互之利益爲目的，則疑恨或不致發生矣。

買者之定貨，或僅申述最高限度之價格。在此限度内，委托行得以自由購買（然須以價廉物美爲佳），其酬勞取之於佣金。就他方面觀之，貨價之多寡，或於定貨時議妥。貨價、運費、保險一概在内。在此形之中，則委托行於購貨之時，其價格必須低廉。除償付貨價、運費及其他一切費用外，尚須剩有盈餘，以爲其酬勞之利潤。委托行接受此類之定貨命令後，其地位實與賣空相同。因其在接收之時，并無存貨，尚須臨時在外采買。但就法律論，則賣空之危險，實可減至最低限度。蓋因定貨命令在法律上須經委托行之承認，方得發生拘束力。否則委托行可聲明不負責，而買者亦不能以法律制裁之。委托行在接受定貨命令之時，自當刺探市情，然後決定。若市價高昂，無利可獲，則可謝絶。簡言之，貨價議定之後，買者惟依貨索價，而委托行則負包辦之責，此殆近於販賣商矣。

上文單就委托行代表買者之資格而言。然委托行亦有時而爲生産者之代表。生産者與委托行發生關係，其在開始時期，或僅限於信札之往來及詢問價格等事。繼而由委托行定購貨物，輸送外洋。在委托行方面，不但付款迅速，而且源源定貨。在生産者方面，原祗認定出口貿易僅爲附帶業務。今定貨者既源源不絶，是亦有利可圖，乃決意發展其對外業務。并申請委托行爲之助理，以推廣其貨品之銷路。在委托行既有現成之分行及勸銷人，且有許多固定之顧客。其對於生産者之申請，亦自認爲可行而樂於接受。委托行之販賣代表資格，殆由如是而成立也。

委托行與生産者之關係既經成立，其銷售貨物之手續，約有兩種：（一）製造者以其出品交與委托行，請其代賣。其貨價或由製造者事前規定，或由委托行代爲酌定。而委托行之酬勞費，則取之於佣金。（二）委托行以其自家之名義，勸人定貨。而貨物之供給，則由生産者負擔，且須折價。至於生産者與委托行合作之程度，則有將其貨物之發售完全付與委托行者，亦有輔助委托行，而親爲分送説明書及樣本者。甚有於貨物初次上市（即新出品）之時，派遣其勸銷人至當地助理者。委托行對於國外市場上之情形，較爲熟悉，此其所長。而製造者對於其出品較爲熟悉。貨物發賣時如何立言，如何使人信服，則生産者優於委托行。以兩者之所長，而并用之於推銷之合作中，此近代營業學所發明也。

委托行銷售貨物之範圍，則又往往因地域而异。有經理廣大之區域者，有僅限於一隅者。而在每一區域中，委托行悉爲獨家經理。獨家經理云者，即在某一區域中，生産者之出品，祇能由某委托行獨家發售之謂也。獨家經理，既壟斷售貨之權利，是於生産者之利益有切膚之關係。而生産者之選擇獨家經理，應注意於其財力之大小，兼理他家貨物之多少，是否願意照料關於運輸之瑣屑，是否願意分送生産者之廣告，委托行之佣金率等要點。美國紐約城中之委托行甚多，有信用最著者，然亦有不可靠者，有專供給貨物於某若干國者，有僅專經理數種之貨物者。委托行中之大者，雖在世界各重要市鎮設有分行，然其在某區域售貨之效能，或反不及較小之出口貿易公司。凡此種種，應由生産者於選擇經理時顧及之。此就生産者選擇經理而言也。然有時生産者之售貨於出口貿易公司，不必締結何種契約，而爲給以批發之折扣，則够矣。

間接方法之利益——出口貿易公司或委托行，究有若何之價值，於買者及賣者有何利益，前已略言之，今且更爲詳細之説明。若就買者之觀點言之，則委托行最重要之價值，即在收集貨物。國外商人，所需要之貨物，其種類甚多，而又不能與遠方之製造家互通聲氣，勢必覓一經手人，爲之處理購買事宜。然假設其所采買之貨物，數量過巨，如現今之大百貨商店（如上海之先施公司、永安公司等），則可於海外設一永久采買機關，專司貨品之收集。此種辦法，祇宜於采購巨量之買者，而於僅購少許之顧客，仍不經濟。於是委托行乃應運而生。其性質實如一合作采買社，一方面接收各買者之請托，予以代辦之便利，一方面則因合并購買之結果，其費用可以減少，予顧客以經濟上便利。此其便利於買者一。國外之買者，與國内之賣者，彼此本不認識。然自經委托行介紹之後，彼此之信用如何，自能漸漸明瞭，於是欺騙之危險及履行契約諸障礙，可以減少。此其利於買賣兩方者二。製造者如僅售出少量貨物於面生之買者，往往需要現金，而買者或不能即時交款。出口貿易公司爲解除此種困難起見，可將各買者之定貨命令合并之，向生産者爲整個之接洽，當能得其賒欠之許可，於是買賣兩便。此其便利三。貨物之經由海運者，如其數量過小，則運費較昂，不如合并之爲佳。是以出口貿易公司爲節省經費起見，於運貨之時，即將少量之貨物合包而爲巨量。俟達到目的地，則由其代理人分裂而分送之。運費之節省，往往超溢於佣金之數量。保險、轉運、暫時貯藏等事，亦由出口商照料。此其便利四。此外委托行之有益於生産者，爲其引起需要之能力。其引起需要之方法，或僅於國外分行内存於製造者之説明書及樣本，或派其行員在外勸銷。同時此委托行所經理之貨物，或不祇一家。然其勸銷之成效，則大有可觀。生産者如欲自派其推銷人，其所售之貨物，或較間接方法爲多。然因其不識市情，則用力雖大，結果必不甚滿足。而委托行則有其現成之職員，在當地勸銷。其費用即由各生産者分別擔負，較祇一家單獨擔任者，實爲經濟。此種方式，實類似於合作販賣法。而製造者，因用費分攤之結果，更可將業務之範圍擴大。吾人於此處，可下一斷語曰：間接方法，可使市場之發展，擴大其範圍。而直接方法，則有使市場增益其吸收同樣貨物之能力。前者可稱爲廣闊之發展，後者爲强度之加大。

以上所論列之間接方法之利益，蓋就買者之方面而立論者爲多。然亦間或而及於賣者。今則專就生産者之觀點言之：委托行之分配貨物，用費甚廉，此爲其對於製造者之主要利益。其節省費用之理由有二。第一，委托行係分配貨物之專家。第二，將生産者之貨物，於運轉時合并而運輸之，各生産者之負擔因而減少。現今無論在何項營業，分配費與生産費同占重要地位。委托行之分配費既可減少，則製造者利用其優點以爲出口貿易之助力，亦是自然之途徑。在特種情形之下，生産者可避免委托行而爲直接之交易。但此爲晚近之發展，而有其相當之理由。今請詳論之。

直接方法之條件——直接方法中之基本條件，蓋基於生産者、出品及市場之特性。而最重要之條件，則在生産者有雄厚之資本。此條件如不具備，則其他之條件亦無效力。資本雄厚，則可建設獨立之販賣機關。如欲完全避免中間人，則須建設堆棧或其他貯藏機關。國際貿易中之交款期限（terms of credit）較國内貿易爲長遠。是以貨款不易收回，勢必準備大宗款項爲之墊補。以上三事，非有雄厚之資本，實不能舉辦。資本豐裕，固爲必須之條件。然持此論者，則往往言過其實。彼以爲祇須有充分之資本，即可勇往直前而獲厚利。

至於營業之方法，則不問其合宜與否皆可采用。斯大誤矣。殊不知營業之費用，最後須取償於貨款。假如貨款因營業政策錯誤之故不够開支，其結果必至失敗。此理本初淺而易明瞭。然而竟有不能瞭解者，是無他，徒爲資本雄厚之念所誤耳。

營業之容量，影響於費用者甚巨。容量若大，則販賣費、分配費皆可減少。反言之，若欲求營業費用之減少，則須求容量之擴大。然出口商人於此處亦往往有誤解。彼以爲祇須對外貿易總額之擴大則够矣。不知對外貿易之全體，必須分配於世界各部位。假定有一部位業務不甚發達，其所雇用人員及機關不能經常使用，此實爲經濟上一大損失。應即將此部位之業務，委托中間人經理。按之實際情形，生產者不論其資本如何豐裕，規模如何宏大，其對外貿易之總額中，必有一部分推行於某地者，較爲發達，較爲獲利，而他處之業務則不如此。決無有能在世界各部位而得平均之發展者。其結果，對於有利益之部位仍積極求進。對於無利益之部位則或完全放弃，或舉以委之於委托行。簡言之，如生產者之對外貿易有巨大之容量，可以減少其營業費用時，即可以施行直接方法矣。

至於出品之性質，亦與采用直接方法有密切關係。假如製造者之貨品可以委托中間人代售，則不必與國外之消耗者發生直接關係。不過有多種之物品，中間人不肯特别爲之注意。而此項物品之銷售，則非計劃種種特别方式以引起顧客之需要不可。在此情形之下，生產者自宜取積極之直接步驟，以爲其貨物闢一出路。商品可分爲二種，前已略約言之，今更作詳細之討論。以販賣之難易言，則留聲機器、汽車、高等機械、專利藥品等，與棉花、麥類、木料等，殆不可同日而語。前者之商品，今姑以特品名之。在對外貿易中，特品頗占重要地位。後者之貨物爲大宗物品，在國際貿易中實占大部分。第一類之貨物應有活潑之販賣術。第二類之貨物則不必汲汲於勸銷。其理由有二。第一，關於特種貨品之需要，多隱伏不見，務必設法引起之。其引起之方法，即將貨物之形式及特性置於買者之前以喚起其注意。假如所欲推銷者爲新出貨品，則尤必致力於顧客之注意。第二，同類之商品，雖同爲顧客所熟悉，然因製造者之區别，則其出品往往同類而不同質。今假定某市場需要留聲機器，則凡製造此項機器者，皆有銷售其出品之機會。而製造精美，勸銷活潑，爲一般人所歡迎者，其銷路必較大。質言之，同類不同質之商品，各家仍需積極推銷。至於大宗商品則否。此項貨物，雖各不同，然可以類别之。買貨者祇認其類别，而不計較其生產者之名稱。特品因製造者而有分别，大宗貨品則否。特品製造者於勸銷時不僅爲同類貨物謀推銷之急進，而且同時爲其本身之出品引起極活躍之需要。因利人而利己，或因利己而及於人，在勸銷同類出品中實爲常見之實事。不過各生產者仍以自家之貨品爲其推銷之目的，因此仍不免有競賣行動。而大宗貨物之生產者，既無積極推銷之必要，亦無須競賣之急進。特品與大宗貨品之區别，影響於直接方法者亦至巨。委托行本爲販賣專家，處理販賣事宜，本屬輕而易舉。然對於特種貨物之推銷，則其力量甚爲薄弱。蓋其所熱心辦理者爲普通貨物。對於特種商品，或漠視之，或竟反對。以故特種貨物之製造者，雖認間接方法較爲經濟，然不能因節省經費之故而放弃其售貨之機會。於是生產者即於國外建立獨立推銷之機關。其主要目的，在引起貨物之需要。美國近來對外貿易，較往昔之容量大爲增益。其采行直接方法之傾向，亦較前爲顯著。

直接方法與間接方法，各有其優點。生産者之中，其有自身執行推銷之職務，而同時亦欲利用委托行之優點者，則采取一折中之辦法。此法之要點，在與委托行合作。一方面生産者準備其廣告及勸銷人；他方面定貨命令則完全由委托行經理。運輸問題及交貨手續概由委托行全權處理。同時委托行并得延長消耗者解款之期限。其他如保險及辦理領事館所必需之手續諸事件，亦由委托行處置。生産者應得之貨價，仍由委托行代付。簡言之，引起需要之職務，即由生産者自行負責，而其他之任務，則委之於委托行。蓋所以利用其優點也。

直接售貨，亦有基於以下之數事者。一、商品之性質，極爲複雜，須有專家爲之處理。二、商品既是複雜，不但於賣出時須專家爲之助理，而賣出後尤須有專家爲之修理。此二事皆不能委之於中間人。所以製造者必須有直接處理之方法。農業機械及他種器械，皆屬於此類之貨品也。三、有若干種之貨物，於運輸及貯藏時，皆須有特别便利。例如煤油之運輸及貯藏，則須要油池、油筒、油車等等。熱帶水果之轉運，則須用冰凍船。此等便利，委托行當然不能供給，勢必自行籌備。美國美孚煤油公司及聯合水果公司之運輸貯藏工具，皆由自備，因不能仰給於中間人故也。四、市場之遠近，亦可爲實施直接方法之標準。市場之距離較近者，宜於采用直接方法。其遠者則委之於中間人可也。美國出口貿易商人，對於墨西哥、加拿大及西印度群島，則施用直接方法。而於南美洲、遠東及其他海外市場，則認爲距離太遠，多半委托中間機關辦理。五、市場之發達者，一切商用便利如銀行、運輸機關等，概行具備。交易手續自不感覺若何困難，宜於直接方法。經濟落後之國家中，商用機關多不完備，交易至不便利，應以委托中間人辦理爲宜。究之直接方法與間接方法，何者爲優，何者爲劣，斷語殊不易下。因各有其優點，同時亦各有其劣點。大概間接方法較爲經濟，此其優點，小規模之生産者，不問其他理由何如，應以施用間接方法爲宜。但資本充裕之生産者，則因引起需要，修理機件，自備運輸貯藏機關諸事件，可采用直接方法。然亦須視市場之性質爲何如。假如市場較遠，商用機關不完備，則仍以委托中間人辦理爲佳。

直接方法之障礙，或者在於貿易容量之太小。質言之，國外之買者，既不能購取多量之貨物，則製造者不必多費金錢，以爲得不償失之努力。救濟之法，或者以法律之鼓勵，允許多數生産者得以利用合作之形式而推銷其商品。然此處亦有一困難，蓋因能利用合作形式者，多爲同業之生産者。同業競争往往趨於激烈。在國内既有劇烈之競争，則國外之合作勢有不能。如對外貿易之容量過小，則合作尤所難能。是以國外之合作，須自國内之合作始。而國内之合作，則須以同業之結合爲原則。關於此點，歐美之政策各有不同。晚近美國之政策，在阻止大公司之結合。故對於大公司之合并或結合統行禁止。其未結合者，不得合并。已結合者，應即解散。其理由蓋根據於大公司與消耗者間之矛盾現象。其意若曰，大公司與消耗者，在經濟上處於敵對地位，大公司之利，即消耗者之不利。就實際言，大公司往往濫用其經濟權；或消滅自由競賣，或壟斷貨物價格，使消耗者不能得廉價之貨品。此實消耗者之大不利。故對於以壟斷物價爲目的之業務結合，概行禁止。其目的蓋注重於消耗者之利益。至於歐洲之德國，則對於國内之工業商業結合，不惟不禁止，而且多方獎勵。故在對外貿易中之工商結合，自是天然之出路。就最近情形觀之，國際貿易中之方法，實趨向於直接方式。而直接方式中之結合與合作，實有蒸蒸日上之勢，而不能不加以注意者也。

第四章　國外市場之開發

發展國際貿易之方法，不論其爲直接或間接，要在注重增加對外貿易之容量及國外市場之開發。現今歐美各國，咸注重於對外貿易容量之擴大。政府、商會及其他團體，爲達到擴大貿易起見，無不樂于援助。而私人之參加努力者，尤指不勝屈。不過對外貿易之擴大，有基於根本要素者，有由努力而促成者。今當分別説明之。

一、根本要素——基本要素中之最重要者，厥爲比較成本之原則。蓋在此原則之下，一國之工業必有超越與卑劣之别。超越企業所付之工價甚昂，當爲卑劣工業所望塵莫及。其結果，超越者必有吸收、集中與專一之傾向。因此，製造特品之出口必有巨大之容量。同時消耗品之輸入者，其數量亦大。今請舉麻拉斯甲（Alaska）以爲例證。在一九〇〇年中，麻拉斯甲輸出與輸入合計，每人約計八〇〇金元，殆爲歐美各國所不及。其理由蓋原於麻拉斯甲之出品中，占有比較利益者約有數種。結果此種貨品之輸出量最巨，而國内之消耗品則幾乎全仰給於入口貨。而美國之情形則適與相反，蓋美國不但物産豐富，而且物産之種類亦多。經營重要工業者，向無比較利益之獨占。换言之，大工業不能占有優越地位，使勞資離開其他企業，而有集中於幾種工業之傾向。同時農産物之生産，足够糧食之消耗。製造業之發達，足够衣住及其他需要之享用。礦業林業所出之原料，足够製造業之使用。是以美國可稱爲自足之國。各種事業之交换品，足够自身之用，不必仰給於外貨，亦不必競競於對外貿易。故其對外貿易之容量較小，僅占國内貿易百分之七（一九一三至一九一四年）。將來美國工業或者由自足時期而進於集中專一時期。但此純爲意中事。而美國之貨品，不必推銷於外洋。其重要消耗品，亦不必由外洋輸入。則可斷言也。工業集中，可認爲基本要素之一。對外貿易容量之擴大，則有賴於生産效能者。大概生産能力高，則生産之商品亦多。其所售出者必多，而入口貨之數量亦增。國際貿易容量因之加大。此爲基本要素之二。以上二事，全就生産方面立論，但需要之歧异，亦足影響於對外貿易。例如同屬服物，有由外洋運進者，亦有同時由國内運出者。此無他，蓋因嗜好之不同而定其取捨之標準。然嗜好之不同，則原於收入之豐富及生活程度之提高。貧乏之人，但求飽足而已，固無所用其選擇也。此爲基本要素之三。需要之强度，亦爲擴大對外貿易要素之一。歐洲各國——尤其是英國——在工業發展之中，需要美國之糧食及棉花甚多。而美國之輸出額亦巨。同樣，智利之硝石，爲世界各國所需要，故有巨量之輸出。此爲基本要素之四。運輸之便利及運費之低廉，與對外貿易之容量亦有多少之關係。譬如美國與加拿大，國境毗連，交通至便。又荷蘭、比利時、丁抹、德國、法國間之運輸非常便利，故其間之國際貿易，亦頗發達。至於國外市場之距離太遠者，運輸既感不便，而運費又極昂貴，頗爲國際貿易之障礙。美國之不積極以發展對外貿易爲急務，實以運輸困難爲其原因之一。此爲基本要素之五。最後，關税之高昂，與運費有同樣之效力。换言之，關税太重，則入口貨必減少。此爲基本要素之六。在此六要素之中，以工業之集中與專一爲最重要。一國貨物之缺乏或豐餘，皆足爲對外貿易容量之興奮劑。美國爲富於農産物之國家，今假定農産物之生産力，爲天灾所消滅，則糧食之進口必大增加。曩者從事農業之勞力，現可移之於他種貨品之製造，以爲抵償外貨之彌補。在此情形之下，生産或須減少，消耗亦或須減少，但對外貿易則必增加。不過一國之旺盛，不必賴於對外貿易。就各國實况言，有視國際貿易甚爲重要者，有不甚重視者。前者之例證甚多，而尤以英德兩國爲最顯著。戰前之英德對外貿易，各占國内貿易百分之二十五。而美國則僅占百分之七。然按之最近趨向，則歐美各國，皆重視對外貿易，且注重國外市場之開發。政府之鼓勵及援助，及私人之努力，其目的皆所以求商品之暢銷。

二、個人努力——對外貿易，固有其基本要素，以爲容量擴大之根據。然個人之努力，亦爲不可缺少之成分。努力之目的，抽象言之，在於開發市場。具體言之，則在引起需要，推銷貨物。大宗貨物如麥棉木料等，則不須何種之努力，以爲其銷售之先驅。但製造特品，在現今對外貿易中，已漸次趨於重要。其銷行與否，則以努力之巧拙爲定奪。努力之目標，或僅爲特種商品着想，或爲生産之國家，唤起好感。甚且有主張投資於外國，發展其實業，以博其歡欣，而預爲將來擴充對外貿易者。但努力必須依照一定之方式進行，否則徒勞而已。今爲説明於左。

（甲）戰術——經營對外貿易者，須研究戰術，以爲其努力之準則，以爲其征服商場之機械。軍事中之戰略，在於征服土地。而商務中之戰略，則在克服市場。拿破侖之征服歐洲，與美國煤油大王之横行於世界，其所收之結果，雖各不同。而其戰術運用之妙，則同爲世人所欽仰。現今工業巨子及財政大家，積累巨萬，何莫非戰術之功有以致之也。合於科學之戰術，必須基於精確之知識。商業中之戰術，亦以知識爲基礎。操此術者，必須瞭解商業上財政上一切消滅敵人、擴大營業運動之各種要素。國際貿易中之戰術，其所根據之智識甚複雜，而且不易取得，故研究之者亦覺複而困難。國内貿易中，本能之作用較大。本能之自身，亦可稱爲知識之一種。有大多數之商人，祇須與其他商人相處略久，或受環境之影響，便知正確之舉動，此本能之作用也。例如欲判斷美國人及瞭解其行動嗜好，及處理業務之方法，祇須生於美國，略受教育，略有常識便够矣。甚至於法律之複雜，祇由日常之交際，亦易領悟，不必多費研究。但在國際貿易中，則本能之作用，殆已完全消失。外國人之性情、風俗、習慣及經商方法，必須一一學習，并且須有實地之考察及研究方得明瞭。不如此，則困難發生，必有害於業務。而所需要關於外國人知識之數量頗巨，故生產者有望而生畏者。其實此類知識，祇須爲有統系有理性之努力，當不難於取得也。

須知實地調查，勝於各種間接報告。蓋間接報告祇能供理論之研究，而實地調查所得之結果，則可爲確定戰術之資料。出口貿易商人之倚賴間接報告者，其結果皆歸失敗。是以實地調查，雖較困難，費用雖較多，然所得足償所失而有餘。故一般國際貿易者，仍不吝惜巨資，派遣代表至外國實地調查，以爲其推銷貨品之先驅。所謂間接報告者，即領事報告、商業討論、政府調查及商業特刊等。然此種材料，或調查失實，或刊印較遲，或失之簡略，或過於寬泛，大半不能合用。故仍以實地考察爲合宜。考察之事物約有兩類，其一關於商務本身之中心問題者，其他則屬於附屬問題。中心問題爲何，即需要與供給及市場之心理與構造是也。善於考察者，則必於中心問題之外，進一步而研究外國之實況及外國與本國之關係。此殆與檢驗身體相仿佛。醫生之檢驗身體，固能立知其現在之實況。然究之身體之將來，或趨於衰敗，抑或趨於健旺，則不能立知也。如定欲知其將來之好壞，則必須先知其人之生活方法、職業與習慣及過去之事實等。對於市場之考察，當然須施行同樣之方法。市場之現狀，罕能反映其未來之景象。是以對於考察中之國家之政治、經濟、法律、心理、歷史及其社會之組織，皆應一一加以研究。至於此等事件之考察，應推至若何程度，何者宜特別注意，何者可以省略，則考察者應依其業務之性質，自行下一判決。但於國際關係，應加以相當之注意。蓋因外交之在今日，可認爲國際貿易戰術之一部分。國際貿易日趨活躍，對於新地域新市場之競爭，必較前爲激烈。而參加之各國，比較前爲多。非善於戰略者，不能取勝。而戰略之制定，則唯有收集最近最可靠之材料，以供其參考。

簡括言之，對外貿易之成功，端賴戰術之靈巧。而戰術之決定，則在研究與調查。研究之關於理論者，可自國內始。舉凡市場上之供求及别種情形，皆能窺其梗概。假如欲經營大規模之貿易，則國內之研究，不免隔靴搔癢，當然不够。應即親詣市場，實地調查。與國內在書籍、雜志、報章、報告、函件所閲悉者，一一對照。然後返國而定作戰之計劃。其所研究調查之中，最關重要而爲制定戰術最不可缺者，厥爲（一）供求情形，（二）市場心理，（三）市場情形。貨物之推銷，自當視供求而定。不欲於沙漠之中，購買麵包者，因無貨可購也。貨品充斥之市場中，而不爲勸銷之努力者，因知不能售出故也。但第知供求之情形，而於市場中之心理，若不熟悉，則仍不够。商務中之要素，除供求外，仍有一重大要素，即顧客心理是也。凡貨物之不合於市場心理者，必爲群衆所拒絶，斷無售出之希望。一國人民之覺觸、欲望及其物質上之希望，咸於市場中可以測驗之。知其嗜好而投其所好，則貨物之銷售，當無困難矣。

（一）供求之考究——關於需要之意義，心理學家與經濟學家之解釋，迥然不同。不過調查者不必於意義上多費研究。就其普通意義言之，要求約包含二事：即占有之欲望與購買之能力是也。然貨品各有其需要之原則，而各市場則又有其特點。調查者若欲詳加審查，則恐過於煩瑣，但若肯將普遍適用之原理牢記於心，則考察時自易於瞭解。此種原理，可簡述於左：

第一，貨物之需要，隨價格之起跌而升降。

第二，價格取决於同業之競賣。

第三，價格減削，則需要增加，而供給減少。價格如果太低，則需要必至難於滿足。

第四，關於國際大宗貨物，其價格取决於國際市場中之供求。

第五，需要乃所以指明貨物效用之程度。需要之多少，即指明其現在之實况。

第六，需要或含有彈性，或僅爲硬性，或屬於急切，或屬於將來。其數量則取决於政治上、社會上、經濟上、商務上各情形。

在選擇市場之時，應注意於需要是否已經存在及數量若干。假如市場中對於某種貨物，并不及時需要，則須將市場中之情形，詳加考察，以視有無引起或培養需要之可能。即有可能，是否合算。就過去之經驗觀之，往往有許多之公司，爲急於引起需要起見，消耗巨款，而結果則茫如捕風。美國有一爐竈公司，曾以其貨品運往中美洲求售，及花費巨款後，始悉因氣候之關係，一般居民并不需要此項貨品，乃徒呼負負而已。於以見市場之需要，不可强爲引起。是以操正確之戰術者，於闖入國外之先，務必知悉需要之存在及其性質與數量。對於需要之分析，可舉行兩種之測驗：即定性分析與定量分析是也。定量分析，在發見需要之多少。其法即將某貨品之國内製造量，再加輸入量，減去輸出量，則需要量即可知。不過輸入量，不足表示國内之需要量。例如英德兩國，每年輸入巨額之商品，但其輸入，并非爲本國之需要，乃所以爲輸出着想耳。一國之商品，由外國販賣者，往往即認爲外國之貨品。實則此項貨品，不過經由第三者之代賣而已。例如歐戰以前，美貨多由德商輸入於俄國，居然竟有認該貨爲德貨者，由此二例，足證進口貨不能爲國内需要之精確測驗。然僅知需要之數量，仍爲不够。因顧客對於商品之性質，往往辨别甚嚴，苟於其嗜好不合，則寧缺勿濫。是以於數量之外，更須注意於質量。每質量之數目若干，亦須預知。例如中國每年輸入汽車萬乘，然在調查方面，若僅能得萬乘之約數，殊非精確之調查。必也於萬乘之中，分别其等級，某等級輸入若干。定性分析之方法，第一步，决定國内所出各級貨物共若干。再加入由國外輸入之各級貨物，再又減去出口之各級商品。其結果即爲需要之總數及各級之數量。須知間接統計材料，甚不可靠。故基於此統計測驗之結果，亦難精密。而唯經實地之調查者，乃比較可靠。

但無論何國，其對於外貨之需要，不能因地域之關係，而爲平均之分配。某地需要若干，必須用歸納法測定之。測定之後，若需要貨物之數量，竟不能達到預定之程度，則其中必有一定之理由。應即從事調查。調查之目的物，在於需要之性質。（例如潛伏、彈性、遲緩之類）需要之屬於遲緩類或急切類者，多爲環境所左右。環境略有變化，則物價或趨於昂貴而需要加多，又或物價低落而需要反少。需要之伸縮性，與人類欲望之複雜成正比例。假如需要無伸縮性，則價格之高漲，無异宣告其死刑，有時需要之潛伏者或遲緩者，亦不難於測知。例如大戰之後，鐵路、橋梁、房屋等大半銷毁，稍有常識者當知建築材料之需要，必達巨大之數量。然而潛伏性之需要，亦有時不易於測知者。而尤其在經濟落後之國家，於引起需要之前，必須對於居民尚在睡眠狀態中之欲望，加以震刺，使其奮興。至於文明國家之消耗，則又爲習慣所左右，引起需要亦不甚易。而唯以最新之發明，以衝破其守舊性。例如近來美國有發明波士登蒙（Postum）以代替咖啡者，銷路頗廣。發明此物者，目睹美人易於感受神經病及胃病，故創制此物以救濟之。而消耗者以爲波士登蒙真有增進康健之功能，乃購服而不稍疑慮。實則波士登蒙未必有如此之功效，然在發明者則不能不鋪張揚萬，以售其投機之技。於此可見每一投機之新發明，實有引起需要之能力。潛伏需要，因時因地因貨品之種類，各有不同。故其測驗，必須采用歸納法分別舉行。新需要與舊需要之改新者，亦應當分別。因所施行之方法不同故也。

於研究需要之中，有一事應當注意者，即供給是也。在任何貿易中，供給隨需要爲轉移。然供給予需要罕能達到穩定之現象。即使達到穩定，亦不過爲暫時狀態。普通言之，需要與供給，各自變化無常。然關於需要所得之知識，亦可爲決定供給之助。在普通情形之下，供給之數量及質量，可爲現在需要之反映。然供給如何決定？第一，觀察有無供給之過剩。第二，觀察國内供給之數量及質量。第三，調查國外主要貨物之來源及其數量質量。貨物過剩是一顯著之現象。凡在市場中者，皆能感覺其影響。不過有久暫之分別，應加以審視，不可忽略。其屬於永久者，多半係勞資過於活動之結果。其所生産之貨品，遠超需要之外，一時絶對不能吸收。但暫時之過剩，則因消耗者購買力之低降，或貨品效用之改變，或嗜好有變動，致有停積之徵象。國際貿易者對於永久過剩，應行規避；而對於暫時過剩，不必恐懼。考察者在調查需要供給時，尚有質量與價格一事，亦須注意。依照普通之觀察，以爲别家貨品價格較廉，即不可與争。即使市場有巨大之需要，往往亦望而却步。實則此種見解，不免過於皮相。殊不知質量美者，價格即稍昂，亦樂爲消耗者所購買。例如有賣排水機者，價格甚廉，但貨品之缺點甚多。消耗者因無代品可買，不能不本其劣勝於無之心理，而試購之。今設機件改良，效用增高（價格亦當增高），則用户所得利益較大，價格稍昂，亦必樂於償付。此爲普通心理，無待煩言者也。

（二）心理之研究——貨物之推銷，似以效用爲準則。效用大者，不愁無消納之處所。然心理與效用，實有感應之關係。心所欲買，效用即因之而加大，心所惡恨，即使貨物自身之效用甚大，决不能引起顧客之垂盼。是以貨物之製造，務必合於顧客之心理。生産者切不可以其主觀之成見，武斷顧客之嗜好。關於此點，美國人與德國人形成相反之兩徵象。德人貨物之製造法及販賣法，大半以適合於顧客之心理者爲主。而美人則以主觀之心理爲重。其結果德國對外貿易大爲發展，而美國之出口貿易則容量甚小。美人對於之亦不甚注意。

自歐戰爆發後，因國外需要之驟增，美人始漸移其視綫於對外貿易，然此徒爲被動之推進，非由於迎合國外顧客心理之所致也。市場中之心理，常反映於兩國之國交。故調查市况者，又須研究兩國人民或政府相互之態度。大凡互商國家之間，必有最惠國之待遇。此種特別待遇之原因甚多，而且複雜：有原於種族語言文字之相同者，有基於習慣者，有起於政治上之親善者。語言習慣，在國内貿易中，本不成何問題，國内商人祇須貨真價廉，即可成功。然在國際貿易範圍内，則語言、種族、宗教、政治，皆有重要之關係，故在調查之時，應須加以考究。

（三）市情之研究——調查市况者，如僅知供求之情形及市場之心理，仍不能認爲完備之調查。必也於政治、法律、社會、經濟各方面，有切實之考究。大凡一國人民之感觸，由政治力、經濟力、社會力鎔化而成爲一大經濟力。國際貿易者，欲於國外市場中取得相當位置，對於左右商場之經濟力，自應追究其出發點，以爲應付之準備。所以對於政治、經濟、法律等，應加以研究。（甲）政治～可分爲國内政治與國際政治。國際貿易者，應知其本國與外國之國際關係。關於國際現况之報告，可於外交部探取之。國際關係中之重要者爲條約。國際貿易者，應考察條約中之條文，以視有無最惠待遇之規定。而對於關税之税率，亦須考察。假如税率太高，有礙於其貨品之銷售，則不必輕於嘗試。假如其所考察之國家，與他國定有優先條約，對於他國之進口貨，不徵進口税；而調查者之商品，則須繳納進口税，則亦不可冒然嘗試。以上係關於國際政治者。至於國内政治，影響於商務者甚巨，必須加以研究。假如政府鞏固，政黨之間又復有親密之合作，則此情形，可稱順利。假使政治空氣甚爲緊張，政府之穩定，頗難預料，則於商務之進行，當然不利。或去或留，自然易於取决。調查者對於政治與商務之關係，尤應注意。現今各國之政府中，對於維護商業之態度，各有程度上之不同：有以積極之行動設置機關以輔助商業之進展者，有設置公共機關而自行營業者。此皆於國際貿易有重大之關係。（乙）政府～政府需要物品，與個人相同。而政府之采買，往往達於巨額，是以有研究之價值。然研究時，不僅調查代表政府購買之官吏，而且須探悉其性質習慣，以爲應付之根據。此外對於政府之一般政策，亦在應注意之列。例如販賣汽車者，應知地方政府是否獎勵修路，是否徵收車税。又如推銷農業機械者，應知政府提倡農業之程度。（丙）法律～商業之保障，全繫於法律。假如法律不良，商業或亦將隨之腐化。國際貿易者，如欲合於科學方法，自應將駐在國之法律，尤其關於每日必須接觸之部分，加以研究。例如購買或發行匯票，應即立知關於對兑款付款之各種商法。外國之商法中，有規定雇主對於雇用之行爲須負責任者；又有規定所有一切營業公司，咸須立案，違者重懲。至於無限公司法、有限公司法，各國不同。此類法律必須熟悉。此種必要，似頗顯明，然經營對外貿易者，則多忽略，是皆不知預防易而救濟難也。（丁）經濟～須知國際貿易，本於物物交易之原則。换言之，即以商品易商品之原則是也。在此原則之下，無論任何國家，不能生産有價值之出口品，即不能爲有價值之輸入國家。是以對於輸入國之財源，應行調查。蓋由調查之結果，既可知輸入國之價值，且能估計對於某貨需要之約數。此外，工業之發展、投資之數量、工資之多寡、積蓄之數量，工人、乞丐、失業工人之數目，皆在調查之列。（戊）財政～財政之健全與商務有重要之關係。其不健全者，貨幣紙鈔充斥市面，銀行易於倒閉，政府對於商業不時滋擾。在此情形之下，以現金交易爲宜。至於貨幣之價值，國課收入之數量，國債之數目及是否按期償還，銀行業務發展至如何程度等事件，足爲財政健全之指數，應加注意。而尤須注意於國外匯兑之起跌。但國外匯兑頗複雜，似以委托銀行處理爲宜。（己）社會～國際貿易者，必須知悉外國人民之習慣、性情、生活方法，然後其業務乃大有成功之希望。此理至爲顯明。然竟有於通商之際，專持己見，采用主觀之方式，以爲其推銷之法則者。此謬誤甚矣。殊不知外國人之性情習慣不能輕易改變，必須設法與之接近。愈接近則愈能得其同情，成功之機會愈多。換言之，成功之要訣，在於使人歡愛。此其一。種族與感觸，在調查時應加注意。世界之種族，可就其性情而别爲三類：即急躁、冷静、怪僻是也。屬於第一類者爲拉丁人、斯拉夫人、俄國人、波蘭人等。其感觸异常靈敏，稍有不如意，即怒形於面，情願放弃其利益，而不甘受人之揶揄。屬於第二類者爲英美人。其特性在以商務利益爲前提，不甚顧及他人之待遇。侮辱之來，顧所不願。然使有利可圖，則亦不甚計較。東方民族則屬於第三類。其性情似急躁而冷静，其怪誕之性質，暴露於取與之際。如有欲取其物者，則表見不悦之意，若取物於他人，則不如此。又東方人富於恒心，然亦有漠視金錢而缺少恒心者，此其二。（庚）商務～第一，在調查供求情形及一切商業方法；第二，在研究商業之組織。以上所舉數端，亦可稱爲市場之環境。皆有研究之必要者也。

（乙）勸銷術——各國人民各有其特性，各有其作事之方法。適用於甲國之勸銷術，不必適用於乙國。德人對外貿易，所以能成功者，因其知悉商業上之屈就性故也。而英美人則反是。以爲己所好者，人必好之，己所善者，人必善之。此種原則，未免囿於主見，自不能與人競爭。

美人習於性急，最重迅速，且認爲時間與金錢有同等價值。然過於躁切，則不免事後失悔，今舉一例以明之。有某美國公司，聞其貨可暢銷於南美洲，唯須乘機發展。於是乃選擇一著名性急之勸銷人，令其火速首途。但此人在對外貿易中無甚經驗，抵埠後，小住兩三日，將其貨品之樣本，陳設於旅社中。於是走訪城内諸商店，請其親臨參觀。同時并宣言一二日内即行。於是無有應者。再待一二日，亦無有應者。於是認定無開發之希望。乃行至第二城市，做同樣之舉動，得同樣之結果。乃掃興而返。某公司認定南美洲人民不悉現代商業之方法，不堪教育。乃將其發展之熱心，盡付東流。但數日後，有歐洲勸銷人，以同樣之貨品至。對於地方商人，極盡綢繆之致，而商人亦樂於周旋。於是於來往親密之中，而成巨量之交易。較之美國人之急躁者，其結果殆有天淵之别。此例證雖屬虛構，而歐美人商業方法之不同，確是如此。是以販賣中之基本要素，在於研究消耗者之性情與方法，實行捨己從人。在外國如有以交際爲貿易之必須者，應即從其所好。

勸銷時，自應輔以繼續不撓之努力。然以不蹈固求之嫌爲佳。因固求近於騷擾，必爲人所不歡悦。不但不能爲推銷之助，而反適以阻撓之。善於勸銷者，往往以靈巧外交取勝。較之糾纏不休，則勝萬萬矣。歐洲人之貿易方法，重親善，重交際，實爲美人所不及。其對於未曾謀面之人，概以交際爲入門之捷徑。美人之於貿易，坐狂熱之弊。由狂熱之結果，乃至於性急。由性急之反響，而顧客退避。但歐洲人則其有不同之人生觀。若輩認定商業之中，含有樂趣。業務之進行，應以快樂爲旨歸，殆幾視市場爲尋樂之所。故對於商業，取閑散之態度。大概言之，除美國外，各國商人多趨於閑逸。金錢雖可愛，然不願以逸樂之犧牲，爲取得金錢之交换品。凡欲與之交易者，自宜以閑散態度應付之。庶幾以乳投水，方有溶浹之可能。假如外國人之性質或習慣，皆有緩慢之表現，此乃彼之特權，與之争論無益也。即使因緩慢之關係，而鑄成終身之大錯，與我當然無涉。若試行糾正之，則不過徒費唇舌而已。美國人往往不滿意於外國人之方法，常出怨言。而且令其采仿美國之法則，是殆類於喪心病狂者之所爲矣。簡言之，國際貿易中之接洽，不宜於性急，以等候爲佳。苟能於等候之中，取得巨額之定貨命令，則等候亦合算。

此外則勸銷人之智巧，有重大之關係，智巧之施用隨地隨人而异。聞有一販賣電燈泡者，赴俄國勸銷。抵俄之前，業已有一英國公司之代表，在此進行買賣。契約雖未成立，而迄不能與承買公司之職員接見。彼乃宴請諸職員於某處，房中滿布其所售之電燈泡。酒數行，房中電燈忽然齊燃，在坐者咸爲之驚詫。乃知彼所勸銷之電燈泡，實較英人所販賣者爲優越。勸銷人乃從容起立而言曰：『彼將遠行，今借此機會以表示其貨物之優點，深爲榮幸云云。』嗣後聞買其貨者果踴躍。智巧之爲用，於兹可見矣。

（丙）廣告術——商業上所有一切廣告之最後之目的，在提倡賣貨，此乃借宣揚以售其貨物之法則也。然廣告之爲用，不必限於貨物之立時售出。有以巨金刊登廣告，其目的僅在介紹貨物，引起買者之注意及理解。同時并使買者對於貨物之功用及價值，易於明瞭；對於生産者之責任及貨物之質地，發生信仰。經由此法之介紹，買者與賣者之間，得以完全瞭解。而買者或由此而變爲永久之顧客。廣告之另一目的，在以貨品之名稱或商標，印入於消耗者之心理中。使觀此廣告者，雖不即時需要貨物，然或能引起其不時之查問。甚或使其采買少許，以爲試驗，久之或且引起其巨量之需要。然欲達到促進巨量之販賣，則須注意於廣告中最切要之原理。廣告之設計，須注意於貨物之特點、市場之情形、販賣之方法。貨物之功用與質地，應特别鋪張。其措詞與構造，又須合於市場之心理。例如在排斥外貨時，受排斥之外貨，應以隱藏貨物之國籍爲宜，而尤應見風轉舵，竭力避免消耗二者之仇視。至於貨物之分配方法，則與選擇廣告媒介有關係。例如采用直接方法者，除刊廣告於雜志報章外，并可舉行陳列及招貼兩事。廣告媒介，計有四類：（一）雜志、報章。（二）説明書、信札。（三）陳列。（四）招貼。近來尚有采用電光廣告者，然用費甚大，非巨大之公司莫辦。廣告之設計甚爲複雜，委之於廣告專家辦理可也。普通廣告，大概刊於雜志及報章。然爲求速計及與買者接洽圓滿計，則以用費較大之通信方法爲便當。國際貿易中之信札，最易引起收受者之歡閲，容易發生效力。是以用費雖大，仍屬合算。貨物之陳列，本爲一有效力之廣告，然而往往爲缺少經驗之國際貿易者所忽視。殊不知介紹貨物於新市場，最有效力之廣告方法，厥爲通信、説明書、陳列三法則。但陳列時須有一常川代表，以備説明。招貼亦爲一有效之廣告法則。不過在歐洲各國，對於招貼及類似招貼之廣告，徵税甚重。而且招貼之地點，亦由政府指定。其取締之嚴，幾等於禁止。是以此法則之使用，僅限於極小之範圍。然在其他之國家，仍可充分使用。

（丁）國際貿易人才之訓練——知與行，在無論何種事業中，均爲極重要之兩要素。然何者爲難，何者爲易，在中國哲學中已成爲争論之焦點，兹不贅。國際貿易中之知與行，兩者并重。關於知之部分，前已略言大概。而行之部分，則有賴於人才。然人才則又須賴知識之造就。人之生也，無論有若何偉大之能力，必須經過訓練，然後能成專藝之才。而訓練則包括理論與實際。歐美各國，鑒於國際貿易人才之缺乏，乃招集青年而教育之。在比利時、德、法各國，且設置商業專門學校，以造育商業專門人才。美國商業專門學校之著名者，有哈佛大學之商政畢業院（Graduate School of Business Administration）、彭色維尼亞大學（University of Pennsylvania）之瓦頓財商學院（Whaton School of Finance and Commerce）、哥倫比亞之商業院及紐約大學之商業院等。至於教學之方法，則有二種：即實驗法與專門法是也。專門教育之目的，在授與學生以商業上之普通知識，當不僅限於培養勸銷人才而已也。故其教授之科目甚複雜，例如商業歷史、商業地理、商業政策、領事制度、運輸、保險、裝包、關税、商法、工藝學、銀行、財政、統計、心理學、語言等，皆在必修之列。學生卒業後，派往工廠及事務所實習。最後，如欲其從事於國際貿易，則須送至外洋充任事務員，學習業務中之複雜事件。而學習者對於外國之語言、習慣、心理，亦自易於瞭解精通，而成爲有專門訓練及實地經驗之人才。其對於勸銷及其他職務，自能擔任。而實驗法則注重經驗，其法於青年中擇其有爲者，授以實驗教育，不必送入專門學校。第一步之練習，於工廠中舉行之。製造之法則及貨物之性質，皆須學習。第二步則派往外洋，使其在經理指導之下繼續實習。監習期滿，如上級職員認爲成績優良，則授以獨當一面之工作。其所學習者，較專門學校爲單簡，所受科目，咸含有直接實驗之價值。例如商業知識、商品學、外國人語言習慣、海外商業情形、勸銷術、領事章程、海關章程、運輸保險等，皆合於直接及實驗之需要。究之此兩方法何者爲善？自當以學校之教育及實習經驗合并爲佳，而實際經歷則萬不可缺少。至於美國之商業教育，則尤有顯著之缺憾。第一，過於注重理論及學校之訓練，而於商業實驗及實驗經驗，缺少根據。第二，科目過於普通，種類亦太多。而於學生將來所需要之重要學識，缺乏專門或集中之研究。第三，教授中所稱爲專家者，多教授無關輕重之科目，不能使理論與實際銜接。至於青年會所辦之職業學校，純屬皮毛上之訓練，於學者無益。我國近來所設立之商業學校，多重視理論，其目的蓋在使學子知悉商業上之理論而已。如欲從事於對外貿易中之實際工作，自當加以擴大之實習，以爲補充。

以上列舉之四端——戰術、勸銷、廣告、教育——實爲個人努力中應注意之重要事件。其中教育與戰術尤爲根本問題。蓋人之行事，必須有知識爲之前導。商業教育，無論其偏於理論或實際，皆商業途徑中之指南針也。理論爲始，而以實際補充之，殆成爲今日商業教育中之普遍現象。我國對外貿易處於被動地位，而唯以土貨，抵償進口貨中之一部分。此後當於教育與人才中，以求挽回頹勢之法則，則庶乎其有濟也。

第五章　國際貿易中之財政問題

在現代之經濟組織中，貨物之生産與貨物之消耗，其間須經過久長之時間。在此時間中，貨物中所包含之財富，不能生利。而財富之主人，亦無所用其財富。勢必耐心等候，俟貨物售出，然後此閑空之財富，始得一變而爲活動之資本。就生産者言之，待貨出售，實爲一種負擔，此負擔由何人肩任，是一大費研究之問題。假定於消耗之時，貨款始行交付，則負擔當然由生産者自任矣。若於消耗之前，即行付款，則消耗者實負其責矣。然而在一定情形之下，則可移之於第三者，如中間人是也。其轉移之方法，即有由第三者貸款於生産者，而取償於消耗者。自原料之購買，以至於生産，其間亦須經過若干時間，此時間之等候，亦爲一種之負擔。然普通認此種負擔爲生産費之一部分，當然由製造者擔任。同樣，消耗者之購買貨物，以至於確實消耗之時，亦須經過許久之時間。由此所發生之負擔，自須由消耗者自身負責。由貨物之製造，至最後售於消耗者，其間所消費之時間，往往視爲分配費之一部分，由生産者以其分配者之資格擔任之，或由經理此項貨物之中間人負責肩任。此種轉移之負擔，須包括於貨價之中，由最後之消耗者擔任。以上所舉之負擔，有可以財政負擔名之，因其包含貸資問題故也。貸資問題中有二事須辨明者：一，等候付款；二，不付款之危險。第一事爲財政職務，第二事則爲危險要素。（詳論於後）財政負擔之輕重，各國不同。大概資本缺乏之國家，利息甚重，則財政負擔甚重。在資本富饒之國家中，供過於求，利息甚低，財政負擔亦隨之而輕。因此，生産者易於稱貸，不必多費報酬。此爲對外貿易貸資問題中之大便利。吾人於此處更可得一結論：即利息低之國家，因其便於生産者之貸資，在對外貿易立場上，占極大之便利。利息高之國家，決不能與争，除非利用國外低息之資本，以供給其對外之資財。須知生産者與販賣者，皆不欲之埋其資本於貨物之中。然設使貨物一時不能售出，則救濟之方法，唯有向銀行貸資。假使生産者擁有巨資，則貸資之事，可以自理。而唯對於買者，征取服役之費。同樣，在貨物滯消時期，生産者不需活動資本，自願貸出長時間之款項，而自身擔任財政負擔。然此皆爲特别情形，不可常見，仍當以利用財政專家之服役爲宜。

貸資問題，仿佛等於我國商場中之賒計。貸錢兩交，此爲交易之本來面目。賒計實爲例外。若非賒計不可，則在賣者爲貸方，買者爲借方。歐美各國之工業商業制度，規模宏大，製造者與販賣者，皆須仰賴於賒計。其時間自一月至半年不等，此之謂貸資。然則所謂貸資者，不過賒計耳。非真以資財貸出也。至於向銀行稱貸，確從銀行中提取現款，此之謂真貸資。

關於貨物之貸資，其時間之短長，應視貨物最後之售出而定。其售出最速者則時間隨之而短，反之則長。例如零售貨物，大概三十日可以售出，故貸資以三十日爲率。如貨物之售出者，必須經過六月之時光，則賒計之期限，亦可展至六月。貨物售出之遲速，各市場不能一律。因而貸資之期限，隨各國之情形而有不同。美國國内市場之貸資，其時間甚短。故美商對於外商之要求三月六月或九月爲期限者，多認爲不合理，且有因此而拒絕與外商交易者。國際貿易中之貸資時間自應較國内貿易爲長遠，其理由爲（一）貨物之運輸，須經過長久之時間。（二）買者交款於賣者，亦須經過長久之時間。在此情形之下，即使買者於收到貨物時，便行交款，其時間亦甚長。在賣者雖等候若干時日，認爲是一種之負擔。然在買者，則不認爲貸資。貸資之期限，固須基於售貨之速率。然售貨之速率，則與囤貨之容量有關係。國際貿易中之運輸甚爲緩慢，販賣者必須囤買巨額之貨物，以應付不時之需要。囤貨多，則銷售慢，貸資期限自應較長，方爲公允。在經濟落後之國家中，販賣貨物者，皆係小本營生，而且資本缺乏，利率甚高，故貸資之時間應較長。其他爲貸資之問題而必須考慮者，則尚有（一）工業之合時性。例如消耗者之付款，必須待其生産品之成熟，則販賣者不能不予以貸資之時間。而自身則轉請製造者，予以同樣之貸資。美國南方之棉業，即爲此種貸資之例證。（二）外國匯率之合時變化。在外國匯率高漲之時，則進口貿易商不願及時付款。其結果，交款期限必須延長。

國際貿易中之付款方法，在原則上與國内貿易相同。今爲分述於次。

一、付現。自賣者之觀點言之，定貨交款，最爲妥當省事。然買者則認爲不可能。何者？因定貨之後，或須經過六月之時光，貨物始能達到。又或須經過六月之時光，貨品始能售出。而輸出商又非買者所素識，自不能堅其信用。若賣者要求付現，當爲買者所懷疑或惡恨，交易決難成功。故付現之方法，不唯不便，且不可能。輸出商自應采用其他合於實用之法則。一方面使買者不必付出現金，他方面則擔保收款迅速。至於貨物售出之數量，僅限於些須者，如樣本之類。則要求付現，不爲無理，且可杜弊。

二、銀行信用。此爲銀行對於付款之擔保。其付款之方法，則由輸入商即買者與其銀行議定交款辦法。將應付之款，由銀行飭外國銀行，交予指定之輸出商即賣者。但賣者須陳示交易圓滿之證據。買者能定立如此之付款方法與否，則視其財政信用而定。信用昭著之商人，若其於銀行中之存款，又能超過其所要求之擔保，則銀行當然允可其要求，而唯收取少許之佣金及利息。假若買者之地位不甚高超，而其所要求之款項，又超過其存款。則銀行爲慎重起見，自必需要相當之擔保品或現款。此種辦法，自輸入商觀之，自較現款定貨爲佳。蓋因在此新法則之下，輸入商直待貨物起運之時，始行付款，而輸入商乃得有充分之時間，在輸出國檢查其貨物。如貨物經檢查而有不合，則可與賣者交涉，停止付款。

國外買者，如已得銀行之擔保，則往往請求銀行對於擔保之證實。證實云者，即由交款之銀行通知輸出商人，謂已準備若干款項，任其提取。按之慣例，交款銀行除非有買者之申請，則不證實付款之擔保。此種付款方法，稱爲見據付現（Cash against documents）。頗便於消耗者。然消耗者則照例惡恨銀行擔保之請求。但若消耗者之名譽，既不能稱爲滿意，而商業上之情形，又復緊張，輸出商自不能任其貨物之離開，而任人攫取。其結果則唯有商請買者予以銀行之擔保，使其貨價有着。而消耗者於此情形之下，亦往往能爲原諒。若從大規模之交易着想，則不能汲汲於銀行擔保之請求。資本雄厚、辦法巧妙之出口商店，對於貸資期限之引長，往往慨然承諾，其業務乃得大爲發達。因此經營國際貿易之出口商人，應以允許較長之貸資期限爲原則。

三、記賬。在此法則之下，買者不付現款，而賣者則唯於賬簿之中，記其貨價之總數，令買者償付。此法於買者甚便，因無定期付款之責任故也。其便於國外之進口商者，計有兩點。第一，使國外進口商得於收到消耗者之款項後，始行交款。第二，在國外匯率動摇不定之時，外國進口商可從緩付款，不受匯率之損失。至若兩公司之繼續交易者，尤宜采用記賬法，以免使用票據及其他辦法之煩惱。但自賣者之方面言之，則諸多不便。買者既無票據，以承認其債務，則危險堪虞。一也。如有争執，則賣者須詳細證明貨物確已依照契約點交，殊爲煩惱。二也。付款既無定期，則買者不免故意延宕。三也。職此之故，記賬之法則，已不能通行。起而代之者爲商用票據。

四、商用票據。國際貿易，實爲一長距離之交易。换言之，貨物之流動，須經過一長距離。當貨物在此長距離運輸之中，賣者既不能得到現款，買者亦不願付現。然而賣者則需款甚急。救濟之法，則唯有使用商用票據，請求銀行之援助。如果買賣兩方之信用，爲人所共知，則其所使用之商用票據，殆與現金無异。商用票據，爲有價證券之一種。往往與匯票、商用承付、銀行承付、期票等，混爲一談。今爲分别説明之。（一）銀行匯票。此爲普通之支票。發行付款命令者爲銀行，交款者亦爲銀行，而收款者則爲另一人。（二）匯票。此爲賣者請求買者付款於第三者（照例爲銀行）之票據。其用之於國内貿易之中者，稱爲匯票。其用之於國際貿易中者，則名曰商用票據。無論何種票據，皆有當事者三人，即發行人、承受人或交款人、收款人是也。頒布付款之命令者爲發行人。接受付款之命令者爲承受人或交款人。假如交款人已承認付款，則此商用票據即成爲有價之承付券。自法律上言之，此種承付券殆與商用承付適相同。其微有不同之點，則在買賣之範圍。商用票據可在國外買賣，而商用承付則不能。（三）銀行承付。商用票據經銀行擔保付款者，則成爲銀行承付。此種證券，既經銀行之擔保，自可在各錢市中自由變賣，唯須略給折扣。（四）期票。此爲發行者之允許付款。究之能否履行其付款之契約，則視發行者之財力而定。商用票據之用法，可舉一例以明之。今有上海某公司，在紐約某公司購買萬元商品。在貨物起運時，紐約公司即賣者，對買者發行萬元票據一張。以九十日爲期。即將此票據并發貨單與提單，郵寄於買者。買者收到票據後，即於票面書承認支付，在紐約某銀行付款十數字，并署其名。乃復由郵局寄回於紐約之賣者。此票據經承認支付之後，則成爲完全之商用票據。假如賣者需用現款，則可將此票據携往銀行發售，現款可即時取得。或者以票據爲抵押品，向銀行借支現款亦可。假如商用票據所代表之商品，爲大宗貨物，抵埠時容易售出，則銀行可貸與貨價百分之九十。買者賣者之信用若何，皆所不計。設使買賣兩方之信用，完全滿意，則銀行可照貨價十足貸資。若抵押之貨品，如特製商品或機械等，不易售出，則貸資之標準，僅能及於貨價之半數。總而言之，商用票據經銀行承認支付之後，即爲有價證券，隨時隨地可以變得現款。此種貸資辦法，國外匯兑及銀行學中論之頗詳，茲不多贅。

國際貿易中之財政問題，有廣狹兩義。就其狹義言，則貸資之範圍，僅限於買賣兩方。例如賣者不欲其資本縛束於貨物之中，即可向銀行設法貸資。若買者不欲於定貨時即交現款，則亦可以向銀行設法，請其擔保。此種貸資辦法，雖能減少買賣兩方財政上之困難，而便利其交易。然其影響，則僅及於個人。於整個之國際貿易之發展，尤其對於發展整個之出口貿易，無根本上之連帶關係。若就廣義言，國際貿易中之財政問題，應包括有投資問題，使對外投資，足爲發展整個對外貿易之援助。换言之，國際貿易中之貸資，應不僅貸予關係交易之個人，而必須貸予外國其他之個人或團體或政府，以爲增加對外貿易容量之鼓勵。然對外投資，能否鼓勵對外貿易，今須解答於次。

對外投資與對外貿易間最明瞭之關係，在於以債票或股票抵償貨價。今設有一中國之鐵路公司，欲行購買車頭、車軌及其他材料。然缺少現金。結果乃發行債票，送往國外製造鐵路物料之公司，以爲貸款之抵償品。該物料公司接收此項債票後，又送往銀行或財政中間人，請其轉賣於投資者。由此觀之，貨物之出售，因投資之關係，乃有可能。在歐戰中及戰後數年内，美國所貸予歐洲各國之款項，咸屬於此類。美政府貸予協約國之款項，其形式等於銀行之信用。在此信用限度内，債務國可以提取款項，以爲購貨之用。又或投資國家之債權公司，於收買國外債務公司之債票時，限制其借款用途，在於購買債權公司之物料。又或國外之鐵路或其他公用事業，爲投資國家所操縱。則凡鐵路上之需要物品，自必購之於投資國家。又或投資者對於國外之投資事業，主張雇用本國技師及職員，以爲之助理。而此等職員一經録用，自必選擇本國貨物而購買之。是以對外投資，足爲銷售本國貨物之援助。又一國之政府，間或干涉投資之自由流通，以截留款項，推銷國貨爲目的者。譬如法國政府，即此類也。法國政府對於巴黎交易所有監督全權；凡外國政府欲以其債票，於巴黎交易所發售者，必先得法政府之許可，而法政府即可操縱，逼令外國政府，以其款項之一部分，購買法國貨物。否則不准外國債票在巴黎交易所發賣。準此而論，則政府取締投資權之行使，可爲發展對外貿易之助力。以上所舉，皆係特種例證，是證投資與貿易，實有密切之關係。普通言之，投資於外國，即可與之發生商業上之關係。且使兩國感情融洽，貿易時更感便利。總而言之，對外投資或貸款於外國，定可鼓勵對外貿易。至貸款償還時，則投資國之對外購買力又加大。國外原料及消耗品，乃得便利購入。輸入品之便利，當可使生活程度提高，而同時製造費則又不至於增加。故現今之欲擴大出口貿易者，極力主張對外投資。不過亦有反對者，其理由則謂本國資本，應用以發展本國工業，使國内勞工，有工可作。實則國有餘資者，既無所用之，自當投入外國。至於勞工之失業，尚有其他之原因。工業制度之混亂實爲其失業之基本理由。若謂工業數目之不够，即認爲有失業之虞，是乃皮相之論也。

第六章　國際貿易中之政府援助

就理論言，國際貿易中之推動力，當爲商人所征逐之利潤。换言之，國際貿易，即由利潤而起也。而此利潤，又屬於雙方。故國際貿易，可繼續流動，不必政府干涉。而多數理論經濟學者，且爲進一步之主張。謂商人所博取之利潤，純屬私利。私利如何取得，若輩自有極明確之判斷。且私利所關，自必加倍努力。故政府無干涉之必要。至於維持法律及保障契約，則爲政府所有事。此類經濟學者，不承認對外貿易與國内貿易間有若何分别，竟視全世界爲一通商之大市場。然自他方面觀之，則又有另一派經濟學者，注重國家之境界。同時亦不漠視世界貿易。彼等雖承認貿易中之原動力，爲個人之利潤。然其視貿易之影響，則頗廣大，於全社會皆有關係。於是認定個人不能爲其自身之唯一指導者。國家必須加以干涉，加以指示，務使商務之發展，有連帶發展國内工業之功能。然此種特殊工業之發展，其目的在擴充國内之政權及軍權，對於個人之利益，則不甚重視。德國之經濟學家及哲學家，皆有此主張。然亦有主張一國之經濟政策，須以發展特别階級或各階級之經濟利益爲前提者。在此主張之下，個人私利不能爲正確之指導。而一階級之利益，又須倚賴於他階級。因此，必須有一公共之威權如國家，以規定國際貿易者之活動，然後始能收到所期望之效果。此種學説，盛行於美國、加拿大、澳洲等國。

在國際貿易之活動中，主張政府不加干涉者，已立於失敗地位。現今各國政府，殆無有不重視對外貿易，而予以援助者。特其援助之程度及法則，各有不同耳。以程度言，則有直接使用武力者，有直接由國庫給予津貼者，有僅施行關税保護者。以法則言，則有用外交方法領事服役者，有以武力示威者，有以立法爲援助者。今爲分述於左。

（甲）政治上之援助——一國之政府，爲援助出口貿易起見，一方面可與外國政府締結順利之條約，以便於其貨物之輸出。一方面獎勵對外投資，以爲其貨物推銷之援助。而另一方面則又設置若干辦理國際貿易之機關，以爲對外貿易之輔助。國際貿易，若欲達到較高地位，非數百年不爲功。英國、比利時、荷蘭之對外貿易，皆經過長久之時間，始有巨大之發展。其經營國際貿易之大公司，皆授與政權，以爲開發國外商務之武器。唯德國之對外商務，則發展甚速，爲期僅二十年，幾有超越英國之趨勢。其發展之法則，如悉心準備、合作方法、政府援助等，可爲後進國之模範。德國對外貿易之組織，集中於柏林，而以帝國銀行（Reichs Bank）爲基礎。所有分配於全世界之德國商業機關，皆以此銀行爲中心。政府對之，盡其力之所能，而予以援助。此外如銀行、運輸公司、製造者，莫不竭力與之合作。由此組織之結果，舉凡有害於商業之擴大者，則免除之，有益者，則擴充之。政府對於國外貿易，既儘量扶助，而征服國外商場，遂成爲全國之希望。至於國外商場之取得，則不僅倚賴於經濟力，而政治實爲其先鋒。其方法在先取得領袖資格或勢力範圍，然後以資本供給之。使商場所在之國家，在資本方面受其操縱，而成爲完全之附庸。至於資本之供給，則取之於國内各財政公司。如猶不足，則稱貸於他國。近來日本大借美債，以發展滿洲，即此類也。對外投資，既經政府之鼓勵，則政府似有保護之義務。至關於保護之政策，則有兩派之意見。此兩派各走極端，殊無調和勾通之餘地。其一派曰：投資者既以其資本投於經濟落後之國家，當然知其所受之危險。而此項危險，則與其所掠奪之高利適對消。是以此種投資，即被外國政府掠奪或没收，本國政府對之，可不負保護之責任。他派之意見則曰：投資者在外國之財産，政府應出而干涉以保護之。假使政府對於投資之所在地，持有特別利益，尤應竭力保護。近來美國輿論中，確有此兩派之争持。自民國十六年南京事件發生後，此兩派之争論，愈加激烈。然此徒爲舌戰而已。而他帝國主義之積極政策，則愈加顯露。

關於提倡及保護對外貿易之職務，各國政府除以整個之全力協助外，且分設獨立機關，掌理其事。此項機關，在各國之組織，各有不同。約可分爲三類。第一類爲中央政府之商務部及其連帶機關，如商務司、對外貿易商務司等。其關於對外貿易之職務，在整理領事之報告。舉凡國外市場之一切情形而與本國對外貿易有關係者，皆必須采録於報告之中，而另爲編制，以備商人之參考。此外則關於整理商業計劃、鼓勵對外投資及派人實地調查，皆爲政府商務機關所有事。第二類爲外交機關如公使特使等。其作用在保護商人在外國之權利。商人在外洋之權利，如被外國政府侵害，得請求外交部及公使，爲之援助，以達到要求賠償之目的。但請求之手續，各國不同。在美國則請求者須於請求時爲美國公民，其所請求申雪之事件，須理由充實，證據確鑿，然後外交部乃特向外國政府交涉。第三類之機關爲領事館。按之國際公法，領事爲商務經理人，其職務在便利商務，收集關於商務之一切報告，監視本國在外洋之運輸及航政，預防國課中之弊竇，保護海外僑民之利益等事。美國領事，且須證明運銷美國内地貨價之確實。以性質論，則領事應歸商務部管轄。然論其歷史關係，則領事隸屬於外交部，按之各國皆然。其輔助商人最有效力之方法，則在設置閲書室。將各種貨品、說明書、商業文章及報告、價目表、分類目録等讀物，分列於閲書室中，任人瀏覽。領事既爲輔助商人之機關，則商人之欲請其援助或保護者，宜與直接交涉。

若所交涉之事件，領事不能解決，然後乃訴之於外交部或公使。此爲一定之程序，而不能紊亂者也。

（乙）立法之援助——對外貿易之發展，有須立法之援助者。例如美國之韋伯彭麥倫法（Webb-Pomerene Act）即此類也。此法之目的，蓋在救濟美商在對外貿易中之障礙。緣美國人惡托拉斯或信托公司之專横，乃於一八九〇年，禁止其存在及産生。結果於美國出口商人不利。故必設法以變通之。其變通之理由，在使美國對外貿易者，利用販賣之合作，以與外商競争。

國際貿易中之合作，必須基於工業之合并。蓋不如此，則因國内同業之競争，必難形成對外貿易之合作。但關於工業之結合，有兩派不同之意見。主張大規模之工業結合，謂托拉斯不但無害，而且有利。大規模之工業結合，於生産上運輸上銷售上，皆可節省經費。此其利益一。免除商業上之虚糜及危險。此其利益二。經濟力之合作，愈加和諧，結果較爲可靠。此其利益三。至於反對方面，則謂托拉斯之財政上弊端甚多，辦法亦復不善。例如消滅自由競争，剥削人民。始則減價，一俟競争消滅，則加價數倍，皆足爲商業之妨害。但現今世界明理之輿論，似趨重於工業之結合，但同時主張加以政府之取締。

美國輿論，痛惡工業之結合，而歐洲則否。歐洲人一方面瞭解工業結合之利益，而他方面則承認其弊害，以政府之嚴格取締，預爲之防。德國之大工業結合，稱爲加德耳（Gartel），可視爲模範托拉斯。其在國内與國外之行動，悉由政府予以最有效力之取締。在歐戰時代，加德耳之形式，略爲改變，而成爲强迫之托拉斯。其販賣部與采買部，皆係共同性質。英國爲應付加德耳之競争起見，於一九〇〇年通過一種法令，以援助英國之對外貿易。歐戰告終，英國公司及英意公司乃應運而生。此兩公司爲英國開發對外貿易之兩大商業組合，而得有政府之援助者也。在法日兩國，亦有同樣巨大公司之産生。而德國公司之規模，似爲各國所摹仿。此類組織之目的，在以契約之形式，操縱價格，制定共同之價格表，限制生産及出品分配之決定，等等。

合作之可能有三：曰中立，曰良善，曰奸惡。假若合作之法則，既不必利於人，亦不害人，是謂中立之合作。若合作有利於人，而決不害人，是謂良善之合作。若合作之結果，衹利於合作之團體，而絶對有害於他人，此之謂奸惡之合作。土匪地痞之合夥，即此類也。一切有組織之商業努力，其目的在戰勝競争。最鋭利之競争，究非良善之象徵。若予以相當之取締，衹是有利而無害。自他方面言之，免除競争，必致形成壟斷與專横。較之最劇烈之競争爲尤惡。不過對外貿易中之合作，無論其爲良善爲奸惡，其目的在以鄰國爲壑。尤其對於弱國，專睢欺凌，無所不至。而剥削階級所豢養之輿論，反助桀爲虐，主張以不忍殘害本國之法則，而施之於弱小民族。托拉斯在美國久已不能存在。然自經法律修改之後，則在對外貿易範圍内，可以自由成立。此雖爲帝國主義之真面目，亦可以知外國政府之援助對外貿易，苟其立法權之所能及，無不儘量援助。

（丙）關税之援助——關税之作用，在以高税率抵制外貨之輸入。與對外貿易，似無若何關係。然按之采行保護關税之國家，則關税之功用，亦大以哉。蓋新興國家之中，製造業必不甚發展，不能够國内之消耗，必須仰給於國外。而所輸出以爲輸入之抵償者，十九皆土貨原料之類。今若欲振興國内之實業，則爲外貨所扼，不能暢旺。救濟之法，唯在提高外貨入口之進口税，使其望而却步。夫如是，國内實業，乃得以自由發育，而且可以擴充其勢力以至於國外。美國工業發達之歷史，即可爲明證。美國本爲農業國家，在其立國後之數十年，其出口貿易，純屬原料及糧食，迨保護政策實行之後，國内製造業逐漸興盛，且由農業國一變而爲製造國。而其製造品之運銷外洋以與外貨競争者，爲數至巨。由是觀之，關税對於實業之輔助，一方面在扶植其發展，一方面則減輕或豁免原料之入口税，以減少製造品之生産費，以爲其推銷外洋之援助。不過關税之效力，甚爲遲緩。必須經過長久之時期，然後其結果乃能表見。非若立法援助及其他直接援助之直接了當，而顯然易見。而且關税保護，爲一國商業政策之一部分，其着眼點，當不在於個人，而在於整個製造業之發展，以圖伸張其勢力於國外。職此之故，國際貿易者，或僅知關税於一般實業有利益，而不知其對於自己尤有培植庇護之功能也。

（丁）津貼之援助——津貼之運用，與關税略相同。其目的皆在扶植國内實業之發展，以侵入外國之市場，爲最後之目標者也。然其基礎上之理論，則各有不同。關税之結果，在提高物價，使生産費包含於物價之中，不致虧折。而津貼則爲政府之現款，所以給予生産者而解除其所感受之困難也。就實際言，保護關税下之高昂物價，當然出之於消耗者。是則培養製造業之費用，當然由消耗者負擔。但發展實業，爲全國之利益所繫。若其費用僅由消耗者擔任，於理不平。故須設法救濟之。救濟之原則，在使公共之用費，由全社會分攤負擔之，此津貼所由應運而生也。

以上所列四端，皆政府援助國際貿易之大略。至於以武力示威，則在中國爲常見之事。今日各商埠、各租界所駐之海陸軍，皆用以示威之工具也。其示威之作用，無非爲保僑保産，亦即無非爲保護其對外貿易。此種之保護法則，終究是否有利，各帝國主義不能不加以考慮者也。

第七章　國際貿易中之分配問題

貨物之轉運及貯藏，皆在分配職務之範圍。其注意之點，一、運輸之手續。二、轉運公司之選擇。三、關於海關之手續。而運輸之手續，又可分爲包裝、標識、鐵路運輸等。今略爲分述之。

（甲）包裝——凡貨物運往外洋者，必須妥爲包裝，固屬毫無疑義。然包裝之法則，則應注意於（一）普通情形。所謂普通情形者，即工人搬運貨物時，極盡鹵莽粗暴之能事。包裝稍有不慎，則貨物受其損壞。此其一。貨物在途中須經過久長之時間，包裝時須注意於氣候之變化。此其二。貨物之包裝須牢固，即使受雨露風暴之侵蝕，決不致於損壞。（二）特別情形。貨物到達之後，往往不能直接起卸於碼頭，而必須經過小駁船之傳迭。又或碼頭無篷罩，貨物起卸後，任風寒之侵蝕。至於貨物更須運往内地者，則包裝更須堅牢。且各國關於包裝之方法，各有法律上之規定，不可違反。此種特別情形，應由發貨公司悉心調查。如買者能以特別之包裝方法告知，則更佳矣。（三）運輸公司之收費，多以所占空間爲標準。故包裝宜小，而且又宜堅强。既不能多占地位，而又可以抵抗粗暴之搬運。

（乙）標識——貨物包裝之後，必須加以標識。關於標識之規定，各國不同。有規定標識須注明於印花板者，或須將重量注明者。如有違反事情，則遲延與罰鍰隨之。包裝上衹須記明號碼與字母。收貨人之姓名及住址，登記於提貨單中可也。

（丙）鐵路運輸。貨物之運銷外洋者，往往在國内須經過長遠之鐵路。是以對於鐵路運輸之知識，亦不可缺乏。但鐵路運輸之手續，頗爲單簡，無須多費考慮。其應注意者，則在鐵路運輸終止之時，宜如何使貨物運至船上，此項過渡辦法，頗費周折。最好將此種短距離之轉運，概行委托轉運公司辦理，可以免除許多煩惱及糜費。

貨物既達到輸出之海口，則有兩事急須解決。一方面須覓定妥當敏捷之船隻，以爲之轉運。而他方面則須了結海關之手續。關於船舶之選擇，則須先詢及買者之意向。如買者無所可否，則選擇運費低廉者可也。船舶運費，隨供求之情形而定。船舶多，運費廉，船舶少，則收費昂，殆與貨物之供求無异。以視鐵路運費之固定，則判若霄壤矣。鐵路運輸危險較少，故其取費之標準，可以預定。而船舶之往來於海上者，失慎之事，屢有所見，故取費甚昂。海上運費之標準，或用重量計算，或用立方英尺計算，由各公司自由決定。假如計算重量收費較多，則以重量爲標準。反之則以立方計算。且運費之起跌，至無定準。寄貨者須與運輸公司臨時議價。但海運較陸運爲廉，因海運衹需計及船舶之朽爛。而鐵路則對於車輛與路軌，須兼籌并顧，故收費較昂。

有謂國際貿易之發展，與船舶之國籍有密切關係者。其意若曰，在外國市場競争之中，苟能得本國輪船公司之援助，則競争之力加大，而成功可期。故欲擴充對外貿易，須有十足本國國籍之船隻，以爲運輸之輔助。其言雖近是，然不可過於重視。須知輪船公司，皆以利潤爲前提者也。殆與他種營業相同。苟其有利可圖，則不論國貨與外貨，皆一律裝運，決不至捨却外貨而獨運國貨，甘受虧折者也。且關於船舶之投資，利息頗微。唯有資本饒富之國家，情願爲此種之投資。百年前之美國，實握世界造船之牛耳。其商船殆遍於全球。今則轉移於英國矣。其轉移之原因有二。船舶由木製改爲鐵製，非美國能辦，一也。英國資本豐裕，二也。是船舶之應造與否，當視資本與技術而定。若僅欲援助對外貿易，而遽主張自造船隻，是殆昧於理論之主張也。

貨物達到輸出海口後，急須覓船裝運，但裝運有一定之手續。照例，貨物移交於碼頭時，須持有運輸公司之運貨證。運貨證之作用，在通知碼頭上之職員，接收貨物。貨物接受後，則由接收之職員，給以碼頭收條。寄貨者可持此收條，以換取輪船公司之提貨單。提貨單之性質，實爲運貨及交貨之書面證據。其作用在一方面爲收貨之憑證，而他方面則爲交貨之契約，由船長執行之。此外則尚有發貨單。凡貨物之重量、價格、性質、形狀等，皆於發貨單中紀載之。但發貨單非賣貨之證據，故不能爲有價證券。在貨物裝運之先，須將發貨單送往外國領事館，請其證明。蓋所以證明貨物之性質、價格等，以便於輸入國海關之檢查也。

商品之出口入口，皆須經過海關之查驗。其手續頗煩重，而入口之手續，則尤複雜。精通此種手續之瑣屑者，有報關行等中間人。最好將報關事件之辦理，概行委托之。既可省事，又可免除煩惱及遲滯。關於出口之規定，各國不同。依照美國之手續，出口商須將商品之來源、出路、重量、形狀、價值等，一一載明於出口貨報告中，呈由税務司查驗，轉呈政府備案。此項報告爲必備之條件，否則重罰。

貨物運至目的地，照例移轉於海關或關棧（Bonded Warehouse）以備海關當局之查驗。取貨手續，至爲複雜。可委托報關行辦理之。但貨物之貯棧者，恒數十日或數月不等，故必須妥爲貯藏之，以免損壞。此殆爲分配職務中之連帶事務。

第八章　國際貿易中之危險

所有一切經濟活動，皆有不定之要素參透其中。所有一切企業家，皆受不定之支配。企業家之職務中，與不定之決鬥，實占一重要部分。因不定之危險，而得相當之報酬，此故合於邏輯者也。因不定而起之危險，其性質與種類，可分述於次。

危險者，乃是意外發生之一種損失。不定，是危險之重要部分。若能由不定而變爲一定，則危險消滅矣。商人爲預防損失起見，情願出資於專家，請其擔負危險之責任。然危險之移於專家者，僅爲一部分。其殘剩之部分，則仍由商人肩負。在資本工業發達之前，經濟狀況，頗爲單簡。而各種危險，即已存在於其中，歐洲中世紀時代，交通梗塞，貨物之運輸，極感不便。以故有一方之豐收，而不能救濟他方之饑荒者。現今商務制度，大加改良。在吾人共同之經濟世界中，饑饉與豐稔，不能并存。現代商務之危險，多半起於生產與消耗間之時間中。蓋因此時間甚長。供求之關係，既難適合，而商人之判斷，亦不能十分正確。加以專業與合作，又已超過國境，範圍極廣。商業中之銜接，極感困難。是以商務上之危險，不能不因之增加。而消耗者之危險，反見減少矣。

商業上之危險有二。第一爲貨物之損失。第二屬於價格之跌落，及顧客之失信或欺騙。凡貨物由産生地運往消耗地，其間須經過多少之路程。在此路途之中，貨物常常有全體或一部分損失之虞。此種之損失，足爲物主及社會之負累。因此，損失之機會，必須設法減少，不但有利於個人，而且兼利於社會全體。以故政府之舉動，以預防損失爲目的者，其理由甚爲充分。第二類之危險，僅關係於商業中之個人。其防止之方法，自須由當事者自行籌劃。商人中之幹練者，理解力甚强，防止之術，易於成功。而昏聵無能者，必不免於損失，而唯有出於告退避賢之一途。關於此類之危險，若謂社會可完全利於局外，莫不相關，亦非精確之論也。例如以跌價而論，跌價本爲商場中習見之事，貨物之減價出售，甚或減至成本以下，於社會當無若何關係。因在此情形之下，受損失者與收利益者皆個人故也。然貨物而至減價出售，則買者對之，或不甚愛惜，而有虚糜或其他暴殄之傾向。故就社會之立場觀之，亦不能謂全無關係。然此等危險之應付方法，仍須以個人爲主體。政府與商業團體，從旁加以贊助可也。至於欺騙與失信，亦爲商場中常見之危險。在買者方面，常恐賣者對於其貨品之質地與數量，有蒙蔽情形。又或恐賣者不依照契約交貨。而賣者對於買者，亦恐其隨意取消定貨命令，或不如期付款。此類危險，皆含有個性，其結果當然由個人負擔。然社會對於商業道德及公理，亦不能熟視無睹。基於道德與互信之商業，其進行較爲順利，而相互之競争，亦較爲活躍。是社會之受其賜者甚多。以故政府對於商務中個人相互之行動必須加以干涉。務使欺騙事情，不致發生，雙方契約完全履行。此外尚有一與此類似之危險，即歇業倒閉是也。

以上列舉之各種危險，在國際貿易中，尤易於發生。此蓋源於國家間之距離較遠，交通不甚便利，而費用則甚昂，而商人所得之報告，不甚精確。貨物之運銷外洋者，在途中往往經歷長久之時間，及貨抵埠，則價已低落，對於賣者頗爲不利益。若抵埠時之貨價高漲，則又於買者不利益。然此類之危險，可由賣者用契約移之於進口商，或由進口商移之於買者。不過因轉移之關係，而用費則增加。此外則有外國語言之困難，使買賣兩方之心理，不易融合。又外國之法律，往往予外人訴訟上之種種之障礙。因此，外人所受之損失，雖耗費多金，仍不能於法庭中達到要求賠償之目的。質言之，國際貿易中之困難、不定、危險，皆足以使人望而生畏。其有對於國外市場，不肯貿然嘗試者，蓋以此耳。

救濟危險之法則有二。第一，免除或減少損失。第二，轉移危險。而轉移危險之方法，其要者有三。轉移方法中之最單簡者，即將危險之全部，移之於第二人——例如另一商人——而以一種之手續費報酬之，或另以賣價之減低酬報之。其次則將危險分散，使多人負擔之，以爲減少不定之地步。再其次，則使危險中和。换言之，即使意外之危險，與他之意外利潤相對消，此所謂黑迹是也。

損失之救濟，如能使損失完全免除，此可稱爲完備之法則。假若於救濟之中，損失猶不時發生，則證明救濟之方法，不甚完備，當爲國際貨物交換之障礙。在實際上，救濟之法則，不能完備。而唯對於貨物損失之危險，施以有力之救濟。例如改帆船爲汽船，使貨物因風暴而損失之機會減少。政府對於船隻，不時加以檢查，船員之資格提高。如此種種，皆所以講求安全，而減低危險也。至於減少物價變動之危險，則較爲困難。其能略可救濟者，唯在以間接方法行之。例如散布關於行情之精確報告，使商人判斷時有所遵循，即爲救濟方法之一端，大概大宗貨物，如米麥毛棉之類，其價格之高下，實可指明供求之傾向，可爲商人之指導。而製造品則較難研究。然亦不可因其困難而不施以救濟之法則也。

（甲）危險之轉移——將損失之機會由一人而移之於他人，是爲危險之移轉。後者既爲擔任危險之當事人，應由前者給以報酬。此種報酬，或爲酬金，如保險公司之保險費。或爲低價，如賣者爲免除危險起見，自願減價求售。又貨物之危險，可由買賣兩方商議擔負之。假定買者對於貨物之在運輸中者，概不負責，則賣者關於貨物之運輸及運費之漲跌種種危險，應一概擔負。又假定賣者於貨物出門後，概不負責。則買者不但有貨物損失之危險，而且有物價跌落之虞。若買者不欲受危險之支配，則可與賣者於事前約定貨物之退還。凡不能售出之貨物，概可退還於賣者，則買者當不至受物價跌落之影響矣。

（乙）危險之分散——國際貿易中之貨物，多半由海船運送，其危險甚大。可用保險方法移之於海上保險公司。若貨物受有損失，則由保險公司賠償。而其賠償之方法，則須基於損失之範圍，及損失之性質。假如貨物之全部或一部分，爲公共利益而損失者，則此損失之賠償費，由未受損失之貨物之物主，分攤擔任之。再由各物主取償於保險公司。至於貨物受通常之危險而損失者，則完全由物主負擔，與他人不相干涉。但保險中有一點應注意者，即在賠償與損失之關係。賠償費之多少，應以損失之多少爲標準。假如保險總額爲一萬元，而所損失則僅爲一千元。則保險公司僅負一千元之責任。貨物保險之總額，不能超過其在保險時之價值。至於其他之保險方法，甚爲複雜。而且涉入法律範圍，兹不多述。

（丙）危險之對消——對消法之目的，在使所得足償所失，今請以左例説明之。

有某甲在美國紐約購買大麥千石，每石價洋二元。及運至英國倫敦，則每石僅售一元八角，折洋二角。但甲爲預防損失起見，於買麥時，即已預賣同質地之大麥千石於某乙，每石二元，半年後始交貨。大概麥類之價格，在紐約與倫敦有同一之傾向。今倫敦之麥價，既減落二角。則紐約之價格，亦當隨之而降下二角。甲即於此時在紐約買進千石，以爲交貨之準備。計每石付洋一元八角，獲利二角。由是觀之，甲在賣出時，虧洋二角，而買進時，則賺二角，一賣一買，失得兩抵。虧折之危險，即由此而對消矣。此種救濟危險之方法，在英文中稱爲黑迹（Hedging）。

第九章　中國國際貿易之鳥瞰

（甲）歷史——我國國際貿易，在周代已見其端倪。秦皇崛起，統一寰區，實樹立當時中外通商大局之基礎。迨漢武帝遣使通西域，而中西互商之孔道乃通，遂成中西互市之形勢。東漢時，羅馬人挾其象牙玳瑁等貨物，經由海道而來中國，是爲歐洲商貨輸入我國之始。其後希臘人、波斯人、阿拉伯人、土耳其人來華貿易者，絡繹不絶。唐時中國國際貿易，則操之於猶太人之手，其通商之途徑有二：一由中亞細亞而達長安，一由印度洋而至南海。而華人之往海外貿易者，亦以錫蘭爲中樞。宋時外人之來華貿易者更多。而政府所收國際貿易之税款爲數亦巨。元時意大利人馬可波羅之來中國，及明代鄭和之奉使游歷南洋、印度諸國，皆足爲當時國際貿易之助力。

清時，歐人之與吾國通商者，以葡萄牙人爲最先。葡商來華者，約在一五一〇年，以廣州爲互市場，與華人感情尚融洽，但爲占據炮臺事件，爲華官所逐，其後則流爲海盜。繼葡商而起者爲西班牙人，於一八六四年與北京政府定立通商條約。但其屬地菲律賓群島之經濟權，則操之於華人之手，於是西政府乃將華人施行屠殺。計第一次遇害者二萬人，第二次爲華僑總額三分之二。其次來華者爲荷蘭人。荷人之目的，在奪取葡人已得之權利。屢次求與中國通商，皆未達到目的。嗣後因率艦攻擊澳門，爲華政府所逐，流爲海盜。

中英通商，開始於一六三七年。其互市地點爲廣州，主持英方之貿易者，爲英國東印度公司。中英商人之間，常常發生轇轕。最後乃有鴉片烟之戰争。法人來華貿易者，在一六六六年，三十年後法人更組織擴大之公司，與中國貿易，其大本營設於澳門。美國在獨立前，與中國在商務上僅有間接之關係。華茶之輸入美國者，須經過東印度公司之間接手續。一七八四年美船初次來華，泊於廣州，是爲中美直接通商之始。

當時交易之物品，在進口方面，則有歐人輸入之呢絨、五金、皮貨、棉花、鴉片烟等。而出口方面，則爲茶、生絲、綢緞等。進口貿易中，以鴉片爲大宗，每年超過一千萬兩，來自英國者占百分之九十以上。至於出口貨之大部分，則運銷於英美兩國。當時在中國互市之方式，則以行爲核心。行也者，乃與外人通商之法定商務機關也。一七四五年華政府嚴禁行以外之商人與外人交易，於是廣州之貿易，乃爲中外之行商所壟斷。一八四二年，行之制度始行根本廢除。

（乙）現狀——我國國際貿易，在出口進口兩方面，皆有繼續增長之勢。近五年來，進口貨在九萬萬兩左右，而出口貨則在七萬萬兩左右，因此入超達一萬萬兩以上。進口貨中之重要貨品，以棉貨居第一位，占總額百分之二十以上；其次爲米糧，約占百分之十至十五；再次爲五金類，占百分之七八；再次爲煤油砂糖，各占百分之五六；此外尚有烟草機器海産物，亦各占百分之三四；至於洋紙、染料、煤炭等，則僅占百分之一二。近來棉貨之輸入，以來自日本者爲最多，英貨次之。米糧之大部分，來自安南緬甸，間或亦有由日本、朝鮮輸入者。我國所消耗之煤油，完全操縱於美商美孚公司及英商英荷公司之手。我國因受内戰影響，工業不能發達，以故機器之進口，爲數甚少。在入口之機器中，以紡織機器爲大宗，而用之於日本紗廠者尤占多數。染料及化學藥品，多來自德國。

出口貿易中，最占重要之物品，當推絲繭類，占出口總額百分之二十以上。其次爲豆類及豆製品，與絲繭相伯仲。再次爲植物油，占百分之五六。再次爲植物籽實、綢緞、棉花等，占百分之三四。至於素負盛名之茶，則僅占百分之二三。其餘如鷄蛋、煤炭、羊毛等，則僅占百分之一二不等。華絲本在世界上居第一位，近因日絲之競争，則降爲第二位矣。其運銷於外國者，以法國爲第一，美國次之，印度又次之。其他如日本、埃及、土耳其、波斯等國，亦有華絲之侵入，但爲量甚微。我國所産之豆類，除製醬油、豆腐外，尚可肥田，故其用途甚大，銷售於日本、俄國及歐美各國者，其價值以億萬計。我國桐油出産於湖南四川等省，多半運銷於美國。至於華茶之衰落，其原因甚多。英國禁止華茶入口，一也。俄國内亂，華茶之銷場梗塞，二也。日本、爪哇、錫蘭等茶競争之激烈，華茶不能抵抗，三也。

（丙）結論——就我國國際貿易之現狀觀之，實爲一入超之現象。出口貨之容量雖繼續增大，而進口貨品則隨之增加。入超之趨勢，迄不衰降，此可注意者一。我國國際貿易以進口言，外人爲其主力，以出口言，外人又爲其主力。貨物之來也，賴有雄厚之資本及不平等條約爲其護符，故得暢銷無阻。土貨之運出也，外商居中操縱，壓迫剥削，雙管齊下。華人衹得唯唯聽命。换言之，我國對外貿易，已處處表現其被動之特性，此可注意者二。在此兩種情形之下，我國國際貿易之總額雖繼續增加，實則利於人者多而利於我者少，不可認爲樂觀也。

在國際貿易中，入超爲常見之徵象，不必認爲有不利益之意義含於其中，唯常視其所入超者爲何種物品耳。英國爲一入超之國家也，然觀其所輸入者，大半爲糧食及原料，此二者皆發展製造業所必須之物品。而由原料所得之製造品，則强半運銷於國外，且獲重利。是入超不但無害，而且爲事實上所必需。返觀我國之進口品，則以棉類糧食爲最多。此二者爲一般平民衣食所繫，今竟仰給於外國，則我國不但不能爲工業國，亦且不能爲農業國矣。言之能無痛心？又進口貨中，竟缺少機器，且缺少農業機械，則工業農業之無進步，於此可見矣。

我國爲農業國家，自然富於原料及糧食。不過在對外貿易中，原料與糧食，具有被動性質。外人方面，自必來華采購。且帝國主義者，日日垂涎於我國原料之豐富，自必設法攫取，當毋待吾人之努力勸銷也。是以吾人對於出口方面之原料及大宗貨物，自無竭力提倡獎勵之必要。但所慮者，厥爲製造業之振興。吾人若欲減少或抵制外國製造品之進口，則非殫力振理國内工業，以代替其地位不可。然此非借助於政治力經濟力則又不爲功，且須輔之以教育，以爲之指導。

今日我國經濟之發展，其最需要最迫切而不可緩者，約有兩事：即政治之統一與國家之獨立是也。前者完成後，真正和平乃得出現；國内工業乃得有穩步前進之希望。後者之實現，縛束我國經濟生命之不平等條約，乃可以言取消。經濟門户方可由我自主；外人一切操縱剥削之惡習，乃可由我方自由制裁。此二事實現後，乃可以言對外貿易之發展，否則仰托外人之鼻息，一舉一動，皆爲外人之馬首是瞻，此乃爲附屬貿易，不得以對外貿易目之也。

至於工業教育商業教育，尤關重要。蓋一國之工業政策商業政策，全繫於此。一國工商發展之途徑及方向，亦全繫於此。有精細之調查，有正確之學理，然後工商乃有健全之發展。觀於英國學者之自由貿易説，及德國學者之保護政策説，其影響於該兩國之商業政策者，至爲顯著。我國將來商業政策，應以何者爲適宜，自當有待於調查及研究，此教育之所以不可缺乏不可遲緩者也。

（商務印書館一九二九年十月出版，署名『董維鍵　著』）

各國民權運動史

第一章　導言

今之言民權運動者，對於其意義，不加分析，不加詮釋，遂使一般讀者，不能明瞭民權運動之内容。竊以爲民權運動，至少含有兩義，一屬於政治組織，一爲私人權利。前者相當於英語之德謨克拉西（democracy），即雅里斯多德所謂多人之統治是也。在此政體下，多數人民，享有統治權，實行參加政治。後者適合於私人權利，爲個人抵制政府横暴之武器。此二者之目的，均在反抗壓迫，但其作用，則各有不同。德謨克拉西，在反抗君主專制，將全國統治權，由君主手中，轉移於多數人民。使人民不再爲暴政所侵凌。然自政治歷史觀之，暴政之發生，不僅限於君主專制國家，即在民主政體下，亦往往有之，即所謂多數專横是也。因此，民權運動，不僅在推倒專制，建立民治，而且須經由憲法或普通法律，給予私人以種種權利，俾得於法律上抵抗政府之非法蹂躪。

自法律言之，一切國家，無問其爲君主或民主，皆含有强迫性質，此爲歐洲大陸學者所公認，而美國學者，則諱言强迫，蓋以其與自由衝突故也，但對於國家行使公權，保護人民生命財産所必需之種種手段，則亦不持反對論調，是其對於國家之强迫性，亦以默認矣。國家既爲强制機關，則受其强制之個人，應有自衛之權利，以防止執行機關或官吏之越權與非法行爲，否則其生命、自由與財産將失其保障。以故民主國家之憲法，除確定政體爲民主外，又復規定人民之權利若干則，以保障人民之生命、自由、財産，如美國憲法。簡言之，民主政體，其作用在消滅君主與寡人之獨裁，而私人權利，則在預防民主國家機關之蹂躪，務使個人之生命、自由、財産不致受非法之剥蝕。

民權運動，雖含以上兩種不同之意義，但其方向與對象，彌復相同，蓋兩者均反對專横故也。要求民權者，同時須要求民主政體，以確立人民之統治權，使人民參加實際政治，然後民權乃得有比較可靠之保障。要求民治者，又復要求人權，然後其生命財産，乃得不受非法之侵蝕。因此民治與民權，實如輔車之相依，而不可分離。事實上，亦未有作分開之運動者也。

民權運動，就其歷史而觀之，有左之特點，分述於次。

英儒蒲來思（James Bryce）有言曰：『民權運動之初步，非起於任何主義（如人民有統治權），而唯有感覺消滅特殊階級之非法壓迫之必要。』換言之，民權運動，爲應付實際問題之動作，爲反抗君主壓迫、摧殘人權之動作，初未嘗涉及理論也。迨此動作進至相當程度或完全成功乃創出種種理論以擁護之。盧梭之主權在民説，美國《獨立宣言》即其例也。

普通言之，先事實而後理論，其民權運動之特徵乎？唯其以事實爲出發點，故民權運動之經過與結果，在各國各有不同。每一運動均適合於當地情形，反之，則由運動所産生之政治組織，必不能運用靈活而漸就衰萎，終至滅亡。英國憲法，《大憲章》（Magna Carta）與《權力規定》（Bill of Rights）外，皆爲不成文法之習慣。於此可見民權運動，祇重實際，不重理想，尤爲顯著。普來斯主張此説尤力。就歷史言，亦唯基於此類運動之民主政體，得以久存。此應注意者一。

就歷史觀之，商業與工業，實爲推進民權運動之兩大勢力，兹分述於次：

英國在十三世紀時，商業勃興，一般市民遂乘機崛起，攫取財富，而成爲富豪焉。若輩對於政治，遂取積極態度。同時政府以其握有財權，足爲財政上之援助，亦樂於在政治上合作。結果以前不能參與政治之市民，遂能以富有資格加入英國國會矣。

其次工業之發展，工廠制度之盛行，亦爲推進民權運動之原動力。此蓋由於工業集中，工廠擴大，而工人之數目，亦隨之加大，其組織上之團結，亦同時加强，其對政治之態度，亦由消極變爲積極。一九一四年前，德國工人之數目，爲一千五百萬，有組織者一千二百萬，散布於産業中者三百萬。其勢力之强大，至堪驚人。素以仇視民權運動著名之德國專制政府，亦受其威嚇，而不得不向其領袖做種種之讓步，如一九一五年德皇任命夏德曼（Dr・Scheidemann）爲閣員等。按夏氏爲當時德國社會民主黨之領袖。現今德國社會民主黨，勢力頗爲雄厚，在國會中占一百五十餘席，爲德國最大之政黨。其政綱未必足以代表全體工人之要求，但工人在政治上之威力，業爲一般人所承認矣。

自命代表工人利益之英國工黨，亦於一九二九年五月總選舉中取得極大之勝利，得票八百餘萬，舉出議員二百八十餘名，成立以前未有之新紀録。工黨雖未必爲全體工人之總結合，但工人勢力之蒸蒸日上，睥睨一切，已可概見矣。在現今民治國家中，此新勢力（即工人）之突起，足以使平等。而領導蘇聯無産階級之布爾什維克黨，不以專政自居，而唯以其主張灌輸於蘇維埃政府，徵其同意，促其實施，與尋常所謂黨治不同。吾敢斷言今後之民權運動，必在擴大參加政治之範圍（如擴大選舉權），與多數人民參加實際統治（如制定政府之政綱），而其結果，或至回復原始時代之民主政治（如直接立法）。此應注意者二。

此外尚有一點，爲吾人所應當注意者，厥爲法西斯蒂主義（Fascism）之興起與蔓延。此主義創始於一九二二年之意大利，以墨索里尼（Mussolini）爲渠魁。其目的在以暴力摧毀民主政體與私人權利，而將統治大權集中於一人之手，即所謂狄克推多是也。意大利狄克推多政府成立後，頗能維持秩序，制止一切紛亂。於是接踵而模仿之者，有西班牙、波蘭、埃及、南斯拉夫（Yugoslavia）等國，現在猶繼續存在（埃及、西班牙除外），且有蔓延之勢，如德奧等國。同時，戰後新興國家如捷克（Czechoslovakia）、芬蘭以及波羅的海沿岸諸國，對於政府之組織，多取法於英國十九世紀之自由主義，而於理論方面，則以法國盧梭主權在民之説爲圭臬。同時又施行普選，比例代議、職業代議，以求代表民意之確切，適與法西斯蒂相反。現今法西斯蒂組織，遍於全球，爲民權運動之大障礙。

近十餘年來，民權運動，又頗注重於經濟問題。歐洲新憲法中，對於經濟問題，亦有相當規定。例於德國憲法，對於保護勞工、工人保險、工業社會化、私有財産及其他關於經濟幸福等，皆載有專條。且設置工人會議，以解決勞資糾紛，又成立經濟會議，以研究經濟問題，以備政府之咨詢。但在實際上，經濟會議之實權，幾等於零。其他各國如波蘭、南斯拉夫、芬蘭，亦皆於其憲法中，規定種種經濟問題之解決。於此可見政治革命，亦已漸漸轉入經濟範圍矣，此又應當注意者也。

在今日先進民主國家中，民治範圍，似已擴大，民權保障，似已穩固，因此民權運動，似已達於極峰，無再繼續之必要。其實不然。蓋因一方面選舉權尚未普及，如法（女子尚無選舉權）英（女子參政權尚受限制），他方面參加政府中之政治工作者，尚屬少數中之少數。若欲根本鏟除政治上之專橫，則當使大多數人，甚至全民，不但享有統治權，并須參入統治中之實際工作。此種計劃，似太近於理想，不能實現。但若吾人能改變現存經濟制度，使人人享有經濟上之充裕，不致每日孜孜專爲衣食所困逼，則大多數人參加實際政治工作，亦非不可能之事。以故在先進民主國家中，民權運動，猶須前進，實際上亦正在前進。至於殖民地之民權運動，方在發軔時期，其應猛勇向前，自無待言。

民權運動，不僅爲建設民治，且須確立人權，前已言之。人權有兩種，曰公權，曰私權。私權者，個人對個人之權利也，非經正當之法律手續（due process of law），不能剥奪其自由與財産，更不能危害其生命。换言之，私權爲抵制其他個人之保障，而公權則在阻止政府之非法蹂躪。下文所論，指公權，非私權也。

據英美學者之意見，個人應享有左之權利：

（甲）法律權（right to law）

無論何人，不問其爲官吏或平民，必須遵守法律，即皇帝自身，亦不能高出法律之上。此在英國《大憲章》中，即已明白規定者也。假如皇帝、官吏、軍官或警察，有違法行爲時，可以法律裁判之，此爲人民要求執行法律之權利。此類權利，不僅可以防止其他個人之侵害，并可以保護最卑微之人民，不受最强者之侵凌，可以保護少數反對多數，個人反對政府。職是之故，一切政府官吏，不問高至如何程度，皆不能超出法律之上。而在歐洲大陸諸國，官吏占有特殊地位，以致人民與官吏，在法律上仍不能平等。狡黠者流，乃得假托官威，欺壓平民，甚至欺壓官吏。

（乙）生命權（right to life）

凡在最文明之國家，人人皆享有生存之權利。政府對於人民之生命，不特應加以保護，而且不得任意傷害。英國《大憲章》，對於此種權利，亦有相當之保障。唯在野蠻國家，人民生命，可以任意誅戮，動輒以數千計，其不承認人民有生存之權利，昭昭然矣。

（丙）自由權（right to liberty）

享有自由權之人民，在尋常不受拘禁，即使受拘捕，亦可請求宣布拘捕之理由，或要求開釋或保釋。此指英美而言，至在歐洲大陸諸國，如德法等國，則無此類之自由權。法人德人，或不許其他個人剥奪其自由，但若被政府拘捕，則唯俯首聽命而已。

美國人民，享有憲法上之遷移自由，出國回國之自由，不受流徙之自由。無論犯何罪惡，不得科以流徙之罰。凡在英國制度下之人民，不受法院强作何事之命令，而唯對於自身之行爲，静候法律之解決。當事人若應付賠償之責，則即行賠償，若應受監禁之處罰，則亦俯首聽命。但若法院舍此種種而不爲，而必欲强其作某事，則當事人有不受此種法令之自由。英美人民，對於職業之選擇與謀生之方法，享有完全之自由，政府或個人，均不得加以干涉。英國《大憲章》，亦有此種自由之規定。在現今經濟發展之時代，擇業、作工之自由，更屬重要。封建時代之行會，或稱基爾特（gild），行規極嚴，個人無作工之自由，此惡習以隨經濟之進步而消滅矣。此外尚有信教自由、言論出版自由、結社集會自由等。

（丁）財産權（right to property）

財産權與自由權，同具極老之資格。事實上，財産權或由自由權所産生，蓋享有自由者，若不能取得財産權，則其自由亦無價值矣。在盎格魯撒克遜時代，財産權業已受一般人之承認，與現代相同，其不同者，端在土地之公有，但公有土地，非普遍現象，僅限於一部分而已。就財産權而言，不動産似在動産之先，其理由端在：古時動産，爲數不多，除戈矛服物外，僅有茅屋畜類而已。在《大憲章》

許久以前，即有許多法典，公然承認財産權，《大憲章》亦承認不動産權與動産權。

在英國憲法下，關於財産之原則，計有三種。第一，人民非經由立法院代爲表示其許可，則可不納税。换言之，英王不能單獨徵税，除非以國會之法令行之。第二，一切税收，必須用爲一般人謀幸福，不得專爲一人（如皇帝）或一階級（如貴族、商人）謀利益。第三，私人財産，非有充分賠償，不得收歸公用或受損害。美國憲法，并規定賠償之數目，須由陪審員決定，於收用財産之前，即行付清。

（戊）平等權（right to equality）

一七七六年，美國《獨立宣言》，謂人類生而平等。法國一七九一年《人權宣言》，亦稱『人類關於權利一項，生而平等，并繼續平等』。此殆指法律上之平等而言也。單就法律平等言，在英美與歐洲大陸，似又有不同之點。英美法律，對於平民與官吏，同以一種法律制裁之，無分軒輊；而大陸諸國，則以官吏占有特殊地位，不受普通法律之制裁。官吏犯罪，普通法院不能受理，而唯取决於行政裁判所。因此，英美學者，恒謂大陸人民，受制於官吏，任其宰割，無充分之自由可言。晚近各國人民，除對於政治平等外，又復要求經濟上之平等，其争執至爲激烈，此又平等權中之别開生面者也。

（己）罷工權（right to strike）

最後，尚有工人所要求自由罷工之權利。此種要求，亦隨工業之進化而發展，尤以在英國争持爲最烈。工人爲出賣勞力者，廠主爲收買勞力者；廠主握有生産工具，足以挾持工人，而可以任意低昂工資，但工人則僅僅握有勞力，不能單獨生産，必須仰賴於廠主，其所恃以要挾廠主者，厥爲罷工之權利。因此，工人對於罷工權，不惜重大犧牲，作種種激烈運動，以要求政府之承認。而雇主亦極力反抗，現猶在争持中。

一九二八年，英國國會，徇保守黨之主張，通過《工業和平法》（The Industrial Peace Act），禁止工人罷工，并禁止同情罷工。工黨議員，全體反對，誓於組閣後即予取消。今工黨執政，已逾半載，猶未見立予取消之提議。總之，罷工權利，已成爲全世界工人之普遍要求，而允准其要求者，就余所知，似僅墨西哥一國而已。

第二章　英國民權運動史

英美人自詡爲自由之大本營（home of liberty），其然，豈其然乎？就歷史言，英人在諾耳曼征服以前，即享受自由之幸福。諾耳曼雖克服英國，但不能改變其自由法律（free laws）。事實上，每經一次壓迫，此種法律，不但未受破壞，而且較前愈加穩固，每一諾耳曼皇帝，必須加以承認；直至『英國革命』時爲止，國王始拋弃其超越法律之一切企圖。英人所以能享有自由法律者，蓋由於一切法律，咸由人民躬自制定。盎格魯撒克遜時代，有所謂地方會議（witenagemot）者，爲人民自身立法之機關，凡屬自由人（彼時尚有半自由人與奴隸），皆得赴會，參與立法。據史乘所載，在諾耳曼征服英國一百年前，沙利思布勒平原（Salisbury Plain），曾舉行地方會議一次，出席者達六萬人。此之謂直接立法，現今美國各邦，亦有仿行者，如創制權復決權是。但地方會議，不僅爲立法機關，而且兼管司法與行政，緣彼時無分權之觀念，而且事務單簡，無分工之必要。彼時立法，與其謂之爲制定法律，毋寧稱之宣布法律。宣布法律者，即宣布現存習慣爲法律之謂也。古時重習慣，其效力甚或大於法律，惟習慣甚單簡，甚至含糊不清，極易引起爭議，以故須經會議之解釋與確定，方得具有法律上之效力，而國王則極萎弱，無异徒擁虚位，遂無作威作福、壓迫人民之能力。以此人民能度其自由之生活。

一、十三世紀之革命

英國人民，在盎格魯撒克遜時代，既享有自治之權利，不受皇帝壓迫，已如上述。但自一〇六六年威廉第一克服英國後，英人自由，即屢次受皇帝干涉，緣諾耳曼爲專制國家，一切大權，均操於君上之手。人民方面，亦未曾享受盎格魯撒克遜人之自由。威廉第一入主英國後，即逐漸將其故鄉之專制政體，移植於英國，以造成諾耳曼式之個人專制政體，與習慣於自由之英國人，發生直接衝突，引起英人之反抗。

諾耳曼皇帝，所以能建立其專制政體者，實有其物質上之基礎。第一，皇帝之軍事力量，大於反對派之聯合勢力。而養成其軍事上之優勢者，又有兩要素。（一）皇帝有土地，頗爲豐富，比任何諸侯所有者爲多，故其收入，亦爲各諸侯所不及。而皇帝乃得蓄養武士，作軍事上之準備。（二）皇帝可向自由人徵收普通稅，稱曰 fyrd，可爲準備軍事之用。第二，英國諸侯，因封建制度之特殊關係，不易成爲獨立國家，而在歐洲大陸，各諸侯可於其轄境内保持其行政上與司法上之獨立。英國地方行政與司法，均受中央之節制，因此國王得易於駕馭各地方。專制政體，遂易成立。

諸耳曼專制政體，逐步加强，至約翰時代，可謂達於極點。其權力之無限制與不可動摇，爲夏勒曼（Charlemagne）死後六百年來所未見。英國諸侯與教會聯合反抗，均不能取勝。一二一四年七月二十七日，約翰爲法王腓力敗於布汾（Bouvines），九月與法王媾和，十月返國，仍欲維持其權威，并欲籌借軍費，以作英法戰爭之開支。諸侯方面，已結成一同盟團體，準備抵抗。約翰陽與周旋，陰謀以武力對付。諸侯聞悉，遂稱兵作亂，一二一五年五月十七日，占領倫敦。約翰迫於城下之盟，對於諸侯要求，悉行承認，即所謂《大憲章》是也。此係一二一五年六月十五日事。

《大憲章》一共六十三條，皆係蠲除暴政，保護人權。其中重要條文，如『每一自由人非經由貴族（peers）判決或國法，不受拘捕或監禁或誅戮或被剥奪財産或屏諸法外或流徙』，『非經大會議（Great Council）之許可，不得另徵租税或補助金』，皆係當時流行習慣，爲約翰所摧毁。在封建時代，君主與臣民關係，臣下與人民關係，不問其屬於政治或經濟，皆以契約爲基礎，雙方對於契約，毋得違反，否則彼此可以脱離解約。君主不遵守契約，臣下可以諫阻，勸阻不聽，可以反叛，不構成叛逆之罪，因爲習慣所許可故也。國王徵税，須先得許可，此純係封建性質之契約關係，竟成爲後代憲法上之一大原則。簡言之，《大憲章》之内容，純係當時封建關係，毫無新法律雜入其中。

然則自憲法之觀點言之，英國《大憲章》，竟毫無貢獻乎？曰否。《大憲章》昭示吾人者，約有二事。一曰尊崇法律。一國之中有若干法律，爲政治組織之基礎，雖國王與政府，皆必須遵守。一曰執行民權。假如政府對於此種法律，拒絶遵守，則全國人民，可强其服從法律，如猶不從，則可以另一政府代替之。此兩原則，爲英國憲法之基礎，因此《大憲章》運動，雖係諸侯與國王之争，似與普通人民無關係，但其結果，則適以開『發揚民治』與『擁護人權』之端倪，堪稱爲民權運動最初之起點。觀於美國《獨立宣言》與《大憲章》，同基於一原則，尤證余言之不謬（可參看 G. B. Adams, *Constitutional History of England*, 1921, p. 139）。

二、國會之興起

英王雖承認《大憲章》，仍無遵守之誠意，專制淫威，仍未稍減。繼其後者，亦復如是，以故一二六四年又有諸侯領袖蒙弗特（Simon de Montfort）之革命。此後反對國王之鬥争，則以較有組織之會議爲機關，爲之主持。此種會議機關，實爲國會之濫觴。

英國國會之起源，約在諸耳曼征服英國以前。其時有一咨詢機關，爲僧侣貴族所組織，專備咨詢，論者或即指爲國會之始基。諸耳曼克服英國後，又復有一相同之機關，由國王之重臣（包括民事與宗教兩種）所組織而成，稱曰大會議。大會議有反對不公平課税之權利，已爲《大憲章》所承認。嗣後其權能日見擴大。一二五八年，《牛津條文》（*Provisions of Oxford*）又規定『十二忠實人』以代表平民，辦理國王之需要，平民對於此等人之行爲，應認爲有效。

英國下議院，始於十三世紀。一二五四年，國王召集於國會者，不僅有僧侶諸侯，而且兼有每郡所派之武士二人。一二六四年，蒙弗特糾合諸侯，與國王宣戰，國王敗。翌年，蒙氏召集一非驢非馬之國會，每一城市，得派遣市民二人出席，以磋商保護其自由之方案，但能派遣市民之城市，爲數僅二十有一。以後英國之下議院，即由此種武士與市民組合而成。在以後之三十年中，亦有同樣機關之集合。一二九五年，愛德華第一又召集一模範國會，由大僧正、僧正、僧侶、諸侯、武士、公民組織而成。每郡可派武士兩人，每特殊城市得派公民二人，列席人數，約有四百。僧侶、貴族、平民，各有其開會處所，如法國之三階級（estates）然。在十四世紀初，低級僧侶退出會議，高級僧侶與貴族，乃融合而成爲貴族院。他方面，武士與市民，合組下議院，或稱平民院。其後國會遂成爲兩院制，包括下議院與貴族院。

其時國會之主管職務，在備國王之顧問，在核準國王對於補助金或直接税之請求。嗣後國會逐漸强硬，竟拒絶核準。拒絶核準之權，亦爲法律所承認。厥後中流階級所納之税，超過僧侶與貴族所納之數目，於是財政議案，須首先提出於下議院，由貴族院批准，由國王簽名。在十五世紀时，此種立法手續，已成爲習慣矣。

以理論言，立法爲國王之特權，但國會極力利用其財政管理權，以求取得立法上之創制權。一二二五年，國會以拒絶補助金爲威嚇，脅迫亨利第八重新承認《大憲章》。以後國會沿用同樣方法，以『稟請』（petition）方式，威脅國王允許其請求，著爲法律。在十五世紀時，稟請式之立法，已爲議案式之立法所代替。所謂議案式之立法者，即於國會中提出法律草案，經下議院、貴族院、國王之同意，即成爲法規。

國會有時要求國帑用途之説明，要求罷免國王之官吏，要求國王放弃人民所不歡迎之政策，及干涉其他行政事務。但國會雖采斷然手段，以行使此種種權利，然亦有時不能維持其權威。

就上文觀之，國會之大權，在管理財政。及至徒多爾（Tudors）朝，國王處理財政事務，竟脱離國會而獨立，亘百餘年。其所以臻此境地者，由於國王之力行儉約，不濫收税，没收宗教財産，以及采取其他種種不規則方法。國會雖仍未開會，但無定期，在伊利沙柏（Elizabeth）時，每年平均僅開會三四星期而已。關於國家重要事務，國會無存見，多半以國王意旨爲主體。

英國專制政體，在徒多爾朝，可謂炙手可熱。自一四八五年，亨利第八即位，至一六〇三年伊利沙柏女王逝世，專制政體，日見强固。國王不依賴國會，而唯受全國之擁戴。在工業商業範圍内，國王威權，無敢與抗。其時行會，頗爲猖獗，但對於國王之取締，如行會頒行新規則，須得皇家官吏之許可，行會財産受没收，亦惟唯唯聽命。國王對於商業，亦力主擴大，如訂立通商條約，使英貨輸入曰德蘭（Netherlands）等。彼時英國中等階級，漸趨於富饒，勢力亦大，對於國王之削平内亂，消滅外患，培養繁富，均竭誠擁護。若輩似止於要求安居樂業，經商之自由，與生命財産之安全，對於政治問題，悉聽國王主持。以故徒多爾朝之强固專制政府，得以繼續維持。

三、十七世紀之革命

一六〇三年，詹姆士第一即位，國王與國會之衝突，又復開始。詹姆士性好揮霍，不時向國會要求核準補助金。國會不允，國王乃自行徵收關税，批准專利，賣官鬻爵，勒捐人民。國會提出抗議，詹姆士大怒，撕毀抗議書，并拘捕『好鬧』之議員若干人以泄憤。國王又倡神權之説，謂『皇帝來自上帝，法律來自國王』（a deo rex'a rege lex），僅對上帝負責。詹姆士更壓迫清教徒（puritans），因此引起中等階級（市民）與低級僧侶之反對。其時中等階級之商人、海員、鄉紳，多爲清教徒，爲清教主義之主力軍。清教徒既苦於國王之壓迫，又復苦於煩重之賦斂，遂毅然決然，與國會中之多數清教徒，組織聯合戰綫，以反抗國王。

查理士第一之專横，不減於乃父，仍繼續與國會争持，任意解散國會。一六二八年，國王召集國會，以求解除財政上之困難。國會允給補助金，查理士以承認《權利法典》爲報答。《權利法典》，乃國會兩院所提出，其要點爲（一）非經國會許可，國王不得徵税。（二）軍隊不得駐扎於民房。（三）平時不得宣布戒嚴。（四）不得任意施行監禁。國會猶以爲未足，更進一步反對未經認可之關税與恢復舊教之設施。查理士惡之，令其解散。從此國王專政，竟不召集國會，亘十一年。在此時期中，國王令法院勒取大宗罰金，又將酒、鹽、肥皂專賣權，賣於公司，收取巨款。而公司則提高物價，乘機漁利，以致民怨沸騰。國王更徵收船捐（ship money），全國爲之嘩然。

一六四〇年，查理士因蘇格蘭革命軍之侵入，極爲焦灼，乃召集一新國會，延亘二十年，史家稱之爲長期國會。新國會領袖皮蒙（John Pym）、漢普登（John Hampden）、克林威爾（Oliver Cromwell），皆極端反對專制，國會遂彈劾國王之寵臣老得（Archbishop Laud）與温得屋士（Thomas Wentworth），廢除羅織宗教犯政治犯之法院，禁止徵收苛税（如船捐），廢除國王解散國會之特權，并規定至少每三年集會一次。國王大怒，闖入國會，欲拘捕領袖五人。國會亦震怒，召集民兵與國王對抗，於是内戰以興。

英國大革命始於一六四二年，延亘四年之久。擁護國王者，稱騎士黨，貴族、高僧、舊教徒、鄉紳及反對清教徒者屬之。反對國王者，曰圓頭黨，多爲中等階級，如小地主、商人、製造業者、店主等。革命軍以克林威爾爲統領，號稱鐵軍。一六四六年國王戰敗投降。斯時國會中國會中有長老教徒者，意欲擁王復位，獨立教徒（亦清教徒之一種）反對之，遂借武人之力，拘捕長老教徒一百四十三人。斯時國會中僅餘獨立黨六十人，是謂殘缺國會。殘缺國會，以國王欲圖復位，遂組織高等法院，判處國王死刑，并宣布英國爲共和國。

既而克氏與國會不睦，將其解散，更召集一新國會，類皆獨立黨。最後新國會中之守舊派，竟將一切事權，付托於克氏。軍隊中之擁護克氏者，制定一政府組織大綱，以克氏爲護國統領，任期終身。國會有立法權與徵税權，而護國統領則有延緩立法之權。一六五五年，克氏以長老派之頑抗，又將國會解散，施行狄克推多。一六五八年，克氏死，其政府遂瓦解。國人苦於克氏政府之暴虐，與清教主義之專横，遂樂於歡迎查理士二世之復辟。而英國之大革命，遂由此告一段落矣。

一六八五年詹姆士二世立，除施行宗教專制與政治專制外，更欲設立常備軍，由舊教徒統率。王黨與民黨，以常備軍於自由不利，遂同聲反對。又恐國王新舉一子，延長其舊教壓迫之時期，遂於一六八八年根據繼承法，歡迎威廉（新教徒荷蘭人）入主英國。詹姆士欲謀抵抗，而軍隊不從，乃逃往法國。

國會既立威廉爲國王，更於一六八九年制定《權利法典》，要點如次：（一）嗣後英國元首應屬於英國國立教會（新教）。（二）國王不得停止法律，或允許任何臣民不服從法律。非經國會許可，國王不得徵税或蓄養軍隊。（三）不得干涉國會之自由選舉或議員之自由言論與自由行動。（四）臣民有請願元首之權。（五）國會應常常集會。此時國會地位較前加强，自一六八九年起，即實行核準課税，支配陸軍經費，但僅以一年爲度。一年後，如不召集國會，兵士即不能領取餉銀，若有嘩變，不得以軍事裁判制裁之。此之謂不流血之革命。王黨與民黨，均皆參加，各得相當報酬。在此時期，國會可謂戰勝王權矣。

四、工業革命與政治之關係

英國工業革命發生於一七七〇與一八二五之間。其在政治上之影響，厥爲中等階級之勃興與參加政治活動。彼時工業擴大，商業繁盛，財富增加，城市興起，而盈千累萬之商人、銀行家、企業家，均致巨富。其權力較前加大。而與之携手者，又有工業資本家，其勢力日益雄厚。若輩對於政治，遂采取積極態度。

中等階級參加政治活動之原因，捨天然之野心外，尚有（一）政府法律，皆自重商主義沿襲而來，極不便利於機器生産，必須廢除。工業必須任其自由，不受束縛。（二）工廠主人必須取得政權，以防止工人組織工會或要求增加工資。（三）糧食應納關税，以致生活用度提高，工資增高，海外入口之原料，亦納關税。其他如厘金、道路税，均爲商務之障礙，應行廢除。

銀行家、廠主、商人，雖屬户口中之少數，但其財力通神，足以收買選舉或國會中之議席。彼等又宣稱商務繁盛，政府財用，乃得不致拮据。甚至工資之高低，亦視商業之繁盛爲轉移。中等階級，頗能以此説博得工人之同情，他方面又以革命爲要挾，以實現其對貴族之要求。一八三二年，國會之改革，一八四六年糧食税法之取消，實以中等階級爲主動力。

五、十九二十世紀之政治改革

一八三二年國會改革前，英國國會，爲地主與貴族所霸占，中等階級，徒向隅而已。大工業城市，如曼杰斯得（Manchester）與柏民夏蒙（Birmingham），均不能選舉議員，而小小鄉村反能舉出議員二人，代表制度之不公平，於兹可見。中等階級，乃極力奮鬥，以求改革議案之通過。

改革議案之内容可分三點。一曰議席之支配。户口在二千以内之城市被剥奪選舉權，不能選舉議員；其在二千與四千之間者，失去議員一席。新興工業城市，以前無選舉代表之權，今因議席之支配，乃得選舉議員。二曰擴大選舉權。不論在鄉間或城市，凡所有或占有土地或房屋價值每年十鎊者，皆得享有選舉權，選民之增加，約在百萬左右，但以工業中等階級占多數。工人與農民，仍無選舉權。三曰改良選舉方法。以前選舉時期，綿延十五日之久，賄賂騷動，無日無之，今則改縮爲兩日。一八三二年末之選舉，中等階級之政黨，竟占大多數。

彼時英國工人，頗感受經濟上之痛苦，乃參加民權運動，以謀救濟，即所謂憲章運動是也。其主張有六。（一）普選。（二）國會任期一年。（三）選舉區相等。（四）投票用票紙。（五）取消國會議員之財産資格。（六）議員須有俸給。在發軔時期，此運動頗蓬勃，以窮乏飢餓之工人爲主幹。一八三九年，在倫敦召集一工人會議，以普選請願於國會，不許。三年後，又復請與國會，又不許。境遇較優之工匠，因運動受挫折，遂宣告脱離，而作合法運動。主持運動者，日趨激烈。一八四七年，物價騰貴。翌年，法國大革命爆發，工人擬組織一偉大之軍隊，再向國會請願。政府爲之震駭，乃調遣軍隊鎮壓，并武裝店主之子一萬七千人，以作特務警兵，預備向工人開槍。一八四八年四月十日，爲示威日期，天降大雨，益以示威群衆衣着單薄，遂將示威游行作罷。憲章黨人，既受最後之失敗，極爲抑鬱，遂形成分裂之局，有改作職工運動者，有投身於合作事業者，且有建立合作工廠者。論者謂憲章運動之失敗，實由於中等階級之阻撓（C. J. H. Hayes, *A Political and Social History of Modern Europe*, Vol. II, p. 112）。

一八六七年，國會中之保守與自由兩黨，又復通過一改革議案。選民之資格，尤其是城市中之選民資格，確爲減低，但仍以財産爲標準。增加之新選民，約一百萬，以城市中之工匠居多。工人與農民，仍無選舉權。議席亦略有更動，較小城市，失去五十二席，新城市取得若干席。簡言之，此次改革，與第一次無多差异，不過選舉權略略改寬而已。

第三次改革議案，在一八八四年通過。凡男子年滿二十一歲，而占有房屋一棟或僅一部分者，皆得享有選舉權。占有房屋者，或爲房主，或係佃夫，或爲他人服役，或設立事務所，均在法律範圍之内。又租用房屋，每年價值在十鎊以上者，亦能享有選舉權。此次改革案，尚保存財産限制與舊有特權，不能稱爲普選。年青人寄居父寓，僕役寄寓主人家，皆不能有選舉權。工人賺得若干工資，又或有相等之進款者，皆爲合法選民。

真正之普選，始於一九一八年之第四次改革案。年滿三十歲之女子，皆享有選舉權，但若輩或其夫婿，必須爲地方政府之選民。議員之支配，以户口爲標準，在英國每七萬人得選舉議員一名，在愛爾蘭每四萬三千人得選舉議員一名。選民增加八百萬人，其中有女子六百萬。一九一八年，國會又通過一法律，凡年滿二十一歲之女子，得被選爲下議院議員。轟轟烈烈之女權運動，遂由此告一段落。

英國國會爲兩院制。上院代表貴族、地主及財閥，爲守舊主義之大本營，對於『不利於己』之議案，當然不表贊同，一八三二年之改革議案，可爲明證。但經過此次風潮後，貴族院之權能，日就衰落。至一九〇九年，下院通過一財政議案，對於富有階級，收税頗重，遂引起貴族院之激烈反對，而被拒絶。國會亦解散。及新國會召集，仍堅持其原來之主張，遂於一九一一年通過『國會議案』，限制貴族院之權能，此後之財政議案與其他政府議案，雖不經貴族院之同意，亦能成法律。嗣後下議院，遂成爲國會中之超越立法機關矣。此亦民權運動中之重要政治改革也。

六、結論

英儒蒲來思，對於英國民權運動，曾作一結論曰，『英國由封建帝制變爲極端民主，中經三百餘年，無論農民或工匠，除一八三二年外，皆不急急於奔走呼號，争取政權。舊制之漸漸破壞，實由上層階級之一部分有以致之，而以中等階級之大部分爲之輔助。在過程之初期，其動力爲宗教壓迫與政治專横，欲求將二者而消滅之，則唯有置國會於國王之上。在過程之後期，則由於（一）中等與下層階級在經濟上有向上之進步。（二）舊式寡人政治之流弊太多，須廢除之，以求增進行政上之效能。（三）兩黨（即保守黨與自由黨）爲增益其勢力計，故意作種種之提議，以求見好於民衆。至於抽象理論，則其影響於民權運動者甚微』云云。

近來英國工人勢力之勃興，尤爲民權運動中之特色。工黨自一九二四年秉政失敗以來，其地位反日見强固，在一九二九年五月總選舉中，竟獲空前未有之大勝利，得票八百餘萬，其勢力實駕凌保守黨而上之。顧工黨執政以來，已逾半載，對内不能解決失業問題，對外仍沿襲保守黨之侵略政策，此與保守黨無以异，非工人之真正政黨也。

第三章　美國民權運動史

美國獨立時期之民權運動，亦可稱爲英國民權運動之支派。以種族言，英美人原屬同根之兄弟；以政治言，在美國未獨立前，英美人民同受英王之統治與壓迫。而且移居於美洲者，又多飽受壓迫之清教教徒，其反抗暴虐之志願，尤爲堅決。在美國獨立醞釀時期，適值英國國内太平，而英國海軍，又能握海上之霸權。英王喬治第三，以其地位既以穩固，乃恣意專横，威脅國會，同時對於美洲殖民地，亦施行政治上與經濟上之壓迫。换言之，英美人在此時期，實同感英王之壓迫，以故在美洲獨立風潮澎湃之際，英國名流（如布克Burke），悉主張調協，以爲解决之初步辦法。而美國反抗英王之結果，則脱離英國統治而獨立，并建立共和，以示與帝制之决絶，又在憲法上禁止貴族爵位之授與，其勇往直前之民主精神，似較英國民權運動，更進一步。

一、獨立運動之經過

當時英國政府壓迫美洲殖民地之手段，以關於經濟方面者爲最嚴厲；而美人之謀反抗，亦以求經濟桎梏之解放，爲其出發點。在一七六三年以前，英政府加於美人身上之經濟桎梏，計有左之數種：

（一）航行法。依照此法之規定，凡輸入美洲或由美洲輸出之貨品，須由英船載運。其不能直接由英船輸入者，應先送往英國，然後轉運美國。

（二）貿易法。殖民地烟葉及他種貨品，衹可售於英國人。

（三）禁止製造品法。美洲不得製造皮帽、鋼及毛貨，以輸出於鄰近城市、殖民地或海外，意在强迫殖民地購買英貨。

以上種種限制，實爲英政府貫徹其帝國主義政策所必須采取之手段。蓋以壟斷商務，排斥他國之覬覦，始能取得大宗財富，建立海軍，擴大海上威權，以繼續執海上之牛耳。英政府根據以上之苛法，更作進一步之種種壓迫。一曰取消陪審制。凡違反航行法、貿易法之人犯，應歸海軍法庭審理，不用陪審員。二曰限制遷徙居住之自由。一七六三年，英王禁止美洲人購買西方土人之土地，或遷居其地，其得有英政府之許可者，不在此例。三曰税斂煩苛。除英國西印度外，無論在何地所購買之甘蔗及蜜糖，皆須交納一種舊税。一七六五年，對於法西葡各國輸入殖民地之貨物，加征一種特别税。同年英政府更施行印花税。凡殖民地之新聞紙及印刷物，均須貼印花。此税在美國史上爲創舉，以故美人恨之尤甚。

美人反對印花稅所持之理由，爲封建時代之舊習慣，即徵稅須得納稅人之許可是也。英國國會中，無美洲殖民地之代表，以故其所通過之印花稅，美人不能承認。實則美人苦於經濟上與政治上之重重壓迫，特藉此以爲口實耳。首先反對印花稅者，爲維基尼阿（Virginia）市議會中之亨利（Patrick Henry），其言論至爲激烈。北部馬薩諸塞（Massachusettes）邦之下議院，提議召集印花稅條例會議於紐約市，以爲亨利之響應。同時民衆方面，亦極鼓噪。城市中之暴徒，竟欲以印花票塞入經售人之喉管中，或竟搶掠經售人之房屋，或當衆燒毀貼有英國政府印花之文書。

印花稅條例會議於一七六五年十月在紐約開會，通過決議案若干則，否認《印花稅條例》及其他干涉殖民地商務之法律，并宣稱祇有殖民地人民自身選出之議會，始能徵收合法之賦稅。英政府鑒於殖民地反抗之激烈，乃於一七六六年取消印花稅，但於翌年頒布《城市條例》：第一，紐約議會若不支付英軍駐防經費，應即停職。第二，在波士頓（Boston）設立一機關，以監督貿易法之執行。第三，徵收玻璃、紅白鉛、紙、茶及顔料稅。同時又聲明英國國會有干涉殖民地一切事物之權能。如此種種，更足以激起美洲殖民地人民之憤怒。

一七七〇年三月五日晚，波士頓某街上，有民衆一隊，向執行城市條例之士兵，嘲笑謾罵。復有若干青年，以石子與雪球，向兵士拋擲。兵士開槍還擊，殺死五人，傷六人以上，遂演成『波士頓慘案』。一七七三年十二月，民衆因痛恨英政府徵收茶捐，更痛恨英政府欲以茶葉專賣權給予東印度公司，遂喬裝印第安人，闖入運茶船上，投茶葉於波士頓海灣中。就此兩事觀之，美人反抗英政府之程度，可想而知矣。

英政府對殖民地之示威舉動，采取積極鎮壓手段。一、解散殖民地之議會數處。二、封鎖波士頓商埠。三、命將刺殺官吏之人犯，送至英國或其他殖民地審理。四、禁止馬薩諸塞邦之人民，不得總督之同意，不得開城市會議。美人對英政府之壓迫，亦采取積極行動，即於一七七四年，有馬薩諸塞下議院之發起，舉行第一次大陸會議於菲列得爾菲亞（Philadelphia），列席者有各殖民地之代表。該會議完成二事：一、發表宣言，反抗英政府頒布之不合理之法律。二、組織一抵制英貨之運動。事實上，出售英貨者，或被人塗抹煤膠，或插羽毛，以示羞辱。其時各地革命委員會，次第成立，互通聲氣，成爲一反英之有力組織。而革命風潮，遂益高漲而不可遏止矣。

一七七六年七月四日，菲列得爾菲亞大會議，宣布獨立，獨立戰争，遂由此開始。就事實而言，戰争之開始，當在一年以前。緣一七七五年四月，英軍開往康科特（Concord），意圖破壞美人之軍需庫，行至勒克星敦（Lexington），突遇美洲民兵一隊，喝令解散，不從，遂開槍擊之，死數人，及抵康科特，遂搗毁軍需庫，及破壞房屋數處而返。流血消息傳出後，全國沸騰，即與英軍作不規則之戰争。美國獨立戰争，自開始以迄終了，延亘八年之時光，兩軍各有勝負，而最後之勝利，則屬於華盛頓統率之美軍。美人自得法國之援助，聲勢益大；最後英軍被圍於約克唐（Yorktowm），即於一七八一年十月投降，軍事遂告一段落。法將拉法夷脱（Lafayette），躬自參加戰役，屢建功勛。一七八三年巴黎和約成立，英國承認美國之獨立，并劃定疆界，於是獨立戰争，始告終結。

二、聯邦政府之成立

美人因痛恨英政府之壓迫而宣布獨立，幾視政府爲仇敵，不復欲建立任何政府；强有力之中央政府，更爲若輩所深惡而痛絶。英儒蒲來思在其名著《美國共和政府》（*The American Commonwealth*）中屢屢揭櫫此意。以故美洲各殖民地對於獨立運動，雖努力前進，但對於聯合政府之成立，殊漠然視之。組織政府之計劃，遲至一七七九年始商妥，一七八一年始由各邦批准實行，即所謂《聯盟約章》（Articles of Confederation）是也。

新政府之組織，極爲孱弱，無執行法律之機關，無募集軍隊與金錢之權力，不能規定各邦間或對外商務之經營。一切權力，皆集中於一會議，而會議則爲代表各邦之機關，不能代表人民。會議中之投票權，不論各邦之大小及其代表之多少，均祇有投票權一權。各邦之不信任强有力之中央政府，及彼此間之互相猜疑，於兹可見。各邦之新憲法，限制選舉權，頗爲嚴刻。非有一定之財産者或納税人，不得參與選舉。可見當時之美國民權運動，上不信任中央政府，下不信任民衆，其結果適造成一地方把持政權之局面而已。

美人對於新政府，因其脆弱無能，既不能保護美國幼稚工業，以抵制英人之競争，又不能償還公債之本息，均懷怨望，要求改造。益以各邦之騷亂，改造刻不容緩，遂有一七八七年憲法會議之召集，憲法會議，經歷四月之久，始産生一部新憲法，交由各邦批准。一七八九年新政府成立，選舉華盛頓爲總統。

憲法會議中之争議甚多，其重要者爲：（一）平等權。關於國會中之投票權問題，大邦主張不平等，而小邦則力持反對，結果參議院以平等爲原則，每邦得派議員兩名出席，至於衆議院之議員，其數目應以人口爲比例，大邦可多舉議員若干人。（二）國會整理商業之權能。北部各邦，願將整理商務之權交與國會，而南方諸邦，則恐國會利用此種權能，以偏袒北方之船主與製造業者，而損害南方之地主，并推翻奴隸貿易。結果國會得干涉對外貿易與各邦間之商務。在一八〇八年，不得取消奴隸貿易。

由新憲法所産生之政府，有制定法律之國會，執行法律之大總統，與宣布違憲法律無效之大理院。三權鼎立之制度，燦然大備。而國會之權力，亦較前擴大，如徵收賦税，招募軍隊，皆不須各邦之同意；并得施行各種必要事項，以實行憲法所賦予之一切職權。以哈密爾敦（Hamiltom）爲領袖之聯邦黨人（Federalist），猶極力主張擴大中央政府之權能，而哲斐孫（Jefferson）所領導之非聯邦黨，則反對之。此兩派之演進，遂成爲今日共和與民主兩黨之分野。

新憲法固較《聯盟約章》爲進步，但亦有其缺點，其顯著者，在對於私人自由，無明白之規定。於是信教自由、言論自由、出版自由、集會自由、向政府請願之自由、實行陪審制度等，彙集成爲十條，作爲憲法修正案，以附於憲法之後。此爲成文憲法中之特點。以上列舉之自由，皆散見於英國之共同法（common law），本可不必規定於憲法中，而美人則以政府之專横爲慮，故有修正憲法之舉。

三、選舉權之擴大

美國自革命後，參加政權者，仍爲少數人民；即以寡人政治目之，未嘗不可。以理論言，政府權能，由被治人民所賦予，但考之實際，則以多數人不能參加政治，遂易養成在權者之專恣。當時選舉權上之限制，頗爲嚴刻。（一）投票權僅以男子爲限，而男子又須富有財産者或係納税人，方有投票之資格。因此選舉權被剥奪之男子，爲數甚夥。（二）祇有富人或相信某種教派之人，方能做官，因此，享有選舉權者，對於候選人之選擇，亦受限制。

但在十九世紀前之十年内，城市興起、鐵路增加、工廠發展、工人加多，如此種種，皆爲美國以前之未有之新徵象，而人民要求參政，亦較前爲迫切。多耳（Dore）之亂，尤爲要求普選之明證。先是羅得島（Rhode island）邦，僅地主有投票權，而無土地之工人、事務員、教師、商人，則皆向隅。及工業城市發達後，若輩均要求選舉權。一八四一年，自行召集一會議，制定憲法，并選舉學校教師多耳爲行政首長。後多耳失敗下獄，目的未能實現。

各邦男子普選運動，有經過激烈之鬥争，尚不易取勝者，亦有成功較易者。壑塔啓（Kentucky）於一七九二年加入聯邦時，即允許男子普選。田納西（Tennessee）於一七九二年之邦憲法上，規定一切自由人民之投票權。印第安那（Indiana）於一八一六年，以選舉權給予一切白種自由男子。二年後，伊里諾斯（Illinois）仿其成例。同時東部各邦，如新罕木什爾（New Hamshire）、佐治亞（Georgia）、馬里蘭（Maryland），均取消選舉權上之納税限制與財産限制。

另一方面，馬薩諸塞、康涅狄格（Conneticut）、羅德島、維基尼亞、北卡羅來納（N. Carolina）、南卡羅來納（S. Carolina）仍堅持財産限制。直至一八二六年，紐約仍不肯放弃其舊制度。一八五〇年，維基尼亞始取消選舉權之限制。一八五四年，北卡羅來納始給予白種男丁以普選權。

白種男子雖逐漸取得普選權，而女子則否，遂有女權會議之發起。一八四八年美國第一次女權會議在紐約之辛尼加瀑布（Seneca Falls）開會，發表《權利宣言》。主持此運動者，類皆女界名流，而從旁贊助者，又有著名男子。於是女權運動，日見擴大。一八五〇年，又開全國會議一次，出席者有九邦之代表。

女子參政問題之重要爭執，首先發生於堪薩斯（Kansas），時在一八六二年。當時該邦以女子參加政權問題，付交人民公決，女子雖極力奔走，終歸失敗，但同情於女子之主張者，爲數亦夥。但自一八六九年起，西部諸邦，如歪俄明（Wyoming）、哥羅拉多（Colorado）、猶他（Utah）、愛達和（Idaho），均先後給予女子以參政權。女權運動，遂在西方取得相當勝利。

自一八六九年至一九一〇年，爲女權運動衰落時期。在此時期中，女子雖作多次之鬥爭，終歸失敗。至一九一〇年起，西方各邦，如華盛頓（非美國首都）、加利福尼亞（California）、俄勒岡（Oregon）、亞利桑那（Arizona）、得克薩斯（Texas），中美之伊里諾斯，東美之紐約，均次第以女子參政權授於女子。至一九一七年止，在美國四十八邦中，已有十二邦給予女子投票權。

一九一六年，女子參政成爲重要政争之一。共和黨主張以投票權授於女子，但主張將此問題交由各邦解決。而民主黨則衹允許推廣國內之女子參政權。但女子選舉人，仍加倍奮鬥，而紐約又復允許女子參政，女權勢力，日見蓬勃。國會迫於不得已，遂通過第十九條修正案，給予全國女子以投票權。一九二〇年，此案經各邦批准，成爲國憲之一部分，而數十年之女權運動，遂完全取得勝利矣。

美國男子普選運動與女子參政運動，各有其特別歷史，而黑奴取得參政權，亦有其特別背景。奴隸本爲財產，可以自由買賣，無法定權利之可言。但在確定國會議員名額時，奴隸可作爲國民，唯黑奴五人衹能作三人計算耳。一八六三年，林肯釋放黑奴，此爲奴隸取得權利之初步。自第十四條修正案通過後，黑奴選舉權始確定。該案之要點有二：一面宣布所有生長或同化於美國者，皆爲公民，一面又禁止各邦任意剥奪黑奴之公民權（選舉權在內）。

根據第十四條修正，黑奴得以參與政權。但南方各邦，則竭力限制黑奴之選舉權，不令投票。共和黨爲保障黑奴選舉權起見，即於一八六九年，通過第十五條修正案：各邦及聯邦政府，均不得藉口人種、膚色及以前曾作奴隸爲理由，而剥奪任何人之選舉權。就紙上觀之，黑人之參政權，既已多一重之保障，似可暢行無阻矣。

但至一八九〇年，南部諸邦，陸續制定法律，修改憲法，以剥奪黑人之選舉權。在表面上，自不能公然宣稱黑人不應有投票權，蓋爲第十四條與第十五條修正案所禁止故也。而實際上則以種種巧妙之方法限制之。其最普通之限制，爲左列之四種：

（一）投票人須有一定之財產。

（二）投票人須能讀邦憲法一節，或由他人宣讀而自家則加以解釋。

（三）投票人須在一八六七年爲選民，或係該選民之子孫（此條已由大理院取消）。

（四）投票人須從未犯罪，如毆妻、偷盜等。

四、民權運動之新趨勢

在十九世紀末葉，美國教育業已普及，能讀新聞紙、雜志及書籍者，日益加多。他方面，政府官吏作惡，不受人民干涉。上自聯邦政府，以至城市之參事會，常有受賄舞弊之事實發現。因此民衆對於政治，發生新興趣，而改革運動，亦隨之而興。民衆首先要求改良者爲投票紙，主張采用『澳洲投票紙』以保存選舉之秘密，以保障選舉人不受政黨之威脅。一八八八年，馬薩諸塞首先采用此種選舉票，及至二十世紀初年，美國各邦，均仿行馬薩諸塞之成例。自選舉票改良後，賄買與欺騙，均經減少至最低限度。

投票紙改良後，又有主張施行創制權與復決權者，尤以西部人民主張最力。此種要求，爲民衆不信任議會之反映，緣當時各邦之立法院，對於人民所需要之法律，不予通過，而對於其所不需要者，則常常通過之，與民衆意旨，適相背馳。因以創制權與復決權救濟之。創制權允許私人提出議案，苟該議案取得選民百分幾之連署，即可於選舉時交由全體選民表決。若得多數人之贊同，即可成爲法律。凡人民對於議會所通過之某種法律，不表贊成時，得要求將該法律於選舉時交由人民再行表決，是謂復決權。

按創制權與復決權，均始於瑞士，爲『直接政府』（direct government）之具體表現。直接政府者，即選民直接立法之謂也。南達科他（South Dakota）於一八九八年首先采用此種新制度。四年後，俄勒岡效法南達科他；一九〇五年，內華達（Nevada）采行一部分。嗣後接踵而起者，又有十餘邦與三百以上之城市。

繼創制權與復決權而起者，又有罷免權。此制始於一九〇四年之羅三杰勒斯（Los Angeles）地方。罷免權者，即人民直接罷免官吏之意。凡有一定百分數之人民，不滿意於某官吏，得請求撤換之，或迫其辭職，或令其於下屆選舉時聽候民衆之裁判。

就表面觀之，罷免權似足以增加人民對官吏之權能，宜其有迅速之發展，但考之實際，則罷免權之發達，實不及創制權與復決權之迅速。至一九一六年，實行此制者，衹有華盛頓、加利福尼亞、俄勒岡、亞利桑那、俄克拉何馬（Oklahoma）、內華達、科羅拉多等邦，但在各城市之采用此制者，已達兩百餘處。

第四章　法國民權運動史

法國大革命起於一七八九年，其原因有三。第一，法國之神權專制，在理論上與實際上，皆已達於絶頂。而舊制度所養成之各階級，又立於極相反之地位，貴族壓迫平民亦極嚴刻。第二，路易十四好大喜功，又極揮霍，以故對於平民之剝削，無所不用其極。路易十五與路易十六，皆蕭規曹隨，不能蠲除苛政。第三，法國教育水平綫，業已達於較高之程度，以故對於現存之政治制度與社會制度，皆有不滿意之批評，欲謀破壞。孟德斯鳩（Montesquieu）斥神權專制爲不合理。福爾特（Voltaire）對於宗教與僧侣，嬉笑怒駡，認爲亦不合理。盧梭謂階級之不平等，非以理由作根據。柏沙利亞（Beccaria）以爲任意干涉私人之自由，殊不合於理由之命令（dictates of reason）。在此三原因中，尤以平民受苛捐雜税之壓迫爲最不可忍耐。當時，下層民衆過橋過路，皆須納税，賦税之繁重，可謂蔑以加矣。以故革命一經爆發，不但政治制度被其推翻，即社會制度亦受破壞。此法國革命所以與英美之革命不同也。

一、一七八九年之革命

在革命之前夜，舊制度已走向崩潰之路，鄉村中之課賦，非常煩苛。城市缺乏糧食，工資極低，不够糊口。中等階級嫉妒上層階級，并羡慕英國之政治與社會制度。而法國政府之財政，則幾陷入絶境。路易十六於一七八八年，召集全級會議（Estates, General），以謀財政之解决。全級會議始於一三〇二年，嗣後開會無定期，至一六一四年完全停止。會議分爲三團體，一代表僧侣，一代表貴族，一代表平民，即第三階級是也。投票時，僧侣與貴族常常携手以反對平民。全級會議選舉完畢，法人乃上陳情表（Cahiers），力主改革。

一七八九年，全級會議開會於凡爾賽（Versailles）宫，其任務單在解决財政。每階級祇准投票一權。僧侣與貴族，完全同情於此辦法。而平民則主張全級會議應成爲單一機關，不准分開；每人投票一權，并應從事改組政府之全部。全國公意，皆贊成平民代表之主張。争持一月，竟不能决。法王亦不願干涉。最後，一七八九年六月十七日，第三階級自稱爲國民議會（National Conrention），并在網球場上宣誓就職，以制定憲法爲職志。斯爲法國革命真正之開始。法王對於第三階級，加以虚聲恫喝，無效，遂命令三級同一會場開會。而全級會議，乃變爲國民議會。但法王仍以軍隊恐嚇之，以期馴服。

其時，巴黎民衆，迫於飢寒，遂同情於國民議會。搶掠商店，驅逐官吏，并於一七八九年七月十四日奪取巴斯帝（Bastille）監獄。巴黎市民，自動建立巴黎市政府，并召募民兵四八，〇〇〇人。路易十六爲大勢所迫，承認巴黎市政府，撤回軍隊。但王后及其嬖幸，日以壓迫國民議會言於王，王爲所惑，遂調回遠戍軍隊以資鎮壓。同時巴黎民衆，飢寒益甚，又見法王調回大軍，更加怒不可遏。於是十月五日，有婦女一長隊，高呼『麵包麵包』，由巴黎走向凡爾賽宫，意圖暴動。結果法王屈服，闔家由凡爾賽徙居巴黎。

彼時，全國行政亦陷入停頓狀態。民衆希望改革，不肯納税，而官吏亦不能勉强徵收。各地城市，先後響應巴黎暴動者，皆以選舉官吏，代替皇家官吏，并組織自衛兵。同時，巴黎民衆之直接行動，亦蔓延於各省。各省被壓迫之人民，立即組織燒殺隊，焚毀貴族居處，焚毀田契，搶劫寺院，屠殺貴族。而舊制度遂於全國擾攘中完全崩潰矣。官吏與機關均停止活動。一七八九年夏，法國專制可謂完全廢止矣。此時政治改革與社會改良，同時并進，故法國革命，實含有政治與社會兩種性質。

國民議會爲平民憤激起見，乃廢除封建税與奴隸税，廢除貴族擾民之畋獵法，廢除奴隸，廢除宗教税，及禁止賣官。法國舊社會，乃由此解體。國民議會更發表《人權宣言》及制定憲法。此憲法於一七九一年完竣，仍保存君主政體，但法王之權，則極微弱。反對新憲法者，有逃往萊茵之貴族，與居留國内之皇家親屬，及崇信舊教之農民。而反對最力者，則爲城市中之貧窮無産階級，蓋以國民議會所施行之種種改革，多半利於中等階級，而窮苦民衆，所獲無多故也。

急進主義以巴黎爲中心，在一七九一年與一七九二年間，采用煽惑文字及激烈演講以鼓動群衆并組織俱樂部以爲煽動之中心。在各地方，亦有同樣之激烈宣傳。急進運動以馬辣（Marat）、但丁（danton）及羅伯斯庇爾（Robespierre）爲領袖。此三人本爲中等階級分子，但以其信仰論，則爲無産階級之喉舌。

同時，法國革命引起歐洲君主國家之仇視。普奥兩國皇帝，於一七九一年宣稱恢復法國帝制，爲歐洲一切君主之共同利益。一七九二年，普奥聯軍侵入法國，法國人自思爲自由、平等、民族主義而戰，勇氣百倍，甚至僅携戈矛以赴敵。法軍初受挫折，巴黎民衆疑法王與敵人互通聲氣，遂於六月二十日舉行大示威，衝入皇宫，向皇帝與皇后表示威嚇。帝與后終不覺悟，陰求援於外國之君主。

未幾，普奥聯軍退却。一七九二年九月二十二日，國民議會宣布法國爲共和國。國民議會由普選選出。議會中屬於右派者，有基隆特黨（Girondists）兩百人；屬於左派者，有山嶽黨（Mountainists）百人。右派主張民治，但反對無産階級。而巴黎民衆，則同情於山嶽黨。介於此兩黨之間者，有平原黨（Plain），占議會中之多數。嗣後平原黨因巴黎市民擁護山嶽黨，日趨激烈，遂亦表示左傾。國民議會以法王有通敵嫌疑，判處死刑，即於一七九三年，將其斬决。

法王被殺，更加引起外國君主之恐慌。於是英國、荷蘭、西班牙、沙爾地尼亞（sardinia）（即意大利），加入普奥聯軍，侵入法國。但此時法人之防禦能力，較在帝制時代更爲加大。資産階級樂於捐助金錢與智力，以厚國防，而工匠與農民，則願意犧牲生命。結果，法軍戰勝，聯軍瓦解。

一七九三年春，國民議會將全國行政權交付公安委員會。以山嶽黨黨魁（如羅伯斯庇爾等）爲主幹，令其任命官吏、管理行政，而法國遂入恐怖主義時期矣。恐怖時期，僅延亘一年（一七九三至一七九四），而被殺者，在巴黎達五千二百人，在各省約近萬人，皆係估計之數，非確數也。於是法國革命之三大口號：自由、平等、博愛，遂沉入血海矣。同時，急進黨（山嶽黨）領袖，自相魚肉，同歸於盡，而恐怖時代，乃由此告終。

國民議會雖在内憂外患交乘時期仍力行改革，如廢除財産上之不平等，没收逃亡貴族之財産，規定最高穀價，廢除地租，分割地産賣與農民等，甚至廢除天人稱呼（Monsieur），而代以『公民』（citizens）。在司法方面，又禁止以債務關係監禁任何人，廢除黑奴制度，保護女子財産權。而新共和憲法中，又充滿民治之意念。自羅伯斯庇爾倒塌以後，國民議會即爲富有之中等階級所操縱，不肯爲無産階級謀改革。而法國政治遂逐漸趨向復古，最後，乃有拿破侖之稱帝。

法國大革命，以三事相號召，即自由、平等、博愛是也。所謂自由，係指政治而言，以後之政府，不以神權爲基礎，而惟根據憲法，以人民之意思爲主體。個人不服從皇帝，應享有私人自由之擔保。信教自由、言論自由、出版自由，皆私人自由之好例也，國家不得縮小其範圍。至於平等，則指廢除特權、廢除農奴、廢除封建制度而言。無論何人，在法律上一律平等。法國革命對於尋求人生快樂之平等，亦欲其實現。惜未成功。博愛者，親切之義，但因階級間之關係懸殊，貧富之不均，實際上親愛難以實現，以故徒托空言而已。美國歷史家赫思（C. T. H. Hayes）氏謂博愛之義，與愛國同。共同携帶武器，以赴國難，斯即博愛之具體表現也。

二、一八三〇年之革命

在法國大革命時期，即有大批貴族逃往外國，及拿破侖即位，回國者甚夥，迨路易十八復辟，遂全體返國，恢復貴族會議，組織極端保皇黨，以推翻革命事業與恢復舊制度爲目的。一面鎮壓民主主義，以圖報復；一面强迫政府提高選舉人資格，以剥奪人民之權利。此其一。

法王查理第十更極力恢復舊制度，發行巨額公債，以賠償貴族在革命時代之損失。用僧侶管理高等教育，不許任何人褻瀆教會内之用品，違者處以死刑，遂引起知識分子之反抗。同時，農民因舊制度業經恢復，甚恐地主與貴族肆行壓迫，遂决意與復古運動殊死作戰。法王更於一八三〇年七月二十六日頒布命令，禁止出版自由，解散未召集之國會，并繼續工商税，不問納税之多少，均無選舉權。此其二。

七月法令頒布後，輿論嘩然，革命風潮遂趨於激烈。七月二十七日，共和黨人率領學生、工人與民衆，在巴黎市内用巨石堆成堡栅，以抵抗官軍，苦戰三日三夜，死傷三千八百人。嗣後，有一部分官軍倒戈，革命聲勢益大。法王聞訊，下令取消七月法令，并禪位於亨利第五；而以路易腓力實行王命。當時共和黨人組織臨時政府，并配置革命軍於四周，嚴防貴族之侵入與反動派之進攻。臨時政府領袖拉法夷脱受路易腓力之麻醉，而共和黨人亦受催眠，結果，歡迎路易爲國王，宣布君主立憲政體，七月革命即於此告終。

三、一八四八年之革命

路易統治法國，自一八三〇年至一八四八年。以理論言，其政府以主權在民爲原則，即所謂民治是也。但在實際上，國會選舉權受嚴厲之限制，而中等階級對於立法與行政，又有巨大之威力。以故彼時之法國政府，距離民治尚遠。法王之保守性與年俱進，而民衆之反對亦日甚一日。及至一八四八年，法國各階級，幾皆一致團結，反對法王與中等階級聯合而成之君主政體。并有多數人民決定建設一真正民主政體。

在路易統治時期中，國内各派，先後脱離法王而去者，有正統派（Legitimists）、共和黨、愛國志士、民主黨、社會黨、舊教徒等。正統派主張查理十世復位，并爲舊制度而奮鬥。路易在即位之初，尚爲平民愛戴，但久而久之，則趨於專制，而成爲共和黨之敵人。一八三五年，有一無政府主義者，欲以炸彈廢除君主政府，未成。路易乃施行壓迫手段，監視報館，極爲嚴厲。凡侮辱法王者，皆處以一萬佛郎以上之罰金。共和黨人有暴動者，亦受嚴刻之懲處。路易腓力遂爲國人所痛惡。

路易對外政策，以屈服遷就爲主。例如因英國之反對，不許其子登比利時王位；因商人堅決欲與英國通商，遂不惜卑躬屈節獻媚於英國等，皆足以外損國威，爲一般愛國志士所不滿。在一八三〇年革命時，路易曾以實行普選爲言，選舉人納税數目，應由三百佛郎減爲二百，如係律師、教授、醫生、官吏，則僅納佛郎一百，即有選舉資格。但實際上有選舉權者僅二十萬人。於是下層中等階級（如小店主等）與普通民衆，投袂而起，共同指摘路易寡人政治之非。在最後八年中，賄賂公行，竟以衆議院爲收容無聊政客之所。起初，中等階級一致擁護路易，今則分爲兩派，各奉介索（Guizot）與爹亞（Thiers）爲領袖，相互攻擊。同時，路易自知末日將臨，極力搜括，以飽私囊。

最後，尚有反抗法王之社會黨與激烈派。其時里昂製絲工人，每日作工十五時至十六時，僅得工資銅元十一枚，不够生活，乃大聲疾呼曰『與其作工而生，毋寧鬥争而死』。然則社會需要改革，已顯然可見矣。但主張社會改革者，各有其不同之意見：當時，有所謂聖西門（Saint Simon）社會主義派、福里亞（Fourier）共産主義派、布郎克（Louis Blanc）合作社會派及蒲魯東（proudon）無政府主義派。各派對於改革之必須，則趨於一致。布郎克爲社會黨之中堅人物，大聲而呼曰『國家應以工作給予身體强壯之公民，國家應扶助與保護年老多病之個人。祇有運用民主權力，始能得此結果。民主權力以主權在民爲原則，以普選爲原始，以實現自由、平等、博愛爲依歸』。

一八四七年，國内各派均與政府爲難，要求選舉改革。是年，自由黨與王黨之中等階級，舉行公開宴會，以促進選舉法之改革，而社會黨與共和黨所舉行之公宴，逐漸表現革命論調。在巴黎赴宴者，皆舉杯以改良工人境遇爲籌，政府爲之震驚。一八四八年二月二十二日，擬在巴黎舉行一大規模之公宴。政府加以禁阻，惜爲時已晚。屆時候，憤怒之工人，與粗莽之學生，蜂擁其地，高呼改革。并於黄昏時放野火，唱國歌。次日，中等階級之自衛兵與革命民衆，同呼『打倒介索』。其時，介索邸寓之自衛兵，向示威群衆開槍，死二十三人，傷三十餘人。群衆乃將死尸舁置車上，血迹淋漓，更以火炬照之，游行巴黎全市，極爲悲慘。工人即於街上建築障礙物，大呼『共和萬歲』『讓路易殺我等』之標語，遍貼全市。路易知大勢已去，遂下詔禪位。

路易逃亡後，在巴黎有兩處宣布共和，一在城西之衆議院，一在城東之市政廳。城西共和黨代表中等階級，懸三色旗，主張民治。城東共和黨代表工人階級，懸赤色旗，意在建立政治性與社會性之民主政體。前者組織之政府，代表中等階級之自由主義；而後者則欲舉行社會革命，爲工人謀利益。最後兩政府合并，布郎克參與聯合政府。

臨時政府成立後，中等階級與工人不能融洽。其初，中等階級派因受貧民軍隊恐嚇，尚注意於貧民問題與布郎克之社會主義計劃。臨時政府徇布氏之主張，建立國家工場（national workshops），或稱合作工業社，由國家輔助建立，由工人自身辦理，但管理國家工場者爲一中等階級之部長，痛恨布氏之理論，以故布氏工廠，定歸失敗。城中貧民與手藝工人，因革命失業，遂受雇於政府，開掘壕溝，其數目達十萬，每日可得兩佛郎，由國家支付。同時，臨時政府派布氏調查工人疾苦，而布氏亦令巴黎工人減少作工時間，由十一時減至十時，鄉間作工時間由十二時減至十一時。但布氏無執行命令之權，政府中之中等階級派，以社會黨無害於事，遂亦置之。此爲革命之第一期。

四月二十三日，以普選爲根據，選舉憲法會議，以制定憲法。布郎克之破壞理論，不爲僧侣所信仰。布氏對工人之同情，亦爲商人所不悦。其時，課税增加，儉約之農民，認定布氏國家工場，雇用巴黎浪人，無异虚耗公帑。在新憲法會議中，社會黨僅寥寥數人，其餘則爲中等階級之共和黨與反動派。於是工場廢除，工人解散。工人大爲憤怒，即於貧民區域内，重新拆毁街道、建築障礙物。憲法會議遂調遣大軍，鎮壓革命。巷戰三日（一八四八年六月二十四至二十六日），結果，官軍大勝，革命戰士除被槍决者外，有四千人被流徒於殖民地。巴黎工人每一念及巷戰情形，不禁磨牙切齒，痛恨中等階級之共和國。而農民則以每次共和成立之後，必致流血，遂亦不相信共和主義。此爲革命第二期。

憲法會議中之中等階級共和黨人，遂得爲所欲爲矣。若輩主張：家庭、財産權、公共秩序三事爲共和國之基礎，否認社會主義與無政府主義，但同時則贊成社會改革。若輩又宣布奴隸制度、檢查報紙、殺戮政治犯，皆不合於自由、平等、博愛之原則。對於不收學費之初等教育，亦熱心提倡。此類改革，皆以中等階級爲出發點。最後，憲法會議制定憲法一部，似以美國憲法爲藍本。總統一人，由普選選出，而内閣則由總統任命。并於一八四八年十二月十日選出大總統。於是第二次共和，遂告完成矣。

四、一八七〇年之革命

法王拿破侖第三戰敗後，共和黨、自由帝制黨、社會黨，即於一八七〇年九月四日宣布法國爲共和國，是爲第三次共和。是時巴黎被德軍圍困，此三派尚能切實合作。社會黨對於國防，亦頗盡力。一八七一年正月，巴黎投降德軍，以便選舉國民議會。二月，以普選選舉國民議會，帝制黨竟占大多數。國民議會既與德國媾和，而内亂復興：蓋社會黨與工人，合組一巴黎公社（Commune of Paris），以與國民議會對抗。公社者，市政府之意也。

巴黎被圍，計有五月之久，城中非常混亂。當時工人自組一中央委員會，以保護其利益。後與共和黨自衛軍組織之中央委員會聯合，而成爲巴黎市政府。更舉行城市選舉，以爲公社之助。巴黎公社，始於一八七一年三月，終於五月。

公社中之分子，計有兩派，一爲急進之中等階級，一爲工人。而後者又有馬克思社會黨與蒲魯東無政府黨之區别。各派所以能團結者，實由於感受共同之痛苦。當時，工廠停歇，工人失業，加以忽然解散大批軍隊，失業者更多。而政府又復下令繳納租金，并停止自衛軍之工資。此項工資，雖僅每日一佛郎又半，但大多數工人，則恃以爲生。益以國民議會爲帝制黨所操縱，尤爲各派所痛惡。

巴黎公社遂向國民議會宣戰，并宣稱巴黎爲自由獨立之城市，法國國家應采取鬆懈聯邦政體，以自治之公社爲單位。國民議會即調遣軍隊鎮壓，圍攻幾及兩月之久，始將工人之抵抗摧毁。巴黎民衆被軍隊屠殺者，約兩三萬，而公社遂消滅矣。但有一部分之法國工人，追思往事，悲憤填膺，遂走向極端之急進主義。

一八七一年八月，國民議會制定《立憲法》（Rivet Law），一面以制憲權授於自身，一面以總統授予帝制黨領袖第越氏，令其對議會負責。所謂負責者，即國民議會中之多數，可以令其去職之謂。當時議會中對於君主與共和之争，亦頗激烈。議員共計五百人，屬於帝制派者，約三百人。就表面觀之，帝制派似應占勝利，國體應定爲君主。但帝制黨人，又分爲三派。各有擁戴，各不相下，君主政體竟不能實現。

一七八五年國民議會制定憲法三部分，一在正月，確定國體爲共和。一在二月，一在七月，均關係於公權之組織。憲法上之規定，不重理論，而唯以應付實際問題爲其唯一之準則。依照一八七五年之憲法，立法權屬於國會，而國會又分爲兩院，一爲衆議院，由直接之普選選出，任期四年；一爲參議院，任期九年，由間接選舉選出。行政權屬於大總統，任期七年，由兩院合組國民議會選出。大總統之權能，頗爲寬泛。但在實際上，其權能之行使，須有閣員之副署，方能發生效力。而閣員又須對國會負責，以故法國國會，就立法與行政言，實爲最高機關。自一七八〇年至一八七九年，第三共和國之國體基礎，恒在風雨飄飖之中。蓋當時帝制黨之勢力頗大，恒欲改共和爲君主，而共和黨人，則極力反對。結果，江伯達（Gambetta）所領導之共和黨，於一八七九年完全取得勝利。此後，共和黨之勢力日見擴大，而帝制黨則如江河之日下，無能爲矣。

在第三共和國時代，私人自由，亦取得相當保障。例如一八八一年之法律（二十年後又加以修改），確定開會權與言論之完全自由。照此法律之規定，開會之先，不必取得政府之許可。同年，又通過一種法律，以擔保出版之自由：若僅發表可憎之言論或意見，不受處罰。其涉及誹謗或鼓動犯罪或登載虚僞消息者，則仍有應得之罪。一九〇一年，又宣布結社之自由，凡一切私人會社，其目的不違反法律或公安或道德者，均得成立，但事前須向官廳作一單簡之宣言，而舊教寺院則除外。至關於政治權利者，僅男子享受普選權，而女子仍向隅。在最近兩年來，女子參政黨漸漸趨於激烈，但距成功之期尚遠耳。

第五章　德國民權運動史

一、一八四八年之德國革命

今之言德國革命者，以一九一八年爲起點，實則德國革命尚有其悠久之歷史，一九一八年僅爲德國革命史中之第二幕，其第一幕，在一八四八年。今述其大略於次。

一八四八年，法國第三次革命爆發，西歐各國爲之震動。而新勢力遂如异軍之突起，莫不欲以廢除舊制度爲急務。當時代表舊制度之勢力者，爲奧相梅特列（Metternich），專以壓迫新興主義與民權運動爲能事。德國受其壓制，垂四十年，以故一八四八年之擾亂，捨法國外，首推德國。

德國、奥地利、匈牙利、意大利人民，感受法國二月革命之影響，皆蠢蠢欲動，以傾覆梅特列之制度。一八四八年三月十三日，維也納（Vienna）城中，學生結隊成群，向市政廳前進，市民隨其後者亦衆，乃於街道上，建立障礙物，實行暴動，并高呼『與梅特列俱亡』。西歐諸國遂群起響應。德國諸邦，如巴登（Baden）、吴爾登堡（Würtemberg）、巴維里亞（Bavaria）、撒克遜，亦起而暴動。柏林大震，乃有推舉代表，要求國王立憲之舉。三月十八日，市民麇集於王宫外，警察欲驅散之，遂起衝突。革命分子，亦仿巴黎市民辦法，於街道上建築壁壘，以爲防衛。維廉第四不欲流血，遂允許召集會議，編定憲法。

一八四八年五月十八日，國民議會開會於佛蘭克何爾（Frankfort），議員六百人，由各邦選民選出，其任務在編訂憲法。佛蘭克議會不即着手於新政府之組織，而唯虛耗數月光陰，以從事於人權之規定。迨憲法將告成功，奧地利勢力依然恢復守舊精神，於以復盛，遂聯絡德國南部諸邦，以摧殘新政。

佛蘭克議會雖遭奧地利之反對，仍能完成其制憲之任務。憲法上規定，應有世襲皇帝一人，由普魯士國王任之。維廉第四原本游移於新政與舊制之間，卒因柏林之暴動，轉而痛恨革命。又恐一旦稱帝，必爲奧地利所不容，而轉入戰争漩渦，以故不肯接收國民會議所上之尊號，并否認憲法。國民議會徒虛擲一年之光陰，議員亦星散。奧地利力主恢復舊有之國會，德國遂復陷於四分五裂之局面中。

德國一八四八年之革命，雖未産生若何結果，而普魯士之憲法，則竟能成立。一八四八年普魯士國王，因革命民衆爲法國革命所鼓動，而要求立憲，立予允許，遂於是年五月，召集憲法會議於柏林。會議主張：廢止貴族及除去國王稱號上之天命二字。同時城中工人亦作革命舉動，於六月十四日圍攻兵工廠。普魯士國王大懼，退居坡支丹（Potsdam），并命會議移至布蘭登堡（Brandenburg），會議不從，遂被解散。一八四九年，普魯士國王另定憲法，另行召集一新憲法會議以審查之，於一八五〇年一月公布。此憲法遂爲普魯士國憲，達六十餘年，至大戰後德國革命時，始被廢止。

當時普魯士新黨，頗希望民主政體之成立，迨君憲既已公布，莫不垂首喪氣。以内閣言，則衹對於君主負責，以國會言，則大多爲貴族、官吏與富人之代表。普魯士國會中之兩院，一曰貴族院，以親王、貴族、國王特任之終身貴族、大學代表及巨城之知事等組織之；一曰代表院，以人民選出之議員組織之。而一切法案，須得國王之許可。若國王對某議案不滿意，則得嗾使其所操縱之貴族院，以拒絶該法案之通過。

普魯士下議院，即代表院，雖在表面上由男子普選選出，而其所代表者，實爲寡人政治，非民主政治，蓋因普魯士采行間接選舉之三級制（three class system），富人之勢力特大，而貧民之權力則極微弱。凡年滿二十五歲之男性公民，皆有選舉權，但僅能選出初選人，再由初選人選出議員，因下議院采間接選舉故也。第一級爲富人，人數甚寡，其『納税之財産』，達全社會總額三分之一者，得共選舉初選人三分之一。第二級爲中等階級，人數較多，其財産達總額三分之一者，亦如之。第三級爲平民，人數更衆，亦僅能選出初選人三分之一。因此，偶有富人一名，其財産苟能達總額三分之一者，則其一人之選舉權竟可與全部平民相埒。

二、一九一八年之德國革命

歐戰告終，約在一九一八年十一月。是月九日午後一時半，有若干汽車馳聘於柏林街道上，散發傳單，宣布『政權已轉入人民手中』。實際上，德國各地亦發生同樣之革命運動。德皇維廉第二爲革命運動所威逼，即離開柏林，逃往荷蘭之阿美洛根（Amerongen），於十一月二十八日，發出退位文書。實則在德皇離開首都之前，首相馬克思親王，迫於社會黨之要挾，即已爲維廉發出遜位文告矣。社會民主黨之多數派，遂組織臨時政府，宣布共和，并推舉額伯特（Ebert）爲臨時大總統。

一九一八年十一月九日，柏林工兵會之代表、社會民主黨之多數派，及斯巴達西黨（Spartacists）之代表等，在帝國議會内召集開會，討論組織臨時政府之方法。結果，出席各代表，均贊成建立一人民委員會，委員十二人，又一執行委員會，委員六人，并議決於翌日召集工兵代表大會。工兵代表人數，每千工人，推舉代表一名，每營士兵，推舉代表一名。臨時政府遂由此草草成立矣。

臨時政府成立後，即在韋瑪爾（Weimar）召集國民議會，起草憲法，以建立一德意志聯邦共和國爲目的。其時巴維里亞與萊茵，企圖獨立，不成，遂加入新德意志共和國。昔日奥國治下所殘餘之德意志民族，亦實行加入，而爲《巴黎和約》所梗阻。他方面，新德意志爲戰敗之國家，國土被占領，軍備受限制，海外殖民地被劫奪，軍艦商船被没收，并須賠償軍費一千三百二十億金馬克。同時，原料缺乏，石灰與糧食，亦感不足。工場活動與海外貿易，均不易恢復。馬克價值，一落千丈，幾成廢紙，物價因而騰貴。人心惶惶，無以自保。軍閥餘孽，乃乘機作亂，主張國家之復興與鞏固。一九二〇年一月，該派領袖卡普（kapp）即在柏林舉行反革命動作，企圖推倒政府。臨時大總統額伯特與其他當局，竟逃往他處，以避其鋒。最後，額伯特赴德意志之南方，一面聯絡全國官吏與工人，令其同盟罷工，以抵制反革命政府之成立，一面率領軍隊以圖反攻。結果，卡普不敵，額伯特乃得再返柏林。

德國社會民主黨既平極右派卡普之亂，復受極左派之攻擊。所謂極左派，即斯巴達西黨是也。若輩反對額伯特所召集之國民議會，主張無産階級專政，資本家、地主以及貴族，均應鏟除。若輩更主張仿效俄國布爾塞維克（多數黨）革命，采取直接行動、罷工、騷亂等方法，以實現其目的。因此，若輩即與布爾塞維克黨聯絡，并號召國内工人罷工。一九一九年一月六日，柏林大起暴動，各城市聞風響應。當時斯巴達西黨黨魁爲李蔔克内西（Karl liebknecht）與盧森堡女士（Rosa Luxemburg）兩人。在暴動時期中，李氏親在柏林街道上演説，以鼓動群衆，唯不汲汲於領導群衆向社會民主黨之薄弱軍隊進攻，以致坐失時機，殊爲可惜。嗣後，二氏被逮下獄，一死於獄中，一移解他獄，死於途中，均爲社會民主黨屬意暗殺。二人既被殺，激烈運動隨即平息，而斯巴達西黨勇往直前之心，則愈加堅决。以故值國民議會開幕之時，意圖再起，實行搗毁，但以政府防範綦嚴，而又無强有力之領袖爲之主持，竟不能有絲毫之成功。

一九一八年十一月三十日，人民委員會公布憲法會議選舉法及開會日期。此項選舉，應以普及、直接、平等、秘密爲原則，并施行比例代表制，凡公民在二十歲以上者，無論男女均有選舉權，兵士亦可投票。憲法會議代表共四百三十名，每十五萬人出代表一人。代表之選舉，以分區舉行之。全國共分爲三十八區。選舉日期，原定一九一九年二月十六日，嗣因時局不靖，遂提前至一月十九日。

選舉結果，社會民主黨得六百一十五席，中央黨（天主教黨）九十席，德意志民主黨七十五席，德意志國家人民黨四十二席，德意志人民黨二十二席，獨立社會民主黨二十二席，巴維里亞農民聯合會四席。女子當選者有三十七名，以社會民主黨占大多數。在各政黨中，以德意志國家人民黨（或稱國民黨）爲極右，因其由舊日保守黨蛻化而來故也。德意志人民黨爲代表銀行界及大商家之政團。至於中央黨、民主黨、社會民主黨，則跨於右左之間。獨立社會民主黨，略帶社會主義色彩，可稱爲德國政黨中之左派。

新產生之憲法會議，即於一九一九年二月六日在韋瑪爾開會。會期僅延亘數日，結果，通過臨時約法一部，并議決由各黨選派二十八人組織一憲法起草委員會。六月草案成立，七月三十一日，憲法全部通過，八月十一日，由大總統額伯特簽名公布。德意志新憲法，即由此成立矣。

德國新憲法，共一百八十一條，兹將其特點分述於次：

（一）關於政權之組織者。立法屬於國會，以兩院組織之，上院沿襲舊制，代表各邦，每邦祇有一權。但其在立法上之地位，則較前低落，徒備顧問而已。下院代表人民，握有立法全權，而人民對於立法，亦得行使其創制權與復決權。下院通過之法律，大總統認爲有不適當時，得交付人民復決之，至於行政方面，有大總統，有内閣，一切政務悉由内閣負責。大總統由人民直接選舉，任期七年。德國司法完全獨立，除普通法院外，尚有行政法院，專理行政訴訟。

（二）關於人民權利者。男女所享之權利，毫無軒輊，完全平等，此爲德國新憲法之特色。舊日貴族之特權與勛位等，完全取消，以期社會地位之平等。至於私人自由，絶對不許侵犯。私人住宅，非依法絶對不許侵入。通訊與出版，均能享有法律内之自由。一切郵信電信，除電影外，均不受檢查，其他如結社權、集會權、作官權、信教自由等，皆有規定。

（三）關於聯邦與各邦之關係者。舉凡外交、殖民事項、國籍、旅行、居住、移民出入、移民引渡、國防組織、幣制、關税、郵政等事，均屬於聯邦政府之範圍内。其他事項，如民法、刑法、訴訟法等，聯邦政府亦得管理之。其不歸聯邦政府行使之職權，則統屬於各邦。各邦法律與聯邦法律抵觸者，一概無效。

（四）關於經濟事項者。德國新憲法，關於國内經濟生活之規定，頗爲詳細，爲美法各國憲法所無。私人財產權，爲憲法所承認。農工商中等階級，均受國家之保護。同時，土地之使用與支配，亦受國家之監督。又地價之增漲，不由地主之勞力而來者（即 unearned increment），應收歸國有。礦產與天然力，概由國家管理。聯邦政府得管理一切經濟貨品之生產、分配、使用、定價與進出口等。產業社會化，憲法上亦載有專條，唯不易推行耳。

他方面，勞工受國家之特别保護。凡不能覓得工作者，國家應爲設法，維持其生活。每一工廠之工人，得組織一工人會議

（Arbeitersge meindschaft），每一區域之工人，得組織一『地方工人會議』，再由各地工人會議合并爲全國工人會議，以保護工人之利益。但高級工人會議，迄今尚未成立。地方工人會議，得與資本家之代表聯絡，組成地方經濟會議與全國經濟會議。

德國經濟會議，以勞資合作爲原則，其職務與過去實際工作，爲一般人所注意，茲略述於次。全國經濟會議，在於發表工業需要之意見，以備國會之顧問。如内閣欲提出一經濟議案於國會，應先將此議案交付經濟會議討論。政府雖不受經濟會議意見之拘束，但有必須交議之義務。經濟會議，經由内閣之媒介，得提出經濟法案於國會，内閣對於該法案，無論贊成與否，必須將其提出，以符法律之規定。

憲法上規定之各級經濟會議，尚未完全成立。已經成立者，衹有一臨時經濟會議，其職權與組織，與憲法上所規定者相符，但無提交議案於國會之權。至其組織，本以平等爲原則。所謂平等原則者，即每一工業之雇主與工人，皆得推選數目相等之代表，以出席於經濟會議。目下該會議，由十集團組織而成，爲首之六集團，代表農業、工業、商業、運輸、手工業，此六業代表之支配，除農業與手工業外，悉根據平等之原則。其餘之四集團，爲消耗者、官吏、自由職業者（member of liberal profession）與政府指定之官吏。組織經濟會議之本意：在使一職業與他職業相牽制，同時，關於雇主、工人與有關係各階級之平等原則，亦應實現。但其結果，則生産階級占重要地位。而經濟會議，遂變爲生産會議，與職業（Berutstände）代表之原意，大相徑庭。該會議代表之大部分，均自生産階級（農業、工業、商業）選出，而官吏、醫生、律師、教員、大學教授等之代表，則不充分，不與其社會地位之重要相符。

經濟會議辦事手續，以分工爲原則。工作之大部分，由各委員會擔負，所以便於專家之研究也。并得於必要時，徵求外界之意見。在每一委員會中，雇主與工人，推出數目相等之代表，而消耗者與政府指定之官吏，亦得舉出若干代表，參加其中。經濟會議之職務，在給予政府與國會以專門性質之指導。但此種指導，須經過長時間之研究與準備，方能達於完善他方面，政府咨詢會議，每每在議案已爲政府各部起草完竣與内閣承認之後。在此階段，政府急求議案之實施，不願多所修改；而各部起草議案時，僅僅咨詢其自備之專門家，不請教於經濟會議。因此，經濟會議，已失其存在之理由。

事實上，經濟會議已無何等威力。并有認定其爲駢枝機關，徒耗公帑者也。經濟會議對於戰後經濟問題，亦未能立著先鞭，求其解決。政府在解決此種問題時，自須與專家磋商，但政府之咨詢若輩，并非以其爲經濟會議之會員，而實以工商界之代表。目前工商界代表之指示，較經濟會議之意見更爲有效。

韋瑪爾憲法會議中，以社會民主黨占多數，故其所産生之憲法，頗帶國家社會主義色彩。但關於保護勞工與工業社會化，仍爲『死字』（dead letter），其實施憲法上經濟條文之中心機關——全國經濟會議——亦無任何勢力，政府亦不加以重視，適如上文所述（參見

A. Headlan Morley, *The New Democratic Constitutions of Europe*, 1928, chs. 15, 16）。事實上，社會民主黨，曾自認爲工人之代表，但已脫離工人而與中等階級之政黨携手，所謂工業社會化，保護勞工，徒托空言而已。新德意志在經濟上之民權運動，尚有待於將來也。

第六章　俄國民權運動史

俄國第一次革命，始於一九〇五年，終於一九〇七年，在此時期中，革命之目的，在取消農奴制度及肅清社會上一切封建殘餘，以便生産力之迅速發展。當時，一般平民，需要取消大地主之私有土地，需要驅逐掌握政權之地主官僚，需要推倒以壓迫爲職志之察汗（tsar）專制政權。此次革命基本動力之一，厥爲農民。所謂推倒地主，取消對於農奴之壓迫，以及推翻地主之專制制度，皆有利於農民。他方面，農民極欲奪取地主之土地，以發展其私有經濟。此時，農民祇希望改善與鞏固私有經濟條件，而不希冀社會主義之到來。但對於農奴與地主制度，則希望將其徹底肅清，以故一九〇五年至一九〇七年之俄國革命爲中等階級性之農民革命。

在革命爆發前，農村經濟，幾全在大地主掌握之中，普通農民，每人祇有土地三俄畝（約合中國十八畝），而地主之土地則達數十萬俄畝。據當時可靠之統計，地主握有三萬俄畝者，共計有七百人，其土地之總數大於六十萬小農之土地三倍。大地主所有之土地，占全俄地面總額四分之三，而自己耕種之土地，則僅占五分之一。地主利用廣大之土地，更用半農奴制度，以剥削農民。當時農民使用土地，須納極高之地租。有時，地主强迫農民，實行平分制：農民以自己之工具，耕種地主之土地，即以出品之半數，奉獻於地主。又或由地主手中，領取一小塊土地，即携帶自己之工具，至地主之土地上，爲地主做長時間之工作。

地主對農民之殘酷剥削，使農村經濟不能發展，農民日就貧困，甚至農民用爲耕種之家畜，亦逐漸減少，而貧農數目，則逐步增加。自一八八八年至一八九八年之十年中，在歐洲俄羅斯之五十省内，馬匹由一九，六〇〇，〇〇〇減至一七，〇〇〇，〇〇〇；有角獸由四三，六〇〇，〇〇〇減至二四，五〇〇，〇〇〇。又在同一時期中，無馬之農民，增加百分之二十二，祇有一馬者，增加百分之二十五，而馬匹愈多者，則其數目愈減少，握有六匹馬之農民，幾減少百分之六十。因此，農民陷於窮困，遂與地主發生根本衝突，此爲首次革命之主要原因。

自一八六一年農民解放以後，俄國不僅爲一農業國家，不僅爲一大地主國家，而且成爲一大工業國家。在十九世紀末葉之三十年中，俄國資本主義正處於發展之過程中。大資本主義之企業與大廠主，不一而足。工廠之大者，可容工人數萬。一八九〇至一八九九年，俄國生鐵之出産，超過法國與比利時，及至二十世紀，則居世界生鐵生産之第四位。同樣，熟鐵、煤、煤油之生産，皆超過英美各國之總額，因此，工人之數目，亦有巨大之增加。十九世紀末，在九區域中，有工廠一二，○○○處，工人數目，超過七六○，○○○。其中有百分之七十二，完全脱離農村經濟，專從事於工業上之工作。換言之，十九世紀末，俄國社會之發展，是足以促進工人數量之增加與其團結之鞏固。

在二十世紀初葉，工業上雇用之工人，已達三百萬，均爲真正産業工人，其與農村之關係，逐漸斷絶，唯依賴企業家之工資以爲生活。至其對於野蠻農奴制度之取消，資本主義之迅速發展與專制政府之推倒，皆極願意。同時，工人群衆之覺悟，亦逐漸提高，而發生罷工運動。二十世紀之罷工風潮，更形擴大，且帶政治性質。

在二十世紀初葉，工人運動中最普通之形式，爲政治示威。其時工人受社會民主黨之影響，提出明顯之政治要求。盈千累萬之工人群衆，手執赤旗，唱革命歌，高呼革命口號，屢次與警察軍隊相衝突，尤以一九○二至一九○三年之罷工爲最激烈。察汗政府雇用大批警察與憲兵，并禁止一切集會結社之自由，但竟有數千工人在勞斯托夫城外聚集，舉行露天大會，會場上雖有軍警圍立四周，而演講諸人，竟發言反對專制政府，以推倒專制相號召，結果與軍警發生衝突。一九○三年南俄總罷工，其發動本以巴庫（Baku）煤油爲背景，但不久即漬染政治色彩，蔓延南俄各地。在此次運動中，曾舉行多次示威運動，與軍警發生衝突。最後，政府爲制止工人運動計，創設警衛局，再由警衛局局長組織合法工人運動，以圖抵制。

農民之痛苦與工人之革命運動，既如上述，而俄國知識分子亦不滿意於政府之專制。當時知識分子又分爲二派，一曰虛無主義者，一曰恐怖主義者。屬於虛無派者，以學生與教師占多數。若輩以爲推倒專制，必須唤起民衆，以故有自願至農民中宣傳革命者，但知識淺薄之農民，竟以若輩爲叛逆，甚至有將其捕獲送交警署者。激烈分子領袖巴枯寧（Bakunin）主張廢除政治上與經濟上之階級，男女絶對平等，廢除遺産制，人人各自食其力，凡勞動品如土地等以及其他之資本，均收歸社會公有。同時知識分子又采用暗殺手段，以反抗政府之横暴。

一、一九○五年之革命

一九○四年，日俄宣戰，結果俄軍敗北，遂引起全國人民對政治之不滿。同時，社會民主黨在工人中之影響，亦已增加，而政府所建立之工人組織，亦陷於困難地位，不能完成其破壞工人革命運動之任務。當時聖彼得堡與莫斯科，有許多人民，手執『打倒獨裁政治』與『停職』旗幟，游行示威，鼓動群衆革命。同時，聖彼得堡之工人，因廠主開除工人，憤極罷工。罷工者之數目，達十五萬人。俄國官立勞動會會長格奔（Gapon）迫於工人之要求，提議向察汗請願，工人從之。請願目的，不僅限於經濟上之要求，并要求察汗召集立憲會議與容許一切政治自由。一九〇五年一月九日，即有成千累萬之工人，手執宗教旗幡、神像與皇帝肖像，并歌唱『上帝保佑察汗』，諷誦祈禱文，在格奔領導之下向皇宮移動。此項游行顯然帶有宗教性質，群衆既未高舉赤色旗幟，亦未呼革命口號，當不相信遭軍隊之屠殺也。殊不知一近皇宮，軍隊即開槍向群衆掃射，飲彈倒地之工人、婦女與小孩，比比皆是。傷者約千人，死者約兩百人，是謂赤色星期日。當工人被騎兵衝殺時，亦有用槍、石、木棍等回擊騎兵者。自慘案發生後，革命群衆非常憤激；其對於察汗之迷信，始由此打破，咸趨於革命之大路。

自赤色星期日起，革命風潮，遍滿全國。俄京市民，建築障礙物，與官軍對抗，產業都市之工人，則同盟罷工，與政府爲難。社會民主黨更組織許多工會，以要求改良工人之待遇與制定憲法。又在俄京聖彼得堡組織工人代表大會，作爲幹部，以號召全國之工人運動。斯爲蘇維埃之始。

農民運動，在一九〇五年一月，業已開始發展，及至三月，一方面受察汗政府軍事失敗之影響，他方面又爲工人革命運動所激刺，遂含有革命性質，其範圍亦從此擴大，包括俄國中部、波蘭西部、高加索及波羅的海沿岸一帶地方。參加此次之農村運動者，不僅限於農民，而且有農村中之工人，因而發生罷工風潮。俄國中部之農民運動，多系自然爆發，在開始數月中，燒毁地主之住宅，踏害地主之禾苗，砍伐地主之森林。在一九〇五年春夏之季，俄國農民運動蔓延二十六縣。

七月三十一日，俄國農民在莫斯科秘密舉行第一次全國代表大會，并在各區域成立分會，其所討論之中心問題，厥爲土地之分配，但亦有提出召集憲法會議之要求者。彼時之農民協會，當非擴大農民群衆之組織，加入協會者，亦衹限於農民中最有政治覺悟之上層分子，而整個之農民運動，則仍以經濟性質之問題爲基礎。

九月二十五日，莫斯科印刷工人罷工；未幾，麵包工人又繼起罷工。罷工風潮遂蔓延於各處。於是鐵路罷工、電報罷工、郵政罷工繼續發生，竟釀成十月總同盟罷工。察汗政府雖於十月十七日發布宣言，允許一切主要自由與召集國民立法代表會議，終歸無效，而十月政治罷工，竟能實現。參加此次運動者，不僅勞動群衆而已，并有自由中等階級表示同情。

十月總政治罷工，又復取得農村中農民運動之響應。秋季農民運動，其所包括之範圍，比在春季内大三倍。地主財産被其搗毁。據當時不正確之統計，地主住宅被搗毁者達二千所。地主損失達三萬萬盧布。於是地主與貴族，均相率先離開鄉村。在高加索之農民運動，顯然含有政治性質，完全在社會民主黨影響之下。農民運動與中心城市之工人，發生密切之聯繫。十月十七日，全國農民舉行第二次代表大會，其所提出之經濟問題，比第一次大會更加革命化，政治要求亦更爲激烈、更爲堅决。

察汗政府對於此次事變，一面表示退讓，以和緩革命潮流，一面則以武力鎮壓不接受退讓之群衆。結果，有若干自由中等階級之領袖，離開革命戰綫，而處退守之態度。其餘之工人則仍前仆後繼，不稍退却，遂遭受察汗政府武力之摧折。當時，俄國專制政府除發表十月十七日宣言外，更於同月三十日發表第二次宣言，其要點如次：（一）未經議會通過之法律，不能發生效力。（二）允許人民對於官吏有監督權。（三）承認人民有言論、結社與信仰之自由。（四）修正以前之選舉法，實行普通選舉。自宣言發出後，察汗即下令罷免首相波俾多諾塞夫（Pobyedonostsev），而以維特（Witte）代之。蓋前者爲人民所怨恨，後者則屬於自由派。察汗此舉，足以解釋一部分人民之疑惑。而革命運動，既受政府懷柔之影響，復遭武力之摧毀，遂漸漸趨於消沉矣。

一九〇六年四月二十七日，第一次國會在冬宫開會，議員五百二十四名，均屬於非政府黨。國會提出釋放政治犯、廢除死刑、承認芬蘭自治等要求，察汗悉置之不理。其次，關於土地案，國會主張將皇室與大地主之土地分給農民，而政府則反對之，遂與察汗又相衝突。國會乃議決不信任内閣案，但内閣并不辭職，國會主張責任内閣制，察汗不以爲可，并於七月九日解散國會。待新國會成立，政府黨仍占少數，而議員攻擊政府與官吏，較前更爲嚴厲，并反對獨裁政治。察汗對於議員加以叛逆罪名，即將國會解散。同時，俄皇更修改選舉法，减少平民之代表，以增加貴族與地主之代表。嗣後，國會中保守黨占多數，唯察汗之命是從。

二、三月革命

察汗政府自經一九〇五年革命後，表面上雖允許人民之自由，以緩和革命運動，但實際上，仍施行殘酷之壓制。譬如組織懲辦隊，即其明證也。革命黨被若輩屠殺者，不可數計，尤以波羅的海沿岸爲最慘。察汗更頒布戒嚴法，允許地方長官得以便宜從事，以束縛人民行動自由。又復施行出版法，任意廢止刊物，以束縛人民思想與著作之自由。因此，人民對於政府極端仇視，然以處於積威之下，徒喚負負而已。及至歐戰時期，政府之威權日大，貪官污吏藉口戰事緊急，故意妨害糧食之流通。以致某地極感糧食之缺乏，而某地則倉盈廩實，無法輸出；政府官吏遂得乘機牟利，以飽私囊。俄國本爲農業國家，然而竟不能免於饑荒者，實貪官污吏之所賜也。各大城市饑荒尤甚，甚至有排列成行，鵠候五小時，始能購得少許麵包者。一九一七年二月十七日，政府召集國會，而國會則首先提出糧食支配案，要求將糧食由地方團體經理，政府不許，并欲下令停止國會。國會中各派系始知和平革命之不可能，遂協力反抗，革命即由此而發生矣。

俄京彼得格拉（Petrograd）缺乏糧食達於極點，市民再難忍受，因於三月八日，值市内各工廠罷工，結隊游行於街市，高呼『給我麵包』。益以飢民之附和，人數愈衆，遂有搗毁麵包店之舉。九日，炮兵工廠之工人繼起參加，形勢益加嚴重。軍隊鎮壓無效，交通機關亦停止一部分。十日，軍警向示威之群衆開槍，人心愈加憤激，政府更拘捕私行集會之工人代表。十一日，下議院勞工議員，攻擊政府處置失當，不料竟因此觸及政府之怒，遂被停會。同時，政府更以騎兵壓迫工人，屢起衝突。於是罷工風潮一變而爲革命運動矣。

下議院既被停會，仍照常開會，同時民衆革命運動益趨激烈，竟敢以武器抵抗軍隊，互有死傷。嗣後，益以官軍之倒戈，革命黨人遂占領俄京各公署與各要塞。下議院議長羅增科（Rodzianko）乃組織下議院臨時委員會，自稱委員長，暫維秩序，以待新政府之産出。臨時委員會更召集工人與兵士，組織工兵會，即彼得格拉蘇維埃是也。一切政務，均由臨時委員會與工兵會協議辦理。十五日，臨時政府成立，以公爵李窩夫（Leuv）爲總揆，克倫斯基（Kerensky）亦入閣。閣員之中，以立憲民主黨占優勢。其施政方針，對外仍繼續戰争，對内則大赦政治宗教犯，允許出版自由，施行普通選舉，舉行地方自治等。更將察汗幽禁於察斯科耶色洛（Tsarskoe Selo）宫，三月革命，遂由此告終。

三、十月革命

俄國三月革命，以其性質論，實爲中等階級革命，其所采行之政策，一以中等階級之自由主義爲標準，詳情見前。中央政府自三月成立後，除繼續對德戰争外，無絲毫建設，對於人民之疾苦，則早已置之腦後矣。而且中樞内部之大員互相傾軋，互争政權，其行動日趨反動，遂與革命黨人以可乘之機。

當時所謂革命黨人，即布爾塞維克是也。該黨原以四事相號召：一曰全權歸蘇維埃，二曰停止戰争，三曰土地歸農民，四曰工人管理工廠。一九一七年六月以後，臨時政府對於國内急切問題毫無解决方法，於是舉國民衆漸受布黨宣傳，漸爲所化。傾向布黨者，有工人，有農民，有軍隊，有極廣大之群衆，而布黨革命計劃乃得逐步實現。

工人。九月初，彼得格拉舉行市會選舉，布黨所得票數較六日所獲者多兩倍，而社會革命黨與孟塞維克黨則失去大半。其他城市，亦有同樣情形。至十月末，工人傾向布黨較前益甚，每值選舉，殊不願意舉布黨以外之候選人。同時，代表工人利益之蘇維埃亦痛恨克倫斯基政府祇顧及中等階級之利益，即於九月末，迫令克氏辭職，推舉脱落次基（Trotzky）爲委員長，并議决數事：（一）推翻克氏反革命政府，（二）聯絡各地蘇維埃向其進攻，（三）首都蘇維埃應令工人與守備隊勿得擁護反革命之克氏政府，（四）全俄蘇維埃應本民主精神，建立真正革命權力。各産業中心之蘇維埃，亦有同樣决議。

農民。農民對於土地之要求非常迫切。一九〇五至一九〇七年之革命，實以農民爲主要動力之一，前已言之。自第一次革命失敗後，鄉村中之農民革命，逐步加多，其目的單在推翻農村中之貴族制度，平均分配土地。三月革命成功後，中等階級之俄國政府，對於土地問題，祇以欺騙農民爲原則，故意遷延，不予解决，而農民遂由失望而趨於憤激。至九十月之交，農民深知欲求土地之解决，須以自身之權力行之，遂焚毁地主住宅，劫掠財産，分配土地。克氏對此問題不謀根本解决，而唯派遣懲辦隊，捕殺農民，結果農民遂傾向布黨。

軍隊。在七八月之際，前敵軍隊尚有爲政府撲滅布黨者，但布黨在軍隊中之勢力反日漸擴大。『布黨黨員竟成爲軍隊中之主人翁，下級士兵委員會漸漸成爲布黨之細胞；軍隊中任何選舉，布黨悉占多數，長官威權，永遠墜地。』十月末，冬季將臨，士兵苦於無衣無食，遂向政府提出：（一）即時媾和，（二）肅清司令官員，（三）廢止對於布黨之壓迫，（四）輸送布黨報章至軍隊中，（五）建設革命政府，（六）各機關之組織應以布黨綱領爲基礎，（七）分配土地，（八）廢除死刑。軍隊中下級委員會中之分子，至十月末，幾盡爲布黨黨員。

十一月四日，布黨組織之軍事革命委員會迫令俄都衛戍司令部移交，不從，而各守備隊則附和布黨。克氏政府即調遣前綫軍隊回京平亂，不料回京之兵士爲布黨所運動而叛變。政府仍希圖以武力解散布黨機關，結果發生巷戰。七日晨，赤衛軍占領電話公司、鐵路停車場、電報局等。首都交通機關統行入於布黨手。而政府各機關均先後爲布黨占領。克倫斯基乘間逃亡。十月革命，遂宣告成功。布黨得勝之日本在十一月七日，然尤稱曰十月革命者，係用俄曆故也。

十一月七日晨開第二次全俄蘇維埃大會，議决將全部政權交與工農代表大會即蘇維埃。翌日，又設全俄中央執行委員會與人民委員會，前者在蘇維埃閉會期中代行職權，後者掌握行政大權。人民委員會成立後，即頒布要求停職文告，收没土地（哥薩克農民土地不在内），收没股份組織之大工廠，交由工人會議管理與經營。每日作工時間，定爲八小時。工資之多少，隨時由政府决定之。

一月二十七日，第三次全俄蘇維埃大會，通過蘇維埃中央執行委員會所擬定之作工者與被剥削者權利宣言，并規定以此項宣言爲蘇維埃共和國憲法之基礎。其大意如左：

（一）俄羅斯現爲一工農兵蘇維埃共和國，中央與地方之行政全權一概交與蘇維埃掌握。
（二）俄羅斯蘇維埃共和國，爲自由民族之自由結合，爲許多共和國之聯邦。
（三）廢除私有權，凡含有公共價值之森林、礦産、水道以及農具、家畜、田地、農場等，一概收歸國有，作爲國家財産。
（四）工人有監督權，以工場、鐵道、礦山收歸國有。
（五）一切銀行收歸國有。
（六）俄羅斯蘇維埃共和國國民，均有作工之義務。
（七）組織工人之紅軍，解除中等階級之武裝。
（八）廢除秘密外交，奬勵世界各國工農間之相互交歡，主張無并吞無賠款及民族自决之民主原則。

（九）打倒對於弱小民族與殖民地之壓迫。

（十）取消一切國内外公債。

就以上之宣言觀之，顯然爲推翻資本主義與中等階級制度之基本原則。

蘇維埃社會主義共和國聯邦，或簡稱蘇聯，爲一種聯邦組織，現由六蘇維埃共和國組織而成，其大者爲俄羅斯社會主義聯邦蘇維埃共和國。此外尚有九自治共和國與十四自治州，以故蘇聯爲一複雜聯邦國，包有許多國家與自治州。蘇維埃政府之最高機關，爲全聯蘇維埃大會。此大會之代表，由省蘇維埃大會與市蘇維埃大會選出，每省得按照省民十二萬五千選出代表一名。在全聯蘇維埃大會閉會期内，其職務由全聯中央執行委員會行使。中央執行委員會，由全聯會議與民族會議組織而成。全聯會議每年由全聯蘇維埃大會按照各共和國人口，選出四百四十人組織之。民族會議爲保障共和國權利之機關，由蘇聯中之各邦及自治各共和國之代表組織而成。每聯邦共和國派代表五人，每自治共和國派代表一人。民族會議委員必須經全聯蘇維埃大會通過，始能就職。中央執行委員會中又有兩常設機關，與全聯會議及民族會議相對立，且其權力較大。一爲全聯中央執行委員會之常務委員會，一爲全聯人民委員會，前者於中央執行委員會閉會期内代行其職權，後者相當於内閣。此爲蘇維埃制度組織之大概。至中央執行委員會，不但爲立法機關，而且兼司行政，此爲近代無産階級國家組織上之特點。

第七章　日本民權運動史

一、民權運動之初期

日本民權運動，發端於明治七年，即西曆一八七四年。其時板垣退助、副島種臣等六人提出建白書於政府，攻擊有司（係指當時權臣）之專横，主張建立民選議院。建白書中有曰『竊維政權之所歸，上不在帝室，下不在人民，而獨歸有司耳。夫有司，上非不曰尊帝室，而帝室漸失其尊榮，下非不曰保人民，而人民日見其困苦。政刑成於私情，賞罰出自愛憎，言路壅塞，困苦無告。夫如是而欲求國家之治安，雖三尺童子，尚知其不可。長此以往，恐國家有分崩之患。退助等愛國之情，不能自已，乃以爲振救之道，在張天下之公議耳，天下之公議，在立民選議院耳』云云。

此建白書爲日本民權運動之第一步。板垣本屬武人，向來主張擴大國權國威，而今忽以民選議院爲請者，實别有懷抱耳。緣當時朝臣對於『征幹論』意見分裂；西鄉隆盛、板垣退助等武人派，力主出兵征服朝鮮，而文治派代表岩倉具視則力持反對，結果板垣等以主張不遂憤而下野。板垣之提出建白書，蓋欲藉以攻擊朝臣以泄憤耳。板垣更基於建白書，組設幸福安全社與愛國公黨，以博取人民之同情，以指摘有司之專横，而真正之民權運動，遂從此開始矣。

自建白書提出後，日本輿論如新聞雜志等，皆同情於民選議院之建立，而反對政府。其時，爲政府辯護者僅《東京日日新聞》而已，因有御用新聞之稱。而輿論之同情民權運動，亦有其歷史之關係。溯自明治維新以後，歐洲思想如彌爾（J. S. Mill）之功利主義，邊心（Bentham）之自由主義，盧梭之民主主義，斯賓塞爾之個人主義，皆已先後輸入日本。加以提倡維新者，皆少壯之青年，對於歐洲之民主思想，極易受其感應。結果，若輩盛倡歐化，拋弃國内之舊習。於是解放『穢多非人』（極賤之人），廢除嚴重之階級，禁止佩刀，改良司法制度，廢止刑訊等新政，次第施行。且間有提倡男女平權者，自明治六年至十七年間，日本之自由思想達於極點。而傳播自由平等之機關，如講堂、會堂、俱樂部以及新聞雜志等，一時林立。日人之被其感化，亦至深刻。甚至盧梭之極端民主思想亦有歡迎之者。

政府對於板垣建白書全不反對，良由岩倉、大久堡、木户、伊藤等最近游歷歐美各國，考察其政治之發達，急謀本國政治之刷新，以故對於建白書之宗旨，頗表同情，由左院（掌理建議請願之機關）作以下之裁答『查建白書中所述之主義，殊屬良好。故已咨交正院（執行機關），審慎處理。且與内務卿熟議，已決定開地方會議，届時，當妥爲協議』云云。

自板垣等建議設立民選議院後，海内大受影響，輿論日益激昂。政府爲和緩民情計，乃容納木户孝允之建議，於明治七年（一八七四）五月二日公布議院法，規定每年召集地方官會議一次，議長由政府任命，議題由政府規定，殊不能滿足民黨之意念。未幾，政府與師臺灣，遂藉口國家多故，將地方官會議無限延期。參議兼文部卿木户孝允憤而辭職。民情愈加鼓噪。益以與師臺灣無功，對清談判無結果，政府威信大受損失，乃召開大阪會議，以羅致板垣，冀回復政府之威信。

大阪會議議決以下之妥協案：

第一，政府爲防止一二人之專横，鄭重立法事業，且準備將來召集國會，設立元老院。

第二，爲鞏固裁判之基礎，設立大理院。

第三，爲通上下之民情，漸定立法之基礎，舉行地方官會議。

第四，爲鞏固君主親裁之制度，且避行政之混淆，使内閣分離於各省（即各部），而諸元老在内閣任輔弼。舉第二流人物，負一切行政之責任。

板垣對於以上之妥協案不肯讓步，仍堅持設立民選議院之主張。明治八年（一八七五），天皇頒布設立國會之詔敕，并羅致板垣入閣，以和緩激昂之民心。未幾，板垣因大久保專恣獨裁，施行壓迫政策，遂辭職下野。而民選議院運動亦愈趨急劇，攻擊政府亦愈猛烈。

明治八年，政府改正新聞條例，以束縛言論之自由，更施行殘酷之壓迫手段，以處罰新聞記者。但政府愈專制，人民愈怨望，不穩之象充滿全國。其時大野鐵平所領導之頑固黨，倡亂於熊本；前原一誠等在長洲揭反旗；農民作亂於常陸、三重等地。明治十年（一八七七），薩州私立學校之學生團劫掠政府兵器廠，擁戴西鄉隆盛，揭舉反旗。政府甚爲震駭，舉全力以平定之，而民選議院運動者亦乘此機會，對政府下猛烈之攻擊。

西鄉隆盛之亂既平，民權運動者乘政府疲憊之際，愈加猛進。板垣退助遂恢復其已經解散之愛國社。相繼而起者，更有熊本之相愛社，名古屋之羈立社，三河之交親社，雲州之尚志社，伊豫之公共社，土佐之合立社、南山社、岳陽社等，社團林立，遍於國內，而且互相聯絡，從事於開設國會之運動。明治十二年，有二十餘社團以愛國社同盟名義集會於大阪，決議運動之方略。越明年，福岡之共愛社提出民選議院建白書於元老院。其餘各團體相約於明治十三年，以愛國社爲中心，再集會於大阪，成立國會期成同盟會，開始一大示威運動。參加者有二府三十三縣（全國三府四十三縣），二十七社團，八萬七千人之百餘代表。議決同盟規約請願書而散會。旋政府頒布集會條例，對各政團社團加以嚴重之制裁，禁止聯絡通訊，以破壞大規模之民權運動，國會期成同盟會條陳新政意見於政府，政府不受理。

當時大隈重信與伊藤博文皆爲政府中心人物，前者善於投機，以民權運動之勢力甚大，遂陰與聯絡，以期壓倒薩長藩閥，而擴大自家之權威，并建議明治十六年爲召集國會之期。朝中大臣如伊藤博文等，皆持反對論調，大隈亦沮喪。嗣爲北海道開拓支廳事件，政府放逐大隈，其黨羽連袂辭職者有十餘人之多。大隈派之辭職，頗引起人心之紛亂，天皇遂頒大詔，宣布於明治二十三年（一八九〇）召集國會以鎮定之。

同時板垣藉口開拓支廳事件，極力主張立憲政體，以鏟除官吏狼狽爲奸之弊，并演説組織政黨之必要。未幾，自由黨竟因同志之努力而産生，選舉板垣爲總理，其政綱在於擴大自由，保全權利，確立良善之立憲政體。而大阪立憲黨、九州改進黨、立憲改進黨依次成立。

二、民權運動之劇烈時期

各政黨成立後，舉國政論漸盛，自由黨趁此機會，以圖擴張黨勢，遂游説各地，并攻擊有司之專横。一八八二年三月，自由黨黨魁板垣以演説攻擊政府，被狙擊，該黨黨人認係政府所嗾使，愈加憤激；急烈分子，竟備置竹槍席旗，擬與政府決鬥。而政府方面，以代表極端保守主義之岩倉具視爲中堅，亦欲藉此機會以撲滅政黨——尤其是自由黨。同年六月，政府改正集會條例，嚴酷壓迫政黨之一切運動。是年十二月，岩倉更欲廢止府縣會議（地方會議），以抑制民權運動之勃興。同月，政府頒布請願法規，禁止府縣議員之聯絡集會及其往返通訊。又乘自由、改進兩黨交訌之際，改正新聞條例，拘束言論之自由。内務大臣又有任意禁止及停止發行新聞雜志之權，并得没收印刷機器。於是新聞雜志在一月内停刊者，有十三種之多；而主筆編輯人等，或處徒刑，或科罰金，亦復不少。

政府對於自由思想之高壓政策，一方面引起革命文學之勃興，以鼓動熱血之青年；他方面又給予保守官吏以擅作威福之機會，結果，演出種種悲劇，遂成爲明治維新時代之『恐怖時代』。（一）福島事件。福島縣自由黨員，憤縣長之强迫人民供給築路勞役與繳納役税，遂煽惑民衆暴動。（二）自由黨員赤井景昭等組織天誅黨，以暗殺頑固之大臣爲目的。結果敗露，赤井處有期徒刑九年。是爲高田事件。（三）自由黨日比井上等糾合同志約三千，擬乘中山道『鐵路通車儀式』狙擊顯宦，後因該儀式延期，不遂，乃於五月三日，揭革命旗幟於妙義山麓陳埸原。首先燒毁郡民痛恨之『生産會社』，搗毁松井田員警分署，更進而企襲高田兵營。一八八三年又有加山波之暴動。其他反抗藩伐政府之壓迫與爲自由主義而奮鬥之事件，不一而足。在此數年間，日本民權運動之猛烈，實爲以前所未見。

三、憲政時代

在明治維新時代，新政府中最有力之人物，厥爲新進氣鋭之少年。此輩多屬於極下層之武士階級；反對特權階級者，亦以若輩爲最先。且若輩久握政權，自家處於特殊階級之地位，以理度之，當亦不願放弃其特權而贊成憲政。若非板垣退助等於一八七四年發起民選議院運動，其後又加以自由民權主義者之激烈運動，則一八八九年憲法之公布，恐不易實現。

制定憲法之發端，在一八八二年三月。一八八一年，政府因北海道開拓支廳事件發生内訌，且受外部猛烈之攻擊，甚感困憊，乃奏頒一八八九年成立國會之詔敕，以求政局之開展。一八八二年，伊藤奉派赴歐美調查憲政，斯爲着手憲法之始。翌年歸國，即開始編制憲法，先由樞密院起草完竣，再經天皇躬自修改，至次年始告成功。天皇乃大會群臣，宣讀其所賜予人民之憲法，并設宴慶祝。一八九〇年第一期國會成立，斯爲憲政之開端。

日本國會分上下兩院，上院稱曰貴族院，下院由人民公選，凡日本國籍之男子，年齡在二十五歲以上，納直接税十五元以上，居住選舉區内滿一年者，有選舉權；年齡在三十歲以上者，有被選舉權。選舉權既受如此之限制，當爲一般平民所不滿，遂有普選運動之興起。在憲法未頒布以前，日本民權運動端在急求民選國會之實現，及國會既已成立，則轉而致力於選舉權之擴充。

四、普選運動之經過

日本普選運動開始於一八九六年，當時熱心普選運動者設立普選期成同盟會。一九〇二年，最初提出普選案於第十六期議會，爲多數議員所否決，其後又連續提出於第二十四期議會（一九〇八）、第二十五期議會（同年）、第二十六期議會（一九一〇）。在第二十七期議會内，曾經一度通過於衆議院，卒爲貴族院否決。此時期内之普選運動，可稱爲急進中等階級反對官僚、軍閥、地主之鬥争，祇限於國會之内，無擴大群衆以做後盾。大多數民衆，仍無普選之要求，而封建勢力則仍强大，以故普選運動不能取得勝利。

但在世界大戰以後，形式一變。一方面，財政資本在經濟上之地位日見鞏固，其支配政治之能力亦隨之加大。別方面，工人群衆因工業之進步，其勢力亦逐漸擴大，以爲自身之解放而奮鬥。加以感受世界革命潮流之影響，日本普選運動遂有較新之發展。以前之普選鬥争，其範圍較爲狹隘，祇限於國會以内，今則轉變爲一議會以外之群衆運動矣。此運動之新方向，以知識分子與工人爲主體，其對於普選之要求頗爲熱烈。

一九一九年二月十一日，舉行初次群衆普選示威運動，參加之分子有東京各大學生三千餘人。其後，工人群衆亦隨之而從事於普選運動，向議會請願與示威。在一九二〇年第四十二期國會内，國民黨與憲政會各提出普選案，爲政友會内閣所反對，以致國會被解散。自第四十二期議會以至第四十五期，政友會占議席之多數，普選案自不能通過。至一九二五年第五十期議會，始由護憲三派（憲政會、政友會、革新俱樂部）之政府以普選案提出於國會，作爲政府議案。結果通過。是爲現行普選法。普選案通過後之第三年，國會被解散，即於一九二九年二月，舉行第一次普通選舉，日本無産群衆遂於政治舞臺上表現其自身之力量。

無産群衆既以其自身之努力取得普選權利，似可認爲滿意，但考其實際，則不如此。蓋因日本統治階級於許可普選權利之中，仍施行種種限制以抑止無産群衆之政治運動。其限制有六。一曰限制選舉人之年齡。日本選民須年滿二十五歲，未免過高，蓋在歐美各國，以二十一歲爲最高，而俄國則定爲十八歲。因此，有許多青年工人皆被排除。二曰居住限制。在歐美諸國，除美國外，關於居住之規定概以半年爲合格，而日本則定爲一年。因此，有許多尋求職業、遷徙無定之工人，不能取得選舉權。三曰缺格條項。關於缺格（即無選舉權與被選舉權者）之規定非常煩瑣，意在剥奪無産民衆之選舉權。四曰限制被選舉人之年齡。照日本法律之規定，被選人應滿三十歲以上。世界先進各國，無有以被選人之年齡規定如此之高者，在俄國爲十八歲，德國爲二十歲，法美爲二十五歲。此種限制之目的，端在防止急進無産分子當選爲議員。五曰規定候選保證金，日本候選人應準備二千元之保證金，在某種法定條件下，政府得没收之。無産分子欲謀候選人者，殊不易得此巨款，以買得候選資格。六曰投票日不休假。歐美各國投票日須放假，在日本則不然，且故意回避星期日，以防礙無産民衆之投票。

各無産政黨，以普選權仍受種種限制，遂提出下列之要求：

（一）年滿二十歲（勞動農民黨主張滿十八歲）以上之男女，均應有選舉權與被選舉權。

（二）居住年限，應即撤廢。

（三）保證金制度，應行廢除。

（四）取消缺格條項。

（五）投票日應休假，工資照付。

（六）擴大免費郵件之制度。

（七）言論及文書運動之自由。

（八）不在投票制度之確立。

（九）采用大選舉區制度。

五、最近之無産運動

在國會成立以前，日本之民權運動可稱爲中等階級反對藩閥、官僚、地主之運動，而無産民衆不與焉。但歐戰終結以後，因日本之資本主義既已於大戰期間成熟，遂有工人運動與農民運動之勃興及發展，而其實力逐漸表現於政治舞臺之上。指導此項運動者，爲日本之無産政黨。

明治時代即有無産政黨之出現，不過徒有政黨之空名，如東洋社會黨、社會民主黨、日本社會黨，皆其例也。但此種政黨既無群衆作基礎，又不久即爲政府解散，遂如曇花之一現而已。真正之無産政黨始於一九二五年，其時，農民勞動黨方始成立，但成立僅三點鐘即被解散。一九二六年無産戰綫分裂，竟成立許多無産政黨，其大者有勞動農民黨（左派）、日本勞農黨（中派）、社會民衆黨（右派）、日本農民黨（極右派），皆具有全國之規模。其餘限於地方性質之無産政團尚多，兹從略。該四黨中，勢力最雄厚者，首推勞動農民黨，但於一九二九年，因共産嫌疑被解散矣。

一九二六年，該四黨始成立無産政綱，且爲内部之衝突與組織工作所牽制，無暇作對外之鬥争，至一九二七年，各黨對外皆有相當活動，尤以勞動農民黨活動最力。其成績亦頗優良，兹摘述於次。

第一，對國會之鬥争。第五十二期議會，因普選案已通過，工農群衆之政治意識日漸發達，遂提出種種不利於無産群衆之法案，如工會法、兵役法、宗教法等，以預防工農群衆之政治活動，因而引起無産政黨之反抗。首先反對者爲勞動農民黨，即聯絡十餘團體，作第一次之請願，提出：（一）解散議會；（二）確立耕作權；（三）確立團結權、罷工權；（四）保證言論、出版、集會、結社之自由。因受官府之嚴重壓迫，遂不能有充分之發展。勞動農民黨更於一九二七年連續作四次之請願，均無結果。至於日本勞農黨與社會民衆黨均贊成解散國會，惟未作實際行動耳。

第二，對華之不干涉行動。日本帝國主義者爲維持其在中國之特權與利益，乃百計千方以妨害中國革命之成功，并采取積極對華政策，以干涉中國之革命。而無産政黨則反對干涉。於是日本勞動農民黨，領導廣大工人農民群衆，以熱烈之精神從事於反對干涉中國革命之運動。至於其他之無産政黨，則未采取何種實際行動。

第三，府縣會議選舉鬥争。各黨對於選舉之態度如次：勞動農民黨主張（一）使地方自治體從中央政府專制支配之下解放出來；（二）使民衆在地方自治體中獲得政治之自由；（三）使工人與小農得在自治體中擴大其利益。日本勞動黨認定府縣選舉爲階級鬥争之好戰場。社會民衆黨主張藉議會以解放無産群衆。日本農民黨一方面要求地方分權，一方面主張以農村爲中心，建設社會主義。選舉結果：無産候選人當選者二十七名，得票二十五萬六千，以勞動農民黨占最大多數。一九二九年二月，日本舉行衆議院總選舉，此爲日本第一次之全國普通選舉，亦爲日本無産政黨第一次參加政權之機會，其結果如次：

黨名	侯選人數	當選人數	得票數
勞動農民党	四〇	二	一九三,五五三
日本勞動黨	一三	一	八六,九九三
社會民衆黨	一七	四	一一四,九六九
日本農民党	一二	〇	四五,三七三
地方無産黨	七	一	四六,六一七
總計數	八九	八	四八七,五〇五

日本選民總額近一千萬，國會議員四百六十六名。今無産各黨僅能選出議員八名，得票四十八萬餘，則其勢力之微弱，已昭昭然矣。唯據報章可靠之推測，在今年（一九三〇）二月國會選舉中，無産各派可增加議員六七名，是則其勢力之向上發展，又可斷言也。

第八章　中國民權運動史

一、民權運動之發端

中國民權運動，在其最初發軔時期，含有極强烈之民族主義，蓋自滿族入關統治中國以後，一方面滿人恃其統治地位，奴視漢人，虐待漢人，朝中重要位置悉以滿人充任之，而漢人則屬於次要地位，以故形成滿漢間之不平等，引起漢人之憤憾。他方面，漢人中之有民族主義覺悟者以國家淪亡於异族，莫不認爲奇耻大辱，久存復國之心。其從事於民族運動之最顯著者，有明朝遺老黄黎洲、顧亭林、王船山之復明運動，洪秀全、楊秀清之排滿運動。至於散在民間及外洋華僑中之三合會、洪門會、天地會、哥老會等之秘密團體，尤爲反對清朝有力之會社。

他方面，帝國主義在十九世紀之經濟發展，因受工業革命之刺戟，异常蓬勃，必須取得殖民地市場以爲銷售其商品之尾閭。我國自一八四〇年鴉片戰争爲英人所敗，遂予帝國主義以侵略中國之機會。一九四二年南京條約成立，割香港，賠巨款，并開闢廣州、福州、厦門、寧波、上海爲商埠，斯爲中國向帝國主義屈服之始。其後，一八八四年之中美、中法條約，或割地，或賠款，或開放商埠，而中國滿清政府俯首帖耳，甘受各帝國主義之宰割，皇皇大國遂沉淪於殖民地之地位矣。同時，中國民衆對於滿清之喪權辱國、孱弱無能，固表不滿，而對於各帝國主義以异族壓迫中國，尤爲憤憾，故有拳匪『滅洋』之亂。

因此，當時之民族運動帶有兩重任務：一爲顛覆統治中國之滿族，一爲反抗侵掠中國之外人。然欲求抵制外人之侵入，又非推倒脆弱無能之滿族政府不可，以故當時民族主義之最大目標，仍爲驅逐滿人。甲午之役（一八九四），清軍又敗。民黨領袖孫文組織興中會於檀香山，志在推倒滿清，以挽回中國之頽勢，其宣言中有曰，『堂堂華國，不齒於列强』，則其憤帝國主義之侵略，亦溢於言表矣。一八九五年，孫氏由檀香山歸國，謀襲廣州，未成。一九〇〇年，值北方拳亂方熾，孫氏又在惠州起事，終以彈藥不繼而失敗。同時史堅如謀炸粵督德壽未死，竟遇害。

自一九〇五年起，孫氏所領導之民族革命運動，始表現民權運動之趨向。是年同盟會成立，發布黨義六條：（一）推翻現今惡劣政府，（二）建立共和政府，（三）維持世界和平，（四）主張土地國有，（五）主張中日兩國國民之聯合，（六）要求世界各國贊成中國革命事業。此時世界民主主義之潮流日甚一日，如一九〇二年之巴拿馬獨立，一九〇三年之塞爾維亞革命，一九〇五年之俄國革命，皆足爲中國革命之興奮劑。因此，海内加入同盟會者達萬餘人。於是孫氏之革命事業，遂有多數群衆作基礎。

自同盟會成立後，民權運動日趨激烈，其手段一以暴動爲主。一九〇六年革命黨人在萍鄉醴陵發亂；居留日本東京之同志紛紛回國從軍，被清廷囚殺者甚多。同年，又有吴樾圖炸五大臣之舉。一九〇七年，徐錫麟暗殺皖撫恩銘，秋瑾女士因而殉難。同年，黄興攻入欽廉，因運械計劃被破壞，遂失敗。孫氏更率領同志三百人襲取鎮南關，與龍濟光、陸榮廷連戰七晝夜，遂退入安南。一九〇八年，熊成基率領在安慶之炮隊爆發革命，雲南河口亦發生革命暴動。汪精衛於一九〇一年圖炸攝政王，不成，被獲。復有熊成基謀刺載濤，方佐治謀刺載洵，倪映典攻襲廣州等事實。一九一一年，温生財炸孚琦，陳敬嶽炸李準，李沛炸死廣州將軍鳳山。斯年三月二十九日，趙聲、黄興等襲擊廣州，死難者七十二人，皆各省革命黨人之精英，事後叢葬於黄花崗，即所謂黄花崗七十二烈士是也。

二、清廷立憲之經過

甲午海廷敗於日本，海軍全殲，精鋭盡失。割地賠款之事相繼迭興，遂引起國人之悲憤；有主張革命者，亦有僅以變法爲救濟者。屬於後者之派系，以康有爲、梁啓超爲魁首。其時，光緒皇帝亦頗鋭意變法，乃召用有爲，并加信任。有爲得勢，附者日衆，大爲太后所嫉。厥後，有爲奏請頒行新政，以格於太后之阻礙，不果。光緒帝更徇有爲之請，擢用譚嗣同襄助新政，益爲守舊派之軍機大臣所痛恨。結果康黨被捕殺，而戊戌百日之新政，遂由此告終。

當時，國人之同情於康黨者頗衆。而掌握政權之守舊派則愈趨專制，甚至舉措荒謬，令殺外人，以引起八國聯軍入京之奇禍。國人經此大創，益知清廷之無能；複鑒於日俄戰後，俄人立憲運動之熱烈，乃紛紛主張立憲；而同盟會中之革命黨人則主張改建共和。清廷徇二三大臣之奏請，預備立憲，藉以緩和革命空氣，遂於一九〇五年派載澤等五大臣出洋，考察憲政。更命籌定立憲大綱，設政治考察館。一九〇六年載澤等回國，條陳仿行立憲制度。同年七月，宣布預備立憲，以十年爲期。

同時南方之革命行動愈加猛進，清廷乃於一九〇八年頒行各省咨議局章程及議員選舉法。咨議局之主要職權在議决本省財政之收支及本省對中央擔任之義務。同年八月，又頒布憲法大綱及議院選舉法要領。憲法大綱内容分爲兩大部分：第一，關於君上大權者；第二，關於臣民權利者，泰半自日本憲法抄來。對於君主之尊嚴與權位，竭力保障。

未幾，德宗（光緒）崩，宣統嗣位。年幼，其父醇親王攝政，以皇族組織内閣，大爲國人所不滿。各省咨議局議員，要求速開國會。益以南方各省革命運動之再接再厲，遂於一九〇九年七月頒布資政院章程，以樹立上下議院之基礎。更命縮短召集國會之年限，改至宣統五年（即一九一三年）實行成立。

一九一一年八月，武昌革命軍起義，各省響應獨立。清廷急召資政院會議，決定弛黨禁，下罪己詔，以冀收拾已失之人心。是時，灤州統制張紹曾協統藍天蔚，要求立憲，疏入，政府從其請，即於九月十三日，宣布憲法十九條，明定責任内閣制，并限制君主之權能。但新憲法公布未久，晋、秦、滇、贛、蘇、皖、閩、浙、粤、黔、桂相率響應武漢而獨立。清廷知大勢已去，遂依憲法信條，命資政院舉袁世凱爲總理大臣，操握國家之大權。

三、臨時政府

各省獨立後，感覺有組織臨時政府之必要，遂紛紛選派代表集議於上海，議決以武昌爲臨時軍政府地點。十月十一日，開第一次會議於漢口，議決臨時政府組織大綱二十條。國會采單院制，行政采總統制，不設内閣，每省投票權以一票爲限，此臨時政府在組織上之概要也。

當時復有江蘇、浙江兩省都督及駐滬各省代表建議遷都於南京，遂於十一月十日開臨時總統選舉會，到會者有十七省之代表，舉出孫文爲臨時大總統，更選黎元洪爲副總統。而立法機關（參議院）亦組織成立。未幾，和議告成，清帝遜位，并通過優待皇室條件八款。而宗社黨良弼等反對變更國體，并疑忌袁世凱不忠於皇室。結局，良弼被黨人炸死，親貴膽落，紛紛離京，而議和條件遂能實現。

清帝既退位，臨時大總統孫文，即於一九一二年二月十三日提出辭職書，并舉袁世凱以自代。二月十五日，參議院選舉袁世凱爲臨時大總統，首都亦移至北京。三月十一日，更由臨時大總統公布《臨時約法》，頗似法國之内閣制，其第二章規定人民之自由與權利。

新政府成立於北京後，袁氏恃其梟雄之資，不遵法律手續，擅撤封疆大員，已爲民黨所不滿。乃更於一九一三年刺殺民黨領袖宋教仁，民黨益嘩。適袁世凱向英、俄、日、德、法五國銀行團借款二千五百萬金鎊，不經國會之通過，竟獨斷行之并罷免江西、安徽、廣東各省都督，國民黨益憤。七月十二日，李烈鈞舉兵於湖口，宣布討袁，蘇、皖、閩、粤、湘，先後響應。袁氏亦宣布李等不待國會督責政府，妄行反叛，違抗約法，乃派兵南下，實行壓迫。結果，不及兩月，民黨完全失敗，黨員被戮者，人數甚多，遂形成袁氏之專制時代。

四、反動勢力之全盛時代

一九一三年新國會成立，國民黨在兩院之勢力均占優勝。袁氏覬覦正式總統之計劃，頗費周折，最後，嗾使自號公民者千百人包圍國會，始得當選。袁氏就職後，恣意修改《臨時約法》，擴大總統之行政權與立法權，以防止國會之干涉。國會方面則堅持反對。同時，天壇憲法草案大旨粗定，對袁氏意旨毫未容納。袁氏遂通電各省，宣布草案減削總統威信之種種危險；各省長官仰承意旨，電請解散國民黨，因國民黨爲該草案之著作者故也。袁氏於一九一三年十一月，解散國民黨，撤銷國民黨國會議員。於是參議院、衆議院均以不足法定人數不能開會，旋被袁氏解散。各省省議會亦同時被解散。蓋慮其同情於國會、批評中央、鼓動革命運動故也。

國會既被解散，袁氏乃召集一御用機關之政治會議，由各省軍民長官代表、國務總理代表、各部總長代表及總統代表組合而成。厥後政治會議又改爲參政院，仍爲御用機關，而國家一切大權均掌握於袁氏一人之手，形成事實上之君主獨裁。袁氏猶以爲未足，必欲稱帝而後快。於是一般官僚政客迎合袁氏意旨，盛倡君主立憲之論。時美人古德諾（Frank Goodnow）充公府憲法顧問，亦贊成之。楊度等設籌安會，以爲帝制運動之總機關。袁黨更假托民意，要求改變國體。一九一五年，袁氏召集御用國民代表大會，以投票方式解决國體問題，結果一致贊成君憲。斯爲袁氏反動勢力最盛時代。

五、護國護法運動

一九一五年十二月二十五日，雲南唐繼堯宣布獨立，聲言擁護共和，實行代議制度，并組織護國軍，實行討袁。各省先後響應者，有貴州、廣西等省，其勢頗爲浩大。一九一六年三月二十二日，袁氏知衆怒難犯，遂下令取消帝制，恢復共和。但西南各軍仍向前推進，無何，粵、湘、浙、川、陝繼起討袁。滇、黔、桂、粵各護國軍領袖組織軍務院於肇慶，以資聯絡策應。未幾，袁氏以病歿，討袁之役予以告終。

袁氏既死，黎元洪繼任爲大總統，恢復民國元年之《臨時約法》，召集被袁世凱解散之舊國會，國會集會後，對於袁黨武人，多所彈劾，遂引起各省都軍之仇視，黎元洪柔弱無能，竟受武人之强迫，解散國會。於是舊國會第二度被解散，此一九一七年六月十二日事也。

舊國會被黎元洪解散後，民黨議員集議於上海，圖謀恢復。及張勛復辟之亂既平，馮國璋、段祺瑞掌理國政，拒絕召集舊國會。民黨首領孫文以北京政府承認黎氏非法解散國會之行爲，實際上等於破壞約法。乃倡言護法，率領旅滬議員等南下廣州。但國會議員之隨孫氏而去者，僅百餘人，不足法定人數，遂改開非常會議，選舉孫文爲大元帥，是爲護法政府。同時北京政府亦召集新國會，與廣州之舊國會遥遥對峙。此後之中國政治純爲武人與武人争權奪利之活動，民權運動不興焉，兹從略。

六、一九二三年以後之革命經過

一九一九年之革命，爲中等階級中之自由主義反對封建勢力之鬥争。結果封建勢力不但未被鏟除，而且與革命黨人調和之後，反取得進一步之保障。久而久之，革命分子反被排除或屠殺，而革命運動遂從此消沉矣。一九二三年以後，革命形勢確爲一變。是年孫氏在廣州樹立革命政府，興師北伐，唯因叛將陳炯明占據東江，時時受其牽制，不克有若何進展。遂以全力整理黨務，期其健全，并決議聯俄，以壯聲勢。孫文在返廣州之前，即與蘇俄大使越飛（A. Joffe）在上海商議國民黨與共産黨合作計劃，并聘請俄人鮑羅廷（M. Borodin）爲顧問，着手於國民黨之改造。於是統一全黨黨綱，統一全黨組織，實行嚴厲黨之訓練等方案，次第實行。一九二四年一月，召集國民黨第一次全國代表大會，容納共産黨人，以擴大黨勢。代表大會更發表一宣言，縷述中國政治經濟受帝國主義壓迫之真象，認定祇有國民革命實行三民主義爲唯一生路。孫氏更組織黨軍，授以政治與軍事訓練，使爲黨國奮鬥。於是中國革命運動始表現蓬勃向上之現象。（參看光華大學教授陳茹玄著之《中國憲法及政治史》一百八十七至一百八十八页）

孫氏歿後，國民黨中央執行委員會於一九二五年七月取消代理大元帥，設立國民政府於廣州，采用合議制，以汪兆銘、胡漢民等十六人爲委員，主持政務，并推汪爲主席。自中央政府以至省政府或市政府均采取合議制。一九二六年一月，更召集國民黨第二次全國代表大會於廣州，議決實行孫文遺囑，誠意聯俄及聯絡被壓迫民族。

一九二六年六月六日，國民政府軍事委員會，任命蔣中正爲國民革命軍總司令，帥師北伐，七月十六日，克復長沙。九月，占領漢陽、南昌，由是兩湖與江西盡入黨軍之手。一九二七年春，黨軍入南京，於是長江以南悉在國民黨範圍内矣。一九二七年三月，武漢領袖召集第三次中央執行委員會，開除蔣中正黨籍，十八日，蔣氏在南京組織國民政府，宣言驅逐共産分子，取締跨黨分子，力行清黨運動，漢寧兩方由此分裂。

南京政府成立後，即懲辦共産黨領袖，表示與西山會議派合作。同時，武漢國民黨亦與共産黨分裂，實行清共。結果，漢寧合作，合組一中國國民黨中央特别委員會，由漢寧滬（即西山會議派）三方委員組織而成。而蔣中正亦自動宣布下野。但武漢政治分會與廣東政治分會，均公開反對特别委員會，十二月二十二日，南京舉行討伐唐生智勝利慶祝大會，學生有反對中央特别委員會之表示，被政府軍警開槍射擊，死傷多人，激動各方公憤。至是反對特别委員會者愈衆。十二月三日，在上海召集之中央執監全體會議預備會，將特别委員會取消，并請蔣中正復任國民革命軍總司令，繼續北伐。

一九二八年春，南京國民政府大舉北伐，以蔣中正爲第一集團軍總司令，馮玉祥爲第二集團軍總司令，閻錫山爲第三集團軍總司令，李宗仁爲第四集團軍總司令，分途向北京進攻。五月三日，濟南慘案發生，張作霖遂聲言息内戰以對外，而退出關。北伐完成後，南京政府即宣布軍政時期業已終了，訓政時期由此開始。一九二九年，國民政府更決議規定訓政時期爲六年。但由去年至今（一九三〇），軍事頻仍，迄今未休止，事實上已返入軍政時期矣；何時進入憲政時代，尚不敢下一斷言。

從前中國革命，以上層階級分子爲動力，但自國民黨改組以來，下層階級如工人、農民，乃熱烈參加，尤以一九二六年後爲最盛。一九二五年香港（廣州）工人三十萬，爲援助沙基慘案舉行大罷工，維持十五月之久，致使繁華之香港一變而爲荒凉之島。一九二七年三月，武漢民衆爲慶祝北伐勝利事，與英兵衝突，英兵雖兇悍，竟爲民衆勢力所壓服。英政府亦迫不得已將漢口英租界退還。同時，九江英租界亦起事變：九江碼頭工人與英兵衝突，受傷者兩人。民衆异常憤怒，英艦鳴炮示威，無效，英領及其他官吏均匿居船上。結果，英政府亦將九江英租界交還。是則下層民衆之援助革命，其力量之偉大，於此可見矣。一九二六年至一九二七年之革命，確有廣大群衆之參加，而成爲群衆行動，此所以异於以前之單純軍事革命也。

（商務印書館一九三零年十月出版，署名『董之學　著』）

世界農業史

序

近來，國人喜歡研究農業問題的日見加多，但是關於農業問題的書籍，却寥寥無幾。本書雖然不是高談理論，高出別的書籍之上，但是它滿足了一種需要：它供給讀者單簡明瞭的而且有統系的關於農業歷史的事實與情狀，使讀者讀完以後，對於歐美農業在過去的發展，能够了解其梗概。

又，農業社會主義的實現與成績，引起了一般人的，尤其是經濟學家的注意。因此，本書對於這一點很注意而加以詳細的記載與説明，務使讀者明白其真相，關於這一論題的材料，都是最新的最可靠的，一切含有宣傳作用與故意仇視或故意隱晦的論文，皆不采入，以保存歷史的第一個必須條件——信。

董之學　一九三〇，一〇，十六

第一章　羅馬的農業史

自從石器時代起，羅馬就出産五穀與牲畜，農業狀態，頗有高度的發展，不容易受外來的影響。農村的生活，大半要受氣候與土壤的制裁，而城市的生活却不是這樣的。譬如意大利的海口 puteoli 的工業與商業，多半操於近東移民的手裏，他們在工商業上使用的方法和在本國使用的相同，但是他們不能使用近東的方法來耕種意大利的土地。羅馬帝國愈向北歐發展，東西的界綫乃愈加分明。上古時代的西歐，是農業的而不是工業的。它的農業方法與傳統，都是陳舊的，且有抵抗能力的。

意大利的農業土地，比希臘的多得多，能够維持稠密的人口，不要輸入外來的糧食。意大利的牧地，比希臘的要多些而且要好些。希臘有較多的與較好的商務地點，但是羅馬則有優越的農業利源。羅馬帝國的發展，愈加超過了它的農業基礎，它的危險與困難，愈加積累多了。

從前拉帝烏姆（Latium）地方，就在羅馬城的附近，似乎使用了極强烈的耕種。此地的土壤，因爲有很多火山灰屑與沉澱物，非常容易受腐蝕，起初這還不成嚴重的問題，山上有樹林做蓋覆，把濕氣吸回。羅馬早時的農業經濟，有地主與佃農，在許多地方和半采地（Zuasi-manor）的封建農奴制度相類似。在貴族與 Etruscan 商業貴族的長期鬥争中，兩方都想拉攏農奴，他們（農民）才慢慢得到解放。自從 Etruscan 皇帝到羅馬共和國的成立，商務顯然有了很大的發展。貨幣的用途，日漸加多，或者因此促進了農奴制度的衰亡。

羅馬共和國，存在將近五〇〇年。這個時期很黯淡，没有表見很多的材料，使我們可將幾個農業問題來討論一下。其初羅馬人以農爲業，占領文化程度較高的希臘人與 Etruscans 間的土地。他們執行强制聯盟的政策，認定退出契約的行動是戰争行爲，并且鼓動較弱的反抗較强的人民。紀元前二六五，他們克服了意大利半島，并且以公民特權授與殖民地與聯盟國。重要特權中的一個，即是 Commercium：一個城市的公民，可在另一個城市做生意，受法律的完全保障。每次征服一塊地方，就要没收一些土地，因此，政府的公地日見加多，并且將它分割，贈與和租與私人。而羅馬國家，遂成爲一個大地主。

意大利的户口增加了，山上的樹林砍伐了，土地的腐蝕，破壞了輕質土壤，而許多地方的稻田，也變成了牧場、橄欖林，或葡萄園。和以前在希臘一樣。小地産變爲大田莊（Plantations），被富人所有。大田莊上或植橄欖，或種葡萄，要等待好多年歲，才有出息。後來征服的土地加多了，五穀的新來源也隨着加多，於是不適於種植五穀的土地，改作别的用途。

曾經做了許多企圖，以回復小地産制度。譬如羅馬城北的斐央（Veian）土地，割成五畝的小塊，分給公民。但是這種抵制大地産的方法，畢竟不能改變形成大地産的傾向。戰争與軍事殖民地的建立，加重了人民的負擔，而且需要更多的兵士，祇好以公民資格授與外國人。

西西利島（Sicily）被征服後，每年須貢納小麥一百萬英斗（Bushel）。此麥由羅馬財政部拍賣，來和意大利的五穀競争，大大地妨害了意大利半島的農業，因此即以人爲的方法，鼓勵五穀以外的收成，并且又加速了農村户口趨向城市的潮流。西西利的征服，就幾點來看，是羅馬歷史上的轉變點。早先關於糧食的供給，羅馬是自足的，現在却失去自足的地位了。羅馬現在不是聯邦的中心，而漸漸居於受朝貢的地位，成爲宗主國家，剥削被征服的地方。它繼承了西西利的東方土地制度。遂能趨向希臘式的帝國主義。

羅馬與漢尼巴爾（Hannil）的戰争，犧牲了很多的生命與財富，幾至破産，而人口亦喪亡太多。於是羅馬政府以意大利的大塊土地租與人民，祇要人民有充分的資金來利用土地，來償付這個特殊的代價。西西利既已進貢，而人口又減少，在這種條件下，當然缺乏種植五穀的興奮劑，有許多由國家租出的大塊土地，居然用爲牧場。當着人口漸漸增加，牧場遂復用爲種植五穀。大塊土地，變爲大田莊，多半由東方輸入的奴隸們來耕種。因爲常常戰争的結果，奴隸供給是很便益的。每個大田莊上有四十或五十個奴隸，由一個智識較高的奴隸來管理。地主照例似乎不管農田的事務，即是所謂 Atsentee Landlordism（離開田地的地主制度），因爲上層階級要辦理國事，要保持較高的文化程度。而農業是唯一的經由社會承認的生利事業。

羅馬的領袖們，如 Flaminus 與 Gracchus 兄弟，都攻擊大田莊制度，説它産生了一種外國人做奴隸的户口，於軍隊與政治皆不相宜。恢復小塊地産交由自由人耕種的企圖，祇得到了相當的成功。有許多新佃户，是外國生長的兵士，或是城市的無産階級，没有農業知識。全國的各部分，不是通統宜於小規模生産，有好多田莊分割得太零碎了，致使耕種得不到利潤，同時奴隸制度衰落了，因爲它在經濟上不充分。羅馬的征服活動，越加向外發展，優良奴隸的供給便減少了。西西利的田中，種植五穀太多了，而辦理亦復不善，因此生産減少，但是户口正在增加，需要更多的五穀。後來發覺了奴隸勞動，不宜於意大利輕質土壤上的强烈的五穀耕種，也不宜於最好的陸軍階級，即自由人。這個形勢，在愷撒（Julius Caesar）時發展到了頂點，過了一代，農民這個名詞才得到普通一般人認可的意義——嗣後羅馬帝國走向東方主義，農民很不自由，佃户這一名詞，又包含了農奴的意義。

羅馬『東西征・南北徼』的結果，領土特别擴大，成爲一個遼闊的帝國。但是這帝國祇在名義上是羅馬的，而它的經濟生活却不是羅馬的，意大利與幾個歐洲省份的農業除外。甚至意大利農業勞動的組織，也深沉地受了和東方接觸的影響。羅馬的政府，漸漸吸收了國家土地（土地國有）與國家干涉事業的東方概念。它方面，英國土人（Coltics）與德國人的農業，却没有完全羅馬化。

不錯的，羅馬人對於農業器具與農業技術，都没有作什麼貢獻，他們却將已知道的散布到廣大的新地面上去了。普通的五穀是小麥、大麥、燕麥、豆子等。他們種植葡萄，以供養牛羊，更栽種各種菜蔬，以供人類的消費。菜蔬中有萵苣、白菜、韭菜、葱、胡蘿蔔、萵筍、朝鮮蓟、黄瓜、與瓜。橄欖與葡萄的出産，尤爲豐富。

五穀的播種，在春秋兩季，大半在秋季。果園剪枝在冬天。蔬菜在三月種植。五月割刈乾草。五穀於六七兩月收穫。葡萄與無花果，於八月采摘曬乾。釀酒於同月舉行。秋季摘取橄欖，并且加以榨壓。

畜養牛羊，專爲引曳用，不是想吃它的肉或奶。牛羊比在希臘時更多。Cheese（質硬，頗像牛油）是有的，却没有 Butter（牛油）。馬、驢、羊、山羊、猪是普通的。家禽如鷄鴨等，頗爲豐富，蜂蜜也有大量的生産，代替了砂糖。

農業器具，有幾百年没有改良，耕犁仍然是一條曲棍，不能深耕，不能成畦。它非常無用，往往要横耕直耕三四次。羅馬人用鐮刀收穫，用 Fiail（打禾器）打禾，或於打禾地板上將穀粒踏出。在歐洲的大部分，灌溉是不必須的。在南歐的半島上，灌溉特别困難，因爲地面傾斜而且崎嶇，土壤也很輕鬆。有時意大利境内用了廣大的排水工事，以阻止雨季中收成發腐。

收成輪回也實行了，并且種植了莢殼植物。羅馬人爲維持土地的肥腴計，即以各種農業與養牲合并，最後人造肥料由戈耳（Gaul）輸入。這種種辦法不是新發明的，而是因爲土質的性格、人烟的稠密、農産品的價格等的要求由别處借來的，同時著作家對於農業根本問題的態度，也是『現代的』。晝羅（Varro）的農村論（*De Re Rustie*），過了一千年，猶能成爲一個威權。

我們講到意大利農村衰亡的時候，不要忘記了意國能够維持稠密的户口幾百年，使他們得到相當的安逸。羅馬帝國的負擔太重了，使人難堪，農業自然要衰敗下去。但是衹有很少的史家，説是農村的衰亡，完全由於農業不振的關係。

我們衹能够將意大利農業衰敗的最普通的特點叙述一下。城市無産階級，有迅速的發展，於政治與經濟都是很麻煩的。既然必須以糧食供給他們，而意大利的糧食却不充足，又不能産生很多的原料，以供給出口的工業，因此五穀的不足，無法抵償，政府覺得没有辦法，衹好不顧成本，以五穀賣與城市，或竟送給它。這筆費用，是由抽税與國家公地上的收入來的。不管收税也好，公地的收入也好，負擔的大部分，都要落在農業上。在這裏，却有一個離奇的局面。意大利的農民，一方面要和外國來的五穀來競争——外國來的五穀，常常生長在較好的土地上。他方面，他又要幫助出錢，以償付城市消費的外國來的五穀。如果要維持中央政府，這是對的，但是不勞而獲的利益，多半歸於没有替政府或工業效力的人們了。

有好多堂皇的公共建築物（Public Works），如戲場、公浴所、宫闕等，都是帝國時代所建造，其主要目的，在於利用閑空的人力。此種公共建築物，如像埃及的金字塔，是一種同時代的社會産物。大的公共事業，足以促進社會的團結與公共的紀律，并且可以增進人們的虚榮。但是在他方面看來，那些建築物，都是社會藥與政治藥，衹減少了經濟病，并没有醫好它。建築事業擴大了，便與其他的生産事業相競争，助長城市中階級的發展，因而由農村遷移到城市的也增加了。

意大利統治階級，并不是不認識依靠外來五穀的危險，但是在職的政治家，衹注意目前的實際問題，對於將來的事情，認爲與以次要的考慮就够了。政府極力設法執行小地産的綱領，終以能力薄弱而遭失敗。到 Nerva 與 Trajan 時代（九六至一一七 A. D），仍作了許多不成功的企圖，來建立農村信用（指借貸），更欲以利息的百分之六，津貼做父母的。可是農村户口的流出仍然繼續着，津貼制度，竟不能挽回户口的衰落。

有很多土地，隨着時代的推移而荒蕪了。更有些著作家，尤其是 Prof Simkhovitch，説土壤失掉了肥沃，而别的作家認定這是不要緊的，或衹是暫時的，或僅是一種深沉經濟病，或是由於氣候的不順利。據現代經濟學最明顯的原則，這樣荒廢了的土地，必定就是在順利條件下，也衹能生産僅够開銷的報酬。比如以美國論，有許多新英格蘭（New England）的田莊被荒廢，其原因由於城市職業的誘惑，與西方較好穀地的競争，以及土地肥質的衰退。我們相信同樣的經濟律適用於上古的意大利（即羅馬）。

這個面局，步步變爲嚴重了。最後乃將農民捆縛在土地上，使他們變成農奴，却非奴隸。以法律强迫耕種出息不佳的田地，自然是不能成功的。紀元後第四世紀末了，在羅馬帝國内的農民階級，以法律言，不能够從他們的生長地自由遷移到别處去。甚至奴隸也不能從土地上離開。這樣，意大利蹈了埃及的覆轍，而所得的結果更壞，因爲它在地理上感受種種不利益的緣故。埃及的土壤，時時受尼羅河（The Nile）的肥化，很難枯竭，而意大利則否：它的户口太多，不能由本地的利源來養活，嗣後户口受了種種禍害而減少，意大利才進至旺盛時期，更因接近北歐的新市場，其旺便慢慢擴大起來了。

羅馬鄉村衰敗最顯著的特點，便是大地産的發展與政府的干涉。在Nero（五四至六八A. D）時，政府没收了很多的土地，尤其在非洲。Domitian（八一至九六A. D）看清非洲與意國農業競争的危險，不過他保護後者的努力，没有奏效。政府在非洲的土地很磽瘠，佃農們發現了它的出息，不足以支付重税，便欲放弃租約，但是羅馬政府下了一道命令，將佃農與他們的子孫捆縛在土地上。許多自由人（Freemen）也覺得他們負擔的課税與地租太重了。許多農民，因爲這個緣故，有時候更因紛亂增加不能够保護自己，乃自動地將他們自己交與寺院或大地主。他們遂變成了Coloni，捆附在土地上。

有所謂保鏢者，雖然遭受政府的反對，也增加了。保鏢者操縱地方的事務，保證他們的主顧不受政府的干涉，干涉司法行政，濫用國家的威權。獨立的中流階級，受不起繁重的課賦，也消滅了。他們的子孫，或到政府裏做官，或降到下流階級。元老階級的大貴人們，既是被排斥在帝國政治外，遂回到大田莊上去，有許多大田莊，愈變愈大，不受帝國政府的徵税，或公然抗税。此種大地産，享有特别的法權與權利，并且常常不受市政府的干涉，就幾點來看，頗類似中世紀的采地（Manor）。真正的封建主義，却不存在於羅馬帝國。後來采地給予羅馬的貴族，大半以軍功爲標準，而這些貴人，却并不是一個戰士階級。

我們要記得在第五世紀左右，德國的農業元素，因爲整個的部落遷移到帝國内，進入了羅馬的農業與租佃制度。在意大利外許多被征服的民族，并没有受羅馬的完全同化，所以一等中央政權衰落，邊界上各種半同化的部落，即開始跳梁起來，依然繼續他們自己的習慣。

由農奴（Coloni）耕作的大田莊制度，一面簡化了政府，他一面又削弱了政府。這種大地産，由少數人所有，其目的在求利，頗便利於政府收税。他方面，農村户口降到農奴地位；政府要想招募精幹的軍隊，便是不可能了。結果衹好招募德國人，作爲羅馬帝國的主要軍隊。但是德國的將官，接二連三地叛變，動摇了羅馬的統治。羅馬原是農業國，有自由人作精兵，雖然發展成爲威震天下的帝國，但是它的真正財富與實力在近東而不在意大利。

第二章　中世紀的農業

中世紀的土地制度，以采地（Manor）爲核心，實始於法國。在第十世紀，法國北部的大部分，都歸於封建地主的掌握中。就理論講，每個村落，每塊土地，必須有一個主人（null terre sans seigneur）。實際上，有些土地仍然没有主人，雖然在法北無主的土地是不很多的。已經變爲合作的村落，由政府授與主人們，成爲他們的采地。同一形式的小村落，也變成了采地的分支。許多小地主，降到普通農民的地位，須以勞力與農品交與地主（指采地地主，以後仿此）。其初有些極重要的普通地主，能够變成小小采地地主，使用自己的農奴，其餘的即編入采地的農村中，作爲自由人，實際上却并不自由，不過有些普通農奴的繁重義務、罰金與『缺格』（Disality 即無資格），不加於他們的身上。最下層即是Cotter（極小的農民），他的土地，不够維持一個耕田的壯牛。所以他必須替別人做工。

采地的組織，當另行討論。從封建政府的立場看來，采地是養活貴族與以戰爭爲職業的武士階級的。比如某地要三十個地條（Strips）才成爲一個村民標準的地産，那末要四倍的標準地産，才成爲收税的平均單位，每四個單位要出一份武士糧餉（Scutum）。要維持一個有相當設備的戰士，便要這樣多的錢。不過在封建土地制度下，很難指出一定的數字作爲平均數，各處的情形，彼此大大地不同。有些小采地，衹養一人做戰士，大的便畜養很多。

法國的社會，理論上分化成爲貴族階級與卑微階級，前者執行打仗與統治的職務，後者徒然勞動。耕田被視爲奴隸的職業，農民不准携帶軍器。在最旺盛的農民與最卑微的貴族間，仍然有一個社會的締鴻溝，那怕貴族的小小土地與小小堡壘僅僅像現在的倉房。後者是貴人，而前者却仍是平民。『無土不有地主』的理論，實際上没有完全實現，因爲常常有非封建的地産。

一〇六六年，諾爾曼人侵入英國，建設了封建主義，倚賴采地爲生活，那時英國比法北更加農業化。以前羅馬在英國建立的原始農村，也完全被掃除了。照那時候諾爾曼人所作的調查，英國有許多自由人和在德國一樣。而諾爾曼自由人的地位，比不上諾爾曼征服英國以前的英國自由人的。這個階級，在征服後大半失掉它的社會地位。諾爾曼的户口調查者，認定社會最低階層中有一大群是奴隸。

英王威廉及其繼承者，認爲法國封建主義的若干特點，妨害他們統治者的利益，必須仔細避免。他們贊成散漫的采地，而不贊成團結的采地，其目的在使貴族們難於結合起來以反抗王權，以前法國有些宗教的與非僧侶的臣民，買得或乘危急時由法王那裏取得一種特權，不受皇家收税員、行政官與司法官的干涉，結果引起了無數的糾紛。英國的諾爾曼皇帝，既然得到這個經驗，便不允准這類的特權，并且預料到地方漸漸趨於獨立，遂建設了一種皇家法院的精細制度，預行制裁。英國皇帝，摧殘了并且最後禁止了Subfeudation（分佃人Subvassali向地主宣誓作臣民）。這就是説分佃人（Subvassali）必須超過他們的直接地主，直接地向英王宣誓爲臣下。英王可以用這個方法，使用小的貴族以反抗較大的，最後竟使用平民的上層以反抗他們兩者。

封建主義，很緩慢地傳播到德國。德國封建化的程度，還不及法國的北部，德國的諸大民族，如Franks, Swabians, Barbarians, Saxons，在神聖羅馬帝國的皇帝夏勒曼（Charlemgne）死亡以前，都各自變成了臣覲的公國。九世紀的德國，有很好的團結，爲法國所不及。北方人（Northmen）在法國破壞了中央政府，建設了封建主義，德國人反抗他們的侵入。

德國的各大公國，是由神聖羅馬帝國的廢址上生長出來的，仍然由舊的貴族統領。政府的威權，直接落在耕種自家田地的自由人身上。德國并没有分化成許多小諸侯，如在法國一樣。『寺禄』（Benefice）是德國没有的。侯爵僅僅是政府的地方官，甚至租地人（Vassls）也不是封建的，因爲他們多半没有采地。法國的租地關係（Vassalage）主要的是起於軍事，而德國的則以經濟爲主體，一直到十二世紀。封建主義漸漸出現於法國的邊界，但是它的蔓延，爲德國嚴格的皇家官吏如侯爵與僧正等所阻止。

因爲德國皇帝（即神聖羅馬帝國的皇帝）要想統治意大利，因爲德國本部發生了内戰，皇家的權力便大大地減消了。在十三世紀的中葉，皇帝的威力完全坍倒。一一八一年亨利獅（Henrg the Lion）倒塌以後，顯然不能成立一個有權威的聯邦帝國。封建主義遂有迅速的發展。從前雜處自由人中的小貴族，原先本與自由人作鄰家，現在却開始了一個采地化的政綱，將自由人的財産剥奪，采用與法北相像的農奴制度。鄉下的木屋，漸漸廢弃了，而代以摹仿法國的石堡。但是德國的封建社會，仍然没有法國的那樣堅强。長子繼承財産權，於采地的遺傳是重要的，從没有在德國普遍地施行。Subfeudation（分佃人Subvassali向地主宣誓作臣民）在法國法律上不受限制，在德國開始很遲，没有好大的進步。法國在十一世紀的中葉，私戰很普遍，教堂乃假借上帝的名義，喝令停戰。每星期由禮拜四到禮拜一，不准打仗，在教會節氣内，也不得作戰，結果每年衹有八十日能够爲動武之用。德國的亨利第三，不准休戰命令行到他的國内，他説中央政府有維持和平與秩序的能力。

最後農奴制度，在德國的西南，成爲普遍的現象，巴登巴維利亞吴定堡（Wiirtombarg）都在内。西南各地的法律與習慣，遂乘時起來了，有將自由人降爲農奴的傾向。長子承産，却不是通例。有些地産，經過繼承的關係，分成很小的塊數。德國西北部反抗封建制度的輸入。一二一四年布文（Bowvines）戰争，尚有撒克遜的自由農民參加戰事，從Swabia與Lorraine來的封建騎兵覺得很驚訝。自意大利經由Augsburg與Nuremberg到德北的大道，要經過西北。加以西北地方，與漢士諸城市（Hanse Cities）。萊茵河以及荷蘭的商業城市都相距甚近，遂産生一種經濟背景，妨礙了農奴制度的進步。荷蘭的殖民，也影響了西北的德國。大地産没有受分割，不是由於繼承習慣的關係，而是因爲這個地方普遍地通行一種終身租佃制度。

荷蘭城市與商業生活的復活，深沉地影響了農業組織。在 Norse 侵入時，這個地方和法國一樣，是很混亂的。城市的興起，與意大利、波羅的（Boltio）海、英國各商路彙合於荷蘭的結果，鬆懈了已經發展的封建單位與采地單位。此地的經濟生活，很像意大利的。許多地主，住在城市內，而城市又復繁多，彼此相距甚近。甚至有一大部分的農民也住在城內，而不居留於農村。農奴們受了特種法律的保護，其地位要算是最優越了。自由人是衆多的。他們要負擔各種課税與義務，但是享有移動的自由。那時荷蘭的農民太擁擠了，有許多自由人移殖到德國去，他們在德國居留的痕迹，遍於德國的全部，他們早時拋弃了畝田制度（The open field system），而耕種自己的田畝，畝田上有散漫的地條、公有的草地與牧場，而耕種的方法則是『共耕』。荷蘭的移民，歡喜落業於沼澤的地方或海、河附近的處所，因爲這裏的情形與本國的相像。

單簡地説，封建土地制度和附屬的采地，初出見於法北與德國的邊界，諾爾曼人將它移到英格蘭，慢慢加以修改。它漸漸地向東方蔓延，也稍為向南方移動，但是不是没有改變的。一方面它慢慢膨脹，他方面又與許多制度相衝突，因此，它在法北與英國以外受了深沉的修改，成爲一種混合物。到現在我們祇論及采地爲封建制度的附帶的特點，以下便把它在農業上的地位特表出來。

采地的形狀是：村落居中，僅有茅屋數椽，又有一條大街，兩旁便是小花園。在中世紀的時代，村落中没有商店。户口是農民，鄉野的房屋是稀少的。换句話説，這裏的村落，不過是一個以耕牧爲生的人民的緊密居留地。城市與鄉村的分别，端在職業：商、工在城市，農業在鄉村。

地主的大厦，也在采地中。離此不遠，爲各種農民房屋與教堂。此外爲地主或他的管家的圍田（Enclosed fields），由農民供給勞力來耕種。采地中有溪一泓，兩岸皆是草地。每一個采地都有田地三塊，每塊又有許多地條（Strips），地條的長度與寬度，不是一律的。有的由一端到他一端成爲針尖形，有的依山岳、沼地或溪流而形成曲形，然而論到它的大小與形狀，大半是一律相同的。這個標準的大小，大概是四十 rods 長，二或四 rods 寬。四十 rods 成爲一 furlong。那時相傳耕田的公牛，可拖一犁走過 furlong 而不停止。土地的數量，以畝或 roods 計算，每 roods 等於一畝的四分之一。

每個地條，都有障礙物與其他地條分開。所謂障礙物，就是由犁一往一來耕成的畦，後來草長其上，遂成爲草脊。地條又常常成爲一群，群與群的分開，要仰賴較寬的障礙物。每家的地條甚多，不是彼此銜接，而是散布於三塊畝田中，在每塊田地中約占三分之一。農民可畜壯牛兩頭，它的地産等於三十畝，成爲一個十足的單位（Virgate）。他的鄰人，祇畜公牛一頭，祇有他一半的地産，稱爲一 Oxgang。地主在這些畝田中，也有許多地條，此外尚有離圍的私地（Enclosed lands）。

地條的形狀，多半是直的，但是直的末端，也有横的，以便爲直耕的轉彎之用。這個角地，自然要在最後才能犁耕。真正的田地中，所有一切的地條，不是向這邊傾斜，就是向那邊傾斜，且有因天然的障礙而分裂成爲數段的，以故地條的方向不是一律的。假若某人的地條插入他人的地條中，成直角或他角形，那末，耕犁必須在他人的土地上轉彎。因此發生了許多的習慣，以規定複雜的問題，如何人的田地應當先耕等。照上古的習慣，地條的主人可以在別人的地條上享有轉彎權。這就是説，他有先耕權，可以在別人的地産上來轉彎。

教堂也有土地，稱爲Glebe，它在敞開的田地中普遍成爲地條形狀，但是教堂也有時保有分開的圍地。特別受優待的自由人，也往往有圍地（Enclosures）。地主的私有土地，稱爲demesne，也是地條的形態，位於敞開的田地中，它的耕種方法，自然要和周圍農民的一樣。它被耕被種被收穫被牧畜，都依照地方的習慣。農民的土地與地主的私地不同的地方，不在耕種的方法，而在目的的不同。

采地的組織，有兩重性質。一方面它是農民的聯合，共同耕種土地，以求得生活。這種聯合事業的關係人，選舉幾個領袖，以强迫實行上古的習慣，此種習慣，幾乎把所有的事情都規定了。假若要解釋習慣，使它合於新的情形，又或在執行時遇着困難，那麼就要開一個大會，稱爲法院（Court）來解決。，至於對地主的負擔呢，是以武力强迫加於農民的頭上，可算是一件不幸的事情。農民除開生産自己的需要外，還要生産一點東西，以維持地主在社會上軍事上政治上的關係。

他方面，自地主的眼光看來，采地是他的地産，不但要養活他、他的家眷、他的部下，并且還須維持政府。他或他的代理人，便是采地『法院』的主席，而采地『法院』的職務，則在任命各種農民的領袖，辦理司法。

采地的這兩種性質，實際上差不多是兩個分開的要素，有時候尚能彼此和諧，但是有時候却鋭利地互相衝突。地主往往援引無根據的歷史，以伸張自家的權利，而目不識丁的農民不能加以否認，地主們竟造出一種理論，説一切的土地保有權，原來都經過了地主的許可；他們常常欲以草地做私産，任意限制農民使用牧場、木地、荒地的權利。其初農民尚依照習慣，行使其權利。但是地主們可以利用新的變化，擴大其利益，而農民則否。他們得到的最大利益，便是開拓新的土地，以作耕地或牧場。其次農民死了，沒有子嗣，他的土地就要歸於地主。但是農民的權利，不可過於脆弱，否則地主的管家，若是不能幹或不忠實，必至敗壞實業的全部，於地主反來不利。

英法的中央政府，曾經表示了對於采地是很關切的。它禁止地主們殘刻地侵蝕農民，特别是自由人。自由人得由采地『法院』提起上訴。教堂也擔保相當數量的公平與人道。在皇家與教堂地産上的農民，大半受最優的待遇；國家與教堂的道德、法律、政治的勢力，在它們自己的私地以外是很大的，它們的較好的方法，成爲一個模型，具有特別大的威力，爲什麼呢？因爲它們準備在不合於它們的旺盛標準的場合中，吸收私人權利與土地以及威權等。

由二月或三月初到刈草時期即七月一日，草地上就樹立了圍墻，最普通的圍墻是籬笆，雖然有些舊的富足的農村曾經用過石頭。也有用樹枝、斷木與草土的。草地照例分成半畝的小塊，由各家輪流保有或用抽籤法分配，如在原始村落中一樣。有時，Virgates 可分得一小塊。有時幾個 Virgates 分得某幾塊，農民乃得年年握有同一的草地。這不過是采地發展的普通方向——這就是說趨向特種的永久的土地要求（指草地），刈草時期過了，便把圍墻的幾部分拆除，草地遂用爲牧場（大約自七月到二月）。

公共牧場上的權利，也同樣與地産的大小有連帶的關係。一個完全的農民或 Virgater，平常可有畜牧兩三個牛與八個羊的權利，假若他畜多了，便要受罰。看羊人與看牛人，在早晨把牛羊趕到公共牧場上去，夜晚將它們牽回來。冬季除外，牛羊都圍在荒地内或收穫了的田地内。羊利於肥田，它的毛也很有價值，所以牧羊的權利爲那時的人們所保重。

有時又有特種牧場，甚至享有普通牧場權的農民，也不能在其上畜牧。這種牧場，好像分配於特種人民如牧師、鐵匠等。到了中世紀的末葉，竟把很多的耕地變爲特種牧場，同時更將牧草改良，使它優於天然長成的野草。這是由於草地永遠地缺乏，便不能不以更科學的方法來解決牧草的問題，而對於相因而生的諸問題，如牧草的不够，牲口的缺乏，肥料的短少，土壤的貧瘠，穀粒剩餘的缺少，都要設法解决。穀田於收穫後，就開放起來，以備公共畜牧。至於荒田，因爲要在夏秋兩季各耕一次，更須於秋季播種前耕犁第三次，殊不能用爲牧場。

大多數的犢牛與不興旺的牲口，都在冬季的開始被屠宰了。他方面，凡獨能够在半飢餓狀態中度過冬日的都被寬宥了。秣糧問題，本來難於解决，而農民在樹林中所拾得的橡樹籽（可以喂猪，可以做柴燒），尚須付出代價於地主。在一切主要的家畜中，以蜜蜂比較的容易飼養。有些區域，倚靠魚類做食料，但是在寒冷的天氣，捕魚是很困難的。冬季肉類的缺少與愛好門外的游戲，便是一般人從事畋獵與保存鳥獸的大原因。因爲同一的理由，乃喂養了許多鴿子與野鴿，農民最痛恨地主的，就是養鴿權，那怕鳥獸毁壞了禾苗，農民也不能射殺它。

小麥與裸麥，多半在八月或九十月播種。每一地條的英畝，散布種子約兩英斗，但是收穫的最大量，難得達於十英斗。春季的耕種，在二月或三月舉行。每畝要播種約四英斗的大麥或雀麥，或播撒兩英斗的豆子。收穫量可達十五英斗，祇能剩得十英斗左右的報酬。農民們除開耕種與收穫自家的地條外，還需爲地主耕種他的地條與圍田（Enclosed fields）。他們工作時，分成若干大隊，而工作的苦悶，乃得由此解决一部分。在收穫的時候，更把大隊分成五人的小隊。

農民對地主的義務

每個不自由的農民，須要在每星期貢獻幾日的勞力於地主。最普通的是三天，雖然也有貢獻兩天或五天的。這種勞力是沒有報酬的。此外根據習慣，農民還要供給犂、牛與工具。假如每星期要供給四五日的勞力，便可推想到農民占據的那塊土地（Virgate），不止維持一個人。在英法兩國，（Virgate）不能於對地主的責任上分割成若干部分，但是農民的家庭則加大了。所以衹好把一個兒子整個地擔負生産、勞力、金錢上的義務，而其餘的兩個或三個兒子和家眷，則從所占據的土地上取得生活，同時我們要曉得：所謂的 hide 與 Virgate，都是隨便分割的，大小不是一致的。在決定地方負擔與國家賦課時，多半以生産力與地面的畝數兩者來做標準。

在農忙的時候如收穫時期，農民們除開每星期供給經常的勞力外，還要負擔特種義務。地主們很重視這種義務性質的服役，所以在『星期徭役』改變爲現金支付以後，仍然繼續維持它。地主們認識了農民在他自家最忙迫的時候來履行特種義務，是特別的苛索，所以拿酒肉等物來供給他，以示報酬。農忙時某季應該供給某菜，都由習慣規定了。除開敞田的工作外，農民們還要替地主修理采地房屋、外屋、圍墻與做其他同樣的工作，他們更要擔負守望與作戰的義務，爲地主車運貨物。

地主的田莊（Domain），和法文 Ferme 的意義差不多。他利用這個田莊不僅開發了土地，并且徵發了勞力與剥削了整個的鄉村組織。地主從農村中的下層階級，雇用他的親身侍役。雇傭的方法，或是直接徵發，或於農民繳納的款項中給以工錢。半自由農民比較奴隸於地主更有利益，因爲他吃自己的飯來爲地主服役，而奴隸則須完全靠地主來養活。爲什麼農民替地主工作呢？這是因爲法律的關係，那時法律上有一個假定，說農民耕種土地的權利，是從地主那裏來的；農民爲着付出這一特權的代價，必須替他耕種地主的土地與擔負許多别的義務，地主們繼續地剥削農民，因爲他們掌握有有組織的武力與威權。這個以保護爲目的的武力，是中古社會的基礎。

地主們於徵發勞力外，更徵收各種食物，如麵粉、麵包、啤酒、蜜糖、醃肉、鷄、鵝、蛋、乳猪等。地主對於招待某人與其隨從的負擔，也把它轉移到農民身上去。農民們不但要將所擔負的貨物交給『大屋』（Bighouse）并且還要招待品位較低的客人，爲他們標準行轅。

農村的各階級與其組織

采地中的經濟制度，多半基於私人的關係，所以社會各階級的問題是很重要的。最顯著的階級，已經在上面提及過了。它就是握有三十畝地條的與擔負『星期徭役』及其他義務的不自由農民。此外則有自由人。他被免除了幾種義務，享有特種權利，不受奴隸條件的限制，但是有時候也必須要取得地主的同意，才能把女兒許配人家或出賣牛馬。不過那時候關於這一點的法律，極不統一，難於枚舉。自由人不負擔『星期徭役』，農忙時可以雇用替人，對於應該繳納的鷄、蛋、肉等則按值交付現金。自由人死亡以後，其繼承人可以不交納遺産税（Heriot 或 Reliet）。從經濟方面看來，自由人的地位確有改進了。

自由人租佃的田地，其大小不是一樣的。有的自由人占有巨大的地産，雇用許多的農民，甚至將田地用圍墻包圍着，和地主一樣。有的自由農民是很小的，祇握有三十畝或不及三十畝的土地，和不自由農民差不多。但是一切的自由人，都是地主進款的特種來源，足以使地主得到巨大的利潤，以維持他在田莊上的組織。地主的總管家、書記、雇員，以及普通的勞動者，都在這筆進款中開銷的。地主田莊上的總管家，大半是一個農民出身的能幹人，他的地位，有時是世襲的，歸某家世代承繼。留守田莊的總管家，把地主的專利品如磨坊、釀酒坊、市場等，轉租於較小的承辦人，爲地主收取賦課與罰金，監督勞力義務的履行；一般地説，他爲着地主與自家的利益，以經理整個的田莊，他的薪水是固定的，可是他認定其位置是一種租借得來的權利。

自由人以下的階層，便是半自由人，名叫 Velleins 或 Virgators。有些著作家，説他們是農奴，但是實際上他們所享有的自由却要比農奴多一點。十八世紀德國東方的農民與俄羅斯的農民，可以由地主徵發作爲家僕，并且不給報酬。這簡直是確確實實的奴隸，不過地主不能單獨地（係指不連帶土地）拍賣他。（實際上也有把他和土地分開來拍賣的）農奴這個名詞，係專指俄國的農民，有人反對把它適用於中古采地制度下的農民。

在半自由人以下的，有貧農（Cotters）的階層。他們對於自家所占據的茅屋和小小地塊，没有擔負很重的勞動義務，也没有耕牛。他們替以上的諸階級工作來謀得生活。一八〇五年的英國東麥斯德調查（Domesday Survey），指出了百分之三十二的貧農，百分之三十八的半自由人。貧農是雇傭勞動的來源。中世紀的末葉，開始了一般的圍田運動，大多數的貧農失去了根據，成爲游移户口，内中有的集聚到城市，變成工業無産階級，有的轉移到田莊上做農業勞動者。貧農階級，是封建采地社會的最下層，完全受上層的支配，生活非常痛苦，常常不能吃飯。

在德國與荷蘭，自由人的數目，比較在英國與法國北部的要大些，因爲英法的封建主義起來很早，將農民縛束於土壤上，荷蘭的封建主義，以城市有非常的發展，其力量是很微弱的。此地的自由人，能够移動，所以在事實上與名義上都是自由的。在德國也是一樣的。法國也有一種自由人，名爲 Free Villains。他的社會地位，雖然和普通農民差不多，但是他確是一個契約式的佃農，這就是説，他不是以主奴的關係來保有土地。他必須付出地租（現金地租），他還要付出貨物 Dues（應納的款項）。除此兩種支付外，他可以保有全部的生產品。他的繼承人，必須繳納遺産税，否則即將土地轉移，但須繳納一種課税叫做 Lods et vents。至於 Taille 税，是一種經常的現金税，可以由地主任意徵收，其數目與徵收的時間，都是由他規定的。最後中央政府的威權加大，Taille 便變成含有現代意義的土地税，而 Cens 現金地租則變爲地主的地租了。人頭税不很普通，農民非常怨恨它。一三八一年英國農民革命，完全由於徵收全國的人頭税。此外農民還要負擔修路的工作與同樣的勞動。

封建主義制度下的義務是很多的，玆舉出幾種如下：（一）婚姻税。自由人階級的婦女，嫁與同一采地的男子時，固然要繳税，但若嫁給采地外的男子，則納税更多，因爲地主將要失去她的勞力與依附她的勞力。（二）Chevage。凡是要想在采地外做工作的，都要繳納這種税款。（三）Mortmain。這是地主收回土地的權力。自由人死亡後，沒有遺下嗣子，地主可以將他遺留的土地收回。假若地主以土地賜給直系的嗣子，後者應該交納承産税。長子繼承制度，流行於勞力缺乏的地方。長子成人、娶妻、生子，或在實際承産以前，而少子們仍居住於同一村落，共同的工作，或開拓新的土地。在人口稠密的地帶，則流行着少子承産制度，年長的兒子們，到了成年，便須遷徙出去。

著作家大半忽視了采地中的開墾與移民運動，事實上新土地的開墾，是繼續不斷的，尤以寺院開拓的土地爲最多。寺院的發展，不僅由於信士的捐助，而且是因爲采地中過剩的人口遷移到新的地方。但是采地擴大到四周的荒地後，地主隨即擴大他對農民的侵蝕。他方面，教會土地上的農民，算是氣運最佳的，因爲他不受擾害農業戰争的影響，此其一。居住北歐的僧侶，大半都是很寬大的，此其二。耕種的方法，比較地進步一點，而饑荒的危險，也照樣地少一點，此其三。最後，僧侶剥削農民的私心，大半不存在。

采地的政府，是由地主與農民混合組織的，名曰 Court。這個 Court，是一種農民會議，每個農民都要參加，每個農民對於另一農民的行爲都要負責任。開會的時候，有地主的代表主席。但是地主的代表，不一定是他的雇員如總管家監督等。實際上在許多的采地中，行政人員（Reeves）是由農民從農民中選舉出來的。采地的 Court，經常地開會來處理日常事務，如徵收罰金，委任農村官吏等，和新英格蘭早時的市鎮會議（Town meeting）差不多。在行政人員中，有（一）地主的監督，（二）籬笆看守員，（三）罰金徵收員。

采地是經濟單位

照時代與情狀看來，敞田式的采地，或許是很有效能的農業單位。它的社會組織與依靠傳統，固然阻止了進步，他方面却又阻止了它的崩潰。它最大的缺點，以我們看來，不完全在它的本身，而是在一般的形勢。没有充分的中央政府，生命與財産，没有充分的保護，更没有充分的好道路，以便各地方交換出品。假如因雹灾或旱灾發生了饑荒，也没有充分的組織來從臨近富饒的地方辦理救濟。無論什麽地方，都没有多的餘剩。一切采地，實際上都過着『自手至口』（猶言取得的東西馬上就吃盡了）的生活。因爲資本與交易的缺乏，生産量免不了地是很小的。

以采地和現代比較，是特别困難的，因爲采地的經營，不是爲着利潤，而是爲着解决生活。它不能養活稠密的户口，也不必養活。自由人的房屋很卑陋與污濁，它的陳設也很單簡。他的衣服粗略不堪，其飲食不見得比現代歐洲粗活工人的好些，却比技藝工人的要差些，尤其是關於食品種類的那一點。他雖然没有參與中央政府，但是他對於地方事務的處理，很有威力，是與現代人們的威力相頡頏，而農村中的社會生活則頗爲愉快。跳舞與歌唱，星期日的社會集合，都是常有的事。

采地的崩潰，不是因爲它不能適應於産生它的條件，而是因爲那些條件不存在了。當社會完全成爲自足的單位，那末，各地間的分工是不成問題的，農村中職務的專門化，也是不必須的，祇要是可能的，分工與專工（Specialization of labor），都有很大的利益，能够使地方開發它的特種富源，能够使個人發展他的特種技能。自從運輸、財政、政府改良以後，這種種可能，逐漸出現，乃破壞了采地的組織。

采地的變化

我們討論采地的變化，必須記着：（一）采地是畝田農村，（二）地主和他的私地，（三）大多數農民對地主的半自由的習慣關係，（四）封建關係的構造。采地所以成爲十分普通化的（Generalized）制度，是由於封建關係使它成爲一個體系。

在十九世紀以前，采地制度下的畝田耕種法，才開始局部地崩潰，至於地主，也漸漸改收地租，不像從前的封主了。政權的集中，使封建制度崩潰；農奴的解放；市場的發展；專門農作的發達；等等，便把采地大大地改變了。在這種情形下，要想找出一個普通化的（Generalized）采地是不可能的。英國農民半自由半奴隸的關係，在十四世紀便鋭利地衰退了，以後就逐步地消滅了。一七八九年，法國皇帝的農奴，通統被解放，私人田莊上的農奴，恰如在英國一樣，也個别地或集體地得到自由，到一七八九年完全得到解放了。在拿破侖戰争時，德國農奴也由命令被解放了，但是過了幾十年，這個命令才發生十足的效力。一八六一與一八六六間俄國的農奴，固然脱離了束縛的關係，但是地主們的剥削與壓迫，還是繼續存在。

采地的改變與崩潰，起初發生於荷蘭。荷蘭的土地，有很多是低洼地帶，凹在海水平綫下。要用大量的勞力，才能使它適於耕種。還有一大部分土地，自從開始就不適合於采地的組織，因爲迭遭大水的關係，衹好花費巨大的資本，來修建堤防、海墻、排水機等。在這樣開墾得來的肥地上，發展了一種强烈的農作，田地都是正方形，并且用圍墻包圍着。在港口與沿着通航河流的商業城市的早時發達，使爲市場而生産的農業與專門從事賺錢的收成，都是可能的。使用貨幣，成爲一般的現象。荷蘭占據貿易上的要隘，成爲商務的中心，同時教皇的徵收員，也在那裏建立銀行辦事處。

荷蘭的農民，在生産與販賣的特别條件下，不能適用采地的三年收成制度。有很多的土地，沒有分成地條。土地的缺失與人口的加多，强迫了荷蘭農民尋求生利的與不吸盡肥質的五穀，强迫了他們發展肥料的科學用法。他們發明了五年的，七年的，甚至十一年的收成輪回。他方面，他們因爲國内太擁擠了，又爲國外的『自由』（Free）土地所誘惑，遂向東方移動到德國去，在北海與萊茵河開墾，後來更移殖到普魯士，不但與德國人而且和斯拉夫人混合了。

封建主義與采地的蔓延以及户口的增加，都是促成北歐農業中的體系與統一的極重要之要素。但是這種發展是社會的與有機的，所以我們不要過分估量這個統一。寺院、地主與自由農民殖民的方法，不是恰恰相同的；他們在本地的制度，也不是一樣的。一方面各農業單位，都要自足，都要從事於非商業的經營，因此乃有了『共趨於同』的傾向，但是他方面各個區域分離獨立，又有相反的趨勢。在接近城市的地方，貨幣經濟侵入了；而地方的自主也削弱了，以致統一的主要元素，難於適用。同時較大的城市，能够用種種方法如賄買權利、使用武力、和中央政府聯合一氣，來嚴重地削弱封建地主的縛束。交易與市場的重要，在各地是不同的，所以有人把村落分爲『鄉』和『市』（Rural and Urban）兩種，凡屬偏遠的采地，沒有交易的機會，便屬於前者的範圍中。

采地的衰亡

統一采地的要素，延長到十三世紀才衰亡。采地逐漸和北歐的經濟發展相聯繫，而失掉了自己的本來面目。采地崩潰的中心經濟事實，是采用專門化的開始，而專門化的事實，又和一切别的變化相聯絡。貿易與市場的發展，毫無疑義地要引起專門化的到來。

約在一二〇〇，北歐真正開始了把私人服役改收現金。已經有許多境況較好的佃農，開始雇用貧農（Cotters）來舉行他們的秋收義務（爲地主收穫的義務）。地主們自家也在這種季節雇用格外的工人。甚至在中世紀最盛的時期，有些較小的采地，雇用了流動的藝匠，而不經常地留用他。户口既已增加，地主們遂异想天開，將木地或荒地的偏遠部分開拓出來，以作自家的私地或租於自由人。當時東方與南歐的貨物，已流行於上等社會中，而這種貨物，又要用貨幣才能買來。取得貨幣的方法，顯然祇有三種：生產貨物出賣；或將土地出租，收取現金，使佃農爲着市場而生産以吸收貨幣；或接收貨幣支付，以代替私人服役。

户口的蕃殖，又鬧翻了別的經濟問題。内中有一個重要的，就是公共牧場。實際上確有改變一部分的牧場以作耕地的必要，但是它總是比較地不生産。在許多場合中，農民的牧場權利，已經變得含糊不清，難於依照法律來保護。同時南歐的圍田制度逐步推廣，尤以荷蘭的圍田所得的利益爲最顯著。結果，地主們以交換與合并的方法，把大部分隔離的畝田地條收回了。他們的圍田逐日加多，他們所需要的雇傭勞動也逐日加多。這樣一來，現金的支付也加多了。

改收現金的辦法既已開始，以後就變成習慣了。起初地主常常保留要求以勞力代替現金的權利，有些早時來收現金的契約，其時效規定爲一年或數年或終身（甚至有兩個終身的）。這種保留，在實際上没有用處，而時代則趨於相反的方向，所以有些保留逐步被放弃了。在一三四八的瘟疫『黑死』（Black Death）以前，北法與英國的農民，逐漸於實際上自由了，雖然他們在理論上的缺格（Disabilities）還是和從前一樣地大，就法律講，農民保有土地的期限，仍然以地主的意志爲轉移，但是最後又加上『依照采地習慣』這幾個字。這種采地習慣，居然得到皇家政府的承認，得到法律的保護。

『黑死』瘟疫，百年戰争與跟着來的情況，制止了農奴制度的衰亡與契約租佃的發展。這些事實，却没有妨害市場的滋長與農業商務化的傾向。起初，地主與農民，都受了改收現金的利益，前者因爲雇傭勞動的效能大一點，後者因爲於農忙時不必拋弃自家的農作來爲地主作工。嗣後貨幣逐漸加多了；農民以現金繳納 Dues，固然比較以前更容易，而地主以同樣數量的貨幣，則不能雇傭他所放弃的勞力。這個情況，被『黑死』弄得更糟了。貧農與雇農，立刻要求加多工錢。雖然皇帝出示禁止與地主的抵抗，他們竟能如願以償，許多工人與農民死亡了，其餘的有一部分逃跑了，剩下來的勞力，不及需要額的半數。

地主們既不能以法律把工錢壓下，遂依然按照法律來徵收勞動義務。但是實際上這種權利已經拋弃了許久，若要重新使它復活，自然會引起階級的仇恨，地主企圖取消改收現金的契約，固然難於成功，而改收現金的辦法，却受了阻撓。法國與英國，因爲更嚴厲地實行徵收没有收現金的服役，遂使兩國社會上起了不安定的現象。於是法國的農民舉行革命（一三五八），英國的農民藉口時期已過，自動取消他們的勞役。暴動是很普通的。當時的丐僧，如 Tohn Ball 等，不僅攻擊特種的流弊，而且鼓勵民衆們追問社會的整個基礎，丐僧們要追問：爲什麽製作貨物的人缺少貨物？而不生産的人反來握有許多的貨物？爲什麽社會以金錢給予人們，僅僅因爲他們握有所有權？

爲着利潤的農作，久已流行於荷蘭，成爲十四世紀英國農業中的嚴重元素，毛是英國的大宗出品，對 Flanders 有大量的輸出。同時英國的農業勞力，不但缺乏，而且昂貴。所以地主們把他們的耕地變成牧羊的牧場，自從瘟疫發生以後，田契散亂，遂得趁機將很多舊的農民土地變作牧場。這樣一來，耕地減少。對農業勞動的需要也減少，而生活費用不稍低降，因此提高了階級的衝突。土地被剥奪的小農與貧農，乃向方興未艾的市鎮移動。爲着市場的生產，和貨幣的使用，有迅速的發展，尤其在發現美洲與對外貿易膨脹以後。

對私人勞役的傳統要求，不能一般地復活，尤其當着有這樣多的貨幣與商務。完全被農民否認的勞役，或是由地主認爲不利益而放弃的勞役，都改變成爲現金支付。農村户口向城市的流動，與跟着來的工業發展，産生了對剩餘穀粒的新要求，制止了改營羊業的傾向。圍田運動的這一早時階段到一六〇〇年止，直接影響了英國的土地幾及一半。間接的影響，也是一樣地重要。地主的私人田莊，在工價的高漲下，是很不利益的。所以把它分割了，租於卸職的監督或繁榮的農民。他們就以雇傭勞動來開發它，其先資本大半是由地主供給的，後來佃夫則積累了自己的資本。

在北歐，嚴格的中世紀的采地，分裂成爲四種明顯的農業制度。第一種是農民地主制。在這一制度下，農民驅逐了地主，變成了他們祖宗占有的土地的主人翁。這在法國與德國是很普通的。第二種是平分制（Metayer = 平分），就是説以收成的一半貢獻於地主，但是實際上平分的辦法，各處不同。在北歐也有這樣的例證，散見於各地，但是這是南歐的特點。第三種是大田莊，多半位於德國的北部，尤以在 Mecklenberg 與 Pomerania 爲最。普通的田莊，自七百畝至千五百畝不等。最後就是英國的佃農制度。這一制度在現代開始的時期即已成立雛形了。田莊平均的範圍，是兩百畝，比從前的 Virgate 大六倍。

在農民地主制度下，土地上衹有一個階級，業主、耕作者、勞動者，偕合而爲一。歐洲大陸，好像衹宜於這個制度。十五世紀後歐洲土地保有制的歷史，是極端地複雜的。但是若把非農業經濟的元素除外，小農制度是很顯著的。至於佃農與雇農，是新興的兩個階級。因爲自耕農的子孫，也有降爲佃農與雇農的。

北歐農業中的封建制度，起於一二〇〇，迄於一七〇〇，時長時消，没有一定。其崩潰的原因，不外貨幣的引用、商務的膨脹與中央政府的興起。至於英國采地制度的消滅，在一六〇〇即已完成了。但是中世紀技術的重要痕迹，依然存留着，這些痕迹，約在一七五〇後工業技術與營業方法上的大大改變，才完全歸於消滅。改收現金的運動，被由美國來的貨幣金屬與工商業的發展而加速了。農業中的資本主義傾向，在十六世紀有一個盛衰無常的歷史。美國人 Sir Thomas Moore 與 John Haks，都劇烈地反對資本主義的傾向，由一四八八至一六〇七，通過了許多法令以反對圍田運動。在一六〇七以後的百年中，農業變化是很緩慢的，其真正的原因，是由於經濟的障礙，政府法令的阻力，祇是偶爾的。僅有組織上的變化，當然不能維持越加越多的户口。因爲這個缘故，所以必須根本地改變技術。

法國農業史中，也表現着同樣的技術問題。約在十四世紀的時候，法國户口已經達到了那時農業技術能够維持的最高限度。這個技術的進步，到十八世紀止，是很遲緩的，而户口的增加，也很有限度。人口既是穩定，農民中也表現富裕，所以十八世紀的法國農民和歐洲别國的農民來比較，算是没有遜色。農奴制度的痕迹，逐步消滅了，到一七八九大革命時代，差不多没有什麽痕迹了。

法國人口長時間的停滯，加强了一種傳統的社會制度：它（法國）不能迅速地適應於十八世紀工業革命所創造出來的新機會。約在十八世紀，法國因爲人口停滯了三百多年，遂確定了以户口不變爲基礎的社會與經濟制度。這一制度的完成，是由於結婚的年齡、遺産的分析、嫁妝的多少以及其他規定户口的無數的複雜問題，成爲固定的習慣，不許人口增加，以推翻現存的大家共享的幸福。這一傳統化的社會制度，减少了集體生活的齟齬，把個人於習慣上與意識上縛束於社會，使他不願意移動。就大體講，法國農民殊不熱心於殖民的企圖。有些中流階級的新教徒，或者願意遷徙出去作開路的先鋒，但是政府則表示反對。所以法國户口與社會制度，没有被殖民地的膨脹所動摇。

在十七世紀末的英國，殖民事業與對外商務，已經變得很重要，所以户口停滯與社會制度固定化的傾向，都被制止了。英國政府對於不滿意社會的與宗教的，不像法國政府不准他們移向國外。就技術與本質講，英國均是不穩定的，很容易適應於十八世紀工業上的變化，荷蘭的户口没有停滯，因爲是受了商業與工業發展的影響，同時荷蘭又占了殖民事業的便利，恰和英國一樣。

在中世紀的末葉，德意志是歐洲最繁榮的國家之一。德國的商務，在現代的開始，受了很大的打擊。而農民革命，内亂，與西班牙、瑞典、法蘭西軍隊的侵入，都深深地影響了德國農業的進程。德國的采地制度，來得遲一點，它的崩潰也比較地慢一點。羅馬法的引用，更於農民不利。舊時的德意志法律，保護了下層的各階級，保護了他們的基於習慣的權利。但是羅馬法則基於諸侯的意識，并且必須是書面的。這樣一來，貴族們便把法院拿在自己的掌握中，任意操縱，任意剥削農民，任意將農民分作農奴。除開一小部分操縱新法律制度爲自家謀利益的人們外，全體的德國人，都痛駡羅馬律師，説他們是盜賊。

地主對農民的剥削，得到了羅馬法的承認，益加鞏固了。承産税與改收現金的數目，都由地主任意增加了。這種收括與剥削，在以前因爲農民需要封建保護的關係，尚可予以諒解，但是自從强健的政府成立以後，封建保護可以不要了，那末收括剥削的方法，是再也没有理由做護符了。因此農民祇好暴動，以圖救濟。從一四七六到一五二五，農民革命的次數是很多的，特别是最後的一次，來得非常嚴重。這一革命運動，好像要推翻整個的社會制度。它開始於 Stühlingen，迅速地蔓延於南方。起初他借用了路德 Luther 的術語，但是路德立刻加以否認，而南方德國人也就看不起他，説他是説謊的博士（Dr. Liar）。

貴族與農民兩方，都照例地互相屠殺，犯了不可言狀的殘忍。但是農民的組織能力，非常薄弱，當然不及以殺人爲職業的軍隊，所以終於被彈壓下去了。整個的農民革命運動，到處都失敗了。奥地利也發生了散漫的農民暴動。一五一四匈牙利的農民們，揭舉了反旗，以反抗地主；結果農民被屠殺的在六萬以上，農民對地主的負擔，遂較前加重。自從羅馬法的采用與農民暴動的失敗，德國的 Hörge（自由農民），遂於實際上變成農奴了。

『三十年戰爭』（一六一八至一六四八）把德國弄得狼籍不堪了，把帝國政府弄得没有實權了。最壞的采地農奴制度，才開始流入德意志的東方。農民必須替地主當家僕，全盡義務，更制定了嚴格的法律，以阻止農民向城市移動。德國農民的解放，在十九世紀初葉才完成。奥匈聯邦則更加落後，俄羅斯在十九世紀的下半期，才解放了農奴，至於采地經濟，則遷延到二十世紀，羅馬尼亞也有同樣的情形。

第三章　英國農業的發展

在一八五〇年左右，英國的農業與工業，已經完全分開。工廠生産制度，漸次代替了家庭生産制度。在十八世紀後半期，已有大批的土地，闢爲耕地，結果，敞田制度（The Open Field System）根本廢除。一八五〇年前，農業技術雖然有了長足的進步，但是從前利於農業發展的力量，差不多完全消滅了。譬如小佃農階級，在幾百年内，曾成爲農業進步的一個重要推動力，於今却大部分被消滅了。其次，農業的大量生産，已達到鞏固地位，甚至要將小地主制度流行推翻。自交通改良後，英國工業的出品，銷路日廣，同時又能使英國從海外新地域換得廉價的食品與原料。因此，十九世紀的英國農業，便須應付幾個大的問題。

工業革命後，人口增加，農業的生産品也逐步暢銷，而英國的農業却能滿足這個有加無已的要求，竟達到驚人的程度；同時，每年麥子與麥粉的輸入，逐漸增加，自一八〇一至一八一〇到一八一一至一八二〇，由六〇〇，〇〇〇 Quarters（每 Quarters 等於十八英斗 Bushels）增至四五八，〇〇〇 Quarters，再從一八二一至一八三〇到一八三一至一八四〇，由五三四，〇〇〇 Quarters 加至九七〇，〇〇〇 Quarters，最後由一八四一到一八四九，達到二，五八八，〇〇〇 Quarters，主要的原因，就是因爲愛爾蘭的番薯歉收，糧食不足。自一七七六到一八四二，英國輸入麥子與麥粉，逐年加多，請觀下表。爲比較計，并將輸出品列入。可見英國人依賴外國生産的糧食的程度是逐步增加的。

年代	輸出品（Quarters）	輸入品（Quarters）
一七七六	二一〇,六六四	二〇,五七八
一七八〇	二二四,〇五九	三,九一五
一七八六	二〇五,四六六	五一,四三六
一七八七	一二〇,五三九	五九,三三九
一七八九	一四〇,〇一四	一一二,六五六
一七九一	七〇,六二六	四六九,〇五六
一七九六	二四,六七九	八七九,二〇〇
一八〇一	二八,四〇六	一,四二四,七六五
一八〇八	一八,〇〇五	八四,八八九
一八一〇	七五,七八五	一,五六七,一二六
一八一五	二二七,九四七	三八四,四七五
一八二五	三八,七九六	七八七,六〇六
一八三七	三〇八,四一〇	一,一〇九,四九二
一八三九	四五,五一二	三,一一〇,七二九
一八四二	六八,〇四七	三,一一一,二九〇

其次，讓我們來檢查英國農産物的價格。自一七七〇到一八一九，在此五十年中，每年的麥價都是高漲，但是因爲麥價的狂漲狂落，不能認爲有利於農民。一八〇〇年，收成不足，麥價漲至一百十三先令十便士一Quarter，一八〇一年，又漲到一百十九先令六便士，及至一八一二年，竟漲到一百二十六先令六便士，在以後的三年中，收成較豐，至一八一五年，價格跌至六十五先令七便士。

在拿破侖戰争時代，農産品的價格開始降落，於是在英國發生了一個極大的危機。戰争既起，交通即被阻隔，英國的農民，頗能得到人爲的扶助，後來歐洲大陸的和平恢復了，所謂人爲的扶助，乃隨而消失。有許多人主張加重糧食進口税，以救濟地主與佃農所受到的嚴重衰落。一八一五年通過的糧食法（Corn Law），便是企圖保護這兩種人的利益的。依照此法的規定，外國麥糧，不准進口，除非國内價格漲至八十先令以上（約合每英斗二元五角美金），其他的五穀，也同樣受到保護。一八一六與一八一七，五穀歉收，麥價騰貴，到一八一七年，漲至九十先令十一便士。自此以後，一直到世界戰争的開始，其中祇有數年除外，麥價繼續跌落。要知道在一八七五年以前，麥價的降落，并没有嚴重地危害農民的地位。

一八二八年，糧食法修改了：麥價漲至五十先令，便可輸入麥糧，但須納税三十六先令八便士。假使價格漲到七十三先令，麥税可減到一先令。到了一八三二年，税率又重新修改，減至二十先令，如果麥價提升到五十先令，價格若加至六十五先令，關税便可減低至七先令。

糧食法所給予農民的保護，不足以改善農業上一般的情形。小地主（自耕農）與佃農，因爲地租高昂，又不能得到必須的貸款，都感受到莫大的痛苦。有許多農民，不肯繼續飢寒的生活或向人稱貸，竟放弃了他們的土地，因此更促進了全英土地的迅速集中，在末後三十年代（Thieties）中，農業技術開始表現鮮明的影響。内地運輸方法的改善，如大規模的修築道路與開通運河，尤其是鐵路的建築，大大地便宜了農産品的分配。當時以爲這種種的發展，又加以保護的政策，必定能使英國完全不依靠外國糧食。但是施行保護，加重負擔，其企圖使英國自足的政策，不久便須放弃。

從糧食法的廢除到一八七五

英國農業歷史，自一八四九至一九一四，可分爲兩個時期。第一期始於糧食法的廢止（一八四六至一八四九），終於七十年代；第二期起自七十年代，一直到世界大戰爆發時止。

利加·卡自登（Richard Gobden）與反糧食法同盟（The Anti corn Law League），鼓勵廢除糧食法，畢竟達到目的。這在英國農業歷史上，自成爲一個鮮明的時期。此種糧食法，被農業關係人視爲防止完全坍塌的救星，終究因爲受刺激的反對而被取消；英國遂進入廣泛的貿易自由的時期。擁護糧食法的人，未免夸大了它的真意義，因爲該法取消後，雖在一八四九年，價格暫時跌落，一直到一八五三年，仍無起色，而農業却依然興盛。他方面，國内的生産者，再不能養活生殖迅速的工業户口；因此，國内出品不能够用，須有外來貨物作補充。嗣後外貨與國貨競争，居然危及英國農業的旺盛。

三十年代所采用的排水的科學方法，在一八五〇後，有迅速的擴大。自從秘魯輸入了海鳥糞，更有南美洲平原輸入了骨骸，人造肥料的用途，乃愈加廣大；前者用於穀田，後者可作『根類植物』（root croes）的肥料。更種植了新的五穀，并將收成輪回的實際大加推廣。同時農具的改良，也有同樣的重要。耙、碎土器、鋤、犁、耕耘器、條播機（drill）；改良的刈草機、割禾機、打禾機，通統采用了。英國農業所以能够維持其旺盛到相當程度，大半要歸功於這些器具的改善。除一八六〇外，收成都好。價格雖然有時低落，却能賺錢；一部分的原因，是由於加利福尼亞（California）與澳洲，發現了金礦，標準貨幣，隨即加多，因此大大地戟刺了商務，并且間接地便利了農業關係人。

農業的衰落

在十九世紀最後的二十五年中，英國發生了農業的衰落，其近因是由於『羊腐』（Sheep rot）獸疫、歉收。危機的第一徵表現，發現於一八七五年。在一八七四以前，英國農業與外貨的競争，衹限於毛類和重要的五穀。一直到那時候，英國的麥田，尚没有嚴重地減少。但是從一八七五到一八七七，特別在一八七九，收成不足，致使全鄉村的户口，感受很大的困難。一八七九年，因『羊腐』而死的羊，幾達三百萬頭。足病、口病以及其他的瘟疫，毁滅了不少牲口。農業生産降到最低限度，爲一八〇〇以後所未見。

這種衰落情形，假若衹是暫時的，當然可以由受害的人，不費特別的努力，將它除掉。但是接二連三的禍害，破壞了農業生活的基礎。在平常的條件下，收成不足，可輸入外國糧食，以作補充。但是削弱了的英國農民，不久便感覺到很難在相等的條件下和外國糧食競争，因爲國外生産者，享有較優的便利，以生産農業品。同時，農産品在世界市場上的數量，有迅速的增加，五穀價格，到處低落，英國農民的地位，遂一落千丈，不可救藥。由一八六六到一八七〇，麥子每年的平均價格，是五十四先令七便士（每一Quarter），在以後五年中，漲至五十四先令八便士，但是自一八七六到一八八〇，降至四十七先令六便士。到下紀（decade）的後半，價格仍可賺得多少錢，但是在一八八四後，情形改變得非常危急。由一八九一到一八九五，每年平均的價格，約在二十七先令以下。

以前的歉收，可得高價，但是外貨的競争，完全將這種情形改變了，其時運輸方法，已經改良，海路運費都已減低，外國産物遂能更接近於英國的市場；這樣一來，却又增加了英國農業生産者的困難。價格繼續低降，到二十世紀開幕以後纔有轉機，不過在一八九四以後，也略略有點起色。地租亦有同樣的傾向。

外貨的競争，如前所言，已引起了英國一般人的憂慮。農業關係人，在反抗這個實在的或想像的敵人的鬥争中，曾經要求了并且得到了重大的幫助。當危險一天比一天地加緊，政府仍不肯施行保護策略，結果，英國農業關係人衹好站在與從前大不相同的基礎上，來和外國人競争。那時外國的出産品，超過了自家人民的重要，遂以其剩餘的一部分，交換英國工業的出品。

在北美合衆國内，産麥的廣闊地面，正在開始影響世界的市場。美國南北戰争時，曾經采用了節省人工的機械，來彌補勞力的缺乏，現在更使用它來增加農産物的剩餘，以便輸出國外，而鐵道的交通，又復無遠弗屆。同時，阿根廷、印度、埃及、俄國、巴爾幹各地的麥田，後來，澳洲與加拿大的出産，又復迅速地加多了世界糧食的來源。

祇要運費十足的高昂，來抵消外國農業生産上的優點，競争是不怕的。但是運費減低了，結果，英國的國産，不僅爲外貨所補充，而且有一部分被它代替了。價格的減低，上文已經講過，連帶將地租也減低了，雖然其初地主們拒絶減輕被重壓的佃農的負擔。

假若耕地與出産，都繼續一八七五前的狀况，自然不必着急。照那時的情形看來，種穀的耕地繼續減少，而用爲牧場的土地，便大大地加多。在一八七一年，適在衰落時期以前，英國耕地的數量，約合一八,四〇〇,〇〇〇英畝，一九一四左右，減少至一四,三〇〇,〇〇〇英畝。種麥的地面，在一八七九是三,〇五六,〇〇〇英畝，到一八九五減至一,四五六,〇〇〇英畝；種大麥的土地，由二,九三二,〇〇〇英畝減至二,三四六,〇〇〇英畝。九十年代後，價格高漲，不能阻止可耕的土地，變成永久的草場。由一八八三到一九一二，草場由一五,〇六五,〇〇〇畝加至一七,三三五,〇〇〇畝。但是從一八九五到一九〇〇，曾將從前種植别種穀類的土地，改種麥子，因此麥田由一,四五六,〇〇〇畝加到一,九〇一,〇〇〇畝。在以後十年中，麥地大有變動。在一九〇四爲一,四〇三,〇〇〇畝，在一九一二爲一,九七二,〇〇〇畝。在世界大戰中，糧食需要加多，因此，麥地也大有增加。一九一八年，種麥的面積達到二,七九六,〇〇〇畝的最高峰。

鄉村户口的減少

從七十年代起，尤以近代爲最甚，由鄉村遷出的人口，一方面超過了耕地荒廢的比例，他方面，與機械代替人力的比例數也不相稱。一八五一年，英格蘭與威爾斯（Wales）的農業工人的總數，超過了一,七一三,〇〇〇。二十年後，到一,四五七,〇〇〇，嗣後每過十年，總要再減少一點。一八八一年前後，數目降到一,三五二,〇〇〇；在一八九一與一九〇一間，再由一,二八五,〇〇〇減低至一,一九二,〇〇〇。

救濟的辦法

農業情形，既如上述，自然有許多提議發表出來，以解除農民的困難。提議是從政府方面與私人方面來的，有合於實際的，有近於皮相的。近代改良農業的提議，大半相同，好像指出了這個問題的根源，是很相同的。救濟的辦法，不外（一）使鄉村生活更加可愛；

（二）將土地分成小塊，吸引一部分的工業户口，回到鄉村來；（三）徵收糧食人口税；（四）設置普通教育與專門教育的便宜；（五）組織合作事業，信用制度在内。

但是這種種的救濟，與農業存在的基礎，有連帶的關係。假若基礎是健全的，那末，救濟的辦法，方不至無的放矢。英國農業，雖然遭遇了不順利的運命，却能使英國的經濟活動與經濟構造，合於新的世界趨勢，而比新的世界大勢，則以特別巨大的機會，致獻於英國工業，於農業却没有什麽利益。無論什麽計劃，衹求增加某種物品的生産，而使消耗者吃虧，在經濟上是不健全的。這種農業計劃，毫不顧及其他方面，未免太狹義了。假若把它實施起來，得到成功，或者可以使英國的某幾種農業，能够與外國的農産品競争，特別在本國的市場上。英國的耕地，即使竭力擴大其生産力，仍不能使它不依靠外來的糧食。哪怕政府能够辦到這個地步，英國仍要受虧折。它會要失去國際分工的利益——所謂國際分工，就是各大工業國家，本其國民的天性，國内的氣候與天然物産，來發展他們自己的工業。

土地的集中

到十九世紀的中葉，敞田制度雖然在以前是普遍的，現在却實際地消滅了；全國最肥美的地域，遂由圍田的辦法而集中。從一七〇〇至一七六〇，聽説有三三四，九七四畝被圍入，由一七六〇到一八四三，約有七百萬畝被圍入，嗣後又將荒地洼地，劃入耕地範圍，更將低地的積水排出，於是土地益加集中。在農業衰落前一百年中，土地集中的傾向是很明顯的。大規模生産制度，確有許多便利，如節省糜費，便宜實驗；於是小地主們紛紛賣出他們的土地，情願變成大地主的佃農，因爲他們覺得這樣做是很合算的，小地主或佃農，無疑地對大生産者享有若干利益，但是不利益的地方，便步步加大了。在某時期，大規模生産，幾乎將小地主與佃農完全消滅。到近年，這個傾向才被制止。

分攤地與小租地

由農業衰落發生的諸問題，衹能得到局部的解决：對於專靠農業爲生的個人與以農業活動做生活補充的私人，都要設法救濟。私人和政府的努力，均在增加分攤地和小地産（Allotments and Small Holdings）。

在英國的法律中，分攤地和小地産都有確切的涵義，并且有一個區別。分攤地很小，衹能維持農民一部分的生活。依照一八九二與一九〇七的法令，分攤地自一畝四分一起，甚或小於此數，乃至五畝；而小地産，或買或租，可由一畝至五十畝。早時會有私人支配分攤地，目的在取得經濟利益，或爲慈善的原動力所驅使。這種涣散無組織的努力，不足以救濟當時的局面到鮮明的程度，在十八世紀末與十九世紀初，分攤地制度，與管理貧民法律的官吏的職務，發生密切的關係：即將購地或租地的責任，交給他們（官吏），要他們買、租充分的土地，分攤於最窮苦的人民。十九世紀的末期，農業愈加危迫，政府乃設法制定法律，冀圖增多小農的數目。

在國內有些地方，私人分攤制度，表現很大的進步，到一八八二年，通過了分攤廣大法（Allotment Extension Act），其目的僅在補充私人分攤制度的不足。但是不久便發覺了該法的範圍太狹隘了。一八八七年，更制定新法律，以補救舊法律的缺點。照新法的規定，分攤不足時，地方的衛生當局，可以强迫業主賣出或租出其土地。這個辦法是非常的，結果一定是重大的，那時還不能十分明瞭。亞雪（Usher）説適用於這個小問題的强迫的原理，逐漸擴大了；一般的社會利益超過其他的觀念，已包入重要的立法中了。

一八八七的法律通過後，分攤地的數目，有迅速的增加，一八八八約有三五七,〇〇〇，一八九〇加到四五五,〇〇〇，至一八九五便達到五七九,〇〇〇。這算是有明顯的成功。但是有許多觀察者，對於所得的結果，仍抱悲觀。而强制地主出賣土地的規定，於分攤制度的成功，又有莫大的關係。他方面，執行該法的地方官廳，很表示漠視，或竟故意違抗，這個缺點，直到一九〇七的小地產與分攤地法（Small Holding and Allotments Act）成立後，才被改正。按照這法令的條文，地方當局必須準備充分的分攤地，使它的數目能够應付實際的需要。到一九〇八年，這個法律又與以前的法律相合并，成爲今日的分攤制度，與英國的經濟生活，有多少的關係。

近年以來，又有小地產運動的發展。没有田耕的人，由政府在合理的條件下給予土地，以冀由此永遠地增加鄉村中的户口。一八九二年，通過了一種法律，名曰小地產法（Small Holding Act），意在達到這個目的。從前分攤制度的缺點，也散見於這次法律的條文中。凡有出賣土地的，郡議會都有權可以承受；要買多少土地，完全由地方官廳決定。這種辦法自然是要歸於失敗的。而對於法律中的冷淡或故意不理，仍和從前一樣，一九〇七的小地產與分攤地法，對於分地制度的全部，大加修改：使用强迫手段，以改正過去不動的毛病，郡議會不僅有權可以强迫不願意的地主出賣土地，而且新產生的小地產委員（Small Holding Commissioners），可以指揮郡議會對於它自己或委員局（Board of Commissioners）所預備的計劃，采取積極的行動。

小地產運動的原來意思，在發售小塊土地，自一畝至五十畝不等；付款的期限，如有必須，可以延長到若干年代。但是對於租佃，不甚加以鼓勵。就小地產的歷史看來，賣出的土地，遠不及租出的那樣多。一九〇八以後，由郡議會購買或租借得來的土地，有迅速的增益。小租人的總數，也有多少的增加。在近幾年中，有幾個團體，特別是英國分攤與小地產協會，將小地產與分攤地法所包有的理想，加以擴大。這種種的辦法，多少改善了農業的情形，同時却有許多人認定農業問題的解決，必須有更偉大的計劃。工黨主張土地國有，而自由黨中的某派，也願意作此主張。

教育便宜的發展

在競争鋭利的時代，自然迫切地需要新的和更好的教育便宜，早時經濟活動的方法很單簡，現在却不然了。工業中的分工，固然減少了工人的手藝，但是組織上比以前複雜多了。現今農業的情形，和工業也差不多。預備土壤，選擇禾苗，醫治植物病和動物病，引用較優的營養方法以辦理田莊，如會計制度，都利用科學。

這些實事，於農業的成功非常重要，要知道此種實事，不僅需要實際經驗，還要過細研究，所以更加需要普通教育。在競争不厲害的國家，對於這個問題，不必十分注意，但是在競争鋭利的地方，那就不然了。英格蘭在一七九三組織了一個農業局（Board of Agriculture），受政府的津貼，來提高農業的技術。一八二二年，這個組織完全坍臺。十八年後，皇家農業會社（Royal Agriculture Society），擔負了它一部分的職務。現今的農業局，成立於一八八九，那時農業的狀況，非常危急。這個新成立的機關，與教育局合作，在全英施行了一個大規模的教育計劃。中央政府與地方政府，兩方都拿出錢來，以作建設農業實驗場與大學。在早時的農業大學中，有一個在一八四五年成立於西林色斯德（Cirencester），一八七四年，另有亞斯巴提里亞大學（Ashatria College），設立在姜柏蘭（Cumbteland）。後來這兩個大學都停辦，他們的勢力却很大。

在四十年代，首先由羅斯爵士（Sir J. B. Lawes）成功的努力，更繼以一八四〇年成立的皇家農業會社（Royal Agriculture Society）的鼓勵，農業實驗，到近年來，遂有迅速的進步。一九〇九以後，發展委員會（Development Commission）制定了一個遠大的計劃，以從事於農業的研究。政府對實驗場與大學，給予很多津貼，以便研究植物病理學、植物生殖、種植水果、産生牛奶、農業經濟學與連帶的問題。講授農業課程的學院，也大大地加多。但是教育便利，還是不够，一部分由於英國農民富有保守性的緣故，然而就每畝的生産量看來，英國的農民，却不見得比别國農民拙笨些。

農業工人的組織

農業工人的前途，大半要靠他們能不能够結合攏來，在經濟上與社會上作相互的改善（mutnal betterment）。這個工作不是很容易的，可以由農業工人組合的歷史上看得出來。此類工人的工作，含有時季（Seasonal）的性質，因而遷徙不定；同時在每一地方的農業工人，數目上是比較的少，這幾個障礙，都不利於成功的組織，却不能阻止農業工人組合的開始。一八七二年，在亞耳齊（Joseph Arch）的領導下，組織了一個全國農業工人會（National Agricultural Laborers' Union），雖然没有存在好久，却有一段光榮的歷史。一九一四以後，農業工人的組織，有突飛的進展，一看全國農業工人鄉村工人聯合會（National Agricultural Laborers' and Rural Workers' Union）的會員便知道了。一九二〇年，那個團體的會員，達到二十萬，但是由一九二一至一九二三經濟衰落，會員大大地減少。

常常有人説，農業工人的境遇，祇有經由這種組織，才能一般地提高到經濟上與社會上較優的地位。這個敍述，確有適當的理由，很難加以反駁。假如組織的困難太大了，那末，農業工人，難得有任何希望，除非政府運用立法手段，替他們建設重要的保障。最低工資法，住宅法，尋常與非常的意外保險，都可以大大地幫助農業工人解決他們的問題。

一九一七年八月，通過了糧食生産法（Corn Production Act），規定了農業工人每禮拜最低的工資爲二十五先令。實施最低工資的責任，放在中央農業工資局（Central Agricultural Wages Board）的手裏，并且采取了精細的計劃，來規定與辦理這種工資。最低工資，是隨時確定的；而且各郡的最低工資率，也彼此不相同。一九二一年十月一日，糧食生産法被廢止了，規定和實行最低工資的機關，當然也被裁撤。也有人主張設立私人的地方調和委員會，以代替中央農業工資局，以決定工資率，使它於必要時得以實行。一九二一年末，這樣的委員會，差不多設立了五十多個。但是一九二一至一九二三的工業危機，使農業工資起了鋭利的降落，取消了一九二一前旺盛時代所得到的利益的大部分。

合作事業

合作事業，在歐洲大陸諸國，曾經起了很大的作用，以改善農民的境遇，但是關於這一點，英國是很落後的。在歐洲許多國家中，地産是比較地小，特别在法國、丹麥、意大利、德國的某幾部分，這個運動有很好的組織，和很佳的結果。他方面，在英格蘭與威爾斯，雖然於一九〇一年成立了一個提倡鄉村合作事業的組織，仍然很難維持農業信用與農業供給的會社。而鄉村中零賣的合作，却有顯著的成功，這是很奇怪的。農民的合作會社，在最初固然失敗了，但是自一九一九年上半年，到一九二〇年正月，他們的會員却有顯著的增益，大約農村的合作，將來會要變成英國農業組織中的重要成分。

别種救濟

又有建議英國需回復到從前的保護政策，以抵制外國農産物競争的嚴重影響。英國的地主階級當然贊成這個提議，一九〇三年，全大不列顛發起了一個運動，以張伯倫（Joseph Chamberlain）爲領袖，主張采取普通保護政策，而加以殖民地的優待（Colonial pieierence即優待殖民地出品的意思）。這個計劃，一方面得到了保守黨的擁護，一方面却被自由黨劇烈反對，曾在世界大戰以前數年中作了很大的進步。主張保護的，説五穀、麵粉、牛奶業的出産加税後，價格便要高漲，地主可得利潤，自然無須加以反駁。不過英國消耗者能够得到利益與否，却是另一件事情。價格高漲，會要提高農業關係人的利益，但是消費者必定要付出許多金錢，爲地主們賣得旺盛。最後，政府認識了工業户口大大超過農業户口。保護關税，既然提高了生活程度，一定會要影響工資與工業品的價格。這又要反映到和殖民地的經濟關係，對於英國出口貨，要加以必須的優待。總之，英國保護政策的反應是很複雜的，而且不合於英國的傳統政策，因此各政黨大半認定它是一個危險問題。

最後，爲救濟農業的衰落，又復提出了土地國有，以爲解決的辦法。土地國有的前途，不甚光亮。同時應該采行實際的和有效的步驟，哪怕它衹是暫時的救濟也是可以的，使英國的農業，保存它在英國國民經濟中的現在的重要。最重要的救濟辦法，便是爲農民謀得較優的生活條件與較大的經濟擔保。在最近的將來，好像是可以爲農業工人取得求遠的最低工資，制定和實行住宅法律，準備信用便宜，創造寬大的機會，使人民能够握有土地。以前曾經見過，政府已經沿着這個路綫，采取了幾種重要的步驟。

在世界大戰的時期，有人認定英國的農業可以進一步地擴充。一九一六年，單衹麥子一項的生産，比較一九〇四至一九一四，每年平均的數量要增加百分之三十二。在英格蘭與威爾斯種植五穀如小麥、大麥、雀麥和裸麥的地面，於一九〇五至一九一四，每年平均僅占五,二〇一,二六五畝，但是到了一九一七，便增加至五,六三七,一九〇畝。一九一七年，政府努力以立法增加糧食，結果，在一九一八，增多了一百萬畝以上的耕地。但是英國糧食的加多，由於受了高價的戟刺，正和拿破侖戰争時代一樣。

一九一七年八月，糧食生産法發生效力，意在保護生産者、消費者與政府三方面的利益，該法規定了小麥與雀麥的最低價格。此種價格，隨時酌定。倘若麥價降到最低限度以下，應歸政府賠償損失。損失賠償，不以英斗爲標準，而唯取決於耕地的多寡。這個賠償制度的運用如下：假如小麥價格或雀麥的價格，跌落在擔保了的最低價格以下，農民便可以得到每畝四倍差數（即最低價格與市價間的差數）的賠償，如係小麥，或五倍差數的賠償，如系雀麥，給予農民的賠償可以減少或竟不給付，倘若他玩忽了土地的耕種。

小麥與雀麥最低價格的擔保，和最低工價，都在一九二一年一月一日的農業法（The Agriculture Act）中規定了，但是這兩個辦法，因爲一九二一年十月一日廢止糧食生産法，便同時被廢除了。事後農民與農業工人，都得不到政府的擔保。結果這兩個階級均受到財政的損失，難於恢復。

甚至在這個法律取消以前，戰時增加的耕地，已失去了一部分。一九二二末，英國的耕地，衹比戰時多了三〇萬畝。換句話説，已失掉了約百萬畝，在休戰時已經失去了前次增加的數量的九分之七。總之，英國差不多回復到一九一四的農業局面，衹産生五分之二的糧食而保留很多的草地。

英國的地産制度，和法國與比利時比較，是要大一點，它繼續存在，不祇限於一個理由。英國在世界商業與製造業中的地位，顯然與它有關係，不過此種解釋，仍不能使人相信，假如我們拿起歐洲大陸高度工業化的國家來比較。英國的農業情形，不能算爲滿意，是經一般人承認了的。雖然經過很多的努力，以鼓勵小地産與分攤，仍不能有很大的希望。現在迫切地需要發展專門訓練的教育便宜，并須設法提倡鄉村信用制度。德國著作家在戰前常常説，英國所以能够迅速地取得世界商業、工業、財政中的超越地位，一部分由於許多條件結合所促成的。而農業却受了挫折。假若英國的優越地位墮落了，它會要産生較多的糧食，不再向外洋换取了。高明的方案，固然可以完成一點結果，但是就過去的情形看來，除非有大的經濟壓力，或擔保可以得到經濟的利益，那末，强迫人民耕種的各種企圖，都没有得到良好的成績。

第四章　法國農業的發展

到一七八九法國大革命的時代，農奴仍成爲法國鄉村户口中很重要的要素，尤其在東北部，較爲重要的，便是 Censiers。他們握有土地，繳納古時規定的地租，稱爲 Cens。他們中最受優待的，祇交付 Cens 與一種類似英國租佃制度中的罰金，而此罰金，於土地占有人死亡後土地轉移時，才行繳納。Cens 與罰金，照例在幾代以前或幾百年前就已規定好了的，而貨幣的購買力又繼續地跌落，Censiers 的負擔，自然不是很重大的。此外尚有一種土地租賃制，名曰 Metayage，在革命前是很普通的。在這個制度下，耕者（Metayer）與地主，平均瓜分收成。在許多場合中，地主借這種制度爲護符，來嚴厲地壓迫農民負擔古代的封建義務。更有所謂佃耕（Tenant farming）制，與 Censiers 和 Metayers，都無關係，也能立足了。我們須記憶法國農奴制度的崩壞後，土地并没有一般地集中。所以小自耕農仍能繁盛。

法國的農業，并没有受革命很大的影響。最顯著的弊病固然去掉了，土地租佃制度中不合的地方，也一樣去掉了，但是農業的技術還是没有改變。革命政府很容易廢除了農奴制度。Censiers 在法國農業史中占了獨异的地位，現在不要交付古代規定的地租了，并且得到土地，不受限制了。包圍 Metayers 的封建義務的殘餘，也被廢止了，雖然 Metayer 没有受其他的干涉。

革命政府，又注意到使用公有制的習慣。因此，在一七九二通過了一種法律，命令大多數的公有地，分給於握有公有權（Common rights）的人，但是這個法律不久便被修改了：此種土地的分配，應該是自願的。在前一年，即一七九一，政府廢除了破壞私人種田的先發行動的規則，政府更設法没收皇帝、貴族、僧侣的土地，以破壞大的地産。有人估計在革命前，法國有五分之一的土地屬於貴族，又有五分之一屬於教堂。土地没收後，祇有比較小的部分爲農民買去，而大部分被中流階級所吸收，轉租於佃農。迨革命騷亂終了，拿破命政府成立，被没收了的貴族土地，有一部分仍然退還貴族，或由他們買回。拿破侖政府終了時，大概有一半被没收的土地，已經退還於貴族。屬於教堂的土地，有三分之一爲私人購去，其餘的由政府保留。我們曾經見過英國的自耕農與佃農，差不多完全爲圍地與承産所消滅了。法國在革命前，雖然常常施行遺産均分制，而承産的限制與長子繼承産業的特權，却是很普遍的。革命政府與拿破侖政府，强制施行分産的原則，法國在拿破侖統治下，領土擴大了，這個分産的辦法，遂蔓延到歐洲各處。遺産均分制，在法國保存了小地産，而小地産於農業進步有妨礙，因爲小農没有充分的資本，來買得節省勞力的機械與安設其他的重要設備。就是他有了充分的資本，也用不着電力機，因爲他耕種的土地太少了。

拿破侖戰争，大大地戟刺了農業生産，戰争的需要，引起了增加出産的努力。增加的方法有三個：（一）改良技術，（二）擴大耕地，（三）栽種新的五穀。從拿破侖失敗到一八五〇年，農業却有了很大的進步，但是進步的方向，多半在加多耕地，而不是改善技術；至於收成輪回，也開始實行，新的五穀也種植起來了。農業器具的製造，既屬於最原始的，木犁仍然適用，種植與收穫的方法，與以前正復相同。

有人預料小農與佃農，不能利用現代改良辦法的利益。這是小地産的一種弊害，因爲小地産衹能使農民接近土地，同時却不能使他得到大生産者的便利。在新的國家中，可以辦理廣大的生産而取得利潤，衹要較大的資本，不必消費過量的勞力。可是法國農民所得的結果，不能適應於他的努力。因此，法國農民雖然勤儉，他的生産力却不及外國農民的巨大。但是小農仍可以改良技術，如采用科學的收成輪回和較優的肥田方法。他或者不能够購買昂貴的農業機器，但是可以買得一個較優的犁與不很昂貴的現代農具。

英國的工業變化，自從采用新的工業器械後，有迅速的發展，而法國在十九世紀初，尚不能着手改組它的工業。就天然的適當（Natural aptitude）講，法國最宜於成爲一個永遠的重農的國家。法國的遺産均分法與農民的愛護土地，都能使最小的地主滿意於很貧窮的生活。

在農村自足破壞以前，要有根本的改變。在十九世紀的初葉，道路與運河的興修，局部地打破了鄉村中的隔離。及至十九世紀的末葉，鐵道與電報，擴充到偏僻的地方去了。農村的閉塞，自此乃完全消失。

法國農民采用節省勞力的器械，雖然比較地慢一點，而農品出産的總數却有增加。一八一八年與一八八九年間，麥地每畝平均的出産，由十一加至十七點五英斗。雀麥與大麥每畝的産量，也同樣大大的增加。自從一八三一後，小麥每年平均的出産，也證明了法國農業的穩定。每個農産物，固然不能希望它有不斷的增加，小麥的生産，却有堅決的增益，雖然種麥的地面減少了。

就進口數字看來，法國農業的力量是很大的，不像英國農民的失敗。十九世紀初葉，小麥的進口已減到很低的水平綫，一部分由於農業的類別加多和小地産的存在，一部分由於保護税則的戟刺。一八七五前，每年平均輸入的數量與本國的生産量來比較，算是小極了。一直到七十年代的衰落，進口量才有增加。從一八七一至一八七五，小麥每年平均輸入的數量，僅達七百六十八萬 Cwt（英國量名）。但是在以後的二十年中，頗有增加。自一八八六至一八九〇加到十九點九二百萬 Cwt。再從一八九一到一八九五，又加至二十六點三四百萬 Cwt。有時國産不足，需要運進外國的五穀，但是法國的農業，有很多的種類，其出品運銷外國的也步步加多。自一八九三到一八九七每年出口品的價值，達到六六七,〇〇〇,〇〇〇法郎，自一九〇三至一九〇七，加到七一五,〇〇〇,〇〇〇法郎。

自十九世紀末到二十世紀初，是法國農業繁盛的時期，與以前繁盛的原因却有不同。原來法國和德國一樣，也采用了保護政策。在關税墻壁背後所得的結果，自然要和自由貿易國家中所得的迥然不同。一九一四年，法國在歐洲産麥的國家中，僅居俄國之後。就産麥的面積論，它超過了德國的與英國的幾百萬畝。

居小麥次要的地位的，便是葡萄業與酒業。至於大麥、燕麥、雀麥、蕎麥、番薯、甘蔗等，在法國農業中也占重要的位置，始於十九世紀的初葉，到一八五〇年，遍滿全國，成爲大宗的農品。在一九一一的左右，栽種番薯的面積，達於三七五萬畝。

拿破侖戰争時代，法國政府鑒於由殖民地輸入甘蔗的困難，乃有計劃鼓勵甘蔗業，竟能得到巨大的發展，特别在二十世紀的初葉。一八八〇後牛奶業的發達與牲畜的增加，表示法國的農業是有進步的。

農業的衰落

七十年代英國農業的衰敗，大半由於外貨的競争所致，法國農民對於外國貨物的競争，也是很恐懼的，不過外貨競争的力量，没有表現很大的危險，因爲政府預先設法防備了。但是七十年代與八十年代的農品的跌價，嚴重地妨害了農民的旺盛。衰敗原因之一，便是農業投資的收回，别種新的機會，使土地上投資的利潤減少了，而農業關係人，因此感受損失。其他的衰落原因，比較不甚重要，即（一）負擔過重的直接税，（二）農業工人與僕役的減少，工錢加多，（三）地主離開本地。此外土地繼承法與轉移法也有相當的關係。本國糧食不足，需要很多的外貨做補充。這一情形，在一八七八與一八七九，因爲歉收的缘故，是特别地驚人。原先本有小麥的輸入，但是到了七十年代，進口的數量忽然增加。於是有好多人認爲嚴重的時期將要到來了。

從七十年代起，葡萄業者也感受同樣的衰落。隨着一八七三年葡萄蟲與黴菌，毁壞了法國産生葡萄的區域。這幾種流行病，越變越壞，依賴外國酒的程度也增加了，尤其是從一八八〇到一九〇〇。這種局面於葡萄業者與釀酒者都是煩惱的，因爲他們在一八七三以前享受了异常的旺盛。

保護法律的制定

各方面既已發覺了外國出産的進口與消耗，很足以危害本國生産的前途，便通統主張保護法律的制定。在十九世紀的初期，法國的農業得到了相當的保護，不受外國競争的影響，但是因爲國内自足的缘故，反使這種種的方案變爲比較地不重要。十九世紀的下半期，政策上有根本的改變。單就農産品講，一八八一的關税，不能算爲明顯的保護政策，八十年代的初期，價格狂跌，引起了政府在一八八五的關税中徵收很重的農産品進口税，每百立脱爾（Hectoliter）小麥的課税加到三法郎。對於裸麥、雀麥、大麥以及其他農産物的進口税也增加了。兩年後，麥税加到五法郎，一八九七又增至七法郎。到了一八九二的麥林關税（Meline tariff）及以後的法律中，差不多所有的重要農産品，都得到部分的或十足的保護。

這種種的法律，無疑地振興了國内的生産。祇有較大的農民得到了保護的最大的利益，和德國以前的情形一樣。由一八八七到一八九一，小麥的平均價格，在巴黎市場爲每百粒脱爾（Hectoliter）二十四法郎零七十，但是自一八九二至一八九六，便跌至二十法郎二十。在第二年，又漲到二十二法郎五十。價格雖然高漲，地方政府却可規定麵包的價格，使消耗者得到部分的保障。因此保護關税不一定是有害於消耗者的。而保護關税排斥外貨，也非常地厲害。一八九五後，外貨進口的，日見減少。只講小麥一項，每年由二十六點三四百萬 Cwt（一八一一至一八九五）降到十一點三七百萬 Cwt（一八九六至一九〇〇），再降到四點九七百萬 Cwt（一九〇一至一九〇三）。不管關税直接的影響怎樣，價格終究是要高漲的。在二十世紀的關税中，法國農業得到了十足的保護，雖然工業化的問題引起了政府嚴重的注意。

鄉村户口的減少

在法國和英國、德國一樣，鄉村户口也有減少的傾向，雖然法國在本質上是農業國家，農業户口減少的速度却不很大。十九世紀的中葉，尚有四分之三的户口從事於農業。二十五年後，全國户口加到三六,九〇五，七八八，鄉村人口便占二四,九二八，三九二，約合户口總數百分之六十七點五。農業人口，從一八四六到一九〇六，逐年減少，最後減到人口總額百分之五十七點九。

自從一八四六以後，農村户口絶對地減少。農業工人與家僕的減少是最顯著的。由一八八二到一八九二的十年中，農業工人由一四，八〇六，七八減到一，二一〇，〇八一，家僕由一，九五四，二五一減到一，八三二，一七四。他方面，自耕農、佃農、Mētayers 的數目都有增加。但是他們雖然一共增加了一四四，一九八，而失去的總數則爲二五〇，三六九，可謂得不償失。在以後的年代中，看見了同樣的傾向。

法國鄉村户口減少的原因，與在其他各國頗相同。『城市化』（Urbanization）在法國開始的時候，英國、德國、美國以及其他正在工業膨脹中的國家，都有同樣的情形。在有些更旺盛的鄉村中，生育率減低，成爲農業户口低降的局部原因，城市户口加多，便足以證明鄉村户口的減少，因爲法國的人口，在最近幾十年内，簡直没有變動。一八七二年祇有六十九個城市，各有二〇,〇〇〇以上的户口。這個數目到一八九一加到一百零四，二十年後加至一百二十。

勞工的供給不足，漸漸變爲鋭利了，較大的農户，祇好雇用外國工人。事實好像證明了機器代替農業勞動，還不是鄉村户口轉移的根本原因。在法國和其他的地方相同，這一問題，尚有在表面上看不見的較深的枝節。

地產的大小

法國的大地產分爲小地産，開始於十七世紀，成爲大革命前農業史中一個重要的階段。遺産均分制度，大大地鼓勵了耕地分爲較小的地産。下表指示一八六二至一九〇八地産的大小：

年份＼地產的大小	一百阿爾（Hectare）以内	一到一〇百阿爾	一〇到四〇百阿爾	四〇到一〇〇百阿爾	一〇〇百阿爾以外	總數
一八六二		二,一三六,四〇一	六三六,〇三九	一五四,一六七		
一八八二	二,一六七,六六七	二,六三五,〇三〇	七二七,二二二	一四二,九八八		五,六七二,〇〇七
一八九二	二,二三五,〇四五	二,六一七,五〇八	七一一,一一八	一〇五,三九一	三三,二八〇	五,七〇二,七五二
一九〇八	二,〇八七,八五一	二,五二三,七一三	七四五,八六二	一一八,四九七	二九,五四一	

由上表看來，極小的地產，即一百阿爾（Hectare）以内的，由一八八二至一八九二增加了，可是從一八九二起又減少了。一八九二後，由一到十百阿爾和較大的地產都減少了，而十到四十百阿爾的數目却增多了。在全面積中（指耕地），怕莫有四分之三由業主自己耕種，其餘的交給佃農和 Métayers。中等地產（十至一百百阿爾）的加多，局部地由於農民的旺盛，使他隨時能夠買進新的土地。

現今的法國，明顯地是小地產的國家。地主們有了土地，不見得就可以在社會上出風頭。和在英國是不同的。也没有想要圍地，來削減自耕農的事實。農民地產的合并，完全出於業主們的志願，從全國的立場與個别的農民看來，大地產不存在，很有不利益的地方，但是小農制度也有其固有的優點，利害相比，害小於利。

合作的發展

以前曾經講過，德國農業合作社的組織，足以增進互助的利益。法國對於職業團體的組織，在十九世紀初，曾頒布種種限制，但是到了一八八四便撤銷了，結果，公會和其他的會社，都能成立。因此，各種合作社，能夠得到立足地。關於合作事業，法國利用别國的經驗，得到不少的利益。一八五〇前成立了的許多會社，散布改良農業技術的知識和給予農民的指導與幫助。各地農民組織（Comices），也同樣積極地來做這件事業。新狄嘉會社（Associations syndicates），其目的在建設、維持和規定灌溉、排水等的制度，代表了另一種的合作辦法，頗爲完備，比以前的農業會社大有進步。

自農民的立場看來，各新狄嘉（Syndicates）更爲重要：他們以合作買賣的利益給予農民。新狄嘉的主要目的，在於以合作方法買進肥料、農具、種子等而得到便益。由新狄嘉分配農品，也是一種有價值的勞役。這種會社中的會員，不僅限於耕田者；地主的經理，甚至於製造農具的與肥料的，都常常加入。在大多數的新狄嘉中，地主數目占多數，對於入會的資格，加以一定的限制。這些會社所做的事情是很多的。新狄嘉更以教育提高會員的幸福，確是不可忽略的功勞。除正式新狄嘉外，又成立了合作販賣社與生産社，這種種合作社在牛奶業與酒業内得到特别的成功。

這種會社是很有效能的。這是由於組織了區聯會與中央聯會（Union centrale des syndicates agricoles）。各地新狄嘉，既做了區聯會的會員，又可與中央聯會聯絡。新狄嘉原來不管相互的信用（Mutual credit 指借貸）與保險，但是自從新狄嘉發展後，它們的活動也大大地擴充了。合作保險與合作信用，遂加到它們的職務上去了。在專借農業款項的組織中，以 Gaisses Durands（即鄉村扶助社）爲最重要。法國農業信用合作社的職務，因爲得到了政府財政上的幫助，已經大大地擴大了。

農業工人的組織

組織農業工人是很困難的。這是通例。法國當然不能除外。英國鄉村户口中，有很多無土地的工人，以故在很早的時候，便有組織農業工人的企圖。這些企圖失敗了好幾次，在近年來才有一點成功。法國農民户口的穩定與自足，與農業工人不多的缘故，致使全國的組織難於成立。但是法國的農村中，也常常有罷工的事實，結果，常常産生工會。一八九一與一九〇四間，木業工人與葡萄業工人中，發生了嚴重的工潮，結果組織了許多公會。一九〇六與一九〇七，Seine-et-marne 的農業區域内，起了工潮。一九一一，Champagne 的葡萄業工人，又復罷工。自從大戰後，有幾次發生了很嚴重的勞工衝突，很嚴重地騷動了農業區域，農業勞動組合，固然得到局部的成功，但是就大體講，尚不能與産業勞動組合相提并論。

教育便宜的發展

法國的農業部，極力提倡農業教育，并且以指導給予農民。其他教育機關，是國立農業學院（National agricultural Institute）和各部設立的傳播高等專門知識的學校。農業實際學校（ēcoles pratiquees d'agriculture）在各農村中着手較爲粗淺的教育，來指導貧農與其他没有充裕錢財來進農業大學的各階級。

世界大戰中的農業

法國算是受了世界大戰最惡劣的影響，幾十萬畝肥沃的土地被荒廢了，好幾億法郎的永久改良設備也被破壞了。此外，位於激烈戰争區域内田莊上的動産，通統遭受損失。農民要想達到一九一四年前的生産，必須將此項損失了的動産，另行添補。戰争尚未告終，便已經着手於回復荒廢了的土地，并且采取了建設的方案，以善其後。但是真正的問題在休戰後才到來。政府使用驚人的毅力，來進行改造的工作。農民調换設備，自然要求賠償他們所受的損失。經由政府的財政幫助與努力，幾十萬畝的土地才恢復了，依照官場的數字，戰争中被荒廢的土地，約有三,三三七,〇〇〇百阿爾（Hectares），内中有百分之九十五以上，在一九二五年開始即已恢復了，其餘的在最初即無大多用處。

法國鄉村在戰時感覺勞力异常缺乏，因爲有五百萬農民被動員，肥料也感受缺乏，除這兩點外，農業未受别的損失。可是小麥的生産減少了一半，其他的五穀與番薯，也有很大的降落。在和平恢復後的六年中，法國的自足，實際上回復到一九一四以前的狀態。大戰時，曾經鼓勵殖民地的土人，特別是北非洲人，來到法國作工；有許多西班牙人與其他外國人，抓住這個機會，取得高昂的工資。勞工缺乏，仍然繼續，一方由於戰死的太多了，一方由於移向城市的運動加快了。亞爾日尼亞人（Algerians）、突尼斯人（Tunisians）、摩洛哥人，不大成什麽問題，因爲他們聚集一點錢財，照例回家去了。但是意大利人成爲嚴重的問題，因爲激烈民族主義（排外主義）的時常爆發，妨害了他們的入籍。法國現在處於兩難的地位，一方面它需要最低限度數目的農民到北非洲殖民，以維持法國在那裏的文明與語言，使他們不被意大利人、西班牙人與土人所排擠出去；他方面，若把他們農民輸送出去，便立即需要外國移民進口，否則法國土地，因爲缺少耕種的人，必至荒蕪。

法國的農業，雖然受了一些的批評，却是仍在滿意的狀態中。氣候與土地，在各地方各有不同，而土地的大部分真是好極了。又加以亞爾色斯（Alsace）、羅林（Lorraine）（這兩省由德國收回），法國土地的配合，與戰前差不多仍是相同的：這就是耕地百分之四十八，葡萄地百分之四，森林百分之十九，草地百分之十二，『不生産』的土地僅占百分之十七。亞爾色斯、羅林，既是農業區域，又是工業區域。城市所在的地面，居住的地方，河流、湖澤、山岳、沼地，及其他全無用處的土地，都包括在『不生産』的地面中。德國地面的配合，和法國差不多，但是地質是平均地惡劣一點。在德國每平方法里有人口一百二十，而法國每平方法里僅有四十七人。英國本部每平方法里有一百四十六人，有百分之六十五以上是草地，耕地祇占百分之十八，不生産的土地，與在法國相同。

法國和北部的大鄰國比較，雖然是一個農業的國家，它户口的過半數以土地爲生活。除幾種熱帶出産品以外，它差不多能够産生國内人民所需要的食物，并且農業品還有出口的，足以抵償入口品。這種經濟制度，自然不利於工業的發展，在戰時易於引起不足的危險，但是畢竟也有它的好處。工業化的中歐，甚至於戰勝的英格蘭，都在戰後世界紛擾中，遭受了可怕的經濟危機，法國却不然。法國沒有失業問題，説是由於改造工作。以我看來，未必盡然。法國人口稀薄，而農業又有高度的發展，達於自足的程度。這種種便是反抗危機的寶貴擔保。他方面法國的人力（Manpower 指人數的多少）是比較地弱，而軍事工業又發達；若要圖謀國外土地上的擴充，便沒有殘餘的人口可以派遣。

法國農業的前途，是如英國的一樣，與它在世界經濟上的地位有極緊密的關係。假定它要更加工業化，鄉下的人口一定會要移向城市。自從亞爾色斯、羅林收回後，進一步的工業化似乎是可能的。農業機器的用途，若更加推廣，必然要影響到小地産制度，尤其在同時製造業有顯著的發展。觀於法國生育率的低降，農民享有相當的幸福，法國制度在過去的牢固不破，那末在最近的將來，不會有這種變化的發生，就是有了變化，也不會迅速地完成。

第五章　德國農業的發展

氣候的不同，土壤的肥瘠，種族的和政治的衝突，都在德國的農業發展中起了重要的作用。從農奴到自由的鬥争，經過幾百年才成功。英國的采地制度（The manorial system），雖然是慢慢地消滅，却終歸消滅。在德國却不是這樣的。在它境内許多的地方，農奴早已不見了，但是在其他的部分，高度發展的采地制度，仍然繼續存在，這是由於地理上的緣故。

農奴制度的廢除

在德國的西南部，采地制度早已表示了腐壞的記號。勞役的改付現金（Commutation of service），尤其在十五、十六兩世紀，逐漸地達到農奴制度的衰亡，降至十七世紀的中葉，農奴大半消滅了，在人民的經濟生活中，不成爲什麽重要的要素，雖然在法律上它并没有廢除，而采地組織的殘餘，則繼續到二十世紀。在西南許多部分，采地是散漫的，殊不便於地主制度的發展。土地既不銜接，農奴乃得常常以金錢代替他對於采地地主的義務而獲得自由。他并且可以從地主（采地地主）那裏取得一塊土地，因此，比較地獨立的農民，遂成爲農村中優越的人物。

西北的地産，比南方更爲巨大，在中世紀的初期便是如此。這種地産，從没有分成小塊，真正的采地没有穩定，在近世紀以前，農奴既廢除，因爲他不能生利。很大的土地，租給農民，而農民多半爲農業工人。這塊地方，近於荷蘭，并當荷蘭向東方殖民的要道。但是私人握有的土地，和德國東部比較，還是很小。

外國的勢力，和氣候的厲害，大半决定了額爾伯（Elbe）河以東土地的歷史。德國大部分的農奴，已經在實際上消滅了的時候，東方的農奴制度，却才開始普遍地成立。爲何得此紛亂的結果，一部分要歸功於斯拉夫人的侵入。在第九與第十世紀，德國人、荷蘭人來此殖民的，都能得到土地，并且不受那時流行的私人義務制度的束縛。但是采地制度下榨取剥削的機會太大了，不能允許這部分土地有自由不受障礙的發展。因此在十七世紀，農奴制度便成立了，其條件非常苛刻，在有些場合中，幾乎等於卑賤的奴隸。這個局面，到十九世紀的初葉還存在，是由於地主想要剥奪小地主的土地來增加他的權力。地主們殘酷地執行這一政策，結果，東部大部分的土地都移轉到他們的管轄下。把人口縛束在土地上，不是困難的；把自由的農民，從他的土地上扯脱，而使他成爲農奴，也是不困難的。三十年的戰争（一八一八至一八四八），和由它産生的紛亂，給予大地主一個機會，來以更苛刻的條件，加諸他毫無抵抗能力的百姓身上。到最後，規定農奴勞役的習慣也被抹殺了，而地主（采地地主）乃得强制地行使其自己的條件。

在十九世紀的開始，東普魯士的農民，迫切地需要法律上的解放。那時候經濟力與政治力，曾經解散了別處的封建制度，但是在東普魯士沒有這種力量的表現。普魯士須要一個極大的禍害來破壞農奴在法律上的基礎。一八〇六拿破侖的勝利，開始了大的改革。戰敗的普魯士，制定一個改組計劃，内中有一部分，即是廢除農奴。一八〇七的解放令，規定於一八一〇年將農奴完全解放。同時又把存在了好久的和增加無窮痛苦的階級制度（The caste system）也廢除了。原先對於各階級的經濟活動，有嚴密的規定，現在却將規定廢止了，使貴族得以從事公民的活動。而公民亦得從事於農民的活動。至於限制握有地産的法律，也一概被取消了。

假使解放的法律照原意執行了，那末德國農業發展的最大障礙之一，便可一筆勾銷。在法律上農奴雖然自由了，而實際上却仍在半農奴的狀態中。竟有三種力量，將一八〇七的法令的影響取消了：一般農民的落後，政府的態度與地主的反對。采地制度，還沒有被一個新的更强健的組織所代替。英國的采地主義，漸漸地消滅了，讓位於一種新式的經濟活動，就是牧羊，是非常有利益的。

以後農奴的縛束解除了，常常遭受地主的反對。普魯士解放的開始，正值采地組織仍是很堅强，仍於地主們有利益。在推翻采地主義的鬥爭中，表現了地主實有一脉相傳的力量。一八一〇的僕役法（Gesindeordnung），包入農業工人，是完全由地主的影響所致。這個法令限制了許多和地主居住的農民的自由，限制了他們和地主在契約關係上的權利。因此便制定一個分開的法典，其目的單在允許繼續解放法要廢除的許多采地習慣。在以後的年代中，普魯士農民與農業工人的歷史，和一八一〇的僕役法的歷史有密切的關係。產業工人固然得到了經濟的與政治的自由，而農業工人，經由僕役法的嚴格解釋，仍然在實際的束縛中。德國其他的各邦，也制定類似的法令。

但是在普魯士，關於新産生的農民法律，方才開始。有許多采地地主，堅决地拒絶承認農奴的終了，并且使用他們的努力，要政府制定法律，來預防解放所給予他們利益的危險。在一八〇七年的法令的以後數年中，又通過幾種法律，在某幾點削弱了農民的地位，在某幾點却加强了它的地位。一八一一年，通過一種法律，允許農民將握有的土地改爲所有，同時却要農民以其土地的一部分，讓與地主，以賠償他放弃許多封建權利的損失。該法將農民分爲兩類：即以繼承權握有土地的和無此項權利的。前者應以三分之一的土地讓與地主，後者應讓與一半，其餘的都成爲農民的財産。但是，一八一六的皇家宣言，限制這個原則祇適用於全農；所謂全農，就是有耕牛的和享有村田一份的農民。全農以下的農民，通統被排斥了，讓他們仍受舊法的制裁，讓他們仍供給義務勞役，一八一六的宣言，到一八五〇仍有效，凡屬農民的土地，不由繼承來的，大半都在這宣言下支配妥帖了。層級較高的農民，得到較大的利益。他們將以前的勞役義務，用土地抵償，也有用地租抵償的。

但是受取締的農民（『Regulated peasants』），即非繼承土地的佃農。終究仍然吃虧。他們的地主在『取締』開始以前，可以任意改定辦法。至於『取締』，在農民請求後，方才開始，因此地主在一八〇八自由買賣法律下，得以收買農民的土地。

一八一一的法令，規定了最小的地產，如不能再行分割時（因爲再行分割，便不够生活），可以地租交付地主。同時小農更感受到一個困難，法律上沒有規定他的土地可以自動地分割。他如果要分割土地，必須請求辦理，手續是很緩慢的。

這次立法的結果，使鄉村户口中起了新的分化。沒有繼承權的農民，仍然替地主做奴隸，和解放前一樣。在十九世紀初葉，德國的大部分，尚在政治與經濟的紛亂中：農奴雖然得到法律上的自由，比較地可以自由遷移，但是實際上不是如此，以故鄉村户口中的大多數，在一八五〇前沒有取得地位上的改進。

同年（一八一一），又將早時法律的範圍擴大了，使以前忽略了的幾種農民，也享受法律的利益。然而鄉村户口中最低的階級，依然受地主的威脅，無可如何。這一階級（工人與佃農），仍在半農奴的狀態中，受呼唤時，仍須供給義務勞力。那時的鄉議會，志在保護地主的利益，而此類地主，又復類似以前的采地地主，其結果自然是殘酷地要求這種勞役。

德國東部農奴的解放，免不了更進一步地促成地產的集中。農民與采地的分離，又加以收買小農民的土地，地產因而更加集中。小農在解放後，可以自由出賣土地，實際上他常常賣出他的土地，因為他不能或不願意獨立地執行農業的活動。

農民取得土地後，仍須繼續耕種其田地，適如解放前一樣，因爲那時農民中的公共權利，仍在維持。當時作家認定這種權利的繼續，於新產生的農民是一個嚴重的障礙。由德國農業史看來，作家的顧慮不是幻想。德國農民地產的集中，其進步非常緩慢。一八二一的普魯士法，給予它一個推動。同時别的邦也通過了同樣的法律。古時農業方法的遲緩影響，漸漸地由農民自己的努力或由政府的立法而被消滅了。

西南和西北的農奴制度，早已消滅，以前已經講過了，但是農奴制度在法律上廢除了好久，它的殘餘仍存在於這幾個區域内。西南流行的地產制度，不能適用普魯士所采用的原理：即農民以其土地的一部分讓與地主，來解決農民與地主的關係。因此另外定了一個辦法，要農民出錢，以若干年爲限，限滿，農民可以得到無限制的自由和土地。對於過去遺傳下來的奴隸費（Servile Dues），有些邦將它迅速地取消了，有些邦則不然。在大部分的場合中，這件事情在十九世紀末算是確定地解決了，衹有很少的奴隸費，仍繼續存在到二十世紀的第二紀。

農業的進步（一八七五前）

十八世紀德國的經濟生活，大半集中於農業，以工業或商務做獨立活動的不是很多。大的商業中心，在過去幾百年中，曾經表示了能幹的組織，現在完全不見了。遺留下來的一切，僅僅是一個組織破壞了的德意志，分爲許多邦，每邦企圖經濟獨立。英國的産業革命，曾經左右了它的經濟生活，到現在却没有大大地影響德國。甚至到一八一六，差不多有四分之三的人民，仍然表現着明顯的鄉村性質。

拿破侖戰争時代，農業生産受了嚴重的阻礙。戰争停止後，即有非常巨大的産量。到了二十年代，生産太多，引起嚴重的危機。從三十年代開始，工業活動日見發展，結果對於農産品的要求也日益加多。價格高漲，農民的地位乃大大地加强。收成輪回，廣大地適用了；改善了的農業工具也施用了。以化學用於農業，也得到了德國科學家充分的注意。

科學的知識，於農業問題的解決是很重要的。因此，教育步步變爲重要了。普魯士鼓勵教育，一面從三十年代起建設許多農業學院，一面又於大學課程上加添農業學科。現在的農業生産，需要專門知識，這是在條耕（Strip Cultivation）（古時田地分爲若干條——編者）時所不必須的。單衹甘蔗的生産，須要很大的技巧。而甘蔗業在十九世紀中葉，已成爲重要的産業。因爲要適當地發展這個産業與其他，必定準備專門訓練與相當機器，蓋以它們（即産業）依靠科學知識方能成功。農民的這種新要求，雖在全國農業落後的狀態中，很能得到相當的提倡。一八三五年後，經常地舉行畜類與機器的賽會，更足以表現對於農業進步的關心。握有大地産的，又復采用改善了的簿計方法。這是不可忽略的，因爲農業的成功和其他的經濟活動一樣，一部分要依靠精確的會計制度。科學知識的利益，其初僅歸於大地主，因爲他們才有雄厚的資本與集中的土地，來買得昂貴的設備與舉行實驗。因爲這個緣故，東普魯士以其爲地主主義所宰製，遂成爲十九世紀農業進步的中心。

對於小農的鼓勵，其初不甚注意新的與改善的農業方法，而唯依靠交通的改良。五十年代後，鐵道縱横，布滿全國，運輸迅速而且便益。因此把小農從睡眠狀態中震醒起來了。現在他有了新的努力的處所，而依靠地主的關係，遂逐漸減少了。

德國的農業，繼續有好的進步，隨到十九世紀最後的二十五年。耕地步步擴大，剩餘物品，日有積累，於是農業的輸出，遂成爲經濟生活中日見重要的成分。

一八七五後的農業發展

普法戰争後，德國遇着了許多經濟問題，内中有一個便是農業的衰落。戰勝的德國，政治與經濟方面，都皆加强，遂着手空前未有的工業上的改造。這種改變，非將全國經濟的組織，大加整理，是不能成功的。普法戰争以後的時期，其特點在以熱烈的奮鬥，使用經濟自足的政策，以達到國家的偉大。一八七〇前的德國農業，能够維持其旺盛，不要政府的輔助，但是現在遇到困難了：第一，普法戰争告終，膨脹（Inflation）的大波浪，掃蕩了全國；第二，地主階級負重大的債務，尤以八十年代與九十年代爲最顯著。再加上産業活動，有突飛的進展，吸引鄉村中許多工人到工廠内去，以適應空前未有的對於勞力的需要。勞力需要既已增加，工資自然也要提高。同時膨脹時期過去，緊縮（Deflation）到來，物價跌落，地主們却須付出高昂的工價。而外國競爭又影響德國地主到可驚的程度。遠方和西歐的麥糧，都彼此有鋭利的競争，遂引起新的危機。

農業與關税

新產生的德國的工業，方在膨脹，差不多立刻須要保護。和别國的根柢穩固與組織完善的工業來競争，不能允許德國工業有不受障礙的發展，除非與以些須的保障。在那時德國的情形下，單衹以保護政策來抵制外國製造品的入口，是做不到的，除非以同樣的辦法保障農業關係人，因爲他們不管錯與不錯，硬説他們的幸福也要倚靠保護關税。在以前的數年，小麥與裸麥有經常的輸出，而國内市場上也充滿了國產的出品。然則爲什麼要保護地主呢？無疑地，七十年代農業的衰落，把情形明顯地改變了。一八七五後工業户口的增加，引起了對於五穀較大的需要，本國農業不能供給。大農要求扶助，政府無法應付，衹得允准在一八七九的關税中，增加很實在的農產税。公布這個關税的人們，早已認爲有很大的危險（農業危險），但是德國的農業，尚不在不穩定的狀態中，雖然外國的五穀，已經開始輸入了，特别是從俄國進口的。耕地和生產量，固然有繼續的增加，但是對於糧食的需要，則增加更爲迅速。物價雖然没有因關税的戟刺而馬上騰貴，它終究是要漲起來的，當然不利於消費者。

大農得到了保護關税的利益，而小農則否。但是大農還不能認爲滿意。因爲前已説過，工廠需要很多的勞力，致使工價一般的增高。此外，農品的需要雖然加多，而全世界的價格却是向下傾跌的。外國生產有加無減，價格降下，地主們乃得乘機强迫政府繼續并加强保護政策。俾士麥（Bismark）做了地主階級或鄉紳（Junkers）的喉舌。因此，保護政策的繼續，大大地加强了大地主的地位。假如這個階級在政府中的勢力没有這樣强大，德國的農業史或者要走另外一條道路。

農業進口税的增加，繼續到九十年代的初期。此後也會將進口税核減，但是没有大大地改變俾士麥所施行的政策。一九〇二年，關税完全受了修改，但是對於農產品仍收保護税。除保護税外，尚復樹立種種障礙，以妨害許多農業品的進口。因此，地主在反對外國競争的鬥争中，得到一個很有力的武器。

在一九〇六以後的數年中，五穀價格的上漲，使農業中起了很重大的變遷。與價格高漲平行的，尚有步步加多的土地需要，土地的市價，因而大大地騰昂。一八七〇戰争後，物價膨脹，遂使地主階級負重大的債務，現在仍未償完，而地主的情形，却比在十九世紀末要進步得多。他很注意裸麥與小麥的生產，出品也加多，但是他還不能滿足國内市場的需要。在世界大戰以前的數年，德國農品的消耗者依賴外國供給的程度，確比以前略略減少了，但是照政府的估量，在一九一四年，仍然有五分之一到六分之一的德國人，從外國買進他們的糧食。

鄉村户口的減少

地主與政府所要應付的問題，不單在外國競争的危險。户口集中工業中心的傾向，在德國成爲一個嚴重的問題，尤其在東部。農業工人不再密切地縛束於土地上，雖然使用了種種毒計，要將他更密切地縛束於地主，有些毒計竟成爲法律。一八五〇年左右，城市的户口開始迅速地增加。一八八二年，鄉村的人口，包括從事於漁林兩業的，有一千九百萬。到一八九五年，減到一千八百萬，再到一九〇七年，又減至一千七百萬。一八八二年，鄉村户口要占百分之四十二點五，到一九〇七，便減至百分之二十八點六。比較地和絶對地，德國鄉村的人數都減少了。減少的理由，大半由於：（一）采用農業機器的影響，（二）一八四八革命運動産生的獨立精神，（三）國家統一後給予自動發展的較大的擔保與機會，（四）鐵道成立後，交通便利，勞力更能自由流動，（五）有較大的工作機會，而且工作又是更穩定的，種類亦更多，（六）因爲嚴格執行社會法律的緣故，城市生活條件較優。

農村中的工價，還不及産業工人所得的數量。所以農村工人生活的標準，也就比較地低落了。同時農業工人的權利，又未經承認。佃農、農業工人與雇主間的關係，仍然帶有采地制度的色彩。甚至普魯士修改了的勞工法（一八六九）、帝國民法，與近年通過的其他利於産業工人的法律，竟把農業工人除外了。而工業中心，又復派人到鄉下，用積極的宣傳，來吸引農業工人。

不安分的農業户口，不僅想利用國内工業區域中較大的機會。他們還要到外國去，以尋求經濟上的成功。因此，在不同的時代，德國農業區域，大大地增加了移民的潮流。四十年代的革命風潮，固然鼓勵了移民，但是移民的動力，步步變爲經濟的。嗣後，美國内亂發生了，德國又工業化了，移往外國的人數，才開始減少。但是在八十年代，經濟上起了暫時的騷動，遂給予移民波浪以新的衝動。一八八〇，祇有三五，八八八離開了德國，一八八一加到二二〇，九〇二。一八九五後，工業活動蓬勃起來了，再將移民減少。到戰前還是這樣的情形。戰後本國與外國政府都規定了限制，移民數目遂減至最低的限度。

户口的增加，不會加多農業工人的數目，於是德國的地主，不能不倚靠外國的勞力。到了近年，德國鄉村的户口，尤其在東部，滲入了很多的外國人，他們（外國人）是在政府嚴密的監督下，從臨近的諸國來的。他們更習慣了較低的生活標準，而又和本地農業工人在勞力市場上競争，因此，農業工資，不能像産業工價增加得那樣迅速。因爲産業工人中没有這種競争。一九〇七由外國移來的工人，多半是俄國人、波蘭人、奥國人，達到二五七，三二九的總數，一九一二至一九一三，幾乎到了五十萬。

鄉村户口減少，也有一部分由於勞力需要的時季性，與農業機器代替了很多農業工人的缘故。所以外來的工人，確實滿足了一種需要，但他們的數目少了一點，仍不能供給地主們的要求。因此有時便需請兵士做收穫的工作。曾經有人提議要依照美國的實例，來輸入中國的苦力，但是没有成功。雇用外國工人，衹能視爲暫時的策略，勞力缺乏的問題，當然不能這樣解决。在東普魯士以外的地方，本地勞力供給，略略加以外國人的補充，便足以擔負耕田與收穫的工作。

農業户口境遇的改良，受了地主聯盟（The agrarian League）妨害的影響，來得比較地遲緩。這個聯盟，從它的勢力來阻止政府通過於地主有妨礙的法律，同時又催促政府制定別的法律，以保存他們既得的特權。在小農主宰的地方，在農業户口可以爲相互的改進而結合的地方，農民的運命，比較在東普魯士各省份要好得多。大地主堅决地反對改革，遂使在許多觀點上不能相容的制度延長下去了。地主甚至於將以前減輕農民痛苦的許多習慣都破壞了。例如局部地廢除工價支付法，可爲明證。以前支付工錢，一部分爲現款，一部分爲貨物，曾經改進了地主和工人的私人關係，現在這個方法被廢除了一部分，遂使兩者（地主與工人）間的聯繫破裂。

地產的大小

現今德國農業問題中一件有趣味的事實，便是小地產數目的繼續增加，我們曾經見過，西南部的地產没有很多的集中。甚至在晚近采地時期，地主的土地，都是很散漫的，因此，農奴制度廢除後，有許多農民能够易於接近土地。在西北部，這個問題也没有發生，因爲那裏的農民擁有的地産，雖然比在西南大一點，却仍是比較地小。大地產的問題，已在別處指出，差不多完全限於東北。因爲易解的理由，小農不很注意地主（Junkers）的活動。小農不像大地主，没有許多農品出賣，所以不很受價格漲落的影響。大地主對於勞力問題，有點着急，而小農使用自家和全家的力量，便足以得到所耕土地的最大結果，對勞動無須顧慮。

一八八二年後，大地產有減少的傾向，而極小的地產也有同樣的傾向。譬如在一九〇七，吴定堡（Wliirteneberg）與巴維利亞（Bavaria）耕地的總數，衹有百分之二大的地產超過二百五十畝。在麥克倫堡（Mecklenburgs）的情形，便大大地不同了。那裏的農業地積，差不多有百分之六十爲二百五十畝以上的地產所占據。世界大戰前全德國的農業面積，内中有三分之一是從十二又二分之一到五〇畝的田莊，十二又二分之一畝以内的地產，略略超過百分之十。

一八九〇與一八九一普魯士政府，在東部各省，用立法的手段建立小的田莊，以改善農業的局面。規定了由政府買進土地，再轉賣與永久的移民。政府爲保障這個移民計劃的原則起見，對於這種土地，保存一部分的管理權：它可以徵收永久的地租。這個計劃有相當的成功，甚至爲許多守舊的大地主所贊同，因爲他們一方面可以賣土地（他們所不要的土地）於政府，另一方面又可以得到急切需要的勞力。政府在一九〇五買進了六十萬畝的土地，轉賣於移民的，達到三十萬。大地主的地位沒有削弱，因爲有限制嗣續産業法（Laws of entail）作他們的保障。此法適用於耕地與林地（forest lands）。

工人的地産，在許多方面類似英國的分攤地（Allotments），也在以後的法律中規定了。其他的德國邦，如巴維利亞、麥克倫堡等，也制定了同一目的的法律。在波蘭人最多的地城，也建設了小的田莊，其目的却在於以德國移民代替波蘭農民。有時這個政策殘酷地執行，畢竟不能達到目的。這一試驗不可和小地産運動混爲一談，因爲它的動力是政治的，不是經濟的。

農業的合作

德國的合作原理，曾經適用於農業活動的許多方面。在采用它的各種組織中，首推來懷僧銀行（Raiffaisen Banks）爲最有威力。這種銀行定名爲來懷僧，因爲他是創辦人。他努力的結果，成立了德國信用合作社中最有權威的銀行團。來懷僧從一八四七起，組織了許多消費同盟，及至一八六四便把合作的原理，擴大到農村信用，建立地方信用銀行。一八七六年，更建設一個中央銀行，以財政的扶助，供給這些銀行機關。後來來懷僧銀行的活動，又擴大到農業信用以外的地域內，成立了許多分開的中央機關。此外，各地的合作社組織了總的聯合會，有一個在紐惠特（Neuwied），另一個在阿芬巴赫（Offenbach），都是非常重要的。一九〇五年，這兩個組織合并了，成爲一個全國的聯合會。

來懷僧銀行最顯著的特點，便是它的會員要負無限的責任。它原來不發行股票，但是後來爲法律所限制，將這個政策改變了，以便發行股票。就大體講，來懷僧銀行，本在供給農業借款，但是它的合作原理，已伸長到別的方面去了：給予會員們許多衹有大農個人享受的利益。例如，供給合作社，批發堆棧，地方零賣店，都來到來懷僧銀行的活動範圍中。這種種聯合會中的會友，估量有二百五十萬左右。

其他的合作機關，也發展起來了，而且有驚人的成功。Sehulza—Delitzsch 諸會社，其先本衹發展城市中的合作原理，近年來却擴大它們的活動到農業信用的地城中了。同樣，有許多合作社，其職務在以整買（Whole Buying）利益給予小地主，也迅速地加多了它們的會員。

德國的農村信用合作社，有這樣很好的發展，而零賣合作店却沒有什麼進步。在生産的地城內，成立了幾個牛奶合作社，也得到相當的成功，尤其在普魯士、荷爾斯丹（Holstein）、麥克倫堡及其他一二邦。但是就全國講，這種合作，還是比較地不很重要。

有許多國家中央合作銀行，也隨着普魯士的領導而成立了，它們的業務，在以貸款借予以地方合作信用會社爲會員的聯合會。德國鄉村合作事業的成功，局部地抵消了大戰以前缺乏自由的弱點。它改變農村情形的影響，的確是很有利益的。

德國農業的將來

一八七五後德國農民的困難，我們已經講過了。但是有許多人未免把他的困難講得太過了。他們堅定地説，衹是經過法律的扶助，才能改良他的運命。德國既已工業化，大家認爲要更加依賴外來的糧食。實際上却不是如此，因爲德國人口需要的糧食，有一大部分生産於本地。戰前對農業活動的投資繼續增加。他方面自耕農操縱了個農，足以證明德國的農業是健全的。

在英國，工業與商業成爲一切經濟活動的中心。這是由於地理分工（Geographical division of labor）必然的結果。地理分工，原先本衹以國家爲範圍，後來竟變爲國際的。我們不能不承認這種結果。

一個在地理上受限制的國家，假若要在工業上達到高超的地位，便照例不能在農業中得到同樣高超的地位。不錯的，基本農産品可以由應用更科學的、更强烈的耕種方法而得到了數量上的加多；或將劣質的土地變爲耕地，如像戰時的德國，以增加其産量，但是報酬迭減的原則，必定有到來的時候，要停止更進一步的生産上的增加，不管户口需要糧食如何迫切。我們研究德國的農業，必須下這一個斷語：國内有些地方，還是可以使用更强烈的耕種與開辟更多的耕地，來推進農業的有利益的發展。戰前德國農業的生産，表現了繼續的進步，耕地的總數也隨着加多。

德國邊疆的改變，如凡爾賽條約（Treaty of Versailles）所規定的，在許多方面騷動了全國農業上的組織。領土的喪失，大大地影響了裸麥的産生，裸麥的地面，失去了一，一三三，〇〇〇百阿爾（hectares），約合裸麥耕地總額百分之十七點七，小麥地與春麥地，各失掉二九二，四五八與二七〇，八二九百阿爾（hectares），約合戰前耕地的百分之十四點八與百分之十六點四。小麥産量的降落是很嚴重的，在一九一三年的産量爲四，六五六，〇〇〇米突噸（Wetric tons），一九二一年，降至三百萬米突噸。此外，德國喪失了百分之十一的雀麥耕地。這個損失是很嚴重的，因爲這些土地産生的糧食，大大地超過本地的消費。因此德國依賴外國糧食的程度在戰後大大地增加了。

德國的糧食問題，因爲『産生牛肉及其他肉類』的土地喪失了，更加變得困難。如何能够得到充足的肥料又是一個嚴重的問題。開挖土地（Soil meining 即强烈的耕種），在大戰時期是很流行的。結果，生産力迅速地降落。由統計上看來，一九一九至一九二〇所用的肥料如 Dotash 與 nitrogen，雖然加多了，而消費的 phoshhates 却減少。減少的原因，由於外國匯兑跌落，人民購買力的減低，大戰時期的封鎖。一九二三年金融膨脹（即濫發紙幣）達到可笑的程度後，德國農民的地位，表現异常地衰落。地主與農民，不願意以其生産品交換步步跌價的金融，不願意將它送到城市裏去，因而使人民集中的地方的糧食局面，愈演愈烈。就全體講，戰後的德國農業，本表現了恢復的記號，但是生產的總額，還在戰前的水平綫下。

第六章　俄國農業的發展

反對英格蘭、土耳其、法國與撒爾地尼亞（Sardinia 即現代的意大利）的克里米戰爭（The Crimean War 一八五四至一八五六），使俄國上流階級的心理中起了一種信心，覺得和工業化的西歐來做軍事或經濟競爭，徒然引起禍害，覺得舊制度必須消滅。於是一八五九至一八六六俄國開始了初步的農業改革。但是戰爭衹是農民解放的際遇，而不是解放的真因。因爲舊制度的經濟弱點，在好多年前便已認識了。俄國中央政府，更將改革計劃的細目，交由上層階級辦理。在起初，上流階級的革命熱潮是很高漲的。

但是有好多上流階級分子，不久發覺了他們的經濟利益遭受威脅。其餘的和農民群衆接觸，感覺到他們的惰性與無知，也變爲失望了。奇怪得很，農民的漠視，竟有時變化爲暴烈。最後，有幾派的人確實知道農民所要的是什麽，才組織起來活動，定出一個妥協的辦法，或爲新制度的基礎。但是不久起了一個猛烈的反動潮流，趨向舊的制度，皇帝、貴族、富人聯合反對組織不充分的農民。在其他各國，六十年代與七十年代的戰爭，引起了財政的、市場的和其他的經濟紛擾；而八十年代開始的關税戰爭，大大地妨害了落後的國家（如俄國）采用西方經濟制度的企圖。

在八十年代，大約有四七,〇〇〇,〇〇〇農奴被解放，内中有家僕、工廠工人、礦工與農民。起初南方富足省份的田主，衹贊成單簡的解放，不想給農民以田地。這却不合北方上層階級的口味。北方土地的生產力較小，并且好多農奴制度的經濟利益，是從工業中來的。有些工廠使用自己的或國家的農奴做工人，其餘的工廠，雇傭大田莊上的農奴——全年或數月；握有工廠的師傅們（Masters），竟能得到很多的進款。爲調和各地方各經濟集團不同的要求計，決定以賠償金給予地主，來彌補他們所受的奴隸義務的損失。在農業區域，這個辦法在實際上等於以金錢來賠償所分配了的土地。總計被解放了的農奴，得到了三五〇,〇〇〇,〇〇〇畝以上的土地，約合全國農業土地的半數。但是新農民主人，須以四十九年的年金交給國家，而國家馬上就要賠補地主們在新制度下所受的損失。就全體講，地主們握住政府的大權，得到充分的報酬。一般的農民都覺得不能够償付年金，利錢也不能付給，欠款越積越多，最後到一九〇四至一九〇六，革命蓬勃興起，年金與將來的義務，一概都取消了。

俄國的大部分，組織成爲農村公社（Mir）。在這種情形下，即以土地集體地交與公社，不給予個人；對國家負責的是集體。那時仍流行散漫的地條制度（The strip system），不想土地集中，以加重土地改革的困難。同時現代民族主義已經到達了俄國。知識分子中有許多熱烈的愛國者，認定俄國開發制度中有許多優點爲俄國所固有，不可放弃。農民不得出賣或抵當其所占的土地。就法律講，在一八六一後和以前一樣，他在農村中衹有一份土地。這塊土地在什麽地方，并没有具體地指出來，可是農民既享有一份土地，便應當擔任一份年金。此項年金，由公社集體地負責，因此，公社得隨時再行分配土地，使土地落在善於生産者的手中，得以繳納款項於政府。農村集體的負責，在那時仍然存在。現在農民雖和地主分開，脱離了他們的縛束，却在實際上變爲國家的奴隸了。現在他的義務改爲現金支付，義務的多少由農村代表政府來估計。從有些方面看來，此時的農民，確比在農奴時期要好得多，但是他仍然感受很大的不利益。他應該出的多少錢，没有確實規定。

在解放法令下，歐洲俄羅斯的農民，每人平均可得十三畝，但是在肥美的南部，每人所得的不及此數的一半。這樣支配的土地，很不够用，尤其當着户口有迅速的增加。西伯利亞的人烟較稀，要移殖到那里去，也是不容易的，因爲規定的限制太多了。開闢這塊廣大的土地，因爲缺乏運輸便利，是非常困難的。河流由南而北，多半注入北冰洋，極不便於行旅。外來人的居留地，須要等待鐵道的建築，比較美國的西方尤甚。過西伯利亞鐵路，到一九〇五才完成。

廣大的貧苦農民群衆，自從被解放後，仍受有加無已的剥削，雖然有各種法律的規定作保障，如禁止買賣土地。有許多俄國農民，不管如何忠實與勤苦，似乎缺乏經營實業的能力。那時農民的耕種，的確是辦理不善。同時農民不能應付他們的義務，也要設法救濟。俄國農民，固然不能出賣他享有農村的一份，他却可以訂立契約，來放弃他的權利若干年，甚至在十年以上。而農村公社亦得取消他的權利，授予另一人，如果他不償付債務。

農村公社行使這種有威力的權力，常常不是公平的。這是熟悉地方政治的人可以正確地估量得到。户口既然增加，每人平均所得的土地，自然照樣減少。因此，小地産實際上變爲無用，除非有租或買的土地做補充。新出來的土地，常常由農村租佃或購買。在分配這種土地時，較富的與較有勢力的農民，不但照料了他們自己，還顧及到他們的朋友。於是有一個無土地的農民階級出現了，與它對立的，便是一個較富的階級，有充分的土地、更多的牲畜、較優的機器。這一階級，步步變爲旺盛，而前者則否，到後來以農立國的俄羅斯，實際上分爲兩部分，即（一）有土地的勢力的集團，（二）廣大的貧農群衆，類似封建制度破裂時需要的小佃農。這些農民供給了許多城市的工業無産階級。同時他們需要進款的補充，因而幫助建設了一個廣大的茅屋工業（The cottage industry），妨礙了工廠制度的采用。這種候補工人很窮，購買力很低，嚴重地妨礙了工業的發展。農民們在好久以前，就習慣於冬季没有農業工作時，來做工廠中的工作。

俄國是一個農民國家，維持政府所需要的繁重的課税，與收回土地的年金，都大半來自農村中。在克里米戰争前，政府的預算，年年入不敷出。一八六三以前的二十年内，預算不足的數目，達於一，一五四，〇〇〇，〇〇〇盧布。此項巨款的大部分，都由國内儲蓄機關秘密地借來。後來這件事實由於減輕利率，被人家知道了，儲户即將款項提回，政府衹好發行公債來彌補。欠債既已加多，最後又加上政府未能由農民手裏領收回的土地年金與戰費（一八七七至一八七八與土耳其的戰争），此外尚有新的差額（Debiceit）與舊差額上積累的利息。解放後三十年内的恐怖主義與農民革命的意識，大半要歸咎於帝國主義的繁重負擔，而農民對於此帝國主義，視爲漠不相關。在一八七七至一八七八巴爾幹戰争中，俄國兵士看見了他們所要解放的斯拉夫（Slavs）人，比他們自己好得多，遂起了不良的感想，俄國軍官認爲是很危險的。

政府爲求得有利的商務差數（Favorable balance of trade）與在外洋建立信用，遂采取狠毒的手段。比如徵收員在秋季特别活動，意在趁五穀儲藏最富時，徵收大宗糧食，結果農民出賣太多，常常使種子短少。但是出口糧食因而加多，遂不必拿出現金，以償付外洋的債務。一八九一大饑荒後，糧食繼續短少，致使俄國官僚政府相信俄國將要破産，除非它的經濟制度現代化。因此便鼓勵工業革命，以救濟財政的紊亂。好在那時俄國境内的外國與本地的資本家，都已采用新的方法，官僚政府不過加以從旁提倡而已。

饑荒時期既已過去，工業化有迅速的進步，而農民的境遇却没有改善。新的計劃需要輸入很多原料、半製造的材料與機器。九十年代五穀年年歉收，穀價低落，農民非常痛苦。出口品超過入口品的數量很小，到了一八九九，出超轉變爲入超，一九〇四年，俄國政府決定和日本開戰，也受了農民騷擾的影響。政府想借戰争來制止農民的騷動，在以愛國主義作號召的口號下，倘能打個勝仗，便可以鼓勵士氣，增進團結，但是俄國的軍事失敗了，革命也隨着起來。最後，將收回土地的年金取消。這個舉動，没有真實的意義，因爲大部分的年金，是不能收進來的。但是年金的利息，仍然要償付。既然又加上了二,四四二,〇〇〇,〇〇〇盧布的新債，預算上的收支，更加不能相抵；巨大的差額，要借外債來彌補，同時政府也盡了搜刮的能事。

比應付這個財政問題更加重要的舉動，便是在法律上破壞舊時的農村公社，ukaz（即一九〇六的法令）頒布後，隨即於一九一〇與一九一一頒行土地法，來將農村公社破壞。現在每個農民都可以要求將他的一份土地（抽象的）變爲私有，衹要鄉議會大多數贊成。這種地産常常於可能的範圍内合并在一塊。衹要鄉議會的多數通過一個決議案，就可以一筆把農村中所有的土地變爲私有的地産。解放法令通過後，假如土地没有重新讓渡，便可自動地將土地化爲私有。假定全村户口中有五分之一，要求私有地産的合并，這一要求便不能拒絶。新法律廢除了家庭所有制（Family tenure），而代以家長的私有權。農村公社的規制，顯然破壞了。

這種種的變化，在表面上似乎很劇烈的，實際上却没有怎樣改變農村生活，也没有減輕農民群衆的痛苦。以俄國的與美國的五穀消耗來比較，每個美國人每年要消費一一〇八基羅格蘭姆（Kilograms），而俄國人僅消費三八一。根據同樣基礎，德國的消費是四九七。以俄國和西方國家如美國來比較，我們要曉得美國人消耗大量的肉、蛋、水果與别的物件，而俄國人僅僅靠五穀、番薯和大宗糧食。有人曾經計算過：在一九〇三年，俄國每人消耗鷄蛋的數目，在城市是每禮拜一個，在鄉下是每七禮拜一個，雖然那年輸出了一，九九六，〇〇〇，〇〇〇枚。東歐農民的食品中没有肉食，而製造的乳酪有幾百萬磅，大部分是出口了。有一個俄國的權威估計了：在世界戰争前，有三分之二的農民，不能够從可憐的悲痛中爬出，得到最好的生活，除非要有補充的職業。一九一三每人消耗的農産品，僅值美金二一元，生活程度的低落，可以想見了。

一九一〇與一九一一的土地法，稱爲斯托雷平法（Seolypinacts），其目的在以法律侵蝕舊時的 Mir（農村公社），以安慰較旺盛的分子，一向不爲農民所歡迎。事實上，要求分割土地的，大半是小農。因爲那時他們所渴望的而且認爲是他們自己的土地中，有一大部分尚在大地主的手裏。

三月革命與農民

一九一四的歐洲大戰，給予俄國農民以莫大的痛苦。第一，農民中有一八〇〇萬被動員上戰場去了，農業勞動因而減少；第二，交通梗塞，農具不能輸入，農民用爲種田的牲口，都被軍隊以高價收買趕到戰場上去了。不錯的，那時農民握有比以前更多的錢幣，但是這都是紙幣，不能作用。他方面，農民對於戰事不很注意；他們認定最大的敵人是國内的地主。一九一七年三月以前，農民到處襲擊地主。同時保護地主的軍隊都被調到戰場上去了，舉動的形式，遂更加險惡。

農民頗歡迎三月革命（一九一七），以爲它能够以土地給予他們，但是掌握政權的立憲民主黨，主張保持農村的和平，禁止一切侵害的行爲，農民與地主間的争端應該由政府機關和平解決，地主的所有權仍然是神聖不可侵犯。立憲民主黨雖然提出：没收皇室與寺院的土地，於必要時更可以强迫收買大地主的私有地，以增加農民的所有地，但是在實際上辦不通，和一八六一年解放農奴的舊把戲是一樣的騙人。所以那時國會中代表農民利益的議員，都發表激烈的反對言論。

立憲民主黨傾覆以後，政權遂轉移到社會革命黨的手中。社會革命黨很注重農民的利益，和農民十分接近，因有農民黨的綽號。但是它所代表的衹是農民的上層即富農。在一九一七與一九一八的政綱中，它提出了土地社會化的口號。所謂土地社會化，就是將一切土地從私有轉爲公有，由民主形式的自治團體管理，以期公平地利用。但是社會革命黨仍懷抱着保留 mir（農村公社）制度以救濟農民的復古思想；同時受小農意識支配的農民，因爲不徹底瞭解土地社會化的真正意義，也很狂熱似地歡迎社會革命黨的口號。

社會革命黨的政府，爲着施行它的政治綱領，設立了中央與地方土地委員會，以處理地主與農民間或農民與農民間關於地租、工資等事的争議，藉以維持農村的和平。并且幫助農民謀取種子、農具、牲口，來實行政府與中央土地委員會所頒布的關於土地的一切布告。

嗣後更禁止土地的買賣。但是反動的地主竟敢公開地慘殺或監禁各處的土地委員。農民感受地主發動的階級鬥争的影響，對於社會革命黨自然要失望要懷疑，因爲它没有將地主階級消滅的緣故。農民們知道政府没有執行土地政綱的决心，所以祇好開始直接行動，以取得他們的目的物——土地。他們更焚毁貴族的住宅，破壞地主的倉庫，掠奪地主的穀物與家畜，而地方土地委員會也自由没收大地主的土地分配於農民。

十月革命與農民

十一月七日，俄國布爾什維克黨所領導的『十月革命』成功了，立即發表『土地布告』，廢止土地私有權，并且明定没收與分配的辦法。次年一月二十七日，又頒布了一個根據『土地布告』的新土地法。此法的大概是：永遠廢止土地私有權，無代價地没收皇家、貴族、寺院與大地主的一切土地與財産，暫時由各地農民選出的土地委員會管理。至於哥薩克兵士與農民的土地，却没有被没收。小農的土地所有權，没有受多大的影響。又依據『土地布告』没收的一切土地，都改歸國有；其中提出一部分給農民，另一部分由國家管理與經營。能够自家耕種的農民，就有分得土地的資格，在農民擁擠的地方，即將過剩的户口，移到土地富裕的處所。

關於分配於農民的土地，雖然没有明白地將所有權連同分配，但是實際上則等於承認私有制度。這當然不是社會革命。在一九一七革命的初期，農民祇是反對政治專制、大地主、中世主義（Mediavalison）。後來農村中的階級鬥争尖鋭化了，貧農與農村無産階級脱離了富農，因此農民運動會轉變到反對資本主義的運動了。但是在第一期祇宜於聯合全體農民以消滅舊制度與大地主階級，所以那時分配與没收土地的辦法是對的。

蘇維埃政府對於土地社會化的理想，仍積極地企圖實現，却不完全采取强迫的手段，而唯以宣傳與教育誘導農民，至於一九一八年建立蘇維埃農場與農業公社，作爲大規模農業經營的實例。又决定了以一千萬盧布作基金，借給農業公社或其他的合作農業經營。但是這僅是向着農業社會化前進的準備工作。

政府爲保障貧農的利益，設立了貧農委員會。被富農搶去的土地，常常由這個委員會收回，而給予貧農或無土地的農民合作經營。富農的勢力削弱以後，貧農委員會遂轉向中農挑戰，但是在落後的俄國，不剥削他人的中農，占極大的百分數，那末積極向中農的進攻，自然是政治上的失策。所以一九一九的三月，俄國共産黨第八次大會采納了和中農保持長期的合作。

俄國經過大戰以後，工業經濟與農村經濟幾乎完全破産。農民收穫的糧食，除開供給自家的需要外，其餘一概交予國家，并且不能交换昂價的工業品。因此，農民實行怠工，引起一九二〇的大饑荒。更加以白黨的煽動，農民們遂走向暴動的道路。結果取消了糧食的徵收（一九二一），除納税以外的剩餘糧食，可由農民自由處理。這便是新經濟政策的辦法之一。到了一九二四，因爲工業恢復與發展不及農業的迅速，工業品的價格不能和農業品的一樣低廉，於是發生了所謂剪刀問題（城市與鄉村在經濟上的衝突）。結果政府減低了工業品的價格，提高了農業品的，以便把工農的關係更加親密起來。同時減輕農民的税率也實行了，得到農民的熱烈擁護。

農業的現狀

俄國農業的狀況，從一九一三到一九二七止，姑且作爲一個階段，自一九二八起實施五年計劃，另自成爲一個階段。今先將第一個階段加以歷史的説明。（一）耕地。據一九一六的調查，耕地有兩萬萬三千五百萬畝，中經戰争與革命的破壞，減少到一萬萬五千萬畝（一九二一），到一九二五又加到兩萬萬二千萬了，達到了一九一六的百分之九十三點六。（二）生産的數量。假若把一九一三的數量作爲一百分，那末從一九二一起就逐漸加多，尤以一九二五與一九二六的增益爲最顯著，因爲在一九二六的産量已經達到戰前的百分之九十一點四。（三）農業技術的進步。在一九二三的四年中，犁的出産比以前加多三倍，轆轤增加六倍。一九二六以後，收割機器每年可製造一萬三千餘架，從外國輸入的耕種機器，達於二千萬盧布。一九二六年末，以前未曾用過的電耕機（Tractor），已有二萬五千架了。在一九二六内封農業的投資總共四百萬盧布。至於被認爲可以實現社會主義的農業生産之唯一重要手段的電氣化，更有驚人的進步。到一九二四年止，一百五十萬基羅瓦特的發電所，已完成的有五處，正在建設中的有七處。至於農村中的私有生産，仍占極大的數目，不過國有的與協作的逐步增加，而私有的則日見減少，以求實現農業生産的社會化。

五年計劃與農業

著名的五年計劃，從一九二八起開始了農業發展的新階段，尤其是關於農業社會化的方面。五年計劃的内容，大概是農業上技術的、社會的、經濟的建設與改良，若將工業部分除外。俄國的農業技術是落後的。分裂成二千五百萬户的農民經濟是很散漫的。所以在技術方面與生産方面，都需要種種改善。第一步在增加農業機械的製造。根據五年計劃，應將這項生産於一九三二至一九三三的年度内增加一九二七至一九二八的六倍。同時又規定了把各種重要農品的生産率提高，以增加農品的供給，因爲農産的商品部分，遠在戰前的水平綫下（在一九二七至一九二八僅及戰前的百分之四十）。

農業生産率，若要提高到巨大的程度，那衹有以社會主義化的大規模農業代替散漫的農民經濟才有可能。而大規模農業的發展，當然要靠國有農場與集體（即協作或合作）農場的建立擴大。國有農場的面積，將由一八二七至一八二八的一千二百萬百阿爾（Hectare），加到一九三二至一九三三的四千四百萬百阿爾。農民聯合起來共同耕種的集體農場，到一九三三至一九三四時，將要占一億四千五百萬百阿爾，從前一九二七至一九二八的集體農場是一千一百萬百阿爾。換句話説，到一九三三至一九三四時，社國化了的土地，將要占耕地的全部百分之二十點三。社會主義的農業，因有高度技術的設備，其生産力比較個人經營的要高些。個人經營，每百阿爾産生九點二二曾脱奈爾（俄國量名），集體農場産生十一點二八曾脱奈爾，國有農場産生十二點五曾脱奈爾。到一九三二至一九三三時，集體農場能以四十九點六百萬曾脱奈爾的穀物，供給非農業人口，國有農場應該供給三千四百曾脱奈爾。在一九二七至一九二八年度内，它們兩者供給市場需要的百分數，是百分之七點五，到一九三三時將要達於百分之四十二點六。

從一九二八至一九二九開始的五年計劃，到今年（一九三〇）算是第二年了。它在這兩年内的成績是怎樣的，當然值得我們的檢閲。在新經濟政策施行後其初的幾年内，徵收重税與禁止土地買賣，雖然妨害了富農的發展，但是共産黨所主張的集體農場没有找得多數的擁護者。自從一九二七宣布開始向農村中的資本主義分子進攻後，這個局面即開始改變了。一九二九農民投入集體農場的日見加多，到現在加入的更踴躍了。農民在一九二八的春季參入集體農場的，還不到百分之二。蘇維埃國民經濟發展的原來五年計劃，規定了於一九三三時農民户口中要有百分之十五的集體化，但是集體化的運動，在過去進行非常迅速，有人預算於一九三〇年春，將有百分之四十的農民加入集體農場，在本年的二月，蘇維埃農業部公表了俄國耕地的全部，已經有百分之五十五集體化了。但是過了一個月後，又將以前的估計修改了，説是祇有百分之三十五。至於農業生産方面，一九二九的穀物收成，比前一年的有實在的增加。今年（一九三〇）的穀物徵收計劃，已於三月一日終了（比原定計劃提前四個月），超過法定穀物的餘額是很大的。今年的五穀，有豐收的希望。

今年（一九三〇）的下半期，又要開始五年計劃中的第三年了。據蘇維埃政府農業部最近的公布，五年計劃中的第三年的農業部分，應以貧農與中農做中心，要使全國農業户口的四分之三，由個人經營轉變爲集體耕種。播種的面積，要增加百分之十五。集體耕種的農場，由今年的三五〇〇萬百阿爾加到九〇〇〇萬百阿爾。農業機器的電氣站，由二四〇個加到四〇〇個。電器站周圍的耕地，由三五〇萬百阿爾加至一五〇〇萬百阿爾。蘇維埃政府對於農業集體化的猛進，於此可見一斑了。

本年二月，蘇維埃政府命令各地蘇維埃嚴厲地没收富農（Kulaks）的財産，并且要中農與貧農加入集體的組織。據官報的公布，説富農已經完全滅絶了。據稱富農僅占全國農業人口的百分之三。所謂富農，就是於自己所分得的土地外，更租佃了别人的田地，或雇傭了勞動，或從事於補助的賺錢事業的農民。因爲他是社會中較富裕的分子，無疑地要剥削别的農民與妨礙社會化的程序，所以在舊的與新的政策下，都要向他做無情的進攻。但是富農的妻室兒女，到現在仍然保留各種權利，如享受教育權，要求分配糧食權，在工業中的工作權。由農村中被驅逐的富農，可以到工業中找得位置以恢復他的社會地位。被脅迫的被認爲富農的分子，依照政府在三月頒布的法令，在法院中提起了上控，結果在四月中旬有幾千户恢復了公民權利，約占上訴人的百分之三十八。

什麽是三月法令？在反抗富農的鬥争中，各地蘇維埃因爲過於熱烈，犯了嚴重的錯誤，以致盈千累萬的農民，受了這些錯誤的禍害。他們被迫離開家庭，他們的子女被迫離開學校，他們的民事權利（Civil right）被取消，他們在糧食分配制度下不能握有糧食券。富農的定義，是比較地寬泛；没有人十分確切地知道怎樣才是富農。因此地方當局對於多數的農民，行使了任意的權力，引起了社會的不安。於是中央蘇維埃政府頒布了嚴重的警告於各地的地方政府，説極端的手段是非法的，并使各地黨部的工作人員的活動要受法律與法院的制裁，并且規定了土地的社會化，必須得到關係人的許可。此後衹有土地、機械設備、較大的牲口，可以公有，至於房屋、小果園、猪、鷄鴨，仍可以爲私人所有。已經由地方蘇維埃没收的各種財産，應該發還；受强迫手段加入集體農場的農民，可以自由退出；最後，合作社會員的農具與牲口，可以不納税，以兩年爲限。一切債務可以暫時不歸還，以到秋收後爲止。四月一日以前地方蘇維埃所科的罰金，概被取消。這種種便是三月法令的内容。這個舉動得到廣大農民群衆的熱烈擁護，因此集體計劃，據日前的情况看來，定可迅速地成功。

同時蘇維埃政府對集體化的宣傳，是非常有力的。據政府方面的説明，集體農業運動之所以有廣大的成功，是由於貧農與中農一般地深信着：他們集合財力於大田莊上，可以得到國家借貸的補助來購買電耕機與别的大機械，自然能够得到較優的結果。他方面，蘇維埃政府又能够拿出電耕機、大農業機器、肥料等種種物質上的理由以加强它的宣傳，所以它現在確有充分的準備與可能以推行集體農場的擴大。不過集體農業推廣後，對農業勞動的需要當然減少，剩餘的農民如何處置，是一個重要的却不易解决的問題。據稱，衹要一，二〇〇，〇〇〇農民，就可以耕種全國的耕地，養活二六，〇〇〇，〇〇〇農户（共計一，二〇〇，〇〇〇，〇〇〇人以上）。因此，在農業户口占百分之八十以上的蘇維埃俄羅斯，必定要剩下好幾千萬的農民没有事做，除非工業有驚人的發展，來將他們全體吸收。

農村的生活

俄國的農民，已將他們的命運握在自己的手中，因爲蘇維埃政府是他們自家的政權。他們不僅得到了土地的使用權，并且所繳納的租税大大地減輕了，衹及俄皇時代的四分之一。但是他們的生活程度還是很低。百分之九十的農民家庭占有地，平均不到二十畝；農民每户在每年的净收入不過美金一百五十元；每户以五人計算，應該繳納七元五角的課税，未免太重；牲口也是很缺乏的。不過農民握住自己的政權，要改進這種種的境况不是困難的。

在過去，蘇維埃農村中由農民與政府的努力所表現出來的成績，可分述於次。第一，改良土地。一九二五至一九二六改良的地面達於三千五百萬畝，其因改良而得到便宜的，則課以一角到三角（美金）的賦稅。第二，移民。在土地不够分配的地方，則將多餘的人口移到新的地帶上去。因此政府在人烟稠密區域的附近劃出了四千萬畝的土地，作爲一九二七移民的居留地。在西伯利亞和高加索也有同樣的舉動。第三，農民在鄉村組織。這些組織都是輔助政府爲民衆謀福利的機關，其中重要的有兩個：一個是互助委員會，一個是合作社。今分論於次：

（甲）互助委員會。加入這個組織的農民，已達全村人口的百分之九十；而委員會的組織共有五萬七千八百零兩個。互助委員會的職務，多半是救濟事業，如幫助受了灾害的會員，救濟寡婦，在饑荒時建立粥廠，有時候還設立讀書棚或紅色茶店，以與舊式的茶酒館對抗。它們也開辦磨坊與乳酪廠，或購買農業機器，但是它們給予會員的幫助是不平等的，最貧苦的或最不幸的受惠最多。全體農户中有百分之四十得到了幫助。至於它們的經費，是由委員會從會員中用收税的方法籌集得來的，收税的標準，不外土地、牲口或進款等項目。

（乙）合作社。農村中的合作社，分消費、信用、販賣若干種。加入合作社的農户有五百萬，約占全部人口的四分之一：消費合作社，是從事於農業中零賣商業的機關。販賣合作社，在為整個的農民購買農業機器，或販賣或製造他們的生產品。信用合作社，是借款給農民的，和政府的農民銀行有密切的合作。平均每個市鎮都有一個信用合作社；它借出的款項，有一部分來自本地的存款，但是大部分還是由政府的農民銀行借來的。依據一九二六的調查，農民銀行已經散布於五十二省。從事借貸的信用合作社已達於八千個。

以上的諸組織，通通從事於經濟活動。此外尚有各種傳播文化的機關，以提高農民的文化水準綫。農村中的學校，因爲被經費限制，不能有迅速的發展，但是教授的課目，都是農業知識與農村實際生活，他方面，農村的文化生活却有長足的進步。這要歸功於遍地皆是讀書棚與驅育所（Likpoint）。衹要失學的成年人願意就學，是不愁没有地方的。其餘如非職業的（amateur）戲劇團體，也是遍滿農村。無綫電、新聞報紙與其他文化機關，在農村中都有相當的發展。農民的文化程度，當然要日見高漲了。最後，鄉村蘇維埃是農民自家的政權，農民可以儘量參加，學習管理自家事務的辦法，這無疑地要提高農民的政治認識，要提高他們的文化程度。

第七章　歐洲東南的農業史

歐洲東南的農民制度，基於固有的歷史，有特异的處所。東歐農民在過去的經驗，與美國人的完全不同。他的社會，也没有經過美國歷史上最特异的階段，如國土的膨脹，開闢新的國家來通商與移民，商業革命，尤其是工業革命。工業革命來到兩歐，正值後者握住世界經濟的牛耳。這種種都是美國人的閱歷，美國社會發展的過程中，留下了看不見的痕迹。

一八二〇至一八二九戰爭的結果，賽爾維亞、羅馬尼亞與希臘，都受了一個深沉的經濟與社會變化。可靠的户口統計是没有的，但是我們從游記中知道一八三〇多瑙河（Danube）下游的人口很稀薄，有廣闊的土地完全没有耕種，之間常有羊群來此吃草。大多數由柏爾格勒（Belgrade 現在是南斯拉夫的首都）至君士坦丁堡的游人，從多瑙河順流而下，而塞爾維亞的中心，差不多與外界完全隔開。一七一七年，土耳其新軍五百，護送蒙太古夫人（Lady Montagu）通過塞爾維亞。她説該國多荒地，差不多完全爲林木所翳蔽。到十九世紀，仍是受壓迫的時期，没有改良的機會。至於保加利亞（Bulgaria），在一八三〇年仍未脱離土耳其的統治。在一八七八至一八七九戰争中，有許多塞爾維亞人投效於奥國的軍隊，内中有 Kara George，爲一八〇四的革命領袖。從一七九一起，塞爾維亞在 Hajji Mustafa 下實際上得到了十年的自治。此人是土耳其的官吏，很像西方的懷疑派，而且不相信宗教；他武裝了農民來反抗土耳其國的新軍，完全改良了政府。

Kara George 與 Milos Obrenovic（他從一八一五起領導第二次革命）兩人，嚴厲地制裁富豪領袖瓜分土地與恢復封建的企圖。這樣一來，才阻止了斯拉夫家村會社（The Family-Village Associatiens）封建制度的開展。奴隸制度，也被接二連三的法律廢除了。法律上僅僅説：凡是農民所握有的，都成爲他的財産。關於一八七八新加入的區域中的農奴，也有同樣的規定。但是在這一次，柏林條約，要塞國的政府賠償土國的地主。土國的封建制度在馬其頓（Macedonia）延長到一九一三，到那年土國才失掉這個區域。

一八七八後奥國解放了 Bosnia-Herzegovina（這兩省被奥國由土國手中搶去，爲歐洲導火綫之一）的農奴，有許多仍然没有土地，或者差不多没有土地。這些地方的地産，比從前繼續地加大。照戰前塞爾維亞最後的報告，地主最多的階級，要算握有五至十百阿爾（Hectares 一百阿爾等於二點四七一畝）的，一共有七八,〇〇〇，而握有二至五百阿爾的，也有同等的數目。二百阿爾以内的地産，在數目上等於十至三十百阿爾的地産。全塞爾維亞約有二五五,〇〇〇個地産，其中有四百八三個在一〇〇百阿爾以上。這些都在 Zadruga（大家族）手里。

自一八〇〇到一九一四，是很有意義的，因爲現在的户口有五分之四，現在的財富有五分之四以上，都在這個期間内添加的。一九一四俄羅斯帝國，在本質上也差不多是這樣的。這添加的原因有兩個：一方面對外貿易的增長，特别是五穀貿易；他方面，工業革命的壓力從國外到來。在討論東歐經濟生活的時候，有兩件事要特别地避免。第一，東歐的歷史背景，現在的實況與將來的前途，完全不同，是不能和西歐相比擬的。第二，假定東歐各國現在制度的一切特點，都直接從它們的過去歷史來的，也是不對的。過去的遺留，與外來的壓力如工業革命，混合以後，成爲兩者各不相同的東西。

保加利亞的 Zadruga（大家族）制度，與塞爾維亞的差不多完全相同。在土耳其人的統治下，保加利亞人比塞爾維亞人受較優的待遇。他們感受較少的軍事封建主義，有較多的權力辦理自己的事務，而且受較少的壓迫。這是由於韃靼族與土人血統混合的關係，使土人非常馴服，不易傾向宗教的狂熱主義。因此没有獨立的鼓動，一直到十九世紀的中葉以後。至於塞爾維亞的守備兵（土耳其駐扎的）與封建軍事設備，都是需要的，以便反抗奥國的皇帝，因爲後者再三鼓動而且武裝塞國的人口，反對土耳其的統治。土國懼怕塞爾維亞的謀亂與獨立，所以實行壓迫。

羅馬尼亞介於俄奥的中間。一方面它有受侵略的危險，他方面土耳其又怕它謀亂。保加利亞不是一個富足的省份，既不像埃及地方最空的人却有受劫掠的價值，又不以羅馬尼亞有富豪的地主可資剥削。它是農民國，農民們在小地產上過着單簡的生活，自己消費不完的東西，要好好收藏起來，不使徵收員看見。理論上，土地的大部分，屬於蘇爾丹（Sultan 土耳其的皇帝），實際上，土地很難得復歸於國家，除非業主死了，没有遺留合法的嗣子，或讓土地有三年繼續地没有被耕種，或没有以生產品百分之十來納税。

一八六二年，那時還没有獨立的希望，也没有獨立的議論，保加利亞的總督 Midhat Pasha 是很開明的，開始了各種改革，成爲現今保加利亞農民組織的現代特點的起源。他看見那時流行的原始農作方法，不適於一個以國際貿易爲重要的局面。要爲外國市場來生産，農民們需要較優的工具；地方工業必須鼓勵，免得仰賴外國的製造品，在經濟上做外國人的附庸。Midhat 建設了許多互相信用社（Mutual Credit Associations），作爲改革計劃的核心。每區的地主，都要按照他們的課賦（即什一税）來捐助一種公積金。此金由地方委員社管理，委員一部分是選舉的，一部分由政府委派。凡是需要款項，以作改良的，都可請私人作擔保，向委員會稱貸。借款却没有不歸還的，因爲公積金管理人是最大的捐助者，對於借款自應審慎。通常的大銀行不能够接受小地產做借款的抵押品，因爲賺不到錢；祇好建立信用合作社，或稱 Lovantine money lenders。

保加利亞的政府，自一八七八起是自治的，在一九〇八是獨立的。它於一八九五年實行監督這些信用合作社，統一它們的辦法，確定它們相互的關係。最後於一九〇三設立了保加利亞農民銀行（The Agricultural Bank of Bulgaria），資本三五，〇〇〇，〇〇〇法郎。各地的信用社，遂成爲它的分行。它不但是一個銀行，而且是一個改良農村經濟生活的中心機關。改良的重要方法，就是資助各地的合作社，到一九一一年中央合作銀行成立爲止。保加利亞農村信用組織，雖然有點像德國的來懷僧會社（Raiffeisen Societies），但是它的發展是特异的。在西歐没有這樣恰恰相同的東西。

合作事業，在多瑙河下游的鄉村中，起了顯著的作用。斯拉夫式的 Zadruga（大家族）會社，它自身是一種粗略的合作社，不過其中加以同一血統的親族關係而已。這種關係逐漸消亡，遂成爲真正的合作社。一九一〇年，塞保兩國，各有此種會社一千個。柏爾格勒

（塞國的京城）有一個中央農業合作社，是各地分社的總彙。這全部的制度，都在政府的監督下，與在保加利亞一樣。

保加利亞建立中央合作銀行的原因，就是國家銀行與農業銀行因爲有各種的活動，難於應付小的合作社。小合作社頗有償債的能力，但是僅有私人做擔保的辦法，殊不宜於大銀行營業的法則。一八九五後的總合作社，有驚人的發展，種類也很多。一九一〇保加利亞一共有合作社九三一個，那年決定了爲此種合作社設立一個特種中央銀行。此銀行於一九一一初成立，到一九一二的開始，幾乎有半數的合作社圍繞於它的四周。

中央銀行重要職務中的一個，即是保險牲畜與收成。在巴爾幹的中心，常常有冰雹的災難，將極小區域内的正在培育的植物完全毁滅。農民的田地，如果散布於村内的各處，他可以因爲那個緣故救護其收成的一部分。因此頗有反對政府鼓勵土地合并的政策。不但冰雹，就是各種病疫，如銹病與黑穗病，常常不平均地影響同一社會的各部分。此外還有濕季與乾季的主要問題。濕季高地最好，乾季低地最好。在合作勞動制、金錢缺少、本地交易諸條件下，散漫的地産，也有其經濟上的用處。即使東歐西方化，這種種辦法，衹可用保險與信用的複雜制度來代替。

就最早的歷史看來，羅馬尼亞土地制度下的農村經濟，與保加利亞的和塞爾維亞的十分相似。羅馬尼亞的兩個侯國，Wallachia 與 Moldavia，没有被土耳其同化，變成它國土的一部分；它們僅是納貢的附庸國家。過了百餘年一直到一八二一，它們在實際上被租於君士坦丁堡的希臘人，至於侯爵出缺，即將它與課賦賣給出價最高的人。希臘人辦理財政，確有本領，比土耳其人能幹得多。全盛時代的上等土耳其人，是一種不管事的貴族，對於任何事都鄙視不做。他的地位本從偉大的軍事傳統來的，這傳統却早已腐化了。他飽食暖衣，徒然講究個人的漂亮，和十八世紀法國的貴族頗相類似。

土耳其帝國事物的大部分，行政的細目在内，都由被征服的人民執行。於是希臘人、猶太人趁時而起，其作用逐步加大。許多土耳其官僚懷抱着十八世紀的寬大主義，仁愛的專制（Benevolent Despotism）尤爲他們所歡迎。土國人與法國的接觸，是很重要的，因爲有若干土耳其人，仿照法國上層階級的成例，趨向民主主義。我們已經舉出兩個總督，Hajji Mustafa 與 Midhat Pasha，都很忠實地熱心於西方式的改革。這些土耳其官吏，不准徵收員上下其手，而在羅馬尼亞則否，因爲此地的政府首領不是阿托曼人（Ottoman 即土耳其人）。羅馬尼亞，比較巴爾幹本部富足一點，而剥削的機關，從侯爵到徵收員與采地地主，都是很有組織的。

羅馬尼亞的土地制度大半發源於斯拉夫人，但是它的語言，以構造論，却是嚴格的拉丁式。照羅馬尼亞史家的説法，在中世紀的初期，羅馬的占領（Roman Occupation），退回到 Transy Wanian Carp athian 高地，同時有許多説拉丁語的殘餘，依然移至低地。這兩塊地方（即高地與低地），完全不同，拉丁的移民，遂采行他們所找得的斯拉夫農村制度，結果，十八、十九兩世紀羅馬尼亞的土地制度，一方面表現巴爾幹斯拉夫的特點，他方面又有俄羅斯斯拉夫的特點。因此，羅馬尼亞，論其土地制度與土地觀念的原始，是介於巴爾幹與俄國間。

在羅馬尼亞與俄國内没有一種宗教法律的障礙，來把統治階級和平民分開的地方，便有一個有威力的與農民同血統的封建地主階級長成了。這個階級，在該兩國的文字裹，都叫做Boyars。等到這個封建基礎消滅後，羅馬尼亞和俄國的農村生活，都明顯地傾向於巴爾幹斯拉夫的形式。因此我們推想到俄國的Mir（農村公社），原來或者與保加利亞塞爾維亞的Zadruga（大家族）相同，而Zadruga是原始斯拉夫的組織。又推想到羅馬尼亞的農業制度，是從同一淵源來的。

近來羅馬尼亞農業史的特點，在於廢除封建的與奴隸的要素，而且回復到小地主制度。就這點講，它與俄國土地問題相類似。而保加利亞與塞爾維亞的土地問題，是比較的單簡，因爲封建要素没有很穩固的基礎。

羅馬尼亞的土地改革不是從内部舉行的，如塞爾維亞的一樣，而是在一八二九後由俄國人代爲處理。俄國官吏，和本地的Boyars（即地主），共同起草羅馬尼亞的一八三四的Reglement Organique（一種組織法）。這種組織法使羅國在實際上脱離土耳其獨立，但是還要納貢。Boyars現時才在法律上稱爲地主。一八四八年，全歐騷動，羅馬尼亞頗有改革的企圖，可惜都失敗了，結果，在克里米戰爭（一八五四至一八五六）後，羅馬尼亞的各侯國，得到了確定的自治與統一。

Alexander Cuza是羅馬尼亞統一後的第一個侯爵，爲自由派所包圍。第一，他們（侯爵與自由派）没收了希臘寺院的土地，約合全國土地的五分之一。第二，改良選舉制度，以希冀農民的擁護。最後，一八六四的法令，廢除了封建主義與農奴制度的殘餘，并且以農民占有的土地給予他，使地主們爲其餘土地的合法主人。同時俄國亦推行同樣的改革。

在羅馬尼亞與在俄國一樣，政治的反動，阻止再向小地產制度前進，以致不能適合於改革派的原意。有許多富豪，城市工業階級在内，收買了小地産。人口增加得很快。一八六六年農業契約法，允許農民得與地主訂立五年以内的契約，而政府亦得實行此種合同。因此遂有大地産與强迫勞動的傾向，同時又缺乏信用機關，以供給農民的需要。農民的景况，因而愈趨惡劣。農民需錢孔急，衹好以絶大的犧牲，出賣下一年的收成或勞力。那時又有『Farmers』階級出現。他們是羅馬尼亞與Lovantine的後裔，租佃大塊的土地，再以較高的價格轉佃於别人。

一八九四與一八九七之間，兩個平民合作銀行，在羅馬尼亞穩固地成立了。此種銀行的辦法，在阻止高利貸與土地壟斷，很適於羅國的農村生活。因此，它們的數目，到一九〇〇加至八〇，到一九〇二加至二五六，在一九〇三加到七〇〇，會員共有四九，八六四，資本有四，二五〇，六〇〇法郎。保加利亞的農業銀行，也在這一年成立，它的職務中的一個，就是資助八年前規定了的農村信用合作社。

現在羅國政府建立一個『平民銀行與他種信用合作社』的中央辦事處。這種種銀行機關，忽然開始加多。除開地方銀行，區銀行。布加勒（Bucharest 羅國的都城）的中央銀行，或爲一個統系外，尚有一個中央合作社（Central Cooperative Agency），注意於逐漸增加的租地（Land Leasing）合作社，開發林業合作社、消費社等等。一九〇五年的特種法，將这些機關的組織詳細地規定了。譬如平民銀行的會員，其股份不得超過五,〇〇〇法郎，亦不得少於二十法郎。又定了一個最高的限度，以防止富豪的操縱。對於生利的存款，則無限制，因爲存款不足以妨礙這些機關的平民性。

羅馬尼亞仍然是一個大地產的國家，雖然經過了幾次的改革，因爲此種改革常常不充分，常常在實際上被大地主所阻撓。一九〇五的報告，指出了全國八分之三的耕地，即三,〇〇〇,〇〇〇百阿爾，爲一五六三地主所握有。每一地主的地產，都在五百百阿爾以上。有些地產非常闊大，竟達到幾千百阿爾。從這些大地產來的進款，若要加以仔細的分析，便可知道其中有三分之二是由租於投機者的土地上來的。換句話説，羅馬尼亞已變爲一個離開產業的地主（Absentee Landlords）的國家。一九〇七又舉行最後一次的大改革。畢竟没有把實際的局面根本改變，雖然它作了一點好處。

羅馬尼亞與保加利亞的比較，是有趣味的，因爲在比較的説明中，可以找到許多相同的地方。和塞國一樣，保加利亞實際上没有離開產業的地主。它的耕地祇有百分之十，在五百百阿爾以上的地主手内，而羅馬尼亞的却大於百分之四十。羅國每年出口的五穀，爲一二〇,〇〇〇,〇〇〇斗，大半都在這些大地產上生長的。保加利亞的地產很小，輸出的穀類，祇達羅國的六分之一。這件羅馬尼亞穀米輸出的事實，局部地解釋了戰前羅國農民的貧苦與滋養不足。農業的利源，大半由富人操縱，可以變爲榨取利潤的商務，毫不顧及本國農民適當的生活程度。戰後農民自家能够管理小麥，便開始吃它。在保國的制度下，農民的生活較好，而引用西方機械的困難却大一點，因爲地產通統是小的，而且還保存着許多地條制度的痕迹。巴爾幹各國的政府，也不大熱心抄襲西歐的農業組織。大戰以前，它們在原則上都反對大地主。他們爲戀棧計，不得不反對。合作社受大衆的歡迎，由於它能够給予大量生産的利益，他方面又適合自耕農的平等與別的社會優點。

近年農業改革與緑色國際主義

一九二一年二月，在保加利亞農民聯合會的第十六次代表大會，正式地組織了國際農民聯合會，統稱爲緑色國際，以便與莫斯科的赤色國際來對立。戰後東歐與東中歐的模範農民運動，統稱爲緑色國際主義，不管它是不是與緑色國際的組織有正式的關係。

緑色共産主義，簡直不是馬克思主義。巴爾幹的農民，因爲欲與赤色的政綱對抗，才定下了不同的目標，巴爾幹各國，奥匈聯邦與西歐的繼承國家（Succession States）的大部分，以及蘇聯（USSR），都是明顯的農業國家。照舊時的估計，從前奥匈户口有百分之七十六，巴爾幹有百分之八十，俄國有百分之八十五至百分之八十六，都是從事農業。

一九一八至一九二三，統治保加利亞的農民派，實際上不是一個政黨。他們是自耕農代表的大同盟。代表的大部分與農民失去聯絡。他們僅僅把農民當作工具來奪取權利。最後農民們尋求種種方法，來保護自家的利益。於是鄉村的合作社，突然成爲農民運動的核心。農民們就由此接收了政治職務。

保加利亞農民聯合會，成立於一九〇〇以反對一八九九的反動内閣。先是，這個内閣的横蠻與剥削，激起了民衆的暴動，後來以鐵血將它鎮壓下去。一九一八，Alexander Stamboulisky，以農民派的資格做了首相，到一九二三被軍事的苦得它（Coup d'etat）推倒與謀殺。他在戰前出版一本書，主張合作社應該代替政黨。他更主張以經濟利益的團體，做代表的基礎，但是在保國和東歐一樣，農民合作社非行會（Gilds），占據超越的地位。

南歐的綠色共産黨與俄國的赤色共産黨，也有吻合的地方。俄國布爾什維克黨没收大地産，東歐南歐的農民派，很熱烈地贊成。同樣，俄國的赤黨，痛駡資本主義政府醖釀戰争，也是與農民派不謀而合。因爲後者曾經問過：『我們没有從最初被非農民政府壓迫嗎？』歐洲農民最多的國家即俄國，忽然達到了農民們幾百年所懷抱的希望，在鄰近的國家中發生了巨大的影響。這一影響，遠處的人不大十分知道，那時仍然在酣戰中。各國政府，因爲農民是軍隊的背脊骨，因爲要得到他們的擁護，衹好允許土地改革，允許不再將它取消。

俄國土地分配的政綱，既是完成，自然不成問題了。歐戰既已告終，布爾什維克黨所提出的『和平』口號，也喪失了它的重力。但是等到俄國新式國家，變得明顯的時候，鄰近農民國家中的思想，就起了可怖的震動。巴爾幹的農民領袖，覺得蘇維埃政府中，城市勞動者占大多數，乃表示不滿，同時更覺得俄國的蘇維埃與斯拉夫歷史上的 savet 或者 soviet 是不同的。加以農民們才衹由土耳其的統治下解放出來，很不願意接受土地國有的理論。而政府又抓住有力的戰時組織，以反抗俄國的思想，集中物質的與精神的力量，任意污蔑某種思想爲『敵人的宣傳』。好久希望的土地改革，必須在戰争的高熱中與改造的混亂中實行起來。

戰後的保加利亞，可視爲模範的農民國家，開始了新發展的階段。每人所有的土地，不能超過七十五畝，如系耕地；亦不能多於一百二十五畝，如系林地與牧場。此地的農民有較好的組織。困難問題，如減少大地産等，是不很多見的。以意識論，農民是反對戰争的。巴爾幹的民間歌曲中，反復咏吟戰争的痛苦、憂愁與虚空。一九一八至一九二三，保國的農民首相 Stamboulisky，曾經因爲反對世界戰争而入獄。農民們相信工作，并且認定不用手不用腦來做有用的工作的人們，都是寄生於生産者。Stamboulisky 的政府，采取了强硬的方略，逼迫個個壯丁追求生産的職業，并且還要每人多花十天的工夫，來做公共事業如修路等。這個强迫方略是絶對的，既不能用金錢代替，也不能請替人。

在這些農民國家中的任何處所，都表現了農民反對城市反對市民的仇恨，尤以在保國爲更厲害，因爲這裏農民的多數取得了政權，握住了政權有幾年。這些國家全國的財富，既是基於農業，農民遂感覺到城市的華屋、現代改良高等教育便利、文明人舒服的機會，實際上等於劫奪。就一般講，他們懷疑一切中間人，認定他們没有用處。他們願意用合作社做賣物的機關。至於合作社，到處都有，甚至成爲輸出五穀與輸入機械的商人。一般農民很不歡迎外國資本，視外國公司的代表爲奢侈的寄生階級。他們與城市的資産階級，單就這點講，是迥然不同的。在德美荷蘭管理羅國的煤油時，常常説到農民付出的油價，比以前油業没有發達時，要更高昂些。

南斯拉夫（Jugos'avia 即擴大了的塞爾維亞）的土地改革，起初見於一九一九的法令中，嗣後略加修改，編入一九二一的國憲中。改革計劃的目的，除附帶地取消一九一二後新置土地上的封建奴隸的租佃制度外，在於分裂大地産，模範田莊除外。計劃的大綱，不准私人的地産大於一百二十四到一百八十五乃至七百四十一畝，地面的大小，因隨地質、類别、各地情形而定。不耕作的人，祇能握有一百四十一畝，不住在國内的人，祇能握有一百七十三畝。對於土地被剥奪的地主，應以期限二十年與利息五厘的公債彌補他們。有幾類經過戰争的兵士，可以不出錢而得到土地，但是一般的人每年都要拿出錢來，以十年爲期，尚須償付七厘利息。在一九二四的法令下，有五十萬户得到解决，監督權授予 Credit Foncier，即國立押款銀行。

南斯拉夫的土地改革是很困難的，因爲地産與剥削的種類太複雜了，有的地方還受着土耳其式的封建主義，有的地方却有現代的田莊，而羅馬尼亞的問題則更爲複雜與困難。羅國的皇帝在一九一七年三月的軍令中，特别允許分裂皇帝的土地爲小地産，分給農民。他籠統地説，羅馬尼亞正要開始遠大的土地改革與憲法改革。他對於他私人所能允許的土地却講得詳細一點。就這個方略的論調看來，人們無疑地認識了俄國以外的農民要求土地改革的鼓動，是嚴重而迫切的。布爾什維克黨極力利用了這個以革命威駭歐洲半部的險惡形勢。以上已經講過，舊羅的大地産制度，仍然是極端壓迫的，雖然經過各種改革的企圖。大地産集中於 Moldavia，僅次於俄國。

Bessarabia，在從前蘇維埃聯邦時，稱爲 Moldavian 共和國，於一九一八年初被羅馬尼亞人奪回，得到德法兩國的默認。那時大地産的没收已經開始，煞是嚴厲，於地主們很不利。羅國政府想乘此機會改造 Bessarabia 的法律，使與它自己的法律相吻合。這次所采行的賠償原則，與適用羅馬尼亞本部的法令相同。但是 Bessarabia 法令中有一條，即第五條，宣稱一九一九年一月一日還不宣布爲俄國公民的人們，將被視爲外國人。後來展期四個月。這個規定在恐嚇地主們放弃反對羅馬尼亞占領的一切企圖，同時使他們不能在法律上訴請於外國。

在Bessarabia的境内，私人的地産，限於一百百阿爾（二百四十七畝）。羅國本部與在以前的奥匈境内，私人地産的限制是五百百阿爾（一千二百三十五畝）。最大的地主，握有一〇，〇〇〇百阿爾。一百百阿爾的地主，没有受騒擾。二百百阿爾減爲一百六十五點七；三百減爲二百零一點一七；五百減爲二百四十一點二；一千減到二百八十四點九；三千却減至三百五十一點四，等。

土地的分割，由各地委員會執行。委員會由區法官、地主或是他的代理人、農民代表一人組織而成，其職務在檢閲證據如測量、地租、出賣的記録、土地抵押等，并且作一次試驗的决定。假如决定是一致的，便立刻將土地交於農民合作社。没有這種組織的地方，即行設立一個。在十五日以内，可以上訴到縣委員會，倘使地方委員會的意見不能一致，計劃的全部由改組了的中央合作社監督。

這個没收土地的計劃算是最激烈的，因爲它是最必須的。所以它成爲攻擊的目的物，而攻擊的人都説這種國家行動太寬泛太隨便了。在執行的時候也遇着極大的困難。讓我們引一個比喻：有好多地産被抵押了。全部地産被抵押，是比較地單簡，容易對付，但是有些没收了的土地，衹有一部分被抵押，與别的特種區域相錯離，有時還有第二抵押。土地的種類如森林、葡萄地、耕地、牧場、荒地等，常常引起許多争執。更壞的，便是測量太舊，而且靠不住。有些地方的土地由本國人與外國人共有，就更加困難了。有的在没收時下了種，有的反是。但是最動聽的批評，即是：任意將土地分成若干塊數的地産，未必合於經濟與社會情形。

羅馬尼亞大地産失去土地的百分數，比較小地主所失去的要多一點。因此，在大地産的地方剩下了廣闊的地面，農民吸收不完。在小地産的地方發現相反的情形：常常有土地少了不够分配的困難。農民們或者可以遷移到别處去，但是有許多家庭住在同一鄉村，已經有了好幾代，覺得遷移很不方便。終久農民因爲貪圖土地，定可戰勝這個困難，却又有人説，有許多土地被荒廢了。伊爾文女士（Miss Irvine）説，一九一九年末被没收的土地爲五百萬畝，其中幾乎有一百萬荒蕪。她又援引Münchener Neueste Aachrichten上面登載的報告：一九二〇年末，Latvia有同樣情形的存在。到了一九二四年末了，羅馬尼亞衹有一半可有取得土地資格的農民，得到了他們的目的物。

其次論到匈牙利

匈牙利短命的温和派社會主義政府，存在到一九一九年三月，也以同樣激烈的精神，分割大的地産。地主握有的土地，不能超過二百五十畝，一般人的地産，平均在十三畝左右。德律基伯爵（Count Teleki）舉出兩村做例證。有一村衹有五百畝作分配，但是要求分配土地的達一千人，另一鄉村有六千畝，而要求的衹有三百人。在第一場合中，每人衹分半畝，而在第二場合却可得到二十畝。『第二村的人民挖掘壕溝，以防禦第一村較爲不幸的人民』。匈牙利布爾什維克黨坍塌以後，便采取了不很激烈的計劃。

羅馬尼亞没收地主的土地後，到一九一九有一百萬畝荒蕪了，是以前講過了的。但是官方宣布祇有八五四，六二〇畝，一九二〇減到五八〇，五四〇，一九二一減至二九三，九三〇，到一九二二實際上完全没有了。一九一九一切爲耕種的土地，不能完全歸咎於土地的没收。有些戰地，到一九一九尚没有回復原狀。牲畜與農具，兩俱缺乏。那時人民方在飢餓中，外國救濟機關方在工作。在這種情形下，極不易於得到種子。最後，在俄匈邊界動員了很多的壯丁，障礙了農業的工作，而戰後的運輸制度，也在極可憐的狀態中。換句話說，要把一切未耕的土地，歸咎於土地改革，明明犯了『假因』的錯誤。

祇有一個草率的人，會要預言着影響歐洲大部分的新農民運動的結果，雖然它的成功在不大工業化的地方是很明顯的。假使合作社要繼續興盛下去，那就要看它對地産的大小發生若何的影響。到現在合作地産的單位，尚不能像最大的舊地産那樣巨大與那樣有效能。東歐的農業趨向，或者要采用强烈的耕種方法。而不注重需要很多機器的廣闊的形式（Extensive Type）。

第八章　美國農業發展史

殖民時代的土地問題

北美洲最足以誘餌殖民的，便是取得土地的機會。在英國殖民的初期，本没有打算以土地所有權給予殖民者，使他得以自由買賣。那時的計劃要使美洲的土地保有權，遵照英國流行的制度。當時英國的土地通統集中成爲大地産，由少數地主握着；要想把土地所有權由一家轉移到他家，是很困難的。英國的田地，差不多都是由佃農耕種的，所以當時的商務公司或個人，從英國皇帝那裏領得美國的土地，便將土地的所有權永遠保留，殖民者不過是納租的佃農而已。

這個土地租賃制度，雖然在殖民地開始了，却没有存在好久，殖民者要求土地，而土地又很豐富，他們的欲望，自然不能拒絶。而實際上又覺得必須給予殖民者以土地的所有權，以便鼓勵他做工作。維基尼亞（Virginia）殖民者要求土地所有權，倫敦公司（The London Company）便給予每一『居留』（Resident）股東一〇〇畝，就是説每股百畝。維基尼亞改爲皇家省份以後，給予殖民者以土地的辦法仍然繼續着，但是要給予英王一種小小的年租。在新英格蘭（New England）各地，殖民者完全保有土地，在地主殖民地（The Proprietary Colonies），有多數人得到土地，不過地主們對於他們賣出的土地，照例要徵收一種小小地租。在一切美洲殖民地中，人們注視土地，恰和注視其他的財産一樣，它可以自由買賣，地主與英王，覺得收取地租非常困難，而且地租又不按時繳納，到美洲革命時才把這種義務取消。

他方面，建立殖民地的人，不論他是公司或是個人或是冒險家的聯合會，其首要的職務，便是勾引人們移殖到美洲，因爲没有工人，便不能産生有商務價值的東西。有幾個殖民地大企業的經理，不管原來的計劃如何貴族化，終久從實在的經驗中相信以土地給予真正殖民者是很好的政策。不以土地的真正所有權給予移民，就不能够勾引他們、抓住他們。

我來舉一個例：在維基尼亞，特許公司（Chartered Company）的目的，原在保存土地的所有權，雇用工人或佃農來耕種土地，但是辦不到，不得不采取最高的誘勸，以獎勵耕種。所以公司方面給予公司的每一個僕人三畝園地，并且對於新來的允許給予十二畝的荒地。一六一九年，市民院（House Of Burgessus）在第一次會議，以耕種土地的移民仍然是佃農，要求以土地的所有權賜予他們，并且要求以一百畝分配於各『居留』股東，每一普通股，可得百畝，這個要求照準了。凡屬要親身往維基尼亞去的冒險家，都從倫敦公司領取土地。自從一六二四年起，該公司以倡亂被取消，維基尼亞改由皇帝直轄，直接向皇帝領取土地。因爲每一股東在第一次分割時可以得到百畝，在實際占領後又可以更得一百畝，於是那些冒險家的聯合會，得到了廣大的土地。有一個殖民公司的發起人名叫 John Martin 的，替他自己與他的同事領得八萬畝。對於其他的殖民者，也有同樣的擴大的賜予。

殖民者更可以在所謂『頭權』（Head Right）下增加他們的田産。每一個股東，祇要出錢運進了一個健壯的工人，男女皆可，就可以在第一次分割時得到五十畝，在第二次又可以得五十畝。這個權力立刻擴充到一切住在維基尼亞的居留人，成爲取得土地的普通方法。運輸工人的費用大概是六鎊，所以每畝的價值差不多祇有一先令。而運進來的工人大半要根據契約，以勞力償還川資。因此殖民者并不要花費好多金錢，就可以得到土地與耕種土地的工人。這個辦法算是特别適宜於一個富有土地與缺少人工的國家，但是它易於發生流弊。

流弊是這樣的：奸猾的殖民者，以自家或家人來往於英國所付出的川資，交换土地。土地局也腐化了，祇要拿一點小費進獻土地局的秘書，他就批准要求的土地，不要什麽川資的證據，也不問什麽問題。這個習慣，愈行愈廣，最後在一七〇五年，就由法律批了。五個先令，就可買得五十畝土地，但是有幾個附帶的條件：要修建一棟房屋，要在三年内耕種三畝，要在田莊上畜養多少牲口。結果地産的範圍加大了。一六二五年，每一個股東享有百畝的權利，并可再得百畝，所以在十九世紀末，每個維基尼亞的田莊平均計算約有七百畝，有好多殖民者保有幾千畝。大家承認英王是維基尼亞殖民地内一切土地的終極（Ultimate）地主，而占有土地的低級業主，須要每畝繳納一 Furthing（一便士四分一），以作轉移土地的租金，在英文中稱爲 Quitrent。皇家官吏，把這筆租金作爲重要的收入，但是殖民者很堅決反對。

新英格蘭各殖民地的土地制度，與維基尼亞的有顯著的不同。建立普里穆斯殖民地（The Primus Colony）的人，歷盡千辛萬苦，自然要享受一份權利。所以每一個殖民者，不論男、女、兒童、自由民或僕役，都可享得十磅一股的權利，每一個股東在第一次分配土地時，可分得二十畝。在 Salem 地方，每一個原來的移民，可得房屋地皮一塊，耕地十畝，牧場權利與刈草權利。馬薩諸塞灣殖民地（Massachusels Bay Colony）内，照原定的合約，每個親來境内的移民，或是由他出錢派來的，可以得到五十畝，就是説每川資一份，有五十畝的希望。這個辦法没有造成大地産，如維基尼亞一樣，因爲耕地有限，而新來的也很多。他方面，氣候與土壤也不宜於大規模的農作，移民們情願聚族而居。房屋的地基，多半指定在一條獨街的左右。耕地草地林地，都没有分配，一直等到後來移民的社會很强，能够建立藩籬，來防禦印第安人襲擊遠方的田地。在一切馬塞諸塞灣公司保護下的居留地中，都采行同樣的計劃。但是分攤地（Allotment）的大小，隨着土地總數與土地收受人的數目而异。羅得島（Rhode Island）、康涅狄格（Connecticut）、新罕木什爾（New Hampshire）的殖民者，采取了馬薩諸塞的模型。新英格蘭的移民，無論在什麽地方，都是小農，麇居在鄉村中或市鎮中，自己種自家的土地。本地税款，由市政當局估量徵收，但是没有徵收什麽 Quitrent。

紐約是皇家省份，直接由英國皇帝管轄。在這裏，由荷蘭西印度公司（The Dutch West India Company）所采行的保有土地的封建形式，遺留着很大的影響。所以在英國的統治下，居然保存着巨大的田産如 Rennslaervyck。有一些皇家總督，常常以幾萬畝的土地，賜予受寵的個人，於是封建式的田莊，如 Livingston Manre 乃得成立。這個辦法嚴重地妨害省内的發展，被人家提出抗議。受妨害的原因，就是由於移民們情願到新英格蘭去，因爲在那裏可以得到土地，由自家保有，不要代價。一七六八年，馬霍谷（Mohawk Valley）由印第安人手中買得，乃建立土地局，以田産給予移民，使得世襲，但是有一個很容易的附帶條件：在三年内務必於五十畝中開闢三畝。

地主們握着自己的廣大土地，如像封建采邑一樣，可以隨心所好地給予别人或賣、租於别人。甚至維廉·彭禮（William Denn）心中，也有一種貴族式的土地保有制。他聲明出賣五千畝一莊的土地，代價衹收百鎊，并且贈送五千畝於每個人口的僕役，同時却要徵收每百畝一先令的 Qucitrent。凡屬能够自家出錢運來自己的家眷占領土地的，便能得到五百畝的田莊。這裏真有很多的機會來取得巨大的田産，但是物理的條件，却不利於大地産，因爲土壤與氣候需要各種强烈的農業。廣大的地産由移民的團體購買去了，然後再由各團體分給於個人，結果成立了許多農業會社，表現特别民主的形式。

澤稷（The Jerseys）州的地主們，爲着勾引移民來到境内，情願以一百五十畝送給任何人，衹要他自備槍、彈與六個月的糧食，於到達時與總督見面并且以同樣的畝數送給他的僕役或奴隸，衹要是由他出錢運進口的。送給婦女的土地，是每人七十五畝；這樣一來，便把鄰近殖民地紐約的移民勾引來了，新澤稷的户口差不多完全是由小農與他們的家庭所集合而成的。

在 Mason and Dixon's 的南方，物理的條件與分配土地的條件，都要助長大地産的發展。此地是濱海的廣大平原，土質很肥沃，氣候又宜於大宗收穫，如玉竹蜀、米、棉、烟葉等。大規模的耕種是很合算的，所以小農很感覺不便利。一六三六年，Lord Baltimore 聲明以一千畝永遠送給每個冒險家，衹要他運送五個移民，每年繳納二十先令的 Quitrent。倘使冒險家們能够帶來五個以上的工人，尤其是藝匠們或其他有用的人們，便可得到較大的土地，所以有些田産竟達一萬畝或一萬五千畝。地主們的用意，在建立封建式的采地（Manor），每個殖民者更把他的土地分租於他帶來的人們。後者好像封建式的農民，除開繳納金錢或出品做地租外，還要於采地地主呼喚時，準備槍支彈藥，以防禦印第安人。一六七六年，這種樣子的采地成立了六十處，每處有三千畝。地主們也以土地賜予農民，讓他們保有。無論什麽人，衹要自備費用，將他的眷口運送到馬里蘭（Maryland），就可以得到百畝，他的妻子和每個入口的僕人，也可以領得百畝，每個小孩可有五十畝。這些自由人所繳納的地租，是每五十畝交出小麥十磅，在肥美的低田，大田莊賺得很多的利潤，結果，有許多接受這些條件來耕種土地的農民被擁擠出去了。

一六六八年，卡羅來納（Carolina）的地主們，發表分配土地的布告：每個來到境内安居樂業的人，可領得一百畝，他的妻子與兒子以及男僕，每人也可以得到百畝，每個女僕衹能領得五十畝。但是每畝要繳納半便士的 Quitrent。在佐治亞（Georgia），每個移民可得五十畝，并且可以領到耕種土地的工具。這兩個殖民地地主的目的，在勾引農民領取與其能力相當的土地。但是氣候與農業條件的勢力是很大的，畢竟超過了地主們定出的精細計劃。政府衹好采取維基尼亞分配土地的方法，因此在南方各殖民地中，大半都是由『頭權』得來的大地産了。

就以上所論列的看來，移民取得土地的辦法約有數種。最初的辦法，便是以開闢殖民地的各公司的股東資格來領取土地。倫敦公司、馬薩諸塞灣公司的『君留』股東，都得到土地的一部分。後來改用購買的方法。個人或公司，先由皇家領取土地，凡需要土地的，都可以從他或它那裏購買。在皇家直轄的省份，要向皇帝購買土地的，可向皇家總督或其他認可的代表接洽。

除直接購買土地外，還有别的方法來取得它。握着美洲土地權的地主們，很希望招來殖民者，因爲來的人愈多，土地的價值便愈大。有許多地主們，爲着誘餌移民來到他們的田莊上，簡直以一定數量的土地送給他們。凡屬能够帶來人口的或工人的，都享有領得土地的權利。

至於殖民地田莊的大小，在南方與在北方是不同的。南方以米、烟爲收成大宗，以農業爲唯一的重要産業，以故殖民者覺得農作要大規模化，才能占得便利。結果成立了許多大田莊。許多地主們利用『頭權』，建立巨大的地産，每處包有數千畝。北方的農業，固然也是非常重要，但是没有完全吸收人民的能力，如在南方一樣。况且北方的收成，衹宜於强烈的而不宜於廣闊的耕種。人民住在市鎮或鄉村。田莊的大小平均起來比在南方殖民地要小一點。

殖民時代的農業

在美洲登岸的大多數的殖民者，都變成農民了。種田是達到經濟獨立的最容易而且最靠得住的道路，因爲農作物的開始，衹需要些許資本或竟不需要資本，而且衹要勤苦工作，自然是有報酬的。那時的農民窮得真可憐，衹有些許現金以領取土地、一隻槍與些許彈藥、幾個用具與一把犁。在頭一年以槍與網來維持他們自己，如印第安人一樣。以後還是用同樣的方法，而加以土地出品的幫助。一切田莊上的勞動，都由他們自家擔任，木匠與鐵匠，也是他們自家做的。他們用這種種的方法，雖然没有財産，却能够生存，過了幾年便能够維持他們自己與家眷到小康的境地。

到美洲來的人們，不論他們是上流人物或是窮光蛋或地主或猪仔（簽訂賣身契約的勞工），都覺得要預備衣食住。初來的殖民者都變成了農民，因爲生活的必需品必須來自土壤中，一個能幹聰明的人，很容易在美洲謀得生活，上面已經講過了。那時的農作賺不到現金，除非田莊是位於濱江的地方，可將剩餘的物品由河流運往市場，但是農民所生産的大半衹能供給自己的家口，熟地（Gleared Land）上産生的穀粒，就在木做的與水力或風力推動的磨坊中碾碎了。豢養在木地的猪、羊供給了肉類，或鮮食或醃食都是可以的。生皮馬上就熏好，馬上就做成鞋子。家内的婦女們將羊身上剪下來的毛，織成輕暖耐久的布匹。麻的産量是很多的，足以供給輕質的布帛。因此，除開鹽、糖、茶、咖啡、磨石、鐵器外，不必要買進旁的東西。在這種情形下，每個努力的人都可以取得財産，哪怕他從前來時是一個猪仔。猪仔的勞役期滿以後，便可做一個自由的勞工。而工價又是高昂的，所以很容易積累充分的金錢，來購買一塊土地。

但是在英格蘭便没有這樣的機會。那裏的工資低、地租高、生活費用很大。哪怕極勤苦極儉節，也不能使窮人買得一畝土地。因此失業的工人，與無恒産的農民，都争先恐後地坐船到美洲去，并且包圍土地局，問它要土地。

兹將各殖民地的情形分述於次

新英格蘭諸殖民地。此地的天氣非常嚴厲，尤以冬季爲最苦，而且温度的變化靡常，乍寒乍熱，很不宜於習慣了島國天氣的身體。又加以地多岩石與冰川，也不宜於習慣了肥田的農民。除開溪谷外，土質都是荒瘠的；夏日太短促，五穀不能成熟。但是殖民者還是要領土地，要設法維持他的家庭，最後還要積累財富。和睦的土人們，告訴移民種植印第安的五穀，告訴他們以魚類肥田。玉蜀黍産於沿海各地，不久就變爲主要的麵包材料。過了幾年，便有玉蜀黍和鹵肉賣給從事漁業的人。夏日雖短促而炎熱，却産生茂盛的菜蔬。蘋果、櫻桃以及硬果，都能够滋長豐茂。由英國以重價運來的牲口，可以在草地上生活着，但是在冰天雪地的三四個月中，必須把它關在家裏，以食物喂養它。森林也是很豐富的，建築房屋、船舶、倉廩、磨坊的木料，一應俱備，質地也很佳。鳥與魚也繁多，在物產太豐饒的地方，要什麽便可以得到什麽，人們就不愛惜天賜的物力了。因此便把森林任意砍伐了，繼續耕種的土壤也變瘠瘦了，產生毛皮的野獸也與森林同時消滅了。那時的農民專靠田地與樹木的出品是不够的，所以還要從事漁、獵以做補充。

紐約。這裏的天氣與新英格蘭的相同，不過在濱湖的地帶氣候要温和些。新英格蘭的山脉，到了哈德孫河（Hudson）以西，便變爲石灰石的丘阜，因此紐約土壤的大部分是很肥沃的，農民得到豐裕的收成，并不要魚類或蛤殼做肥料。小麥與玉蜀黍，生長於溪谷中；葡萄與桃樹，則繁殖於湖沼的附近。森林的出息，抵償開闢土地的用費還有餘。每個溪流上都設立了鋸坊，鋸了的木料就由小河順流而下以達於海。工資高昂，甚至農業勞動者也是如此，所以容易蓄積充分的金錢以買得土地。有了土地，就能够養活家口，或者還有餘積出賣。每個農民都生活於安逸、富裕之中，煞是快活。農民運往市場以交換必需品的剩餘貨物是小麥、麥粉、玉蜀黍、番薯、大麥。

中央殖民地。此地帶起於北緯三十九度至四十二度，包有南紐約、新澤稷、賓夕法尼亞（Dennsylvania）、德拉瓦（Delaware）各地方，以物理的條件論，是很合於英國人的性格的。這裏有人迹罕至的土壤，哪怕衹在表面上耕耨一下，就可以產生很豐裕的小麥、大麥、黑麥、雀麥，比英國農民用科學肥田法與收成輪回所收穫的還要多些。英國不能產生的桃樹，却可生長在新澤稷、德拉瓦的沙原上，結實極豐富，跌在地上無人拾起或給把猪吃。牲口與羊能够繁殖於豐盛的野草上，就是在冬天也不要把它們關在家裏或喂養它們。樹林與礦產，都是很豐裕的。

此地的大地產是很稀見的。肥沃的地面，通統分成小田莊，農民們不管是英國人或荷蘭人或瑞典人，雖是比較的儉樸，却得到很多的安逸。這裏猪仔式的僕人，比北方要多些，沒有錢的人，大半以勞力抵押川資；而外國人，特別是德國人，情願用這個方法來到美洲，因爲它擔保他們能够得到幾年的雇用與學習英語的機會。奴隸也不是不常見的。而且這塊地方，是比北方更適宜於非洲人的身體。

維基尼亞。德拉瓦灣以南，氣候、土壤、出產，都是生長在大英海島的人所未曾見過的。夏季很長，非常炎熱，低地又多瘧疾。居住詹姆士城（Jamestowm）的殖民者，企圖產生小麥，但是不久就發現了，小麥雖然能從采的黑的土壤中生長到可驚的高度，它的核却不能硬化成粒。在印第安人指導下種植的玉蜀黍，則能得到豐收。

一六一二年，John Rolfe 種植了烟葉。不久這樣出品便成爲最容易出口的東西。於是移民們就開始種植它，却妨礙了糧食的出產，最後總督 Dale 氏才頒布了一個命令，説無論何人，除非先種了兩畝五穀，是不得種植烟葉的。殖民的公司則主張種植麻、棉、靛青、葡萄、桑葚等。因爲這些物品，照公司的估量，是利於母國的，但是移民們不理它，仍舊種植更可獲厚利的收成。小麥與玉蜀黍，都不銷行於外國，唯有烟葉能够容易推銷。所以從一六一九至一六二二年，烟葉的出口，迭年增加。結果移民都好種烟，缺乏糧食，衹好以軍火賣給印第安人來交换食品。一六二三年，印第安人的大屠殺，就是這缺乏糧食的結果。翌年，全殖民地受了麵包恐慌的威脅，政府遂於每個教區（Parish）命設積穀倉，要每個男丁於收穫後存穀一英斗（Bushel）。但是法律没有生效，因爲移民們還繼續耕種獲利豐厚的烟葉。最後烟葉跌價，土地肥質也被烟葉吸盡，再不能産生有力的收成，農民們才着手種植玉蜀黍與小麥。

烟葉的種植深沉地影響了維基尼亞的經濟組織。農業的單位，自一千畝到五萬畝。在十七世紀的大部分，土地都是由猪仔耕種的，以後却改由入口的非洲黑奴耕種，因爲奴隸勞動容易賺錢，而且栽種烟葉并不需要很多的智識。在監工的監督下，無識的奴隸們耕種廣大的肥美的土地，俟烟葉成熟後，便把它割下來，運到乾屋中去。廣闊的地産原來不值什麽，衹要拿出一點手續料給予土地局，現在却要爲業主們産生二萬鎊到八萬鎊一年的進款。一千畝以内的田莊，不能占得奴隸勞動的便利。曾經估量過：一個奴隸能耕種五十畝，一個監工能够管理二十個奴隸，如果不依照這個比例數，便會要受損失。平常計算田莊的價值，多半是計算工人而不計算畝數。在一年的過程中，每個奴隸要生産十六磅的烟葉與四磅的木料、玉蜀黍等。這樣一來，他除開賺得他的生活費（三磅）外，還可以賺得他的買價上的利息（五十英鎊利率在百分之五等于二英鎊十便士），因此替他的主人賺了一筆很大的進益，此外尚可拍賣奴隸賺取利潤，然則奴隸制度的眼前利益，真是可想而知了。

從前産生烟葉的田地，現在已成爲『死地』（Deadlands），就是應用昂貴的肥料，也衹能生産些許報酬。那時要以非洲無知的奴隸工人來施行收成輪回、深耕（Subsois Plowing）、利用獸糞都是不行的，殖民者衹好施行廣闊的耕種。所謂廣闊的耕種，就是一塊土地的肥質耗盡後，監工與奴隸便移到新的土壤上去。可以説，浪費與虚耗便是那時經理整個田莊的特點。房屋的構造不堅實，果園没有種植，蔬菜、五穀與其他的收成都被忽視了，田地上没有安設籬笆。牲口以無住處與糧食，僅徘徊於荒地上，也減少了數目。廣闊的農業所産生的破壞影響，至此乃暴露出來了。

産生大量的烟葉，自然要促進出口貿易的活躍。加以又有許多潮河與海灣，可以通航八十哩達於海面，足爲出口貿易的幫助。詹姆士河（The James）、紐克河（The York）等的兩岸，都有許多大田莊，每個田莊各自有自備的碼頭。每届秋季，由英國直接來的海船，就泊在這個碼頭的旁邊，裝運烟葉，并且卸下許多商品於岸上，以作交换。這種交易獲利特多，尤其更有利於英國。英國製造業者發覺了愛奢侈的移民都喜歡購買他們的精布、氈毯、烏木木器。移民們希望以烟葉償付一切的東西，今年的收成不能償付，則等待來年。每個移民，可在倫敦鋪子裏掛流水賬，所以有許多移民欠賬特多，不能償清。抵押土地與收成以償付商人賒賬的辦法，到現在還是南方農民的特點。

在山谷裏種田的農民，能够産生小麥、大麥、肉、毛、水果、蔬菜，足供家口的耗費。至於要想以物品運售於遠方，賺得高價，以償運費，那就要靠聰明的勞動來製造它。出口貿易中的鹿皮、熏皮、木料、麻，都是從這些高地來的。這種田莊，衹有在强烈的農作下才能有利益；農民們没有意思造成大地産，也没有意思運進奴隸勞動者。他們很儉約，用自然的勞力耕種田地，於必要時製造布帛、陳設用品與車輛，如新英格蘭與賓夕法尼亞的小農一樣。

卡羅萊拉與佐治亞。此地的物理特點，與維基尼亞的非常相類似，不過這裏是濱海的平原，氣候更暖，瘧疾更多。此地有廣大的稻田，都在低窪的地帶中。稻苗在發長的季節中，必須用水冲蕩，并且需要屬於低地的豐富的植物泥土。把樹木砍伐了以後，更將積水排出，所謂無望的低地便成爲富足的禾田。這裏種田的工作，没有白人能够忍耐，因爲勞動者站在泥水中，水齊膝蓋，而且熏熱的日光下屈體工作，同時肺腑中充滿着生病的空氣，甚至黑人也染病死亡了。

種禾的利益，趕不上種烟。在每一季，每個奴隸衹能産生價值十鎊的米。倘若除開維持費監督費一共三鎊，又除開奴隸買賣的利息兩鎊十先令，此外，奴隸尚有患病與死亡的危險，那末所賺的利潤就不很多了。但是殖民者還是安享舒服的生活，因爲他可以自由向米商預支現金或貨物。此地既是有奴隸有監工，便可想見是大地産了。白人因氣候的關係不能擔任農作，所以要種田的農民便不能找得什麽機會。

南卡羅來拉種植禾苗，開始於十七世紀的後半期。在十八世紀終了以前，此地的出口貿易以米糧占半數。這種情形很使英國政府懷抱嚴重的憂慮。英國各地，本不需要很多的米，但是等它（米）侵入西班牙、葡萄牙的市場，它就與英國的小麥發生競争。英國市場要移民們培養桑葚，他們很不願意照辦。一七四一年，東方靛青種子，初次播植於境内，在做了許多麻煩的實驗以後，竟産生了一種染料，其質地不讓於法國的出品。在此後的五十年中，殖民者便把最富饒的土壤種植靛青，在最後的十年中，每歲輸出五十萬磅。每磅可賣兩先令至三先令，自然産生了一筆很大的進款。一個奴隸可以照料兩畝，每畝産生八磅的靛青，在冬季自然還要照料别的收成。

卡羅來拉的叢山上，生長着高大的樹林，這裏的土壤，至少是溪谷的土壤，是非常肥沃的。此地可以種小麥、水果、蔬菜，在北部的各縣，却宜於栽種烟葉。雖然烟的利益比米的要大些，雖然山上的空氣更衛生些，南卡羅來拉的移民，仍舊依附於低平的地方，户口向西方移動是很緩慢的。初次去的人，即以森林的出産如木料、野獸皮等作路費；等到樹林砍伐以後，便將牲口帶去。山上的牧場是最佳妙的牧草地，而且没有圍墻，牲口乃得任意逛來逛去，不管是誰的草地，一千頭牲口的大隊，不是不常見的現象。農民們找得一塊肥沃的土地後，衹需居住十年、十五年或二十年，便可保有它，傳授於子孫。林中多鳥獸，河中多魚，肥美的土地，衹需加以粗暴的耕耨，即可産生豐富的食物。因此，一個勤苦的人，很容易取得小小的財産。此地没有很多奴隸，因爲他們的勞力，不能像在低地一樣的有利益，而且他們需要更多的糧食與服務。這裏的物理條件，宜於小田莊與自耕農。

英國的政治家，想要使英國不靠歐洲的入口品，所以要鼓勵幾種農産品。譬如麻、木料、松脂等，都是英國船廠所必需的，都是從某幾個國運進的。而這幾國又隨時與英國有發生戰爭的可能。因此爲着取得可靠的來源，英國政府决定了廢除殖民地入口品的進口税，并且對於應該入口的貨物，予以津貼。因此美洲各殖民地，競相産生英國政府所獎勵的出品。

總括地説，殖民地時代的農民，以天然物産的豐富，竟使用虚耗的方法以經營農業。土地既是供過於求，何必一定要吝惜它？農民們砍伐樹林，焚燒樹木，種田一直種到肥質完全喪失才放手。肥質失掉後，便把它當作草場，以供畜牧，另外尋覓新的土地。農民們對於牲口、馬、猪，并没有十分注意，所以它們的數目雖然增加了，質地却减低了。一七三〇年冬季極寒，南卡羅來拉損失了一萬頭牲口，農民們却不因此而改變他們的行爲。

美洲自一七七六年宣布獨立後，英國便將津貼取消，因此美洲有幾種農業受了損失。松油業感受跌價的影響，靛青業完全破産。牧業也發覺了：砍伐樹林的牌照，不足以抵償英國津貼的損失。最後，這些損失，因爲歐洲開闢了新市場，而國内户口又有迅速的進展，對貨物的要求也有增加，遂由此得到彌補。種禾者與種烟者，可以將他們的出品，自由輸出國外，因爲關於出口品目的地的限制已被廢除了，這要算是他們的絶大利益。

此外於農業最有利益的，便是由各邦立法院把封建土地關係的每個痕迹都掃滅了。廢除封建土地關係的鼓動，是由 Jhomas JeHerson 在維基尼亞開始的，南方各邦的民主領袖，也异口同聲地贊成，於是長子承産法被廢除了，大地産再没有永存的機會了，同時關於地産轉移的限制也被停止了。Quitrent 的支付，不再需要了；父傳子的土地所有權成爲絶對的無條件的了。地主們對於賓夕法尼亞、馬里蘭未開墾區域的權利終止了。這些土地與皇家土地（Crownlands），通統歸於國家，紐約與馬薩諸塞以巨大的地産賣給投機者，而投機者更以高價賣給真正農民。因此安剔麓阿湖（Lake Onotario）、伊利湖（Lake Erie）一帶肥美的低地都解决了，旺盛的小社會也發展起來了。

一七九五以後的農業與土地

在一八〇七通過禁止出口法（The Embargs Act）以前，農業與對外貿易，是美國經濟活動中最重要的分支。因爲歐洲戰争的缘故，農産品容易銷售於國外。同時運輸業與造船業，供給了很多的機會，以爲剩餘價值的投資。五穀與麵粉的輸出，在容量上增加了。南方的棉業，繼續擴大，棉的總産額，由八百萬磅（一七九五）加到八千萬磅（一八〇七）。農業的器具中，也實現了幾種重要的改良。Thomas JeHerson 發明了一種木犁，在土壤中通過時，不受很多的抵抗。一七九七年，Charles Newbold 發明了鐵犁，過了幾年才有一般人采用它，農民們説鐵犁傳毒於土壤。同時又發明了割穀器和分穀器。

自從Whisky Rebellion以後，有許多西方的農民，改弦易轍來做畜養猪、牛的生意，西方的玉蜀黍很多，而樹林中的橡實也很多，養牲的業務是有錢賺的。牲口自己走到市場上去，可算自家付了運費。大隊的猪與牲口，被人趕過山嶺來到菲列得爾菲亞（Dhiladelphia）與巴爾的摩爾（Baltimore）以備宰殺，然後販賣於國内或國外。西方出産品，多半由密西西比河（Mississippi River）運出。於是滿載小麥、玉蜀黍、雀麥、麵粉、醃肉、猪油、烟葉與其他農品的平船（Flet Boat），就順流而下，達於新奥爾良（New Orleans）。

東方的農民很旺盛，制止了人們向西方的移動，但是愛好冒險的人與想找更大機會的人，都心願到西方去。而密西西比河的通航，給予西方農民以接近市場的機會。農民們乃得旺盛與滿足。從一七九〇年到一八〇〇年，西方户口有大大的增加。但是在一八〇〇年以前，西北領地（The North West Territory）的人口增長不快，因爲政府拍賣的土地不能小於六百四十畝一塊，而政府土地的價格又比在東方與其他的地方高昂些。在一八〇〇年，國會制定了一種法律，允許拍賣土地時，得以分期付款。最低的價格定爲兩元（美金）一畝，出賣的地塊，改小到三百二十畝。這個法律，特别因爲允許賒欠，鼓勵了移民的到來。一八〇四年，國會又將地塊改小到一百六十畝，意在給予移民以更多的便利。

政府所有的公地，原來認爲是一個政府收入的重要來源，以便償清國債。但是每畝一元的價格，不足以抵償測量費與注册費。又加以批發的價格，要大大地減低，因此拍賣土地的收入，遠在預估的數目之下。一七九六年，賣給個人移民的地價，加到兩元，但是付款可以分期。買土地的人，必須預繳買價的二十分之一，此外還要繳納測量費注册費，共計十一元。自成立契約日起算，四十天以内繳總價的四分之一，兩年内交一半，三年内交四分之三，四年以内完全繳清。

那時現金缺乏，可是工資也很高，要集齊兩三百塊錢來購買六百多畝的土地，也不是不可能的。有許多人領取土地執照，僅僅打算以未來收成的代價，做分期付款的準備。在最順利的條件下，這個辦法是安全的，但若土地上産生的收成不够開銷，或是收成隔市場太遠，農民并不能按期繳款，無法還債。照一八〇〇年法律，此項土地應該復歸政府，再行拍賣，但是農民們對於土地，花了很多的金錢與勞力，不肯將它退還。常常有人請願國會以法律救濟個人或整個的區域，要求延長分期付款的時間。

最後在一八二一年，便將賒欠土地的辦法取消，耕地的價格定爲一元二角五分，賒欠制度的利益，仍由先買法（Preëmktion Acts）給予真正的移民。先買法原先是零零碎碎的，在於救濟個人，但是在一八三〇年便把它變成總法。真正的農民，不能案期繳還買價，尚可以先買法救濟他，但若土地已經賣給投機者，那就更加困難了。不負責任的冒險家，常常買進大塊的土地，沒有繳價（系賒欠），而且買進的價格是五分、二角五分或一角，非常便宜，但是他們完全靠轉賣土地的收入來繳付政府的欠款。假若土地不能轉賣出去，那末，欠政府的買價，便無法付清了。這是常見的事實。

土地投機

阿利給尼山（The Alleghanies）左右的美國人，都發狂似地，想要取得密西西比河流域的未開發的土地。那時在各土地局可以領得大塊的土地，買賣依照批發的價格。購買這些土地的，都是有錢的或有勢的人。更將買進的土地，以零售價格賣給農民，并且把賣價提得很高，以便獲得真正的利潤。賣土地都是記賬，但是欠款即以抵押土地作擔保，使最後的償款有着落。假如是容易賣出的土地便不抵押，這就叫作土地投機。有大批的移民，不惜跋涉的勞苦，前往試一試他們的幸運，但是有許多都垂頭喪氣地回來了，因爲他們受不起土地投機者的剥削，或是經營失敗，或者還有其他的原因。舊世界的農民，看見有一個機會來買新的土地，價格也公道，并由自家耕種，又不受地租、教堂税、貧民税的麻煩，所以非常欣躍，但是他們没有計及路程的費用與危險——先鋒隊生活的辛苦，要以繁重的勞力來肅清樹林，犁耕荒地，修造房屋、倉庫、圍墻、道路，并且還要到處防備可惡的瘧疾病，結果有許多人失敗了。

十九世紀上半期的農業

在北大西洋地帶，除開沿江最肥美的土地外，農業逐步衰退。馬薩諸塞、紐約、威爾滿（Vermont）的荒瘠的山田，出息不多，不及密西西比河流域的政府土地，因此有能力有野心的青年們，被引誘到西方的沃壤去了。一八三五年，在新英格蘭地方，便有許多人嘆氣，説投機的精神不好，青年人不應該遷移到落後的地方去，不斷地向西移動引起社會的不安定，并且引起歐洲勞工的到來。

在南大西洋諸邦，向西的移動也是一樣的顯明。南北兩卡羅來拉的土壤，因爲繼續種棉的關係，已失去肥質，田莊上也再不能産生現金的剩餘。所以年青的主人很歡喜携帶他們的奴隸與監工到西方孤野荒凉的地方去。於是西方的人口，有迅速的增加，尤以黑人的繁殖爲最速。豐富的沿江土地，對勞力有很快的報酬，樹林一經肅清，黑壤一經翻轉向着太陽，就可以産生可驚的棉花收成。那時棉花的價值高漲，因爲新舊英格蘭的要求增加了，從一八三〇年到一八三五年，棉花由每磅六分漲到兩角。

棉價既已高漲，南方各地便中了投機熱，在一八四〇年以前，種棉的土地達而千萬畝。土地的初次用費是很少的，每畝難得超過五元，再加上買進奴隸與器具的費用（這筆費用雖然很大），究竟還是有錢可賺。每年由賣棉所獲的紅利，總有幾萬元。好的棉地可在市場上賣一千五百元一畝，同時路易斯安那（Louisiana）的甘蔗，也是一樣的賺錢。

在海灣諸邦（指路易斯安那等），一切勞力，都委托於奴隸。此地的社會是貴族式，與在濱海的地方相同。密西西比低地的模型地主，畜養奴隸以數百計，握有土地以數千畝計。在高地的經濟單位，大半是土地六百畝，奴隸五十人。至於在西方 Appalachians 山麓，以產生玉蜀黍、小麥與畜養牲口爲大宗出品，農民們衹保有百畝，畜養十餘奴隸也很滿意，甚至自己動手工作，也是可以的。

南方的膨脹，是決定於種棉的擴大。舊邦的田莊，既已退化，乃要求與開闢新的土地，種棉的地域，遂逐步擴大到西方達於路易斯安那的邊界，以後更擴大到墨西哥的邊疆而入德克薩斯（Texas）。

種棉的田莊，供給了理想的條件，以雇用奴隸勞力。第一，奴隸勞動者容易受監督。第二，在棉苗發育的各階段中，可以利用各種的工人。在鋤棉、摘棉、刈棉的時候，婦女、小孩與老人都能像壯年人一樣的能幹。第三，維持費很低，因爲奴隸的糧食如玉蜀黍、猪肉、甜番薯等都可以就地產生。奴隸的住宅，也是奴隸木匠用（開墾土地砍伐了的）木料來修造的。每個奴隸的平均費用，不問他是男是女或是小孩，是每年一十五元。在維基尼亞、馬里蘭、肯塔基（Kentucky）的『死地』（Dead Lands）上，奴隸勞動，不能再賺錢，但是種棉的地帶，可以消納剩餘的黑奴，因此奴隸的價格也隨着漲起來了。一七九〇年，每個奴隸衹賣兩百元，但是到了一八六〇年，便漲到兩千元。一般地説，那時因爲南方衹有粗劣的勞力，所以它才限定了成爲農業區域。

一八三五年，美國的五穀歉收，主要的原因是由於天氣惡劣，雖然農業工人轉移到修建國内的改良工作（International improvement），也有若干的關係。因爲糧食不足的緣故，遂於一八三六年運入歐洲小麥，歉收的結果，農民們對於由投機者買來的土地不能交款，對於商人賒欠給他們的貨物也一樣不能付款，因此投機者與商人也不償還銀行的借款，一八三七年的恐慌遂無法避免。

農業器具的改良

一八四〇年與一八六〇年間五穀與棉花生產的增加，表示了美國旺盛的前進。五穀豐收的原因，大半由於田莊上采用了人工節省機的結果。一直到一八四〇年，種植、栽培、收穫、打禾都是差不多完全用手工舉行的。衹有耕土與耙土，才使用馬力與牛力。事後種植機、耕耨機、刈草機、割禾機、打禾機相繼發明了。在這些新機械中，最重的要算是割禾機。小麥、雀麥、黑麥以及其他的小粒植物，成熟很快，馬上就要收穫，否則有損失的危險。用鐮刀割禾的手續是很緩慢的，大大地限制了一個農民產生收成的數量。割禾機所割刈的數量，可以等於十人以上用 Cradles（刈禾器具）所刈取的數量。

第一個割禾機，是 Obad Hussey 於一八三八年發明的。第二年，C. H Me Cormick 也創出了一種割禾機，并且得到了政府的專利執照。但是這些早時的機械，和其初的輪船、火車、自動車一樣，是太粗劣了，太不受控制了，不合實用。到一八四〇年，Me Cormick 才造成了一個能够擔負工作的割禾機。到一八八五年，這個新發明的機器，每年可以銷行幾百個。它衹需要二十二分鐘，就可以割完一畝的雀麥。在一八六〇年，割禾機在美國的銷數，達到兩萬。刈草機也是在一八五三年發明的，解决了田莊上在冬季需要大宗乾草的問題。這幾種田莊機器的發明，增加了農民工作的效能，美國遂不久成爲世界上産生糧食最大的國家。

隨着農條機械的采用與北部中部各邦的拓殖五穀産生的中心，逐步向西方移動。由一八四〇年至一八五〇年，賓夕法尼亞、俄亥俄（Ohio）、紐約，是三個主要的産生小麥的邦，但是在一八六〇年伊里諾斯（Illinois）成爲第一，印第安那（Indiana）成爲第二，威斯康星（Wisconsin）成爲第三。一八五〇年的户口調查，表現着南方比北方産生較多的玉蜀黍與猪玀。十年後，北方作了産生各種五穀與牲口的領袖。畜猪業與産生玉蜀黍的中心都向西方移動，肉類包扎業也隨着移動，在一八六〇年後，芝加哥（Chicago）代替了辛辛那提（Cincinnati），成爲包肉業的中心了。

南方的種棉人，没有得到新的機械，可以比得上北方農民的割禾機、刈草機、打禾機，但是他們增加了田莊的範圍，雇用了更多的奴隸。有人估計：奴隸貿易雖然被嚴切的法律禁止了，但是在一八〇八年與一八六〇年間，偷運到美國境内的奴隸足有二十七萬個。各邦間的奴隸貿易也是很茂盛的。那時的黑奴，多半在棉田中工作。一八六〇年，第一等的黑奴勞動者，可以在新奥爾良拍賣所賣得一千五百元。棉産每年增加，到一八六〇年加到三百八十一萬四千袋，每袋五百磅，比較一八三〇年産生的增加五倍。至於甘蔗、烟葉、玉蜀黍，雖然能够在南方的農産品中維持他們的地位，究竟不及棉花的重要。

農業的大量生産

在一八七三年後的二十年中，美國經濟進步上最顯著的特點，是五穀、棉花、乾草、牲口與其他農品的大大增加。幾千的移民，在南方與西方領取了土地；美國每年産生更多的農業品，以維持全世界的衣食。農業中大規模的生産，不在經營非常廣大的田莊，而在應用耕種機與刈割機，并且應用種種機械方法，以運輸農品，更將農品變成人類的消耗品，最後又在許多農業活動中采用工廠方法。美國在一八七〇年後，其田莊的平均大度（Size）减少了，雖然改良土地的百分數有顯著的增加，農村地主保有的地産，雖是平均地較小一點，但是蒸氣力與改良機械的使用，大大地增加了各種農業的每人生産（Her capita Production）。

在北方諸邦，主要的收成是小麥，它在一八七三的産量，是二八一，二五四，七〇〇英斗，到一八九一年加到六一一，七八〇，〇〇〇英斗。西北方有許多農民，耕種了廣大的『Bonaza farms』（富源田莊），面積以數千畝計，通統用於産生小麥。一八八〇年發明了『自捆割禾器』，可以把禾束自行捆縛。一八八五年更發明了割禾打禾的合并機。這個機器，用三十到四十匹馬拖曳着，可將麥頭從梗上割下，并能打出、揚清、包裹穀粒。又在許多『富源田莊』上，使用了汽犁，打碎土壤，以備種植它，每次可以翻轉半打以上的土畦。

小麥與别種五穀的巨增，引起了必須的設備，以便低廉地與迅速地處理和運輸穀粒。因此遂有卸穀倉的設立。凡在産穀區域，都建立了這種卸穀倉。大宗穀粒，可由鄉中的卸穀倉，運到鐵道終點的卸穀倉，再由這裏運往海口，以備輸出。鐵道終極卸穀倉的機械，能够每小時由火車卸出或裝入火車六千到一萬英斗的穀粒。芝加哥成爲世界上最大的五穀市場。一八九〇年，芝加哥收進五穀二一九，〇五二，五一八英斗，運出二〇四，二〇四，九一八英斗。

在這個時期中，美國小麥生産率，是大於人口增長率，因此小麥與麵粉皆有很多的剩餘，以資輸出。從一八七〇年到一八九〇年，有四分之一的小麥銷於外洋，從一八九〇年到一八九五年，有三分之一的小麥爲外國所消耗。穀粒與麵粉的出口，間或於價值上超過棉花的出口。大不列顛是美國小麥的主要市場，其次，比利時、意大利與西印度群島也是重要的消費國家。麵粉對歐洲的輸出，大半在價值上大大地小於小麥的輸出，因爲歐洲諸國，以關税保護了它們自己的磨粉業。

美國玉蜀黍的生産，是如小麥生産增加得一樣地迅速。一八八九年，玉蜀黍收成的總額，達到二，一一二，八九二，〇〇〇英斗。每年玉蜀黍收穫，論其價值，固然比小麥收成的大些，但是在穀粒貿易中，它却是不很重要，因爲玉蜀黍的大部分，常常用以喂養田莊上的牲口。在一八七〇年與一八九〇年間，猪與牲口的數目，簡直加了一倍。肉類包扎業，占了美國製造業中的主要地位。

在一八六九年，所謂冰凍車（The Refrigerator Car）發明了，可以將新鮮猪肉與牛肉由中美肉業包扎中心運往全國各部，牲口運往東方城市的逐漸減少，而新鮮肉類的貿易則加多。肉類包扎業，差不多完全是冬季工業，自從冷凍車發明後，就把它變成一種常年的産業。海洋輪船中安設的冰凍廠，便可用爲經營大的鮮肉出口貿易業。

密切地聯繫於五穀牲口業的，就是牛奶業。一八八六年，瑞典的 C. G. De Laval 氏發明了分奶器。這又表現了在田作中以機械代替手工的進步。牛奶業的機器方法的發展，便可使人們着手在工廠中製造 Butter 與 Cheese。分奶器、攪奶器、Butter 混合器等，都是用汽力運動的，在這裏就可以明顯地看清大規模生産原理的應用。冰凍車與冰棧（Cold Storage Warhouse），對於牛奶出品貿易的發展有很大的威力。因爲冰凍方法的改進，『去毛鷄』與蛋，在商務上就更變重要了。

南方的棉花繼續成爲最重要的收成，雖然自由勞動代替了奴隸勞動。而自由勞動利益的證據之一，便是農業種類與工業種類加多的進程中有繼續的進步。佃農制繼承了棉花地帶的大田莊制，證明了它自己的利益。一八七七年的棉花收成達於四，四九四，二四四袋，每袋五百磅，打破了以前没有的紀録。在以後的十六年中，每年平均的收成都超過六百萬袋。一八九四年竟能達到一〇，〇二五，五三四袋，算是最大的豐收。

佃農制，也有幾種不良的結果。租佃小塊土地的黑奴們，没有資本來購買牲口、種子與工具。鄉下的商人，遂借錢給黑奴來經營他們的小田地，同時對黑奴的棉花的未來收成，享有優先權。商人與黑奴間的契約，照例規定：黑奴應該出賣他的棉花於商人，并且由他處買進一切衣服、食物、機械。商人所定的物價特别高昂，所收的利率也是一樣的高昂，結果害得黑人們常常欠債。南方的白人中有一個傾向：想要辯護這個農業信用制度所創造出來的 Heonage（以勞力償債的辦法）的條件，因爲大多數的黑奴是太貧窮了，不能積蓄，偶有餘錢，便不願意工作，衹有不斷地督促他們，才能使他們繼續做事。等到黑奴們在經濟上教育上有了充分的進步，來覺悟到節省與積蓄的必須，自然可以逃脱信用制度加於他們身上的農奴制度的痛苦。後來購買土地的與變成經濟獨立的黑奴們，逐漸在數目上加多了，便證明了他們中有許多已經學習自由的責任與特權。

節省人工的機器，幫助了種棉者增加種棉的畝數與每畝的出産。種子機、肥料條播機、改良犁耙等，減輕了手工的負擔。蒸汽扎花機，應用了工廠方法，使棉籽與纖維分質。同時壓榨棉袋的法術改善了，因此便利了棉花的外置與運輸。那時棉業最顯著的特點是，利用棉籽。此物在百年以前被認爲廢物，棉籽富於油質。棉油用於製造 Oleomargarine（人造牛酪）、生菜油、肥皂；取油以後殘餘的餅子，可變爲喂牛的食物。利用副品（By-products）的成功，增加了棉花每年收成的價值幾百萬元。

棉花繼續占着美國出口品的第一位，祇除開一八七五年後的短小時間。那時五穀與麵粉的輸出，超過了它的數量。美國棉紗廠每年所消費的生棉，固然逐漸加多，但是産棉的增加率，却大於制棉業的膨脹率，結果，生棉的出口不斷地在容量上加多。一八七三年與一八九四年間，差不多有三分之二的生棉是運銷於外洋了。大不列顛是美國生棉最大的顧客。歐洲大陸也有許多棉花製造業者。望着美國做他們原料的主要來源。

農民的移動

在十九世紀的後半期，農業户口和城市的工匠，差不多没有共同的地方。農民是産業所有人、納税人，是天然地保守的。農業勞動者與現金佃户的階級，是不很大的。每個體魄健壯的男人，都希望得到土地，農民僅僅希望得到一個公平的機會，來出賣他的農品。但是中間人對他的農品，收取很多的回扣，而鐵路公司所收的運費尤爲昂貴，遂激起了農民們的憤恨。一八七〇年，農民們再不能忍耐，乃開始爲着法律救濟而鼓動。以前曾經通過了工業保護法（一八六六），使農業成爲更有報酬的職業。現在繼續這個精神而起的運動，通通稱爲 Granges Movement。它起於中西美的農業區域，終於能够逼迫此地的諸立法院通過一種法律以規定運費最高的數目。

過了二十多年，美國的工業有顯著的發展，這一發展的特點之一，就是户口由鄉村遷移於城市。遷移的理由很多，工廠工人或寫字間工人的作工時間，照例是短於農業工人的，并且他不是毫無間斷地被束縛於他的工作。農業勞動者的工價，和産業工人的固然没有多大的差別，但是後者所收的工資，完全是現金，因此比較容易改變他的工作。此外，城市中游戲、娛樂、教育的機會也很多。尚有許多青年鄙視田家工作，鄙視農村生活的狀況，乃放弃其祖傳的職業來到城市中找財富。

勞力遷移到城市，其理由若何，姑且不論，但是遷移達到了較高的程度，以致許多大宗農場不能和户口的生長，并列前進。種麥的畝數與小麥的生產，從一八九六年到一九〇〇年增加得很慢，而每人的生產量則減少了。關於玉蜀黍、棉花的生產，它的增加率，是比人口的增加率小一點。田莊上牲口的産量也没有實在的增加。小麥與麵粉出口的減少，證明了小麥在生產上的減少。從一八九六年到一九〇〇年，小麥與麵粉每年的平均出口量是一七九，五一八，〇二五英斗。而自一九〇九到一九一三，每年的平均數是一一八，七〇二，六九五英斗。有人預料：在短少的時間内，美國再不能做糧食的輸出國家了，它會要輸進糧食。假若勞力的減少不是或多或少的被使用更多的機器與科學的農業方法做抵消，那麽，美國農產品的總額還要小得多。自從玉蜀黍收穫機與玉蜀黍打碎機完全改新以後，犁和耕種機也改良了，一個農民所做的工作，比用舊機械所成就的要多一倍。假若没有這種厲害的機械做補充，那麽勞力的缺乏就會成爲很嚴重的問題了。

農村生活的改善，多少和緩了人口由鄉下向城市的流動。一九〇二鄉村設置了郵政局，在人烟稠密的區域更安設了電話局，遂使鄉村與城市中心發生更密切的聯繫。一九一三開始了包裹郵政，把農村中的商務生活大大地改進了。有許多邦施行了進步的教育，結果形成了農村學校的合并，使鄉中的兒童得到與城市相等的教育便利。在美國許多部分，建設了聯鄉的電氣鐵路，使農村的居民很容易接近城市。這樣一來好像鼓勵了『回到農村的運動』。在此運動的影響下，有些人確實由城市搬到鄉下。在一切促進城鄉密切聯繫的動力中，以汽車爲最有威力。農民群衆廣泛地購買汽車，是美國社會生活與經濟生活的最有趣味的發展之一。這一切的改善，如農村電話、農村郵政、包裹郵政、較好的學校、自動汽車等，解除了農村生活中的一部分的單調（Monotony），使農民們更加滿足、更加旺盛。

土壤的耗盡

在二十年以前的光景，美國的牧場森林，皆大大地減少了。同時土壤的肥質也逐步耗盡。一七六五年，有一個鋭利的英國觀察者，曾經唤起注意於大西洋沿岸農田上的不顧危險的耕作，并且指斥那時流行的方法爲罪惡。他的預料早已實現了。現在印第安玉蜀黍，再不能産於Cape Cod。新英格蘭的山田，衹産生乾草。維基尼亞的烟田，實際上已經『死去』了。就是西方比較地新的土地，如加利福尼亞（California）與明尼蘇達（Minnesota）的麥田，表示了生產的低降。這些田地，從前確能每畝產生五十英斗，現在衹能産生十四英斗了。

原因在哪裏呢？以前美國的土地是豐富的、便益的，而農業區域的勞力却是昂貴的。農民遂努力生産每個勞力單位的、不是每個土地單位的最大報酬。這就是説以勞力節省機器作廣泛的耕作（Extensive Farming）；單靠一種出品，忽略收成的輪回、科學的肥料化、深耕、排水、灌溉等等。由土壤腐蝕的虚耗是很巨大的。有人估量着：每年由河道流到海中的七八〇，〇〇〇，〇〇〇噸的泥土，減低了農田生産力五〇〇，〇〇〇，〇〇〇美金。同時舊世界的麥地，其生産量比美國的要大些，比如英國的是三十二點二英斗，德國的是二十八英斗，法國的是十九點八英斗，奥地利的是十七點八英斗，匈牙利的是十七點六英斗，而美國的衹是十三點八英斗。這證明了美國生産的減低是可以設法挽救的，衹有俄國的農民所得的收成報酬比美國農民所得的要少些。

農業土地的開墾

美國户口對於糧食的需要逐步加大了，農業品的輸出也逐步減少了。因此牛肉、五穀的價格步步上漲。大概難於再降到以前的水平綫。耕地快要達到最大的限度，所以地價也高漲了。同時由歐洲來了許多迫切地需要土地的人民，於是對農田的需要更大了。美國的農民遂開始移植到加拿大的西北部。因爲那里没有開發的麥地是很多的。自一九〇七到一九〇九，美國農民移向那裏去的，總有一二十萬。農田價格的加高，一方面由於科學的耕種，使收成加大。他方面由於加多資本以作改良之用——如建造房屋、圍墻、道路等。自一八九〇年到一九〇〇年，地價平均地漲了百分之二十五。從一九〇〇年到一九〇五年又漲了百分之三十。漲得最高的是在西方與西南方。

政府公地中的耕地，實際上已經用盡了。政府保有的土地，約有四萬萬畝。但是其中衹有四分之一合於耕種，其餘的僅供牧畜之用。在一九一六以前的十年中，移民們每年由政府買進可耕的土地一八，〇〇〇，〇〇〇畝。土地既是快要買盡，大家好像都被土地狂熱病所操縱。尋求耕地的不知道有若干。遂有提議將乾燥的土地加以灌溉與排除窪地的積水，以擴大耕地的。

在 Cordilleras 地方，萬山聚集，缺少雨量。很不宜於農業與森林。此地的大部分是岩石和細砂，很不宜於耕種。七五八，〇〇〇，〇〇〇畝的全面積中，却有六〇〇，〇〇〇，〇〇〇畝肥美的土地，可加以灌溉，使成爲耕地。衹要天氣和土壤是相宜的，衹要水的供給是有着落的，這種燥瘠的土地的生産力是很大的。

一八七七年，美國政府爲着應付燥地問題，才通過了沙漠土地法（Desert Land Act），以土地賣給人民，定價每畝一元二角五分，但是要地主們舉行灌溉，以作附帶的條件。那時投機的灌溉公司，建設了不充分的水利工事，但是在出賣土地的時候，却仍然保存水權，對於所供給的水量，收取高昂的代價。一八九四年的 Carey 法令，才將土地權與水權合并一起。照這個法令的規定，乾燥地方的邦政府，可以收用公家的土地，以百萬畝土地爲限，并且可以允許私人的公司建立灌溉的工事。每一個灌溉事業的工程計劃與應該收取的水權代價，都要經過邦立土地委員會的許可。每邦賣予移民的土地，每畝祇收五角，要經過三十日的居留後，才能取得土地的完全所有權。水權的代價，隨建設費而有不同，每畝要收取三十元到四十元，可以分作十年的年金來支付。水池、運河、堤壩的所有權仍然要歸公司保有，一直等到代價付清以後，才轉移到水的用户協會。事後灌溉事業，完全歸農民們自家辦理了。他們的灌溉計劃，雖然得到高度的成功，究竟經不起水灾的破壞，因爲財力不充分的緣故。

美國國會在一九〇二年通過了一個墾務法，要政府於私人建設的灌溉事業外，還要自家着手灌溉燥地的工作。每年由出賣公地的收入一〇，〇〇〇，〇〇〇美金，都花費在這個工作上了。這僅是一筆開辦費，至於建設費，則仍然按用户分攤，須於十年内償清。所得的盈餘，則用以擴大灌溉事業，執行新的計劃。用户擔負的水權代價，視建設費爲轉移，每畝自二十元到三十元不等。水的供給和土地不能分開。灌溉計劃的執行，就交給由内政部管理的墾務局。在墾務局的八年活動中，完成了二十八個計劃。耗費了七〇，〇〇〇，〇〇〇美金。增加了一，九一〇，〇〇〇的耕地。在一九一六年的美國，被灌溉土地的總數是：乾燥地帶七，五〇〇，〇〇〇畝，半幹燥地帶二七五，〇〇〇畝，潮濕地帶三，〇〇〇畝。

其次便是窪地的排水事業。農民應付水量過多的問題，恐怕要比應付雨量缺乏更容易些。美國從前常受水灾的土地，共有七五，〇〇〇，〇〇〇畝，分布於維基尼亞、南北卡羅來納、佛羅里達、墨西哥灣海岸、密西西比河三角洲、加尼福利亞内部的低地。一八五〇年的法令，將中央政府的窪地交給各邦，要它們實行開墾。由各邦賣出的，多半賣予私人，共計有六五，〇〇〇，〇〇〇畝。排水的工作，統統由排水委員會、堤防局、私人公司無計劃地執行，以致没有得到滿意的結果。用溝渠排水的費用，每畝自十五元至三十元，額外還要加上一元至三元的常年維持費。堤防的費用更大，若要安設排水機，則支出益加擴大了，好在被水患的區域富於窒素，很可以賠償開墾的費用。一九〇八年的内地水道委員會陳請政府着手窪地的開墾。其理由是：不僅可以恢復肥美土地的耕種，肅清低地的瘧疾，而且可以提高有關係河流的通航性。但是它的條陳没有被政府采行。

再其次便是保水農作（Dry farming）。灌溉祇能限於有水的區域，并且該區域的地形，必定是河流或蓄水池位於土地之上，以便水量容易流下。將水量排到較高的地方，是物理的可能，但是用費太大了，祇宜於最生産的地帶。這種種條件，在内布拉斯加（Nebraska）、堪薩斯（Kansas）、東科羅拉多（Colorado）、北德克薩斯（Texas）的大平原上，都不存在。雨量既已缺乏，河流又湍淺，而且時時斷流。土地也是多山，但是土質很肥沃，祇要有充足的濕潤，便可産生豐富的穀數。

這個地方，曾經以一種特别的農作，闢爲耕地。此農作稱爲保水農業法。將水分保存於土壤。

（著一九三一年十月　崑崙書店出版發行　署名『董之學　著』）

二十世紀之世界

導　言

人類生活，由單簡而趨於複雜，更由複雜而愈演愈甚，此進化論中『分化』（differentiation）之作用也。文明進步其關鍵即在於此。『分化』作用至今日已達高峰，以故社會上之種種複雜現象咸由此誕生。吾人欲於二十世紀之世界，尤其在初期三十年中之一階段，得有一種詳細之觀念，非耗長時期之研究，恐不能爲功。即以科學一端而論，其新發明與新發現之遞出不窮，已足以使一般耐心耐苦之科學家疲於奔命。以故吾人對於現代社會生活之分析，唯擇其主要部分與具體現象而加以描寫與討論，而尤注重最新之傾向與發明。

二十世紀初期之社會，其表現於政治方面者，厥爲國家政治之逐步民主化，列强間相互矛盾之尖鋭化與殖民地運動之劇烈化。因民衆奮鬥之結果，貴族與地主之權力遂受相當之限制，下層資産階級乃獲有種種之權利，如貴族院權能有限制，下議院得單獨掌握財政權，擴充選舉權，擴大立法權（如創制權、復决權），提高人民對於官吏之控制權（罷免權）等。但多數民衆在實際上所享受此等改良之利益仍如水月鏡花，可望而不可即，蓋黨魁（boss）往往唯知個人之發展是務，而不忠於黨綱，普通人民除從而摇旗吶喊外，實無參與政治之餘地，即令參與，亦不過爲金錢所驅使，或爲他種威力所脅迫，而不能自由發揮其主張。美國盛行一時之反黨魁運動，實基於此項理由而由小資産階級所發動者也。

自入二十世紀以來，帝國主義國家相互之衝突，如奪取殖民地，奪取市場等，日趨激烈，結果遂引起大戰之爆發，造成亘古未有之浩劫。至今思之，猶有餘悸。但列强間之矛盾迄未解除，且有變本加厲之表現。英美衝突，英法衝突，意法衝突，日漸緊張。何時爆發雖不可知，但就近來重要事變觀之，已幾有一觸即發之勢。此種衝突决非列强政府之虚僞和平運動所能掩飾，尤非醉心和平者（pacifist）之努力所能和緩與消滅。若欲求世界之永久和平，則惟有組織全世界被壓迫之民衆，使成爲單一戰鬥團體，結成政治上之大聯盟，將帝國主義之統治根本推翻，則帝國主義既不存在，其因掠奪而起之衝突亦自然歸於消滅，真正和平遂可以繼續保持矣。

戰後帝國主義國家爲圖本國工業原料來源之控制及製造品市場之維持，以冀延長其生命，遂不得不對殖民地繼續作其殘刻的剥削行爲，於以引起殖民地被壓迫民衆之仇恨。近年朝鮮之反日運動，印度、埃及之反英運動，叙利亞、安南之反法運動，愈演愈烈；雖遭受各帝國主義極端殘刻之蹂躪與屠殺，仍有再接再厲之勢。帝國主義在殖民地之統治一日不傾覆，則被壓迫民族之獨立運動，亦必一日不息。

二十世紀初期之經濟，在大戰以前有極順利之發展。各國資本主義，除間嘗發現經濟恐慌外，均能繼承十九世紀之遺産向前猛進，發展至較高之階段。但自大戰以後，就大體論，歐洲經濟領域内已發現兩兩相反之傾向：即資本主義由暫時復興而逐漸衰落，社會主義之突然興起。近兩年來，歐美各國雖采用實業合理化與種種改良技術，但其主要生産事業仍奄奄不振，其原因由於市場縮小，生産過剩，以致失業人數，逐日加多，無法救濟。論者謂帝國主義已届死亡時期，良有以也。惟法國以半農業國與半工業國之關係，得以免於失業之苦，但近來罷工頻仍，其前途未許樂觀也。

他方面，一九一七年十月俄國革命成功後，積極消滅資本主義，以冀完成其社會革命之任務。惟最初以内戰頻仍，又加以資本主義國家之聯合干涉，故飽經困難，未遑建設。但自一九二八年起，工業上與農業上之五年計劃已逐漸見諸實施。工業部分如提高生産，加多工資等，農業方面如農産數量加多，農場集體化等，據稱在三年之内均可辦理完竣。惟此種計劃最後之成效如何，目下尚難斷言，我人祇有待時間爲之作考驗而已。

二十世紀初期社會之特點，若僅就社會關係論，當爲家庭制度之動摇。此種現象實隨工廠制度之誕生而發軔，不自二十世紀始也。惟在本世紀之初葉，且動摇更加劇烈耳。此蓋由於生産力增長以後，工廠之活動範圍逐漸加大，女子參加生産之機會於以加多，因此，其經濟地位日益提高，不似曩昔之完全倚賴男子矣。女子既已取得經濟上之自由與獨立，遂往往不願爲家庭之狹隘關係所拘束，因而要求離婚者或抱獨身主義者，日多一日。他方面，男女因在性質不同之工廠中工作，故生活上遂起分離現象，夫妻關係乃日趨疏遠，此雖爲經濟進步中不可免之現象，但道德學家則認爲社會中之莫大的退化。

二十世紀之科學較前世紀更有進步，其應用於實際方面以改良吾人之生活者，至爲繁夥，不勝枚舉。而醫學之進展亦有相當之成績，惟現今關於結核病之治療，或主注射，或主攝養，皆非完全可恃之法術，其新發明尚有待於將來也。

總之，本書所包舉者，爲政治、經濟、社會、科學上之種種具體現象與特點，以及種種新發明與新發現，俾讀者明瞭本世紀世界之發展過程與現狀。

第一章　二十世紀之政治

一、本世紀初各國概況

英國自入二十世紀以來，既逐漸傾向於社會之改革與政權之民主化，惟在其初之數年中，保守主義居於超越地位，一以維持現狀與現實帝國主義於南部非洲及其他世界各部爲目的。維新主義如擴大選舉權與改革舊制，一時似以死滅。社會黨人之運動亦不能激起廣大群衆之同情與熱烈擁護。然至一九〇六年國會改選之後，舊黨失敗，新黨執政；工會當選爲議員者幾達五十人，自由黨與工黨遂互相提携，以從事於社會上與政治上之根本改革焉。

自由黨秉政以後，即着手制定種種法律，以減少貧乏、勞役與失業以及工業危險等。於是礦工工作規定爲八小時，通過養老金法律，全國設立勞工介紹所，提高工資，皆次第實現。凡英國人民年在七十以上而不受他人補助者，以及私人進款未超過中國貨幣三百元者，均有領取養老年金之資格。勞工介紹所之職務，在徵集雇主需要工人與工人需要工作之消息。工人往遠處工作者，可向政府請領旅費，至於提高工資，則以苦工爲限，亦有確定之辦法。其法以苦工職業（如成衣匠）中，設一由工人代表、政府代表與雇主所組合之董事部，對於定期或臨時工作，有規定最低工資之權能。雇主與工人兩方，均不得支付或接受更低之工資，違者科以重罰。凡此種種，皆所以救濟由於社會制度之不良而產生之貧乏也。

他方面，保守黨反對改革之聲浪亦趨於激烈。但守舊黨人之盤據下議院者，爲數不多，徒以駭人聽聞之詞，如國家將亡、中流階級失勢，提出抗議而已。保守黨之大本營則在貴族院，遂不惜多方阻撓，以破壞自由黨之改革，其最顯著者，爲反對一九〇九年自由黨提出之預算案。是年，自由黨提出所謂革命預算案，徵收汽車税、所得税，更增加遺産税，凡遺産在一百萬鎊以上者，徵收百分之十五。同時更對於不勞而獲之地價，抽收課税百分之二十。自由黨之意，蓋欲借此以制富濟貧。不料保守黨大加反對，指爲社會革命；更謂勞力而獲與不勞而獲之收入之區别，爲一種對於財産權利之無理攻擊。遂以三百五十票對七十五票，將該預算案否决。

同時，自由黨人毫不氣餒。其領袖愛士魁（Asquith）於一九〇九年十二月二日，在下議院中提出一决議案，指斥貴族院否决預算案之舉動，爲破壞憲法與侵奪下議院之權利。贊成者三百四十九人，反對一百三十四人。兩院之政見既無調和之希望，遂於一九一〇年一月，舉行新選舉。結果，自由黨籍之議員，雖減少百人，然在下議院仍占多數。他方面，貴族院深恐本身權力之減削，即將預算案通過，但自由黨已決定減削貴族院之權能，故在一九一一年二月，通過一決議案，以限制貴族院之否決權（veto power），貴族院亦忍氣吞聲，予以同意。

嗣後任何財政議案，即關於分配歲入與歲出之議案，經下議院通過後，應於閉會前一月提交貴族院，但若貴族院不於一月內加以修改與通過，則此議案即可呈請國王批准公布，成爲法律，貴族院之贊成與否，無甚關係。又，任何政府議案，既經下議院繼續三次會期之通過，而受貴族院繼續三次之反對者，亦得呈准國王公布，成爲法律，不必顧及貴族院之贊成與反對也。因此，貴族院在政治上與立法上之權力於以減削。

貴族院權能減削後，自由黨乃得暢行其改革。其最宏大者，莫如一九一一之國家保險案（The National Insurance Act）。凡工人均須實行各種疾病之保險。政府、雇主與工人皆須捐助一定數目之基金。凡經保險者，得享以下諸利益：病患之治療，肺癆之療養，殘疾之津貼，病中之工資照給。又，爲母者生子女一人，可領三十先令。此議案於一九一二年實行。

英國政治，基於上述之種種改革，遂接近於民主之領域。同時英人對於帝政亦願意維持，尊重貴族亦如往昔，然政治權力則已轉入大多數人民之手中矣。人民之行使其政治權力，亦往往不顧貴族之意見。上流階級以此種變化既已成熟，亦不能不予以承認，而唯盡力以阻止其更進一步之改革而已。他方面，自由黨對於城市之改良亦竭力進行。因此，曼徹斯特（Manchester）、伯明罕（Birmingbam）與倫敦皆舉辦巨大之市政事業，如電車、煤氣廠及電燈廠；而附郭之模範區域與工人住宅亦有進步。

法國之有造於文明，爲歐洲諸國之冠。新思想與新政治亦以法國爲發祥之地。近世美術之發達尤以法國首屈一指。歐洲美術中心端在巴黎，各國人士來此就學者至爲繁夥。故巴黎握有左右美術界風尚與思想之威權。而二十世紀之法國，仍能在此諸領域內，有繼續之發展。至在政治方面，自第三次共和成立後，政局上每現不穩之象：內閣之改組恒以數月爲期。但政府之政策仍能前後一貫，於以知法人之富於保守性也。法國内閣頻頻改造之故，在於國會内政黨之衆多；今日可以由若干政黨根據某種政綱之結合，以擁護某某組閣，但明日則因某項政治問題而實行分裂，使内閣不能不傾覆。

社會改良，在英德兩國均能向前進展，而在法國則較落後，其原因一部分由於法國之貧乏，不如他二國之嚴重。一九〇一年，法國方確立年老與殘廢年金制度。又，接受工資之工人均須保險，雇主與工人皆有捐助基金之義務，而輔以政府之補助。凡六十五歲以上之人民，男子可領得年金約一百五十元（華幣），女子一百二十元。至於殘廢者，亦享受保險之利益。孤兒寡婦亦得補助。一九一三年，國民之註册保險者達八百萬人。

一九一一年，摩洛哥（Morocco）問題發生，法德間之衝突，乃益加顯著。法人遂認定大戰將至，不可不擴充武備，而社會黨則反對之。該黨領袖卓萊（Jaures）堅持非戰態度。至一九一四年歐戰爆發時，卓氏仍抱此態度，國人頗責其持論過高，妨害愛國主義。旋卓氏竟被人暗殺斃命。

德國在維廉（William）第二時代，財富與人口增長均甚迅速。其隆盛之原因，一部分在於政治之統一。然德國工業亦有驚人之發展，其著者爲西普魯士萊因河與撒克遜之鋼鐵製造業。德國鐵礦含磷質甚多，尤以産於摩塞耳（Moselle）沿岸者爲甚。他方面，德國煉鋼之方法頗爲落後；鐵礦每不易煉成純鋼。因此萊因河諸城市遂仿行英國之煉鐵方法，以其較優故也。結果，德國鋼鐵業以『青勝於藍』之故，遂遠駕英國之上。實際上，英國之鐵礦亦不如德國之富饒。當歐洲大戰開始時，德國鋼鐵出産之數量僅次於美國云。

與財富同時俱增者，厥爲人口。一七八〇年，德國人口約四千萬，至一九一四年，約有六千八百萬。其增加之多，爲歐洲西部諸國之冠。因而新城林立，舊城亦復擴大，街道加寬；而其壯麗不亞於美國諸城市。城市之大者，如柏林、門興（Munich）、來布齊（Leipzig）、哈諾威（Hanover），且購置大塊地皮，以坐得地價增加之利益，并足以預防居室之擁擠。各城分爲若干區域，各區域中之建築均受法律之限制，以免擁擠之弊。城市中之電車、煤氣廠、電燈廠、屠宰場、戲院、典當鋪等，往往爲城市自身公有。

德國商業之發達亦極迅速。其商船以受政府之大量津貼，遂得航行於世界各部分。工人與農民因海外市場之開闢，無不獲利倍蓰。國内既臻庶富，工人之移入南北美洲者，遂逐漸減少。但德國商人類皆受政府之援助，故其經營商業，不僅爲自身謀利益，亦且爲國家擴大勢力也。

德國人民以國家既已富强，自不免懷抱大志，軍人中往往有目空一切之表現。若輩以爲一八六六與一八七〇既能戰勝强敵，則在下次戰役中，定可擊敗四鄰，大振國威。於是一九一三之帝國會議，議決增加軍費。而進行備戰之舉動，則愈逼愈緊，改良大炮，發明炮彈，製造飛艇與潛水艇，莫不一一加以注意。國内訓練有素與設備完全之軍隊竟達四百萬，戰時尚可動員六百萬。以如此强大之陸軍，則無怪德人之睥睨一切也。同時海軍亦力謀擴充，以期與英國平等。實際上德國之海軍，論其規模之宏大與設備之完全，亦僅次於英國。

十九世紀末，美國人民以教育普及之結果，頗能瞭解政治情況。此現象爲以前歷史上所未見。同時，城市發達，人口增加，供給市民之水、電、煤氣等，均由私人公司或政府特許之公司辦理。因此，居民之幸福須視政府之效能而有差异。故人民對於政府不能不加以注意。他方面，官吏惡迹，如受賄、蒙蔽，亦爲常見之醜行，尤以發現於市參事會與邦議會者爲最多。於是人民對政府之批評與監督亦漸趨積極矣。

二十世紀初葉之美國政治，其特點在：（一）政治民主化，（二）城市制度之改善，（三）反對托辣斯等。政治民主化之最顯著者，莫如采行直接選舉，創制權，復決權，罷免權；此外尚有女子參政運動之成功。以前美國政黨之職員與候選人，均由黨代表大會選出。

實際上，黨員之參加此類選舉者，僅占百分之十或二十。因此，選舉權已落於少數政客之手。其不民主之程度，可不言而喻矣。一九〇三年，威斯康星（Wisconsin）采用直接初選制，使每黨之選舉人得以選舉其領袖或候選人。此制於一九一五年幾遍行於各邦。一九一三年，美國參議院議員改由人民直接選出，亦政治民主化之一例證也。（官吏候選人由各政黨提出，以故官吏選舉之民主化須從改革黨内選舉開始。）

創制權與復決權本發源於瑞士，其作用在補救立法制度之缺點。假如立法院對於人民所需要之法律不予通過，則人民可根據創制權提出之，如得多數之贊成，則成爲法律。假若立法院所通過之法案不爲人民所歡迎，則可行使復決權以反抗之，如得多數之贊同，則不能成爲法律。此項新制度開始於一八九八，至一九〇五左右，采行之者將近二十邦。罷官權之發展不及前二者之迅速。其原始在一九〇四；首創之者爲洛桑磯（Los Angles）城。至一九一六年，其領域有八邦之多。

男子專政在理論上本不健全，實際上女子之反對之者亦隨教育之進步而趨於激烈。考參政運動，實以一八六一年爲起點，惜未能得到若何之成功耳。嗣後在西方諸邦，頗有相當成功，至一九一七年，允准女子參政者已達十二邦。一九一九年，美國國會兩院通過一憲法修正案，以參政權授予婦女，一九二〇年，以得多數邦之批准，遂成爲法律。女權運動至是始完全成功焉。

其次，爲城市制度之改良。美國舊式市政府有市長與參事會，但其作事之效能甚低，素爲人民所不滿。一九〇〇年，得克薩斯（Texas）之加爾維斯敦城（Galveston）已値風灾之後，遂改用委員制，設委員五人，管理公共事業之全部。行之數年，成效卓著。起而摹仿之者，至一九一六年止，已有城市三百餘處。但委員制不免有互相推諉之弊，遂於委員會之下更設一經理，以一實權，而提高任事之效能，是爲經理制。此制開始於一九一二年，但采行之者，則僅寥寥數城而已。

再其次，則爲反對托辣斯運動。在十九世紀後半期之美國，其工業確有驚人之發展，而大工業之聯合，尤足以壟斷商品之價格，使消費者感受高價之威脅。遂有一八九〇年夏孟（Sherman）反對托辣斯案之通過。總統羅斯福（Roosevelt）與塔夫脱（Taft）相繼抨擊大托辣斯如美孚煤油公司與美國烟草公司，意欲予以解散，但解散之權，操之法院，遂即委托檢察官依法提起訴訟，結果，一九一一年五月，大理院宣布判决，准予解散。蓋以大工業之勢力既已炙手可熱，則不得不藉政治力以制裁之也。

二、歐洲大戰

一九一四年八月，歐洲最劇烈之戰争於以爆發。軍隊人數之衆多與所用武器之堅利，爲亘古所未見。而其影響世界之巨，亦爲亘古所未見。其原因何在，殊費推測，但就歷史觀之，則戰争之導火綫固顯然可見也。

自普法戰爭（一八七〇）以後，西歐已成升平世界，然各强國對於軍備之擴充，則積極進行而不稍懈。而普魯士之準備軍事，尤爲各國所不可企及。普人被拿破侖挫敗於耶拿（Jena）後，深知舊式常備軍之不可恃，遂代以全國皆兵之制。在此制度之下，全國人民皆受短期軍事訓練，一旦有事，則可用之兵甚衆。普魯士之軍官訓練尤爲精密。拿破侖被推翻後，全國皆兵之制，相沿不廢。五十年後，維廉第一與俾士麥（Bismark）欲稱霸於國內，爲日耳曼諸邦之領袖，遂力圖軍隊之擴大。於是普國軍隊竟達四十萬。一八六六戰敗奧地利與德意志之統一，皆軍隊之力也。因此歐洲諸國捨英吉利外，莫不仿效普魯士之徵兵制。在大戰開始以前，德法各有四百萬以上之陸軍；俄國陸軍，約有六七百萬；奥匈聯邦，亦有二百五十萬以上。唯英國之陸軍僅二十萬而已。各國既有如此强大之陸軍，則操刀必割，自不能免於互相殘殺之慘劇也。

英國陸軍，雖不及德法之强大，但其國防亦不空虛，因英國海軍勢力之雄厚甲於全球故也。英國海軍政策有所謂『兩國海軍』（Two powers' nany）者，即英國之海軍，足以敵他二國之海軍之謂也。英國人口衆多，恒感糧食之不足，不能不仰給於外國食品之輸入。他方面，英國工商兩業均臻旺盛，苟一旦喪失海上之霸權，則其衰敗可立而待。以故英政府必須維持强大之海軍。

由是觀之，英國所以建立强大之海軍以維持海上之霸權者，原在維持其工商業之繁榮。同時，後起國家如德意志，亦急欲開闢市場，擴大商務之容量，以故對於英國之海上霸權心有不甘，而有起而抗之之意。德皇維廉第二遂决意整頓海軍，并揚言德國之將來在海上。一八九七年，德國國會通過海軍振興議案。嗣後海軍之擴大極其迅速，幾有駕凌英國之勢。英人乃大懼。英國政府遂亦增加戰艦之數目與噸數。遂演成海軍競賽焉。

此外各國之争執亦頗複雜，兹舉其大者於次：

第一，瓜分非洲之衝突。非洲北岸沿地中海一帶之地，大部分屬於法國，故法國對於意大利、英吉利、德意志先後均有衝突。法國領地阿爾及利亞（Algeria）於一八三〇年被征服，於一八七〇至一八七四始完全被占領。其鄰國有二，一爲突尼斯（Tunis），一爲摩洛哥。法國藉口突尼斯土人騷擾阿爾及利亞之邊界，遂於一八八一年遣兵征服之。意大利原欲取爲己有，今不料爲法國捷足先得，遂大爲失望；因加入德奥同盟，即三國同盟是也。

第二，英法在埃及之衝突。法人以英人握有埃及之財政權，陰懷嫉妒之心。一八九八年，英將吉青勒（Kitchener）征蘇丹（Suden），損失頗大。在未達法佽旦（Fashoda）以前，忽有法國探險家麻香（Marchand）自非洲西部越内地以達其地，高擎法國國旗。衝突之結果，法國讓步，戰禍遂未發生，然兩國間之感情乃從此惡化矣。二年後，英國與南非之荷蘭移民戰，法國竟公然同情於後者。僑寓法國之英人，往往受法人之侮辱。

厥後英王愛德華（Edward）第七即位，對法表示親善，而法人亦以親善報之，於是兩國之和好，乃得恢復。一九〇四年，英法締結協約，以解決兩國間之困難。一方面，法國承認英人在埃及之利益，他方面，英國亦承認法人在摩洛哥之利益。協約既成，兩國人民，皆大歡喜。

第三，英德法間之衝突。德皇維廉第二本爲英王愛德華第七之甥，但兩人之意見自始即不融洽。同時德人認定英國所締結之協約皆在抵制德國及其與國。故在一九〇五年，德國因得奥地利之後援，遂反對英法關於摩洛哥之協定，措辭頗激烈。一時戰爭空氣突然緊張。但摩洛哥之獨立，由法國允許擔保，風潮遂平。一九一一年，德國更派遣巡洋艦往摩洛哥之亞甲隸爾（Agadir）示威，幾啓戰端。結果，法國割地（即剛果 Congo 河上游之地）於德，德國始允法政府得以自由處置摩洛哥云。自亞甲隸爾事件發生後，戰禍似已迫在眉睫。德國强頑派以摩洛哥被法人占領，認爲德國之大失敗，乃要求政府以後對於外交之處理應以强硬爲中心。同時英法激烈分子亦以德國公然凌辱，頗難忍受。於是各國對於軍備，作更進一步之擴充。

第四，奥俄之衝突。奥地利自十三世紀以來，其領土嘗有增益，但其内部之種族問題頗爲複雜，而調和各種族間之感情，尤感困難。種族之大者，有奥地利本部之日耳曼人，匈牙利之馬札兒人（Magyars）與多種之斯拉夫人。一八四八年奥地利之内亂即人種之複雜有以致之也。至在政治方面，奥匈分邦而治，各有京都，各有國會，凡關於兩邦之公共政務如陸軍、財政、外交，則由兩邦之議會組織代表會議以辦理之。

日耳曼人與馬札兒人，既占政治上之優越地位，遂爲奥匈内部之斯拉夫人所嫉視，但斯拉夫人種中又有若干支派，語言文字各不相同。因此奥匈統治階級遂得乘間挑撥離間，使各人種互相仇視，以冀坐收漁人之利。結果，各種族間之感情益臻險惡。他方面，南斯拉夫人之散布於巴爾幹半島接近奥匈邊境者，尤爲奥匈肘上之疽。蓋土耳其帝國自衰落以後，俄國即以保護巴爾幹人民之責自任，與奥地利之政策遂發生正面衝突。一八七八年，奥國以得英德之後援，召開柏林會議以阻撓俄國之計劃，其衝突之劇烈遂益顯著。

柏林會議結果，奥地利得以占據土耳其之二省，曰波斯尼亞（Bosnia），曰黑塞哥維那（Herzegovina）。一九〇八年，土耳其舉行革命，似可中興，奥國深恐該兩省爲土人收回，遂即合并之。同時奥匈南境鄰國有塞爾維亞者，夙有聯合該二省居民（本屬同種）與黑山國（Montenegro）合組南斯拉夫王國之志願，對於奥匈合并之舉動自不滿意，即俄羅斯亦深表不滿，但德國則有武力援助奥地利之宣言，而俄國又以對日戰爭後，革命繼起，元氣未復，不能不暫時隱忍。戰爭之禍，於以暫時消滅。

一九一二年，巴爾幹戰争爆發，塞爾維亞之領土向南發展，幾可經由阿爾巴尼亞（Albania）以達亞得里亞海（Adriatic），但奥國則任意干涉，建立阿爾巴尼亞王國以障礙之，遂引起塞人之仇恨。實際上，塞爾維亞之國土已倍於戰前，世人或慮其乘戰勝之餘威，以實現其斯拉夫國家之計劃。一方面，俄羅斯同情於塞爾維亞與南斯拉夫人種，他方面，德國則願作奧地利之後援，遂間接形成德俄之衝突。

第五，德俄之衝突。德國對於俄羅斯聯合斯拉夫人種與獨占巴爾幹之企圖不能容忍，蓋德國欲建築一長距離之鐵道，起自柏林，經過巴爾幹半島與巴格達（Bagdad）以達波斯灣。此計劃已得土耳其之同意，唯英法兩國略有反對耳。假如俄國對巴爾幹之計劃能以實現，則德國之巴格達鐵道終成泡影。同時塞爾維亞亦反對德國鐵道計劃。於是大日耳曼主義與大斯拉夫主義形成對峙之勢。

一九一三年，各强國皆積極備戰。德國國會增加非常軍費一千兆馬克，法國亦將兵役時期由二年延長至三年，俄國亦大增軍費，奧匈盡力於炮兵之改良，英國整理海軍，甚至比利時亦實行全國皆兵之制，以預防德人之侵犯其中立。拔劍張弩，形勢緊急，其未至於一觸即發者幸也。

以上種種皆戰爭爆發之條件，而戰禍之近因，則由於奧國皇太子斐迪南（Ferdinand）偕皇妃同游波斯尼亞，於一九一四年六月二十八日在沙那甲和（Sarajavo）被刺。奧地利認係塞爾維亞政府所指使，於七月二十三日提出哀的美敦書，要求塞國禁止一切新聞紙上、學校中與各種社團之反奥運動；凡文武官員之反奥者，一概免職；最後，奧政府得派專員參加罪人之審判。限於四十八小時内答覆。塞爾維亞對於提出之要求，均皆承認，惟對於最後之一款，認爲妨害主權，未能允許。結果，七月二十八日，奧地利對塞宣戰；俄國亦下動員令以助塞。德國以俄羅斯之目的在於侵德，遂於八月一日對俄宣戰。同時德政府以法國之態度可疑，且有動員事實，即於八月三日對法宣戰。英國政府以德軍侵犯比利時之中立，亦不久對德宣戰。厥後轉入戰争漩渦者，又有日本與土耳其兩國。自戰争開始，三月之間，交戰團體達十餘國，一面爲德、奥、土，一面爲塞、俄、法、比、英、日及黑山國。意大利則宣布中立。

在大戰初期，德軍兵精械利，迭陷名城，其鋒幾不可當，至九月一日，已進逼巴黎，相距僅二十五哩，法政府遷於波爾多（Bordeaux），以避其鋒。然自九月五日至十日，法將霞飛（Joffre）氏大敗德軍於瑪恩（Marne）河畔，巴黎被圍之危險至是始完全消滅。而德軍亦轉攻爲守，但其占據之地帶，則包有比利時、盧森堡（Luxemberg）及法國之東北部。諸地皆係工業繁盛、礦産富饒之區域，德人獲之，大足以增益其戰鬥之實力。但西方戰綫在以後之四年中未有若何變動。

至於東部之戰争，俄軍初占優勢，侵入東普魯士與奥地利，但旋爲敵人所敗，先後退出該兩國之境地。未幾，德軍且侵入波蘭，占領華沙（Warsaw）暨波羅的海諸地。一九一五年，英法聯軍之攻土耳其者，損失數萬之衆，不能於加利波利（Gallipoli）半島上得一根據地，同年五月，意大利欲乘機收回奥國轄下之意國區域如特棱特（Trent）、的里雅斯德（Trieste）等，遂加入協約國。

大戰開始以後，德國海港均被英國封鎖，而其兵艦則匿居港内，不敢與英艦作戰，假使德國無潜水艇之發明，則無法以抵抗英國之海上霸權。未幾，英國除檢查中立船隻外，更宣布運往德國之糧食爲軍用品。他方面，德國人認定英政府此種舉動意在使德人陷入飢餓絶境，遂亦宣布英國附近之海爲戰區，以作報復。凡敵人商船之通過其地者，均得擊沉之。同時并通告中立國船舶毋再冒險駛入戰區内。自一九一五年二月始，德國潛水艇開始襲擊中立國船舶，以無『警告』之時居多。而英德海軍迄無大戰，殊出人意料之外也。

一九一七年一月，英國擴大封鎖區域，以謀完全斷絶德國之交通，而德國人爲報復計，亦擴充英國西部海面之戰區，以阻止與他國之通商，蓋欲藉此以割斷英國糧食之來源也。德國宣布『無限制潛水艦戰争』後，美國商船受其害者日見衆多。美總統抗議數次，不得要領，遂於四月二日，對德宣戰。繼續美國而對德宣戰者，不一而足，我國亦在内。結果，同盟國方面有四國，可動員軍隊一千萬。加入協約國方面者共有十九國，可出陸軍兩千七百萬。就此一點而論，則勝負之數已決矣。

一九一八年，德奥已達精疲力竭境地，提議乞和，協約國不許，聲稱德不投降，則協約國必不停戰。美總統威爾遜氏并舉出著名之十四點，以爲媾和之基本條件，其中重要者，曰廢除秘密條約，曰海上自由，曰裁減軍備，曰組織國際協會以擔保大小諸國之平等。而德國内部之革命亦已爆發，維廉第二宣告退位，逃往荷蘭，十一月十一日，雙方簽訂停戰條約，德國軍隊除退出所占領之地面外，更須以萊茵河以西之德國領土，交由協約國軍隊占領。其次，德國所有戰艦、潛水艇及軍用材料，應交付於協約國；其鐵道亦應交協約國處理。於是彌漫全世界之大戰至此始於事實上告終焉。（一九一七年俄國過激派革命成功，遂退出戰争。）

一九一九年一月十八日，交戰各國開和平會議於法國之凡爾賽宫（Versailles），列席者有三十一國之代表，共七十二人，英美法日意，各派代表五人，其餘者則僅派三人或一、二人。一切皆由英美法三國包辦，和議内容決定後，即提交德國代表，命其簽字，六月二十三日，和議完全告成。獨中國代表以日本不肯退還青島及膠濟路於我國，拒絶簽字，頗引起全世界之驚訝。

和約内容極爲複雜，兹僅舉其最顯著者如次。（一）領土之改變。法國收回亞爾薩斯洛林（Alsace-Lorraine）。奥地利、匈牙利分離獨立。波蘭、芬蘭等國均復興。歐洲土耳其瓜分殆盡。捷克（Czecho-slovakia）與南斯拉夫（Jugoslania）亦同時産生。（二）限制德國軍力。嗣後德國陸軍不得超過十萬人；戰艦與軍火之製造亦受限制；并不得再有潛水艇。（三）賠款問題。德國應於短期内賠出一千萬萬元（美幣）之現金與貨物，餘數由協約國規定。德國沙爾（Saar）河流域之煤礦應由法國經理，以十五年爲期。（四）處置德國殖民地問題。對於德國殖民地與土耳其領土之文化程度較低者，則委托强國代管之。（五）國際聯盟。此爲美國總統威爾遜所發起，蓋欲以維持世界之永久和平也。其辦事機構有三。一曰永久秘書處，設於日内瓦（Geneva）。二曰議會，由各國派代表一人組織之。三曰評議會，由英美日意選派代表組織之，并得由聯盟會議另舉代表四人參預之。加入國際聯盟者，爲協約諸國及大多數中立國，惟美國除外。至於戰敗國家，如德奥等，須有聯盟議會三分二之贊成，方能加入。

根據《國際聯盟條約》，聯盟各國間如有争執，不能由外交方法解決者，應即提交國際法院仲裁之，或由聯盟評議會研究之。無論如何，必俟國際法院裁判之後，經過三月，方得宣戰。凡有不遵守聯盟條約之國家，其他之聯盟諸國必須與之斷交，并由評議會商定武力對付之方法。現今美國仍立於國際聯盟以外，而操縱指使之（聯盟）者，厥爲英法兩國，但自去年英國工黨執政以來，國際聯盟之領導權已落於法國之手，而成爲法國稱霸歐洲之有力工具。

三、戰後國際調協（Rapproachement）

歐戰衹將列强間之衝突解决一部分，其餘者仍繼續存在。戰争停止後，新的國際問題又源源發生，要求各國之注意。列强解决此種問題之辦法，不外召集國際會議，以謀調協，其重要者如左：

第一，華盛頓會議　此會於一九二一年秋季開幕，結果爲（一）限制軍備。嗣後英美日主要兵艦之比例應爲五比五比三，英美海軍遂立於平等原則之上，而『海上霸王』之尊號不能爲英國所獨占矣。（二）解决中國問題。會議對於中國關税、治外法權、青島等，雖有相當規定，但非爲中國謀利益，僅重伸美國所主張之『門户開放』政策耳。

第二，洛加諾會議　戰後帝國主義本身經濟基礎瀕於破産，而帝國主義者間之相互衝突，亦有一觸即發之勢，如日美之在太平洋，英法之在歐洲大陸，意法之在地中海，英美之海軍競賽，均逐步加深，亟待彌縫。此洛加諾會議（The Locarno Conference）之所由來也。此會議開幕於一九二五年十月十五日，爲英國政府所發起。先是，英國保守黨執政後，對於法國大陸政策之膨脹與俄國布爾塞維克主義之蔓延均感不安。故以爲欲歐洲和平之實現，須使法國及爲法國爪牙之小協約國（即波蘭、羅馬尼亞、南斯拉夫等國）與德國立於安寧和平狀態之下，俾德國不至鋌而走險，以與俄國結合。洛加諾會開幕時，張伯倫（Sir Austin Chamberlain）語新聞記者曰，『此次會議，與以前協約國與德國之會議迥然不同，今之來洛加諾者，非提出條件或要求，乃以自由平等國家之資格以解决各項困難耳』。

德國爲戰敗國家，對於英國之誘惑自易接受。德國社會民主黨驚喜欲狂，竟謂『協約國已死，英法德之聯合可以代替協約國』。洛加諾會議結果，成立德比法英意五國保安條約，允許德意志加入國際聯盟，并締結其他條約。

第三，日内瓦海軍會議　華盛頓會議，已將英美日三國海軍比率規定爲五比五比三，前已言之矣。所謂五比五比三者，即英五美五日三是也。此建議由美國提出，在美政府方面當然認爲满意，蓋因一方面既已壓抑英國，得與其海軍同一比率，他方面又將日本海軍比率減低，使遠在自己之下。

但以上之五比五比三比率，衹限於主力兵艦，而對於補助艦如巡洋艦、驅逐艦、潛水艇，則無若何規定。因此英美諸國遂努力於補助艦之建造，演成海軍競賽，至一九二七年，競賽情形愈加顯著。美政府有鑒於此，遂由總統柯立芝（Coolidge）召集一日内瓦海軍會議，其目的在限制補助艦擴充之競争。柯氏於其請柬中聲稱『美政府有意將五比五比三比率，推廣於各種補助艦』。英國接受美政府之召請，但聲明限制之程度必須顧及英國屬地分散之特殊情形。日本亦接受請柬，而意法則拒絶，衹允許以旁聽資格出席。

一九二七年之日内瓦海軍會議，實際上參加者衹有三國，即英美日是。結果，以意見之不能同一而竟致分裂。争執之焦點在限制巡洋艦之總噸數。英國主張：噸數可以限制，惟對於艦數，則堅持必須顧及保護大英帝國之需要，不能加以限制；并聲明所需要之總噸數爲三十八萬七千，巡洋艦數目爲七十。

但在美國方面，認定英國既有大批小型巡洋艦，又復在全世界上占有海軍根據地，則可以隨時向各方面移動，以抵制美利堅。因此即主張添造噸數較大之與炮口較大之兵艦二十五艘，方能與英國立於平等地位。英國聞之不禁駭然。并認定美國之主張不僅欲與英國平等，實欲凌駕而上之。蓋以大型艦上可以安裝巨炮，殊於英國小型艦不利。故英國主張在總噸數上不能平等。談判遂從此破裂，各國得視其財力之大小，自由造艦。

第四，非戰公約　近數年來，帝國主義者間之突衝日益露骨，故其需要和平空氣亦較前加甚。以故裁剪軍備、公斷條約、保安條約之聲浪甚囂塵上，同時秘密同盟、擴充軍備，則進行如故。一九二八年之非戰條約，即在此相反之條件下而産生者也。

先是，一九二八年二月，美法間醖釀一種公斷條約，以放弃戰争爲國家政策之工具，至五月始正式成立。六月，德美間成立同一性質之公斷條約。迨至八月，由法國外長白里安（Briand）提議，將美法公斷條約之精神予以擴充，决定召集若干大小國家，於巴黎開一非戰公約會議，八月二十七日，條約簽字，定名爲凱洛格公約（The Kellogg Pact），或稱非戰公約。各國參加會議者皆一時偉大人物。同時并於公約中，規定徵求蘇俄及其他各國之同意與加入。簽字加入者有三十餘國，惟蘇俄不在内。但蘇俄爲倡導世界和平起見，曾於非戰公約經各國政府批准之先，即與其鄰國如波蘭、羅馬尼亞等簽定凱洛格廢戰公約焉。

第五，英法海軍協定　非戰公約既已簽字，世界和平似有一綫曙光，不料英法海軍協定亦同時成立，且該兩國當局，對於協定内容，嚴守秘密，唯恐人知。迨協定消息披露後，各國政府於憤怒之中紛起質問。英政府迫於不得已，遂於一九二八年六月二十八日，發表以下之牒文：

『聲明英國準備接收裁軍籌備會法代表之非正式建議：僅限制裝置大炮六寸口徑以上之軍艦……英政府對於法國所持已受訓練之後備兵，不應列入陸軍限制之意見，可撤銷其反對。』

法方對於限制大軍艦亦已承認。自協定之内容觀之，關於裁軍問題，英對法之陸軍主張顯已讓步；而法則以海軍讓步以報答之，可謂各得其所矣。但美國報紙則表示憤恨，大肆抨擊且指該協定爲對美挑釁。而美政府方面更着手『大海軍』之建造，并將規定之大巡洋艦提前趕造，以圖報復。其咄咄逼人之氣焰，幾不可向邇。第二次大戰，仿佛即在目前。

第六，倫敦海軍會議　此會議於一九三〇年四月在倫敦舉行，其目的在協商減縮海軍辦法。發起者爲英相麥克唐納（Ramsay McDonald），并於事前親往美國征得總統胡佛（H. Hoover）之同意。參加者有英美日法意五國代表。

先是，自英法海軍協定披露後，美國認爲對己挑戰，不能不立即準備，以謀抵制，遂演成不可掩蔽之英美海軍競賽。兩國人士皆惴然不安，預言長此以往，必致引起第二次大戰。美國名流如波拉（Broah 現任參議院外交委員會委員長）等雖不贊成『大海軍』政策，但極力主張洋海自由，不應爲某一國所支配，并明白要求與英海軍平等。

會議瀕於決裂者屢矣。其爭執之焦點爲意國對法之平等要求，而法國則堅持不可，結果，該兩國均不爲條約所拘束，以故五國海軍條約實際上僅英美日三國耳。對於廢除潛水艇之提議，因法國之反對而被打消；對於廢除主力艦之建議，亦因美國之反對而被擱淺。依照條約上之規定，對於主力艦、巡洋艦、潛水艇皆加以限制，但其所限制之噸數極少。英國又主張在條約中加入『假如條約外之國家建造新戰艦，大有妨害於條約內某國之國家安全時，該國得通知其他兩國，建造超過限制之兵艦』（第二十一條）。然則所謂限制者，亦欺人之語耳。

此外列强間又曾爲大戰後賠款問題而舉行會議多次。所謂道威計劃（The Dawes plan）、楊格計劃（The Young plan）等，多與此問題有直接之關係。此等計劃在表面上，似乎都是欲爲德國求一條出路，但列强舉行此等會議之動機，并非欲解德國之倒懸，不過不欲德國宣告破産，使其極端派得勢，以致賠款無從取給而已。歐洲許多國家因大戰結果，均欠美債甚巨，而其償付則多恃德國賠款爲挹注。美國對於此等借款，幾有絲毫不肯放鬆之概，然欲歐洲各國能清舊欠，則除使德國可以勉强支付賠款外，别無他術。故所謂道威計劃、楊格計劃等，其目的所在，亦僅止於此，而此等計劃之創議者，即美國也。道威計劃實行若干時，因感困難，乃以楊格計劃代之，但其内容都是换湯不换藥。今不但德國因束縛未獲稍解，而有不可終日之勢，就是協約國間也因要付美款，其形竭蹶。近年全世界工商業蕭條，各工業國失業問題嚴重，甚至美國本身，亦受重大之影響者，均可謂爲此等賠款借款問題尚未有一種適當解决辦法所致。

四、殖民地革命運動

近年以來，殖民地革命運動日見澎湃，尤以一九三〇年之印度、緬甸、埃及反英運動，朝鮮反日運動，叙利亞、安南反法運動，爲最激烈。此種運動，當然由於現今廣大被壓迫群衆對於帝國主義者所起之深切覺悟。但自歷史觀之，帝國主義者之侵占殖民地，業已根深蒂固，袪之非易，而且帝國主義國家之經濟制度尤須仰賴殖民地以維持其生命，蓋自十九世紀歐美工業革命以後，資本主義有極端之發展，達到最後之階段，即所謂帝國主義是也。因此，生産過剩，發生恐慌，不能不尋覓海外市場以救濟之。此高度工業化之國家，所以汲汲於掠奪殖民地也。所謂殖民地者，即經濟落後之弱小民族。自大戰以後，帝國主義者爲急欲恢復其工業與商業起見，對於殖民地之侵略如未遇有重大之阻力，自不願遽爾中止。

第一，印度。東印度公司奪得印度後，即儼然爲印度之統治者，英政府因一八五七年印度土著雇兵之變叛，乃將印度收歸政府統治。除在印度置有總督外，又於内閣中設印度事務大臣，以負行政上之責任。但此後印人在政治上所受之壓迫仍然如故，以致時時引起印人之不平。迨大戰發生，英人又以自治許印人，而在印度募集軍隊及戰費甚多，惟結果僅爲一種口惠而已，故印人尤覺不平。

一九一七年八月十二日，印度事務大臣爲收買土人之好感起見，於英國下議院聲明：印度可以逐漸推行自治政治。一九一九年，國會更通過所謂印度改良案。但論其實際，所謂改良者，實欺騙也。因印度立法院之議員有一部分在實際上爲總督選任，下議院議長亦總督所任命。總督祇須取得英國國會之同意，即可制定與立法院相反之法律。立法機關之權能既已若是之受限制，當然不能滿足印度人民對於代議制度所作之要求。

印人自受英人之束縛以來，除受政治上之壓迫外，又受經濟上之剥削。英人自誇英政府已使印度賦税減輕，交通改良，水利大興，商業發達。但印度在英人統治之下經濟進步所收之利益，多爲英國攫去，而印人受其貺者，僅有小數商人及資本家。且自機器製造品進口以來，境内原有農村工業遽以崩潰，而大多數之印人遂貧乏益甚。印度本爲世界第二産棉最多之國家，但每年反須購入多量之外國棉布，尤以英國棉布爲最多。英人既以印度爲其棉布之大市場，則印人欲課外國棉布高税以興本國棉織業，當然爲英人所不許。故自一八九六年以迄大戰中爲止，外國棉布、印度棉布均一律課以從價百分之三點五消費税，而無分别。至大戰中，英人以印度捐助戰費一萬萬鎊爲條件，而於一九一七年允許印度對於外國棉布課以百分之七點五進口税，至一九二一年乃增至百分之十一，但蘭開邑棉業代表在英國國會中，對於此舉已不勝其非難矣。蓋英國製造家以爲印度祇可長爲英國原料供給者及英國製造品輸入者，雅不願其成一自給之國家也。近年英人知在印度，所行之經濟侵略政策已有稍改變之必要，故又在印度大投其資，廣設工廠，以遂其榨取之目的。

在一九一九年與一九二〇年兩年，印度革命領袖甘地（M. K. Gandhi）氏，召集全國國民會議，通過不合作案，同時并申明非暴力之反抗，其性質與排貨或罷工相類似。所謂不合作者，意在對於英國統治予以消極之抵抗。不合作案中之最顯著者，如拒絶英政府頒給之官銜爵位，脱離英人教育，排斥英國司法，不在英國政府中與軍隊中服務，不納租税等。至一九二一年不合作運動遂普遍於全國。後以甘地被捕入獄，而不合作運動亦以停頓。

甘地之不合作運動，雖極得印人之同情，但終以境内宗教偏見深，階級分别嚴，故人民團結不易，因之有一部分人多意在取得自治殖民地地位，以爲一種過渡辦法，而不欲立即脱離英政府之羈絆。一九二九年印度各黨致最後通牒於英政府，限其於是年十二月三十日以前許印度爲自治殖民地，過此期限，印度即自動地宣布完全獨立，同時不合作運動乃至違法運動即行開始。至一九三〇年初，印人以英政府對於最後通牒置諸不復，乃按照計劃，開始不合作運動，復授權甘地領導全印違法運動。甘地乃率衆往海濱制鹽，以破壞英人所定之鹽法，故反英運動遂急轉直下，而甘地亦因此被捕入獄。旋英政府在倫敦舉行印度圓桌會議，甘地及其他國民會議中人物，因拒絶與英妥協，故未參預斯會。但據最近趨勢而觀，英人一時雖不欲遽爾放弃印度，但印人對於自治殖民地之願望，多少總可實現也。

第二，朝鮮。日本并吞朝鮮後，即於朝鮮設置總督府以統治之。總督由天皇任命，有調遣陸軍全權。日人對於朝鮮監視甚嚴，凡犯以下諸款之一者，均受拘禁或罰鍰之處分。

（一）無故强迫晤面或無故强談而有威迫行爲者。

（二）强制他人加入團體者。

（三）聚衆濫向官府請願者。

（四）作不穩隱語，或揭示或頒布或朗誦不穩文書、圖畫、詩歌者。

（五）製造摇惑人心之流言浮説或虛報者。

類似以上之條款爲數八十有七，兹僅舉其犖犖大者而已。

朝鮮言論出版無自由，群衆不得集會，凡政治集合與屋外集會均受保安規則的規定。惟最野蠻者，爲對於作不穩言論之人或煽動人，尚處以五十以上之笞刑。因此，朝鮮民衆之有覺悟者，遂漸漸趨向革命，以求脱離此種政治壓迫。

日人時向世界宣傳，朝鮮自成爲日本領土後，工商業已有顯著之進步，此可就朝鮮輸出貿易之大增爲證明者。但韓人以爲朝鮮之經濟進步，受其利益者乃爲日人，而非韓人。且日人尚欲日本勢力之在朝鮮，可以根深蒂固，成爲永久不敗之基，故按照所定計劃，將朝鮮許多農民驅入中國之東三省，而同時則鼓勵本國之人移殖朝鮮。日人在朝鮮所施之教育課程，多以日本語、日本史爲重要部分，而朝鮮史則不許誦讀，朝鮮學生欲往他國求學者，亦在禁止之列。故日人此種用心，無非欲消滅韓人故國之思，使之永爲日本之順民而已。

朝鮮呻吟於异族專制之下，當然日思革命以求重睹自由。故大戰告終，朝鮮要求民衆自決運動遍於境内，卒以日人采用極嚴酷之高壓手段，以致未能稍償厥願。日人在教育上雖竭力欲使朝鮮同化於日本，但近年朝鮮之革命運動有時反以學生爲中心，此則出於日人意料之外者耳。朝鮮天産豐富，而距日本密邇，在日人眼光中，固爲極寶貴之殖民地，但韓人之國家思想既未或泯，則日本自不易永久控制朝鮮。一九二九年日人用極嚴酷手段壓服光州運動後，隨即頒布地方自治，以和緩韓人之革命情緒。

其他殖民地若埃及、叙利亞、安南、緬甸、馬來群島等，皆有反抗帝國主義之民族獨立運動，尤以發現於埃及、安南者爲最激烈，一九二七年二月十日，國際反帝大同盟開第一次大會於比京不魯塞（Brussels），其目的在反對帝國主義壓迫殖民地與擁護民族自决。出席者一百七十四人，代表二十三國，甚至英美日諸國之反帝國主義者亦派代表列席。故反帝運動至此時遂成爲國際的行動矣。

第二章　二十世紀之經濟

一、本世紀資本主義發展之回溯

自實業革命以後，世界資本主義有巨大之發展；而實業革命則開始於英國，逐漸蔓延於歐洲大陸與新世界。實業革命後之英國資本主義，在其發展之過程中，産生新興工業都市，如倫敦、利物浦（Liverpool）、曼徹斯特（Manchester）、伯明罕（Birmingham）等，其人口自一八一〇年至一八四〇年，增加二倍至三倍之多。生産力遂有非常之進展，英國製造品向歐洲大陸輸出者，爲數至巨。

工業既已發達，人口又復激增，資本家在政治上之威權隨即提高。一八三二年國會選舉法之改正與工商派議員之加多，可爲明證。同時，代表地主之保守派議員則大減。一八四六年，工商派議員更將多年未决之糧食法廢除，是爲資産階級對於地主之又一打擊，蓋因糧食法之本意在保護地主，以防止穀物價格之低落，故對於入口之穀物課以關税以排斥之。但穀物加税，價格提高，必至提高勞動階級之生活程度，必至引起勞動者要求增加工資，殊於資本家不利。是以糧食法之廢止，爲資産階級政治勢力加大之又一表現。以後英國工業，在自由貿易原則之下，有突飛之發展，至十九世紀中葉，可謂已進入資本主義之全盛時代。

英國資本主義之勢力漸次侵入歐洲大陸。在法蘭西，自維也納會議以來爲保守主義所壓迫之自由主義派，自得英國機械輸入之援助，重新恢復其勢力，足以左右政權，睥睨一切。驅逐皇帝，改建共和，皆若輩之力也。彼時德國雖未統一，但倔强之普魯士，邀集北部各邦組織關税同盟（Zollverein），以謀經濟之統一。嗣後南部諸邦亦陸續加入，遂成爲政治統一之前提。先是，北方地帶本爲漢薩同盟（Hanstic League）領域之一部分。以故經濟之發展頗稱顯著。此時，受英國工業革命之影響，亦斷然采用機械工業，近代産業於以勃興。以工商業發達爲基礎之自由主義，遂彌漫於德意志之全部。

一八六六年普奥戰争以後，普魯士之國勢蒸蒸日上，然欲建設一强大之德意志資本主義帝國，則須作相當之準備。此準備爲何，即從鄰國法蘭西奪取阿爾薩斯、洛林，蓋此兩省，富於煤鐵，爲發展德意志工業所必需。一八七〇年普法戰争之結果，新興德意志竟得如願以償，并得賠款五千萬萬法郎，以推進其資本主義之發展。

同時，新大陸之美國亦以急激速度實現資本主義化。美國之南北兩部在經濟上各有其特殊關係：南方以農業爲主，多使用黑奴，北方以工商爲主，雇用自由勞動者。一八六〇年，代表北方自由主義之林肯氏（A. Lincoln）當選爲大總統，南方地主階級恐其釋放黑奴，遂群起反對。結果：演成一八六〇年至一八六五年之南北戰争。北方戰勝南方後，實業益趨發達。於是中美南美諸小國幾完全入於美國資本主義範圍之内。

各先進資本主義國家在工業迅速發展之過程中，對於市場與原料兩問題，須有滿意之解决，否則其工業將發生危機，促進工商之衰落。事實上，工業危機，即隨工業之進步而來。蓋工業值繁榮之時，即已潛伏危機種子，時機一至，即行茁牙壯大，而難於收拾。每一危機，恒十數年一至，至則延綿一年以至數年不等。資本家與勞動者兩受其害。而危機之發生或由於生産過剩，或由於銷路疲滯，或由於兩者之連合。工業資本家爲避免危機起見，遂力求市場之推廣，甚至使用武力，亦所不惜。同時更謀取得海外殖民地廉價之原料，以求生産費之減低，以期驅逐敵人於市場之外。

就歷史觀之，自十九世紀後半期以至歐洲大戰，一切國際主要戰争皆以奪取經濟特權或貿易根據地爲目的。一八七七俄土戰争，其原因由於俄羅斯欲在地中海取得貿易門户。結果俄勝，然以英國之干涉，其目的未能達到。一八八四中法戰争，一八九四中日戰争，結果中國敗北，割讓安南於法，奉獻臺灣於日。安南與臺灣遂成該兩國之殖民地，而受其宰割焉。一八九八年，美國奪取菲律賓，遂於太平洋中得一根據地。一九〇四日俄戰争，由於俄羅斯占領滿洲，威脅日本勢力範圍。結果，日本戰勝，奪取遼東半島權利與朝鮮特權。一九一二至一九一三巴爾幹戰争，起於各帝國主義間之勾心鬥角；土耳其雖戰敗，而戰勝國以『分贓不清』引起更多之糾紛。

二、二十世紀初葉各國經濟概況

前節所論，大半專指十九世紀資本主義之發展，今更將二十世紀開始至大戰時期止各國經濟概况分述於次：

第一，英國　十九世紀之英國工業所以能立於超越地位者，其原因頗複雜，約而言之，則有（一）工業革命發生較早；（二）未受拿破侖戰争影響，其貨物多銷售於殖民地；（三）英國爲島國，容易與市場接近，容易取得原料。故其工商兩業得以向前進展，不受阻礙。現代工業組織所需要之兩種基本原料：煤炭與鐵，亦産生於英國。於是鋼鐵兩業，得有迅速之擴展。

英國工業在發軔時期既已享受種種便利，故能發展迅速，幾有一日千里之勢；而且占據世界上最優越之市場。迨十九世紀末葉，始有其他國家開發天然富利，産生大量貨物，以與抗衡。自入二十世紀以後，英國工業仍能向前發展。例如以棉紗業而論，在一八七四，錠子總數爲三七,五一六,〇〇〇，至一九〇三，加至四三,九〇五,〇〇〇；在一九一三左右，則加至五千萬。同樣，毛織業亦有繼續之進步。一九〇五，毛貨輸出者幾達三〇〇,〇〇〇,〇〇〇磅；一九〇八，亦復有同樣數量之輸出。

自一九〇〇至一九〇九，每年煤之出産爲二四二,五四一,六六六噸；一九一〇至一九一九年，每年平均數爲二五六,五四四,五一三噸，較以前增加五六,〇〇〇萬噸。二十世紀之鐵鋼業亦有長足之進展，蓋以鐵路與輪船之建設，需要多量之鐵鋼故也。生鐵之産生，亦由一八六〇之三,八二六,七五二噸，加至一九〇八之九,〇〇〇,〇〇〇噸以上。茲更將英國産生鐵之數量列舉於次：

年代	一八八〇至一八八九	一八九〇至一八九九	一九〇〇至一九〇九	一九一〇至一九一九
噸數	一五,八七八,八〇〇	一三,〇一八,四〇〇	一四,二八七,七〇〇	一四,四八四,三〇〇

英國交通事業亦隨工業而進展，其著者爲鐵路與運河。至一九〇六止，英國運河達四千里；而鐵路之建築，在一九〇〇爲二一,八五五里，一九一〇加至二三,三八七里，一九一四爲二三,七〇一里。英國鐵路在此十四年中僅增加兩千里，但在一九〇〇以前，每年增加千餘里。此蓋由於英國工業在十九世紀有猛烈之進步，而重要工業須遷移於炭、鐵鄰近地帶。以故道路之建築刻不可緩。他方面，英國造船事業至一九〇〇年亦有顯著之發展。今試以汽船論。一八七〇年，汽船之噸數爲二二五,六七四；至一九〇〇年，則加至八八六,六二七；一九一〇減爲六七〇,二一九。降至今日，英國造船企業仍占重要位置。

英國工業之發達既如上述，而其對外貿易遂有巨大之發展。因此，英國實能握世界貿易之牛耳，但在十九世紀末，英國在世界貿易中所占之百分數逐漸減少，不無可异耳。此蓋由於德國工商業之興起，以與英國競争，有以使之然耳。世人對於英國工業之效能，每有過分之估量，實則其所采用之方法，并非如何優越，爲他國所不可企及。吾人若檢閲戰前雜志如《世界貿易雜志》等，即可知其底蘊耳。他方面，德國工商業頗有其優點，英人不易對付。例如（一）德國新興工廠中，不適用之機械較少於英國舊式工廠。（二）德國可以施行保護政策，而龐大之大英帝國以習慣於自由貿易，則不能完全乞靈於此項政策。同時，德國商人頗爲南美洲、亞洲與非洲顧客所歡迎，以其能允許賒賬故也。關於賒欠一點，英人頗主慎重，不輕易許可。德人之允准賒欠者，往往不能收回現款，是則與其濫賒，反不若不賒之爲愈也。

英國對外貿易，自一九〇〇至一九〇九，在輸入方面每年爲五七〇,六四七（千鎊）；一九一〇至一九一九，每年之輸入額爲九三七,五二九（千鎊）；較以前大有增加。輸出方面，一九〇〇至一九〇九每年有四〇九,五三七（千鎊），一九一〇至一九一九，每年達六〇三，一二八（千鎊），較以前激增。出入相較，入超於出。所輸入者多肉類、牲畜、生皮、化學物品、棉花、毛、絲、麻、鐵鋼、紙。出口貿易以棉貨、鋼鐵製造品爲主要物品；其次如毛織物、化學品、皮、陶器等，在出口貿易中亦逐漸重要。英國爲高度工業化之國家，輸入品中多原料，加以製造後，仍須輸出。是以入超於出，非特不足爲害，反能表現經濟之進步。更有可以注意者：英國輸入之現金恒超過其輸出。此蓋由於英國資本過剩，投往外國者爲數至巨；現金之輸入，多爲此種投資之報酬。

與對外貿易有密切關係者，厥爲商船。以自家之船舶運載自家之貨品於海外，其便利自不待言，但亦有謂商船之業務，純在運貨圖利，至於貨品之國籍，則不問也，更不至加以歧視。但英國商船，無論其專爲自己，或兼顧他人，業已占極超越之地位；試觀左表。

（以百萬噸爲單位）

年代 \ 國名	英國	德國	法國	美國	日本
一九〇〇	九，三〇	一，九四	一，〇三	/	/
一九一〇	一一，五五	二，九〇	一，四五	/	/
一九一四	一九，二五	五，四五	二，三二	七，九二	一，七〇

英國商業政策自一八六〇年後，實際上已采行自由貿易之原則，對於進口出口不加限制；雖有少數物品仍須繳納關税，但其主要目的，僅在充裕國庫而已。查輸入輸出之限制，如徵收關税之類，徒使消費者與商民感受重大之痛苦，是以反對限制之運動愈演愈劇，結果代表商業資本主義之自由黨，遂於執政時期將上項限制概予取消，使對外貿易得以自由流入或流出。同時英國希望他國政府亦采行同樣政策，以期全世界之貿易得以完全自由，但其希望終未實現。他方面，外洋之保護關税日趨嚴重，英國對外貿易受其打擊；甚至其自身之殖民地如加拿大，對英貨亦徵收保護關税。因此英國少數政治家亦主張以同樣方法保衛本國工業。而對於殖民地貿易，則采取帝國互惠政策（Imperial Preferential Treatment），俾英貨與殖民地出品能受關税上互惠之優待。戰前英國人關於保護之鼓動時起時滅，而反對之者亦倔强不屈。至於互惠辦法之施行，則遠在戰前。英貨銷行於殖民地者約占對外貿易之半數，尤以印度之銷數最大；由殖民地輸入之貨品約占進口貿易百之三十。然則英國商務之發展，其有賴於殖民地市場者，自毋待言矣。

由以上各段觀之，英國工業雖在十九世紀已達高峰，但入二十世紀以後，仍能有繼續之進展。但在戰爭時期，以受軍事影響，則表現衰退耳。

第二，美國　至一八八〇年止，農業爲美國主要財源，但自是年以後，工業异常發展，竟駕凌農業之上。在歐戰時期，美國農産物以歐羅巴需要之激增，遂復趨於繁榮。他方面，一九〇〇年之耕地爲五百七十三萬七千餘（農場），以後無多增加。而農業人口亦逐漸減少。此爲農業國家變成工業國家所必經之途徑。

國内製造業既已發展，財源既已開發，生産遂有剩餘。於是大企業之連合乃應運而生，以求將剩餘生産品輸出於海外。美國貨物在現世紀初運銷於歐洲者，爲數頗巨，爲歐羅巴製造家所畏懼。同時，進口貨物，以國内工業之發展與人口之激增，亦隨而增加。一九一四年之貿易，輸出計二十三萬萬六千四百餘萬金元，輸入共十八萬萬九千四百萬金元，與一九〇〇年相比較，則輸出增加約七成二分五，輸入增加約十二成二分八。然以輸入與輸出比較，則出超仍在四萬萬以上。歐洲大戰爆發後，交戰各國尤其是協約諸國，對於軍輸品、食料及原料之需要步步增多，遂激起美國出口貿易更急速之進展。此種增加之傾向，在和平恢復後，仍繼續未止。美國遂得由債務國一躍而爲債權國矣。

美國自殖民時代至最近大戰止，因國内投資之不足，常向歐洲各國稱貸。當大戰爆發時，美國欠歐洲之款項約有五六十萬萬之多，但至一九一七年六月止，美國出超達七十三萬萬以上。同時美政府在軍需品形態之下，又貸與協約國百萬萬金元以上。此外私人在歐洲之投資，據稱亦在百萬萬金元以上。

大戰以前之輸出品中，以農産品占最多數，約占五六成，然其比例則逐次降下。他方面，工業品則逐漸加多。農産品中有小麥、棉花、羊毛、木材，礦物中有煤油、鐵、煤、銅等。除羊毛外，其生産額均占世界第一位。可知美國主要出口品爲此等原料及製造品耳。輸入方面，以食料爲主，如砂糖、咖啡、可可、茶、果物、香料等，多由中國、印度與南美洲諸國運來。其次爲製造品，如綿、絹、羊毛貨、毛制貨、陶磁品，多半自歐洲，尤其是法英運進。美貨歐銷者，其比例逐年減少，一九〇〇減少至七成七分，一九二〇減至五成。因此，對加拿大、中央美洲、南美洲之輸出於以增加。

美國工業所以能有飛躍之發展者，其主要原因在於本地原料之豐富。美國之小麥、棉花、木材、煤油、煤、鐵、銅，以産額論，均占世界第一位。同時，水力之存在，其數量亦無限，予工業以莫大之助力。自歐戰爆裂後，美國出口品激增，國内户口加多，購買力增大，因而刺戟工業之更加發展。各種機械之發明亦爲工業發展猛進之一原因。美國政治家深恐外國商品之侵入妨害國内工業之發展，遂實行保護關税政策。關税墻壁愈築愈高，至今年（一九三〇）已達極峰，遂有一〇二八經濟學家（均美國人）向美政府之請願，略謂關税過高，必至引起外國之報復，使美貨在外洋滯銷；同時在經濟方面，我既不願買外貨，則外人亦將不買我貨也云云。

自一八九八年至一九一九年，美國工業發展之概况如次。投資由八十九萬萬金元增至四百五十萬萬。生産品價格總額由一百十四萬萬，加至六百二十四萬萬。馬力由一千零九萬七千餘，增至二千九百五十萬七千餘。産業工人由四百七十萬加至九百餘萬。尤以大戰時代之發展，最爲顯著。各業生産額，食料占百分之二十，織維品與其製造品占百分之十五，木材占百分之五，皮革占百分之四。此外尚有其他生産品，惟産量不多耳。鋼鐵、煤與煤油在外，其産額占世界第一位。

美國工業發展之過程中，又有所謂企業合同（即托辣斯）運動者，即大資本家集中資本，消滅競争，實現獨占之謂也。據一九〇〇之調查，企業合同共一百八十五，以鐵鋼業、食品業、化學工業、金屬工業爲其大本營。一九〇四年，企業合同爲數三百十八，資金共七十二萬萬金元。其中有三分之一爲七大資本家所操縱。

他方面，企業合同以壟斷商務與排除競争，頗引人民之仇視。以故反對企業合同運動隨即開始，尤以西部諸邦反對之聲浪最爲激烈。聯邦政府亦通過《夏孟反企業合同法》（The Sherman Anti-trust Act, 1890）。一九〇一至一九〇九，大總統羅斯福（Roosevelt），亟欲祛除企業合同之弊害，遂施行現行法律以制裁之。自總統塔夫脱（Taft）時代起，至大戰時止，斯爲反企業合同運動最盛之時期。然而資本之集中畢竟不受阻撓。美國參戰以後，乃改變其撲滅企業合同之政策而反利用之。

移民問題，在美國經濟史中亦占特殊地位。反對移民與限制移民之聲浪年有所聞。據一九二〇之調查，移民約占本地白人百分之一四點四，内中以勞動者居多。因此移民問題遂成爲勞動問題矣。反對移民者實以勞動者爲中堅，因移民生活程度較低，本地工人恐受其排斥故也。自一九〇三起，限制移民之法律，如提高入國税、限制移民之數目等，相繼通過，其排斥華日人之移民法律，尤爲苛刻。

國立銀行制度自一九〇〇銀行法修改之後即有异常之發展。至一九一三年，銀行數目、資金及發行銀行券均增加一倍。但國立銀行制有兩大缺點：即連絡與統一之缺乏與通貨之鈍滯是也。自經一九〇七大恐慌後，此種缺陷愈加顯著。乃於一九一三通過聯邦準備制以糾正之，其特徵在實現銀行之聯絡與統一，更使通貨有彈性。

在現世紀之初葉，美國資本主義在任何方面均有顯著之發展。因而資本之積累亦有增加。同時，外國資本之流入依然繼續，至歐洲大戰時爲止。美國資本雖亦有投於歐洲與墨西哥、加拿大者，但遠不及外資流入之多。以故美國爲債務國。大戰爆發後，更能使美國資本主義完成其飛躍之發展。最後，美國竟能由資本輸入國一變而爲資本輸出國焉。現今美國資本遍滿於全世界。是美國之資本主義已成爲真正之帝國主義矣。

第三，德國　德意志資本主義之發展開始於十九世紀之中葉。帝國成立以後，政府更設法奬勵工業，以加速其發展之速度。因此，自一八七五至一八九五，建築業、礦業、鐵鋼業、磚瓦業、化學工業，皆有飛躍之進步。其結果致使農村人口向工業中心集中。一八七一年，從事於農業者約占户口百分之六三點九，至一九一一年，則減至百分之四十。

自一九〇〇起，德國煤之生産有急速之增加。一九〇〇至一九〇九，每年産生無烟煤約一二六,〇〇〇,〇〇〇公噸；一九一〇至一九一九，每年産額約爲一五八,〇〇〇,〇〇〇公噸。一九一三年，英煤以價格之低廉與運輸之便利，亦有運入德國者，但爲量不多耳。以德煤與英煤比較，則前者之發展較爲迅速，而一九〇〇後法國煤之生産則幾無進步之可言。一九一三年德煤之産額有一半來自魯爾（Rubr）區域。是年煤之出超約值六千萬金元，但戰後煤炭之進口爲量甚巨，其原因由於德國須以煤炭賠償法國外，又喪失沙爾（Saar）與其他富饒之煤礦區域。因此德國每年損失約六千萬噸之煤炭，工業方面，遂感受巨大之不良影響焉。

德國鐵業自一九〇〇起亦有長足之進步。自一九〇〇至一九〇九，鐵礦每年平均産額爲二千二百萬公噸，生鐵爲一千萬公噸，較以前增加一倍。自一九一〇至一九一九，鐵礦每年平均産額一千九百九十萬公噸，生鐵爲一千二百萬噸，鋼之生産在一八八〇爲一百五十萬噸，至一九一〇則加至一千三百萬噸。一九〇〇年，德國鋼之産量即已超過英國。兹將德美英法在一九一三之鐵鋼生産分列於次：

（以百萬噸爲單位）

國名	法國	英國	德國	美國
生鐵	五	一〇	一七	三一
鋼	五	七	一七	三一

德國一切冶金業，自一八七〇以後，均有進展，以故得以達到獨立地位。粗礦雖有輸入，但無絶對輸入之必要。此外鋅與鉛之産額，或占世界第一位，或第三位，但□之生産極少。汽車業與機械業不及美英之優越，而電業在一九一四已成爲德國大産業之一，雇用工人二十五萬；其效能亦高。化學業亦有巨大進展，其著者爲鉀鹽。德國産鉀鹽之地有二，一在斯丹斯福（Stassfurt），一在阿爾薩斯。在一八七一後，德國鉀鹽之生産幾握世界之牛耳，但在大戰後，因阿爾薩斯劃歸法國，而該地鉀鹽礦遂亦一并隸法，故德國遂不復獨占世界鉀鹽之生産。德國顔料業發展極速，在一九一三年，其供給世界之染料達於消費總額四分之三。

八十年代後，德國經濟組織，頗有資本集中與勞力集中之特徵。一八八二年，雇用一人至五人之企業數目，爲二百餘萬，至一九〇七，僅加至三百萬。雇用六人至五十人之企業，在同一期間，無迅速之增加，其增加最速者，厥爲雇用五十一人以上之企業。雇用千人以上之公司，在一八八二，祇有百餘，至一九〇七則加至五百餘。觀於此，則工業集中之程度可知矣。

德國對外貿易，自入現世紀以來，年有增加，惟進口超過出口耳，其原因由於海船收入與對外投資，皆未列入出口貨物中。在本世紀初期，主要入口品爲穀物、羊毛、棉花、木材；主要出口品爲金屬器具、棉織品、煤炭、蔗糖、化學藥品。德國以能出産多種專門貨品，尤其是化學藥品，其貿易遂能侵入高度工業化之國家。戰前一般意見，以爲德國工商業之發展使英國受重大損失，實則不然，蓋以德國商場多在歐洲東部與東南部，而此項市場，則尚未爲他國所占據故也。

德意志爲高度工業化之國家，其糧食恒感不足，應由外國輸入，與英國相同。故其農業不甚發達，亦略與英國相同。同時，工業雖有高度之發展，但以關税保護之，此則超出經濟原則矣。

第四，法國　自入本世紀以來，法國工商業均有進步。今以對外貿易論。一九〇二年，法國國際貿易僅八萬萬法郎，至一九一三，則幾加一倍，然與英美德比較，則瞠乎其後矣。依據一九一三之調查，法國進口貨多基本原料，如鐵鋼之類，；而出口品，大半爲安逸品與奢侈品，至於必需品之輸出者，爲數至微。法國入超之原因，在於對外投資未列入輸出品中，如英德然。法國對殖民地之輸出，繼續增加，爲法國對外貿易中之重要元素。

至於工業方面，其主要者有絲業、棉織業、煤炭、鐵鋼、機械與造船。以絲業論，法國本占第一位，但在戰前，則喪失其領袖地位於美國矣。自人造絲暢銷以後，法國絲業必須應付新興問題，蓋因人造絲需要新法則，遂將舊工業之優點取消。其次爲紗業，戰前法國紗業，以錠子論，居世界第五位。自一九〇〇至一九一二，法國煤産額，雖有增加，但仍不足以供國内之消費。鐵礦之出産在一九〇一爲八百萬公噸，至一九一三，則加至一千九百餘萬公噸。法國自收回洛林（Loraine）以後，鐵之産量乃突增。餘如機械製造，亦有進展。

三、戰後資本主義之發展

歐洲大戰，於一九一八年停止，自停戰至一九二一年，世界資本主義以受戰爭影響，均表現十分險惡與混亂。在此一時期内，混亂與險惡之特徵，在（一）生産額減低。除一二特殊工業部門外，歐洲生産力均爲戰爭所破壞。煤與鐵鋼均不及戰前百分之九十，尤以鐵之生産爲最低。同時美國以世界購買力之減退而形成生産過剩。（二）歐洲生産力既已減低，故其對外貿易亦隨即減少。（三）金融混亂與跌價，尤以戰敗國家爲最甚，其原因由於直接或間接支付戰時内外債務之本金利金，與戰後增加復興費與軍備費，以及戰後各國禁止現金出口。（四）物價騰貴。此蓋由於金融膨脹與跌價之關係。（五）失業增加，衝破以前未有之紀録。

但自一九二一後半期至一九二五，資本主義生産力逐漸趨於恢復。其恢復之原因，一方面爲美國金元之流入，俾歐洲財政與金融轉入穩定，他方面，歐洲資本主義克服革命運動後，頗能得到政治上之穩定，以全力企圖國際經濟與貿易之復興。因此，重要工業如煤、鐵、鋼，其産額皆逐漸增加，至一九二五年，煤鐵兩業已加至戰前百分之九十五以上，而鋼之生産則超過戰前水平綫。餘如貿易之恢復，金融之穩定，皆有相當之成績。逮一九二四年，資本主義經濟已得局部穩定，以品質與數量論，在許多方面均超過戰前水平綫。其原因爲經濟範圍擴大與生産技術改良。自一九二〇年起，各國物價，均逐年減低，此亦轉入穩定之徵象也。

在生産力提高之過程中，即已潛伏種種危機。例如以煤論，其生産總額雖有增加，但其增加之大部分，不在英國與德國等主要國家，而在比較不重要之國家，其結果適足以阻礙英德出品之銷售。鐵鋼業亦潛伏種種危機。棉織業銷路之減少亦爲一大危機。可知資本主義之穩定祇有暫時性與局部性。觀於市場循環之不規則性，則足以證明此説之不誣。例如一九二〇至一九二一，英美感受恐慌，而法德則興盛。一九二三，德國發生恐慌，其他諸國則興盛。一九二四，法意表現興盛，美德動摇，而英國則衰落。一九二六，英德發生恐慌，法美則表現興盛。

近兩三年以來，資本主義國家之感受衰退者，首推英國，其重要工業皆久蹶不振，至今（一九三〇）猶未表現轉機；而失業工人則有加無已。工黨政府雖力圖補救，不但未見成效，而失業者反日見加多，現已超過兩百萬。其次爲德國，失業者逾三百萬。素以富饒第一號稱於世界之美國，其失業之程度，據一九三〇年七月十四日世界社電訊稱，已達六百六十萬人，至堪驚人。雄視東方之日本，失業者亦達百萬以上。總而言之，除法國外，失業之慢性增加已成爲世界普遍現象。據確實調查，全世界之失業人數，已逾兩千萬云。

戰後資本主義走入崩潰道路，資本家遂以生産合理化以救護之。此運動創始於美國，或稱美國化。其目的在改良生産組織，改良生産技術，節省生産用費，大量製造商品，使生産力更加提高，現今歐洲諸國，甚至蘇聯，亦仿美國成例，而施行合理化。

四、社會主義之興起

現代社會主義，其種類頗複雜。大而别之，則有緩進與急進之不同。德國之社會民主黨，英國之工黨，法國之社會黨，皆主緩進者也；而俄國之布爾塞維克黨，則主急進者也。緩進、急進兩派所具的鵠雖同，但其手段則各異，前者欲以進化達到社會之改善，後者則以激變替代進化。因所取方法之不同，而彼此遂如冰炭之不能相容，故後者加前者以資産階級社會主義名稱，蓋譏笑之也。

各國社會黨之勢力大半以工人爲基礎，以故工人擁護社會主義之多少，即足爲社會黨實力之測驗。戰前德國工人加入社會民主黨工會者，達兩百五十萬，其勢力誠不可侮。一方面，德國工會雖爲法律所承認，但極受大工業家之反對與蹂躪。他方面，工人自身因政治、種族、宗教之不同，亦不能團結一致。戰争開始後，德國工人爲愛國心所激勵，遂實行參戰，但一九一六年，較爲急進之社會黨，宣告脱離，開始反對戰争。德國帝國之推翻，實急進社會黨之力也，然而掌握臨時政府之大權者，則爲穩健社會黨。一九二三年全國有組織之工人，共一千三百萬，社會黨占九百萬。現今全德國國會中，有民主派社會黨議員一百五十餘名，共産派議員五十餘人。

英國代表社會主義之工黨，開始於一九〇〇年。其初專從事於工會工作，而不涉及社會主義。一九〇六，選舉國會議員二十九名。一九〇七，乃起草一温和社會主義決議案。此後因其組織之伸縮性，政策之温和，以及自由黨之頹衰，遂得有巨大之發展。戰時之工黨已成爲龐然一大物矣。一九二三年竟能組織一工黨政府。一九二九年五月，英國國會改選，工黨大占勝利，其當選之議員有二百八十餘名，較保守黨多二十餘名，遂復握英國政權。同情於工黨者，自上次總選舉觀之，約有八百餘萬。

美國社會主義，無若何基礎。就一九二八年之總統選舉觀之，社會黨徒與同情者亦不過二十餘萬人而已。法國社會黨派别甚多，且往往爲資産階級政黨之變相，所不同者名義耳（人數未詳），共産黨派之力量亦不强大，其人數不及十萬。

一九一七年十一月，俄國布爾塞維克黨革命成功，建立蘇維埃社會主義共和國聯邦。斯爲社會主義國家之初次出現。事實上，現今之俄羅斯尚非完全成爲社會主義國家，但其所趨向之目標，則與資本主義國家不同。現今之蘇聯，是一過渡時期之國家也。在此過渡時期，即以無産階級之獨裁，消滅資本主義之殘餘，建立社會主義之經濟以自期。

布爾塞維克成功以後，即宣布左列各經濟政策：

（一）土地、礦山、鐵路、工廠等一切基本生産，收歸社會共有。

（二）采用統一之科學計劃，以組織與指導生産力。

（三）排除私有利潤；一切經濟剩餘，概歸社會使用。

（四）凡屬健全成人，均負有從事生産與有用勞動之義務。

（五）勞動者對於經濟生活之指導，有積極參與之權利。

（六）對於從事生産與有用勞動者，於可能範圍内，供給（甲）衣食住與保持康健之資料，（乙）教育、娛樂及文化機關。

（七）廢除人對人之榨取，廢除民衆之階級對立，抑制榨取者，建設社會主義之社會，俾社會主義能在世界各國得到勝利。

如此種種，均皆爲最終目的；如何始能達到，則須於中途采用適宜之經濟政策。

蘇聯經濟史可分爲三時期。第一期起自革命成功以至一九一八年六月，爲時僅八閲月。在此時期内，新政府經濟政策可謂過於慎重。第一步即將國立銀行移歸新政府，但不更换其事務員。第二步宣布其他銀行爲國有，所以防止其以資金供給反革命派也。於是商船國有，穀倉國有，糖業煤油國有，次第實現。同時某種商業如火柴、咖啡、香料、制絲等，以及對外貿易，均由國家獨占。六月二十八日，又布告一切事業，皆歸國有。凡資本在百萬盧布以上之工廠與商店悉編入國有財産之中。

第二期開始於一九一八年六月，終止於一九二一年三月，歷時二年九月，斯爲戰時共産主義時代。此時期之特徵在廢除貨幣與集中國民經濟管理權於國家。一切生産品不由市場交易，而惟交由國家管理，以期物物交換之實現。繼又宣布凡一切企業使用機械與雇用工人五名以上者，又或不使用機械而雇用工人六十名以上者，均收歸國有。由是全國工業，什九集中於國家，所殘餘者爲使用自家勞力之製造業耳。指導國民經濟與國家財政之機關爲最高經濟會議。

第三時期自一九二一年三月起，斯爲新經濟政策時代。是年采用著名之新經濟政策：廢止農産物之國有；恢復小工業與農業爲私人經營；徵收糧食税，以代農産物之强制徵收，殘餘穀物任農民自由處分。由是工業品開始交换，市場建立，貨幣恢復。農民對於糧食税均表示滿意，但收穫仍減少，工業上亦發現燃料與原料之不足。因此，新經濟政策又有推廣於工業之必要。結果，遂解放二十人以下之小經營與事實上從未國有之大經營，更承認私人工業。一九二三年，一部分國營大企業又用讓渡手續移轉爲私人經營。自新經濟政策施行以後，生産力着着增加，農業、工業、交通業雖未回復戰前原狀，但亦相差無幾。然則新經濟政策之適合要求昭昭然矣。

自一九二八年起，實施五年計劃，提高生産力，努力社會主義之建設，斯爲猛進共産主義時期，亦可稱爲蘇維埃經濟史之第四時代。現在蘇維埃政府對於工業之生産與效能以及農業之社會化，均采取積極行動；行之兩年，已得到相當效果。就過去二年之成績觀之，五年計劃，可於四年或四年□以内完全成功。

全世界注意之五年計劃，可分爲工業與農業兩部分。其關於工業者，又别爲二類，一爲資本貨物，一爲日用消耗品。屬於前者之煤、石油、泥炭、鐵礦、生鐵、鋼、農業機器等，皆較戰前增加，至一九三二至三三止，均須增加兩倍以上，尤以泥炭與農業機器之增加爲最速。消耗品中之棉花、毛布、砂糖、鞋等，至第五年年底，即一九三二至三三，亦須增加兩倍以上。對於工人工資之提高，亦隨生産力之提高，而予以有步驟之規定。工資之加多視工人之種類而有不同。例如金屬工人之工資，在一九一三爲三十五（盧布），至一九三三，可加至一八六點五；而化學工人之工資可由二十加至二三八。平均計算，則每部工人之工價，原先祇二十五盧布者，概加至二〇九點二。同時工作時間亦逐步減少。由是觀之，五年計劃不僅顧及生産量與生産力之提高，而且對於工人之福利尤爲注意。

五年計劃之農業部分，其目的在改良農業技術與農民經濟。一方面引用最新技術，提高農業生産，使農業趨向於社會主義之大規模生産。他方面則集中散漫之農村經濟，以大量收穫品供給市場。一九二七年，耕地面積幾與戰前相等，農産之收穫量亦不讓於戰前，但供給於市場之商品部分則僅達戰前百分之四十。因此，蘇聯穀物輸出減少，都市糧食亦發生相當困難。同時，工業有飛躍之進步，亦需要農業之改造。

農業改進之第一步，在增加農業機器之製造與農業集體化之擴大。是以依照五年計劃，農業機器應於第五年末增加七倍；而國家農莊與集體農莊應由一九二七至二八之一千二百萬公頃，加至一九三二至三三之四千四百萬公頃。一九三三至三四，社會主義化之土地將占全部耕地百分之二〇點三。社會主義農業，因有較好技術之設備，其生産力比私人爲高。私人生産每公頃爲九點二二脱奈爾，集體農莊爲一一點二八脱奈爾，國家農莊爲一二點五池曾脱奈爾。在一九三二至三三，國家農莊與集體農莊能以大宗穀物供給非農業人口，其數量可達市場需要百分之四二點六，較五年以前增加百分之三十五。又，五年計劃對於穀物産額之提高亦有精細之規定。

五年計劃之内容已分述於上，兹更揭舉其成績於次。工業統計指示：資本貨物與消費貨物之生産業已超過預定額數。譬如生鐵産量，在一九二九至三〇，原定爲五百萬噸，今則加多五十萬噸。鐵鋼預定爲五點二一百萬噸，今則加多八十五萬噸，其他工業品亦有同樣之增加。是則工業生産之提高，已無疑義矣。

至於農業方面，亦有顯著之進步。依據最近統計，農業合作運動，至一九三〇年三月一日止，合作農莊已達十一萬，包括一千四百萬私人農莊，約占蘇聯全國農莊百分之五十五。但在兩月以前，其數目僅占百分之十七。以面積論，集體農莊共有二一五,〇〇〇,〇〇〇畝，每一農莊，平均計算，約占兩千畝。集體農場上所養之家畜，約有一千二百萬頭，占全國總數之半。現代農業機械，除國家農莊外，均爲合作社所有。近來蘇維埃政府對於集體農莊運動，雖約略改變其政策，改變過分之孟晋，但就全體論，則此運動仍能向前進展，不至受其影響。

國家農莊在俄國農業生活中已發生有力之影響，其發展亦堪驚人。目前蘇維埃國家農莊共有一百以上，其大者占有二十五萬畝，小者亦占十五萬畝，均由穀物托辣斯辦理。今春所耕種之地面爲二百七十五萬畝，比較去年多六倍，其産量爲六十萬噸，亦比較去年增加六倍。五年計劃，規定於一九三二年國家農莊，應出産穀物七百萬噸，下年可産生此數之一半。一九二七年，富農供給蘇維埃之穀物爲二,二〇〇,〇〇〇噸，此爲富農歷年供給政府最大之數量；國家農莊苟能成功，則可不依賴富農以爲穀物之來源矣。同時，國家農莊足以影響農民，使若輩擁護集體運動。他方面，農民非常注意國家農莊之發展，感覺大規模生産方法確優於若輩自身所采用之原始條耕（strip farming）制度。以故國家農莊周圍之集體運動極爲發達。

五、國際社會主義運動

社會主義運動意在反抗資本主義，但欲求反抗之成功，則各國社會主義者有互相連絡共同作戰之必要。此第一國際、第二國際與第三國際之所由起也。兹分述於左：

第一國際・以馬克思恩格斯（Engels）爲中心之第一國際，成立於一八六四年，會址設於倫敦，參加者有各國工人。在其所舉行之鬥争中，有反對機會主義，反對小資産階級，反對無政府主義等。一八七一年，巴黎公社革命失敗，影響於第一國際之生存者至巨。翌年，馬克思領導之第一國際遂歸於消滅。

第二國際　此組織成立於一八八九年，適值帝國主義鼎盛之時代，其歷史可分爲三期。第一期始於一八八九，終於一八九六；自一八九六至一九〇四爲第二時期；自一九〇四至一九一四爲第三時期。在第一時期中，第二國際利用第一國際之經驗，實行與無政府主義分離。第一國際與第二國際不同之點，在於後者由較大合法群衆組織所形成。但各大衆黨不受國際拘束，而得自由發展。此或係第二國際之致命傷，因其可爲機會主義之基礎故也。機會主義，終於變成排外之社會主義。機會主義之政策，在於顧及目前利益，而拋弃反抗資本主義之目的。當世界大戰爆發時，各國機會主義者竟放弃反對資本主義之鬥争，而與本國資本家合作，共同作戰，其結果僅促進第二國際之崩潰。

自十九世紀末葉以後，在大部分社會民主黨中，均發現機會主義，第二期之第二國際，亦不免受其傳染。第二國際對於機會主義之鬥争，雖表現微弱，但在此鬥争中，確能樹立以無産階級反對資本主義之原則。一九〇〇年，考次基（Kautsky）在巴黎大會中提出一決議案，以拒絶加入資産階級政府内閣爲原則，但於必要時，則對於此議案可不服從。於以知第二國際對於機會主義之策略，亦不堅決。

第二國際對於帝國主義所醖釀之戰争危機，亦予以討論與决議。在一八九六年倫敦大會中，對於戰争問題，通過一决議：或戰或和，應由民衆自家决定。并提議設置國際仲裁法院，以爲防止戰争之工具。一九〇〇巴黎會議，指斥海牙和平會議，不能防止戰争。關於帝國主義戰争危機之重要討論，當在第三時期之一九〇七年。在是年之大會中，國際社會主義者分爲右翼多數派與左翼少數派。前者對於防衛祖國與階級鬥争均表贊同，遂演成所謂『不叛祖國，亦不叛社會主義』之公式。

少數派則提出一補充意見：使帝國主義戰争轉變爲革命戰争，亦被大會采納。依照此種補充意見，戰争萬一爆發，應即促其終止，同時利用戰争引起之經濟與政治恐慌，舉全力以促進民衆之醒覺，藉此以加速資本主義階級之廢止。一九一二凡爾賽大會，對於世界戰争之態度更有明確之表現。并警告各國政府，不得引起戰争。同時更指示無産階級爲王朝虚榮而戰，爲資本家利潤而戰，均屬犯罪行爲。

但第二國際反對戰争并不如何堅决，大戰爆發後，一夜之中，除少數左派外，一切指導者均宣布擁護祖國，擁護戰争。機會主義遂一變而爲排外之社會主義。更有甚者，則提倡勞資調協，排斥無産階級對資本主義之鬥争。然而第二國際對於組織無産階級與宣傳社會主義，確著勛勞，不可抹煞。

國際社會主義所形成之第二國際，以擁護祖國而分崩瓦解，我人謂其名存實亡，亦無不可。僅有左派所領導之社會民主黨小團體，如布爾什維克與斯巴達昔斯（Spartacides），尚能抱其原來主張，努力奮鬥，但斯巴達昔斯在德國之舉動亦僅曇花一現而已。

第三國際 就歷史言，第三國際係由第二國際分化而來者。緣一九〇七大會以來，第二國際營壘中，已有多數派與少數派之分裂。此少數派包括德國之左翼急進派，俄國之布爾什維克，瑞典之青年團與青年國際左翼，荷蘭之斯托克比尼斯特，形成新國際組織之核心。若輩自戰爭開始，即高呼『變帝國主義戰爭爲革命』，以表示對於勞動階級之忠實。俄國布爾什維克黨在列寧領導之下，於一九一九年三月，組織第三國際，以反對社會民主黨之機會主義與實行馬克思主義爲職志。加入者有各國共產黨與赤色團體，聲勢頗浩大。第一國際，建立國際無產階級爲社會主義鬥爭之基礎。第二國際準備擴大社會主義運動，使之更加大衆化。第三國際則斷然求無產階級獨裁之實現。

此外關於國際社會主義運動者，尚有兩大工人團體，一爲阿姆斯特丹（Amsterdam）國際，一爲赤色國際。前者成立於一九一九年，在第二國際指導之下，以施行改良主義爲原則，蓋屬於緩進派者也。

他方面，赤色國際則立於對抗的地位。自一九一九年第三國際成立後，已感覺有組織國際革命勞動者之必要。因此一九二一年七月，赤色勞動組合國際正式成立，以反對改良主義與無政府主義爲其奮鬥之目標。

赤色國際在政治上受第三國際之指導，以故有將其混爲一談者，實則赤色國際爲工人組合，其作用雖含有政治性質，但非政黨（如第三國際然）。此則我人不可不知也。

第三章 二十世紀之社會

二十世紀初期中之社會，因種種關係，而其不穩定之狀態遂較前益甚，兹將由此種不穩定所引起之社會變化與具體問題分述於次：

一、家庭之崩潰

在二十世紀初期，家庭生活表現更不穩定之狀態，其見於離婚事件者尤爲明顯。但離婚尚不能充分表現家庭中不穩定之程度，蓋因離婚爲法律名詞，而貧苦人民中之抛妻不顧，或背夫逃亡者，尚不在内；考其數目，則較離婚案多四倍。而離婚案之多，在現代各文明國家中，以美國爲首屈一指。其次爲法、俄、德、奥、瑞士、丹麥、意大利、大英國、羅馬尼亞、荷蘭、比利時、瑞典、澳洲、挪威、加拿大。此一八八五之統計也。今請更將一九一九至一九二二統計中所得之比率列舉如下：

日本，八次結婚，有一次離婚。瑞士，十六次結婚，有一次離婚。奥地利，十七次結婚，有一次離婚。法國，二十一次結婚，有一次離婚。丹麥，二十二次結婚，有一次離婚。德國，二十四次結婚，有一次離婚。挪威，三十次結婚，有一次離婚。瑞典，三十三次結婚，有一次離婚。大不列顛，九十六次結婚，有一次離婚。加拿大，一百六十一次結婚，有一次離婚。美國，七次結婚，有一次離婚（一九二二）。

上述係列舉各國結婚離婚對比之大概。至在美國各邦，如俄勒岡（Oregon）、歪俄明（Wyoming）等，離婚率爲三或四與一之比，即每三、四次結婚，必有一次離婚。離婚率之高，誠堪驚人。而離婚之加多，較以前爲尤甚。據最近調查，離婚案增加之速度，較户口之加多大四倍。社會日趨腐化，於此可見一般；守舊之輩引爲深憂。

研究離婚問題者，多以離婚爲富有階級與勞動階級之特點，而中流階級中之離婚現象則不甚普通。此係理想，吾人無統計以作證明，然按之事實，尚屬正確。茲更舉離婚之特點如次。第一，城市之離婚率高於附近區域之離婚率。第二，無子女的夫婦，其離婚之數目較有子女者多四倍。第三，羅馬舊教徒反對離婚，以故在各教派中，舊教徒之離婚特少，而新教徒之離婚案件則多四倍。第四，婦女運動日見發展，女人要求離婚者占離婚案三分之二。此離婚案件分野之梗概也。

離婚原因甚爲複雜，茲就研究美國家庭所得者，列舉數端於次。溯自現代工業主義發達以來，婦女在經濟上之新機會日見加多，遂得脱離家庭經濟關係而獨立，已婚之勞動女子與男子，常因服務於工廠中而發生兩性間之競争，使夫婦間之感情日趨冷淡。習於工廠生活之勞動女子，不解治家之技術，養育子女，皆所不願，遂使家庭生活不能穩定。此其一。與工業發展有連帶關係者，厥爲城市之發達。城市發展，户口頓增。其富有資産者類多沉溺於淫博，而居處簡陋者又爲衣食所困，不特家庭生活難入常軌，而夫婦之間亦往往以鹽米細故，而反唇相稽。此其二。個人主義隨民主制度之進步而益加高漲。今日之美國男女，其自行其是與自圖其利之精神日見强烈，顯然有害於家庭生活。近年來女權運動之猛進使女子采取倔强之態度，尤足以妨害家庭生活之和諧。此其三。至於宗教信用之破産，城市生活程度之提高，離婚法律之鬆懈，皆足以影響離婚之增多。

是以就離婚觀之，家庭關係逐步趨於不穩。而此不穩狀態，必隨社會之高度工業化與民主化而增加。近代開放之婦女，且有主張自由離婚者，若果實行，則家庭之崩潰必愈速。首蒙其害者，厥爲幼年子女，因子女不得父母之養育與保護，往往陷於貧窮與罪惡，爲數甚夥。道德學家對於此問題，頗表現憂慮，而社會學家則條陳種種立法上與司法上之救濟辦法，如嚴令法院調查離婚之實在原因，減少離婚條件，限制離婚夫婦再行結婚，限制結婚等。此皆治標之辦法也。至於治本方面，則注重社會教育，以轉移個人之習慣、意見與標準，而尤注重於兒童之福利，蓋以一般社會學家均認定兒童爲尋常家庭生活之中心故也。

二、户口問題

在社會進化中，人數問題極關重要。人數愈衆之社會，則其生存之機會愈大。同時，户口加多，則内部之相互競争將愈趨鋭利；優勝劣敗之選擇必趨於嚴厲；個人效能，必逐漸加大。

兹將歐美諸國人口之增長，列表於次：

歐美各大國户口生成表

國名	美國	西班牙	意大利	大不列顛	法國	德國	蘇聯（即俄國）
一八〇一年户口	五，三〇八，〇〇〇	一〇，五〇〇，〇〇〇	一七，五〇〇，〇〇〇	一六，三四五，〇〇〇	二六，〇〇〇，〇〇〇	二四，〇〇〇，〇〇〇	四〇，〇〇〇，〇〇〇
一九〇一年户口	七五，九九四，〇〇〇	一八，六一八，〇〇〇	三二，四七五，〇〇〇	四一，九七六，〇〇〇	三八，九六一，〇〇〇	五一，〇〇〇，〇〇〇	九七，〇〇〇，〇〇〇
一九二一年户口	一〇五，七一〇，〇〇〇	二一，三四九，〇〇〇	三八，八三五，〇〇〇	四七，三〇七，〇〇〇	三九，二〇九，〇〇〇	五九，八五八，〇〇〇	一三一，五四六，〇〇〇
每年增加百分數	一點四九	〇點六五	一點二〇	一點〇四	〇點二七	一點二〇	一點七〇

就上表觀之，各國人口在十九世紀均有迅速之增加，而增加率則各有不同。七十年後，俄國人口可達三萬萬，美國可達兩萬萬，中國人口因無確實統計，故難斷言。兹更將户口統計中之特點分述於左：

（甲）一切文明國家之户口，除一兩國外，自十九世紀起，均有迅速之增加。而中世紀之人口則無甚變動。户口增加之原因不外經濟條件之改良與科學之進步，一方面使經濟充裕，以養活較多之人口，另一方面，則以醫學之進步而使死亡率低降。

（乙）户口之加多，不僅由於生育率之提高，而且由於死亡率之低降。衣食住三者之改進與醫學之進步，均足爲生者延長壽命，以故現今每千人中每年死亡者僅十五人而已。

（丙）在十九世紀，尤其在十九世紀後半期，各文明國之生育率亦有顯著之低降。就大體言之，此係佳兆。生育率應與死亡率同時并降。但若死亡率大於生育率，則超過某限度後，國家之發展將受其妨害，且有滅絶之危險。一方面，生育率過高，固爲文化低落之徵象，他方面，生育率過低，亦表現物質上與道德上之退化。生育超過死亡，不僅表明民族之生存力，而且可以表明其生活情況較爲適當，因生活惡劣，則死亡必多故也。兹將英德諸國生育率與死亡率列表於次：

死亡率表

國名	一八七〇至一八九〇	一九〇〇至一九〇九	一九二二
法國	二二點八	一九點八	一七點六
德國	二六點〇	一九點五	一五點五
英國	二〇點三	一五點八	一二點八

生育率表

國名	一八七一至一八九〇	一九〇〇至一九〇九	一九二二
法國	二四點六	二〇點八	一九點四
德國	三八點一	三四點〇	二四點一
英國	三四點〇	二七點六	二〇點四

觀於上表，則知文明民族中之生育率與死亡率均逐漸低落，而低落之程度則各不相同。戰前德國生育之增加頗爲顯著。在同一時期內，法國之死亡超過生育；戰時法國之生育率減少一半，每年每千人中秖生育十人。法國生育減低之原因，在於經濟條件之不利於多數户口，尤其是遺産均分法律，限制大家庭之發展。此外尚有關於社會與道德方面之種種原因。一九一七至一九二一之五年中，美國户口生育率爲二三點九，死亡率爲一四點一。在北美各邦，本地美國人尚不能維持其原來之生育率；而外籍人民，如意大利人、俄國猶太

人、德國人之居留美國者，則生殖極蕃，每千人中可誕生一〇四（如意大利人）或九十四人（如俄國猶太人）。外籍僑民多在壯年，以故生殖最繁。至於本地人生育減低之原因頗爲複雜，兹舉其犖犖大者如左：

（甲）經濟情况。生活程度之高漲，大於個人之收入，因此結婚年齡較遲，不能有較大之家庭。而且本地人在在與外國僑民競争，因此在職業上所得之進款，不足以維持較高之生活程度。同時，富人中有自私自利者，不願受子女之累，而自動節制生育，以故富人之家庭，較貧乏者爲小。在巴黎、柏林、倫敦各都會中，愈貧者生育愈多，而愈富者則生殖愈少。可見貧乏雖爲小家庭形成之元素，然而限制家庭之膨脹者，則不端在乎此也。

（乙）邪淫。所謂邪淫者，即指男女不正當之交合也。由邪淫而起之病患，足以減低生育率。美國結婚中有百分之二十不能生育。據醫學專家之申明，不能生育之夫婦中，有半數須歸咎於花柳病。蓋有多數青年於完婚以前，即已習於嫖蕩，因此一方面使結婚不能生育，他方面又將嬰兒死亡率提高。就大體論，今日之邪淫，未必盛於昔日，但其廣播之程度，則大於昔日矣。以故物質上之結果，亦迥然不同矣。

（丙）教育。教育本身，本非生育障礙，但無教育之富有階級，其子孫確少於其所交游之受有教育者。以故受有教育者生育之低降，不應歸咎於教育本身，而實由於其所往來諸階級之高等生活與奢侈。他方面，婦女之受有高等教育者，往往不肯嫁人，以致生育減少，假如女界中之高等知識分子有一大部分實行獨身主義，則婦女之高等教育確有妨害於種族之發展。

（丁）婦女運動。生育率之低降，亦有歸咎於婦女運動者。此蓋由於婦女運動領袖中，有主張獨身主義者，有提議每一家庭祇應有小孩兩人者。同時制育派（birth-control advocate）亦謂『兩兒』理論，可以醫治社會上一切病患。於是『兩兒理論』深入人心，牢不可破，而成爲美國獨有之理想。但就事實論，兩兒理想，若果實現，則其結果必至減少户口，蓋因在現時最佳之條件下，三兒中必有一兒不能成人，或不生育故也。

美國女子之不生育，較其他文明各國之婦女爲甚。又有謂其由於身體之退化者，緣美國文化，常以巨大勞苦加於人口中某幾種分子之上，而婦女負擔之勞苦較男子且有甚焉。總之，生育率減低之原因頗爲複雜。其主要者爲經濟原因，此外心理上與生理上之影響亦與有力焉。

以死亡率與生育率相比較，則前者易於受人類之節制。溯自衛生情况改良以後，死亡率業已鋭減。在百年以前，城市户口中每千人約有五六十人之死亡，但至現今則減爲十五人矣。死亡加多之原因，不外饑荒、瘟疫、戰争、經濟條件（如生活加高、糧食缺乏）、工業中之意外事件、職業中之病患、氣候等等。就事實觀之，男子之壽命較女子爲短。此係男子在工業中謀生活，受較多之危險，而女子则隱處家庭之中；他方面，陰性組織機關在生理上比較穩定，具有較强之生活力。據一九二〇之調查，美國女子每千人中僅死亡十二人，而男子則死十三人。此外婚姻關係影響於人之壽命者亦至深切。其抱獨身主義之男女與鰥寡死亡較多，而已婚之男女則壽命較長。就婚姻論，本不足以改進生理狀態，但婚後男女若罹病患，則可以因夫婦關係，互相照拂，尤以年老多病者所得利益爲最多。實際上，家庭中之社會利益（social advantages）唯保存夫婦關係者，能儘量享受，至於嬰孩之死亡，在落後國家中，尤爲驚人。全世界之嬰兒，未滿五歲而夭折者，幾及一半。殊爲可惜耳。

一七九八年，英人馬爾薩斯（Malthus）創户口論，謂户口必爲糧食所限制；户口之增加，較糧食增加爲速；若欲限制户口合於糧食供給，則唯有仰賴『積極』與『防止』兩種辦法。提高結婚年齡，限制生育，此防止之辦法也。至於積極辦法，如饑荒、貧窮、疾病、戰争等，其影響於死亡之加多，自無待言。但馬氏所畏懼之人口過剩，至今尚未釀成巨禍。此蓋由於糧食之增加，遠過於人口之加多；而糧食之加多，則又由於人類效能之提高。同時個人進化率（rate of individual evolution）之提高，而生育率則反減低。而户口之過於稠密，反能使劣者歸於淘汰，而保存社會上之優秀分子。

三、城市發展

在現代各文明國家中，户口之城市化（urbanization）與大城市之發展，均足以使一切社會問題趨於複雜與困難。十九世紀以前，人口之大部分尚未寄居城市，因其均在鄉村謀生故也。是以現代城市非僅爲人數加多之結果，實現代工業發展之産物也。觀於工業尚未發達之印度，其户口有百分之九十以上尚居住農村，更可證明城市之發展實隨工業之進步而來也。

在一八〇〇年，倫敦户口不過六十餘萬，及至一九〇一，則加至四百餘萬；巴黎在一八〇〇之户口爲五十餘萬，迨至一九〇一，則達於二百餘萬；柏林之户口，由一八〇〇之十七萬，加至一九〇一之一百八十餘萬。是以十九世紀實爲城市發展最盛之時期，而發展之速度，則在二十世紀開始以後，仍未見減低也。至於美國之城市在一八〇〇僅有五處之户口，達於一萬。至一九〇〇年，户口一萬以上之城市加至四四七處，其人口占全國居民百分之三十二。在一九二〇左右，一萬人口以上之城市，復增至七四六，其户口之總數，占全國居民百分之四十二，尚有百分之二十六之户口，居住於人口十萬以上之城市六十八處。觀於此，則美國全國人口已有百分之七十以上移居於城市矣。

大城市發展之原因，有屬於社會者，有屬於個人者。其屬於社會原因者，有（一）在人類生活中，農業之重要逐漸減少。一方面，人類欲望逐步加多，已非田莊上之工業所能滿足；必須發展大製造業以滿足之。他方面，農業機器之發明足以節省巨量之勞力，將多數農業勞動者驅逐於田莊之外。（二）機器之改良，運輸之進步，市場之擴大，與人類欲望之加多，不僅使製造業有長足之進展，而且將製造業集中於城市，因城市中之工廠可以占經濟上之種種便利如節省電力等。（三）商業容量之增加亦爲大城市發展之原因。至屬於個人方面者，則有（一）城市中之工價與經濟機會均較優。（二）城市中之教育便利亦較優。（三）城市中之娱樂與生活均爲鄉村所不能企及。個人之圖謀生活者，與欲求生活之安逸者，遂麇集於城市焉。

城市生活，更有以下之特點。在某某城市户口中，女子多於男子。據一九二〇美國之調查，農村户口中，女子占百分之四九，而男子則占五一；在城市中，男性占百分之五〇點二，女性占百分之四九點八。大城市如紐約、費府（Philadelphia）、聖路易（St・Louis），女子超過男子之數，或以萬計，或以數千計。此蓋由於城市給予女子以較多之機會，而且城市中女嬰兒之死亡率亦較男性爲低。此其一。城市户口，以自十五歲至六十五歲之居民占多數。此輩多來自鄉間，勇於任事。此其二。城市生育率較高於農村，其主要原因在於生育年齡之婦女較多於鄉村中同一年齡之女子故也。此其三。同時，城市以缺乏衛生與生活條件，死亡率因而提高。此其四。至於城市人民，身材較爲短小，道德退化，犯罪較多，淫邪流行，亦堪注意也。貧乏問題尤以在城市較爲嚴重，因在大城市中，約有三分之一人口生存於貧困之中故也。

至於改造城市生活之方法，不外改良農村生活，使農業經營有利可獲。其次使農村生活更加舒適；凡城市之高等安樂品（comforts）與便利物（conveniences）得以爲農村人民所享受。再其次，將城市貧民遷於鄉下，但習於城市生活之貧民，頗不易適合農村條件。最後，改良城市房屋，使居民公用之物件，如陰溝制度、水之供給、街道、住房問題、垃圾，一般之衛生、救火事業、學校、公園、博物院、體育場等，或爲市政府所有，或由市政府管理，以期城市生活之改進。苟能如是，則城市與鄉村間在生活上之配合，似頗適宜，不致使城市過於擁擠也。

四、貧乏問題

在一切社會問題中，以貧窮問題最堪注意。關於此問題之書籍浩如烟海，於以知注意之者之衆多也。據一九二〇美國户口報告，其居住於貧民院，倚賴國家之救濟以爲生者，已達百萬人。至於在貧民院以外接受公家或私人救濟之倚賴者，雖無確數可稽，當有幾百萬之多。據一般估計，美國户口中，至少有百分之五感受貧乏痛苦而流爲乞丐。大城市之百分數則較高。根據此種事實，有人估量：貧人之數目，即在通常榮繁年代，當在一千萬人以上；若值凶歲，則不止此數也。在十九世紀後半期，倫敦市民中，貧乏者占三分之一。一九〇一年，英國約克（York）城之户口中有百分之二七點八四爲貧所迫，無以自保。一九一三年英國著名統計學者包納赫斯特

(Mr. Burnett-Hurst）對於英國之某四小城市，曾作精密之研究，據稱，窮人占百分之十三以上。而窮人中尤以産業工人占大多數。至於歐洲大陸各國貧乏更甚；窮人數目占户口總額百分之十五以上（百分之十五爲美國窮人之數目）。

貧乏人民不僅限於單一階級；各階級中皆有沉淪於貧乏之中者。至於貧乏原因，可分爲客觀與主觀兩種。客觀原因存在於個人以外，即存在於環境中是也。主觀原因則存在於個人以内。客觀原因中，又有物質環境與社會環境之别。個人之遭遇不順利之物質環境者，如氣候不良、土壤瘠瘦等，則往往更遭受水灾、風灾、火山灾，因而家道衰落，財産蕩然，此貧乏原因之一也。至於主要客觀原因，仍屬於社會環境，此蓋由於社會組織上之缺點有以致之也。兹列舉於左：

（甲）經濟原因。經濟組織之不完備與各種經濟弊害，爲産生貧乏之重大原因。一切慈善團體皆以『缺乏工作』（即失業）爲救濟事業中最大之部分。工業組織之不良於兹可見。每值停工或罷工時期，請求救濟者尤爲衆多。引用新機械後，生産方法業已改變，結果致使大批工人失業。商業方法之改變，亦有同樣結果。貨幣價值之跌落與土地之缺乏，亦爲製造貧窮之原因。現代工業中之危險職業如采礦、鐵道；易染疾病職業，如制帽、吹玻璃、礶器具，灰塵極多，於衛生非常不宜，因此抱病者頗爲繁衆，往往不易治療。據推測之結果，由經濟原因所造成之貧乏，在各場合中，占百分之五十以至八十，則現代生産制度之不良，可以顯然易見矣。

（乙）衛生條件。貧窮亦有因不衛生條件之存在而加深者。窮人居處，光綫既不充足，空氣亦感缺乏，於是疾病與死亡接踵而至，遂加重窮人之負擔。他如教育制度之不良，使無知無識之人民不易覓得謀生之途徑；政府不良，陷入腐化，不能制止經濟上與衛生上之弊害；社會制度與習俗之腐化，如飲酒、賣淫、辦理不良之慈善事業。如此種種，皆爲貧乏之來源，而不能不加以嚴重之注意也。

貧乏之主觀原因，有（一）各種肉體上與精神上之缺點，尤其是由病患而起之缺點。由病痛而來之暫時或永久『無能』(disability)，約占救濟事業百分之十五以至三十。（二）飲酒。由飲酒而産生之貧乏，約占一切貧乏場合百分之二十七，而英國城市中之百分數，則更爲高昂。（三）淫邪。此爲産生貧乏之原因，固無疑義也，但其爲害之烈，究達若何程度，則不易知。據達格代爾(Dr. Dugdale）研究之結果，則謂淫邪之害甚於飲酒。證之他種調查，彌復相同。（四）偷惰。其由此原因而起之貧乏，約占百分之十乃至十五。他如年老與喪失撫養（孤兒寡婦），均爲致貧之元素。歐洲各國因年老而陷入困境之人民，較在美國爲多。

貧窮之人，爲衣食所迫，必致流爲盗賊，作奸犯科，以故貧乏問題成爲嚴重之社會問題。救濟之法則，則隨貧乏之原因而异。譬如因生理上發現缺點而致貧窮者，則應以科學方法醫治之。貧乏之救濟，雖由公家與私人分途擔任，但救濟之本身則分外内兩種。假如要求救濟者，祇受暫時之痛苦，則應予以物質上之援助，使能渡過此痛苦而復其原狀。此之謂外部救濟或稱門外救濟。在德國有所謂厄柏菲爾特（Eberfeldt System）者，是爲國家辦理門外救濟工作之制度，對於暫時之貧苦人民，施以救護。美國之門外救濟概由私人團體辦理，頗有成績。

假若貧苦人民成爲永久或終身之倚賴者，則應由國家施以救濟，并須制定永久計劃，此之謂門内救濟。辦理此項救濟者，原祇貧民院一種，但因社會組織有複雜之發展，救濟機關遂趨於專門化。現今美國照拂永久倚賴者如神經衰弱者、永久患羊癇者、永久患瘋狂者之機關，均由國家設立，由國家委任專家管理之。又恐各機關之活動，缺乏相當配合，遂更設立一中央機關以監督之。貧乏兒童之救濟，亦由公私分擔，唯救濟之法則，則在使兒童適合於社會生活，否則貧乏兒童將成爲貧乏成人矣。因此遂將此種兒童置入學校中，數月以後，更移轉於『良善家庭』中，使漸次習於社會生活。美國私人組織辦理此事，其成績頗有可觀。

至若救濟産業工人之貧乏，則有社會保險制度。此制在各國各有差异，但其原則一也。其法於工人工資中提取一定百分數，而更令雇主或國家捐助一部分之資金，使合而成爲保險費，預備於工人失業時，以給予之，使得養活自身與家口。現今世界資本主義日見崩潰，失業工人日見加多（據稱英國兩百萬，德國三百萬，美國六百萬），然而尚未釀成極端貧乏與引起暴動者，社會保險制度想與有力焉。

救貧不如防貧，以故留心社會問題者，莫不競言防貧之法，但防貧之領域甚廣，包括若干性質不同之運動。此項運動爲現代社會發展之特點，概括言之，即要求較好房屋、較好衛生、較潔食品、防止病患、要求較爲公平之經濟條件之各種運動是也。各種運動必須有相當連繫，以便相互調協而趨於同一目標，尤須借重於國家之活動，使教育合於社會之需要，使國家創造種種較爲公平之經濟條件。簡括言之，救貧之道，不僅在經濟之改造，而須以科學方法，管理社會之整個生活進程（life process）。換言之，如欲鏟除貧窮，則須先將教育上、政治上、宗教上、道德上、慈善事業上、肉體遺傳上之各種缺點，鏟除盡淨。鏟除之前，自須瞭解通常人類之社會生活之必須條件。

五、犯罪問題

現今犯罪問題，爲社會病理學中諸大問題之一。研究犯罪原因、性質與解決之犯罪學，蓋欲藉科學以解決此問題也。至於犯罪人之類别，則有（一）生成犯罪人。其犯罪之傾向，由於心理上缺點之遺傳。其數目約占整個犯罪中百分之十五以至三十五。（二）習慣犯罪人。此種人受環境之影響，遂有犯罪之傾向。彼等以犯罪爲職業，爲人類之大害，約占犯罪總額百分之三十至四十。（三）一次犯罪人。凡尋常人因激於情感或被誘惑而犯罪祇一次者，稱一次犯罪人。其約數爲『監獄户口』（prison population）百分之三十至四十。

犯罪之程度在各國不同。目前美國之犯罪，已經判决者，據可靠之推測，每年達於一，〇〇〇，〇〇〇起，大罪與小罪均在内。其犯重罪而逃脱法網者，尤爲美國犯罪紀録之特色。據美國調查户口官員之估量，犯殺人者，祇有三分之一受法院之有罪判决，餘皆免脱。

因此自一九〇六至一九二〇，被殺致死之人數，於以加多。據統計所載，美國之殺人率，比在任何文明國爲高，甚至比意大利、西班牙及其他地中海各國，均有過之無不及。一九二二，英格蘭與威爾斯（Wales）殺人案件僅有九百起，而美國之殺人案件則達於九千；前者之户口爲三千八百萬，而後者之人口爲一萬萬一千萬。

自一八六〇至一八九〇，美國户口增加一倍，而獄囚則增加四倍。自一九一〇至一九二二，獄囚數目增加百分之二四點三，而户口僅加多百分之一八點七。因此在過去六十年中，嚴重罪惡之增加，較户口之生長爲更速。戰前數年，歐洲諸國之統計，指示：輕罪略有增加，美國統計，亦有同樣指示。大戰時期，大多數交戰國之犯罪皆已減少。獨英國人所犯之輕罪與重罪，與人口比較，則尤見減少。其原因多半由於監獄制度之優良與法院處理案件之迅速。

犯罪之原因，如貧乏然，可分客觀與主觀兩種。兹分述於次：

（甲）客觀原因。此項原因，更可分爲物質環境與社會環境兩種。其屬於物質方面者，比較不甚重要，但就統計所指示，則影響犯罪之要素，其主要者，有氣候與季節兩種。比如在南方天氣下之侵害身體犯罪較多於北方氣候下之侵害財産犯罪。又，夏季侵害身體之犯罪，多於冬令，而侵害財産之犯罪，則冬多於夏。此係受氣候影響有以使之然也。

犯罪之社會原因較爲重要。第一，有起於家庭生活關係者。緣家庭生活條件爲産生犯罪之主要原因。混亂家庭尤爲犯罪之淵藪，據估量所及，犯罪之兒童，有百分之八十五至九十，來自破裂（如夫婦仳離）或混亂之家庭中。第二，工業條件對犯罪亦有深沉之影響。經濟危機、衰落時期、罷工、停工，均足以産生犯罪。據比利時統計學家蒯泰勒（Quetelet）之結論，糧食價格之提高，必致引起妨害財産犯罪之增加，同時，妨害身體之犯罪則減少。農業勞動者犯罪較少，而失業者之犯罪則極多。第三，人烟稠密之區犯罪較多。在一切文明國家中，大城市之犯罪較鄉村多兩倍。第四，犯罪有起於種族與國性者。美國黑人犯罪之程度較本地人高五倍。犯重罪者多南方意大利人，犯輕罪者多愛爾蘭人。第五，教育之缺乏足爲犯罪之泉源。據監獄統計所載，不識字者犯罪之百分數高於具有相當教育者。他方面，新聞紙登載犯罪消息，過於詳細與戟刺，形成不知不覺之煽惑，犯罪者遂得尤而效之。第六，貧窮階級，缺乏健全之社會娛樂，乃不得不麇集於罪惡之淵藪如酒排間、賭窟等處。此外原因尚多，兹特列舉其大者耳。

犯罪之主觀原因，不外生物的與心理的兩種。屬於生物者，有性别與年齡。在一切文明國家中，男女犯罪之比爲九十一與九之比，但在歐洲諸國，女子犯罪率，以受社會環境之影響，略見高昂。至在年齡方面，一切犯罪皆發現於生活之積極時期（即壯年），而其大部分則發現於二十一歲與四十歲之間。其他之生物原因，可以退化或墮落二字概括之。

至心理原因，最普通者爲個人習慣，如習於飲酒、淫邪之類。其他如身體之退化，遺傳性之影響，雖不屬於心理原因，但亦足以爲産生犯罪之媒介。近據犯罪學家之調查，凡身體退化者，其有機體既經改變，不能適應於社會上之複雜條件，而成爲犯罪之來源。意人龍柏洛素（Lombroso），著名犯罪學家也，謂犯罪與羊癇瘋，有極密切之關係。渠及渠所領導之學派，均以犯罪歸咎於『退返原始形式』（atavism）。現代之犯罪人，在生理上已退返於人類之野蠻形式。至於遺傳性之影響，尤爲深切。因此犯罪之家族，其子若孫皆有犯罪之可能。此固有統計可資稽考者也。

如欲消滅犯罪，則在治本方面應注意三事。（一）每一個人，須生育佳兒。凡身體上與心靈上之不健全者，不准結婚生子。（二）每一個人，在學校與家庭，應受良好之教育，以便適應於社會生活。（三）改良個人之社會環境，俾得有較好之發展。至在治標方面，則因犯罪人之情形而有應付之不同。如係生成犯罪者，則以另舍舍之，使終身與社會生活脱離關係。如系習慣犯罪者，則應處以不定期之徒刑，一俟表現自新證據，即予釋放。至於一次犯罪者，可於某幾種條件下，在監獄以外懲處之。對於一次青年犯人，可以試驗（probation）對付之。試驗制度更可以施之於兒童與初犯重罪者。所謂試驗制度者，即對於某一犯人，予以緩刑判决，使得於某種條件下行動自由，他方面，則由法院任命一人，以朋友與半管理人（Quasi-guardian）之資格以監視之，則在若干場合中，犯人之自新頗易完成。實施此種試驗制度者，在美國有若干邦，均能得到相當成功。目前美國監獄，或將各種犯人冶於一爐，或僅側重利潤（如令犯人工作之類），致使自新無望，而監獄反成犯罪之所。兒童犯罪，不應加以逮捕，不應置之監獄，而唯以特種法院審理之；并須置之於試驗制度下，俾得易於完成自新之工作。

第四章　二十世紀之科學

十八世紀之科學已有偉大之成績，十九世紀之科學進步尤堪驚人。但二十世紀之科學，則研究方法愈益精密。科學上之神秘闡明甚多。因此，人類之能力益復增加。但宇宙間之藏蓄非常複雜，科學之研究自無止境之可言。兹將本世紀初期科學上之進步，分述於次，但其深奥之理論，則一概從略，以不便於普通讀者故也。

一、電氣

十九世紀爲蒸氣時代，而二十世紀則爲電氣時代。在此時代中，凡能操縱電氣之生産與分配者，即足以支配工業活動之大部分。凡在水力來源豐富，或煤礦容易開采，或油産富足諸地帶，電氣之産量極巨。至於電氣之用途亦頗繁衆。照耀冥夜，推進輪車、輪船與機器，以金銀銅鍍於較劣金屬，製造窒素肥料，炙爇鋼鐵，皆有賴於電力。而無綫電報，無綫電話，傳真電報，無綫電操縱，有聲電影等，均須恃電氣以爲生存。近年以來，且有應用電氣以發射炮彈、烹飪食物者，然則電氣之用途愈廣矣。

近代工業城市悉爲烟霧所籠罩，既不雅觀，亦不衛生。今若以有綫或無綫將電力由其來源輸送於應用處，則此患可以免除。試以電爐與煤爐比，更以電灶與煤灶比，則前者極爲清潔，非若後者之污濁可憎也。假使近代工廠有電氣化之實現，則工人之手不致污穢，而能出産較優之貨品（如布匹）。工作清潔，即可産生清潔之家庭，更可産生清潔之生活、語言、思想，而人性之完備，即在於斯。然則電氣之清潔，不僅足以改進工業城市之外觀與出品之質地，兼可以改善人性，其功效可稱偉大矣。

無綫電報在今日交通界大有壓倒有綫電報之勢。但在經濟落後之中國，有綫電報交通仍極普遍，而無綫電報多限於軍用與政府使用，一般商人與人民未易問津。意大利人馬可尼（Guglielmo Marconi）利用電波原理，發明無綫電報，於一八九六年在英國請求專利。其時無綫信號僅能傳送一里又四分之三，至翌年年底，則引長至十八里。逮一九〇一年，可傳遞一千八百里，以後愈引愈長，竟不爲長距離所限制矣。電波行動極速，每秒能行一八六，〇〇〇里。但其速度往往爲雷雨所阻礙，必須設法以防範之。又信號由北方傳遞於南方頗易，由東而西則難。傳遞速度在日出與日入時相差甚遠。

無綫電報之發明於輪船有巨大之效用。假如航海之輪船遇險，則可以無綫電報送出求救之信號。實際上，遇難人民之被救者至爲繁衆。同時，船中乘客可與其他船中乘客或岸上朋友互通聲氣。貨船業主更可通知船長至某處裝貨等等，其便利爲有綫電報所不可企及。

本世紀所發明之無綫電話，以不用電綫而能傳送語言極稱便利，但其運用之方法，不易瞭解。聲音之輸送，有賴於空中之波動（wave motion），而每一母音與子音，均各有一種波浪爲之傳送。無綫電話，即根據此原則而發明者也。歐洲大戰時，曾利用短距離無綫電話，以探報軍情。一九一四年，美國西電公司（Western Electric Company）建立一大規模之無綫電話機器，語言之傳送可達五千里。

自無綫電話發明後，乃有『廣播』（Broad-casting）之出現。所謂『廣播』者，即使用波動以語言或音樂傳播於四方之謂也。凡欲親聆偉人言論或名家歌曲者，可購置一聽音機，值若輩『廣播』時而傾聽之，即可如願以償。一九二〇年，加拿大設置『廣播』臺，傳播音樂。一九二二年，英國步其後塵。現今『廣播』事業已遍滿於世界各國矣。聽音機以距離較近者爲單簡，價亦極廉，幾乎人人可以備置。

近年流行之電報傳真（transmission of pictures by telegraphy），非近代之産物，唯各大日報之采用之者，近年以來，始見於事實。一八四七年，貝恩氏（Bain）作第一次之嘗試，使用一種化學印刷器，頗粗劣，未能得滿意之結果。繼貝氏而起者甚衆，直至一八七三年發行硒素（selenium）後，始有成功之試驗焉。

電報傳真之原理在於傳光與傳影。在執行此原則時，不能使用機械方法，須以光學方法代替之。其辦法與重新攝影術相同。每傳一影，約需五分鐘以至二十分，而被傳之影片，則須加以洗曬，與攝影手續正復相同。

邇來轟動全世界之電氣遠視（Television），其成功則非常困難。所謂電氣遠視者，即以遠處之物，照映於銀幕上，使能成爲大衆所見，如演映影片然。而其原理，則又與電報傳真大致相類似。但其所需要之時間，則較傳真電報加速三千倍。初次發明電氣遠視者，遠在一八九六年（原書未提及發明人姓名）。嗣後續加改良，其傳達之距離，可二、三千里。去年美國報紙，轟傳紐約戲院欲以電氣遠視與『廣播』兩種方法，將舞臺上之布景，演員行動與語言，以及音樂等，一一傳送於遠方，使觀劇者於其自己之家中，得以目睹劇情之全部，如親莅劇場然。唯以尚在實驗中，一時殊不易實現耳。電氣遠視之困難問題，在於缺乏適當之機械，而光量之不足，不能照亮較大面積，亦爲一大障礙。苟能將此兩點設法解決，則可達於成功矣。

一九二九年秋季始出現於上海之傳聲電影（talking or sound pictures），一時詫爲奇异，滬上人士皆欲先睹爲快，實則此種影片之放映，在三、四年以前即已普遍於美國矣。其發明之時期，約在一九二〇年，但以尚在實驗階段，不合實用耳。幾經改善，始告成功。

普通電影，夙稱啞戲（dumb show），衹能傳相傳情，而不能傳聲，殊爲一大缺陷。自傳聲電影成功後，當可以滿足觀衆『看得見，聽得見』之欲望矣。善於言詞與歌曲之明星遂能身價十倍，各影片公司，争相羅致之。傳聲方法在使用收音機，microphone 與 vitaphone 等。現今啞巴電影，似已逐漸歸於淘汰矣。

無綫電操縱（wireless control）亦爲近代之一大發明，而有實用之價值者也。其操縱之方法即從遠方送出電波，以指揮無人管理之船舶、飛機、坦克車（tank）、自動車、魚雷等。當無綫電發明時，即已有人想及無綫電操縱，而着手研究。一九〇〇年，法國科學家乃用檢波器開始實驗，惟器甚劣，不適於操縱。迨真空球發明，遂能使無綫電有迅速之進展。其時適值歐戰，列强對於無綫電之研究异常緊張。

一九一七年，又有一法國人試行以無綫電操縱小艇，爲無綫電操縱之嚆矢。一九一八年，法國又着手研究飛機之無綫電操縱。一九二一年，美國海軍以無綫電指揮戰艦居然告厥成功。翌年，法國對於飛機之無綫電操縱亦達於成功境地。最近，德國對於軍艦之無綫電操縱成績斐然。此外英意諸國當有秘密研究，自不待言。

無綫電操縱，端賴磁波。至其裝置則有送信機，用以傳達信號；收信機，用爲接收信號；操縱機，用於控制舵、發動機與其他發動機關，尤以前兩者爲最重要，以其爲無綫電操縱之生命故也。目的物之被指揮如意，全賴發信機與收信機兩種裝置之運用靈活與準確，否則指揮不能如意矣。

最易受操縱者，厥爲船舶，因其航行於海上，頗爲安定，而海又爲平面，無障礙物以掩蔽之。其次爲飛機，但飛機時時轉變方向，改變高度，極不安定，尤以發生暴風時爲最甚。因此，飛機之操縱頗感困難。而操縱之裝置亦費特別研究，至今尚不能稱爲十分滿意也。無綫電操縱之目的，若就軍事言，則在控制敵人船舶與飛機，俾易爲我方所射擊。

至於火車與汽車之操縱則尤爲困難，因其移動衹限於道路與軌道，而地面又多山谷，人眼不能透視故也。坦克車之操縱亦感同樣之困難，但若來往於平地上，則亦可以操縱之，以破壞電網及機關槍之陣地。

此外尚有一種電氣炮，亦近十餘年來所發明，頗引起世人之驚訝。此炮之物理基礎，在磁場與電流之相互作用。擬定之炮形長約三十公尺，重約七千噸，據稱每秒能以一千六百公尺之初速，發射百公斤之彈丸。一九一七年，實驗成功，惜於一年後，大戰停止，原定計劃，遂付東流。電氣炮射擊極遠，足與德國之伯爾達（Bertha）相頡頏。按伯爾達，炮也，能飛射七十五哩，曾射擊巴黎一次，炸斃多人。休戰時，法國要求德政府交出，竟未履行，關係炸裂，一説由德人隱藏，未知孰是。自停戰以至現在，已歷十餘年，電氣炮之消息杳無所聞，恐在秘密改良之中而不肯泄露耳。（普通炮僅能射擊十餘里——編者注）

二、飛機

在本世紀之初葉，飛機實驗始達初步之成功；嗣後屢經改良，方合實用。在大戰時期，拋炸彈，探敵情，皆有賴於飛機。戰後飛機除作冒險競賽外，多有從事於運輸事業者，如運載郵件，轉運乘客等。飛機種類甚多，單葉式，複葉式，船舶式種種，但其原理則一：即利用風之高舉力（lift force）與剽掠力（drift force）是也。

一九〇〇年以前，美國萊特（Wright）兄弟曾用複葉飛機作種種溜降試驗。翌年，竟得飛行六百呎。一九〇三年，乃於機上建設一磨托（motor），但僅能飛行一分鐘之久。一九〇八年，法國飛行家樊滿（Farman）與戴來格倫齊（Delagrange），能作九分鐘之飛行；而萊特兄弟則於無意之中，竟飛行兩小時以上，得到成功。此後進步甚速，至大戰時期，業已有驚人之發展矣。茲更將舉世聞名之徐柏林（Zepplin）德國飛機簡述於左：

徐柏林非人名，乃飛機也。發明此飛機者爲徐柏林（von Zepplin）氏，故名，蓋所以尊崇之也。一九一五年，德軍以徐柏林襲擊倫敦、巴黎，頗著成效，尤爲科學家所欽佩。蓋因當時飛機既不能多載燃料，又不能高飛，易爲敵人炮火所射擊；而其飛行之距離亦不能過遠，但徐柏林自一九〇〇年出現以來，屢經改良，竟能高飛遠飛，以襲擊窎遠之倫敦。聞者咸爲詫异。戰前德國徐柏林共二十五隻，內受破壞者不少，適於軍用者衹十艘。自戰爭開始，又添造八十七艘。至休戰時，衹剩七隻，餘皆破壞，或交付於協約國，以作賠償。

自停戰以至現在，共造五艘。中有一隻於一九二九年，環游世界一周。其初由德國夫裏特立西哈芬（Friedrich Hafen）出發，載船員四十名，乘客二十名，經由美國、太平洋、日本、西伯利亞而復歸德國。總計飛行時間爲十四日十四分，歷程一萬八千九百哩。平均計算，每小時約行六十五哩。

徐柏林爲現今世界上最大之硬式飛船，長約二三六公尺，直徑約三十公尺，高約三三公尺。最大速力，每小時一一八公里。船之最前部，有一操縱室，專爲舵工之用。室後爲航空室，中置各種機器，如羅針盤、高度計、氣壓計、無綫電信機、風速計等。其次爲厨房、化裝室等。此外尚有客廳，陳設精美，兼作食堂。兩旁爲乘客室，可容二十人。其布置殆與上等船舶無甚差异。

由是觀之，徐柏林不但可作軍用，兼可爲商用矣。航空運輸之實際化，至此已得相當成績。『空中怪物』之名將永垂不朽矣。總之，現今各帝國主義國家對於空軍極力擴充，對於飛機之商業化，如運輸郵件，搭客載貨等，亦力謀發展。飛機之應用，可謂廣矣。

三、毒瓦斯新式兵器附

毒瓦斯，雖非歐洲大戰時代所發明，但其應用則始於違反和平公約之世界大戰。自古固有使用毒氣爲取勝之用者，但極幼稚，不足以稱爲毒氣戰争。具有巨大威力之毒瓦斯，至大戰時始出現。同盟與協約兩軍，均受莫大之損失。將來戰争中之三大軍器，仍爲飛機，坦克車（中國現今稱鐵甲車），與毒瓦斯，但其破壞力，以改良之故，當較前加大。

一八九九年，海牙和平條約禁止毒器之使用，參加海牙會議之列强，均有遵守之義務，但交戰兩方之兵器均極精良，戰守之法術亦極巧妙。在此情形之下，欲圖取勝，殊非易易。而況防守之方法，如深藏地下等，極其堅固，雖有威力偉大之炮彈，亦不能擊破。爲解除此種困難起見，遂決定施放毒氣。雙方皆犯散播毒氣之罪惡，但何方爲『始作俑者』，則不易查知耳。

毒氣作戰，具有以下之特長。（一）槍彈、炮彈破壞力所不能及之戰壕，毒瓦斯可以低漫侵入之。（二）毒氣落於地上，可藉風力傳送於遠方，不必求其命中如炮彈然。（三）炸彈衹有刹時效力，而毒氣則較爲持久，故必着面具以防禦之。而着面具者，行動受阻礙，殊不便於作戰。毒氣有持久性，可將其預撒於某地，以待敵人之到來。他方面，毒瓦斯之破壞力不及炸彈之大，此其一。使用毒氣，其效力受氣候之牽制，此其二。對於面具精良之敵人，其效力不顯著，此其三。

歐戰時所使用之毒瓦斯，種類頗繁，重要者爲（一）窒息毒氣。其作用在傷害呼吸器官，以促受害者之死亡。此物本爲液體，在發生作用時，則變爲氣體，惟其效力不能持久。（二）糜爛毒氣。能傷害皮膚，使之發泡腐爛，并能侵害眼睛與呼吸器官，此毒氣系含有揮發性之液體，氣味類似韭菜。（三）催泪毒氣。此物侵蝕眼粘膜，使人流泪。（四）發嚏毒氣。其效力在傷害鼻腔，令人發嚏。（五）

侵犯神經統系與血液之毒氣，性質頗烈。

毒氣使用法亦有種種，最重要者爲射擊法。其法以毒物實彈丸中，藉炮射之，彈裂後，毒氣即散開。其次爲撒播法，即藉飛機以撒擲毒氣，如投炸彈然。再其次爲雲狀放射法。此法在歐戰初期頗盛行。法以毒物充塞於放射罏中而壓榨之，置於陣地内，乘風順之時，即將罏口揭開，則毒氣噴出，流入敵人陣綫内，但爲氣候與地形所限制，往往喪失其效力。以故此法之應用頗感困難，遂爲交戰各國所捐弃。第四爲撒毒法。携帶毒物，置諸要地，使敵人經過或占領時蒙其害。此外，在短兵相接時，又有以毒氣雜手榴彈中而抛之者，名曰炮擊。現今各帝國主義皆積極備戰，對於改良毒氣使用法，正在秘密進行，在將來戰争中，當有更巧妙更殘酷之方法見諸實用也。

防禦毒氣分個别與集體兩種，各有特長，各適其用。甚至對於馬，亦令着防毒器具。對於侵害皮膚之毒氣，則着油布或橡皮布以抵禦之，使毒氣不能滲透。

大戰期中，又有所謂殺人光綫與殺人音波者，亦驚人之發明也。蓋各國鑒於取勝之不易，不得不乞靈於科學，秘密研究特殊兵器，以圖最後之一逞。於是毒瓦斯，坦克車，殺人光綫，怪力綫等等，相繼實現。

一九一七年，意大利科學家在公開實驗中，集中電波於其所希望之處所，使同調於該處所有之電氣設備之周波數，誘起非常高電壓，以破壞該地之電氣設備。一九一八年，法國科學家以類似探照燈之裝置，放射紫外綫，使電離空氣，成爲導體，再加以高周波電流，俾集中於目的物，則其處發生高熱，必爆發而釀成火災。一九二四年，英人麥休士（McHughes）以高周波電波加於若干未知之放射綫而放射之，則可以爆發火藥、殺鼠、燒毁植物、停止汽車之發動機。

上述各種怪力綫，可以透過普通物質，殊不易於防禦。

一九二四年秋，美國人伊利·波曼（Ely Bowman），有以無光光綫引導高壓電流之發明。據波曼自稱，目下此法則尚不能影響較遠之處所，將來改良後，可將其勢力所及之距離延長數公里。美國又有科學家某，在聖第愛戈（San Diego）使用反射鏡輸送電波，據稱能使火藥爆發，制止發動機之回轉，停止心臟之運動。

最近更有所謂殺人音波，其一秒間之周波數，有三、四十萬之多，惟無音響耳。其在水中，亦有方向，可藉以測量海之深淺與探尋潛水艇及魚雷之位置。并可以殺斃小動物，究其殺人之效力如何，則尚未判明。

假如使用電波或光綫或既知與未知之放射綫，或將數者并用，造成所謂怪力綫之兵器，嚴守秘密，不使敵人聞知，一旦戰争發生，突然持出使用，則其驚人之程度，必遠過於歐戰中之坦克車與毒瓦斯。

飛機、毒氣與坦克車三物，在大戰中之風頭極健。而坦克車之衝鋒陷陣，其威力甚爲可畏。坦克者，鐵甲車也，内置特種炮若干，其口徑三十公分以至六十公分不等。但鐵甲以薄者爲佳，蓋所以增加坦克車之速度也。鐵甲車進攻敵人時，有由正面前進者，亦有爲避免敵人之視綫而由側面前進者。大抵以炮兵或其他威力攻擊而繼以步兵突擊之際，則坦克車宜從斜面進，以掃除殘餘之機關槍與大炮。坦克車行動時，音響過大，現雖以消音機補救之，仍不能減至若何程度。

新式兵器中，更有所謂高射炮，亦歐戰之產物也。先是德國飛機曰徐伯林者，不時驚擾倫敦，以致人心惶惶，大感不安。遂殫精竭力，發明高射炮以禦之。結果，徐柏林被射落者甚衆，不敢再來矣。其初德機之襲擊大概於晝間行之，迨英國防禦設備進步，遂改至夜間。厥後，益以探照燈與聽音機之裝置，防禦工作可稱完備，德機乃由此絶迹。

高射炮有種種模型，其中有藐小若機關槍者，有口徑達十糎或十二糎者，有不能移動者，有置於車上而能迅速轉移者。其射擊之高度各有不同。同時，命中問題亦不易解決。大概飛機之愈小者，則愈難射落。彈丸由炮口達於目的物，需要若干時間，而目的物又時時移動。以故對準飛機，往往不能命中，必也首先測知其方向，然後向其未來位置發射之，則彈發機落矣。

四、土壤與收成

研究植物學者，發現植物所吸收之炭酸氣，非來自土壤，乃來自空氣中。此氣由葉之下面進入植物體内，受陽光之影響，而發生變化，吐出酸素。逮至夜間，此法則即行停止。同時，植物之根從土壤中吸收水分，并吸入水分中所包含之礦物質如石灰石、鉀、磷及含有氮素之化合物。此即植物之糧食是也。

植物之主要糧食爲鉀與磷質化合物，但關於氮素化合物，是否爲植物所必需，尚有劇烈之争論。至一九〇三年羅斯農業實驗場（Lawes Agricultural Experiment Station）始將此問題解决。就小麥論，鉀可以增益其精力與其抵抗旱、濕、腐之能力，磷質化合物可以促進根之發展，并可加速植物之成熟。至於氮素肥料，可以鼓勵葉之壯大與植物之長成。設無氮素，則發芽以後，即無進步矣。

氮素之存在於空氣者，極爲豐富，惟除少量外，不易爲植物所直接吸收。同時，動物之腐爛與植物之分解，雖足以增加土壤之肥沃，但其爲量有限，不能供給植物之需要。以故人造肥料實有實際上之必需。含氮素之肥料價格甚昂，且不能經久，一遭冬雨之淋漓，即分解消失矣。肥料主要來源爲秘魯之鳥糞與智利之硝石，然皆産量不大，而有枯竭之虞。他方面，穀類對於氮素肥料之需要，則逐漸加大。本世紀初葉，科學家如西門子（Siemens）、哈爾斯克（Halske），遂將空中氮素之一小部分，使與酸素合并，而成爲硝酸鈣。尚有他種方法，以製作人造肥料，而來源乃不至耗盡矣。

人造肥料，在提高生産力；至近數年，肥料中之秘密始爲人類所探悉。土壤之肥沃與否，不再藏蓄有無『穀類糧食』之各種成分。

其包含此類糧食者，不必爲肥美之土地。種植過多，則土壤暫時失其肥質；若任其荒蕪，或另植一種收成，或加以其所缺乏之物質，則土壤可恢復其肥質。地下之『穀類糧食』如何製造，此吾人所應當知悉者也。

概括言之，土壤可視爲礦物質之集體，包藏水分百分之十五，礦物質百分之八十，有機物質百分之五。水分中又復溶解無數礦物質，而有機物質則爲動植物之腐爛之殘質。隨雨降下之氮素，爲量甚微；而植物所需要之氮素糧食，其大部分來自土壤中之有機物質。是以土壤之肥質，須有賴於腐爛之動植物質。此項物質，或積集於土中，或由農民加於土壤上。

數年前，科學家巴斯德（Pasteur）證明土壤中包含無數微生物（植物生活之細微形式），對於其所恃以爲生之物質，引起深切之化學變化。肥料之最易被吸收者，厥爲硝石，但硝石加入土中後，非二十日不能發生化學作用，而須有賴於某種植物之生長與蕃殖。自經重複實驗之後，始知此種植物確爲微生物，能促進植物吸收肥料之化學作用，與吸取空中氮素而變化之，使成爲植物之糧食。微生物多附着於植物之根上。

在最近二十年中，科學家更發現溫度與生產力之關係。今設提高土壤之溫度至一三〇（攝氏）以上，則生產力減少；若僅達於百度（攝氏），則生產力可加一倍。此蓋由於溫度過高，微生物即行減少故也。然則保存微生物之存在，爲增加生產力之一重要方法，可無疑義矣。

從前農業科學家祇注重土壤之物理性，今則發現其重要之生物性，可謂爲土壤學上之一大貢獻，於增加土地之生產力極爲重要，惜限於篇幅，不能作詳細之解説。

五、活力素（Vitamin）

最近十年來，活力素論之演進，爲滋養學上最顯著之事實。一九〇六年前，滋養學用試驗方法發明若干基本原則，作爲選擇食物之指導。活力素之發明爲舊有原則之補充。基本原則爲何，即（一）食物供給人體内之能力，可以卡路里（Calorie）代表之，每日需要若干，均有規定，某種食物應占之分量，亦有定數。（二）澱粉糖，脂肪，俱能培養能力，但若改造細胞，則須仰賴於氮質食品。後者稱爲蛋白質。假如一日之食物，包容一兩半之蛋白質與每日所必需之卡路里，則人體需要之大部分，已能滿足矣。（三）人體尚需數種無機物質。

以上諸端，確爲選擇食物之原則，此外尚有一新發明：蛋白質之滋養力，在於其成分之配合當與不當。在諸配合物中，氮氫基酸質絶對不可缺少。又，吾人之食物固當包含能消化之滋養料，亦應包括不能消化之廢物，否則腸胃逐漸萎縮，成爲無用之機體矣。

世界有若干區域常受一種疾病之侵擾，其來源不可知。每次所喪失之人命頗爲繁衆。科學家爲研究治療法而舉行種種實驗，遂發明活力素。此物，化學家稱爲『生活之氮氫基』，即氮質之鹽基物是也。馮克（Funk）氏以其能防止生活之中斷，故以活力素名之。但活力素尚非純潔之結晶體，而有外來物質之混入。

經科學家之再三實驗，始知純粹之滋養料，不足以繼續維持人類之生活，而必有賴於其他物質。斯爲引起研究活力素之開始。活力素之發明，乃長期搜討與實驗之結果。活力素廣布於各種肉食、菜蔬、穀物、果實、油與脂肪中，其來源頗豐富。

吾人每日選擇食物，同時應選擇活力素。人體所需要之活力素爲量甚少，則在每日之食品中，即可配足活力素之需要，不必另服丸藥秘方。乳中富於活力素，而菜蔬與果實中之某種活力素，足以補償穀類與肉類中所欠缺之某種活力素，兩相調劑，實有必要。以故吾人於所消耗之食料中，應注意緑色菜蔬之選擇。苟能知曉活力素之選擇，則無須延醫服藥矣。

六、結核症

現今舉世流行，舉世咀咒之結核症，危害至烈，目前尚無最有效之方法以治療之。此爲醫學上之一大缺陷。結核症可以傳染，其原因起於結核菌。菌之侵入身體，或由呼吸，或由皮膚，或徑由消化器竄入。甚有謂其由於先天之遺傳者。凡此種種，皆有根據。至於胎兒之先天傳染，確有其事，但不常見耳。

他方面，結核常常存在於人體内，即不患結核病者，亦不能免，此一九〇〇年耐蓋理（Naegali）所發現也。在前世紀中，統計各種死症，有七分之一歸咎於結核症。一九二一年，美人患結核而死者達於十萬。其中有百分之八十六以至九十，死於肺結核。此外，患沉重之結核者約有三倍；不時表現此種病狀者，亦有七倍。然則是年之被結核所纏糾者，僅在美國一國，已逾百萬。在其他各國亦表現同樣情況。

又，患結核者，以年齡少壯爲最多，且多係勞苦人民。在生活程度低降或人烟過於稠密之地帶，或在營養不足之人民中，結核病之死亡率較高。反之，在富裕階級中，則其死亡率較低。其能免於此病者，除家庭遺傳關係外，又有種族關係。例如，猶太人與意大利人，其抵抗力甚强，而黑種人則反是。至於結核之傳染性，極爲强烈，宜善防之，尤以身體孱弱者最易受傳染。

結核多半起於肺部，其在腦膜者，表示腦膜炎病狀，在腸内者，顯示腸腑發炎病狀，在淋巴腺者，首先發炎，最後變爲瘰癧。其在骨内或關節内者，則發生骨炎或關節炎。最初患結核者，咳嗽，或吐痰或不吐痰，體重減少，體力損失，體温稍升，或更咯血。此爲初期病狀。

關於治療結核，尚無最有效之方法。目前普通所使用者，端在休息，調養，與吸入新鮮空氣。若能入肺病療養院，作長時期之休養則更佳。至於天氣之寒燠燥濕，則無甚關係也。檢驗身體之有無肺病，使用X光綫可也。亦有主張注射者，但其效力不顯著。

七、第九行星

本年春季，發現第九行星，可稱爲天文學中之一大貢獻。發現此星者，爲一農民子，名唐波（Clyde W. Tombaugh），居住美國之堪薩斯邦（Kansas）。發現地點在美國羅厄爾天文臺（The Lowell Observatory）。先是有教授曰羅厄爾（P. Lowell）者，預言將有第九行星之發現，惜於一九一六年死亡，未能親睹其預言之應驗。

一八四六年，發現第八行星，曰海王星。嗣後則毫無發現。先是，天文家對於天王星之移動，不能恰如吾人之所計算，認定係一未知行星之引力所致。因而對於此未知之行星加以研究，并預先指出其地位，海王星遂由此發現。同樣，海王星之移動亦受一未知行星之牽引，不能恰合天文家之計算。羅厄爾教授遂從事研究，而預言新行星之地位。此新行星竟於一九三〇年被發現，以完成羅厄爾教授未竟之功。以後第十、第十一，甚至第十二行星，或將繼續發現也。

據稱，新行星類似地球，色黑如炭，緊密如鐵，其重力較地球大一倍。惟甚黑暗。其密度較水大六、七倍。直徑爲一四，〇〇〇里，距太陽約四，〇〇〇，〇〇〇，〇〇〇，〇〇〇里。其對外來之光綫，可以反射百分之四，以故與黑炭堆相比較，僅稍見光亮。新行星之特點，就吾人目前所知者，僅如是而已矣。

（商務印書館一九三一年四月出版，署名『董之學　著』）

世界殖民地獨立運動

自序

我國爲半殖民地國家，其受帝國主義之剥削與壓迫，并不亞於各殖民地。因此，國人對於殖民地獨立運動，常有同情的注意。近來坊間出版之關於殖民地的文獻，逐漸加多，自是讀書界之好現象，唯所出各書，或以事過境遷，不合現實，或以偏重一國，難窺全豹，在讀者自不免引爲缺憾。編者有鑒於此，遂搜集各方最新材料，并參酌各國名著，彙成是書，題曰『世界殖民地獨立運動』，以研究殖民問題之最嚴重的方面——殖民地獨立運動。

吾人須知殖民地獨立運動，決非起於幻想，亦非起於二三領袖之號召，而實以經濟發展與政治推進爲其主要之起因。今就各殖民地之形勢觀之，印度之獨立運動，其前途至爲光明，蓋因印度業已逐漸資本主義化，其與英國之經濟關係，顯然表示對立現象。因此，印度之資産階級，急欲改變其對英關係，要求英國賜以自治殖民地之地位，如英國之對於加拿大或澳洲，以減輕英政府對印度之統制。有時資産階級，亦提出獨立口號，但其目的仍不外爲提高賣價，以取得充分自治而已。另一方面，印度工業化之結果，産業工人大增，成爲印度獨立運動中之有力元素，唯若原則要求完全獨立，與資産階級根本不同。而且印度人口衆多，祇須一旦覺悟，相互團結，則其『人數勢力』（Numerical Strength）至不可侮。准此印度獨立運動，自有其政治經濟條件，而此種條件，方在滋長與成熟之中，故曰印度獨立之前途頗光明也。

編者提出此一實例，蓋在説明獨立運動與經濟發展之關係，因於叙述獨立運動之經過，特别注重經濟條件。於對帝國主義之剥削與壓迫，因其足以促進獨立運動之行程，故尤注重之。此外關於殖民地民衆之生活，也加以描寫，亦因其反映帝國主義剥削與壓迫之影響故也。

以上皆系編輯中之注重點，唯以限於篇幅，往往不能儘量發揮，尚祈讀者原諒。各帝國主義尤其是日本與法國不願以壓迫與剥削殖民地這事實，泄露於國外，故對於暴露其殖民地内容之文獻，取締甚嚴。不但外國作家無從問津，即其本國雜志報章，雖明知個中秘密，亦不敢或不願有所披露，故本書關於這一方面的材料，也未免較爲貧弱；再本書所載雖衹爲輪廓，但關於殖民地獨立運動之各方面，則力求兼顧，其有未盡未實之處，亦衹得請讀者原宥而已。

民國二十一年十二月十五日　董之學於上海

第一章　引言

自從産業革命以後，資本主義經濟即有長足之進展。一方面，生産技術改良，産額加大，必須取得更多之市場，以容納剩餘之商品。另一方面，又須取得原料生産地，以保障原料之供給。此資本主義國家，所以必須争取殖民地也。因此，殖民地已成爲資本主義經濟中之必需元素。今若廢除此元素，勢必促進資本主義國家經濟之動摇與崩潰。例如自一九三〇年以來，印度革命運動，日見猛進，已使英國經濟受巨大之打擊，并加深其經濟危機。是以英帝國主義爲維持其對印度之經濟剥削計，不能不采取極其殘忍之壓迫，以鎮壓革命運動。蓋殖民地市場爲帝國主義經濟所不可缺乏之元素；殖民地革命運動，確爲帝國主義之致命傷。

現今資本主義國家所屬之殖民地，其面積之廣與人口之多，至堪驚人，試觀左表：

英屬殖民地	面積（方哩）	人口
美洲	三，九九〇，四九〇	九，六六七，〇〇〇
非洲	三，四九三，五七四	五四，六二七，〇〇〇
南洋群島	三，一八八，四〇五	七，一七三，〇〇〇
印度	一，八〇二，六二九	三一五，一五六，〇〇〇
亞細亞（印度除外）	一六九，八二六	九，八五九，〇〇〇
西印度群島	一二，二九五	一，八六三，〇〇〇
東大西洋	七，五〇〇	三，二五〇
地中海	一二〇	二四二，〇〇〇

總計	一二,六六四,八三九	三九八,五九〇,二五〇
非洲　代管區域	七四八,五〇〇	四,四〇〇,〇〇〇
南太平洋　代管區域	八七,三〇〇	五五一,〇〇〇
總計	八三五,八〇〇	四,九五一,〇〇〇
法屬殖民地		
非洲	四,六三一,九六六	三三,七七四,〇〇〇
亞洲	二五六,一九六	一七,二六九,〇〇〇
美洲	三二,〇九三	五三,七〇〇
南洋群島	九,一九四	八一,二〇〇
西印度群島	一,一〇七	四〇五,五〇〇
總計	四,九三〇,五五六	五一,五八三,四〇〇
非洲（代管區域）	一八八,三八二	二,〇〇〇,〇〇〇
美屬殖民地		
美洲	五九〇,八八四	五七,〇〇〇
南洋群島	一二一,一七六	一〇,六二九,〇〇〇
西印度群島	三,七三八	一,三二三,八〇〇
總計	七一五,七九八	一二,〇〇九,八〇〇
日屬殖民地		
亞洲	一一一,五七五	二一,七九二,〇〇〇
南洋群島（代管區域）	一,〇〇五	四九,〇〇〇

葡屬殖民地		
非洲	九二七，二九二	七，七三五，〇〇〇
亞洲	八，九七二	一，〇〇一，二〇〇
總計	九三六，二六四	八，七三六，二〇〇
比屬殖民地		
非洲	九〇九，六五四	一一，〇〇〇，〇〇〇
非洲（代管區域）	一九，〇〇〇	未詳
荷屬殖民地		
東印度群島	六八三，五九六	四七，〇〇〇，〇〇〇
西印度群島	四六，四六三	一六五，五〇〇
總計	七三〇，〇五九	四七，一六五，五〇〇
意屬殖民地		
非洲	五九一，二三〇	七，一〇〇，〇〇〇
西班牙殖民地		
非洲	一二八，一四九	八四四，四〇〇
北大西洋	三，三四二	五〇六，四〇〇
總計	一三一，四九一	一，三五〇，八〇〇

丹麥殖民地		
北大西洋	四六，七四〇	一三，五〇〇

【附注】此表系轉載一九二七年之 *The Statesman's Year Book*。

關於上表，單就人口論，殖民地被壓迫民族，已在五萬萬以上，再加以半殖民地之中國四萬萬五千萬人口，則帝國主義鐵蹄下之民衆，當在十萬萬以上。以如此巨大數目之群衆，而不能推翻三萬萬人口之帝國主義統治者，蓋在於民族運動之未深入，而其策略亦多不正確。苟十萬萬以上之被壓迫民衆，皆驚覺有民族革命之必要，一致團結，更與各資本主義國家内之真正的革命勢力相連結，共同向帝國主義進攻，則後者必倒，民族解放必將實現。否則殖民地獨立運動，將遭遇種種困難，而不易成功。

近來各殖民地民族運動中，已發現温和派與帝國主義妥協之現象，此輩利益，殆與帝國主義者息息相關，一見下層民衆之參加鬥争，提出本身之切實要求，則急與帝國主義相提携，求其保護，以故民族運動之領導權，萬不可付托於此輩之手。唯有於經濟與政治利益上絶不與帝國主義妥洽之階級，方能指導民族革命鬥争。

各國真正的革命運動，已揭示：聯合殖民地運動，推翻帝國主義統治。此一聯合戰綫，實際上業已成立，行見帝國主義之末日即將到來，唯資本主義國家内之社會民主黨與其他資産階級政黨，以及殖民地之妥協分子，則盡力破壞此一含有世界性之反帝國主義大聯合，但廣泛被壓迫民衆之政治覺悟與鬥争，必能消滅此類障礙。又帝國主義戰争，爲資本主義制度下之必然現象，其結果必至削弱帝國主義壓迫其本國革命勢力與殖民地之能力，使殖民地獨立運動與資本主義國家内革命運動之聯合戰綫，更易於完成其推翻帝國主義統治之任務。然則殖民地之解放運動，苟努力進行，則其前途殊可樂觀也。

本書因限於字數，衹能擇殖民地之重要者以及有獨立運動之鬥争者而叙述之。至於已經獨立之殖民地，英國自治殖民地（半獨立）、半殖民地（波斯、中國等）以及其他不關重要之殖民地，皆未選入。愛爾蘭反英運動，有悠久之歷史，至今猶未停止，本可列入殖民地運動，今亦因字數之限制而從略。本書爲行文便利起見，將殖民地分爲若干群，以屬於英國者爲第一群，屬於法國者爲第二群，屬於美國者爲第三群，屬於日本者爲第四群。對於朝鮮與臺灣，以其前爲我國屬地，而中日關係，又日趨緊張，故論列較詳，盡所以備國人之參考也。

第二章　印度

第一節　緒言

現今印度分爲兩部分，一屬英國，一仍在印度藩王統治之下。前者稱英領印度，後者稱本地人國家（The Native States）。就理論言，本地人國家，應爲獨立實體，實則仍受英國之支配。故整個印度，均系英國之殖民地。印度總人口，共三萬萬二千五百萬，屬於英領印度者，二萬萬四千七百萬，約占三分之二强，户口之中，有四十五種不同之人種，所操方言，達一百七十種。而四十五種人種，又復分爲二千四百族，印度種族之複雜，從可知矣。印度人操英語者，約二分之一。全人口中有二萬萬一千七百萬印度人（Hindus），六千萬條南民族（Turanians）。條南民族，大都操賤業，居於深山或沙漠中，與印度人感情極惡。

印度宗教除主要之印度教、回教、佛教外，尚有各種各色之教派。其中印回兩教之衝突，極爲激烈，械鬥之事，時有所聞，英人又復從中挑撥之，使印度民族不能聯合以反抗英國之統治。印度人民，有四分之三從事農業。居住北方温度較低之處，其文化程度亦較高。熱帶區域，人口甚密，而文化程度則甚低。至於社會之構成，又以階級制度爲其特點，蓋印度社會，分爲若干階級，界限甚嚴，傾軋特甚，殊不利於印度獨立運動之進展。

第二節　英國征服印度之經過

在英國征服印度以前，尚有葡、荷、法等國企圖經略，唯最後之勝利，則屬於英格蘭。葡萄牙人侵略印度，始於一五〇五年，其時葡政府於印度設置總督，二年後，擊破土著諸侯大盟軍與回教軍，越三年，攻陷加爾各達（Caloutta），以作東印度領地之首府。自此葡人貿易，極爲發達。同時荷蘭人亦垂涎於印度，建立東印度公司，經營東洋商業。一六五八年，荷人占領錫蘭島。其後因宗教争執，土人怨恨葡人之壓迫，遂極端排斥之。於是商務權利，悉落於荷人之手。

英國於一六〇〇年設立東印度公司於倫敦。窺向印度大陸。初頗爲葡人所扼，後擊敗葡萄牙軍隊，與印度之蒙兀兒帝國商定互市場所，并以麻打拉沙（Madras）爲根據地，後又經營孟加拉（Bengal）等地。一六六一年，英王查理斯第二娶葡公主爲后，葡王以所領孟買爲公主之妝匳，於是孟買遂轉屬於英國。

一六〇〇年，法人始通印度，組織公司，專營東洋貿易。一六〇四年，法王亨利第四，頒給特許狀，以爲法國組織東印度公司之張本。一六六四年，奪取本地治利（Pendicherry）爲根據地，以與荷英相角逐。

一七五七年，英人克萊武（Tord Robert Clive），掃除法國人在印度之勢力，其後更以詭計之手段，驅逐荷蘭人於印度之外。從此英人遂以印度爲其專利品。克萊武於一七五八年任孟加拉總督，施行侵略印度之計劃，意欲取得本地藩王之財權及軍權，僅以有名無實之司法權與行政權委之於藩王。一七六七年，克萊武因病返國，富擁巨萬，人多議之，頗局促不安，遂仰藥自盡。其後東印度公司，以印度統治權讓渡於英國政府。自此英政府遂直接統治印度。

第三節　英國統治印度之政治機關

英國統治印度，設有左之機關：

印度政務大臣　英國内閣中，有所謂印度政務大臣者，爲總攬印度政務之閣員，負責策劃全印度之政治施設。其下設參事會議，由參事十一人組織之。參事之資格限制頗嚴，多以久居印度及印度人之老練者充之，但須取得政務大臣之同意。參事會議，一方面監督印度之會計收支，另一面則備政務大臣之咨詢。每星期開會一次。斯爲統治印度之間接機關。

印度總督府　印度總督府爲印度之中央政權機關，或簡稱印度政府。首府向設加爾各達，今遷德里（Delhi），每值暑期，則移於西母拉（Simla）。印度總督，由英王親任，任期五年，年俸一萬六千七百二十鎊。其下設總督府會議，以資輔佐，議員六人，皆系委任，任期五年。府内分設内務、外務、財務、農務、工商務、軍務、司法各局。此爲英國統治印度之直接機關。

立法機關　印度國會，分上下兩院，上院稱國家參事會，其中二十人爲英國官吏，由總督委任之，餘爲印度人。下院稱立法院，有議員一百四十四人，内英國官吏占四十一人，餘一百〇三人爲印度人。印度議員，由學校公會等團體選出。上院任期爲五年，下院任期爲三年，但總督可以任意延長或解散之。立法院議長，由總督委任。立法院之職權甚小，總督於英國國會同意之下，可以制定與上下兩院意志相反之法律。是總督之立法權，較大於印度國會矣。

地方直轄政府　直轄區域，如孟買、麻打拉沙、孟加拉、緬甸、阿薩密等皆是。内孟買與麻打拉沙爲一等州，其知事由英皇敕任之，更輔以參事兩員。其餘諸州，各置副知事一員，由英國之印度政務大臣任命之。安達曼群島（Andaman Islands）與尼可巴群島（Nicobar Islands）等地，則置理事長以統治之。

藩部政府　印度領域，除英國直轄區域外，尚有所謂藩部，由印度各藩王統治之，如買索爾、海德拉巴、中印度、克什米爾等地是。

藩屬區域，各各獨立，儼然一小國家也，就其統治之外表觀之，似不受英人之支配。各藩屬之大小不一，小者僅數千人而已。小藩受臨近英國官吏之監督，大藩則置理事官以輔佐之。藩屬無獨立之陸軍，對外無自由訂約之權利，其與英領印度相差無幾。

英人賴以統治印度之雄厚勢力，厥爲陸軍，在民國十三年時，約有三十四萬，内英人正規兵七萬五千九百六十餘人，英國義勇兵三萬一千五百人，印度正規兵十五萬四千一百一十人，印人預備兵二萬二千人；潘屬軍隊之服務於英國政府者，二萬〇六百三十九人，西北邊境地方民團，五千二百五十人，員警隊二萬八千三百四十人。

印度教育，非常落後。男子識字者約占全國户口百分之十四，女子占百分之二，印度無統一之文字與語言，教育甚困難，印度學校，多是英國人開辦，用以奴化土人者。一九二四年前後，男性大學僅二十所，學生約兩萬人，女性大學十六所，僅萬餘人。中等學校，爲數不多，唯小學則普遍於全國，學生約五千五百萬人，内有女生約一百二十萬人，小學亦多由英國人創辦。印刷品雜志報章之類，不過一百二十種。印度教育本不發達，但即此少數學校之教育權，亦已旁落於英人之手。脱離英國奴隸教育，當爲印度民族解放之第一着。

第四節　印度之經濟狀况

産業　印度本以農業立國，其人民有四分之三從事於耕作，關於所需要之工業品，多仰給於英國，遂成爲英貨之巨大銷場。然自近年以來，英國資本家，挾其剩餘資金，開發印度之工業，因此，印度工廠，漸次加多，製造業漸次發達，手工業於以衰退，機械工業，有棉、絲、棉布、黄麻、毛織物、制茶、制糖、精米、制油、皮革、生絲、絹布等，其中尤以棉絲業爲最繁盛。工廠多至二百餘所，織機約六萬架，工人達二十五萬。本地資本家，亦創辦許多生産企業，唯受英人之摧殘，殊難發展。

現今孟買爲印度之産業中心，工廠多萃薈於此。自資本主義工業侵入印度以後，本地手工業者，悉受其打擊。譬如以紡紗而論，本地婦女之紡織業，殆盡爲所奪，難以謀生。民衆生活水準，愈趨愈下。復古派之甘地（Gandi）氏，主張『回復紗車』，以圖恢復人民之經濟。結果，印度家庭工業，逐步恢復。現今每家各置手摇紡車一輛，以謀自足，土布衣服，於實盛行。此時英國之剥削過分，有以使之然也。

農業：印度農産物，以米爲第一位，小麥次之。棉又次之，餘如亞麻仁、菜芥、胡麻、落花生、甘蔗、茶、橡皮、黄麻等，均有相當産額。

貿易：至於印度之對外貿易，每年約在在五六萬萬鎊之間，恒表現出超現象。

財政：印度財政，以關税收入爲最大，所得税與鐵路收入次之，鹽税與鴉片税又次之。支出方面，以軍費爲最大，次之爲建設鐵路支出，再次爲國債償還金與行政經費。吾人所應注意者，在歲出方面爲軍費，在歲入方面爲鹽税與鴉片税。蓋英人統治印度，近以民族解放運動之猛進，非維持三十餘萬之軍隊，不能鎮壓革命運動之進展，與保障殖民國家之支配。又，鹽税與鴉片税，皆爲病民之苛税，今不惟不能廢除，反對歲入方面占第四、第五之地位，其數量甚巨；則知英人之剥削印度，毫不避嫌，其嚴苛可想而知矣。

第五節　印度人之痛苦

印度行政長官，皆由英人充任，衹有少數低級位置，始委印度人充任之。英國官吏年俸之總和，約占二千萬元。英國駐印正式軍隊，共約七萬人，約需六千萬元。每年英國在印度榨取之金錢，約有一萬六千七百萬鎊。又據印度作家之估計，其收刮之金額，每年達一萬四千六百五十萬鎊。直接榨取之不足，則繼之以『發行公債，』現今印度國債，約有七十二萬萬元，較我國多三倍。英政府必須加緊對印度民衆之剥削，方可彌補其支出。

印度土地肥沃，物産富饒，本可以供給印度人之生活，唯因受英國人之壓迫與剥削，殊難謀一温飽。印度經濟被壟斷，原料被奪取。英人更利用賤價勞力，製造熱貨，以傾銷於印度市場，吸收現金。另一面提高印度關税，拒絶外國貨物之輸入，以維持英貨之銷場。其剥削榨取之方法，可謂兼籌并顧矣。

印度工農生活，非常痛苦。最近據德人龔斯倫（Kunsluen）之調查，印度農村，共有六十八萬六千個，大多數農村，皆貧苦不堪，除農民外，尚有五六千萬之流民。白色人種，僅十萬零三千，以英人爲最多。准此，每三千印度人，受白人一名之剥削。此輩貧農，除英人之榨取外，又受本地地主、官吏、土豪之魚肉。依德國學者之最近統計，每一印度人之收入，年僅三十八羅比，爲數之少，各國鮮有。以與日本人相比較則少三倍，與西班牙人相比較則少五倍半，比德國人少十五倍，比英國人少二十五倍。貧農收入，尚不及此數。現今農民負債累累，蓋農民因賦税地租之高昂，實無力繳納，無已，乃向高利貸者借款，受其剥削。農業人口，有百分之八十三，均負或多或少之債務。負債總額，較土地收入總額多十二倍。自一八七六年至一九〇〇年，發現饑荒十八次，死亡達二十六萬人。近來收穫鋭減，而課賦則遞加。本地出産，不足以養活本地之農民。有一萬萬以上之農民，終年不獲一飽；故印度死亡率，高出美國三倍。

至於工人生活，亦頗痛苦。大多數工廠，仍握於英國資本家之手，蓋在印度工業資本總額五百七十萬萬金鎊中，英人占四百七十萬萬金鎊。據各方之調查，印度紡織工人之每日收入，男子二先令，女子一先令。童工半日，所得約合四至六便士。黄麻工廠工人，每周二先令至十二先令。礦工每周七先令。作工時間總在十五小時以上。工資低廉，不及英國工人七分之一。而英國資本家，則獲利極厚。無怪印度工人階級當於革命運動中采取積極行動，并以領導地位自居。

【附注】本段統計數字，均系根據近數年之調查。

第六節　歐戰前之印度獨立運動

印度自被英國征服後，屢起暴動，以與英國相對抗。其第一次之獨立戰争，始於一八五七年。此次之暴動，規模甚大，歷時二年以上。英人用極殘酷之手段，多方壓迫，騷亂始平。結果，英人表示讓步，承諾英印兩國人民得享同等權利。事實上，英人之爲主人翁的地位，以及印度人之爲奴隸的地位，均未絲毫改變也。

一九〇五年，印人反英運動日甚一日，英政府决加以壓迫。是年，委伯特爲印度總督，厲行專制，制定炸彈取締法、禁止秘密集會結社法并修正刑法，以箝制印度人之行動，不料反激起更猛烈之反抗。於是英人改變其方針，允許印度人參預政權，以和緩革命運動。一九一一年，仍有炸傷英人哈定之暴行，足徵緩和革命之企圖，不一定能發生效力也。

第七節　大戰時代之獨立運動

歐洲大戰，予印度獨立運動以可乘之機會。一九一五年，於德里與拉柯爾（Lahore）發現革命運動之陰謀；加爾各達兵工廠之手槍與彈藥，亦被盗竊。由美國與加拿大返國之印度人，計劃大規模之暴動。一九一六年，印度人組織自治同盟會（Home Rule League）。是年十一月，國民會議與回教同盟之代表，會議於加爾各達，共同討論自治運動之問題。十二月，國民會議之激烈派與温和派，兩相合作，誓盡力於自治運動之鬥争。印回領袖，發表對自治運動之共同主張如左：

（一）印度必須爲自治國家。
（二）印度既爲英國之自治殖民地，必須派遣代表於母國。
（三）印度必須取得立法上、行政上、財政上之自治。
（四）印度行政長官之半數必須具有印度國籍，由立法院於議員中選出之。
（五）印度預算，由立法院議决之。
（六）印度必須成立國民軍，由印度人任高級長官。
（七）地方行政權，應屬於知事及行政會議，會議議員之半數以上，應由印度人於本地人中選出之。

大戰時期，印度於財政與軍事兩項，爲英國而犧牲者，至大且巨，然與自治殖民地相比較，則其地位極爲卑下。是以自治運動，向前猛進。英政府方面，則盡力懷柔，故於一九一六年之帝國會議（Imperial Conference），邀請印度代表參加；於帝國軍事内閣（Imperial War Cabinet），亦招致印度之代表，令其參與。一九一七年八月二十日，印度的政務大臣孟他古（E. S. Montagu），曾發表改革印度政治之根本政策。

孟他古氏於一九一七年杪親來印度，即與印督啓勒蒙斯孚德（L. Chlomsford）至各處巡視，提出關於印度統治之意見，并以兩人之聯名，發表印度憲政革新報告（Report on the Indian Constitutional Reform）。報告之内容，大概是（一）減少官吏議員，比如在上院不得超過半數，在下院不得超過三分之一；（二）議案由政府提出於下院通過，但上院得修正之，如修正經總督之贊成，則下院不得改變之；（三）緊急法律，由總督提出於上院通過，即成爲有效之法律，毋須經下院之通過；（四）爲求與土人密切連系起見，特設藩王會議（Council of Princes）。

以上爲憲政革新報告内之要點，總督權限，較前未減絲毫，其距自治之程度甚遠，自爲印度人所不滿。革新案於一九一八年七月發表，印回兩派之自治人物，群起反對。是年年底，獨立運動復作。印度國民會議要求：

（一）廢除新聞紙法及革命運動鎮壓法。

（二）財政之自由。

（三）地方政府之自治。

（四）廢止歐人關於選舉特權之一部分。

（五）立法院爲印度内政之最高機關。

英國以大戰既已告終，可以餘力鎮壓印度民族運動，遂改變其以往之『虛與委蛇』之態度，於一九一九年一月頒布叛亂法（Sedition Act），允許地方警官任意拘捕人犯，任意搜查人民住宅；審判亂案件，不用陪審員。印度人民於各地舉行示威運動，以表示反抗該法之意志。彭其浦地方，有民衆五千餘人集合演説，英軍開炮射擊之，死五百人，傷一千五百人，消極抵抗派首領甘地氏，亦於此時興起。四月十三日，消極抵抗之民衆，集合於亞莫里沙爾（Amritzar），被英軍射殺在一千以上。

消極抵抗派，主張罷市罷業以反對叛亂法，即於一九一九年三月三十日，表演其第一幕之行動。是日，印度首府德里之商店，全體罷市。電車停止開行，警官勸阻無效。但憤怒之群衆并不甘心屈服於軍警之威力，遂於各地采取直接行動，尤以彭其浦爲最緊張，蓋此地回教徒最多，大率强悍好鬥，非威力所能克服也；後終因英國軍警之壓迫，而歸於失敗。

第八節　不合作運動之開展

一九二〇年印度國民會議，通過甘地所主張之不合作運動（Non-Cooperative movement），同時回教同盟，亦贊成之。不合作運動之主張，在排斥政治上、經濟上、社會上與英國之一切合作。具體言之，不合作運動，包含以下條款：

（一）不論立法與行政，不參與英國之政治。

（二）英國法院中之印度法官，應即退職。

（三）不令印度兒童就學於英國學校。

（四）抵制英國貨物。

（五）提取印度人存於英國銀行中之款項。

（六）以消極抵抗，消滅英人在印度之勢力。

一九二一年，印度舉行民選議員之選舉，甘地派拒絶參加，爲數達十八萬（選民約百萬）。是年，不合作運動，漸形具體化與現實化。國内各地，遍設不合作運動之支部；學校同盟罷課；法院停止審理案件；實行排斥外國綿織物。降至六月，贊成不合作運動之信徒，達百萬以上，醵金達六十七萬鎊。此後各地時起暴動，英人即以軍隊彈壓之。

一九二二年，甘地漸覺不合作政策之不能持久，遂游説各派，統一戰綫，立定反英新計劃。英政府爲遏阻亂源，將甘地拘捕，予以監禁六年之懲處。甘地入獄後，其所發起之不合作運動似暫停頓，但其他之反英團體，則紛紛出現。

同年，印度又有一新政黨出現，是謂獨立黨，以立法院議長達士（Das）爲領袖，其主張爲『修改印度統治法』『樹立自治政府』等。當時印度立法院中，又以獨立黨派占絶對多數。於是總督府與立法院之衝突，無法避免。

兩年以後，甘地因病出獄，與達士晤面，磋商統一獨立運動之方案，結果，甘地承諾取消不合作主義，并承認以獨立黨爲印度立法院之代表。

同時立法院中之獨立黨議員，提議網羅全印各派人士，組織圓桌會議，制定新憲法，以謀一般之改善。此提案通過印度國會後，即於一九二五年交委員會審查，但各委意見，殊未能一致，多數主緩進，少數主急進，結果緩進戰勝。同年九月，獨立派提出自治案於國會，其要點如次：

（一）印度總督應對本地國會負責。

（二）財政應由立法院管理之。

（三）中央與地方議會，應由人民選出之。

（四）擴大地方自治之範圍。

（五）文武官吏須用印度人。

（六）印度須有修改憲法之權利。

此案通過後，總督不肯執行。

第九節　西門委員會之調查

一九二七年，英政府組織一印度法制委員會，以西門（Sim Simon）爲委員長，通稱爲西門委員會，其目的在調查印度統制法施行後之結果，與研究改良之方法。該委員會於一九二八年二月三日抵印度，全印懸掛黑旗表示反抗。委員會留印二月，巡視各地後，作一冗長之報告書，虛耗資金七十萬鎊。

西門委員會建議：采行聯邦制度，以便聯合各省與藩邦使成爲一聯邦國，唯仍維持各邦之自主權；取消二元行政，實現統一行政，由行政會議掌管之；增加選民人數。至對於中央議會，則以聯邦議會替代之，與目前之制度，大同小异。對印度人多年要求之自治或獨立，則無一語提及。

此種辦法，自不能獲得印度人之同情，於是反對之聲，遍於全國。一九二八年，全印國民會議，起草一部憲法，以與西門報告相對立，其要點如次：

（一）廢除英國印度部，允許以完全自治權交於印度。

（二）設立印度國防委員會。

（三）立法院應成爲印度之最高政治機關。

（四）印度總督及知事之地位，應與英國自治殖民地之總督及知事相同。

第十節　一九二九年之獨立運動

英國工黨内閣，曾於一九二四年，允許印度人於一九二九年可以取得自治地位。因此，甘地於一九二八年，在加爾各達國民會議席上，提議至一九二九年底止，假如英政府仍拒絕批准印度之自治要求，則印人應即主張完全獨立。滿場一致贊成。同時印度人反對西門委員會之鬥争，亦趨於激烈。群衆與軍警之衝突，時有所聞，且有因傷斃命者。印度青年更有轟炸印督之舉。

迨一九二九年行將終了，自治仍無希望。於是印度國民會議，即於十二月二十九日，召集群衆大會於拉何爾，由各地派來出席之代表，在三千人以上；旁聽者一萬五千人，其中女子亦不少。全場一致通過甘地所提出之『完全獨立』之主張。第一步即與政府機關斷絶一切的合作關係。

甘地於一九三〇年二月十五日，在孟買召集國民會議執行委員會之會議，討論和平反抗之步驟與方法。并決定三月十一日，開始和平反抗運動。三月二日，甘地以哀的美敦書致送於印度總督；印度總督竟置之不理，於是『不服從運動』，即依預定日期開始。首先破壞鹽法。緣印度食鹽，爲政府所專賣，不許民間私制。甘地於孟買海岸，預買鹽地一塊，自行造鹽，以貫徹其破壞鹽法之主張。

自不服從運動開始以後，全國如響斯應。英政府警告無效，遂派警官十二名，拘捕甘地入獄。入獄消息傳出後，民氣愈見激昂。於是罷工罷市以及示威運動，到處可見。抗捐拒税之事，亦非常普遍。工農大衆之革命熱潮，亦以是年爲最蓬勃。孟買二十萬工人之大罷工以及各處之罷工鬥争，使英帝國主義不寒而栗。革命領導權，似已落於工人之手。

甘地以次諸領袖，均一一就逮，群衆於工人領導之下，進行革命運動。不分派别，不分宗教，祇一致趨向於共同之目標——獨立。

第十一節　一九三〇年之圓桌會議

英政府爲緩和印度革命運動，召集所謂英印圓桌會議，以討論印度問題。圓桌會議，於一九三〇年十月十七日，開幕於倫敦之聖哲木斯宫（St. Gourt）。英方代表，有首相麥克唐納（MacDonald）以下諸重臣，印方代表七十九人，内代表藩王者十六人，代表英領印度者五十人，代表地主者五人，代表工人者一人。至於激烈分子，一概未被邀請。一九三一年一月十九日，圓桌會議閉幕，議決以下之諸問題。

（一）印度中央政府采聯邦制，由英領各省與藩王區域，合組一聯邦國。聯邦會議采兩院制，由各區域選舉代表組織之。

（二）關於地方政府，廢除以前之兩頭政治，而代以單一之行政機關。各州行政長官之選任權，轉移於省議會之手。

（三）緬甸與印度分離。此後由英政府與緬甸代表，商訂一新憲法，并直接解决政治上與經濟上之各種問題。

就以上之要點觀之，印度人所要求之獨立或自治地位，仍未達到，以故印度人對圓桌會議之結果，殊不滿意。即出席圓桌會議之甘地氏，亦表現悲觀。一九三一年之下季，獨立運動，復趨嚴重，罷工示威與開會講演之事，層出不窮。其目的皆在反抗圓桌會議之决議案，要求獨立。然英政府尚相當容忍之。

一九三一年十一月六日，英國民政府成立，保守黨占絶大之多數，對於印度問題，决然采取强硬態度。以前之工黨内閣，多重欺騙，以便緩和印度之革命熱情，而保守黨支配下之國民内閣，則不甚重視欺騙之對策，一以極端壓迫爲統治印度之不二法門。於是對印度獨立運動采取極殘刻之壓迫手段。對於開會、示威以及文字宣傳，凡以反對英國與要求獨立爲目的者，一概禁止。印度國民會議，亦被解散。獨立運動領袖，概被拘捕，甘地亦在其内。自一九三二年來，印度群衆在英人鐵蹄之下，仍秘密作獨立運動之鬥争，刺殺英國官吏及其工具。此類案件，時見於報端。

一九三二年九月二十四日，甘地實行絶食，表示爲印度賤民（Uutouchables）争取議會代表，假如英政府不批准彭拉協定（The Poona Agreements），則不復食。結果，英内閣表示贊成，允許賤民得以選出若干代表，出席於省議會與國會。甘地乃復食。要而言之，印度人民本來富於階級觀念，各階級人民，互相傾軋，但近年來，因受英人之壓迫過深，民族觀念漸次發達，大有各階級實行團結，一致抗英之傾向；實必如此，方能完成印度之民族革命，驅逐英人勢力於印度之外。

第三章　埃及

第一節　緒言

埃及，古國也。國體爲王國，國王掌握行政大權，統率海陸軍隊，任命文武官吏，其權至大，唯宣戰必須取得國會同意。立法權則由國會行使之。國會采兩院制，參議員五分之二，由國王任命，餘由民選。衆議院由人民選舉，任期五年，而參議院之任期爲十年，每五年改選一半。由此觀之，埃及似爲一獨立國家，其實不然，蓋英國在埃及之勢力，以得一九二九年英埃協定之保障，殊未損毫末也。

第二節　埃及沉淪之史略

一五一七年，埃及被土耳其征服，遂淪爲屬國。後英、法兩國之勢力，逐漸侵入。拿破侖戰争時代，英、法兩軍，曾占領埃及，迨拿破侖敗北，法軍即撤退，英國亦撤兵。埃及自此進入内亂時期。厥後穆罕麥德阿利平定内亂，仍承認土耳其之宗主權，唯統治埃及之總督，則改爲世襲，使埃及成爲半獨立國家。後伊斯邁爾竟自稱爲埃及王。當時法人甚注意埃及，有雷塞布者，計劃開鑿蘇彝士運河，於一八六九年成功，斯爲法人勢力之基礎。後埃王伊斯邁爾因財政困難，將蘇彝士運河公司之股票，出售於英國，授英人以管理運河之權。於是英、法乃藉以共同監督埃及之財政。

嗣後英、法兩國，共同支配埃及，幾達十年（一八七六至一八八三）。一八八二年，英國藉口回教反抗運動，炮擊亞歷山大，占領開羅，遂永久駐兵埃及。當時法人不願用兵，其勢力因之衰敗而消滅。是年，英政府派大員一名，出席埃及内閣會議，實行監督財政與一切政治施設。一八八四年，國王權力被褫殆盡。一九一四年大戰爆發後，英國公開宣布埃及與蘇丹爲保護國。一九二〇年，土耳其亦以戰敗之關係，正式承認埃及爲英保護國。一九二二年，因埃及獨立運動猛進之結果，由英人許以獨立，并附帶四條，以維護英國之勢力。次年，頒布憲法，規定埃及爲立憲王國。一九二八年六月，埃及親英派（自由黨）内閣，宣布停止憲法三年，施行獨裁政治。

一九二九年八月，英埃協定成立，對於英人在埃及之利益，予以强固之保障。其要點摘録如次：

（一）英國終止埃及之軍事占領。
（二）英埃締結同盟條約。
（三）英國協助埃及加入國際聯盟。
（四）英埃合力解决外交問題。
（五）埃及保障外人生命財産。
（六）戰時互相援助。
（七）埃及政府應於必要時予英國以軍事便利。
（八）英國爲保障蘇彝士運河之安全，得駐兵於該運河五十公里之地點。
（九）英國協助埃及廢止降約（Capitulations）（注）。
（一〇）埃及聘用外籍官員，應予英人以優先權利。
（一一）交换大使。

就以上諸條觀之，埃及之軍事、外交、財政以及行政範圍内之事件，均未能脱離英國之支配。换言之，埃及之獨立，仍爲英國控制下獨立，殊滑稽可笑。

（附注）所謂降約，即系埃及喪失主權之條約，即不平等條約之别名。

第三節　埃及現狀

埃及雖經英國資本家之經營，仍以農業爲主要之生産事業。全國人口從事農作者，約占百分之六十。埃及位於非洲，四圍皆沙漠，唯以尼羅河之灌溉，地殊肥美，宜於種植。農産物年收三次，即夏季、秋季、冬季是。産棉甚豐。礦藏亦不少，唯多未開發耳。

埃及對外貿易，亦頗發達，蓋蘇彛士運河便利交通，俾商賈得以輻輳也。自一九二四年至一九二八年，每年出口與入口貿易總額，各約五千萬鎊，出超入超，至無一定。對華貿易，以一九二七年論，約五十萬鎊，内有五分之二爲出品，餘爲入口品。出口貨物，以織物及毛絲爲第一，穀物蔬菜次之，餘如動物、毛皮、金屬制物及油類等，亦有輸出。入口貨物亦以織物及毛絲爲大宗，唯遠不及出口者之多。

近來埃及歲入，恒感不足，但較以前則漸入佳境矣。埃及自十九世紀中葉起，負債特多。至一八九七年，其財政遂由英法監督。同年七月，舉行國際會議，决定埃及償還債款辦法。後收入漸旺，英、法遂於一九〇五年放開監督權，以財政自主權歸還於埃及。

埃及教育，亦不發達。據一九二八年之調查，僅有高等師範三所，男女生約二千人。幼稚園二十所，男女生約一千八百人。此外，有農科大學一、商科夜校六，唯學生皆不甚多。普遍官立大學，并無一所。

關於國防，埃及不能自主，必須受英國之指揮。埃及現行强迫徵兵制，軍額約一萬二千五百人。兵役以十年爲限：正式入伍五年，在鄉兵役又五年。在尋常狀態下，埃及人正式入伍服務者，不過百分之四十。

第四節　埃及之獨立運動

一八八二年，有回教宣講師一隊，糾合群衆多人，於亞歷山大府舉行反抗英、法運動，斯爲埃及解放運動之嚆矢，不料此種反抗行動，競供給英國以武裝占領埃及之口實。埃及知識分子，更以歐洲人妨害回教文明支配非洲之企圖，益深惡而痛恨之。當時領導反抗歐人之運動者爲馬智氏，屢與英軍發生武裝衝突，迨馬智於一九〇〇年死亡以後，騷亂始平。

歐洲大戰時期，埃及獨立運動，未能即時爆發，但其醖釀則較前加速。蓋當時英國苦於久戰，對於埃及人民之壓迫與剥削，不能不加深，遂引起廣大群衆之反抗。英國官吏，因上峰催辦兵差，如購買駱駝、騾馬等，常至鄉村强買牲口，致招農民之怨恨。又駐扎埃及之英兵，强暴恣戾；英僑偷運『海洛因』等，皆足以激起土人之惡感。另一方面，英國於大戰開始後，曾宣言允許埃及人之獨立，以收買土人之歡心，使土人爲英國服務。迨戰争結束以後，英人頓食前言，大爲埃及人所不滿。有此數因，遂使埃及獨立運動，捲入更多之階層與階級，向前急進。領導此一廣泛解放運動者，闕爲柴魯爾（Sagblul）氏。

柴魯爾爲一農民之子，曾卒業於愛查爾回教大學。擅長演説，栩栩動人，因此人多趨向之。戰後和會開幕，柴氏即組織代表團，向英政府要求交還埃及政權。但其要求爲英政府所拒絕，指柴氏無合法權利以代表埃及。不料柴氏之受拒絕，反引起埃及人更多之同情，於是青年學生，競相擁護其主張，形成更廣泛之運動，各地暴動，斷續發生。無已，英國駐埃司令官，宣布全國戒嚴，但不能收得良好之效果。一九一九年三月，英政府捕柴魯爾等首要分子，解往瓦爾達（Walta）。

柴魯爾被解至開羅車站時，即有埃及學生作廣大示威運動。破壞交通機關，更有許多民衆與軍隊肉搏，風潮益形擴大。後柴氏以愛倫貝（Allenby）之斡旋，得以釋出，寓巴黎兩年，未回故國，唯於獨立運動，則仍暗中指示。

英政府鑒於事態之擴大，乃派米爾納爵士（Lord Miller）前往調査，以圖敷衍。米氏主張於政治上與經濟上，英、埃均應相互提携。但當時埃及之政治重心，已由政府而轉入柴氏之手。若欲平定騷亂，似非柴氏莫辦，但柴氏不願入閣，僅以國民代表自居，并要求埃及首相亦爲代表之一，未蒙英政府允諾。其後埃及政府派人至倫敦，與英政府共商平定内亂之方案，而柴魯爾則於國内專作煽動之工作。一九二一年十二月二十三日，開羅舉行大示威運動，柴魯爾又復被捕入獄，先押至蘇彝士運河，後轉亞丁（Aden），最後押解於印度錫蘭，而國内之運動，則蓬勃如故也。

未幾，柴氏被釋出獄。一九二二年，英、埃交涉重開之結果，英國撤銷埃及保護國之命令，次年承諾埃及之新憲法。准此，英國似已承認埃及之獨立，實則英人所允許於埃及人民者，僅名義上之獨立而已。蓋埃及爲紡織工業之主要原料産地，而蘇彝士運河，又爲軍事上商業上之重要地點，英人有鑒於此，決不輕易放弃之也。以故英政府對於埃及獨立，保留以下之四點：

（一）英帝國在埃及保障其交通安全之問題。

（二）防禦外國侵略或干涉問題。

（三）保護埃及國内之外僑與少數民族之問題。

（四）蘇丹問題。

同時埃及獨立運動中所産生之恐怖行動，如暗殺英國官員與軍官等，仍繼續表演。另一方面，『獨立』分子時遭逮捕。英、埃衝突迄未停止。

一九二三年七月，新憲法公布，英、埃問題，至是乃告一段落。憲法内容，約略如下：規定政體爲君主，輔以兩院制之議會；實行全民選舉；男女小學教育，統行免費；對於宗教采取寬大態度；明定回教爲國教；以阿拉伯文爲國文。憲法頒布以後，英國即日取消一九一四年以來之戒嚴法，并釋放政治囚犯。

英政府對於埃及獨立問題，除保留上列四點外，更規定埃及政府須聘定英人爲司法財政顧問，以便實行監督。此外，尚可占領埃及領土，駐扎軍隊。所謂埃及獨立，不過如是而已矣。

柴魯爾頗不滿意於新憲法，然其黨徒，則一致參加一九二四年一月之第一屆國會選舉，結果，柴派國民黨赢得絶大多數之議席，柴氏本人任第一任首相。

新任首相柴魯爾仍以爲真正獨立，可用談判方式或請願取得之。屢向英政府要求撤回埃及駐軍，歸還蘇丹。當時英國工黨執政，首相麥克唐納（MacDonald）氏，抗拒交還蘇丹。未幾，柴氏親赴倫敦，作秦庭之哭，懇求撤退英國軍隊，撤回英籍財政司法顧問，廢除郵政管理之干涉，共同保衛蘇彝士運河，最重要者仍爲交還蘇丹之問題，柴氏留英三月，毫無所得。

英、埃重要問題，既懸而不決，埃及人乃積極仇英，拒絶交付駐埃英國軍隊軍費五十萬鎊以及土耳其時代之舊債。柴氏堅持以收回蘇丹爲一切談判之先決條件。交涉既毫無結果，柴氏遂廢然而返。一九二四年十一月，英國駐埃及總司令斯太克（Sir Lee Stack）於開羅被急進分子暗殺。英政府向埃及提出哀的美敦書，要求埃及撤退蘇丹駐軍并賠償撫恤金五十萬鎊。柴氏覺此問題難於應付，遂辭職以去。

英人以柴魯爾不易就範，遂借種種難題以去之。繼任首相爲親英派齊華（Ziwar Pasha）氏，對英國要求，一律接受，并逮捕反英分子。更以柴派支配下之國會，不爲己用，乃毅然解散。一九二五年三月，國會重選，柴氏領導之國民黨，取得一百〇二議席，較他黨之總和，僅差六人。新國會召集後，又選柴魯爾爲議長，更激動英人之憤怒。以故國會僅存在三日，又被解散。此後英人統治埃及之政策，在利用親英之政客，以阻撓獨立運動。

一九二六年五月二十四日，柴派國民黨於國會選舉中赢得空前未有之勝利，蓋國民黨於二一四議席中，已取得二〇〇席矣。柴氏爲避免英國之忌刻，不以首相自居，而唯推薩華特（Sawat Pasha）組織内閣。薩華特庸怯無能，處處受英人操縱，并甘心爲英帝國主義之走狗，對於與英外相張伯倫（Austin Chambeilin）之交涉，全守秘密，其目的蓋在保存英人之支配權。柴氏適於此時去世。迨薩華特所商訂之新約發表後，英人支配，較前更加牢固，大爲國民所不滿；而國民黨内部，亦因發生分裂。有奈哈斯（Nahas Pasha）者，繼柴魯爾爲國民黨之領袖，力斥新約爲賣國勾當。

一九二八年三月，奈哈斯繼任首相之職，提出『允許人民公開集會』之議案於國會，對以前限制，擬稍稍放寬，不料爲英人所反對，認爲於外僑之安全有妨礙。奈哈斯答稱：此系内政，不涉外僑，竟置英人之抗議於不理。英政府亦實行其慣用之炮艦政策，即派地中海艦隊威脅埃及，迫令撤回上述法案，奈哈斯爲武力屈服，況允許議。同時親英分子，愈見活動，極力排斥國民黨。結果，埃及國會於七月十九日解散，并停止憲法三年，施行獨裁制度。奈哈斯被國王免職。於是親英派與英國勢力，獲得全勝。一九二九年之英埃協定於以成立，使英國之支配權，較以前更爲强固，吾人不可慶賀（？）英國政策之成功也。

第四章　安南

第一節　緒言

安南前爲我國藩屬，現改屬於法國，一名印度支那，乃法人所更改之名稱也。面積三十萬九千九百八十方哩，人口二千零七十萬人。全國分爲五區，曰東京，曰安南，曰老該，曰交趾支那，曰察蒲塞（Cambodia）。安南爲法國在東方之經濟中心，爲侵略中國之根據地。法人經營之滇越鐵路，由河內直達雲南省城，更足以便利法人於我國之政治與經濟侵略。滇越鐵路，以法款關係，至今未能收回，雲南之政治與經濟，就著者經驗所知，皆蒙其不良之影響。法人更擬添築軍港五處，以爲鎮壓安南革命與準備帝國主義混戰之用。

安南人種，有馬來人、蒙古人及安南人，其中百分之八十爲安南人種。安南文字，頗與漢文相近。從前采用漢文，今則在禁止之例；書報均用羅馬字母拼音。察蒲塞人口約兩百五十萬，語言文字，异於他處，民性亦較强悍。土著好佞佛，寺院極多。此外尚有法國人約兩萬，中國僑民約四十萬。法人占經濟上、政治上之支配地位。中國人以西貢與堤岸爲大本營，多操穀米業，生意頗發達，經濟上亦有相當之勢力。

安南人大都務農，富豪者多係地主。北部人口稠密，生活艱苦，南方産米，爲量甚巨。米之收穫，每年至少兩次，蓋氣候温暖，雨量充足而土地又肥沃，耕種均易。著者數過其地，見禾穗遍於山上，收穫甚豐，亦异聞也。

安南改隸法國之經過，可以數語説明之。十七世紀末，有法國基督教徒，侵入安南之交趾，受土人之激烈反抗。法王拿破侖第三，藉口保護教徒，勾結西班牙共同出兵安南。一八八四年，占領安南區。中國以宗主國之關係，興師干涉，爲法人所敗。後復誤於和議。一八八六年，法國竟占據安南區爲保護國。先是一八六一年，法人攫取交趾支那，次年又占領察蒲塞，一八八四年，更進取東京，至一八九三年，老該亦爲法人所占據，於是安南全境，淪爲法帝國主義之殖民地矣。

法人統治安南，設置總督一員，總攬全境事務，其下更設政務總監。各地方區域或設知事或理事官，視地方之性質而定。安南原分五區，除交趾支那爲法國正式殖民地外，餘如東京、安南、老該、察蒲塞四區，僅爲法國保護領地。總督統治權，不僅包括安南全土

（印度支那），而連廣州灣租借地一并在内。首都原在西貢，一九〇二年，遷徙於河内。交趾支那之地方行政長官爲知事，而監督各保護領地之長官，則爲所謂理事官。安南與察蒲塞，今尚有王，唯須受理事官之節制。安南無議會，土人無參加政治之機會與機關，但交趾支那，以係法國領地，可以選出議員一名，出席法國國會，唯所選出者，概爲法國人。至於行政官吏，亦有少數印度支那人，其中且多優秀分子。

第二節　安南之經濟

法領安南，産米最多。北方紅河沿岸地帶，亦爲産米區域，但以人口稠密，每年餘米不過百萬石。南方如交趾支那、察蒲塞，均爲平原之地，産米尤富。每年出産，約三千萬石，輸出於國外者，約有半數，即西貢米是也。安南、察蒲塞、交趾支那等地，出産橡皮樹、咖啡、棉花、胡椒。中部有淡水湖，産魚甚多，僅次於米之數量，每年運售於新加坡者，約三萬噸。礦藏如煤、鐵、鋅、金，亦應有盡有。沿海産鹽，老該富於森林。

茲將一九二三年至一九二八年安南米之輸出，表列如次：

年份	法國本部及其他殖民地	其他各國	總計
一九二三	二三一，四八九噸	一，一〇八，〇一四噸	一，三三九，五〇三噸
一九二四	二二八，一一三噸	一，〇〇二，〇九三噸	一，二三〇，二〇六噸
一九二五	二〇二，一八九噸	一，三一七，四五九噸	一，五一九，六四八噸
一九二六	二一一，四八二噸	一，三八五，八二八噸	一，五九七，三一〇噸
一九二七	二三六，八四八噸	一，四二八，五〇七噸	一，六六五，三五五噸
一九二八	二七一，一九七噸	一，五一六，四八五噸	一，七八七，六八二噸

一九二八年米之輸出，約值二十萬二千七百零六萬七千法郎。至輸入安南米之主要國家，據一九二八年之調查，則有

國名	噸數
中國	四一，八五八
新加坡	八五，二九二
日本	一二〇，〇二〇

荷屬印度	一六三，六五七
英屬印度	一六〇，八八七
美國	五三，四六四
菲律賓	四八，四八七

安南之對外貿易，略如左表：

年份	輸入（法郎）	輸出（法郎）
一九二三	一，五四三，八五一，七三三	一，四五三，七八六，〇九七
一九二四	二，〇二三，九一〇，四四七	二，二三三，四八〇，一二三八
一九二五	二，六四一，九四五，四七一	三，〇三三，四四〇，九八六
一九二六	四，一三九，三八七，三七二	四，六六三，六六六，〇〇五
一九二七	三，六八六，六九六，八七九	三，六一五，六六二，六一八
一九二八	三，六七四，七六三，〇〇〇	三，五七一，三四二，六八三

至於輸入品，則以棉織物、火油、機器、絲織物、金屬品、糖、樹膠、汽車、紙烟、鋼、鐵等爲大宗。

第三節　安南人之痛苦

安南有志士阮愛國者，於一九二七年出版一書，名曰法國殖民事業中之審判行爲，論及法國人對安南之經濟與文化侵略，至爲生動與詳盡。其中叙述法政府强賣鴉片與酒，種種横徵暴斂，以及法兵强奸老少婦女等事，尤令人髮指。至於施行愚民政策，更爲法帝國主義之毒辣陰謀。

法人之統治安南，首先獎勵科舉文字之學。自六歲起即須專心致力於八股、詩賦、訓詁、詞章等。就表面觀之，似施行獎勵文化政策，實則藉此以養成柔弱無能之大批文奴。三年舉行考試一次，授以『學士』『進士』等名目，以引起奴隸學子之虛榮心。法國當局，後以科舉之毒，不足以制土人之死命，遂於一九一九年，允准安南民衆之請願而加以廢止。

歐戰時期，法國疲於戰事，不但財政困難，而且極感人力之缺乏。當時安南人奔赴前綫，爲法人效馳驅，冒生死，以挽救拉丁民族之生命者，達六萬人。工作於後方者，達十八萬人。安南對於法國之人力貢獻，不謂不大。法帝國主義於危難之時，自必假仁假義，以籠絡動摇之人心，於是在統治之表面上，亦略事改革，以博取士人之歡心。

科舉既廢，乃代之以新式學校。河内有官立大學一所，衹設農、商、獸醫等科，文科不與焉。蓋文科之學生，或有沾染自由思想，以擾亂法國之統治者。中學兩處，安南人之肄業於中學者，僅百餘人。至於小學，共有三千三百九十五處，收容學生二十萬人，失學兒童，則有二百萬之多。小學無體操，無歌唱，教科書上之所記載，大都係贊揚法帝國主義之功德。

安南法律，野蠻嚴苛，極適合於法帝國主義之統治。教育所以愚民，法律所以殘民。一九一七年，雖有新法律之制定，但其施行衹限於東京，因此舊時之野蠻法律，仍得流行於安南之大部分，然所謂新律，亦异常嚴竣。兹摘取新律之内容數點，以例解其嚴刻之程度。刑律第二條規定，『重罪分死刑、無期勞役、流罪、有期勞役、禁錮、徒役、追放等』。第九條規定，『凡被處苦役之男子，應受最苦之役』。本條之目的，在對付政治人犯。比如從言論上進行民族運動之分子，雖可以拘捕之，但難處以死刑，唯有使『受最苦之役』，方得置之死地。安南革命分子，死於此條文下者，達數萬人。

刑事訴訟法第八十七條云，『監獄由法國武官一名管理之。又，法國警官一名，任監視囚人之責』。换言之，安南人無監視囚徒之權。同法第九十條云，『囚人若在監内死亡，應即報告主管主任官』。囚人如何致死，殊無一語提及之也。又第四十條云，『凡犯重罪或輕罪之人犯，已經死亡，不能加以處罰時，仍得使爲損害之賠償，被害人得向犯人之繼承者追索』。本條在擁護法資本家對安南之剥削。凡法資本家欲騙取士人之金錢，則利用此條以作護符。又，安南人被法國人逼死，其罪至輕。譬如第二百一十三條規定，『凡濫用權力、殘暴壓迫，使人自殺者，應受六月以上五年以下之禁錮，或支付二十元以上千元以下之罰金』。勒死斃命，爲何等重大之犯罪，今僅科以六月以上之監禁或二十元以上之罰金，是直視安南人爲奴隸耳。本條文雖未指明行凶者爲法國人，但安南行政長官，概由法人充任，衹有此輩始可以『利用權力、殘暴壓迫』，以逼死人命。

人恒有言，治亂國用重典。余易之曰，治殖民地應用重典，否則帝國主義之統治，難於維持，而殖民地亦不成其爲殖民地矣。法國人對安南人之犯内亂罪者，懲處極爲殘酷。第六十五條，『凡以掀起内亂爲目的，藏匿外來偵探於家中者，處流刑』。第六十七條，『二人以上互相磋商，計劃陰謀者，處放逐之刑』。第六十九條云，『關於内亂陰謀之重罪，得收没其財産之全部』。

以上列舉之種種條文，無一非法國人所設之陷井，以待安南人之投入也。

至於政治自由，如集會、出版等，爲安南人夢想所不及。一九二七年，交趾支那總督下令禁止民衆集會，禁閲安南語報紙兩種與法語報紙四種，蓋以擁護民意與批評官府故也。安南革命人物，有梁文幹者，於一九一二年，創辦學校，宣傳獨立思想，被法政府處以十年之放逐罪，梁氏於一九二六年去世。東京民衆數千人，舉行追悼會，被軍警驅散。受傷者數百人，更有十二人受半年以上至一年之監禁。交趾支那之安南、《新時代》、《東法日報》，以著論紀念梁文幹逝世，被官方取締。安南報之編輯人及發行人阮慶績等十二人，皆因此被捕入獄。法人克利門地（Clementi），爲《安南天視報》主筆，以同情於安南民族之希望，於一九二七年七月，被政府囚禁，其報館亦被封閉。

此外，横徵暴斂，達於極點。對於年滿十七至六十歲之安南人，一律課以頭税。結婚、喪葬、宴會、畜類，無不一一徵税。并以不良之專賣酒，强賣於人民。對於鴉片，不唯不禁，反提倡之，使吸户大增，以爲總督府增多收入。關税率步步加高，以爲政府擴大財源。更有補充，總督府對於三人之會晤，即目爲集會，有千禁例。五十里以上之國内旅行，亦在禁止之例。又恐安南人與外國人接觸，受其宣傳，遂有『鎖國主義』之施行。鎖國之意，無非杜絶土人與外人之接近。

第四節　安南革命運動史略

十九世紀末葉以至本世紀之開始，革新與革命運動，已發展於臨近安南之諸國。比如中國北有康（有爲）梁（啓超）之變法運動，南有孫中山之革命運動。此外尚有菲律賓之獨立運動、埃及與南非洲之抗英鬥争，均足以推進民族運動之高潮，與驚覺殖民地之民族意識。安南亦自受其多少之影響。

一九〇三年，熱血志士潘是漢與南方志士阮誠相謀，奉安南王族幾外侯疆搌氏命，組織國民黨，斯爲安南民族運動之發端。疆搌氏爲嘉隆王一世之嫡嗣東宫景睿王之直系。年十九，即與潘氏諸平民同志，秘密結社。一九〇五年，事泄均逃亡於日本，與中國革命志士相結納，謀復故國。法人鑒於日本東京爲安南革命分子之策源地，即向日政府要求引渡革命分子。職是之故，若輩不能隱身於日本，相率逃出。但潘氏卒爲法國官憲所捕獲，解至安南，交付審判。幸得多數青年之營救，未受刑戮。氏現年六十六歲，於法國官憲嚴重監視之下，養老於順化城内。至疆搌侯，自逃出日本後，迄今尚無消息。法國官廳仍極注意之。想侯尚潛伏於一定之處所，以策劃復國之運動也。

一九一四年，歐戰爆發，予安南革命運動以復蘇之機會。獨立呼聲，普遍於全國，暴動亦屢起屢滅。一九一五年八月，發現革命陰謀，維新王第十一，亦受株連，旋於次年被廢，流徙於南印度洋之留尼歐孤島，時王年僅十七。王現已三十歲，生活極苦。每年恃五百法郎以爲生。現賴同情人之力，於島内某中學謀得一音樂教師位置。收入自不够用，以故時往街頭巷尾，彈『凡野林』（Violin）以謀增收入。維新王之父成泰王，亦曾被廢，竄於南非洲之馬達加司加爾島，今查無消息，想被法人謀害矣。

歐戰時期，安南革命浪潮，時起時伏。一九一七年，梁玉捐起義於泰阮；一九二三年，範鴻泰謀炸總督於沙面。其後，群衆鬥争繼續發生，如南定紗廠五千工人之罷工、夏烈公司全體雇員之罷工、括林農民之暴動、高明高綿之市民示威運動等，皆爲安南民族運動之有力元素。最令人注意者厥爲一九二五年西貢兵工廠工人之罷工，拒絶修理兵艦，使不能用爲干涉中國之革命。

一九二六年春，安南革命同志，鑒於中國革命之緊張，組織安南民族獨立黨，以潘佩珠爲領袖。氏爲安南文學家，精通中國語言文字。法政府加以政治活動之罪名，判氏死刑，後氏逃入中國。旋在上海被法警捕去。解回安南，科以終身苦役之處罰，後又赦出。

此外尚有一事，堪令吾人注意者，厥爲丁濟民被暗殺之事件。一九二九年六月六日夜，僑寓廣州之安南人丁濟民，爲青年阮叔保所殺。阮，年二十二，亦安南産也。一九三〇年二月二十五日，此案於廣州地方法院開審。據阮叔保之供狀：阮居安南四年，從事革命運動，民國十七年，被迫來廣東。丁濟民亦係革命黨員。前年十二月，始知丁入黄埔軍校，即以同志資格往訪，意在投入該校，適丁不在。异日再往，始得一面，唯丁力言革命運動之非是。餘與丁杳無私怨。唯恨其背叛革命，甘爲法帝國主義之走狗，故憤而殺之。

第五節　一九三〇年之革命

以前安南之獨立運動，多以少數個人之陰謀爲中心，至一九三〇年，獨立運動之範圍與性質，皆有顯著之變化。其進行至爲猛烈。北之東京，南之交趾支那，均發生暴動。已非如從前之限於一隅矣。二月十日夜，革命黨員，潛入河内市，進攻裁判所、警察署、憲兵隊。法政府立即宣布戒嚴。河内紅河大鐵橋之守備兵，爲革命黨軍所殲滅。但革命軍之汽車，被法軍捕獲，諜報文書被没收，軍事聯繫，於以斷絶。

暴動發作以後，法人驚惶失措，多欲逃出安南避難。河内法國人與日本人等，相約以炮聲爲號，即避亂於城内。晚間自八時起，即斷絶交通，禁止往來。同夜，革命軍一隊，進攻河内北二十八公里之安沛市，向駐扎之法軍衝擊，犧牲頗大，但政府軍隊中之安南兵士，受革命軍之宣傳，或相繼投誠，或乘夜逃散。於是安沛市爲革命軍占領。法軍官戰死者，有大隊長一員、隊長一員、大尉兩員、中尉一員、少尉一員，受重傷者有大尉二員。

翌日，革命軍於安沛市南五公里之地點，與法軍對峙。法軍努力防守。

安沛市之革命軍，互相聯絡，其中有一隊占領東京中部黑河之渡船場，直薄興化。法軍司令官珊提楚督率守備隊長勞廉，竭力防守。革命軍以爆彈擊破其防禦工事，勢甚危急。法軍知不能守，遂携眷逃去。於是革命軍占領興化。旋又退出，陷南陀，入途里，襲達家京知事邸，焚之，破壞汽車十餘輛。於是高揭革命旗幟，近郊人民投入革命軍者，次第加多。

二月二十日，法軍蕭伯特司令一隊，掩襲途里市之革命軍，交綏時餘，擊退革命軍，傷革命軍大隊長一員，俘之，翌日因傷斃命。

二月十六日夜，希江市及其附近地帶，發生大暴動，與法軍交鋒數小時，互有勝敗。十七日，法軍用飛行隊進攻之，焚燒一村，斃無辜之人民甚衆。

同時諒山、西山、南定等處，亦有騷動，惟多係孤立，不相應援，不能達到預定之目的。

經過二十日後，安沛革命軍，向山地總退却。安南總督巴齊氏赴安沛巡視戰迹，被人投炸彈一枚，倖免於難，惟隨員死者二三名。

法軍懸賞一千元，拿捕此次暴動之渠魁，通風報信，亦得重賞，唯告密者絶無一人。

河内偵探局，極力搜查安南國民黨員，濫捕毫無關係之千餘名，悉數寘之獄中，唯因牢狹人衆，不能儘量收容，乃拘禁於露天之下。被囚者之父母子女，號泣於獄前，狀至悲慘。

其後旬日間，表面頗平静，然究其内容，則實隱忍待機，降至四月，騷動再起，法國官憲至爲驚惶。四月十日清晨，河内市發現埋没之大炸彈八十餘處，革命黨企圖一舉占領首都，以被發覺未能成功。法當局實施全市大搜查，結果，破獲埋藏軍械數十處，收没步槍、手溜彈、彈藥、機關槍甚多。

自五月至六月上旬，西貢又發現革命陰謀，多數青年學生被捕。其中以留學法國者占多數。更有準備紅旗，以企圖工農革命之發動者。

革命之總結：革命重要分子被殺者三十六人，判處死刑者四十五人，終身苦役者九十九人。其餘革命黨員之死於火綫上者，難以數計。法軍每占一處，肆意燒殺，除戰鬥員難以倖免外，無辜民衆之被屠殺者，殊無從統計。殺、殺、殺，乃法帝國主義鎮壓革命運動之日常口號。

第六節　獨立運動之派别

一九三〇年三月二十四日午前，河内法院審判南定共産黨事件，主席推事波列司氏，曾發表安南革命運動各黨組織之報告。氏認定革命兩字，爲反對法屬印度支那總督政治之一切反對黨之總稱。『反對黨』分國家、君王、共和、社會、共産各黨派。

兹將各派各黨之分野，略述於次：

革命黨　此黨以畿外侯疆摭爲中心，凡出亡國外之革命分子均屬之，其黨部設於廣東。目的在使安南脱離法帝國主義之統治，樹立自治政府，組織君王或民主立憲政體。是爲革命運動中之右派。

安南國民黨　是黨成立於一九二六年，爲阮泰覺所創立，與疆摭侯有深切關係。一九二九年，阮氏爲人所暗殺，黨内大起分化，殘餘黨員，大都加入未受打擊之急進黨。黨員群衆，約分兩派：一爲純粹君主派，一爲過激派。

安南青年革命同志會　此派有民主主義之傾向，但共産主義則占優勢。其黨部設於廣東，并附設政治學校，以便利安南人對於政治經濟之研究。努力宣傳各種協會、各種政治行動團體之組織方法，及關於大衆革命之戰術戰略等。其組織與行動，完全與共産黨相同。

該會所辦之政治學校，各教師向學生講演各黨之主義與各科之學理，俾學生得以考究何種主義適合國情，自行選擇加入。又令其國人入黄埔軍官學校，專心致力於戰術。

一九二九年五月一日，在香港舉行青年革命同志總會，無甚結果。

當時中國政府極端排斥共産黨，拘捕彼等下獄。惟彼等宣言并非共産黨，與第三國際無關係。因此，安南共産黨認定彼等爲叛徒，派人至香港考察，結果，彼等脱離組織，另組東洋共産黨。

東洋共産黨　東洋共産黨未加入第三國際，但具有共産黨之實質。安南青年革命同志會與東洋共産黨，在組織上有不同處：前者對於入黨資格，不甚限制，而後者則規定極嚴，并主張絶對服從。違犯黨規者，即交付調查委員會審查，如係證據確切，多半處以死刑。東洋共産黨員，分正式與候補兩種。

安南共産黨　一九二九年五月一日，東洋共産黨總部舉行會議，重新改變黨内組織，有一部分黨員組織第五黨，稱安南共産黨。共産黨之一切宣傳文字與各種會之印刷品，通常附有斧鐮記號，各農民協會，皆佩星章。

以上五黨之黨員，雖不甚多，但其同情人則遍於全國。

卒業於廣東學校之安南學生，回國後，於各地設總工會。一九二七年，海防之總同盟罷工，即由當地總工會所指導者。總工會對於尋常政治問題，不甚過問，惟極力擁護公衆之權利：力圖增加工資與減少工作時間。

安南革命黨人，頗注意於工會。或入會宣傳共産主義，或向工人催繳黨費。常圖與總工會相聯絡。檢查以前捕獲之革命黨員及所没收之檔，當知從無暗殺團體之組織。惟凡妨害革命之進行者，遇萬不得已時，得令黨員誅鋤之。

以上之五派，又可總括之爲三系。

第一，奉安南王建立君主立憲國，是爲右派。

第二，主張民主立憲國，選舉大總統，如土耳其然，是爲中間派。

第三，模仿蘇維埃聯邦共和國，建設共産主義國家，斯爲左派。

屬於第一派之安南國民黨，其所定之國旗爲黄色，中加一赤色之王字，以示王道革命之意。

茲附録安南國民黨之主義及其方針如次：

（一）安南國民黨之主義

本祖宗傳　來之道德精華，注重孝悌忠信禮儀廉耻正心修身。

本天賦人權，極力團結，鼓勵同胞，恢復主權與自由，保全人生之幸福。

以博愛精神爲前提，不分種族界綫。

（二）安南國民黨之方針

宣傳主義，廣收同志，以利進行。

訓練同志，急公好義，不惜犧牲一切，以死報國。

不與强權合作（其不以平等待我者亦然）。

高綿（察浦塞），哀牢（老該），各准自治。

實行改革内政，宗教習慣，不妨逐漸改良

實行民主政治，但保存君王政體，仿照英、日兩國辦法，使君主超立於各黨派之上，調和政争。惟對於君主優待，另設限制。

實行社會政策，不采類似蘇聯之過激手段。保護資本家之利益，改良工農待遇，使國家事業，得以依次發展，務期貧富老幼，同享安樂。

最近安南有『再建運動聯盟』之組織，此即『安南人道擁護聯盟』是也。安南革命，一方面采用武力，一方面又提倡王道，高呼擁護人道。由是觀之，鄰邦印度甘地之民族運動之精神，已在安南發生多少之影響矣。

上述安南國民黨之主張，殆亦猶朝鮮獨立黨與臺灣民衆黨之主張也。即欲脱離帝國主義之統治，又恐引起工農大衆之含有社會性質之革命，以故猶移不定，首鼠兩端，又欲革命，又不欲革命。此類『革命』分子，受帝國主義之蹂躪，生命財産難以自保，其反帝情緒，亦偶爾表現之，惟反帝則無决心，并於真正革命爆發時，立即轉變其方向，投降於帝國主義，求其保護。此類事實，曾數見於殖民地革命運動中也。殖民地革命運動，應以大衆利益爲前提，今若以革命領導權置於少數動摇分子之手，是斷送革命也。

第五章　摩洛哥

第一節　緒言

摩洛哥位於非洲之西北，其北爲直布羅陀海峽，適當大西洋通地中海之孔道。北方有海口，曰休達（Geutar），與西班牙之直布羅陀，望衡對宇，中間僅隔四里之遥，以故與西班牙之地理關係，頗爲密切。其西南有坦及爾（Tangier），亦一重要之海港也。苟以重炮扼守此兩海口，則一切往來直布羅陀海峽之船舶，均不能通過。因此，摩洛哥遂爲列强必争之地。

摩洛哥面積十七萬六千方里，人口七百萬。其沿大西洋與地中海之地段，土質肥美，氣候温和，礦産豐富，交通便利。現今支配摩洛哥者，爲法蘭西與西班牙兩國，尤以法人之勢力爲大。西、法兩國之勢力範圍，係一九〇四年四月四日之埃爾其西拉斯會議（The Algeciras Conference）所規定。至於西班牙之威權，則日就頽衰，蓋因國内多故，變亂時興，對於偏遠之殖民地，殊難兼顧。西班牙所支配之摩洛哥，爲一萬八千三百六十方里，自大西洋、地中海沿岸之平原，達於乞佳文（Chechwen），皆西班牙之領地也。西領摩洛哥，多山岳，少出産，然認爲有占領之必要者，實地勢使然也。法領摩洛哥，面積約大十倍，其界綫起自阿德拉斯（Atlas）山，連同西南平原，一并在内，土質頗肥沃，宜於農産。

第二節　摩洛哥之近況

西領摩洛哥，地域既小，而統治又不得法，以故不甚爲人所注意，兹姑從略，唯於有關係之處，仍附帶論及之。法人統治摩洛哥，首重農業，對於農業教育，如宣傳耕種新法，改良種子等項，極力推廣，以便提高土人之農業生産力。法國本身爲小農國家，然亦從摩洛哥輸入糧食與生畜者，由於殖民地出品，價格較廉，而運輸亦便，鼓勵農業之結果，出産如豆麥等項，皆逐步加多，牛、羊、豬亦繁殖，於法國糧食之供給，甚有利益，尤以法國捲入戰争時期爲最有益。近來植棉業，亦很進步。

法人經營摩洛哥，已有十七年之久，不僅對於農業之改進，表現相當之成績，而於經濟、交通、財政、教育等項，亦竭力推進，以加强其在摩洛哥之帝國主義統治。

摩洛哥之財政，年有盈餘。驟觀之，似爲好現象，但究其實際，則系剥削加重之所致，吾人不禁爲摩洛哥人一哭。每年收入，約一萬八千萬法郎，用於公共事業者達一萬二千萬法郎。除税收外，更在法國募集公債，前後達三萬三千萬法郎，利率頗高，以爲法國金融資本家增加豐肥之利潤。對於商港之改良，農業之推廣，以及水電、磺礦之發展，皆有巨量之投資，無非爲法資本家開拓新財源。現有森林三百七十五萬英畝，亦需要大量資本，以資開發，此又是法資本家之好機會也。

交通方面，亦隨經濟之進步而有平行之發展。郵政電綫，相繼設立；公路鐵路，頗爲發達。來往於大城市間者，有公共汽車之交通機關。法國本部與摩洛哥之航空交通，早經完成。一九二四年，産業方面，有工廠六百十五處，工人七千餘人，投資達三十萬法郎，似尚限於小經營之範圍也。對於貿易，據一九二四年之調查，進口貨約值九萬二千五百四十一萬一千二百零三法郎，出口貨約值六萬二千二百一十八萬二千零二十八法郎。入超之利益，多半歸於法人，蓋法帝國主義之統治殖民地，其剥削與貿易方面，仍未脱離西班牙殖民政策之舊路綫，即仍獨占殖民地貿易是也。

教育方面，小學逐漸加多，大學亦有兩處，一在費市（Fez），一在拉伯特（Rabot），皆係回教大學。

此外，市政衛生工作及栽種果樹等工作，皆次第進行。結果，城市加多，人口蕃殖，足爲法帝國主義供給充分之勞力與士兵，以撑持其霸權。摩洛哥多瀑布，尤富於水力。

第三節　摩洛哥之史略

古代摩洛哥，直隸屬於羅馬帝國，爲其行省之一。至第七世紀末，强悍善戰之阿拉伯人（或稱摩爾人—Moors），侵入摩洛哥，滅之。更征服葡萄牙、西班牙之一部分，建立一大回教帝國。後三次征服西班牙，遺留許多風流韵事，觀美國文豪伊爾文（W. Irwing）所記關於西、摩人之愛情故事，殊令人心怡神往也。十八世紀以後，爲法蘭西、西班牙兩國所擊敗，回教帝國之國勢，遂逐漸衰微。至於摩洛哥民族，則仍驍勇异常，不肯屈服，唯今已退據山地矣。

二十世紀以來，各帝國主義於争取殖民地之鬥争中，對於摩洛哥，自亦視爲釟上之肉，久欲攫取之，唯以限於均勢，獨占既不可能，瓜分亦感困難。法、英、德爲此問題，幾釀成一國際戰争。注意摩洛哥問題者，不僅爲法、西兩國，且有英、意、德等帝國主義。鈎心鬥角，各不相下。一九〇四年，英、法成立協定，作交互之承認：英國承認法人在摩洛哥之利益，法國亦承認英人在埃及之利益，以作交换。因此，摩洛哥之南部，入於法人之勢力範圍矣。

英、法協定，深爲德國所不滿，蓋當時德意志爲歐洲諸國中最有野心之國家，其殖民事業，較他國爲落後，以故岌岌於殖民地之擴大，對摩洛哥亦思染指，以便壟斷地中海之海權。無已，遂開埃爾其西拉斯會議（The Algeoiras Conference），邀請列强參加，以解决摩洛哥問題。結果，德國失敗。列强承認摩洛哥南部歸法，北部歸西，唯各國得享有均等之經濟權利。德國以英、法態度之强硬，知難與抗，遂亦隱忍待機。

迨一九一〇年，列强之暗鬥，愈趨險惡。是年摩洛哥人民高揭反旗，圍攻費市（京城，）法國派重兵往援，次年占領之。德、西以有機可乘，亦采取軍事行動，於是西班牙派兵奪取重鎮兩處，而德國亦調遣兵艦至阿加提爾（Agadir）港口。當時歐洲戰争空氣异常緊張。卒以調停之功，得以避免一場惡戰。一九一一年十一月，法、德條約成立，前者以中非剛果（Congo）割讓於德，後者始承認法國在摩洛哥之保護權。次年，法政府於摩洛哥設置總督，以資統治，并取得摩洛哥蘇爾丹（Sultan）之承認。此後摩洛哥除大西洋沿岸之狹長地帶與坦及爾外，正式成爲法帝國主義之保護國。

歐戰結果，德國已不能再與法人抗争，似可爲法國慶賀，但前門去虎後門進狼，英、意之虎視眈眈，尤可畏也。其鬥争之焦點，爲坦及爾海港。一九二三年十二月，英、法、西關於坦及爾問題，成立國際協定，以是港爲中立海口，由簽字國領事組織國際共管委員會以統治之。

法帝國主義在非洲之領地，除摩洛哥外，尚有亞爾日里亞（Ageria）、突尼斯（Tunis）、散尼格爾（Senegal）、尼加爾區域（Niger Teritory）等地。法人之所謂大非洲計劃，即以亞爾日里亞爲中心，將所有零碎區域，連合一氣，使成爲一大殖民帝國。就人種論，就宗教論，摩洛哥人與亞爾日里亞人皆同屬一體，不可分離。同時交通技術之進步，更可使此一偉大殖民帝國，與法國本部相連繫。原料方面、人力方面，皆可充分供給法國之需要。大戰時期，非洲人爲法帝國主義效命於疆場者，達十六萬三千人。戰後法國更於非洲實行徵兵制度，以準備第二次世界大戰。

第四節　摩洛哥之獨立運動

摩洛哥北部屬西，南部屬法，已如前述。西領摩洛哥之政治情况，與法屬迥不相同。西班牙之統治能力，本已薄弱，又益以官吏之貪污與腐敗，與土人之抵制及反抗，致使統治機關之基礎，日見動摇。西人治理殖民地之一貫政策，祇知加意剥削與加重壓迫，而於施行假仁假義之『保育』則遠不及法人之刁狡。以故土人之反抗運動，首先爆發於西領摩洛哥。

西領摩洛哥境內有兩種强悍之民族，一曰里夫（Riff），一曰茄巴拉（Jabala），尤以前者於獨立戰争中表現最英勇之精神，獲得全世界之欽仰與贊揚。歐戰將終之時，里夫人有亞白德爾克林（Abd el krim）者，挺身而起，公然反抗西班牙之統治。西軍來征，均告失敗。當時西班牙討伐軍總司令倫圭爾（General Beronguer），以戰敗而屢受其政府之斥責。一九二一年，西軍竟被驅逐出境。當時西班牙狄克推多里復那（Primo de Rivera）聞訊震怒，親率大軍渡海南征，合戰地隊伍綜計之，約有六七萬之衆，似可壓倒土人也。不料一九二三年八月二十日，西班牙討伐軍，又爲亞白德爾克林之革命軍所敗，死二百五十人，傷八百人。其後西軍屢戰，亦不得手。計西軍開赴摩洛哥東境者，約五萬六千人，竟被一萬一千革命軍擊潰。

西班牙討伐軍既被擊敗，乃退至海濱。其敗退理由，約有三種。

（一）摩洛哥山巒重疊，不便派大軍往剿，而本地革命軍隊則熟悉地形。

（二）勇敢善戰之里夫族，扼守要地。

（三）摩洛哥之摩爾人（The Moors），曾征服西班牙，因此革命軍頗感人種的優越性。

此外，西班牙國内之不統一，亦有重大關係。平定摩洛哥事業，無甚進步，而且支出巨額軍費，遂引起西班牙人民對政府之不滿。西軍退至濱海一帶以後，積極執行封鎖政策，對於軍火糧食，一概禁止輸入。不過封鎖政策，效力殊微，蓋海岸綫甚長，防守不易，土人仍得時時偷運。同時南方之法國人，與大西洋方面之英國人，均於暗中以軍火接濟里夫人，意在撲滅西軍後，得以坐收漁人之利。封鎖政策暗被破壞。

其後，西、法兩軍感覺有聯合進攻之必要，即於一九二四年四月合力總攻，一自北進，一自南進。先是摩洛哥革命軍起義時，法人頗欲利用之，以掃除西班牙之勢力，俾得伸張其權力於北部。不料亞白德爾克林屢戰屢勝，聲勢益大，法領摩洛哥且受其威脅。至是法帝國主義，乃不得不改變其左袒革命軍與暗中接濟之態度。革命軍糧食，多由南方輸入，軍火亦有時仰給於法軍之秘密供給。自法國改變態度後，糧食軍火俱感缺乏。革命軍在此情形下，乃改變戰略，縮短防綫，傾全力對付法帝國主義，於一九二四年四月進攻法領摩洛哥。

當時里夫革命軍，不過四萬餘人，器械既不齊備，糧食亦不充分，以與西軍十一萬（先僅六七萬，後迭派援軍）、法軍十五萬相比較，自是藐乎其小。法、西聯軍，人數既多，而器械又精，飛機坦克（Tank），全部出動。然而里夫革命軍，并未立被殲滅，且往往勝利。里夫人之戰鬥精神，真有足多者！

法帝國主義對於摩洛哥獨立戰争，主張和戰并用，剿撫兼施。内閣總理班樂衛（Pain Leve），一面咨請國會通過巨量軍費，以推進摩洛哥軍事行動，一面令總督斯臺格（Stag）與里夫進行和議。然和議終未成功，其原因由於亞白德爾克林提出和議之根本條件：要求法國承認里夫民族之獨立。法人對此條件，認爲無考慮之餘地，遂決定繼續進攻。同時革命軍以被封鎖之結果，漸感糧食與軍火之不足，加以西、法兩軍之重重包圍，更使軍心沮喪，於是主和派漸露頭角，反對亞白德爾克林之强硬主張。法人探知此種裂痕，遂急起直追，於一九二四年五月九日，約同西軍開始總攻。

法軍於戰略方面，采用『以土人制服土人』之方法，收編野戰隊，以作嚮導。總攻開始後，以野戰隊嚮導之得力，着着勝利，深入山地。其時獨立軍内之一小部分，又爲法軍所收買，反戈相向；情勢至爲危迫。亞白德爾克林遂退至深山，布置最後之防綫。同時并派人至法總督處表示願和，爲法政府所拒絶。氏既陷於戰和兩難之境地，遂於五月二十五日投降於法軍，自請爲俘虜。摩洛哥之長期獨立戰争，於焉告終。後法督將亞白德爾克林解至法蘭西，囚之於獄中。民族英雄，不料有此結果也。

亞白德爾克林爲摩洛哥某法官之子，篤信固有之民族文化，主張現實生活與社會制度之現代化。幼時曾學習些須之西班牙文字與些須之西班牙法律。後以密謀獨立，爲西官廳所幽禁，達數星期之久。氏智勇雙全，爲其本族人民所愛護。其所收編之獨立軍，皆係山地之健兒，勇猛耐苦。兵士一律着土布軍服與草鞋，以表現民族精神。馬隊尤勇敢善戰，屢挫强敵。在獨立戰争時期，亞氏不啻爲里夫民族臨時政府之首腦也。苦戰七年，實行長期抵抗，何其壯哉！

第六章　叙利亞

第一節　緒言

叙利亞爲阿拉伯半島上之蕞爾小國，面積六萬方里，人口三百萬。居民信奉回教，其中有三分之二爲阿拉伯回教徒，餘爲波斯人、猶太人、歐洲人等。境内企業，多爲法人所支配。比如鐵路一項，除漢志綫外，均由法國資本所造成。又如絲業，係叙利亞之唯一工業，亦在法國人支配之下。法人經營之利巴倫絲織工廠，其規模之宏大，爲全境冠，每年出産數百萬磅，均運入法國。

法帝國主義以代管國家（Mandatory Power）之資格，已經取得叙利亞經濟上與政治上之支配權。近更廣設學校，傳播法人思想，實行奴隸化之教育。就法律言，代管本與殖民不同，蓋代管國家不能視所代管者爲自家之領土，而殖民國家則以殖民地爲其國土之一部分。但今日法人之視叙利亞，則儼如殖民地矣。其在叙利亞所采取之一切辦法，與施行於各殖民地者，罔不相同。

第二節　叙利亞之小史

叙利亞本爲土耳其帝國之一行省，後以『東亞病夫』之日就衰亡，與世界大戰之結果，遂脱離獨立，但其獨立亦僅有名無實，因於名義上雖離開阿陀曼帝國（Ottomm Empire）之支配，而其統治權與經濟權則旁落於法帝國主義之手。大戰以前，垂涎於叙利亞者，有英、法、德、意四國，尤以前兩國之鬥爭爲最劇烈。

在大戰以前，英、德、法對於叙利亞非常注意。英國久欲建立其近東方面之殖民帝國，以與印度相連繫。故對於巴爾幹諸國，土耳其、波斯、阿拉伯、阿富汗斯坦等地，皆欲取得其支配權。介於其間之叙利亞，自不能成爲例外。同時德國亦欲推廣其勢力於土耳其與小亞細亞，建設巴格達得鐵道（The Bagdad Railway），横貫歐、亞，自不能不重視叙利亞。德皇更親至其地，鼓勵回教徒反抗英、法。意大利亦欲占據叙利亞以爲己有。至於法、叙之關係，成立於兩千年以前。當時叙利亞適當法國與印度通商之孔道，絲織物、珍珠、香料等，即經由是地以運入法國之馬賽。大戰前之叙利亞，成爲各帝國主義角逐之場。

大戰爆發以後，德國無暇顧及叙利亞。另一方面，英、法以土耳其加入德、奥聯軍，即欲瓜分其屬地，連同叙利亞在内。一九一六年，成立西克斯畢穀德協定（The Sykespicot Agreement），英國承認法人在叙利亞之永久權利，以濱海地段歸并法國，以東部地方如亞拉巴、大買斯加等，作爲法帝國主義之保護國；其南方之巴勒斯丁（Palestine）與東部之美索布達米亞（Mesopatamia），則統歸英國支配。此係一種密約，曾經協約各國之同意。

在此密約締結之前一年，英國與麥加（Mecca）回教教主富賽恩王（King Hussein）簽定一種條約，承認阿拉伯民族之獨立，并允許以叙利亞、巴勒斯丁、美索布達米亞等地，作爲新阿拉伯國家之領土。但英國之爲此，并非有愛於回教教徒，不過藉以分散土耳其軍隊之勢力耳。先是英、法聯軍進攻土國，海陸均告失敗；阿拉伯人受土耳其之虐待，久欲脱離其支配，而土軍中又多阿拉伯兵士。結果適如英國之所期望，阿拉伯人退出土軍，英、法聯軍遂能挽回頹勢。

迨大戰告終，英國即履行一九一六年之密約，撤退叙利亞駐軍，占領巴勒斯丁等地；法軍接防叙利亞，驅逐富賽恩王，英、回協定之陰謀，乃完全揭破。

第三節　叙利亞代管之成立

帝國主義統治殖民地，又有一新名詞出現，即代管制度是也，日本人稱之爲委任統治制。自美國加入歐洲戰争以後，聲稱爲民主主義而戰争，總統威爾遜氏曾提出十四點以爲媾和之條件，内有一點，即係推翻專制獨裁與建立民主政治。基於此一原則，遂有所謂民族自决，更以之適用於殖民地。唯帝國主義，對於既得殖民地，固然不肯放弃，即對於德國及其他戰敗國之殖民地與附庸，亦欲瓜分之，但以限於威爾遜之民族自决原則與被壓迫民族爲自决而鬥争之解放運動，殊不便公開作瓜分企圖，遂發明代管制度，以避瓜分之名而得瓜分之實。於是英、法、日諸國，各分得若干殖民地，以作戰役代價之報酬。

叙利亞之代管，正式成立於一九二二年七月，系經國際聯盟之籌劃批准。先是在巴黎和平會議時，叙利亞根據民族自决之原則，向和會要求獨立，法人以西克斯畢穀德協定既有規定在先，不便更改，故不許叙利亞獨立，但在另一方面，英國既已允諾阿拉伯人之自主，似亦不便頓食前言。結果，於一九二〇年舉行桑里摩（San Remo）會議，在名義上仍承認叙利亞爲獨立國家，但實際上則由法人代管而統治之。後經國際聯盟之批准，叙利亞遂成爲法國代管之下獨立國家，其名詞殊滑稽可笑也。

依代管之規定，代管國家，不能視被代管之地域爲自己殖民地，更須於三年以内制定叙利亞組織法，并於組織法内顧及土人之權利、利益與願望。法國於叙利亞設置一高委（High Commissionor），總攬立法行政大權，對土人施行高壓。

叙利亞民族之宗教派别，至爲繁多，遂供給法人以易於統治之機會。法國因叙利亞宗教上之區别，即割裂之爲若干小邦，各許以自治，各給予一憲法與議會，唯議會僅爲咨詢機關，無甚實權。法帝國主義更挑撥各邦間之惡感，使從事内争，無暇抗法。法人乃得横徵暴斂，高枕無憂。但土人受極端壓迫，不能不從事本身之解放。此叙利亞民族運動之所由來也。

第四節　叙利亞之獨立運動

叙利亞民族運動，起源甚早，在土耳其統治時代，即已表現其最初之肇端。一九〇八年土耳其青年黨之革命，於叙利亞民族運動，頗有影響。叙利亞人因土政府之壓迫，逃亡於西歐與埃及者，爲數甚多。此輩創辦種種報紙與雜志，以作革命活動之宣傳。叙利亞人有亞周利（Ngib Azoury）者，曾留學於法國，後爲耶路撒冷（Jerusalem）副總督，於一九〇四年離土耳其而僑居巴黎，出版其所著『*Le*

Revail de la Nation Arabe dansl' Asie Turque』（土耳其亞細亞—小亞細亞—阿拉伯民族之醒覺，）旋又發行『*L. Independence Arabe*』（阿拉伯獨立）雜志。其對於土耳其革命政府之要求，唯在行政上之自治權而已。在土耳其之革命時期，敘利亞人以爲新生命行將到來，於是敘屬之大城市如大馬斯加（Damaskus）、拜魯（Beirut）等之居民，莫不鼓舞歡欣，而耶回兩教徒，亦表現异常親愛。

歐戰告終，民族自决之精神，彌漫全球，敘利亞獨立運動，亦受其鼓刺。一九一九年，巴黎和平會議開幕，敘利亞獨立派領袖茄林（Schekri Ganem）與桑勒（Georges Samné）所領導之中央敘利亞委員會（das Pariser Gomitē' Central Syrien），公開要求脱離法國之保護，而成立一新國家。同時大馬斯加居民，舉行群衆大會，通過一决議案，要求巴黎和會允許敘利亞之完全獨立。

第五節　大馬斯加會議

一九一九年，敘利亞决定召集一全國大會，制定憲法，以爲獨立之準備。此會議係由選舉産生，由全國選民投票舉出之，唯法國占領之利巴倫（Libanon）與英國占據之巴勒斯丁（Palestine），不准舉行投票。同年（一九一九）六月二十日，全國大會集合於大馬斯加，自稱爲全敘利亞之合法代表機關。其首次會議，歷時五月，并向國際委員會之美國部分（Die Amerikanische Sektion der Internationalen Kommission），（注一）作如左之宣言：

（一）吾人要求立即實現政治上之完全獨立，不受任何保護或監督。

（二）吾人要求立憲君主國，采取地方分權制，并尊重少數民族之權利。

（三）吾人反對國聯盟約（Völkerhundpakt）第二十二條，蓋因此條低降吾民族之等級，使不能與獨立之國家，立於同一水準綫上。

（四）要求美國給予技術上與經濟上之援助，唯以不妨害吾人之政治獨立與統一爲條件，援助時期，不得超過二十年。倘使美國不能引手援助，則吾人將以同樣條件求助於英國。

（五）吾人誓不承認法政府對敘利亞之任何要求，斷然拒絶法國之任何援助。

（六）吾人反對猶太人建立共和國於敘利亞之南部——巴勒斯丁，亦不許猶太人移入我國。

（七）吾人要求南方之巴勒斯丁與西方之利巴倫，不得與祖國敘利亞相分離。

（八）吾人要求維持敘利亞之統一。

（九）吾人要求美索布達米亞（Mesopotamia）之完全獨立。

（注一）國際委員會，係巴黎和會派往叙利亞實地調查其國情者。

荏苒經年，獨立仍無希望。一九二〇年五月六日，叙利亞大會，重新開幕，推幼素夫（Ab dul Rabman el Inssuf）爲主席。凡在大會發言者，無一不主張叙利亞之完全獨立與建立一王國。三月八日，叙利亞獨立運動領袖菲札爾（Feisal）正式即位爲叙利亞王。解散以前成立之軍政府，建立内閣，以李加壁（Ali Ridha Rikabi）任總揆。叙利亞大會，從事制憲工作，即於六月三日宣布憲法成立。

憲法雖成立，但未執行，因憲法宣布不久，大馬斯加王國（Konigreich von Damaskus）即不存在。先是一九二〇年四月，協約國會議於桑里摩，决定以叙利亞代管權付托於法國，唯巴勒斯丁在外。六月，法國高委古羅（General Gourand）以哀的美敦書致菲札爾王，要求承認法國之代管權。王本有允意，但叙利亞全國大會堅執不可。結果，法軍開始進攻，六月二十五日占領大馬斯加，叙王逃遁。

第六節　叙利亞人反對法軍占領

法軍占領叙利亞全境後，土人公開反對法國之代管，唯利巴倫有一部分耶教教徒，則未有反對之表示。據土人之意見，如必欲以叙利亞置於代管制度下，則情願受英、美之代管。拜魯市議會、利巴倫回教徒、叙利亞新耶穌教徒與耶路撒冷之名流，均發表同樣宣言，同時法國行政方法，亦不足以摧毁土人反對代管國家之運動。結果叙利亞人之不滿，爆發成爲長期鬥争。

法國在叙利亞建立之政府，頗爲專横，對於土人之思想變化，未曾注意。戰前法國對叙利亞之政策，着重學校宣傳（Schulpropaganda）與領事活動，尚能探悉叙利亞之國情，但自戰争告終以後，法國即變更其文化支配爲政治支配。其政策之錯誤，在於未能瞭解各宗教派别因新時代之到來而發生觀念上之變化。大戰以前，各宗教派别，皆享有充分自治權，不肯放弃之；而且互相對立，不肯與他同種同文之派别，結成一大政治團體。因宗教之分離，遂演成政治之分離。但一九一七年後之十餘年内，叙利亞民族覺悟，確已實現。法人既未注意之，亦未消滅之，唯徒知以叙利亞使成純粹殖民地而已。甚至欲利用土人之宗教派别，以實行『以夷制夷』之辦法。其計不亦左乎？

法政府所委任之兩高委，一爲古羅將軍，一爲威姜（Woygand）將軍，皆係軍人出身，而其思想則屬於天主教反動派，其統治叙利亞之把握，則依賴利巴倫之天主教教徒，殊不知耶教徒僅占全叙户口五分之一。但利巴倫人再三努力於獨立運動，并宣言與大馬斯加合并，法人之軍事當局，亦無如之何也。甚至親法派之首領桑勒氏，於一九二〇年初，致函利巴倫之法政府，謂『法國占領叙利亞所采之政策，距離法人所宣布之自由原則甚遠……』

一九一九年十一月，古羅將軍到達利巴倫，當地『行政局』（Conseil Administratif），自發表一宣言：要求立即廢除法國軍事政府之專横，并稱利巴倫於土耳其支配下，尚享有較多之自由。翌年七月十日，行政局十二委員中有七人要求利巴倫之完全獨立，并與叙利亞各部結成聯盟。彼等旋即首途赴大馬斯加，與菲札爾王謀妥協，不幸被法人所拘捕，并驅逐出境，行政局亦被解散，而以古羅將軍所指派之新行政局代之。一九二〇年九月一日，大利巴倫新國家成立，以法國軍官一員任總督，其餘重要行政官，均由法顧問兼任之，一切大權均握於彼等之手。此外叙利亞尚有四邦，一曰大馬斯加，一曰特魯斯（Der Dschehel Drusa），一曰亞勒波（Aloppo），一曰亞洛義頓（Die Alaniten）。在此一切區域内，土人雖可取得一官半職，但仍受法國人之監督。

第七節　叙利亞人之暴動

一九二四年末，土人發生幾次之暴動。法人爲鎮壓革命計，不能不以大軍駐扎叙利亞。暴動原因之一，在法人衹知推廣法國商務與完成經濟侵略，但於改進叙利亞之經濟，則袖手旁觀。法國跌價紙幣之輸入，適足以養成叙利亞之經濟危機。須知輸入紙幣，爲法國致菲札爾王之哀的美敦書中之一條件。法政府從未努力於本地工商業之振興，而唯實行其殖民政策——企圖使土人同化於法國制度，使法語成爲官場用語。對於土人之希望自治、憲法與占據較高官位，則完全忽視之。而在叙利亞服務之官吏，又非能戰之法國人。

凡此種種，演成一九二五年叙利亞之民族革命。一九二四年末，法政府撤换威姜將軍，而以沙雷一將軍（General Sarrail）繼其任。沙氏施行寬大政策，反對天主教，大反其前任之所爲，但其政策仍有錯誤處，即仍視叙利亞爲單純殖民地，并遺忘近東方面已發生劇烈之變化。沙雷一謀與回教徒聯手，并欲聯合大馬斯加與亞勒波爲一邦，受叙利亞之統制，但未擴大其（指以上兩地）内部之自治權。頒布特赦令，赦免一切政治犯。沙氏準備擴大德謨克拉西，摧毁貴族之權威。無奈沙氏企圖，過於急切，而且抹煞土人心理，自然不能成功。特魯斯總督家必越（Carbillet）氏企圖奪取貴族之實權以爲己有，因此開罪於阿德拉許貴族（Die Atrasch die grossen Familien）與酷愛和平之特魯斯人。依照一九二一年之條約，特魯斯總督，應由本地人於本地人中選舉充任之，任期四年。但自第一任總督（阿德拉許人）死亡後，法政府不顧條約之規定，擅委一法國軍官繼任。當時諸貴族組織請願團，要求晤見沙雷一，陳説家必越之違法，并請選任本地總督。結果，沙氏不唯不予以接見，反拘捕請願代表。於是一九二五年夏，特魯斯發生革命，推舉阿德拉許斯（Sultan Pascha el Atraschis）爲領袖。

特魯斯族本爲强悍不馴之種族，在土耳其統治下，即已取得實際上之獨立而免除兵役。叙利亞民族革命運動，遂以特魯斯爲出發點。蓋叙利亞之民族覺悟與統一思想，均逐漸提高，非成立一新獨立國家不可。蘇爾丹·巴夏（Sultan Pascha）與其兄才德（Zeid）於南部起義，意圖占領利巴倫，并頒發若干布告，披露民族革命之目的。大城市與農村中之知識分子與閑人，莫不聞風興起，相互擁護，於是地方暴動，遂轉變爲大規模之民族戰争。法人方面，大事宣傳，企圖掩護戰争之民族性，并指暴動分子爲土匪。法人即命利巴倫之基督教徒，全體武裝，以反對回回教徒與特魯斯人。其目的無非重演舊日之活劇：以宗教戰争消滅民族戰争。

叙利亞革命黨經過六月之苦鬥，遂能占領全境，唯除利巴倫一隅而已。各大城市，均常受威脅。一九二五年十一月，大馬斯加被圍三日，旋陷。法軍以大炮猛攻該城數日，摧毁其一部分，始克奪回。法軍攻城時，屠殺居民五千人與監犯千餘人，極爲殘酷。法國鎮壓革命之方法與搶掠行爲，愈足以引起土人之仇恨，於是大馬斯加之名人與土耳其退伍軍官，競組國民軍以從事民族之解放。大馬斯加之國民黨，公開擁護革命黨之努力。

一九二五年十二月，法政府撤回沙雷將軍，而代以文治派之參議員霞偉納（Jauvenel），令與土人開始和議，并令對於民族主義者之要求，作相當之讓步。大馬斯加之一切政黨與宗教派别，組織一代表團，與霞偉納磋商和議，要求召集立憲會議，要求完全自治。然皆無甚結果。高委霞偉納，亦以調和叙利亞人未能成功，掛冠而去。

嗣後叙利亞之獨立運動，轉入和平途徑。近年以來始有憲法會議之組織，專事討論憲法問題。一九二九年二月，憲法會議因與高委意見不合，即被解散。憲法問題，因之停頓年餘。一九三〇年五月，新憲法成立，即於五月二十二日公布之。

新憲法包含六種組織法：第一種爲一九二六年公布之利巴倫憲法，未加修改。第二種爲全叙利亞憲法，但利巴倫除外。第三、四、五種憲法，規定拉他基亞（Latakia）、特魯斯、亞歷山大利大（Alexandretta）爲自治邦，至此三地各有特殊情形，應各予以自治權。第六種爲聯邦憲法，以實現上列五區域在行政上之合作。依新憲法之規定，叙利亞爲聯邦式之共和國，設大總統一員，由國會選出，其人必須爲回教徒。國會采一院制，每四年改選一次。

第七章　菲律賓

第一節　緒言

菲律賓群島，其歷史之可考者，約始於一五二一年。是年西班牙航海家麥哲倫（Magallan）氏，於其第一次環游世界之旅程中，發現菲律賓。據説，自紀元二〇〇年至一三二五年，約千餘年間，菲律賓曾隸屬於印度、中國、蘇門達臘諸國。自一四〇五年至一四四〇年，則受中國明朝之支配。

麥哲倫於一五一九年八月十日，由西班牙放洋，企圖環游世界一周。一五二一年三月十六日，發現菲律賓。翌日，於洪茫洪登陸。休息數日後，航行至梨提島正南之黎馬森島，三十一日，在是島樹立十字架，摘草折枝，以作占領之儀式。當時菲律賓祇與阿拉伯通往來，歐洲人尚未至此。

一五六五年，勒駕斯匹率領西班牙遠征隊，征服菲律賓之霸主西巴王國，即以菲律賓爲其領地。勒駕斯匹氏强迫土人信奉基督教，一五七一年，更北進，攫取馬尼剌及其他各地。當時西班牙殖民政府，劃分全島爲若干軍區，每區設總督一人，委軍人充任之。

西班牙統治菲律賓，共計三百二十四年之久，至一八九八年，始讓渡於美國。西人統治時期，祇以吸吮人民膏血爲目的。僧侶跋扈，人民飲泣，而政府內部，又充滿庸才，西京臺閣，唯知因循自私，不知開發地方利源。國勢實以衰頹，有由來也。秕政百出，一味敷衍，觀於三百年間，更换總督一百十五名，其行政之腐敗，可想而知矣。

另一方面，西班牙缺乏統治殖民地之實力，對於古巴之叛亂，不能削平，遂予美國以可乘之機，蓋當時美國正欲向太平洋與加里賓海（Caribean Sea）積極進展。西美戰争，即以此利益之衝突爲其背景。彼時美巡洋艦一艘，泊於古巴之夏班那港（Habana），忽告炸沉，原因未明，美人即以此爲藉口，發動一八九八年之西美戰争。西班牙駐扎太平洋之艦隊，於馬尼剌被美艦殲滅，海戰遂告終結。一八九九年美西締結巴黎條約。依條約之規定：美國獲得坡多里哥（Porto Rico）及西印度半島，西班牙承認古巴之獨立，美國可以兩千萬金元收買菲律賓。結果，西班牙完全放弃菲律賓。

第二節　菲律賓之人種與文化

回溯西班牙人來至菲律賓以前，島人早已與東方各民族之舊文化相接觸。至其人種之來源，殊費考究。菲律賓大學人種教授必耶爾（H. O. Boyer）研究該島人種之來源，得有如次之結果：菲律賓最古之土人，爲皮格邁人種（Pygmies），其次爲印度尼西安人種（Indo-nesians），再次爲馬來人種。其體格與血統，略似澳洲人；印度尼西安人，體格修偉，由南亞細亞渡海而來。其文化殊單簡，以游獵爲生，與皮格邁人相同。此種苗裔，有與馬來人相混合者。馬來人又分爲回教與异教兩派，文化程度甚低，蓋猶在半開化狀態中也。回教人關於宗教文字以及社會組織之特點，又與阿拉伯人無异。

現今菲律賓人，較爲開化，與以上之人種，大有不同。就其血統論，似具有中國、印度及其他東方民族之混合痕迹。目前此種土人之文化水準，較生番爲高，其原因有二。第一，受宗教感化之影響。西班牙於菲律賓設置殖民政府以後，天主教即藉以爲護符，逐漸侵入。唯以限於土人之仇視，卒無成效而去。至十九世紀初葉，西班牙之軍治，普及於全島，天主教乃得捲土重來，擴大其勢力。同時菲律賓人於軍治與宗教壓迫之下，表示反抗，但潛受宗教之感化作用者，亦實繁有徒。

第二，菲律賓統治之轉移，即由西班牙讓渡於美國，亦於該島文化有極重要之影響，其重要之程度，較第一因素爲大。美國統治菲律賓，超過三十餘年，對於土人信奉之宗教，即天主教，不加干涉，但在教育方面，則積極推進，并輸入美國之語言文字，以貫徹其奴隸教育。現今菲律賓之知識分子，大都能操西班牙語與英語，前者爲西班牙所遺留之紀念品，後者乃美國積極奴化土人之新猷。其在經濟方面，如發展交通，開闢道路，疏浚水利，改良農産，以及建設電氣、土木工程事業，均一一采用美國方法。於是菲律賓之經濟，乃有相當之進展。該島文化，亦因之提高。

第三節　菲律賓之經濟

菲律賓人口，約一千三百萬，每年人口之增加，約爲百分之二點三。全島面積，計十一萬五千方哩。已墾土地，已逾百分之十。據稱群島之總富額約五萬萬金元。至於群島之總數，約七千餘，其大者，亦不下三千。最大之島有二，一位於北部，曰吕宋（Luzon），面積四萬零八百十四方哩；一在南部，曰民答那峨（Mindanao），面積三萬六千九百零六方哩。雨量充足，極宜農業。

菲律賓爲農業國家，主要農産品，有米、甘蔗、椰子、黍、苧麻及烟草等。農産物之耕地，年有增加。除農品外，尚出産木材、橡皮及藤竹等。森林綿亘四萬方哩。礦物方面，有金、銀、銅、鐵、鉛。産於大島之金礦，爲土人所開采，一九二〇年，出産二百五十萬巴沙（Poso 菲幣名），是其産量亦有可觀也。以農品與森林相比較，後者尤爲重要，蓋占其全面積百分之六十故也。

菲律賓對外貿易，自一九二七年至一九二九年，每年約值五六萬萬巴沙，恒表現出超現象。輸入物品以鐵製品、棉製品、麥粉、絲製品、紙製品、電氣機械及棉布等爲大宗。出口方面，砂糖占第一位，椰子油次之，麻又次之，以下則爲烟草、柏材等。

菲律賓本爲農業國家，宜其農品可以自足，然按之實際，則殊不然。入口貨物，在一九二〇年以前，仍以食物占多數，此殊可怪者也。咖啡、落花生、米，均易生産於該島，但今竟輸自外國，殊爲菲律賓經濟上之畸形發展。

菲律賓對外貿易，幾爲美商所獨占。兹據一九二一年之貿易統計，美國占百分之六十一，日本占百分之八點六，中國占百分之五點九，英國占百分之四點四，荷蘭占百分之二點七。輸運業亦多爲美國所操縱。

再就美、菲貿易之内容觀之，則知美國運銷於菲島者純粹消費品，如棉貨居百分之八十六，肉類牛乳居百分之五十，汽車皮胎占百分之九十七，紙爲百分之七十七。至美國取給於菲律賓者，則多爲原料，如椰子油爲百分之八十六，粗糖爲百分之五十七。觀於此，菲島之殖民地性質，已充分表現矣。

附注：百分數系指每種商品而言，如言棉貨占百分之八十六，即指菲島棉貨總額中，美産棉貨占百分之八十六，餘做此。

第四節　美國統治菲律賓之政治機關

西班牙統治時代，以軍治爲行政制度之中心，對於土人施行極野蠻之壓迫。菲島改隸美國後，政治施設，略有改變。現全島分爲四十七省，其中三十九省，政治水準較高，頗具近代政治之規模，餘則仍保持其舊日之部落組織，儼然居於化外。省以下，分設市區，市區以下，又設巴里（Barias）。所謂巴里者，實等於尋常之城鎮。

以上所論，系指地方行政制度而言。至於統治全島之最高機關，爲美總統委派之總督，而輔以菲律賓委員會。美國分權（三權分立）之理論，亦移植於菲島，以總督任行政，而以『委員會』任立法。不過『委員會』系總統所委派，并非由人民選出，菲律賓人亦未參加。委員會之工作，頗著成效，使美國統治愈臻鞏固。此係一九〇一年至一九〇七年間事也。

自一九〇七年至一九一三年，菲律賓成立一殖民地議會，以『菲律賓委員會』爲上院，以該島所選出之議員組成下院，形式上係兩相牽制，實則上院有支配權。在此時期内，鐵道、公路、橋梁、電綫、水利、學校，次第設立，頗著成績。菲律賓大學，亦於此時成立。至行政官吏，菲人逐漸加多，占百分之七十二，而美國人則僅占百分之二十八。

自一九一四年至一九一七年，美帝國主義施行所謂新政策，以準備菲島之獨立爲原則，於民選下議院外，并規定上院亦由人民選出之，然而大權則仍握於總督之手。總督曰可，則議案可行，總督曰不可，則議案不能執行。一九二一年，美籍行政官吏，減爲百分之四，而本籍人服務於政府者，則爲百分之九十六。小學教育，亦較前發達，入學兒童，達百萬以上，占全島人口百分之十。

第五節　美國欺騙之成功

美西媾和條約於一八九九年二月六日，由美國參議院通過批准，當時美總統馬琴力（Mokinley）提出以下之聲明：

『犧牲偌大國帑與生命，始樹立星條旗（美國國旗），自不輕易撤回之。吾人自西班牙暴政下救出菲律賓，若聽其自生自滅，則西美戰爭，殊無甚意義。由繼母虐待下救出之幼兒，斷不忍弃之路旁。菲島之智慧，尚未能達到獨立自治之地步，在此時期，美國願自任保育之責。』

美國委任塔虎特（Taft）爲第一任總督。當時民心未定，叛亂未平，氏盡力鎮撫，但僅在任二年，即調充陸軍部長。其後二十年，總督共易八人，現任美國國務卿之史汀生（Henry Stimson），亦爲其中之一。其中五人，均隸共和黨。一九一二年，民主黨威爾遜任大總統，委該黨哈里遜（Harison）爲總督，九月就職，斯爲第一次民主黨總督。哈氏努力根本解决歷來之糾紛，但獨立運動，仍彌漫於全島。

哈氏留任八年，於一九二一年十月五日去職，頗能與島民融洽。一九一六年三月二十九日，准兹法案（The Jones Act），通過於美國國會，允准菲島自治，爲獨立運動最有光輝之大進展。准兹本人曾作如左之宣言：

『美國并非以争取領土而戰争。美國可以隨時取消其在菲島之主權，使之獨立，衹須菲島本身建立强固政府。因此，在不妨害美國主權之範圍内，務使多數島民，得以參加政權，以便一旦獨立，能充分適應於其權利之行使。』

美國民主黨，表面上造成菲島獨立，且以此條包括於政綱中，歷來如此，已成習慣，苟缺此一點，似不成爲政綱。一九一二年民主黨競選大總統之政綱，亦載有菲島獨立一條。但民主黨總統威爾遜在任八年，時間不可謂不久，而菲島之不能獨立如故也。

一九〇八年美國大總統選舉，民主黨候選人布萊安（Bryan）攻擊共和黨政府之對菲政策，力主菲律賓獨立。一九一二年大選，民主黨宣言：祇須菲島建立强國政府，立即承諾其獨立。威爾遜就職後，恐墜前言，因委哈里遜爲總督，以敷衍延宕之。

一九一六年之准兹法案，規定於一九二一年承認菲律賓之獨立，國會對於規定年限，期期以爲不可，改爲『直待設立鞏固政府時』，即允許其獨立，『設立强國政府』，本系騙局，島人知其原委，即於一九二一年，開始猛烈之獨立運動。

西班牙統治菲島，完全依賴武力，剥削收刮，亦過於苛刻，因此，土人之革命運動，時時爆發。美國接收菲島後，統治方式，乃爲一變，尤其重欺騙政策，收刮方法，亦較西班牙人爲巧妙。政治方面，以官位籠絡妥協分子，使爲美帝國主義效勞，以抵制島人之獨立運動。經濟方面，則積極開發企業，以利用并剥削土人之勞力與血汗。近來菲島之獨立運動，趨向和平發展，可爲美國欺騙政策，相當成功之證明。

第六節　菲律賓獨立運動

美帝國主義之欺騙政策，無論如何巧妙，衹能敷衍於一時，衹能腐化少數無耻政蠹，而大多數民衆，則不能長受其麻醉也。以故獨立運動之呼聲，持續不息，雖有善騙者，亦莫能如之何也。菲島民衆，大都情願：甯自主以陷入地獄，不甘受他人統治以登天堂。菲島政黨，對於獨立問題，意見頗不一致。一派爲國民黨，主張和平獨立，以請願達到獨立目的。是爲小資産階級之幻想。另一派爲聯邦黨（Federalists），否認獨立，主張菲律賓應成爲美國聯邦中之一邦。斯爲美帝國主義最忠實之走狗，其服事美國人之决心，較國民黨爲顯者。

聯邦黨於每次競選時，均以『與美聯邦』相號召，而爲民衆所唾弃，常遭慘敗。後改爲進步黨，放弃聯邦主張，而代以『緩進之獨立自主』。不料仍着着失敗，遂改名民主黨，主張完全脱離美國而獨立，競投降於國民黨之『請願獨立』，不過於政綱上仍標明民主主義而已。

菲律賓自西班牙統治時代起，即連續爆發革命行動，兹就事變之先後，簡述於次：

一六二二年，鄧卜洛特（Jamblot），在波賀爾省起事，反抗西班牙天主教。一七四四年，大穀賀（Dagohoy）領導島人革命，光復波賀爾全島。氏率其黨徒苦鬥八十餘年，始爲西班牙人所克服。此爲菲律賓史中最久之革命戰争。一七六三年，有西郎（Silang）其人者，發動革命鬥争，聲勢甚大，後爲叛將所殺。其妻秉承遺志，抗拒西人，卒以力弱致敗。至十九世紀，菲律賓最偉大之革命領袖李沙（Rizer）氏出現，其革命工作，尤爲島人所樂於稱道。

李沙生於一八六一年六月十九日。幼頗聰穎。兼習哲學、農學、醫學、博物學等，并長於詩書。氏多才多藝，富於熱情，而年事又輕，目觀政府之暴戾，僧侶之腐敗，島民之沉醉與貧困，不忍坐視，遂致力於革命。一八八五年，留學比利時，著小説一篇，描寫菲島之狀況，分寄祖國各同志，以圖點燃革命之火炬。因此政府對於李沙之行動，頗爲注意。李沙氏不安，出亡於外。家族連帶受壓迫。官庭誘之返國，囚之。其後古巴亂作，氏更不安，請於政府，准其赴西班牙休養。政府許之，旋因僧侶之污蔑，於中途追回而槍殺之。時一八九七年十二月三十日也。氏享年三十又六。島人追念前賢，敬崇革命，爲立碑於馬尼剌之魯剌達公園，以紀念氏之勛績焉。菲律賓大學，至今猶收藏氏之遺著甚多。

李氏遇害以後，獨立運動，不惟不趨於消沉，而反日見猛進。一八九五年，爆發革命一次。越兩年，又有亞昆那多（Aquinardo）之變。當時亞氏年僅三十，被推爲獨立軍總司令。卒以軍實不繼，遭受挫折。氏旋逃生香港。適值美西戰争爆發，獨立運動乃暫告停頓。美國海軍提督杜威（Dewey）既掃滅西班牙艦隊於馬尼剌，本應派兵登陸，苦於無兵可派，若欲待援於美國，未免緩不濟急。遂出一妙計：召還亞昆那多。當時亞氏亡命於新加坡。杜威以駐新美領之介紹，就商於亞氏，許以美國之後援及菲島之獨立。

亞氏以獨立目的，可以達到，慨然許之，初不知其爲一幕騙局也。其後美軍與亞軍，聯合進攻西班牙之駐防軍隊。美兵共八千五百人，向馬尼剌進發。英總領事爲避免戰禍起見，居間調停，但西軍祇略有抵，即繳械投誠。美兵占領馬尼剌後，突然拒絶友軍（即菲軍）入城。亞氏憤極，知菲島將被美國席卷以去，立即糾合同志多人，對美宣戰。然而烏合之衆，殊不能智敵精鋭之美國軍隊，遂爲所敗。

亞昆那多投降以後，美國實行武力占據，施行軍政，對島人之壓迫，异常苛刻，而菲人之反抗，亦异常激烈。一九〇〇年，美國駐菲軍隊，凡七萬五千人，分屯五百五十處。平均每日與島人交綏三次，至次年七月，騷亂略平。一九〇二年，各地暴動，仍時時發作。直至一九〇六年各部酋長停止動亂，美國始得高枕而臥。然南方之信奉回教者，猶多不肯屈服，時有反抗行動，故該地之軍政府，未便即予撤銷，直至一九一三年，始代以民事政府。嗣後菲島獨立運動，乃轉入所謂和平奮鬥之時期。

第七節　哈定總統時代之獨立運動

一九一六年通過之菲島獨立案，適值世界大戰時期。次年美國參戰，島人頗同情而擁護之。例如美兵撤退後即擔任維持地方秩序之責，應募美政府發行之『自由』公債，捐助潛水艇之建造費并應徵義勇軍，皆所以援助美人也。歐戰既停，美總統於巴黎和平會議發表議和條件十四點，其第五點主張以民族自决之原則適用於殖民地。和議完成後，波蘭、捷克等弱小民族之獨立完全實現。菲人以爲本島獨立爲期不遠，即派獨立請願委員赴美，要求美政治家予以滿意之解决。

當時美國共和黨極不滿意於威爾遜所參加之凡爾賽條約，拒絶威氏所提倡之國際聯盟約章，對於威氏所主持之菲島獨立案，自亦竭力反對。一九二一年，共和黨總統哈定氏（Harding）繼威爾遜爲白宫之主人翁，大反民主黨之所爲，以烏德（Wood）繼哈里遜爲菲島總督。烏德，軍人也。曾奉哈定命調查菲島情况，其報告書中有云：

『過去八年（一九一三至一九二一）間，哈里遜氏事實上給予菲島以自治權，然自其成績觀之，獨立尚非其時。』

報告書中更指出外國來侵之危險，此殆暗指日本而言也。不過菲人之獨立企圖仍繼續不懈，并派專員赴美，向大總統提出請願書，要求獨立，哈定答復，約可歸納爲三點：（一）恐外國來侵，（二）多數島人希望獨立，然亦有反對者，美國不能忽視此一部分之民衆，（三）島内行政，尚未盡能改良。因此，請願目的，未能達到。

按，菲人信奉基督教者占九成，信奉回教及其他异教者衹占一成。基督教徒，均希望獨立，惟回教似尚游移未定，盡恐獨立後受耶教之壓迫也。美人利用回教之弱點，以爲獨立運動之障礙。

第八節　柯立芝總統時代之獨立運動

哈定氏暴卒，柯立芝繼任爲大總統，主張與哈定相同。柯氏於一九二六年，特派湯布遜（Thompson）赴菲島調查。其報告之大部分，嚴守秘密，無從探悉，至其公開部分有云：依實况之進展，可給予菲人以較多之自治權，惟獨立須暫時保留。此一報告，與哈里遜公約相比較，未免相差太遠，但較之烏德，則略爲緩和。

烏德去世後，即以史汀生繼任。一九二九年，胡佛氏（Hoover）當選爲大總統，提升史氏爲外交部長，委臺維斯（Davis）繼之。自一九二一年以後，共和黨繼續握美國之政權，菲人於此時期，派人赴美請願或宣傳者，絡繹不絶，菲島上院議長克桑（Quezon）氏，亦曾扶病赴美，從事運動。

克桑曾發表談話云：『吾人何所求？求人民安享幸福，完成自家之支配耳。威爾遜氏曾有言，與其爲單純動物而存在，毋寧爲自由人而死亡，吾人今借用是言以自狀。吾人不要求美國之博愛，亦不要求美國予以宗教或商業援助。吾人惟要求美國之寶物——自由。』

菲島上院議員歐斯麥尼亞氏，於一九二九年會同駐美委員加哈拉、阿易斯等，向美政府披瀝誠意，提出島民之熱望。革命元老亞昆那多將軍，原與克桑不睦，近忽言歸於好，共同努力於獨立運動，菲律賓少數黨——民主黨，與多數黨——國民黨，政見夙异，近亦兩相携手，組織共同戰綫，派遣委員從事獨立運動矣。（民主黨親美失敗，乃改頭换面，投降於國民黨，説明見前。）

從來獨立運動之論據，以政治爲主體，近來因經濟元素之出現，乃轉以經濟爲中心。近年，菲島製造品如糖與油，以大量輸入美國，致使美國出産之甜菜糖與古巴之糖，大受威脅。美國本部之糖商，主張菲島獨立，以便徵收高率之糖税及椰子油税，務期菲島糖油，不得大批入口。同時，菲島勞動者，自爪哇轉航入美國本部者，日形擁擠，美國工人妒嫉之，且排斥之。因此，一九二九年至一九三〇年間，美國國會討論菲律賓獨立問題時，大都以經濟元素爲中心。

一九三〇年初，美國上院領土委員會所審查之菲島獨立案，計有左列數起。

一、金案（The King Bill）。菲律賓獨立，允於本案通過後十八月内實現之。

二、賓哈蒙案（The Bing Ham Bill）。由美人八名、菲人八名，合組一會議，於一九三〇年九月十五日在馬尼剌開會。至於菲律賓之將來地位，可授權於大總統胡佛，令隨時報告國會。

三、布立沙特案（原文不詳）。每年由菲島輸入砂糖五十萬噸，完全免税。

四、黄登堡案（原文不詳）。菲島如無無税的美國市場，其經濟能否自立？爲證明此點起見，菲律賓宫庭與上院領土委員會可考慮於一定時期内，授予菲島以關税自主權。

菲律賓獨立委員長羅哈司對於以上四案，發表如下之意見：

一、菲人不需要關税自主，而需要獨立，故一致希望金案通過。

二、若第一案不能通過，則承認第二案。

三、萬不得已可接受關税自主案。

四、絶對反對菲島砂糖入美之限制（即第三案）。

菲律賓下院議員基爾氏，亦向領土委員會提出長篇意見書，謂菲律賓一千三百萬人民希望獨立，已逾數百年。美國應根據公平與正義，履行對於菲島獨立之諾言，以美國自身用熱血换來之獨立與自由，授予菲島人民。

上列各案，以與一九三〇年二月中旬之倫敦海軍會議深有關係，遂暫時擱淺。盡恐菲島獨立之空氣緊張，則出席倫敦海軍會議之美國代表，將陷入困難地位。

第九節　第一次菲律賓大會

菲島獨立運動，愈趨激烈，美國之反對，亦愈見露骨。《紐約時報》之馬尼剌通訊記者羅斯福氏，曾發表其反對意見如下：

『菲島獨立之實現，即是破壞太平洋勢力之均衡，將使國際關係複雜化，將助長國家主義、民族主義之勃興，將使遠東人民坐於火藥罐上。』

大總統胡佛不顧菲人之反對，於七月二十日任命羅斯福爲菲島副總督，以致引起猛烈之反抗運動。八月二十六日，菲島民衆，結集五千餘人於革命紀念地——巴林達瓦加，舉行焚書式，燒毁羅斯福氏反對菲島獨立之著作《美國寶庫菲律賓已成問題》。胡佛鑒於形勢之惡劣，即調羅氏爲駐匈牙利公使，風潮始平息。

一九三〇年一月，加利佛尼亞（California）之哇孫威爾地方，美、菲勞動者發生衝突，結果死菲律賓人一名，美國輿論界大爲震刺。上院議員泰丁史云：『此次之紛擾，表示最近將來，有使菲島獨立之必要。美國對人種問題，久已窮於應付，今菲島若又發生問題，則更感覺棘手矣。對中、日兩國人民，拒絶入境，而於菲島人民，則准其自由入國，此乃已鑄成之錯誤也。』

現今菲律賓人對於反對獨立者，概呼之爲敵人。一九三〇年一月二十日，菲島民衆，發表召集第一次菲島獨立大會之宣言。二月二十五日，在馬尼剌之Grand Opera House（歌劇大劇院），舉行第一次獨立大會。到會人數一千七百名，各方面皆有代表出席，尤以歷來反對獨立、被目爲回教徒之模羅族之參加最爲熱烈。又據同年二月十九日馬尼剌消息：菲人積極抵制美貨，凡吸美國卷烟者，輒飽以老拳。又馬尼剌北部各學校，曾舉行大罷課，斥退美國教員；學生數千人，游街示威。

至於當時召集大會之宣言如次：

『吾人適逢菲律賓歷史上最重大之時機。美、菲關係之最後決定，行將到來。菲律賓獨立問題之前途，固甚光明，然而運動之成績，則視吾人之努力以爲斷。反對獨立者，仍堅强有力。吾人之計劃、思想、行爲，必須表現其反響於美國。吾人應知國民之責任所在……。吾人傳檄菲律賓全島人民，暫弃黨派之差异，共同發揮一致之精神。』

菲島大會，於二十三日開幕，時論問題，分政治、經濟、外交、交通、教育、勞動、山岳、地方諸部門。二十五日，舉行閉會儀式，議決獨立要求十四條。

一、准兹法案實行之時期，已經成熟。

二、吾人承認民族自決主義，深知自身所組織之任何政府，較美國支配下之最善政府爲佳。

三、吾人於戰争之結果，喪失亞細亞最初之共和國（指菲律賓），在未恢復共和國以前，精神上殊不能感覺和平。

四、吾人對獨立準備，較其他獨立國民爲優。

五、獨立最善之準備，即獨立自身。吾人脱離外人之支配，最能實現并發展民族之智慧與才力。

六、美國支配延長一日，則與美國斷絶政治經濟關係之困難，即加深一日。

七、代表美國之菲律賓總督，其更迭與政策之動摇，常常使吾人無所適從。

八、在獨立問題未解决以前，殊難顧及其他之迫切問題。

九、帝國主義學者，誣蔑吾人無獨立能力，殊妨害社會與政治之進步。

十、菲島經濟之不斷發展，阻於美國税則之限制，其自由貿易，亦受限制，殊不合理，更受歧視的經濟立法之威脅。

十一、因種族、歷史、文化之差异，美、菲兩國國民，殊難在同一國旗下保持和平與調協。

十二、菲律賓之獨立，依照美國之歷史與傳統，乃是唯一之合理政策。

十三、菲律賓之獨立，使亞洲新放光明，使美國民主政治與共和精神，更能普及於東方。

十四、自由與獨立，足以促進美、菲間之友好與諒解。美國之支配，適以釀成不信與惡感。吾人爲維持對美之友誼，懇望美國采取唯一之政策，使此友誼不變，即允許菲島獨立。

同時菲島人士，更運動美國農業團體三十餘及婦女團體等，發出共同宣言，希望倫敦海軍會議成功，務使菲島獨立。而美國方面，則仍保持其强硬之態度，毫無讓步表示。

第八章　朝鮮

第一節　緒言

朝鮮亦稱高麗，前爲我國藩屬。位於亞洲東北，西界東省，東與日本遥遥對立，中僅隔一海峽。其爲日本所垂涎，良不足异。兹者日本以其暴力，奪我東北，并於本年（一九三二年）九月十四日正式承認傀儡政府，以爲將來正式并吞之準備，俾東北與朝鮮，在地理上與政治上呵成一氣，以便利日本進一步之武裝侵略。

朝鮮面積，共二十二萬零七百三十三平方公里，人口約一千五百萬，其中百分之八十以上住於農村。全國共分十三道，每道設知事一人，掌理地方行政。朝鮮爲産米之國，每年輸出額至巨，大豆、生絲、魚類次之。

第二節　日本并吞朝鮮之經過

朝鮮無自立之能力，向爲我國藩屬，晚近數十年以來，日本漸强，中國漸弱，遂引起日人謀韓之野心。一八七七年，日人藉口江華炮臺守備兵轟擊日艦事件，强迫朝鮮簽定江華條約，承認朝鮮爲獨立國。一八八六年，日政府派伊藤博文至天津，與李鴻章商定條約，以朝鮮置於中、日兩國保護之下。日人來勢洶洶，愈逼愈緊。一八九四年，即甲午年，我國敗於日本，不能不承認朝鮮爲獨立國。一九〇五年，日韓成立協定，唯以帝俄勢力着着向我東北發展，殊炙手可熱；日本受其牽制，不敢進而并吞朝鮮。迨俄國戰敗，日遂毫無顧忌，逼韓國簽定攻守同盟條約，監督其財政與外交，但爲日俄和議所拘束，不能正式并吞朝鮮。一九一〇年八月，强迫韓王接受合并條約，即以全國統治權讓渡於日本。

當時辦理合并交涉者，日本方面以統監寺内正毅爲首腦，小松禄副之。朝鮮方面，則爲李完用、宋秉畯等。小松禄語李人植曰，『日本爲一等國，……韓國一躍而爲一等國之一部分，其人民一躍而爲一等國之臣民。以前由新羅改爲高麗，更由高麗改爲朝鮮，今則改爲日本，步步登高，何幸如之』。日本即以三千萬元爲諸功臣壽：李王家屬及新舊功臣得一千五百萬，李完用封伯爵，得十五萬，平大臣授子爵，賞十萬，其他封男爵賞五萬者，不一而足。至於賣國交易之介紹人宋秉畯等有無特别賞賜與酬勞，不得而知。

第三節　朝鮮之經濟狀况

據一九一〇年之統計觀之，朝鮮民族經濟之基礎，仍在農村，蓋全國人口，有百分之八十八恃農業爲生。斯時朝鮮人約一千萬，日本人約一萬六千。至一九一八年，韓人增加三百萬，日本人增多一倍以上。一九一〇年，東洋拓殖會社在朝鮮所收買之上等土地，不過一一點〇三五町（一町等三千方間，一方間等點〇〇五三八〇畝），迨至一九一八，則增加七倍以上。至於農村階級之分化，亦頗急進。計自一九一四至一九一九年，地主約增加一倍，自耕農及自耕農兼佃農，逐漸減少，而純粹佃農則大大增多。所謂地主，又什九以日本資本之侵入爲背景。

至一九二七年，朝鮮人幾增至一千五百萬，日本人增至十萬。農村階級，仍以地主與佃農之繼續加多爲特點，兹以一九一九年與一九二七年相比較，則大地主由百分之〇點六加至百分之〇點七；中小地主由百分之二點八加至百分之三點一；自耕農由百分之十九點七減至百分之十八點九，自耕農兼佃農由百分之三十九點三減爲百分之三十三點一；佃農由百分之三十七點六加至百分之四十四點三。蓋日本金融資本家，逐漸收買朝鮮土地，形成地主之增益，喪失土地之土人，祇得向國外移徙，尤其是向我東北發展，爲其主要之出路。

再觀其農業經營方面，日本人亦占優勢。關於大經營，日本資本家占百分之十五，朝鮮人僅占百分之五；中經營，日本人超過土人百分之三十；操極小之經營者，則土人比日人多百分之八。可知農村經濟之支配權，幾完全握於日本資本家之手。土人祇能於極小經營中，過其悲痛之生活。日本駐韓之大地主，如東山農場、熊本農場、朝鮮農業會社約十餘處，東洋拓殖會社，不過爲其中之一而已。彼等所占土地都在一千町步以上，采用資本主義經營方法，并以大批日本人移殖朝鮮内地，逼土人移徙於國外。

關於工商業方面，亦以日人勢力占支配地位。例如一九一一年，日本公司計有一〇九家，實收資本約五百萬；而土人公司，祇有二十七家，資金約三百萬。至一九一八年，日人公司增加九十九，而土人所經營之公司，祇增多十二；土人之實收資本金，僅增兩倍，而日人則增多十一倍。除普通公司外，例如工廠、銀行、鐵道以及金融機關，均幾爲日本資本家之禁臠，非朝鮮人所得染指。

更就一九二七年之統計觀之，日本公司，加至一，〇三五，資金加至三千二百萬；而朝鮮公司，僅增至二一三，資本金加至五百四十萬。以公司數目相比較，日人較土人多四倍，而資本金則多五倍。至銀行、鐵道等，均有飛躍之進展，唯皆握諸日人之手。礦山、森林、水産等業，亦爲日資本家所獨占。

總括言之，朝鮮工商公司達千餘，資本金總額達三萬萬元，而拓殖事業之支配權，幾全落於東洋拓殖公司之手。操縱金融者，爲朝鮮銀行，據一九二六年之統計，其本店共有十六，支店共有七十二，存款額爲日金一萬零十八萬元，借出額爲九千四百三十二萬四千元。鐵道方面，國有國營者，達一千三百餘公里，純利益約七百萬元。私有鐵道，計已開業者達五百二十六公里，未開業者約一千二百十公里。

朝鮮爲農業國家，産米最富，麥次之，豆類又次，粟、棉麻、烟草、甘薯等，均有大量出産。以故輸出品中以米、豆、魚、海苔絲、金礦、鐵礦、牛皮、烟草、木材爲大宗。入口品中亦有米粟等農産品，機械與鐵道建設材料，則爲數不多。足徵朝鮮之資本主義，尚在初期發展之時代。出口品以日本、中國、俄屬亞細亞爲主要顧客。入口品來自日本、中國、英、美、印度、安南各地。烟草、鹽、人參、鴉片諸物，均屬國家專賣品，收益極多，爲日帝國主義直接剥削土人之最好方法。每年對外貿易總額，自一九二四年至一九二六年，平均約在六七十萬萬元，恒表現出超之現象。

朝鮮出産原料，足以供給日本工業一部分之需要。蓋日資本主義，本極脆弱，其所需要之基本原料，如鋼鐵、棉花等類，多半仰給於國外。例如以棉花一項而論，朝鮮之所供給者，爲量至巨。一九二五年，日本紡錘達五百三十萬，消耗棉花達一三六，〇六五，〇〇〇貫，由朝鮮供給者，爲二，二八八，〇〇〇貫（每貫約合吾國百兩）。又日本産鋼僅及消耗額百分之六十二，銑鐵出産，僅及消耗額百分之四十六。消耗逐年增多，而産量反步步減少。朝鮮供給鋼鐵兩項，爲數亦頗可觀。例如一九二四年，朝鮮産鐵四〇九，二三八噸，已較日本之所生産者爲多。

第四節　日本壓迫朝鮮之統治機關

日本於朝鮮設置總督一員，總攬軍政大權，其辦公處稱總督府，爲統治朝鮮之最高機關，府下設内務局、財政局、殖産局、法務局、學務局、警務局，以下更設有若干官署，以爲鎮壓韓人之用。全韓政權，悉集中於總督府，即日本駐韓之陸軍司令官，亦受其節制。此外設有一中樞院，爲韓人發表意見之機關。院中成員，約有七十，皆朝鮮之貴族與閥族也。中樞院祇爲總督府之諮詢機關，由總督召集之。

此外，日帝國主義爲經常鎮壓韓人計，又以兩師軍隊長駐鎮海灣與永興灣，其司令官由日皇親任之。總督對於司令官，可以指揮調遣之，但司令官於緊急狀態中，亦得便利行事。

總督府本『官出於民』之原則，實行其收刮之政策。一九二五年之税收，爲日金二五，六二一，六二八日元，其中百分之五十五爲土地税，百分之三十五爲砂糖消耗税與烟酒税，其餘爲所得税、營業税等，名目繁多，難以枚舉。土地税多半由貧農與佃農所負擔。此外，尚有專賣所得之純利。

支出方面，自一九二三年至一九二六，每年迭增，至一九二六年底，歲出已加至日金一九二，八二五，一五四日元。案歲出可分爲三部，其用之於警察、裁判所及其他官廳員役之俸給與恩給及設備者，約占三分之一。用以支付輔助費、土木費、鐵道建築費、耕地改良與擴大費者，亦占總歲出三分之一。其餘三分之一，則用之於總督府管轄之各種專門事業與公債整理基金。至用之於教育圖書以提高韓人之文化程度者，僅二百餘萬，不及總支出百分之一。第二項之支出，爲對於日本資本家在朝鮮所管事業之輔助金。日資本家得此援助，自可以發展其業務，而壓倒韓人矣。

其次，日本鎮壓朝鮮，采取特種形式之警察政策，其辦法如次：以警察與憲兵，直轄於總督府，使兩者互相連絡，稱曰憲兵制度下之統合制。中央置警察總監部，各道置警務部。警務總長，以統馭憲兵之長官兼任之；警務部長，以各道憲兵隊長兼任之，各道之內，得酌量地方情形，設置憲兵與普通警察官。甚至小學校之訓練，亦須佩劍，以便遇有緊急事變，得盡其維持治安之責。查一九一〇年，警務費用之總額，不過日金二百五十萬元，至一九二〇年，則增多九倍。現今究已增加若干，以關封嚴密，不易偵知。

日人對於韓人之結社、集會、言論，限制尤嚴。兹將警察犯處罰令與保安法中之重要條文簡述於左。

（甲）依照警察犯處罰令，凡犯左列事項之一者，得拘留或監禁之，并科以罰金。

一、無故强求會面，且有强制威脅之行爲者（一條四項）。

一、强制加入團體者（一條八項）。

一、無故干涉他人之籌款交易，或冒然誘勸并教唆訴訟争議，及有可以引起其他紛擾之行爲者（十八項）。

一、冒然集合多人，向官署請願或陳情者（十九項）。

一、作不穩宣言，或爲不穩文書、圖書、詩歌之揭示、朗讀、或放吟者（二十項）。

一、作惑人之流言、浮説或虚報者（二十一項）。

一、冒然立近他人之身邊或追隨者（二十五項）。

以上共八十七項。在此法令下，組織團體，殊不可能，即集會請願，亦不許可。

茲摘取保安法之重要條文如左：

一、警察爲維持治安之必要，得限制、或禁止、或解散群衆之集會（第二條）。

一、警察官於街頭巷尾或公開場所，對於圖書之揭示、分布、朗誦或言語形容及其他行爲，認爲有擾亂治安之處時，得下令禁止之（第四條）。

一、對於政治作不穩之言論或舉動，或煽惑唆使他人，或干涉他人行動因而妨害治安者，處以五十以上之笞刑，或十月以下之監禁，或二年以上之懲役（第七條）。

一、暫時禁止關於政治之集合或在屋内之多人集合。

已經成立之團體，爲數甚多，但以限於上列之法規，從不能開會一次。倘若發現謄寫版之印刷物，即援引出版法科以懲罰。不過朝鮮民衆，不以軍警之横暴與法律之野蠻，而停止其民族解放運動。

第五節　韓人生活之痛苦

朝鮮人處於日帝國主義經濟侵略之下，又益以軍警之威迫，其痛苦自不堪言。事實上，其土地被剥奪，其工商業被壓倒，其金融機關被占領，孑然一身，殊無栖身之處。據一九二六年之調查，於一年間破産者，達一萬零三百三十二户，其中慶北道占三千三百八十五户，全北道占二千零九户，鹹南道占一千五百五十五户。

破産之韓人，以農民居多數。或離弃農村而往城市，以過其勞動者之生活；或流浪於外國，或竟淪爲乞丐。因此，流徙於日本者，達二萬五千三百零八人；遷往東北者，計三千一百二十二人；至西伯利亞者，凡一千零九十一人。此蓋指一九二六年而言也。總計自一九一〇至一九二七年，朝鮮人之流落外國者，已逾四十萬。實際上，韓人之外徙者，不止此數。其至日本勞動市場上求賣勞力之韓人，已達四十萬，更益以散居各國者，當在一百五十萬以上。近數年來，朝鮮人遷往日本之人數，每年約有四五萬人；移往東北之人數，每年在十萬以上。

茲更舉一例。一九二七年，被迫離弃農村之韓人，總共一五〇，一三〇名，内有六九，六四〇轉變爲工業勞動者，占全體百分之四十。轉變爲商販者，達二三〇，七二五人，轉變從事於其他事業者，達一六，八三九人。流爲乞丐者，約七，八三五人。一九二七年度，朝鮮失業人數，約共十六萬。

再就目前農民生活言，亦辛苦异常。現今佃農平均收入，每年每户爲日金四一三元。每人每月衹得五元七角。一切衣食費用，皆藉此以資挹注。據一九二七年之調查，朝鮮佃農約百萬户，極貧之農民，亦幾達百萬户，再加以最貧者十六萬户，其總額約占全國户口三分之一。

更就目前工人生活言之，亦殊可憐。朝鮮工人的工資，較日本工人爲低，即較中國工人亦低。比如高等建築工人，在日本每日可得三元七角，在中國每日可得三元，但在朝鮮則僅得二元二角。其他工人之工資，亦頗與此相同。另一方面，朝鮮工人之工資，日就低落，不過，工資雖低，尚足以維持半飢餓之生活。據最近調查，京城三十萬人口中，極貧者達三千五百餘户，每日僅得四分五厘，其能足一飽乎？

第六節　朝鮮之獨立運動

日本在朝鮮施行高度之壓迫與榨取，使土人難以忍受，因此韓人之挺而走險，作孤注之一擲，以求個人與民族之解放者，爲數至衆。朝鮮亡於日本，迄今不過二十二年，爲解放而犧牲之韓人，不知凡幾；其有統計可稽考者，計自一九一〇年起，至一九二七年止，其間僅十八年，而所有民族運動之次數，則在一千五百次以上，死傷二萬餘，被囚禁者五六萬。

朝鮮民族運動之發端，有記録可稽者，約在一九〇七年。是年萬國和平會議，開會於荷京海牙。朝鮮王苦於日人之虐待，及欲設法脱離，因遣李相卨、李儁、李瑋鐘三人，向該會請願獨立。李等游説英、美、法各國委員及荷蘭大臣，懇允出席海牙和會，説明乙丑（一九〇五）條約，係於日人威逼之下所成立，未得朝鮮王之允准，應宣布無效。李等更邀請各國新聞團開國際會議，演説日人虐朝鮮人與强迫簽定條約之事件。海牙和平會，電詢韓王有無遣使之事，電文爲朝鮮總監伊藤博文所截獲，即持示韓王，强其否認，王不允。伊藤遂矯旨電覆和會，否認遣使之事。李儁因憤而自殺。李相卨等收殮之，旋逃往美國。後韓王爲伊藤所廢，新訂保護條約七條，韓國遂正式隸屬於日本保護之下。

自一九一〇年至一九一三年，各地的革命行動，繼續發作。有前政府贊政崔益鉉者，偕學生林秉瓚等，糾合同志，密謀革命，實行反日，事泄被日兵圍攻，復被擒，旋絶食死。門人盧應奎等又繼之，爲日人所殺。又有李殷贊、李麟榮、李載求等，邀集九千三百人，高揭反旗。李麟榮被推爲統兵大將。連占要地，直迫韓京。并約各路義軍，大舉攻城，撲滅日人統監府，撤銷保護條約。更暗派幹部，向各國領事接洽外交。日軍乘義軍未集之時，大舉反攻，遂獲全勝。更有樸汝城、趙東教、黄大成等，投袂而起，募得千餘人，與日軍未安戰於堤川，先勝後敗。

以上之獨立行動，多係以軍事爲出發點，并未獲得廣大群衆之參加，但自一九一九年起，形勢爲之一變。是年三月一日，有自稱『朝鮮民衆指導者』三十三人，集合於漢城之塔洞公園，朗讀獨立宣言，群衆聆之，异常奮興，狂呼大韓獨立萬歲！計自是日起，民衆示威運動之波浪，震驚全國。青年、學生、老人、窮人、富人乃至兒童，罔不高呼大韓獨立萬歲！其不呼此口號者，則指爲親日派、賣國奴，而毆打之。同時日人之騎兵與騎警，向群衆猛衝，以致斷腕拆足之男女學生，觸目皆是。此次運動，以中小資產階級分子爲中堅，勞動者之加入亦復不少。此『三一』運動之起因，由於日本帝國主義侵略下小資產階級之經濟，日益惡化而瀕於破產，不能不奮起以作困獸之鬥。而日人警察之專横，更足以激起廣大群衆之怒潮。

『三一』運動以前，韓人無政治自由可言，但自運動爆發以後，日本帝國主義表示暫時讓步。齊藤總督，於文化政治名議下，允准新聞雜志之發行，賦予韓人以改良主義範圍内結社之自由。一九二〇年四月，即有三種韓文報紙先後出版，即《東亞日報》《朝鮮日報》《時事新聞》是也。此三種日報，各各代表不同之階級立場，朝鮮民衆言論機關，僅此而已。同時有所謂朝鮮勞動共濟會，於京城舉行成立大會，擁有會員三百餘名，是爲朝鮮無產運動之濫觴。

一九二〇夏秋之間，各地青年團體，如雨後春笋之勃發。至十一月止，此類團體，共有一百三十又三，會員達三萬餘，更成立朝鮮青年聯合會。勞動共濟會，出版共濟與開辟學友兩刊物，介紹唯物史觀、階級意識等學説。一九二一年，勞動共濟會與青年聯合會，更向外活動。前者於各地設支部，後者則派團員往各地講演，以着手於啓蒙事業。勞動大衆之意識水準，因得提高，觀於派遣代表出席泛太平洋會議及釜山五千工人之總罷工，當可知之也。

一九二二年初，朝鮮無產運動，較以前有更進一步發展。是年一月，無產者同志會成立於京師。總督府屢加壓迫，三次禁止其機關報之發行。同時青年聯合會内，又起分化現象。内有十八個團體，宣言脱離，誓與傾向愛國主義以及一切墮落分子，斷絶關係。一九二三年三月，朝鮮青年黨大會，以得四十九個團體之參加，開會於京師。從此青年運動，走向無產者解放運動的道路。勞動運動之壁壘内，亦發現同樣之分裂現象。一九二二年夏季，共濟會舉行總會，發現『排斥知識階級』『改革組織團體』等標語。十月，共濟會宣告解散，另行成立朝鮮勞動同盟會，會員約兩萬餘名，是年京城洋靴工人要求增加工資與改良待遇，舉行罷工。又有數千自由勞動者，反對任意干涉。嗣後大小罷工鬥争，繼續發展。農民方面，提出種種要求，如地租減爲全收穫量百分之四十，斗量必用木棒等。同年春季，各地舉行佃農大會，組織佃農團體。朝鮮民族運動之基石，遂日見鞏固與擴大。

朝鮮民衆反日運動，在其發軔之時期内，由於學生之推動者，亦往往見之。一九一九年五月，朝鮮中等以上學生，於京城成立一大學生團體，名曰朝鮮學生大會，一面謀學生之團結，一面作反封建、反日本之鬥争，遂引起總督府之注意與彈壓。加入之學生約兩萬餘名。甘心媚日之朝鮮校長，更與總督府取一致之行動，即於一九二一年七月，開一校長會議，决定不許中學生加入一切社會團體，并令立刻退出朝鮮學生大會，其不服從命令者，應予以除名處分。

一九二二年以後，更有一少年運動出現，足爲朝鮮民族解放運動之支柱。少年富於熱血，極易爲民族意識所支配，以故在一九一九年之『三一』事件中，少年之被捲入漩渦者甚衆。此次被拘者二萬人，其中未滿十歲者占百分之十三，未滿二十歲者占百分之三十七。指導少年運動之團體有二，一爲五月會，信奉科學的社會主義；一爲少年運動協會，含有小資産階級民族主義與宗教色彩。指導少年運動之領袖，以僧侣占多數。一九二六年，兩團體於共同抗日之目標下，共組一聯合機關，曰新幹會。

一九二七年十月十六日，又樹立一全國性質之少年團體，名曰朝鮮少年聯合會，加入之少年團體約百餘。旋於翌年三月舉行第一次大會時，改名朝鮮少年總同盟，并變更其組織，采用郡府同盟制，每一郡府設一同盟；後總同盟因官方之干涉，又改名爲總聯盟。以上之朝鮮少年聯合會，仍繼承五月會與少年運動協會之努力，蓋發起與贊成之者，爲此兩團體故耳。未幾，總聯盟之中央幹部，表現動摇右傾，引起各郡府同盟之激烈反抗。各地方組織，發布不信任中央之聲明書，要求舉行第二次大會。一九二八年十二月於京城開第二次大會，出席代表堅持其主張，不受幹部之欺騙與威脅。此後朝鮮少年運動，遂分裂爲二派，一稱朝鮮少年總聯盟，一爲冒牌之『朝鮮少年總聯盟』。支配階級對於前者，以其不利於己，遂設法干涉會址之轉移，没收其牌號，禁止集會通信，禁止發表會議録及聲明書以壓迫之；對於後者則以集會言論出版之自由以保護之。

采取革命手段之少年總聯盟，更再接再厲，發表决議及宣言。一九二九年四月二十二日，少年總聯盟，成立關北少年團體協議會，發布『反對日本帝國主義』『争取政治自由』『打倒反動御用分子』『促進被壓迫民族之統一戰綫』等口號。

自一九二七年至一九二九年，少年反日行動之爆發，不一而足。一九二七年，吉州小學生罷課，達五六個月，犧牲頗大。一九二八年，中學生罷課，共有八十起。大邱、東萊等地秘密結社之學生百餘人，京城高等普通學校學生八十名，中學生加入社會科學研究社之分子數十名，均以反日罪名被囚於獄中。一九二九年，新義州高等普通學校學生八十名，全州高等普通學校學生三十名，高故高等普通學校學生十餘名，皆以違反治安法下獄。總督府對學生之反日運動，自然儘量彈壓，除檢舉、拘留、罰金及懲役外，更命令少年總聯盟不得有三人以上之集會。

自一九二九年十月至一九三〇年三月，朝鮮反日運動，復轉激昂。此次朝鮮反日民衆，死亡於日本軍警之槍下者數千人，被捕入獄者數萬人，犧牲之大，爲從來所未有。加入抗日之韓人，不僅有學生，而且有各地之工農商分子。肇事地點，在羅南道羅州車站，但旋即漫延各地，成爲全國反日之高潮。

此次反日浪潮之起因，據東三省朝鮮僑民反日同盟會之報告，大約如次：

一九二九年十月三十日，韓國羅南道羅州車站内，有多數日本學生（光州中學），對韓女高學生（光州高中）作無禮之侮辱。女隨帶一小弟，見之憤叱之。日生大恚，毆其小弟，并解佩刀刺之。旋日警森田追至，以棒逐退韓生了事。次日上學，又在火車中相遇，日生餘怒未熄，復向韓生挑釁，并持匕首刺傷韓學生十餘人。

韓生亦作相當之抵抗以自衛，不料更觸日人之怒。日本中學體育教員，率領全體學生，遍擾韓人學校，肆行搗毁。光州全城駐軍、消防隊，藉口維持治安，全部出動。除痛毆朝鮮學生外，逮捕三百餘人，光州市民激於義憤，舉行大規模之游街示威運動。高呼釋放被捕學生、韓國獨立萬歲、打倒日本帝國主義等口號。日本當局雖斷絶交通、檢查郵電，以阻止騷亂之擴大，但革命怒潮，終於漫延全國。各都市堅決罷工、罷市、罷課。

當日、韓學生於火車中相持之時，車中事務員日人某氏，責斥朝鮮學生曰，『凡我大日本學生之所爲，無一不善，凡爾韓人之所爲，無一不惡』。帝國主義之氣焰，真咄咄逼人哉！

兹將事態擴大之經過，簡述如次。

自事變嚴重化之時起，當地空氣，异常緊張。學生市民，連作兩次之示威運動。前後被捕負傷者凡數百人。十二月九日，京城聞訊，舉行最熱烈之示威運動。當時被捕殺者，一千五六百人。十二月二十四，僑寓東京之朝鮮人，密謀示威。以示響應，事泄，被捕者三百餘人。越兩日，又陸續捕去百餘人。一九三〇年一月二十三日起，罷課浪潮，彌漫全國。各地工人，一律罷工，農户一致抗租。一月十五日，京城學生又起示威，當場捕去一千數百名。嗣後，男女學生與日警作不斷之巷戰，死傷無數。是夜，忽有青年數人，擁入劇場，躍入舞臺，散發傳單，高呼口號，觀衆千餘，同聲響應。又捕去五百餘名。

據日本警察廳報告，自一九二九年十二月至一九三〇年二月，共捕去四萬五千餘人，殺傷數千，學校團體，均在監視之中。日帝國主義之淫威，於兹可見一斑矣。

自經過此次之流血後，革命運動，似暫趨沉寂。一九三一年五月萬寶山案爆發，日帝國主義者采取欺騙手段，挑撥中、韓兩民族之惡感，使朝鮮人痛恨日人之心，轉移於華人。結果，韓人果入其彀中，厭惡華人。朝鮮各大城市，均有毆辱華人之舉，死兩百人，傷數百人，財産之損失，不可數計。日帝國主義真狡猾哉！

【附注】關於朝鮮獨立黨之活動，各書少有記載，即詢之個中人物，亦不能答，故未提及。至於個人之恐怖行動，是否出於狂熱或獨立黨之指揮，則無從證實也。

意大利大觀

一　地理與歷史

（一）導言

近代的意大利，是個以音樂與美術出名的國家，但是近十多年來的意大利，却發明了一個新的政治制度，這個政制正在征服全世界，比美術與音樂的魔力大多了。發源於意大利的法西主義（Fascism），顛倒了不少的政治家，吸引了不少的徘徊岐路的動摇分子，暫時安慰了不少的飢寒交迫的貧苦人民，然而同時却又能驚駭了不少的愛護自由與民主的自由主義分子。其次，現在統治意大利王國的民族英雄莫索里尼（Mussolini），恐怕要算是加富爾（Cavour）以後的第一個意大利偉人，難怪他要受到世界上許多人的崇拜。

這樣，意大利雖然不是一個什麼天字號的帝國主義國家，但是她的美術、音樂、政制與偉人，足够人們的羡慕與欽仰了。同時我們要指出：也有不少的人對於現代意大利的種種表示不滿與仇恨。但無論崇拜也好，反對也好，都足以把意大利推到全世界目光集中的地點。

同時我們更要知道：地理歷史文化種種雖足以影響國家發展的行程，但政治鬥争是决定的元素。這是在意大利充分証明了的。一九二二年是意大利歷史上最嚴重的年頭。那個時候的意大利，正在徘徊兩條大路的中間：一條是共産主義的道路，一條是法西主義的道路。救護意大利資本主義的法西黨徒，對社會民主黨與共産黨，進行了無情的鬥争，戰勝了他們的政敵。法西黨徒的勝利的光榮，變成了整個意大利資産階級的光榮。現在有許多人認爲法西黨徒完成了支持資本主義的任務，假使意大利當日没有他們的勃興，恐怕早已變成共産主義的國家了。關於這點，我們將來再談。

（二）地理

意大利在歐洲的南部，好像是一隻長靴，斜伸於地中海的中央。在北方，她以阿爾卑士（Alps）和法國、瑞士、奧地利、南斯拉夫接界。她的西方有撒丁（Sardinia）島，南方有西西里（Sicily）島。其東是亞得里亞海（Adriatic Sea），和巴爾幹半島相對立。其面積原來是一一〇，六〇〇方哩，戰後得到奧屬的蒂羅爾（Tyrol）的南部與伊斯蒂尼亞半島（Istra），遂增加到一一九，六〇〇方哩。

意大利的地勢：在北方和瑞奧法交界的地方是很高亢的，因此便稱它做阿爾卑士山地。其南爲倫巴德（Lombardy）平原，有波（Po）河流灌其中心。意大利半島上有山脉縱貫，形成亞平寧（Apennines）山地。西方沿海的地面上，也有較小的平原。撒丁與西西里兩個島子上的山嶺起伏，形成山岳般的高地。

阿爾卑士山是全國山脉的鼻祖，圍繞北境與奧瑞交界處，向西南蜿蜒，則成爲意法交界的分水嶺。它更由西北斜伸入半島，成爲亞平寧山脉，也就是半島的骨幹，餘脉直達西西里島。其間夾有火山帶，從半島的中部，逢於撒丁與西西里島。火山的數目有好幾十個。那不勒斯（Naples）的維蘇威火山（Mt. Vesuvius），西西里的埃得拉火山（Mt. Etna），都是最有名的。因此，意大利的地震是常常有的。又，維蘇威火山，每百年至少要活動一次，但近兩百年來，它活動的次數越加繁密了，大約二三十年就要爆發一次，將來那不勒斯恐怕是要被它淹埋的。

意大利是狹長形，富有山地，但缺乏長江大河。最長的河流在北方，名曰波河，發源於意法交界的阿爾卑士山，向東方流注，經過倫巴德平原，遂注入亞得里亞海，長四五〇哩。半島上有短河兩三條，各長二百哩。北方阿爾卑士山地多山間湖，亞平寧山地多火口湖。

意大利半島突伸入地中海，海岸綫很長，達四千一百餘哩。不過海岸綫雖長，大都是平直單簡，罕有曲折。南部有大蘭多灣（Gulf of Taranto）深入，但也没有什麽小曲。西西里、撒丁二島的海岸，則有較多的曲折。因此，意大利全國缺少良好的港灣。意大利著名的海港，有那不勒斯、熱那亞（Genoa）、斯必塞（Spezia）、蒂里雅斯德（Trieste）、威尼斯（Venice）等。其中威尼斯因爲英國大文豪莎士比亞（Shakespeare）做了一部《威尼斯商人》（*The Merchant of Venice*）著名小説，更是世界馳名的都市。

意大利地處温帶，又受地中海海風的調劑，所以那里的氣候是很温和的。北部是大陸，氣候也是大陸性，照例夏天很熱，冬天很寒。中部是半島，氣候帶海洋性，温度很適中。南部多島嶼，夏季是很炎熱的。意大利全境受阿非利加熱風的影響，常常發生熱病。北方的雨量是很充足的。半島的西岸，缺乏雨水，而東岸與西西里的南部以及撒丁，都往往發生旱荒。

就地質學家的推斷講來，意大利原來是個高原，後來却慢慢沉淪下去了。現在衹剩得亞平寧山脉，尚高出於水面。意大利享有大陸興半島的混合利益。所以她一方面成爲威震地中海的島國，另一面又成爲雄視歐洲的大陸國。

不過意大利既是由火山爆發形成的國家，當然永遠感受被火山毀滅的危險。幾百萬年以來，火山不斷地爆發着，噴出多量的灰燼，把它和泥汁溶成凝灰石，覆壓在那許多地方的地面上。

以前説過，意大利最長的河流是波河，但是其中所含的泥沙很多，大半沉積於河底，使河底天天加高。兩旁所修築的堤岸，竟在有些村落高至三十多呎，河水仿佛在屋脊上流過。波河經過的倫巴德平原，據説原是亞得里亞海的一部分。居民在波河流域開鑿了許多運河，使它和波河的支流相連繫。波河流域是産米區，同時又産生桑樹，足供養蠶的消費。這里人口很稠密，但居民害怕河水的汎濫，把城市建築在離河很遠的地方。

再談威尼斯。這個城市有一五七條可以當作街道用的運河，其長二十八哩。從前在大移民運動的時候，居民感覺内地的不安全，都紛紛搬家到威尼斯避難。後來難民們發現那里出産很多的食鹽，就以賣鹽爲業，結果便成了大腹便便的鹽商，其富裕超過了神聖羅馬帝國的皇帝。然而這一切都是過去的繁華了。

最後關於意大利本部還有一句話説，這就是阜姆（Fiume）問題。阜姆是個港灣，位於瓜納洛灣（Garnoro）的末端，也是奧地利的舊領土，是日爾曼人在亞得里亞海上的良港，但意大利人害怕它變成蒂里雅斯德的勁敵，蓄意要占領它。當時巴黎和平會議的各國代表，不答應意大利要占領阜姆的要求。後來憤憤不平的意大利愛國志士，在大詩人兼流氓鄧南遮（d'Annunzio）的領導下，終於把阜姆奪取過來了。意大利與南斯拉夫經過長期的談判，終於成立一個協定，使南斯拉夫把阜姆割讓給意大利了。

至於意大利的名勝古迹，也是值得説一説的。世界上名勝古迹最多的國家，恐怕要推意大利爲第一。首先要講到羅馬城。它是前羅馬大帝國的中心。在這里，尼禄（Nero）與愷撒（Caesar）兩個皇帝留下了一些光榮的勝迹。羅馬的大劇場（Colosseum）是最著名的古迹。從前羅馬政府把戰敗國的俘虜，放在那個劇場内，要他們和猛獸决鬥，羅馬人却高坐席上觀賞。基督教時代聖徒被害的遺迹、壯大的寺院，以及種種美術，都不可枚舉。又城内有教皇城（The Vatican City），儼然成爲一個獨立的國家，其内充滿了名畫家的壁畫。

位於意大利南方的那不勒斯，空氣清明，海水青漪。從這里坐汽車出發，經過一天就到了蓬比（Pompii），它是有名的『死城』。紀元七十年，維蘇威火山就噴起火來，早已把附近的歡樂鄉埋葬下去了。

在北方大陸，有個以美術著名的佛羅伦薩（Florence），地勢很高。其東北便是有名的水城威尼斯。這里没有汽車，衹有船舶來往於運河交錯的水道中。水國風光，頗有可觀。按，威尼斯是意大利東北部最有名的港灣。其西北是熱那亞（Genoa），曾以地中海文明鳴於當時，是個古香古色的城市。發現新大陸的哥侖布（Columbus），就生在這里。其附近出産有名的意大利大理石。熱那亞與羅馬的中間，有個比薩城（Pisa），其內有比薩塔，作傾斜狀，很著名。貼近瑞士邊界的米蘭（Milan），以音樂馳名。又，離法國邊境不遠的里維越那（Rivieras），面臨地中海，氣候良好，四時的游人不絶，確是世界上有名的名勝地方。

同時意大利尚有一個特色，即高山頂上建立許多城市。初到意大利游歷的人，恐怕要覺得它有些離奇。一般的解釋，以爲這是由於居民防範盜賊，但這不過是次要的原因。住在山頂上是很不舒服的，然而居民竟願受這種麻煩，不是想避免盜賊，而是要避免滑死的危險，山頂的周圍，富有堅硬的岩石，可以保障居民樓身的安全，至於山坡上的土質是很松動的，仿佛有點像浮沙一樣，使人站脚不住。因此，山頂上擠滿了遠景美麗的村落，但是住在其中是很不舒適的。

以上是意大利本部。但意大利向有許多屬地，其面積共計六十五萬餘方哩，比本部大五倍半，人口約二百五十萬。在大戰以前，意大利原有蒂黎波里（Tripolitania）、以里特尼亞（Eritrea）、意屬索謀里蘭（Italian Somaliland）三個區域。戰後蒂黎波里以東疆域擴大，便改名利比亞（Libia Italiana）。意大利又獲得了小亞細亞沿岸從前屬於土耳其的羅得斯島（Rhodes）及多得坎尼幕島（Dodecanese），統稱爲愛瑟群島。

意屬利比亞在非洲的北岸，其西爲法屬突尼斯（Tunis），其東爲埃及。從一九三〇到一九三一年，意大利更把這塊屬地擴大了。依照一九一九年九月十二日意法談判的結果，利比亞的西境從喀達姆（Ghadames）的西部伸張到湯莫（Tummo）的南部，連加特（Ghat）在內，成爲一個曲綫。在埃及的邊疆，意大利又從英國取得了夏拉布勃（Jarboob）。依照一九二五年十二月五日的意埃條約，東部的境界應該是第二十二個平行綫。

以里特尼亞，在紅海的沿岸，海岸綫長六七〇哩。總面積是四五，七五四方哩，人口約六二一，七七六，連四五六五個意大利人在內。這是一九三一年的統計。首都在阿斯馬拉（Asmama），是個現代化的城市，高出海面七，七六五呎，市民有二一，六〇一人，其內有歐洲人三，一〇一名。

意屬索謀里蘭在非洲的東岸，和英屬索謀里蘭接界，面積約一九〇，〇〇〇方哩，户口約百餘萬（一九三一年的調查）。意大利人祇一，六三〇人。其內地的邊界是由一九〇八年五月六日的意大利阿比西尼亞（Abyssinia）條約規定的。戰後依條約重新分配殖民地，英國把周巴（Juba）河右岸的地方都割讓給意大利了，連乞斯馬由（Kismayu）港在內。

愛瑟群島，包括十四五個島嶼，其中最大的有兩個：一個是羅得斯，意大利人稱它做羅蒂（Rodi），另一個是科斯（Cos）。總面積共有八百多平方哩，人口約十萬。都城在羅得斯，居民有二五，四四七人。此外尚有三個較大的城市，人口各在一萬左右。意大利在一九一二年和土耳其的戰爭中，占領了愛瑟群島。照一九二四年八月六日的洛桑條約（Treaty of Lausanne），土耳其把愛瑟群島完全割讓給意大利了。

此外意大利還有兩個小小殖民地：（一）薩斯諸島（Island of Saseno），長僅三哩，寬一點二四哩，在亞爾巴尼亞國（Albania）的瓦羅那灣（VallonaBay）的灣口，居民祇有幾個牧人與少數意大利海軍的兵士。島上設有無綫電台一座。（二）天津租界。考天津的意租界，是成立於一九〇二年六月七日的中意條約。它在白河的左岸，面積祇有半方公里（法里），居民六二六一，其中華人五七二五，意人三九二，其他歐洲人一四四名。這是一九三一年的調查。

附注：關於各殖民地的經濟政治教育等項。在將來討論意大利的殖民政策的時候，當詳細加以説明。

（三）歷史

意大利的歷史，特别是她的統一運動史，是於我們很有教益的。她在統一以前，是個四分五裂的國家，實際上被奥地利統治着。奥國爲着保持她在意大利的統治，絶對不願意目視意大利統一的成功。我們現在受帝國主義的殘酷統治，我們的統一企圖，絶對得不到各帝國主義的贊同，恰和從前意大利得不到奥地利的同情一樣。日本現在積極地在我國各處建立滿洲僞國第二，也和奥國分裂意大利的辦法差不多。希望帝國主義幫助我們統一的中國人，自不待説，是馬上就要失望的。

紀元九五一年，德國鄂圖一世大帝（OttoI）侵入意大利的北部，自稱意王。九六二年，他由羅馬教皇加冕，遂稱爲神聖羅馬皇帝。其後德國皇帝在意國的權利，便日日伸張起來了。他爲着確立自己的支配權，實行任免教皇。亨利四世即位以後，和教皇格列高里七世（Gregory Ⅶ）不和睦，於是教皇與皇帝争霸起來了。到一一三〇年的時候，北意大利成立了都市同盟，要求自治，這其中有教皇派（Guolphs）與皇帝派（Gibellins）互相鬥争。後來皇帝與教皇的鬥争，延亘數十年。中部意大利逐漸落在教皇的支配下。

嗣後意大利的統治崩潰起來了，北部與中部的城市，也大家各自獨立起來了。十字軍的結果：意大利諸城市，因爲和東方做了很不少的買賣，也達到了空前的繁榮。熱那亞與威尼斯，更是特别地繁盛。米蘭、摩德拿（Modens）、薩服雅（Savoy）、滿多威（Mondovi）等，從十四世紀以來，獲得了公國的地位而獨立起來了。從十五世紀以來，佛羅伦薩在麥第奇（Medici）皇族的統治下也隆盛了。自十三世紀起，意大利出産了不少的文藝家美術家，創出了文藝復興時期，變成了歐洲文化的中心。

但在政治方面，仍是諸小國分立。自進入近代，德帝與法王都想争取意大利的支配權。一四九四年，法王查理八世要求繼承那不勒斯的王位，企圖借此來侵略意大利，羅馬教皇也不放讓，組織神聖同盟來抵制它。後來奥國的哈布斯堡（Hapsburgs）皇族，戰勝了法蘭西，確立了對意大利諸城市的霸權。

近代的初葉，新大陸與新航綫，相對發現，地中海貿易，逐大受打擊。熱那亞與威尼斯，也就不能像從前那樣繁盛了，那時候的佛羅伦薩也逐步衰退了。教皇利奥十四世（Leo XIV）企圖把哈布斯堡皇族的勢力，從意大利驅逐出去，但因西班牙継承戰争失敗，這一企圖也就歸於流産了。

這時候，北部的諸小公國，都在哈布斯堡一族的支配下。中部歸教皇管轄，依然妨害統一。法國大革命後，拿破侖於一七九七年命令侵入意大利，翌年，他聯合米蘭、摩德拿等地，建立一個共和國，又在熱那亞建立另一個共和國。同時，他承認以威尼斯割讓給奥地利，後來拿破侖組織征服埃及的遠征隊，没有能力兼顧意大利，於是法國的支配也就動摇起來了。

一八〇〇年，拿破侖再度侵入意大利，得到很大的勝利，奥地利也不得不承認他先前所建立的兩個共和國。一八〇五年，他自立爲意大利王，更把熱那亞的那個共和國合并於法國。一八〇六年，拿破侖册封他的哥哥做那不勒斯王，一八一一年，他又以羅馬王的尊號賜給他自己的皇太子。拿破侖没落以後，一八一五年的維也納會議又把意大利分割了，奥國獲得了威尼斯等地，哈布斯堡皇族支配諸小國，撒丁王國并吞了熱那亞與薩服雅，教皇所領有的諸小國也重新獨立了。

奥地利爲着確保她在意大利的統治，實行了嚴密的警察政治。於是要求意大利自由與統一的秘密結社運動，就逐漸起來了。一八二〇年，那不勒斯與撒丁等地的騷亂起來了。一八三〇年七月革命（法國）後教皇轄下的諸小國，如摩德拿、巴爾瑪（Palma）掀起了自由統一的運動，但不久便被奥地利鎮壓下去。到一八四八年，奥國殊忙於彈壓瑪志尼（Mazzini）等志士所援助的各地獨立運動。

一八四八年三月，撒丁王查理・亞爾培爾（Char'es Albert），發動了意大利的獨立統一運動，受到國民的非常歡迎，但是獨立軍終於被奥國軍隊打敗了，結果，亞爾培爾下遜位詔，把王位讓給皇太子厄曼紐厄爾二世（Victor Emmanuel），因此統一運動暫時失敗了。

繼續法國七月及二月革命後的重新發動的統一運動，又依然失敗了。那時意大利各小邦，依然受到奥國勢力下的專制政治的支配，可是高唱獨立統一的志士，也就多起來了。其中瑪志尼所領導的青年意大利黨，算是最活躍的。同時，新王厄曼紐厄爾二世，也能繼承父志，任用賢相加富爾（Cavour），對内頒布立憲政治，培養國力，對外則出兵克里米亞（Crimea），獲得了英法兩國的歡心。戰後巴黎開了和平會議，意大利方面由加富爾代表出席，於是意大利的國際地位就大大地提高了。

那時候意大利最大的敵人，是支配意大利的一大部分土地的奥地利。爲着驅逐這個敵人，加富爾和拿破侖三世締結密約，建修軍備，一八五九年，遂對奥開始戰鬥。撒丁的軍隊與拿破侖親自率領下的法軍，擊破了奥國軍隊，占領倫巴德，同時多斯加納（Tuscany）、摩德拿、巴爾瑪及教皇領地的一部分，都屬於撒丁了。可是拿破侖三世有點顧慮，認爲撒丁的膨脹過大是於他不利的，同時被擊敗的奥地利和普魯斯勾結起來，也是於他不利的，因此他與奥國媾和，僅僅以倫巴德給予撒丁。

但是中部意大利的諸邦，不願意接受這個辦法。撒王厄曼紐厄爾便和拿破侖商量，自願把薩服雅與尼西（Nissa）割讓給法國，而自己則兼并南方諸小邦。他於是帶兵到南方，占領教皇支配下的領地的大部分，并且侵入那不勒斯。那時意大利有個志士名叫加里波的（Garibaldi）的，率領義勇軍，征服了那不勒斯王國，連西西里在內，并且把它奉獻於厄曼紐厄爾王。撒王更征服威尼斯，并且統一教皇領地以外的意大利。一八六一年，開了托果諾（Toreno）會議，厄曼紐厄爾遂稱爲意大利王，一八六五年定都於佛羅伦薩。意大利的統一工作，至此遂告一段落了。

没有好久，普奧戰爭爆發了。意大利便和普魯斯勾結一起，於一八六六年六月，對奧地利宣戰，陸海軍并進，把奧國打敗了。普魯斯戰勝的結果，使意大利正式得到了威尼斯。一八七〇年普法戰爭的時候，法國駐紮羅馬的守備軍撤退，意王遂又乘機占領羅馬。那時教皇庇護（Pius）九世，强硬地反對占領他的領地。他把參加占領的一切人物開除教籍，自稱爲教皇城的囚人。他拒絕了意大利政府給予他的年金。其後教皇與意政府，永遠立於『反目』的地位。不過另一面，意大利的統一大業，却由占領羅馬而完成了。一八七一年，遂遷都於羅馬。

在統一的頭幾年，意大利的財政是很窮乏的。一八七五年左右，經過首相兼財政大臣明格提（Minghetti）的努力，財政上才表現幾分的改善。一八七八年，厄曼紐厄爾王二世去世，皇太子烏謨柏托（Humbert）繼承王位，他很注重憲法。但法國對於意大利兼并教皇的領地，不肯加以承認，於是意大利便感覺到有和德奧接近的必要。恰逢一八八一年法國因意大利人的移殖太多，突然占領土耳其屬的突尼斯，於是意大利要和德奧接近的機會越加成熟了。翌年，她和德奥締結了三國同盟的密約。一八八七年，外交大臣落比蘭（Robilant），又把它更新了。

一八九〇年，意大利獲得了索謀里蘭與以里特尼亞兩個殖民地，然而這樣的殖民政策，需要莫大的費用。同時法蘭西對於三國同盟，也采用了報復的手段，使意大利在商業上受到很大的損失，因而使國家的財政重復陷入窘境。因此，九十年代的意大利的諸内閣如克里斯比（Crispi，一八八七至一八九一，一八九三至一八九六），魯棣里（Rudini，一八九一至一八九三，一八九六至一八九八），岌阿尼提（Giolitti，一八九三）等，都没有方法來解决財政問題。

魯棣里在第二回入閣的時候，逐漸改變了未來的外交關係。一八九六年，意太子厄曼紐厄爾和蒙特尼格羅（Montenegro）的皇女結婚，因此促進意俄接近的成功。意政府又承認法國占領突尼斯，於是意法的關係也改善了。

一九〇〇年，意王烏謨柏托被一個無政府主義者所暗殺，厄曼紐厄爾三世即位，他就是現任的意大利王。從那個時候起，財政狀態逐漸改善，國有鐵道案也實施了與完成了。外交方面，仍繼續改進意俄的外交關係，更和法國訂立通商條約。一九〇九年四月，英王愛德華（Edwcard）七世到波葉（Boja）訪問意大利王，是含有重大的意義的。

沒有好久，德法兩國關於摩洛哥發生了嚴重的暗鬥。意大利便乘機承認德法的優先權而自己却把蒂黎波里從土耳其手裏奪取過來，一九一一年突然向土耳其宣戰。依一九一二年十月的洛桑條約，意大利獲得了蒂黎波里與多得坎尼群島（Dodecanese I.）。內政方面，一九一二年六月，通過了久成懸案的普通選舉法案。在一九一三年巴爾幹戰爭的時候，意大利和奧地利一樣，反對塞爾維亞進出亞得里亞海，主張設置一個獨立的亞爾巴尼亞。一九一四年沙郎德拉（Salandra）內閣成立，就早已決定退脱三國同盟。等到世界大戰爆發，意大利宣布中立，但由於英法的勸誘，她決定拋弃中立態度。

一九一五年四月二十六日，意大利在倫敦和協約國秘密地簽定了倫敦協定，約定戰勝以後，意大利可以獲得奧屬蒂里雅斯德與特里恩特（Trient）。因此，意大利遂於同年五月二十三日對奧宣戰，一九一六年八月二十六日對德宣戰。意大利國內的保守黨、社會主義者以及無政府主義者的相互的對立，本是很顯著的，但大戰中的秩序却也能够好好維持下去。不過她從新同盟國所得的援助是很少的。

意大利國內差不多不出産什麽煤鐵，到了大戰的末期，她感受極深刻的經濟痛苦。大戰終局，協約國獲得了完全的勝利。依一九一九年六月二日的對奥和約，意大利得到了南蒂羅爾、伊斯蒂尼亞、達爾馬提亞（Dalmatin）的一部。但是老早就垂涎的阜姆，仍然是可望而不可即，詩人鄧南遮遂把它占領了，但到一九二四年，才把它正式歸并於意大利。

戰後的意大利，被經濟的窮乏苦惱着。布爾塞維克主義（Bolshevism），寬泛地流行起來了，差不多要舉行共産主義的革命了，主戰論者的首相阿蘭多（Orlando），到一九一九年退職，非戰論者的岌阿尼提內閣成立，恰巧當着這個難局。一九二〇年九月，施行了膨脹政策，物價騰昂，失業加多，北意大利的騷亂遂起來了。翌年舉行選舉，莫索里尼領導的法西斯蒂，獲得了三十三個議席。再過一年，法西斯蒂的勢力，越加增大了。一九二二年十月二十四日，法西斯蒂在那不勒斯舉行黨的大會，決議進軍羅馬。十月三十日，法西斯蒂進入羅馬城。意王認可法西黨徒的行動，任命莫索里尼做首相。這樣，皇族的統治，也就存續下去了。

法西黨徒自誇的國民革命，便這樣地實現了。莫索里尼兼任外務，海軍、陸軍、航空諸大臣。嗣後議會内的法西斯蒂占絶對的多數，事實上形成了法西斯蒂的專政。一九二六年，莫索里尼被刺未中，法西斯蒂便藉此加强他們的統治，對於非法西斯蒂的政黨與團體，加以極度的彈壓。新聞紙與言論自由，完全被禁止了。對於反抗法西斯蒂的，可以適用死刑。國會有名無實，其立法全權被法西斯蒂獨占了。人口五千以下的城鎮，其鎮長是由政府任命的，任期五年，他的職務在於維持地方的治安。

一九二八年，以壓抑非法西政團爲目的，改定了新選舉法，只要有四百法西議員，國會就可以開會成功。法西黨徒的第一個成績，在於整理財政。法西斯蒂編成了大戰後不能平衡的預算，辦到了收入超過支出，防止了膨脹。對於工業，其初采取自由主義，得到資本家的歡迎，但從一九二六年以來，則又改行干涉政策。

莫索里尼的外交政策，以支配地中海與巴爾幹爲目的。一九二六年，莫索里尼南游蒂黎波里，於是意法兩國在北非洲的衝突便顯著起來了。法國害怕意大利奪取突尼斯，對於突尼斯境內反法西斯蒂的運動，又加以寬容，因此兩國間的關係，越加缺乏圓滿。一九二六年，莫索里尼和亞爾巴尼亞成立軍事協定，震動了巴爾幹的諸國家。同年又和羅馬尼亞締結了修好的條約，後來又和德國簽定通商條約與仲裁條約。

意政府對南蒂羅爾的德國人，加以很大的壓迫，使德國一部分的人民非常憤恨，不過現在德國的法西斯蒂政府，表現極濃厚的親意的色彩，早已不過問蒂羅爾的少數德國人問題了。

莫索里尼對羅馬教皇，一向采取調協的態度，因此，一九二九年二月十一日，莫氏在拉特倫（Lateran）宫，和教皇的樞密員加斯巴里（Gaspari）間締結了拉特倫協定，把教皇和意大利政府的『反目』的關係和緩下去了。同時在羅馬市的西北部，劃出一個以教皇宫殿爲中心的區域，成立了一個教皇支配下的新獨立國，即『教皇市』（Stato della ctita del Vaticano）。

附注：關於法西黨徒的起源組織以及怎樣掌握政權與其統治的成績，都在後面詳細説明。

二 經濟現狀

就整個的經濟講，意大利是個農業國家。她不出產煤炭，也不出產很多的工業原料品。因此她没有方法來消除自然賜予她的種種阻撓工業發展上的障礙。法西斯蒂政府也就高唱農業立國的口號，努力於一般的農業的改良。同時法西斯蒂政府更采取統制經濟的辦法，對工業與農業都施行一定限度的統制。從世界經濟恐慌深刻化以來，法西斯蒂的統制經濟的傾向越加强大化了。一九三三年政府頒布了一道命令，要嚴格地限制生產，對資本家不許擴大他們的產額，也不許同業的新工廠建立起來，除非生產出來的存貨消盡了。

法西斯蒂的統制經濟的原則，是基於强制的勞資合作。實現這種合作的機關，叫做同業組合（Corporation），也就是同業中的資本家與勞動者共同參加的組織，所以也有稱它做同業勞資組合的。關於這個組織，我們以後再講。一切勞資糾紛，都在同業組合當中解決，萬一解決不了，便可以交由中央政府的同業組合部（Ministry of Corporation）設法調處，如果再解決不了，則交由勞動法庭來作最後的判決。轟轟烈烈的美國復興運動，便是從意大利法西斯蒂的統制經濟抄襲得來的。

（一）工業

意大利只是一個發展遲鈍的輕工業國家。從大戰告終到現在止，大約可以分爲四個時期。自一九一九年到一九二〇年的後半期，交戰國與中立國的人民，都岌岌於購買物品，所以物價一般地高漲起來了。那時大家認爲大戰的傷痕可以醫好，好景氣會要到來，那里曉得這徒然是海市蜃樓的幻想。第二期從一九二一年到一九二二年。在此時期内，對於市場上買入的商貨，不能支付貨價，同時需要減少，物價激落，便進到了悲慘的不景氣時代。從法西斯蒂取得政權到一九二八年，是爲第三時期。意大利的經濟界才進入了穩定的刷新的階段。政府以最大的努力，來實現經濟的復興。所以各産業的生産指數也提高了。

一九二八年意大利生産指數表

産業種類	一九二八年
鐵礦	一九六
鋼鐵	一八三
鑄鐵	三〇九
鋁礦	一八八
硫化鐵	一二〇
鉛	二〇〇
水銀	一一六
硫黄	一五六
酒精	二八五
瓦斯	一八四
電力	二五〇
麻	一七〇
繭	一三〇
生絲	一二八

人造絲	一,五〇〇
砂糖	一二四

附注：上表是以一九二二年爲一〇〇。

可知第三時期是意大利産業界的黄金時代。這是於法西斯蒂穩定他們的政權有很大的幫助的。但在一九二七年，農業的收成不好，國内工業品的消費有顯著的減少。同時意政府施行了貨幣的安定政策，利率也提高了，於是産業的發展受了一個頓挫。利率的騰昂，凡在『金解禁』與實行貨幣安定的其他國家，也是不能避免的。（其結果當然是很可怕的。）好在法西斯蒂政府，采取了適當的貨幣政策，加以適時的干涉，才把由恐慌發生出來的障礙緩和下去了。另一方面，産業資本家毫不躊躇地限制自己的活動，來渡過當前的難關。

第四時期從一九二九年開始，把意大利的産業界捲入了世界恐慌的狂潮中。現在各産業都表現衰退，恰和其他非法西主義的資本主義國家一樣。

照一九二七年十月十五日的調查，意大利全國的工廠共有七三二,一〇九家，雇用四,〇〇五,七九〇個工人，其中有女工一,〇〇九,八九〇名。在全部的工廠中，雇用一個到十個工人的工廠有六九二,三一三家，雇用十一個到一百個工人的工廠有三四,九五一家，雇用一〇一到五〇〇個工人的工廠有四,一五一家，雇用五〇〇個工人以上的工廠只有六九四家，可知意大利的工廠差不多都是小經營。

從雇用工人數目的觀點看來，使用工人最多的工業，要算是綿織工業，其從業員達六十三萬人。其次便是交通工業，從業員達五十一萬五千人。再其次是被服傢具工業，從業員五十萬人；機械工業，四十六萬八千人；食料品工業，三十四萬人；建築工業，三十二萬人。此外尚有幾個次要的工業，如礦業（十萬人），化學工業（十萬人），印刷工業（六萬人），制絲工業（五萬二千人）等。

棉紡織業　棉紡織業是最重要的工業，其工廠有一〇,四〇六家。一九三一年，其綻子達五,四三九,〇〇〇個。一九二九年，出産棉紗二萬四千六百噸，棉布六萬三千噸，其輸出的額數，共值二十萬萬立拉（Lira）。近來意大利的棉紗布業，陷入了極不佳的境地，當業者更是叫苦喊天。原來棉紡織業的産額，一半消費於國内，一半輸出於國外。近來意大利的紗布在近東與非洲方面，和日貨的競争是非常劇烈的。結果，多年開拓得來的市場，多被日貨占領了。本年（一九三三）九月底，盛傳意大利的棉織業資本家，很怕日貨的進攻，要實行排貨的方案了。

人造絲業　意大利的人造絲業，確有日新月異的模樣。尤其是斯立夜・雅斯可殺（Snia Viscosa）人造絲公司的發展，是很驚人的。它的産額在一九二六年是每月一百三十九萬公斤（Kilogram）。到一九二九年，它的産額加倍了。一九三〇年，從一月到四月，每月出産二百九十萬公斤。一九三一年的出産，比一九三〇年又加多百分之十五。意大利的人造絲，僅次於美國，占世界第二位，但其輸出額則占世界第一位，每年向各方面輸出二千萬公斤。人造絲工業沒有受到經濟恐慌的影響，這是由於它和軍事工業有密切連繫的緣故。

製帽業　大戰後，制帽工業有顯著的發展，僅次於棉紡織業與人造絲。製帽業的中心在米蘭的北郊。羊毛制帽工場共有十九個，資本一萬萬八千萬立拉，出産帽約六千萬頂，價格約二萬萬七千二百萬。其中四千八百萬頂，被輸出於國外，其餘的一千二百萬頂，被加工變形以後也輸出國外了。此外獸毛製帽工場也是很發達的。每年的産額，大約是六百萬頂。這種大大小小的工場，在北意大利約莫有五百多個。羊毛帽子賣給婦女，而獸毛帽子則賣給男人，它的樣式是不大改變的，其輸出額每年達一萬萬八千萬立拉。

制糖工業　意大利向來是個輸入砂糖的國家，每年進口的數量，大約是二百五十萬昆得爾（Quintal—一百磅）。但近來政府與人民，一致努力於砂糖生産的增加，努力於甜菜栽種的增加，到一九二九年，砂糖完全可以自足，而且尚有若干剩餘。同年栽種甜菜的面積，達到十一萬六千二百萬黑克圖（Hectaro 百阿爾），甜菜的生産達到三千六十萬昆得爾，從這里製造出來的砂糖，達三百八十八萬昆得爾。砂糖資本家近來更努力於提高生産，以便能够輸出砂糖。

煙草食鹽　煙鹽兩項，是政府的專賣品。一九二八年煙草賣出的價格等於三十五萬萬二千萬立拉，除開原料與製造費以外，實得純利二十六萬萬八千萬。一九三〇年，煙價提高百分之一七，純利也加多了。政府每年賣出的食鹽，達到一萬萬八千九百五十萬立拉，每年尚有增加的傾向。除開諸用費外，尚得純利六千八百三十萬。鹽的産額是三百六十萬昆得爾。此外尚送給赤貧者三百五十七昆得爾。

汽車工業　汽車業也是意大利的一個很重要的工業。每年的出産沒有一定，大約是六萬架的樣子。在這個額數中，意大利的惠亞特（Fiat）公司要占百分之九十。這就是説惠亞特獨占了汽車業。汽車輸出的數量，大約是每年七萬萬立拉。但是整個的汽車業，近來都受了經濟恐慌的嚴重打擊。惠亞特從一九三一年起，便沒有獲得純利，在先一年它還付出了百分之九的紅利。惠亞特的産額，減少了百分之四五，其他公司的出産還要減少更多。

化學工業　意大利也有好幾種化學工業，如硫酸、蘇達、炸藥、顔料、肥料、燐酸鹽、硫酸鹽、橡樹膠等，其中硫在一九二九年的出産是一，二九〇，〇〇〇噸，燐酸鹽是一，五〇五，〇〇〇噸（一九二七）。這兩種化學工業算是最大的了。但在一九三一年，因爲不景氣的關係，各種肥料的生産都減少了，尤其以燐酸鹽的減退爲最鋭利。炸藥却沒有受到危機的影響，這是由於它和軍事工業有密切的關係。意大利的化學工業都是受大戰的戟刺，才有今日的發展。

鐵工業　鑄鐵的産額，近年來稍稍增加了。一九二九年，大約每月可以出産四萬二千噸。鋼的産額，在一九二九年是一八八，〇〇〇噸，在一九三〇年減到一四八，〇〇〇噸，在一九三一年是一二一，〇〇〇噸，到一九三二年的正月，減到九三，〇〇〇噸。

電氣工業　電氣事業，算是逐年進步，在意大利的産業中表現了稀有的活動。據一九三一年的調查，電氣公司有五百六十個，資本總額一百零兩萬萬立拉，其中對外投資占二十五萬萬。意大利的水力電氣，在一九三一年産生七萬萬八千萬啓羅瓦特（Kilowatt）小時，比先一年增加百分之八。就地域的分配講，意大利的島部，由一千八百萬加至二千二百萬啓羅瓦特小時，南意由六千五百萬加至七千五百萬，中意由九千四百萬加至一萬萬五百萬，北意由五萬萬四千五百萬加至五萬萬七千萬。意大利固然不出產石炭，但在阿爾卑士與亞平寧山脉，却有不少的水力，意大利人稱它做『白炭』，來填補石炭的缺乏。因而水力電氣是很豐富的，這也是意大利的工廠發展中的一個重大元素。

礦業　意大利礦業最發達的區域是西西里、撒丁、倫巴德、多斯加納（Tuscany）與佩蒙（Piedmont）。現在將一九三一年生產的數量列表如次：

一九三一年意大利礦業的生產狀態

礦別	礦區數目	噸數	價格（立拉）	工人數目
鐵	一三	五六一	二七,九八五	一,四七六
錳	一二	二〇	二,五六九	三三二
銅	一	一三	六〇八	六八
亞鉛 鉛 }……	……五九	……一六五	……三三,五九九	……五,六四六
金	九	五	四八二	一二八
水銀	一〇	一九六	四二,九四五	一,七九三
黃鐵礦	一九	六四六	六〇,一〇二	三,九〇六
礦質燃料	三八	六一〇	三八,〇四四	三,八四〇
硫黃礦	一九〇	二,一七九	一三三,五一三	二,五〇一
地瀝青物質	一六 ……一六	一九〇 ………	二,〇八八 ………	九七九
硼酸	七	五	九,〇四〇	四六五

附注：本表所用噸數，是指的米突噸（Metrictons）。按：一米突噸等於二二〇四磅。

此外，尚有九六五一個石場（一九三一），從業員五四，〇五一人，其所出産的建築石與裝飾石，約值三八九，七六三，四二一立拉。

茲將意大利的交通機關如鐵路、郵電、航空、船舶等分述如左：

意大利的鐵路，開始於一八三九年，那年在那不勒斯與波棣西（Portici）修築了一條五哩長的鐵路。一九三一年，意大利共有鐵路二二，五五四公里，其中有一六，九二八公里屬於政府，鐵路收入共三，八六〇，三〇六，〇〇〇，支出三，五四七，九七三，〇〇〇立拉。已經電氣化了的鐵路，有一九三七公里，政府提議要電氣化二八七公里。至一九三一年六月三十日，意大利有汽車路二〇，六九二公里。

郵電方面，至一九三一年六月三十日，共有郵局一〇，八六七個。從一九三〇年至一九三一年，郵局傳送的郵件共達二，四〇六，三五五，〇〇〇件，連掛號郵件在内。電綫長六五，一四七公里，電局一〇，二三九處，其中有八四四五是國家的電局，其餘的屬於鐵道。電話用户有三〇七，九七一個，本城電話九〇四處，長途電話四，〇五二處。沿海設有無綫電臺十六個（内地無綫電臺尚不在内）。

一九三一年，航空公路共有一八，七二三公里，由飛機傳送的信件，有七一，一〇七公斤，新聞紙四三，八三四公斤，商貨一五三，二八四公斤，飛機乘客達三三，六五〇名。

一九三二年七月一日，意大利的商船，有帆船二三二隻，重五九，二六八噸，汽船與小型汽船共一，〇九一隻，重三，三三一，三〇四噸。

最後講到意大利的失業情形。一九二九年，失業人數是四十萬九千，一九三〇年加到六十四萬兩千，一九三一年正月減到五十七萬六千，同年十二月又加到九十八萬二千，一九三二年正月加到一百〇五萬一千，到一九三三年五月，失業數字恰恰是一百萬人，計每千人中，當有四十五人失業。近來中國雜志中常説意大利没有失業的工人，我不知道他們的統計是從那里來的。

（二）農業

在自然的條件下，意大利是很適合於農業的，而且國民的天性，也很適合於農業勞動。七八年以前的農業，陷入了不振的狀態。這當然有種種的原因。最主要的要算是政治的變化與動摇。意大利於一八七〇年在薩服雅（Savoy）皇朝底下才完成她的統一，後來小黨分立，政争激烈，不論都市也好農村也好，不論農民也好工人商人也好，都很高興從事於政治，那怕是個小的政治鬥争，都可以轉化爲嚴重的事態。因此當局不能穩定，做不出什麽事情來。他自然不顧及農村，把農事看得不要緊。因而農業教育也就不能普及。百姓忙於農事，多有不能得到政治新聞的。耕作的方法很拙劣，荒蕪的地段也很多，灌溉也很不方便，農民也就不熱心農業工作了。本來是天惠的農業國家，實際上却得不到什麽收益。不可缺乏的小麥，大半要從國外輸入，作爲有名的意國通心粉（Spagheti）的原料。

意大利的一切土地，差不多屬於大地主，由地主租給佃農，其條件是很嚴刻的。佃農把從土地的全部收入的一半來做地租，那是不够的。他必須從他的整個收入中再拿一半出來做地租。除地租外，地主還可以從佃農那邊收得許多鷄、蛋與牲口。租約以一年爲限，期滿以後，假如佃農不能滿足地主的要求，便有失業的危險。這種租佃的條件，一方面可以使地主濫施威權，另一面却可使農民痛恨現存的制度，容易受過激主義的宣傳。南意的佃農更是苦惱，他不僅受地主的剥削，他還要受許多中間人的剥削，因爲他的土地不是直接從地主那里租來的。這樣，他的純粹收益，便遠不及一半了。

大地主享有許多特權，一面他可以提高地租，另一面他又放高利貸來剥削農民，在無數的場合中，農業貸款的利率超過了百分之八十。這使農民的地位更痛苦了。在以前的十年當中，農民罷工了一百四十三次，使生産步步减低。大地主爲着縛束農民於土地，只有增加農民的債務，使他不能離開土地。農民群衆唯有移往外國去，作爲他的唯一出路。

最近幾年以來，有些農業區域的土地，如倫巴德多斯加納翁布尼（Ombrie），未免分割得太零碎了，需要重新分配一次。原來佃農與小佃農，都是替大地主做工作，但他們兩者中間所分配的土地，没有一定的標準，結果，土地被分割得太瑣碎，不適合於經營。

近來意大利人移往外國的，大大地减少了，而且在外國工作的意籍人民，也有許多返國了，同時本國的户口更是不斷地增加，此外農村户口又向城市移動，這種種要求政府對農村經濟采取急切的新辦法。事實上政府已經采取了以下的步驟：（一）重新分配經營不良的土地，（二）重新分配零碎的土地，（三）廢除佃農與小佃農的徭役，（四）改良土地，（五）重新分配農村的人口，（六）擴大農業貸款。

要實現這個計劃，當然不能依靠孤立的多數個人。移往内地去的人，必須是一個家屬或團體，而不是孤獨的個人。内地移民局，辦理關於移殖的事務，但必須在可能範圍内尊重家族的團體。政府爲着遷移農民的家族，化費了不少的金資，同時農業貸款也幫助養成了許多小農。貸款可以擴大到土地（抵押品）的價值的三分之二。利率不能超過百分之六，其中百分之二半歸於國家。

這個内地移民局，完全統制了工人向内地的移動。現在有四，六九九，三三三個人經過它的介紹而找得工作。同時地主也是很感謝内地移民局的，因爲在預定的確切的條件下，他可以不要争辯而得到他所需要的工人。工人方面，不但可以找得工作，而且聽説工錢也是靠得住的。他們獲得移民局的幫助，或者不至於忽然失業。晚禾需要許多的女工，但莫索里尼頒布了嚴切的命令，不許以苦工給予她們，并且要移民局隨時考查她們的康健。受保護的女工，大約有三十萬。

政府爲着减少失業，命令雇主采用輪流制度，使失業工人至少可以在每星期作工兩天。工人的契約大約以一年爲限，但若雇主不在兩月以前通知解約，那末滿期了的合同仍可以延長一年。工人是由各省的移民局介紹來的。新的工人，要受七天至一月的試驗。每日大概作工八小時，但工作時間如何分配，則由工頭按照季候與作業來規定。工資各地不同，但不能超過十立拉一天，食宿自備。對於格外的工作，則付以格外的工錢，比照例的工資高百分之一五至二五。

莫索里尼爲着整理全國的土地，發布了嚴切的命令：凡地主遺弃或忽視自己的土地的，國家可以把它没收。這樣没收的土地，可以依照當地耕作的情形，加以分割。實際上，這種没收是不多見的，除非業主不肯服從國家的命令，來參加土地改良的工作與擔負一部分的費用。

一個意大利的大地主，關於莫氏的農業改革，發表以下的意見：『法西主義清算了意大利舊農業制度的無組織的狀態。這個狀態在戰後陷入了極端的混亂。地主們受到了極端的威脅，遂熱烈地歡迎法西主義，認爲它是唯一的尊重私産的主義。不過這個新主義對社會各階級要求了巨大的犧牲才能完成它的任務。』

全國農業雇主大同盟的會長巴洪色尼（Comte Pavoncalli）也這樣説：『農村中統制經濟的發展，不僅受了金錢制的限制，而法西制度的自身也阻撓了那一發展，因爲它加强了地主的特權。不過政府也被認爲有權來要求地主們爲民族利益而犧牲。地主雖然失去了多少的體面，但他的財産却更安全了，他也用不着憂慮了。至於政府是否藉口債權關係，來侵害私産，這是用不着憂慮的。假如政府有這個意念，那就不應該要求組織農業雇主聯合會。實際上有許多聯合會因爲舉辦公共利益的工程而積累了許多債務，以至妨害它們的業務的發展，但國家看見他們因公受累，遂免除了他們的債務。』

也有人到過意大利的農業區域，如亞爾伯勒仔（Albereze）、立多利亞（Litovia）、瑪喀勒仔（Maccareze），考查了法西斯蒂的農業組織，覺得意大利政府逐漸趨向統制經濟，將來或者會要采取集體農莊的形式也未可知。

自不待説，農村的統制經濟，是以農業的同業組合做中心。在這一組合下，有雇主聯合會，會員約八十萬。又有雇工聯合會，會員約三百萬，算是世界上最大的農業工會。這一工會包含着雇員、雇工、佃農、小佃農、牧童，它的目的在於保護他們與一切農業從業員的利益。他并且管理種種社會保險，如年老、疾病、受傷保險等等。每個村落都設有一個農民救濟局。農業中雇主與雇工兩方的共同組織，負有解决工資、地租、分租種種的任務。這種解决必須根據政府的經濟社會的政綱，一方要顧及到生産與生産成本，一方要顧及到各地的生活程度。

法西斯蒂政府標榜了農業立國，鼓吹了努力農作，宣布了增加小麥生産的運動。意大利每年需要小麥約九千萬昆得爾，但從大戰終了至一九二四年，本國小麥的出産，僅達這個需要的半數，即四千九百萬昆得爾。因此，不得不從外國輸入大批的小麥，以美國入口的小麥爲最多，每年要付出代價四十萬萬立拉。政府遂宣布：要在一九二五年增加小麥的收成，官民協力來執行這個重要的任務。

農民對於小麥運動是很奮興的。他們都是良好的百姓，土質也不壞，所以小麥的生産逐年增加了。從一九二五年到一九二八年，每年平均達六千萬昆得爾。這一成績聳動國内國外的視聽。到了一九二九年，成績更好了，數量增加到七千萬。從前每個黑克圖生産十昆得爾，現在加多到十四個半昆得爾了。

政府又頒布了以下的獎勵章程：（一）五年内設立三萬三千個小麥模範區，每區等於一黑克圖，使農民學習從播種到收穫的模範作業；（二）支出三千萬立拉，作爲收買良好種子（交换分配在内）與農具的費用；（三）各地建立小套實驗場，對麥作加以科學的研究；（四）各縣設立小麥增收宣傳委員會，獎勵生産，其經費三千萬立拉，由政府指撥；（五）買入并分配電耕機二萬個。

僅僅五年的時間，便增加了兩千萬昆得爾，經過多年的努力後，或許也可以達到自足自給的境地。到那個時候，久已苦於貿易逆調的意大利，當然面目可以一新，輸入便要激減了。

意大利的農業當中，尚有一個很重要的生産事業，即養蠶業。它在意大利的國民經濟上有重要的意義。

養蠶業是普遍的産業，全國各地都有它的蹤迹。但最繁盛的養蠶業則在意大利的北方。據最近的調查，一九二九年，消費了九十二萬盎斯（Ounce）的蠶種，産生了五千二百四十萬公斤的生蠶，從生蠶製出來的生絲，是四百八十三萬公斤。這個産額雖少於日本，但在歐洲則占第一位了。從進口的外蠶製出來的生絲也有七十萬公斤。兩項合計，共達五百五十三萬公斤，生絲的輸出總額，約值二十萬萬五千萬立拉，占意大利出口貿易的總額的百分之十七。

意大利養蠶業的現狀，與其説它是進步的，不如説它是衰落的。其原因可以説是由於養蠶熱的冷消。意大利的官民對這種狀態是懷抱多少的優慮的。假若不趕快講求對策，那末國民經濟上就要發生恐慌。事實上也講求了救濟的方法。不過養蠶是件很麻煩的事情，要經過很多的時日才能换得現金。養蠶家决不能在短期内把他的投資轉移到别的産業方面去。這種不順調的傾向，要影響到生産的减縮，比如一九二四年的絲繭是五千六百萬公斤，但到一九二九年則減少了三百萬公斤。這樣，資本家便不歡喜投資於養蠶業，同時農村中的青年女子也厭惡養蠶。不管有不有適當的養蠶人，不管桑田是不是改良，養蠶熱却下降了。

養蠶家於一九三〇年五月在羅馬開了一個大會，做了這樣的一個决議案：『爲着挽回現今的衰落，先要改良蠶質，增多生蠶的收成，同時還要施行養蠶及製絲工廠的統一與統制，要采用標準化的製絲方法。國家方面，必須講求徵税的與財政的簡易方面，以便唤起國民的養蠶熱。其次，要使意大利生絲能够和外國絲競争，應該拿必要的物質與方策附予全國蠶業協會』云云。

其次，法西政府在農業方面所表現的另一個驚人的事業，便是全國總動員的開墾運動。意大利的荒地沼地是很多的，這種荒地與沼地，便是開墾運動的對象。

從意大利的農業收益，大約每年是四百五十萬萬立拉，殊不能滿足四千二百萬人口的要求。所以不惜以近代的科學與巨大的人力來開拓荒地與沼地，以便增加耕地的面積。但開墾事業，和排水、灌溉、公路、建築房屋、敷設水道、架設電綫等都有密切的關係，要想一氣完成是很難的。於是政府便定出了三十年的繼續開墾計劃，決定不撓地不倦地幹起下去。

到一九三一年，被排水的沼地約一百八十萬黑克圖，被灌溉的荒地有兩百萬黑克圖。打算今後在這一百五十萬黑克圖的被排水的土地上建設小的農村。政府預定開辟六百萬黑克圖的新耕地出來。這里所需要的經費是：從一九二八年起，在三十年中間，要支出七十七萬萬一千萬立拉來辦理水利水力，六萬萬六千萬來進行灌溉事業，三萬萬九千萬來敷設地方水道，六萬萬來興修地方公路，四千五百萬來建立電力設備。政府并徵求民間資金的協力，在最初十年內，要每年由各銀行於國民的儲金內提供五萬萬立拉作爲墊款。

一九三三年七月，有一萬五千家的退伍軍人，分得了開墾出來的土地，每家從十五到二十黑克圖。又有五千家，也可以得到這種土地。

三　經　濟

（一）貿易

意大利商業的歷史，是以中世紀爲最光榮。那時候，她是世界商業最發達的國家，威尼斯商人獨占了近東各國的與歐洲的貿易。可是自從近代初期的商業革命實現以來，海洋的交通事業也大大地發達起來了，意大利的商業便衰退了。現在世界市場上，她僅占次要的地位。她國內的大商埠，可說只有兩個：熱那亞與那不勒斯。北部工業所需要的原料以及他所生産的出品，都要經過熱那亞。此地的出口是絲織物、棉織物、毛織物、橄欖油等，進口方面有埃及、印度運來的棉花與歐美運來的煤炭。那不勒斯是第二個大商埠，其重要性遠不及熱那亞。

講到意大利的對外貿易，她是一個入超的國家，每年入超達於六萬萬元（國幣）。近來意國政府每每對於國民，勸他們不要悲觀，説對外貿易的狀況正在轉入好現象。茲將意大利歷年的對外貿易表列如次：

意大利對外貿易表（單位百萬立拉）

	輸入	輸出	入超
自一九一〇年至一九一三年平均	一,四九六（金）	三,五二八	九六八
一九二五	二六,二〇〇（紙）	二一,〇一五	五,一八五
一九二六	二五,八七九	二一,一七〇	四,九〇四
一九二七	二〇,三八五	一五,六三二	四,七四三
一九二八	二一,九二〇	一四,五五九	七,三六一
一九二九	二一,三五三	一四,八八六	六,四六七
一九三〇	一七,三四六	一二,一一九	五,二二五
一九三一	一一,六四三	一〇,二〇九	一,四三四
一九三二	八,二四七	六,七九六	一,四五一

就上表看來，意大利的進口與出口貿易，都比戰前進步了，但自近年以來，輸入有增加的傾向，輸出有減少的傾向。因此，一九二八年的入超，在七十三萬萬立拉以上，一九二九年的入超也達於六十五萬萬。但自世界經濟恐慌爆發以來，進口與入口，都銳減了，因而入超也就銳減。

其次，意大利產業所需要的材料的進口，也逐漸加多。在金融緊迫的時候，尚且步步運入多數的材料，這是意味着工商業活動的膨脹。但對於所輸入的材料，加以精製後，大半又要把它運往外國。比如一九二九年度，羊毛與棉花的進口，達於三十萬萬五千萬立拉，但毛織物與棉織物的出口，則占全國總出口貿易的百分之四十。半製品與精製品，因爲他們的價格比材料的跌落得更低，尚能表現繼續出超的成績。

至於一般的食料，從大戰到一九二八年，入超每年都有增加的傾向。但從一九二九年起，因爲小麥收成增加的結果，小麥輸入激減，價格也下落，於是食料的入口也就大大地減少了。不過麵粉的輸入，在一九二八年尚達三十八萬萬二千萬立拉（三百七十六萬四千噸），到一九二九年也還有二十四萬萬八百萬立拉（二百五十九萬八千噸），只減少了十四萬萬一千三百萬。

以上是意大利的入口貿易，究竟她的出口貿易是怎樣呢？我們把它分別説明如次：

（甲）對歐洲的貿易　意大利對歐洲的貿易，在一九一三年她占總出口貿易的百分之六十三，到一九二八年，減少到百分之六一點七。在歐洲三十多個國家中，我們只選出幾個重要的國家來説明一下。

德國在大戰以後，仍不失爲意大利的大顧客。一九一三年對德輸出達三萬萬四千三百萬金馬克，一九二八年達二十三萬萬立拉（紙），比以前略有增加。對德輸出中最大的一個項目是絲綢，價格達三萬萬六千萬立拉，其次人造絲的出口也每年加多，約值一萬萬三千萬立拉以上。再其次便是檸檬類與乾果等物。德國對意大利的輸出，漸漸從農産物轉移到工業原料品了。

對英國的出口貿易，也和大戰以前没有多大的分别。出口貿易中的第一個項目是絲織品，約值二萬萬五千萬立拉，其他織物一萬萬立拉，檸檬八千五百萬，汽車八千萬等。對瑞士的出口，在一九二八年約值十三萬萬立拉，主要的商品是生絲、葡萄酒、絲織物、汽車等。法國也是意大利的好顧客，每年可以購買十四萬萬立拉的商貨，如生絲、麻、生皮等，不過近來也有減低的傾向。

此外對奥地利、捷克、南斯拉夫、匈牙利、希臘、比利時、西班牙、荷蘭、波蘭等國的輸出，祇有幾萬萬立拉。

（乙）對亞細亞及澳洲的貿易　意大利對亞洲及澳洲的貿易，逐年表現增加的好況。一九一三年，這一貿易僅占全國出口總額的百分之四十九，一九二四年加到百分之五十七，一九二八年忽然加到一百分之一〇。從出品的種類來觀察，在戰前以棉紗棉布爲最重要的項目，但在今日，一面因日本的可怕的競争，又一面因印度、中國的棉紡織業的發達，意大利的棉貨便有顯著的減退。可是意大利的人造絲，在亞澳兩洲的市場擴大了，很可以填補棉紗失去的市場而有餘。

意大利對我國的輸出，比大戰以前加多三倍。其中百分之八十是各種織物。土耳其也是意大利的一個大顧客。大戰以前，意大利對土耳其的輸出，占她對亞澳的出口貿易的百分之三十。她是英日兩國的勁敵，打破了棉紗棉布獨占的市場，但後來棉貨輸出的額數減少了，到現在還没有好的市場。

澳洲很歡迎意大利的帽子，一九二八年輸入的帽子有五十萬二千頂，此外進口的人造絲織物約值兩千萬立拉，汽車約四千萬立拉。

（丙）對南美北美的貿易　戰前意大利對北美、南美的出口貿易，占她的總輸出額的百分之二十四。戰後各年平均的輸出額是百分之二十二，略略低降了。至於出口的種類，戰前以食料、飲料、農産物占首要的地位，但近年以來，南北美的農業都有顯著的發展，關於這些物品的需要都可以由本地供給，因此意大利對美洲輸出的食料等也就減少了。但各種織物的輸出則越加有希望了。近來運往北美的檸檬逐漸減少，但生皮、絲織物、毛織物、帽子則大有增加的傾向。

最近日本新設一個貿易局，設法發展日本的海外貿易，并且定出縝密的計劃。同樣，意大利在一九二七年設立一個輸出協會於羅馬，管理振興貿易，開發販路，供給商場的情報，交易指導等事務。它也做出了多少的好成績。至一九二九年，意大利政府爲着迅速地與有效地實現貿易的開展，決定在世界各地設立自己的商業協會，并指定各該地的意國公使與領事給予協助。意政府決定了如左的辦法：

（一）設立意大利商業協會，或於没有意大利商務官的外國的要地，設立意大利商業委員會。

（二）該商業委員會，由僑寓各地的意國工商業者十名來組織，委員是無俸給的名譽職。

（三）商業委員會，受駐在各國的意大利公使與領事的指揮；它研究與報告關於意大利在各國的經濟發展的一切問題，并且處理實際的事務。

（四）成績良好的商業委員會，可以提升至商業協會。

這些規程都已實行了。

同時還要指出：意大利的輸出協會内，尚設有一個情報課，其目的在以外國商情與其他交易的一切情報供給於本國來探問商情的貿易業者。這一情報，必須是正確的、迅速的與可能地秘密的。但近來意大利的商人來探問商情的太多了，而探問的種類也太複雜了，一個小情報課便應付不來，因此決定於農林部與同業組合部下，設立一個大情報部，輸出協會内的情報課則改爲貿易情報局。

新設的情報局，在世界各國各地常置最可靠的通訊員。各通訊員對於該局所要調查的各件，至少要從不同的三方面來研究、探問與報告。這樣的通訊網，可以正確地、迅速地收集關於外國商社的情報。因而使本國的出口與進口商人的交易趨於安全了。該局發給情報，也收取少數的手數料即手續費，這一手數料的多寡，完全依賴被調查的國家的遠近。

（二）財政

這幾年來，意大利的財政陷入了困難的狀態。本年（一九三三年）二月，財政部發表了下一年的會計年度（意大利的會計年度從七月一日開始，到翌年六月三十日爲止），會要短少一六三，〇〇〇，〇〇〇美金，比本年度的虧空要大一倍以上。照預算的數字看來，鐵道用費、公債利息、開墾經費與農民貸款，都比前增多了。然而莫索里尼并不覺得財政的危迫，他於一九三二年十二月二日，還命令建造輕巡洋艦兩隻、驅逐艦兩隻。

又據法文雜志《風景》（*Vu*）的記載，到一九三三年六月三十日止，意大利國庫的虧空，已達四十萬萬立拉，五月二十七日，財政大臣楊格（Gung）氏關於國家的財政狀況，發表以下的報告：國家的支出，二一，八八〇，〇〇〇，〇〇〇，收入一七，八四七，〇〇〇，〇〇〇立拉，此外尚有上年度移交下來的虧空一，八六七，〇〇〇，〇〇〇立拉，那末從一九三三年到一九三四年度的短缺，應該是九十萬萬立拉，而預算的總額是二〇,六一四,〇〇〇,〇〇〇,即是説，要占總額的百分之四十五。怎樣彌補這個巨大的虧空，以及如何應付各種的浩大用費，這都是很費推敲的。（參閲 Le Vu,『La Situation Economique et Financiere』Par Roger Franc, No. 282. p. 1233）

爲着明瞭意大利財政的内容起見，我們把一九三〇年至一九三一年的會計年度的預算揭載如次：

一九三〇年至一九三一年經常歲出的主要項目（單位立拉）

國債利息	四,四〇九,〇三一,五〇一
行政經費	三,六三九,四六八,四〇一
國防經費	二,七一七,五二七,四四五
武官人事費	二,三〇三,六二九,一六〇
文官人事費	一,九〇二,九七五,九〇五
戰爭特別恩給	一,一七三,五〇〇,〇〇〇
小學教員人事費	九一〇,〇一六,二〇〇
普通恩給	七八二,五一三,四六〇
戰區修復費	一三,〇〇〇,〇〇〇
殖民地補助費	四九三,〇〇〇,〇〇〇
關係歲入的支出（如奬券的賞金）	七三六,一九六,一五五
合計	一九,〇八五,八五八,二二七

這樣，意大利的總歲出是一百九十萬萬八千五百八十五萬八千二百二十七立拉，但是實際上則不止這樣多，因爲除這個以外，有時政府還要向國庫通融多少的資金，來渡過一時的難關。在一九三〇年度，由通融得來的款項，達九萬萬三千二百萬。因此，歲出預算超過了二百萬萬，和日本的二十三萬萬（一九三二年至一九三三年）相比較，尚少兩萬萬。

關於意大利的歲入項目，看看左表就可以知道了：

一九三〇年到一九三一年歲入的主要項目（單位立拉）

經常、臨時歲入	一九,三四八,八四六,三九九
國庫短期借款	六七四,三二五,九一七

歲入的主要項目	
直接税	五,二〇〇,八〇〇,〇〇〇
消費間接税	五,三八四,〇〇五,〇〇〇
批發特別税	三,〇二九,〇〇〇,〇〇〇
奬券收入	五二〇,〇〇〇,〇〇〇
鐵道郵政電信煙草鹽等的純利	二一八,四三六,九六九
交通部外務部的行政收入	五七,五〇〇,〇〇〇
雜項收入	六八二,四七九點六一〇

從上表看來，歲入中的幾個大項目是直接税、消費税、批發特別税三種。直接税當中，以所得税占最大部分。意大利是個窮國，自從統一以後，財政每苦不足，她的預算向來就很難平衡，總是常常表現虧空。一九二五年，法西斯政府就采取了開源節流的辦法，不僅實現了預算的平衡，還在國庫中存儲了幾百萬立拉的盈餘。其開源的方法，便是着重增加所得税。在一九二五年的時期，意大利進入了經濟穩定與復興的階段，所得税的增加替政府開辟了一大財源，但到不景氣的今日，所得税鋭減了，致使政府的虧空很難填補。消費間接税，包括海關税。批發特別税，包括營業税。就一九二六年至一九二七年的會計年度看來，直接税占百分之二七點四九，海關與内地税占百分之二五點九九，國家專賣的收入占百分之二〇點六〇，營業税占百分之一六點八七。到現在，意大利的歲入，還是以這種税收爲最大的項目。

歲出方面，以國債利息與國防經費爲最大的項目。現在意大利的公債，連内外債包括在内，大約有二千萬萬立拉。這真是駭人聽聞的數目。國防的費用，因爲一般的軍縮没有成功，而意法的軍備平等又無希望，遂不能不逐年加多。意大利在中歐與巴爾幹以及地中海，都正在和雄視歐陸的法蘭西争奪霸權，因此兩國的關係突然表現緊張的狀態，一九三三年夏季簽字的四强公約，只是破壞了意德的聯盟，决没有消除羅馬與巴黎間的敵意。這樣，意大利必須加緊國防的工作，擴大國防的用費，遂使她的財政上多了一個破壞的因素。

意大利是個負債的國家。國内國外的財政專家，總覺得意大利財政的癥結在於公債。這個病根不除掉，財政是没有辦法的。法西政府對於整理財政，算是煞費苦心，不過對内債雖可以采取大刀闊斧的辦法，但對外債則不能使用協迫的手段。這樣，意大利政府對整理内債外債，只好分别辦理罷了。

意大利的外債，大約是一千萬萬立拉。最大的債權國家是美國，她借給意大利的金資是二十萬萬四千二百萬美金。其次便是英國，債額達六萬萬一千八十四萬磅。這些債款大半是在大戰時代拉借的，所以又稱它做戰債。那時候大家都共同努力於協約國家的勝利，從英美各國借來了不少的借款。這種借款如何歸還，在戰後便有種種的議論。大家知道這都是爲相互的利益通融得來的借款，那末是不是要掃數歸還？就是定要償還，是不是債額可以減低呢？議論真是很多的。債權國要討回債款，自然是天經地義，那還有什麽話説啦。

對美戰債既有這麽多，自然不能一時歸還，就是單還利息也是不容易的。所以一九二五年，意政府和美國作了一個誠懇的談判，成立了一個協定，分作六十二年攤還，從一九二六年起，在五年以内，應該每年攤還五百萬美金，以後應還的金額逐年加多，到一九八七年，應該歸還七千九百四十萬美金。全部債款，到此完全償清了。這也算是於意大利比較有利的條件。從英國借來的款項，約合美金六十萬萬，比美債的數目大多了。一九二六年，由英意協議的結果，全部債額分六十二年償清，其辦法和意美協定相彷彿。

外債問題的解决，算是把莫索里尼政府的財政上的病源剔除了一半。意政府乃着手整理國内公債。依據一九三〇年五月的調查，意大利的内債達七百五十萬萬，把它折合市價，則衹有六百萬萬。財政部臨時發行的短期借券，尚不在内。截至一九三二年末，國内公債約有一千萬萬立拉。

法西政府訴請於國民的愛國心，苦勸人民把所持的債券通統燒毁，同時又勸他們根據多多益善的原則，以金資借助政府。在莫索里尼的統治下，自然也有不能不『見義勇爲』的。因此，便有人把自己的債券慷慨地拿出來，奉獻於政府，由莫索里尼在羅馬無名戰士墓前親燒毁。（注：該書爲插圖本，共二百一〇個版面，本次僅節録前面概述部分五十一個版面即四分之一的内容。）

（一九三三年　上海良友圖書印刷公司出版發行　署名『董之學』）

董維鍵文集

下

董維鍵 撰
鍾發喜 宋沛珊 整理

湖南大學出版社·長沙

法西主義

釋　名

『法西主義』和『法西斯蒂』這兩個名詞，現在已經在國内很普遍地流行着了。但對於這些名詞的起源，知道的還很少。現在爲使一般讀者易於瞭解起見，於本文首端，把這兩個名詞的起源解釋一下：

有許多政黨是先有了『主義』，後纔有『黨』，先有『自由主義』，而後有『自由黨』；先有『社會主義』，而後有『社會黨』，但是『法西斯蒂』却是先有了黨，後才有『主義』。『法西斯蒂』這個名詞的産生在前，而『法西主義』這個名詞産生在後。

『法西斯蒂』的意大利原名叫做Fascisti，這個名詞的語源出於拉丁字Fascis，這個拉丁字是代表羅馬行政長官出巡時所用的一種裝飾品，是一柄斧頭，四周用棍棒圍扎，下面有一個較細的柄。這是羅馬時代封建權威的象徵。因爲代表權威，所以墨索里尼在意國組織秘密團體時就用作稱號。所以『法西斯蒂』這個名詞和『斧頭黨』『大刀會』有同樣的意味；因爲有了這『法西斯蒂』的組織，後來就用『法西主義』（Fascism）這個名詞來代表此種組織的主張和理論。

『法西斯蒂』這個名詞在中國有許多不同的譯法：有譯爲『棒喝團』的，乃是從語源着想；有譯爲『泛系黨』的，則爲音義雙關的譯法；更有譯爲『黑衫黨』的，則是因爲墨索里尼的黨以黑色内衣當作制服的緣故；但是德國的『法西斯蒂』却是以褐色内衣作制服的。同樣地『法西主義』這名詞，也有譯作『棒喝主義』的，也有譯作『泛系主義』或『法西斯主義』的。作者采取音譯，故稱『法西斯蒂』及『法西主義』。

一、導　言

最近常常聽到與看到『法西主義救中國』的話。信賴國聯，誠不足以救中國。一面抵抗，一面交涉，長期抵抗，又不足以救中國，不戰不和，亦復不能救中國，然則中國真不可救麽？我不相信。所以一聽到法西主義救中國的聲音，就不能不加以注意。和我有同樣感觸的人，恐不在少數。

法西主義這個名詞，經過無數報紙與雜志的介紹以後，已經爲一般人所熟知了，在一般人的心目中，它是和暴力與恐怖相聯繫的，但這僅是一個皮相的瞭解。

現在，法西主義籠罩了全世界，連殖民地的國家也有想去摹仿。在這點上，法西主義的老祖宗墨索里尼（Mussolini）是很可引以自豪的。事實上，法西主義在時間上與空間上都擴大了；最近德國法西主義取得了政權，日本的法西斯蒂也躍躍欲試，這自然更足以使老祖宗喜氣洋洋地笑道：『吾道真不孤。』

法西主義已經成爲世界範圍内的普遍運動了，不論在什麽國家（先進的、落後的、帝國主義的或者殖民地的國家，祇除蘇聯），都有它的踪迹，越是在資本主義危機最大的國家，它的吸引力越大。它代替了虚僞的資産階級民主，成爲新的統治方式，在挽救資本主義與鎮壓革命運動這點上，它表現了很大的成績。因此，它到處受到大資産階級的歡迎。

有人説過，法西主義是介於過分成熟的資本主義與社會革命中間的一個過渡的東西，這裏所謂的過渡，當然不是從資本主義過渡到法西主義再過渡到社會主義，因爲就實質講，資本主義和法西主義并没有不同。而後者祇是資本主義的一種特别政治的與經濟的形式而已。但是第三期的資本主義早已成熟了，而社會革命却不能按部就班地趕來，中間還留一個鴻溝。法西主義在這鴻溝中發生撑持社會的作用。

資本主義既早已成熟，爲什麽不崩潰下去呢？這是由於資本主義不會自動地崩潰下去。從前有個著名的人説過，資産階級不是没有辦法的，祇有下層群衆的鬥争才會使它没有辦法。現在被威脅的資産階級找到新的辦法了——法西主義。

二、法西主義的概況

越是常見的東西，越不容易瞭解，這大概是通例吧。法西主義，不但我們不瞭解，就是老祖宗也同樣不很瞭解，不敢輕易替它做一個定義；直到最近，墨索里尼才於他的論文中發表他關於法西主義的估計，這論文刊印在《意大利百科叢書》（*Italian Encyclo Pedia*）的尾卷中。

墨索里尼說：法西主義，實在并不是一種主義，而是一種生活的方法。法西主義認定生活爲鬥爭，在這鬥爭中，個人的義務在於首先克服本身，使他能够效勞於本身、國家與人類。從法西斯蒂的立場看來，生活是嚴重的問題。法西主義鄙視安逸與妥協，更反對抽象的個人主義，反對唯物主義與烏托邦。就政治立場講，法西主義是現實主義，想在實際的基礎上解決一切問題。法西斯蒂認爲一切皆在國内，除開國家則一切人事與神事都没有價值了。所以法西主義就是總括主義，在於解釋民族的整個生活。由人民成立的國家，包含人民的全部，不是僅僅包含大多數的個人。因爲這個緣故，法西主義反對德謨克拉西；蓋以民主政治，使人們趨向於大多數的較低水平綫。但是法西主義則訓練個人與民族，使趨於較高的水平綫，所以對於紀律、權威與精神，都要把它提高。

這是老祖宗自己的解釋。我們覺得它太空泛了，祇有反對德謨克拉西這一點是比較地明確。但反對民主，也不是法西主義獨有的特色。封建勢力濃厚的國家，有不少的貴族分子（即保皇黨），表現更强烈的反民主的傾向。

法西黨徒更抓住黑格兒（Hegel）的哲學命題：『凡現實的都是合理的，凡合理的都是現實的』（Was wirklich ist，ist vernünftig；was vernünbtig ist，ist wirklich）來贊揚法西主義的合理性與現實性。但在我們看來，『合理的』法西政府，僅僅是暴力統治（Gewaltherrschaft），把反民主的口號推到了極端，使梅特涅的絶對專制時代重復出現。暴力，已經成爲過分成熟的資本主義的主要支柱。

總括説來，法西主義在政治方面，否定自由主義與民主主義，主張對國家的絶對服從，并且傾向於寡頭專制，不承認個人有什麽自由或權利。它在經濟方面否定社會主義（如資本公有，公共經營），確認私有經營與自由競争。有時候也喊出一些動聽的反資本主義的口號（如打破利息奴役）。在社會方面，它承認諸階級的存在，却否認階級鬥争，否認無産階級的自衛權。法西主義的文化是傾向於復古與排外（國粹）。

無産階級獨裁尚承認民主的中央集權，而法西主義的獨裁便是赤裸裸的專制中央集權。實際上，政治的統治權衹隸屬於領袖即墨索里尼。至於經濟的與社會的統制權，則隸屬於資本主義制度下的大資本家與大地主。實際上，法西政權早已成爲資本家與地主的附庸了，他不過是資本家與地主的保鏢。它如果離開了這個任務，便没有存在的餘地。

以上便是關於法西主義本質的一個概念。自不待説，各國的法西主義因爲環境的差异也有彼此互异的地方，但是它的基本特點大致是没什麽出入的。

附注：此外尚有所謂社會法西主義（Social Fascism），大概是指的社會民主黨，因爲它不惜以暴力來鎮壓工人運動。還有若干右傾，有法西化的動向，也往往被稱爲法西斯蒂，是很不正確的。

三、法西主義的先決條件

以前説過，法西主義已經彌漫了全世界。它爲什麽有這樣大的魔力呢？更可進一步地問一問：爲什麽發生法西主義呢？

概括地説，法西主義是許多客觀條件下的産物。『帝國主義時期，階級鬥争越加尖鋭化，尤其在帝國主義大戰以後，國内戰争的因素也加多了，議會政治表現破産，新的統治方法遂從此出現。……在特殊的歷史條件下，資産階級帝國主義進攻的行程，采取了法西主義的形式。這些條件是：戰後資本主義關係的動摇，大量脱離階級的社會成分的存在，大量城市小資産階級與知識分子的貧窮化，鄉村小資産階級的不滿，最後，無産階級群衆行動的不斷的威嚇』。

這些歷史條件便是養成法西主義的客觀元素，歸納起來，不外是：（一）資本主義的動摇。（二）貧窮化了的中間階層的存在。（三）無産群衆的尖鋭鬥争。

自從一九一七年蘇聯十月革命成功以後，世界上便有六分之一的地域脱離了資本主義而走進了社會主義的陣營，這普通認爲是資本主義動摇的一個最大的具體表現。戰後的中歐、東歐與南歐都陷入極端的混亂狀態，把大批的中間階層都貧窮化了。同時無産群衆爲着生存而鬥争，企圖奪取政權，占領工廠，掠取土地，鬧得烏烟瘴氣，令人可怕。徘徊歧路的中間階層的一部分投入了無産的隊伍中，而大部分則加入了法西黨。事實上，法西斯蒂即以這部分被威脅的小資産階級作骨幹。因此，大多數的作家説法西斯蒂是個小資産階級的政黨，和社會民主黨仿佛相同。

另一面，也有説法西斯蒂不是小資産階級政黨的。他們所持的理由是：小資産階級本身就不能獨立，自不能組織自己的獨立政黨，更不能説現在的意大利與德意志是被小資産階級所支配。我不同意這個意見。

自不待説，小資産階級是徘徊於資産階級與無産階級的中間的，没有堅定的意志。但是决不能根據這一條件來否認小資産階級所組成的政團。從前俄國的社會革命黨與少數黨（Menschviki），已經被評定了是小資產階級的政黨，現在的社會民主黨也是受同樣的估定。這是事實，不能加以否認。

不過小資產階級的政黨，絶不會脱離小資產階級的動摇不定的意識的。在它受壓迫的時候，它是參加乃至領導反抗運動的。不過一遇到下層群衆的解放鬥争，它便毫不遲疑地毫無條件地投入資產階級的懷抱，儘量擁護資產階級的利益，因爲在這裏它認識了它自己的前途是和資產階級的聯繫在一起。從前俄國的社會革命黨與少數黨也算是儘量參加了反專制的運動，可是一到後來掌握了政權，便和資產階級勾結一氣來摧殘俄國工農的解放運動，變成了資產階級企圖穩定政權的有力工具。各國的社會民主黨，尤其在德英兩國，完成了同樣的任務。

自然意大利的法西斯蒂與德國的國家社會黨，和以上所説明的有些不同，但是没有根本的不同。這兩黨從開始活動的那天起，便是極端反動的，但它們無論在朝在野，都絶對擁護資產階級的利益。小資產階級從純粹的階級觀點上是滿可以擁護資產階級的，自然不能説，因爲它擁護了資產階級，便不是小資產階級了；尤不能説，現在德意兩國的法西斯蒂是獨立的小資產階級政黨，因爲它們完全做了獨占資本財政資本的工具，便完全失掉了獨立的性質。但它們是由大部分中間階層組成的這一點，是不能加以否認的。

這樣貧窮化了的諸中間階層的存在是法西主義的一個最重要的先决條件。介於支配的資產階級與被支配的無產階級的諸中間階層，隨着資本主義的没落而貧窮與没落，感覺到本身的不安與煩躁。同時獨占金融資本家支配的政治的機構也被暴露無遺了，議會政治的欺騙與腐敗也一幕一幕地被揭破了。無產階級勢力的猛進預示了社會次序的破滅。資本主義爲着脱出危險，充分利用法西主義，把廣泛的諸中間階層吸引到自己的方面來，并且唆使法西主義散布花言巧語的社會主義的辭句，來争取意識落後的無產階級。它更鞭促法西主義對革命運動的前衛，加以衝鋒式的進攻。

所謂諸中間階層，便是城市的小資產階級與知識分子，農村的中小地主、富農與自耕農。這些階層在戰後的經濟危機中已經遭遇了很大的痛苦，可是在資本主義重新穩定的時期（一九二四至一九二九年的上半期），他們也比較地安定起來了。這時候的法西主義，没有什麼發展。自從世界經濟危機於一九二九年下半期爆發以來，城市的俸給生活者與小有產者受着不景氣的影響，不能不常常忍受減薪與證券繼續跌價的痛苦。小商人受大商人的壓迫與榨取，破產的日日加多。同時農村中的中小地主與自耕農，因爲物價降落與生產過剩的結果，感覺到收入的猛縮，祇得借債爲生，現在已達到借債的極限，不能再借了。總之，諸中間階層，無論在城市或農村，都向貧窮化的大道猛進。在危機愈加深刻化的條件下，他們被資產階級的走狗們用『社會主義』的詞句騙入了擁護資本主義的陣營。近四年來，法西主義飛躍地前進，就是這個緣故。

另一方面，先進資本主義諸國的無産階級因爲受不了資産階級轉嫁給他們的危機負擔（Burden of the erisis），如減削工資、開除工人、延長工作時間、增加工作的强度等，也大批的向左轉，互相聯合起來，向資産階級的攻擊作有力的反攻。同時，産業工人、農業工人的失業突破了向來未見的程度，德國失業工人雖然暫時穩定在六百萬左右，但仍然有大批增加的可能。英國失業工人三百萬，美國失業工人一千六百萬，法國失業工人一百五十萬，日本失業工人百餘萬。這是何等巨大的數字呵！這些失業工人毫無疑義地擴大了無産運動的數量與威力。單就德國講，一九三二年三月大總統選舉的時候，左傾工人的投票僅達到了五百萬，可是同年十一月的國會選舉，就有六百萬左傾工人投到共産主義的旗幟下了。這對於資産階級是何等巨大的威脅！小資産階級也不免發抖，所以其中有一大部分情願受資産階級的誘惑來擁護現成的資本主義社會。他們認爲保存現今社會就是等於挽救自己。同時又發現資本主義的弱點與對自己的破壞作用，所以氣憤憤地喊出一些反資本主義的口號。

總結説來，資本主義危機的發展，大批中間階層的赤貧化，無産運動的猛進，這些便是養成法西主義的基本條件。而法西斯蒂確是中間階層組成的小資産階級政黨。該政黨的獨立性雖然不能保存，但這恰是小資産階級的本來面目。

四、法西主義的前途

意大利的法西斯蒂已經握住了政權十一年。在這十一年當中，摹仿法西政權的國家，如匈牙利、西班牙、波蘭、南斯拉夫、立陶宛、德意志等，不知道有多少。其中如南斯拉夫與西班牙因爲缺少有力的支持與反法西主義的猛烈，都先後坍台了。最近東亞的日本也顯然要走法西主義的道路。不消説，最有力的法西主義國家，衹有意大利與德意志兩國。在那裏，有廣大群衆被捲入法西主義的勢力範圍內，自覺地或不自覺地支持法西主義。那兩國的法西斯蒂，最受資産階級的賞識的，便是能够在比較短促的時間内完成鎮壓共産主義的工作。

法西主義在意大利既是存在了十多年，現在也還没有表現什麽嚴重的破綻，它的前途似乎是很光明的。但西班牙與南斯拉夫法西斯蒂獨裁的失敗，不能不使我們對法西斯蒂的前途懷抱多少的疑慮。就一般講，法西主義既是和資本主義打成了一片，自然要隨着它趨向没落，不過第三期的資本主義無論怎樣受危機的震撼，是决不會自動崩潰下去，那末，法西主義也當然不會自動地破滅。不錯，過去法西斯蒂陣營（如德國）裏，不斷地表現分化。有不少的幹部脱離關係，但這并没有表現削弱法西斯蒂的力量。希望與等待法西主義的自動崩潰的人恐怕要終於失望的。不過法西斯蒂没有統一的堅强的階級性，這是它在戰鬥能力上的一個大弱點。

有人説過：『産業革命以後，一切社會現象都很迅速的轉移着。反動出現與達於全盛的行程是很迅速的。但它被認爲完成歷史的職務也是很迅速的，因此它消滅於歷史舞臺也必定是很迅速的。』但意大利的法西主義雖然在戰後的危機中完成了挽救資本主義的任務，可是到現在還没有傾倒，在目前的危機中，它還極力企圖第二次挽救資本主義的危機。

世界危機中生産的減低，國外貿易與國内貿易的縮小，政府財政的破産，下層群衆的赤貧化，大批工人的失業，乞丐與游民的加多——這些條件創出了種種困難，使法西斯蒂不易完成其維持垂危的國際資本主義的任務，倘若法西主義把這個任務完成了，那末，就有更多的理由相信它可以繼續存在下去，除非被另一種形式的擁護資本主義的政權所代替。

我認爲法西主義的前途是决定於社會主義革命的客觀條件的成熟與無産群衆的鬥争的發展。倘若那些客觀條件成熟了，再加上無産群衆的抗争，那末資本主義就要壽終正寢，法西斯蒂自然没有存在的餘地了。法西斯蒂自身充滿了資本主義的一切矛盾，也許和資産階級政黨一樣，因黨内與黨外的鬥争而趨於没落，再加上一個有力的反法西斯蒂的鬥争，便可以結果它的生命。

反法西斯蒂的鬥争，是和社會革命不同的。即是説，那怕革命的客觀條件没有成熟，仍然是可以和法西主義相鬥争的，而且是有成功的希望的。不過等到法西斯蒂握住了政權，鞏固了他的地位，那末成功的希望就很少了。據説祇要無産者結成大規模的聯合戰綫，一致抗争，定可以給法西主義以嚴重的乃至致命的打擊。在過去，社會民主黨單靠投票權來打擊法西斯蒂，拒絶一切聯合戰綫的鬥争，這無疑替法西主義鋪平了道路，使他平穩地走上舞臺。一九三三年，德國社會民主黨主張選舉興登堡（Von Hindenburg）做總統，來抵制法西斯首領希特勒（Hitler），已經是很滑稽了。果然不出我們所料，興登堡即於一九三三年正式任命希特勒做總理，使法西獨裁正式成立，於是社會民主黨可依賴的投票權也不能自由行使了。有許多社會民主黨議員正式投降了法西斯蒂。

以上是關於法西主義的概念。爲着明瞭法西斯蒂運動的内容起見，我們决定在以後的頁數中描寫三個較有群衆的法西運動，即意德日的法西運動。

五、意大利的法西運動

法西運動是發祥於意大利，老祖宗墨索里尼成爲國際法西斯蒂的唯一導師，羅馬成爲法西主義的耶路撒冷（Jerusalen）。但是近來事實告訴我們：法西主義的國際化不但不能加强資産階級的國際連鎖，恐怕還要增加國際的阻力。如一九三三年六月德國的法西斯蒂要争取奥國的政權，而法國則抓住奥國的政府，極力向法西斯蒂反攻，拘捕大批的法西黨員。因此德奥的國交頓形緊張。可是意大利的半官報紙（意大利日報）反祖奥而排德。可見法西主義是首先着眼於本國的民族利益的，祇有民族利益和國際法西主義不相衝突的時候，國際法西斯蒂才能增進國家與國家的合作。

意大利産生法西斯蒂的經濟環境是首先值得我們的注意的。就工業資本主義講，意大利是歐洲諸强國中比較落後的國家；工業的發展僅限於北部，至於中部與南部都是農業地方，但是農業在北方的勢力也是不可藐視的。意大利的政府大半是處於舊的農業勢力的支配下。農業重保守，工業重進取，兩下常常發生不同的與相反的政見。歐洲大戰爆發的時候，北方的工業資本家企圖擴大對政府的支配權與推進企業的發展。所以極力主張參戰。後來法西黨的指導者拼命煽動參戰，無非想做工業資本家的工具。工業資本家的主張畢竟戰勝了。

意大利參戰的結果，雖然戴了戰勝者的榮冠，但是國内的經濟，則没落下去了。金融事業猛跌了。國内的商業、工業等等都次第被置於外國人的勢力下了，工業原料品如棉、石炭、鐵、羊毛等以及生活必需品，都感覺非常的缺乏。在這個經濟恐慌中，知識分子的痛苦是很尖鋭的。在有些大學中，聽講的學生減少了一半。講師減到十分之一。關於俸給方面，高級的比戰前減低二倍，低級的則減得更低。因此一個知識分子的收入往往不及一個勞動者。這樣，知識分子便有些憤憤不平，多半表現右傾。

從一九一九年到一九二〇年，因爲工業的衰退與農業的不景氣，工人失業的與受欠薪的影響的，也是天天加多，他們的生活很難維持，結果引起工人群衆的左傾。舉例來説：一九一四年社會黨黨員僅有五萬八千名，可是到了一九二〇年，便加到二十一萬六千人了，工人的左傾不僅在社會黨黨員的加多這一點上可以看得出，他們在行動上也激烈化起來了。

那時意大利工人受俄國革命的刺激，簡直直接行動起來了。可是他們缺乏鬥争的正確指導與豐富的經驗，不能保持他們的勝利。那時工人都在都市占領工廠，在農村奪取土地，把資本家與地主們個個嚇得發抖。領導城市工人的是社會黨，領導農民鬥争的是人民黨（天主教）。那時稱城市工人的騷動爲赤色過激主義，稱農民的騷動爲白色過激主義。甚至有些城市也被社會黨占據了。意大利第一個工商業都市米拉諾（Milano）的市政廳被社會黨撤去了意大利的國旗，高懸了兩年的紅旗。街頭巷尾必有紅旗飄揚着，公共集會的處所到處唱着《國際歌》。對於議會與元首，加以不斷的辱罵。因此煽起了階級的惡感與暴動。衹有革命的人物才被容許在公共會議上發言。反對派一開口，便受到唾罵與打擊。

對於官吏、憲兵、警察尤其痛恨。鐵路工人一等到鐵路官吏坐車，便要求他們下車，否則不開動。對憲兵、警察也是同樣對待。北部的産業工人是很富於罷工的勇氣，動輒宣言罷工。農業勞動者也不客氣地占領耕地，未被占領的地方，收成衹好聽它腐爛下去。飼牛的工人也停起工來了，致使牧牛挨餓乃至餓死。武裝糾察隊更是威風凛凛。

這樣，意大利的經濟狀況便陷入了極端的混亂了。政府表現毫無能力。一九二二年六月，意大利的勞動者更宣布總罷工。這次罷工是法西斯蒂聯合政府的憲兵與警察在四十八小時以内來破壞的。他們用武力保護破壞罷工的工人，更動員自己的黨員來轉運電車與火車。他們乘勝直追，把社會黨與共産黨系的都市辦公處、機關報社、工會、重要分子的住宅都搗毁或燒毁了。他們遇見了社會黨或共産黨，就拿手槍和炸彈來對付，所以在都市内常常發生巷戰。

墨索里尼的法西運動可以説是從一九一四年開始的。那年十一月二十五日，他因爲主張參戰，被社會黨開除了黨籍。他從此便轉向他自己創造的法西道路。在這個時期，他很替這個轉向努力，但是没有表現什麽成效。直到停戰以後，他才於一九一九年三月邀集了四十五個參戰的兵士，成立了法西戰鬥團體，吸收了一些工團主義者、軍人與未來派的人物，確立了新的政綱，宣布了和無能力的議會政治與過激主義決鬥。

那時法西斯蒂的社會成分包含農業勞動者、工業勞動者、商人、公司雇員、官吏、專門家、學生、教員、工業家、地主等。其中農業勞動者占大多數（百分之二十四），工業勞動者占百分之十六，學生百分之十三，地主百分之十二。公司雇員百分之十，商人百分之九。官吏、專家、工業家百分數都不很大。其初地主與資本家對於法西斯蒂尚報懷疑態度，直到一九二二年羅馬的進軍才從懷疑達到信任。全國的資本家從一九二二年到一九二四年才竭誠擁護并給以財政上的援助。

一九一九年的法西綱領大約是這樣的：根本改造國家生活的政治與經濟的基礎，實現民主政治，廢止元老院，政治警察，貴族尊號，徵兵制度，言論、集會、出版的自由，解散一切以産業及金融爲目的底股份公司，禁止銀行與交易所的投機行爲，登記與課税私有財産，没收不生産的收入，八小時勞動制，生産組織的協同組合化與勞動者直接參加利潤，廢止秘密外交。

至於黨員的人數，在一九二一年末大約是三十萬，一九二二年六月加到四十五萬以上，一九二三年加到六十三萬人，到第二年又減到四十萬四千五百人。一九二七年又加到九十六萬零五百人。依一九三二年十月二十八日的統計，黨員的數目是一，四〇〇，一三〇。但是一九二一年五月的國會選舉中，法西黨僅於定額五百零八人中取得三十五席。

一九二二年十月二十四日，法西斯蒂舉行全國大會於那波利（Napoli），做了奪取政權的準備。二十七日夜半發出動員全黨的檄文。二十八日，法西黨員在各重要都市占領官署、車站、郵局。翌年，羅馬情形非常緊張，國王却拒絶簽發戒嚴令。三十日七萬黑衫黨員由東西北三面進入羅馬。午前十一時，墨索里尼穿黑衫到羅馬，進謁國王，正式受命組閣。法西政權才正式成立。

法西政府確立後，就馬上修改選舉法：任何政黨，衹要獲得總投票的二成五，就可以占有三分之二的議席。一九二六年把反對黨議員百二十人一概除名。一九二八年更設立一個法西黨評議大會，來做國會的太上機構。議員的選舉提名概由少數法西黨徒操縱。選舉人的年齡提高到二十一歲，并且選舉人還要具有一定的財産或其他相當條件。議會政治至此才完全被破壞無遺了。

法西斯蒂最痛恨的，便是勞動運動，所以先後把一切勞動團體都加以鏟除，强迫勞動者加入法西斯蒂的團體。從一九二三年起，禁止五一勞動節。不準勞動者游行示威。示威者可由雇主查明解雇。禁止同盟罷工，指導者處流刑。雇主對於工人有絶對的支配權。工資實際上由雇主規定，没有最低工資的保障。

解散與禁止一切反法西的政黨與團體，禁止發行反法西的刊物，違反這條的處二年到五年的流刑。監禁批評墨索里尼與法西主義者。凡意大利人把國内情形發表於國外，政府認爲是欺僞的或誇大的，或在外國做了『妨害一般的利益』的勾當，便可處以五年至十二年的流刑，并得没收他在國内的財産。組織了以五個軍人爲中心的特别裁判所，來審判政治犯。

一九二四年六月暗殺了社會黨的書記長兼議員麥道第（Mattenti），一九二六年十月以後放逐了有名的哲學家克羅齊（Groce），歷史家沙爾維米尼（Salvemini），政治家尼提（Nitti）等。

一九二六年十月，法西斯蒂藉口狙擊墨氏的事件，逮捕了三千人，搜查了四千人，至於棍打市民，毆辱學者，暗殺工人的領袖如波迪卡（Bordiga）、達斯加（Tasca）、列伯西（Repossi）等，更是不勝枚舉。

這裏又有一個小小統計：從一九二五年九月到一九二六年九月，法西斯蒂曾虐殺了工人七十六名，打傷了三百四十九名。更捕捉了七千八百人。搜查了一二，二〇〇人，判决了兩千件。同時破壞了一百三十一個地方的勞動團體，四百〇六家社會黨的與反法西斯蒂的資産階級新聞紙。

最後談談法西意大利的現狀：出口進口貿易逐年减退，鐵道運輸迭次减縮，財政虧短逐年加多，工資减少百分之二十。農業工人减少百分之二十八點五。生活費指數從一九一四的一百加到一九三〇的四百九十八。流通税率提高，農産品的價格繼續降落。失業人數一，一四八，〇〇〇（這是一九三二年二月的統計，現在的數目還要大一點），産業工人的工作時間延長到十一小時。農業工人的延長到十四小時。對工資還要課税。中産階級受苛税的壓迫，小商人的收入被取去五分之四。資本家尤其大資本家受到巨量的補助金。并且包辦了向來官營的事業如電信電話等。一般民衆被彈壓，説不得，動不得，聽不得。

以上是目前法西意大利的寫真。日本自由主義者今中次磨氏得了這樣的結論：（一）法西政權全靠恐怖政治來安定下去。（二）一九一九年的政綱全未實現。（三）資本主義的無政府狀態依然存在，統制不可能，失業增大，農村困苦，下層民衆的生活日見艱難等等。

（今中氏：《法西運動論》和文版一九三二第三卷一〇七到一〇八頁）

六、德國的法西運動

德國的法西運動，也是差不多和意大利的同時并起的。以前説過，到一九一九年墨索里尼才糾合少數同志，成立正式的法西黨，在那時以前他僅僅做了一些創業的工作。一九一九年九月，德國的法西黨魁希特勒（Hitler）才加入德意志勞動黨，他入黨以後，很爲黨努力，竭力擴大黨務。那時黨的活動恰在啓蒙時期，僅僅限於開會與講演。那時希特勒做組織委員并兼宣傳部長。他并且説服了黨的首腦，企圖使黨走向社會主義的道路。後來法西理論專家惑得爾（Feder）也加入了。謝謝他的努力，法西黨的政綱，才於一九二〇年成立，由同年舉行的黨大會通過。這時黨名也改爲『國家社會主義德意志勞動黨』或簡稱『國社黨』（Die Nationalšoziaišitische Deutsche Arbeiter-parter order NSDAP）。

黨首希特勒是奥國人，據説是建築製圖家出身。但他在大戰時，曾投入德國的軍隊，效力於疆場，停戰後，他閑居南德的明亨城（München），和麇集那裏的反動分子都有勾結。惑得爾是德國人，是工程師出身，也寄寓明亨城，自從戰後社會動摇以來，他才開始苦心研究經濟學。

一九二〇年改名的國社黨，没有什麽發展，一直到世界經濟危機爆發以後，它便飛躍地進展起來了。一九二八年的國會選舉，它僅得到八十萬票，選出議員十二名，但在一九三〇年它忽然膨脹起來了，突由十二名議員加到一百〇七名。從此以後，國社黨才被人注意，才在德國的政治舞臺上成爲重要的分子。

國社黨的勢力，是以南德的農業區域爲中心，慢慢發展到北方的農業地帶，最後才征服北方的工業資本家。原來北德是國權黨的地盤，按：國權黨是貴族、地主與大工業家合攏來的政黨，以新聞界大王與烏發（Ufa）影片公司的業主胡根堡（Dr. Hugenberg）爲領袖。國社黨侵入北德後，國權黨與其他資産階級的政黨都衰退下去了。

國社黨的政綱，雖多半出於理論家惑得爾的手筆，但是經過了黨大會的同意的。不過黨就是希特勒，希特勒也就是黨。那末祇要希特勒同意了，便可以成爲黨的政綱，至於黨大會的討論與通過，那僅是形式而已。國社黨的政綱，可以分爲：

（一）外交：主張恢復大日耳曼的民族精神，廢除一切不平等條約，連凡爾賽（Versailles）條約在内，停止賠款的支付，恢復已失的領土。

（二）軍事：竭力提倡軍備，要求軍備平等，組織自己的挺進隊，即 sturmabteilung 或 S. A.。

（三）農業政策：禁止農民集中大都市，奬勵青年歸田。關於土地問題，原先主張在某種條件不可以徵收土地，後來因爲地主的反對，改爲祇可没收猶太人的土地。

（四）商業政策：反對大企業，尤其反對大百貨公司，因爲他們壟斷利潤，容易壓倒小資本。

（五）金融政策：爲着打破利息奴役，絶對禁止收息，後來因爲受了資本家的反對，才改爲限制利息，祇能徵收百分之五。

（六）社會政策：主張工人與資本家合作，否認階級鬥争，延長青年的勞動義務（軍事性質的義務勞動），反對失業保險，反對工人參加利益。

（七）政治：廢除民主主義與議會政治，不許多黨的存在，樹立貴族的强硬的獨裁政治。把國會僅僅當作咨詢機關，不準婦女參政。

（八）私有財産制：國家應當嚴加保護，即私有財産仍是神聖不可侵犯。

（九）其他：反對猶太人，反對任何國際主義，撲滅馬克思主義（共産主義）。

以上便是法西斯蒂的政綱的要點，這政綱内含有很多花言巧語的騙人的反資本主義詞句，同時更含有解放德國民族的口號，它的號召能力就在這裏：它一方面允許打破束縛德國民族的桎梏，另一方面宣布可以救濟德國人民的痛苦，所以能够受到大衆的歡迎。不過希特勒上臺以後，祇有反猶太反共産算是兑現了，至於撕毁凡爾賽條約，更是夢想不到，因爲希特勒登臺是得到英法的承諾的，所以便正式宣布遵守一切條約。

以前説過，國社黨到一九三〇年才表現驚人的發展。世界經濟危機（一九二九年開始），在德國促進了兩個極端政黨的展開，一個是極右的國社黨，一個是極左的共産黨，而共産黨的猛進，又更足以促起國社黨的前進。

德國的經濟早被大戰與革命破壞了，但是因爲它是戰敗的國家，又必須依照道威斯計劃（The Dawes Plan）與楊格計劃（The Young Plan），每年付出巨額的債款，再加上經濟危機的打擊，所以弄得生産減低、貿易縮小、失業加多（一九二九年約二百萬，一九三〇年加到三百萬，現在已經是六百多萬了），和生活惡化。白魯寧（Brüning）内閣，巴本（Papen）内閣，希萊雪（Schleicher）内閣，都是束手無策。勞動階級因爲被生活的惡化所脅迫而跑到共産主義的旗幟下來做打倒資本主義的工作。小資産階級的群衆，一面受資本主義的打擊，另一面又受勞動運動的威脅，遂走入法西主義的陣營中來擁護現存的社會，就是擁護自己。

結果，兩個極端的政黨，都有驚人的進展，而中間政黨則趨於没落了，試看下表：

各政黨勢力消長表（國會選舉）

	國社黨	社民黨	國權黨	中央黨	共產黨	巴威人民黨
一九二八年席數	12	153	73	62	54	16
一九三〇年席數	107	143	41	68	77	18
一九三二年七月席數	229	136	37	76	89	20
一九三二年十一月席數	196	121	51	70	100	18
一九三三年三月席數	288	125（國家黨在内）	52	73	81	19

其餘如民主黨與經濟黨，在一九三二年的選舉中都完全没落了。社民黨也是步步衰退。能够保存固有勢力的大政黨，衹有中央黨而已，這是由於它利用宗教關係來加强它的組織的缘故。顯示大大的進步的衹有國社黨與共產黨。國社黨的票數，强半來自農村，而共產黨的則來自工業區域。這表示擁護國社黨的是地主富農，此外還有大資本家與小資產階級分子。擁護共產黨的是勞動者與少數公司雇員。法西斯蒂始終没有抓住大批的勞動階級。在大工業區域，擁護共產黨的占絶對多數。

法西斯蒂在選舉鬥爭與一般政治運動中，都是竭力和大資本家來勾結，以便取得大批資金來做政治活動。同時資本家也利用法西恐怖來擊破勞動者的抵抗。這種秘密勾結，是德國中立派報紙上常常披露的。但是有不少的青年群衆，被法西花言巧語所哄騙，仍然跟着國社黨跑。在一九三二年十一月選舉以前，國社黨有黨員六十萬，候補人百二十萬，據説這其中包含青年四十萬。德國青年以投入國社黨的爲最多。又國社黨因爲没有統一的階級基礎，常常表現嚴重的分化，尤其是幹部的分裂，是數見不鮮的。但這并没有阻止該黨的發展。

原先德國的大資產階級，因爲國社黨的什麼社會主義的口號與反共的成績不佳，對該黨不免有點懷疑，所以不允許它握住政權，後來關於這兩點有了保障，才於一九三三年一月二十八日任命希特勒組閣。

希特勒上臺以後，第一着便是解散國會。在三月五日的選舉中，用恐怖與欺詐取得了最多的議席，和國權黨合作，就可以控制國會了。二月二十七日晚，國社黨縱火焚燒國會，就藉此爲口實，舉行全國對共產黨的大彈壓，拘捕共黨領袖，封閉共黨報紙，占領共黨辦事處，焚毁馬克思書籍。被捕的共產黨幹部與黨員，至少在五千以上。對於被捕者的嚴刑拷打，甚至加以謀害，把尸體抛到河内或樹林内。更把共產黨的議員全體除名。同時并壓迫猶太人，搗毁猶太商店，抵制猶太商人、律師、醫士等，撤銷猶太官吏與公務員。不準猶太人逃出國外。這引起了國外的普遍抗議，在日本與中國，也有提出這種抗議的。

總括一句：德國國社黨所用的恐怖手段，和意大利的棒喝黨没有兩樣。國内的群衆對於恐怖的反抗，因爲社民黨不肯參加，衹表現了微弱的效力。僅有五六個城市舉行罷工來抗議。恐怖政策下，有一點值得我們注意的，就是普魯士邦議會選舉内，共産黨比從前增加了三一，二〇〇票。即是説，共産黨的肉體雖被摧殘了，但是它的政治影響與組織基礎并没有破壞。

社民黨在反法西鬥争中，不相信實際鬥争如罷工等；它認爲衹有投票權與議會鬥争才是反法西的唯一利器。因此它拒絶參加反法西的聯合戰綫。有些社民黨員，公開投降國社黨，公開贊成希特勒在國會内所發表的政治主張。這樣，社民黨便替法西斯蒂鋪平了獨裁的道路。

法西斯蒂上臺以後，用暴力抓住了普魯士與南德各邦的政權。巴威人民黨與中央黨都趕快投降了。同時更藉口解散了國權黨的鋼盔團，後來又搜查國權黨的總部，意在并吞國權黨。社民黨雖然已經屈服，也於六月二十二日被解散了，議員被除名，官吏被撤職，報紙被禁止，這是單靠投票權的結果。中央黨國權黨等都會要被解散的，這和墨索里尼消滅意大利的各政黨又是一樣。

總之，國社黨的政綱與措施，除反共産反猶太反民主與實行恐怖外，没有什麽值得提及的。經濟方面，比從前更惡化了。乞丐充斥了柏林，害得法西政府要添設警察來驅逐他們。

關於法西獨裁的最近將來，我們可以做這樣的一個比較：（一）希特勒上臺，正是資本主義穩定終了的時候，和墨索里尼登場時資本主義由動摇而入於相當的穩定不同；（二）希特勒上臺正是德國革命高漲的時候，這和墨氏進軍羅馬恰值革命低落又不同；（三）德國現有廣大堅强的工人組織來反抗法西獨裁，這和墨氏登臺時意大利工人組織的薄弱又不同。有此三點，德意志的法西獨裁，是未許樂觀的。倫敦巴黎資産階級的言論機關，對希特勒都表示懷疑，認爲希特勒鎮壓革命運動未必成功，恐怕要引起和威廉第二同樣悲慘的結果。

七、日本的法西運動

意大利的黑衫黨，德意志的褐衫黨，都取得了政權，而日本的法西斯蒂不但没有取得政權，并且還没有形成一個統一的運動。據長穀如是閑的説法，日本法西團體，大約有九百多個，他們的支部還不在内。我想這個數目未免太誇大了。日本的法西運動是猛進的，而且有廣大群衆（尤其是退伍軍人）做基礎的。它受了九一八事變的激刺，在農村形成了廣泛的農民運動，在城市促起了血盟團與青年軍人的暴動（如一九三二年青年軍人刺殺首相犬養毅，襲擊東京銀行電廠等）。

日本的法西運動，是在幾個順利的經濟的與政治的條件下産生的。經濟方面，日本不是高度資本主義化的國家，全國的産業，仍以農業爲主體，而工業則以紡織業占支配地位，重工業没有什麽發展。而且原料缺乏，販路狹隘。

中小商工業，没有急速地被大資本主義所破滅。雇用五個到三十個工人的工廠，占全體的百分之八十；五十人以内的工廠，占全體的九成。販賣商品的中小商人（個人經營者），占全國人口的三成。東京的中小商人，若就他們納税的狀態講，年收不滿四百元的占總額的半數。農村方面，三町以下的小地主占全數的八成六分。三町以上十町以下的中地主，逐漸減少；而三町以下的小地主逐漸加多。全國中農户的數目，占全體的五成。

同時日本的獨占資本，也有極高度的發展。衹有六七個大公司，把全國的財政與經濟壟斷了。資本主義化的過程，也急速地前進着。然而世界資本主義却没落起來了，日本自然不能成爲例外。

自從世界經濟危機爆發以來，日本的生産減低、貿易縮小、失業加多（官方發表三十五萬，實際超過一百五十萬），已經增加了中間階層的痛苦與不安。加以農村的衰落、農産物跌價、課税加重、農民的債務加多，使農民越加激化。這樣，貧窮化了的農民與城市小資産階級，不向左轉，便向右轉。照目前的情形看來，恐怕有許多許多向右轉了——向法西道路走去了。

政治方面，法西主義也找得有利的條件。在過去三四年内，日本的議會政治完全破産。政友與民政兩黨的議員，要在議場内彼此毆打以外，没有表現别的成績。還不止此，兩黨爲着彼此報復，各把對方貪污枉法的黑幕，一齊揭穿，由法院提起公訴，把一些頭等人物都判罪了。同時農村破産的緊急問題，議會没有法子去救濟，使農民及由農民出身的軍官與退伍兵士們都异常憤激。

政友會的禁金出口，與民政黨的金解禁，以及政友會的金重禁，并非爲着一般民衆的利益，不過使三井與三菱兩公司發幾筆大財而已。這些神聖的秘密都被民衆窺破了。

九一八事變以來，日貨的抵制的影響，減少了銷路。軍費擴大，赤字公債加多，政府更實行大規模的通貨膨脹，使民衆的負擔加重與生活的愈趨惡化。而侵略中國的軍事冒險行動，又不能早告成功。這又使激進分子大大失望，使他們對政府愈加不滿。一九三二年五月十五日，犬養毅首相被刺，其動機完全在這裏。以軍部爲首腦，以退伍兵士爲主幹的法西斯蒂，也就更活躍起來了。

同時日本階級鬥争的尖鋭化，也是法西運動猛進的一個重要因素。據確實的調查，自田中内閣以來，日本政府拘捕的共産嫌疑犯，竟超過了七千人以上，即：3·15案被捕的達二千人，内被判有罪的五百一十一人；4·16案與其後陸續被捕的達一千五百人，内有罪的達四百人；一九三〇年被捕的一千五百人，有罪的四百六十人；一九三一年至一九三二年九月被捕的又是一千五百人（大阪、兵庫、京都占十分之九），有罪的一百八十五人；從那時到一九三三年三月止，又有一千餘人被捕，猶在分别審訊中。這是何等嚴重的社會問題。反共産主義的棒喝主義，被認爲是唯一的消滅工人運動的利器，自然要受到五體投地的歡迎了。日本政府現在決定創辦法西式的什麽國防研究會，來防止赤化的流播。據説這個國防研究會決定在各地設分會，徵求會員二千萬人，來撲滅共産主義。

關於日本的法西團體，我們先從最右的説起。它們都是十足的國粹主義者和大日本主義者，但是它也帶着或多或少的反財閥的色彩。例如井上昭所領導的專做暗殺工作的血盟團，也説出這樣的話：現在日本的狀態，無論在思想上經濟上或是其他諸機構上，都有很多的缺陷，政黨與財閥以及其他特權階級，祇知貪圖私利，紊亂國政，亟應加以革正。所以血盟團殺了幾個財閥與其走狗，還要繼續殺下去。國粹主義派的法西團體，無非想藉崇拜祖先與發揚國粹以及共赴國難來做號召的口號，但是他們在勤勞群衆中的影響却不很大。大日本生産黨（領袖頭山滿）、愛鄉塾、國本社（領袖平沼騏一郎，現任樞密院副院長）、血盟團等，是其中的佼佼者。此外還有日本國民黨、急進愛國黨、行地社、神武社等，在社會上没有多大勢力，不大被人注意。

此外的法西團體，表現一些反資本主義的傾向。日本著名的作家如長穀如是閑，認爲反資本主義，是法西主義發生的原因。他説日本不是充分資本主義化了的國家，中間階層在走向高度資本主義的行程中，望見先進資本主義國家的没落，便不想前進了，這個停頓就是法西主義産生的決定元素。他没有懂得法西主義正是擁護資本主義渡過目前的危機的，反資本主義既不是産生法西主義的原動力，也不是它的任務。法西斯蒂喊出反資本主義的口號，是祇要修正資本主義就够了，在資本主義禍害了成千成萬的民衆的今日，『修正資本主義』也是多少受人民的歡迎的。

在這裏值得我們提及的，祇有幾個尚未十分發展的團體，第一便是赤松領導的日本國家社會黨，正式的黨首領未決定，但是赤松已經就任黨務長了。中央執行委員會已經成立，委員今村等十一人。他們都是從無産政黨中分裂出來的。

它的綱領是：基於一君萬民的國民精神，期於建設無榨取的新日本。

主張：

（一）我黨依國民運動廢除金權的支配，實現皇道政治的徹底。

（二）我黨依合法的手段，打破資本主義的機構，實現國家統制經濟，來保障國民的生活。

（三）我黨基於人種平等與資源平衡的原則，期實現亞細亞民族的解放。

日本國家社會黨，在一九三二年八月中旬，發表了長篇的農村綱領，因限於篇幅，祇得從略。

其次便是下中氏領導的新日本國民同盟。該同盟也是從無産政黨中分裂出來的。下中自兼委員長。他們的原則是『大日本帝國，是由萬世一系的天皇統治着』。政綱上也有些社會主義的辭句。此外更有松谷議員的新日本建設同盟，主張建設無榨取的國家，確立國家經濟統制，徹底改革議會政治，確立日滿經濟統制，創立國家主義的工農組合等。

這些團體，都是在最近一兩年來才成立的，會員有好多，力量有好大，都没有一定的統計。最有力的法西團體，是軍部所領導的在鄉軍人會與一些極端民族主義的團體，它們在軍部的保護下與得到現役軍人的參加，可以横衝直撞，毫無顧忌，可是它們没有很好的號召綱領，很難吸引廣泛的下層群衆。

日本没有統一的法西政團，到現在也没有一個中心的團體來擔負統一的任務，這是日本法西運動中的一個大缺點。我認爲在日本對外武裝侵略没有受到打擊以前，在日本的共産運動没有表現極端的威脅以前，法西主義是不會有很大的進展的，更談不到奪取政權了。

附注：除意德日法西運動外，其他各國都無廣大群衆做基礎，故從略。

（生活書店一九三四年十月出版，署名『董之學　著』）

究竟有没有侵略陣綫與和平陣綫

問：什麽是侵略陣綫？什麽是和平陣綫？

答：侵略陣綫與和平陣綫，是報紙上與雜志上常見的兩個名詞。因爲有許多人對它的意義不甚瞭解，乃至曲解，所以我們首先必須替它們下一個簡明的定義。

所謂侵略陣綫，就是指的侵略國家的集團。所謂和平陣綫，就是指的在意識上與行動上和侵略國家對立的許多國家與民衆團體乃至個人自覺地或不自覺地結合攏來的集團。在這裏，我們要指出：凡以武力侵占别國領土的，便是侵略國家。比如意大利奪取阿比西尼亞；德國兼并奥地利；日本侵占中國領土十餘省，都是憑借武力來完成它們的目的。這種行動，是明顯的侵略行動。這種國家是明顯的侵略國家。本來没有人敢於反對我們的這種説法，因爲事實勝過雄辯。

問：現在世界上的侵略國家僅僅限於德意日三國嗎？

答：依照剛才提出的那個具體的定義，現在侵略國家確衹有三個——德、意、日。以後也許有加入的，例如波蘭就很有可能，但是它還没有采取和德、意、日同樣的侵略的軍事行動來——占領别國的領土。一個國家是否爲侵略國家，這要看它是否用武力侵占了别國的土地，而且這一侵占必須表現於最近的事實中，年代湮遠的侵占行爲衹能適用於過去。

問：侵略國家是否組成了一個陣綫，换句話説，現在世界上有没有一個侵略陣綫？

答：是有的。所謂陣綫，就是戰鬥組織的意思。侵略陣綫，就是爲侵略而結合的戰鬥組織的意思。誰都曉得，德、意、日爲了向外的侵略，利用『反共』的名義作掩護，曾結成了一個大同盟。這一同盟是由七拼八凑而成立的。首先是一九三五德、日反共協定；其次是一九三六柏林羅馬軸心；直到去年十一月才實現德、意、日侵略的反共聯盟。這樣看來，侵略陣綫在組織上的形成，自然不容否認。

自然，組成侵略陣綫的諸法西斯蒂及半法西斯蒂國家中，存在着很多相互的矛盾。比如德、意在中歐、南歐的種種衝突（德奥合并問題等）；希特勒和墨索里尼的瓜分西班牙；德、日在中國經濟利益上的對立，都是人人周知的事。自不待説，這種種衝突會要因反共大同盟受外來的打擊而步步尖鋭化，但現在它們仍是服從於較高的共同利益，即共同向外侵略。當着德、意、日侵略同盟所向無敵的時候，切莫要幻想它們的相互矛盾的强化，乃至同盟的削弱或消解。現在有許多人表現了這種幻想，英國張伯倫先生就是其中的一個。他企圖以英意妥協（即對意讓步），跟着以法意妥協來削弱乃至拆散柏林羅馬軸心。看吧！他的嘗試不僅要失敗，而且要加强德、意的結合。讓事實證明我們的估量罷。祇有以集體行動積極制裁侵略，纔能把德、意間的矛盾推動發展到劇烈的程度，使它們於混亂中各自尋找出路乃至消解其結合。但這僅是將來的事，在目前確有一個侵略陣綫的存在，即德、意、日反共大同盟的存在。看不見這個事實的人，或是把未來的事看作現實的人，都够不上談國際政治。

其次，還有一件事實可以看出來侵略陣綫的存在，就是侵略國家的行動，是互相配合互相適應的。這證明了侵略集團能够發揮它的指揮統一的效力。比如日本侵略中國遭受困難的時候，德、意就以承認僞滿來鼓勵日本，并且拿飛機和别種軍器供給日本。聽説日本的飛機師裏面有不少的意大利人。最近意大利派遣一個法西斯蒂訪問團到日本，其目的在鼓動日本加緊對中國的侵略，加緊德、意、日的團結。

問：和平陣綫是怎樣成立的呢？

答：就大體講，和平陣綫還是一個比較抽象的名詞。它不像侵略陣綫有一個凝結的組織，因此有人懷疑它的存在。其實和平陣綫客觀地存在着，決不能加以否定。首先是英、美、法、蘇四個和平國家的政府，都反對侵略；尤其是蘇聯，它不但表現了堅決的反侵略的態度，而且提出了反侵略的具體辦法。其次便是各國廣泛的和平運動與反侵略運動。這種運動包括許多群衆團體和有力的個人。最值得我們欽仰的，是各國的廣大勞動團體；其次便是宗教組織及其他組織。全世界的勞動者，都起來援助中國、援助西班牙反對帝國主義的侵略。他們拒絶買日貨運日貨，甚至犧牲自己的工錢或失業津貼，也毫不顧惜。國内外的宗教團體，也轟轟烈烈地展開了援助中國反侵略的鬥争。英國最有權威的幾個大教主，如坎特布雷、約克等，都公開地痛駡日本的侵略行動。

這些反侵略的傾向，或多或少匯合成爲全世界的反侵略運動，形成了所謂全世界反侵略大會和它的散布於各國的分會。全世界反侵略運動的主要任務，在於：（一）團結廣大民衆的力量來打擊侵略者的行動；（二）影響各國政府的政策，把對侵略者讓步的政策改變爲制裁侵略者的政策。總之，從和平的立場，全世界反侵略運動，是與各和平國家的政府相呼應的。同樣，各和平國家的政府，又是彼此相呼應的，雖然，她們還有許多意識上與政策上的差别。

不過，和平陣綫并不是主觀形成的。愛好和平的國家，愛好和平的團體與個人，根據對於和平的共同概念，自然而然地站在同一戰綫上和侵略國家對立起來。國家與團體既没有打成一片，國家與國家更没有打成一片。因此缺乏統一的組織，缺乏集中的力量，這是和平陣綫最大的弱點，若要克服這個弱點，必須把一切和平力量集中到集體安全制或其他的形式，即是説，把一切和平國家組織成爲一個集體安全的系統，纔能够對侵略國發揮偉大的威力。也衹有到了那個時候，有組織的和平陣綫纔能出現。

其次，代表和平陣綫的各國，除美國外，都是國聯的會員，而國聯又是一種國際的和平機構。從這裏不難推測和平陣綫的由來。爲什麽不稱英、美、法、蘇爲國聯陣綫？這是因爲美國不是國聯的會員。就意識講，衹有和平陣綫這一名詞，纔能包括英、美、法、蘇。我們可以説國聯没有力量，但不能説没有國聯。同樣，我們可以説和平陣綫没有力量，但不能説没有和平陣綫。

問：爲什麽有侵略陣綫與和平陣綫？

答：第一次世界大戰，是一些帝國主義國家企圖重新分割世界的冒險行動。戰争的雙方，都是同樣好戰的；無所謂侵略國家，也無所謂被侵略國家。但是現在的情形却不同了。一方面三個極端好戰的國家——德、意、日站在一起，采取分工合作的侵略行動；另一方面却有多數維持現狀，主張和平的國家，尤其英、美、法、蘇，站在一起，這就形成了侵略國家與和平國家的分野。爲了探求這一分野的來源，我們必須在歷史的發展上與帝國主義的特質上找得確實的論據。

就歷史講，可以説第一次世界大戰的悲慘結果造成了現在的侵略國家與和平國家的分野。戰勝的國家，依靠凡爾賽條約爲護符，要長遠享受戰勝的果實；而戰敗的國家，則被壓迫被剥削恰和奴隸一樣。因爲要長遠享受勝利的果實，所以要維持現狀，就是説，要維持和平。不過，關於這點，蘇聯是例外。她是個社會主義國家，根本不需要侵略的戰争，而且激烈地反對這種戰争。她衹需要普遍的和平，來建設社會主義，來提高大衆的福利。她與和平國家合作，其理由就在這裏。又因爲要擺脱戰勝者的壓迫和剥削，諸戰敗國家無時無刻不想把自己武裝起來壯大起來，并且還要團結起來，以便向和平國家强迫實行世界的再分割。現在她們已經有了强大的武裝，已經有了廣泛的團結，所以她們蔑視和平國家的反對，自己動手分割世界。不過侵略國家中，衹有德國是戰敗國家，而意大利與日本是戰勝國家。爲什麽意、日也和德國合伙侵略呢？實際上意大利并不是個戰勝者而是個戰敗者，她對凡爾賽和約表示極端的不滿，和德國恰巧一樣。日本雖從凡爾賽條約獲得了許多的利益，但是她因國内先天不足，向力謀向外擴張。她的主要目標，就田中奏摺來看，是在亞洲大陸，特别是中國。她利用德意推翻現狀的企圖，來和她們合作實現其征服中國的迷夢。

其次，根據資本主義發展不平衡的規律，某些帝國主義國家，在經濟方面是很脆弱的，尤其是經過大戰之後。大戰後的意大利，充滿了失業飢餓荒凉蕭條的景象，鬧得全國大混亂，使意大利的資本主義感受極端的威脅。在這危急的時候，出現了墨索里尼最野蠻最殘暴的法西斯主義。它實行以野蠻主義代替資産階級的民主主義，來挽救資本主義的危機。它的初次出現與繼續存在，反映了資本主義腐化的程度又進了一步。到現在意大利還不敢放鬆乃至放弃法西斯主義，就是因爲她的資本主義的經濟力量太薄弱，必須假借野蠻主義來維持它的不穩固的地位。德國的法西斯主義，起源於大戰後，但是没有什麽發展，自到一九二九年世界經濟恐慌爆發以後，才有猛烈的發展。那時候德國的資本主義，處於朝不保夕的地位，也和意大利一樣需要野蠻主義的支持。因此，一九三三年德國法西斯主義掌握了政權，到現在還不敢放鬆，其理由和意大利完全相同。日本爲了解决内在的矛盾，也正在向法西斯主義的前途邁進，已經成爲軍事法西斯國家。而法西斯主義的本質，就是好戰的、積極向外侵略的。

最後，發展到現階段的世界資本主義，因爲要服從不平衡的規律，表現了兩個不同的方面：一個是依然保持資産階級的民主主義，一個是推翻資産階級的民主主義而代以最野蠻的法西斯主義。民主國家的經濟機構較爲堅强，而法西斯蒂國家的則非常薄弱。站立在這薄弱的經濟機構上的法西斯蒂政權，爲了維持它對内的專制統治，便拿對外侵略作爲一種手段。即是説，法西斯蒂獨裁，是目前陣綫中一個决定的元素。推倒法西斯蒂獨裁，已經成爲全世界反戰運動中一個最中心的任務。

問：侵略陣綫與和平陣綫的前途是怎樣？

答：首先要指出的是：侵略陣綫與和平陣綫尚在相互地鬥争着。它們的前途，要靠它們的力量的對比。現在是侵略國家采取攻勢，和平國家采取守勢，但是和平國家的群衆則采取反攻的姿勢。這不是説，侵略國家的力量大於和平國家的力量。在某種意義上，侵略國家的攻勢，是和平陣綫中的一二國家——尤其是英國的錯誤的外交政策招來的。祇要各和平國家，都能積極擁護集體安全制，就可以粉碎侵略國家的攻勢。這是純粹的外交策略的問題，不是力量對比的問題。

實際上侵略國家的攻勢，不是反映它的力量的加强，因爲它的攻勢，祇是對準弱小民族。它不敢直接向强大的和平國家挑釁。所謂反共大同盟，正如李維諾夫所説，是一個地質學上的名詞，就是説，它并不是以蘇聯爲進攻的主要目標，而是着眼於礦産豐富的區域，不管這個區域屬於哪一國。歐美的報紙，也常常詼諧地指出：凡不跟着侵略陣綫走的，都是共産黨。所以日本不承認侵略中國，祇説正在消滅中國共産黨。這樣，越是弱小民族，越有被侵略國家目爲共産黨而受侵略的可能。侵略國家，正因爲自己的力量還不强大，所以要兼并弱小民族來擴大自己的實力。

我們不要拿侵略國家與和平國家的軍事力量來比較，其理由是：（一）從量與質的方面很難得到一個關於各國軍事力量的正確估計，尤其在目前各國都從事於瘋狂的軍備競賽，量與質都有很快的變化；（二）即使獲得了關於軍事力量的正確估計，也不能預先判定戰争的勝敗，因爲單純的軍事力量不足以决定戰争。前次世界大戰是如此，未來的世界大戰也是如此。假使法西斯蒂國家速戰速决的戰略能够收到預期的效果，軍事力量當然有决定的作用，不過就這次中日戰争看來，速戰速决是不可能的。就是在將來頭等强國對頭等强國的戰争中，也不能速戰速決，因爲它們的軍備常常保持在一個水平綫上。將來的戰争一定是持久戰，一定把軍事力量推到次要的地位。不過關於軍事力量的比較，我們可以説和平國家的軍事潛在力遠遠超過侵略國家，這是由於它們有更雄厚的人力與物力。

事實上，前次世界大戰决定的元素祇有一個：經濟力量。協約國戰勝同盟國，并不是單純地依靠軍事力量，主要地還是借重經濟力量。德國戰敗，并不是軍事的失敗，而是經濟的失敗。兩方經濟力量的鬥争，决定兩方軍事力量的鬥争。經濟的勝利，轉化爲軍事的勝利，因而蒙蔽了勝利的真實原因。關於經濟力量的對比，我們可以這樣説：倫敦與紐約仍然是世界經濟中心，蘇聯社會主義的建設已經把它變成一個頭等工業國家，反之，德國的經濟危機逐漸深刻化，意大利與日本是窮而又窮的國家。换句話説，和平國家的經濟力量，又遠遠超過侵略國家。

假使和平國家——英、美、法、蘇——真能結成一個堅强的和平陣綫如我們所期望的，它們戰勝侵略國家當然確有把握，不過問題還没有這樣單簡。進一步説，假使和平國家真能結成一個堅强的陣綫，不但可以戰勝侵略國家，而且不會有戰争。原因是：和平國家對侵略的經濟制裁，就可以使法西國家的飛機不能起飛，坦克車開不出去等等。但這必須和平國家團結一起方能辦得到。

最近和平陣綫有逐步鞏固的趨勢。蘇法已有互助條約；最近英法又成立軍事經濟同盟，使英法蘇的關係更加趨於密切。可以説英、法、蘇已經成爲和平陣綫的前衛了。美國政府因爲暫時受孤立派所牽制，目前不能擔負前衛的任務，但將來必定成爲和平陣綫的後衛，是毫無疑問的。英、美、法、蘇爲了保衛和平，遲早要結成一個聯合陣綫。站在這一聯合陣綫背後的，尚有全世界成千成萬的愛好和平的團體與民衆。這個廣泛的和平力量，是不可抵抗的。我們敢説，和平陣綫在組織上完成其團結的那一天，就是侵略陣綫瓦解的那一天，因爲侵略陣綫是從和平國家軟弱無能的條件下生長壯大出來的。祇要和平陣綫本身加强，祇要决心制裁侵略，就可以拆散侵略國家的軸心，而且不需要使用戰争如一般人所想像。但必須采用種種方法——外交的、經濟的乃至政治的——來加深侵略國家間與侵略國家内的諸矛盾，首先使那經濟最貧乏的國家從侵略陣綫中倒下去。侵略陣綫畢竟是個紙老虎，和平陣綫畢竟是個活獅子。

五月二日於漢口

（生活書店一九三八年五月十日出版，署名『董維鍵　著』）

論國民不可漠視政治

邇來吾國人民，對於致治頗持冷静之態度，且有受政治之擊刺而痛恨政治，厭弃政治，噤口不談政治者。夫政治不良，痛恨之，厭弃之，亦人情之常，無足怪者。至於因政治之腐敗，而即望望然去之，若將浼焉。是不可也，何者？吾人生於社會，長於社會，與社會不可須臾離者也，有人類即有社會，有社會即須有政府，有政府而政治即緣之而生矣。吾人即欲脱離政治，而政治將不與吾人脱離也。吾人既不能脱離政治而巍然立於世界之外，則對於政治宜力圖改良，務使政治不爲吾患。凡政治之足以傷吾生命財産自由者，吾一方面抵禦之，一方面改革之，務求不傷吾生命財産自由而後已。若政治傷吾生命財産，而吾唯遷徙以避之，或置之不理，則不良之政治將愈肆其虐，而迫我於死地，我即欲避之，實不可得也。吾故曰吾人對於政治，不可持冷静之態度。尤不宜回避。一人回避，則爲惡之政府，即增長一分之勢力；人人回避，則爲惡之政府，即可策馬縱横而施其『率獸食人』之政策。專制時代君王暴戾，而人民不敢抵禦者，實人民之回避有以養成之也。夫人民何以甘心回避耶？曰是有故焉。第一，原於衣食者。吾人朝夕孜孜，無非爲食爲衣，全身精力俱集中於此。故對於政治鮮克經意。記者留美多年，嘗見美國工人對於選舉多漠然視之。每值選舉期間，投票者僅占選民百分之四十。法國亦然。而最重平民政治之瑞士，投票者僅占選民百分之二十五。可知人民漠視政治各國皆然，不獨吾中國而已也。然人民所以懷冷静者則原於謀生。蓋人民以謀生爲先，謀生有餘力然後於及政治。管子云：倉廩實而後知禮義，衣食足而後知榮辱。準此而論，則衣食不足者，禮義榮辱尚不知，安望其熱心維持政治耶。第二，原於政治之危險者。老子云禍福無門，唯人自召。其政治之謂乎？政治爲羅網，福善禍淫，無所不藏，參與政治者當擇徑而行，不然則禍患及身矣。縱觀古今中外，因政治而召禍者，約可别爲二類。第一殺身之禍，第二敗名之禍。鋭進之徒往往不察人心，不審勢變，而唯以武力爲改革政治之利器，即殺身亦弗惜。觀於法國大革命，因改良政治犧牲生命者，何衹沙數。而後進之輩，乃視政治爲畏途而不敢入政治場中。群雄角逐，陰險者巧詐變善，而唯以詭計齮齕他人，忠厚者往往受其中傷而名譽墮地，殺身固足畏，敗名亦可畏也。美國選舉之時，忠厚者雅不欲作候選員。蓋以忠厚者拙於言詞，不善巧詐，每爲陰險之候選員所擊敗。故憤而不欲與狡猾之輩相争。綜而言之，參與政治，禍多福少，小則敗名，大則殺身。此有識者所以不欲以生命名譽爲孤注也。況在政治紛擾之國家，執政權者威令赫赫，雷霆乍驚，小民蟄伏，猶懼不免，安敢對於政治有所表示耶。第三，原於政治進行之緩慢者。吾人做事極望速成，若遷延屢月，則氣竭志餒或至中途而廢輟。改良政治者，初抱熱忱且望一鼓成功，及受打擊則萌退志，再受打擊則決然舍去。其能百折不回者，百不一見。吾嘗見美國改革家半途而止者十居八九，堅忍不屈者則甚罕見。此皆原於人心期在速成，求速成不得，則怨恨而退，悻悻而去。於是對於政治即抱消極主義，對於應改良之事，亦漠然視之。今日各國大多數國民不汲汲於政治改革者，正以此耳。至於吾國人之厭弃政治，則有特殊之原因。（一）受名士派之影響。我國民（名）士往往因志不逞，即發爲怨懟凄惻之言以警世人。并勸勿仕，聽者不察，即勿仕爲美德，其實勿仕并非美德，不仕者未必爲善人。蓋以作官爲一種社會服務，作官者乃役於人，非役人者也。若人人耻爲官，則社會上即缺少一種公共服務者矣。而社會或即因此而退化或分裂。然吾國人受名士派之毒者，特占少數，故尚易於救治。（二）我國近年以來，政争迭起，人民被政争之禍者，不可言喻，故人民一聞政治之名，即舉蹙額，不勝痛恨，而有識之士，乃束身自好，相率引避，以與污濁之政治相斷絶。

以上所言，乃人民漠視政治及厭弃政治之原因。吾人既知其受病之原，則可酌施診治之法。現今各國對於漠視政治之人民，尚無具體辦法，而言論家則謂此項人民良心上負有維持政治之義務。若輩脱離政治是自背其良心也。以吾觀之，他國無論矣。若吾國國民則有不可漠視政治者，吾所謂國民，非尋常國民。乃指國民中之有知識者而言。吾國今日政争之劇烈，民生之涂炭，皆可歸咎於武人與政客。武人所争者何物？政客所争者何物？雖愚夫亦知其爲權利也。武人知有權利而争之，政客亦知有權利而争之。吾儕小民寧獨不知有權利而争之乎。武人有武人之權利，政客有政客之權利。吾儕小民亦有權利。若置不與争，是自放弃權利也。武人之權利在金錢與位置，政客之權利在飯碗。吾民之權利在自由與保護。武人無金錢不能致富，政客無飯碗不能生存。吾民無自由與保護則不能生養相安。武人巨富，由争而來也。政客飯碗亦由争而來也。吾民之自由與保護亦必由争而後來。吾人徒知英美法各國人民有自由，有保護，而不知其自由與保護自何而來也。吾今爲諸君告曰，英美人之自由與保護非他人所贈饋，乃人民以血肉換來也，今吾人欲垂手而得自由與保護，此必不能之事也。夫武人之所以以吾人爲魚肉者，因吾人遠舉高蹈而不與争故也。若吾人急起與争，則武人當知衆怒難犯。或有退讓悔悟之一日。若吾人永遠漠視政治，任武人永遠横行，則吾人即永遠爲武人之奴隸，而無超出苦海之一日。夫人之於風寒莫不知所以禦之，飢渴莫不知所以止之。然對於傷生害命之政治，則思逃避，吁其可哉。飢寒及身無可逃避，政禍及身亦無可逃避。今吾民已在政治羅網之中，實逃無可逃。若不即早防禦，恐將懼池魚之災。吾願漠視政治者再三思之，專制時代改良政治者有君主，自無須人民之越俎，共和時代改良政治者則唯我國民。國民不實行改良政治，則政治終無改良之時也，惡政治一日不去，則吾人即多受一番苦惱。吾人多受一番苦惱，則國家即多喪一分元氣，是以吾人欲救國則先救身，欲救身則先去苦惱，欲去苦惱則須知其來源，知其來源而後治之，未有不成功者也，吾人欲去政治的苦惱，當自參與政治始。若猶漠視，則是甘心受苦，吾又何誅焉。

按：董君系美國哥倫比亞大學政治科博士，新自美歸國，鑒於時局而作此文，閱者幸注意。

（原載《民心週報》一九二〇年第二十八期，署名『董維鍵』）

政治泛論

共和與平民政治之區別

何謂共和？何謂平民政治？吾恐鮮有知其意義者。即知之，亦恐不得其詳。夫英非共和國也，而其國之政治則悉本於平民主義；我國共和國也，而政府之專制，則較君主時代尤甚；法國之共和亦專制之共和也。是以法國現代法學革命大家杜革威氏有言曰：共和者，無君主之謂也。平民政治者，乃大多數人民參與政權之謂也。換言之，共和國家不必無專制，行專制者不必爲君主，總統議院皆得爲之。采行平民政治之國家，執政者多直接受人民之節制，即欲專制，於勢不能。而且參與政權者多，抵抗專制之實力當然充足，自無患乎專制也。總而言之，共和係指國家之元首由民選而言，其不由民選而世襲者，謂之君主。君主國家亦有采平民政治者，如英國是也。是以吾人改良政治最後之目的，不僅在共和，而在平民政治，務使社會上各分子皆得參政，以助政治之改良及社會之進行，至於自由、平等乃自平民政治而生，共和國家（如羅馬共和）所不必有也。

聯邦制與現今政局

當今關懷政局者，苟不欣欣然喜曰：直勝矣，皖敗矣，和議可以告成矣，南北可以統一矣。夫直勝皖敗，和議或可告成，至於南北能否永久統一，和平能否永久支持，記者回觀往事，則不敢斷言。夫今日之直皖，非昔日之北洋派乎，今日之政學系及孫派，非昔日之護法軍乎。由一派分爲數派，由一系裂爲數系，此往事所迭見，固無足奇者。而況直系領袖不止一人。今爲鞏固團體計，則不得不互相翼助。吾恐攫獲政權之後，彼此争鬥。或不免分爲奉直兩派，再釀對峙之局。而吾民復受其荼毒。且直系首領除一二人外，亦民意所不容，今若遽秉國鈞，吾恐民意復起鼓噪，而全國震動矣，吾人於此處須三致意焉。

竊思今日政爭多以權利爲的鵠，今若減輕政府之權利，則垂涎者必日減少，此可斷言者也。現今武人巨公，動輒致巨萬之富，此人人所欲入政府也。而況踞政府之高位，足以俯視一切，生殺與奪，一任喜怒耶。爲今之計，則莫若采泛散之聯邦制，以爲解决政治問題之方法。案聯邦制有二種：（一）中央集權聯邦制。（二）地方分權聯邦制。第一種之制行於美德及南北美各國，而第二種之制，則僅行於美國革命之後及南北美戰爭之時。吾國近年地方權大，中央命令不易施行。因勢導利，實以采地方分權聯邦制爲合宜。所謂地方分權者，即中央政府徒爲各邦之總行政機關，對外爲各邦之代表，對内爲各邦之調人，至於一切重要建設，則由各邦舉行，中央政府祇可聽從，不得干涉，中央政府不得厚借外債亦不得募集重兵，果能如是，則執中央政權者，斷難分贓賣國，妄作威福，以禍吾民，而爭權利者，既無所得，則不以中央政府爲角逐之場矣。於是皖直奉諸軍閥派，當不攻而自滅矣，而吾民亦可以小康矣。

或者曰吾國現已呈崩潰之局，若采地方分權之聯邦制，豈不於中國之統一大有妨礙耶。余曰：聯邦之制實不能即收統一之效，然即不聯邦亦不能實行統一也，自帝制失敗以來，欲謀統一者，或以武力，或借敷衍，終歸失敗，要之現今地方權重，已成尾大不掉之勢，若欲恃和議爲收束之法則，則僅能敷衍一時，久之必復歸分裂。以吾觀之，與其行表面之上單一制，則不如實行聯邦之爲愈也。且聯邦制與平民政治相輔而行者也，現今政治潮流趨向聯邦。考世界先進各國行聯邦制者十之六七，行單一制者寥寥無幾。美國哥倫比亞大學政治科總教授畢爾德嘗言曰：聯邦制乃近代政治上之大貢獻。誠哉然也，國家統一之法則有二，即武力與民意是也。以鐵血統一全國者，爲德意志與意大利。然無俾士麥加爾富之才望者，則又不敢妄言武力。彼段祺瑞何人也，乃欲效顰而行鐵血主義，此其所以迭年苦心經營而無成效也。然國家統一則又不全恃武力，彼美國之聯邦，何嘗以武力參與其間。案美國自革命後，各邦分立，無團結之精神，而且互相仇視，往往起煮豆燃萁之爭，迨人民鑒於外患之逼迫及内政之紊亂，乃發生根本覺悟，即於千七百八十七年，召集會議。重結中央集權之聯邦，而美國乃自此實行統一，成今日之大强國，由是觀之，美國之統一，實賴民意。吾國人民已有國家主義之觀念，惟迫於軍閥之淫威，不能實現，現若吾人采地方分權聯邦制，則武人之勢力，當然減削幾分，而民意自能漸次表見，不難成統一之國家也。

（原載《民心週報》一九二〇年第三十八期，署名『董維鍵』）

致章士釗

長沙話别，屈指三稔餘矣。人事遷移，音問罕通，今幸《甲寅》重光，讀之如親麈論，至爲忻慰。昨讀《毁法辨》，高燭遠照，洵爲確論，特執一偏之見者，不無争持耳。吾國十四年來，政潮起伏，兵匪横行，物力凋敝，閭里騷動，謀國者不思於垂斃之民，有以救之，驕兵悍將，有以制之，而惟斷斷於《約法》之存廢，是舍急而圖緩，豈不謬哉？夫《約法》者，出之於三數人之私意，成於倉卒之間，無法定之基礎，無民意之可決，以之約束臨時政府，固宜。若伸之而爲全國之大法，則未可也。且歷經專政者之摧殘，早已委之溝壑，又豈有餘物之可毁哉？不識今之所謂毁法者，所毁者果何法也。吾國人惑於法治之義，知有治法，而不知有治人。狡黠者流，又每每藉法典爲口實，以行其推波助瀾之技。於是官争於上，民困於下，保民之物，反以害民，是有法不如無法也。或者曰，法之能行，恃有威力爲後援，此説是也。德儒如黑格爾、伊壬，Hiring 力倡此論，現代法國公法學者狄驥，亦爲相類之主張。然觀今之中央，政令壅塞，威力不存，疆吏驃悍，動輒稱兵，若欲繩之以法，豈惟不能，恐適以激成大變。是以今之爲政者，不如舍法律而言政治，弃武力而言仁義，以德化民，以誠感物，力行爲天下倡。各省疆吏，或有觀感而興者。至於憲法，幾爲我國不祥之物，非急務也。制之可，不制亦可。如堅欲制憲，則條文宜簡，規律宜寬，務使尋常政變，不有違憲之嫌；而中央與各省亦得因事制宜，爲適當之處置，庶乎近之。又或有詆吾爲無法國者，是殆惑於英儒奥斯丁之説也。奥氏以命令爲法律，非命令則非法律。其説之誤，經英儒梅因反復詰駁，已無存在之餘地。狄驥曰：『國之前有法焉，國之上有法焉，然則此何法耶？蓋習慣也。無國不有習慣，即無國不有法律，豈可謂吾國無法律耶？且吾國已成之政習，如國體不能變更，各省趨於聯邦，其效力殆埒於憲法，豈可以尋常法規視之耶？刍蕘之言，無當高明，尚蘄教正。

董維健　長沙省議會　八月十五日

附：章士釗答言

憶在長沙，與董君論政，英鋭不可一世。今睹此柬，如面其人，今之稍通歐文，號習法學，無不爲彼邦之成俗，曲期形諸律文者所束縛，而以一先生之言先入者爲之歸，不知國情大謬，近政尤乖，移頂就帽，宜其不適。舍法言政遵從習慣之説，能言而敢言如董君者，吾見亦罕矣。至中外立國大本，其异安在？二十世紀之社會問題，癥結若何？由此勘論，必有可觀。勉矣董君！願聞明教。　孤桐

（原載《甲寅週刊》一九二五年第一卷第九號）

印度獨立運動的新趨勢

印度的民族運動，在目前顯然有兩個形式：一個是自治運動（the Swarajist Movement）；他一個是獨立運動。照過去幾十年的事實看起來，自治運動，簡直是印度資産階級向英帝國主義者摇尾乞憐以求取得一部分政權的運動，也可以説它是一種請願式的運動，它的目的，不在取得印度的獨立，而是要取得自治殖民地的地位（Dominion Status）。推進這個運動的主力軍，多半是温和派的中産階級。印度的人口，號稱三萬萬二千萬，自治派的意見，究竟能够代表若干的人口，究竟反映印度的公意到如何程度，我們無從懸揣，不過它確是中産階級中所表示的和平傾向，這是顯而易見的。目前的民族運動，仍舊是集中於自治問題；英國方面，也衹對於自治這一點，表示可以有磋商的餘地。所以我們可以説，自治派是占了目前的勝利。但是印度的急進派，是很不滿意於自治運動的。他們於是另樹一幟：他們提出獨立的口號，要求印度的完全獨立，不過在這獨立運動之中，又有兩派的分歧：有一派仍復是中産階級，但是他們對於自治派很能諒解，仿佛認定自治是獨立的第二步，因此，他們和自治黨，是有在暗中携手的可能。至於他一派呢，則想以革命手段，達到獨立的目的，他們不承認由現在到最後獨立的過程中間，還要經過一個自治的階段，所以他們主張目前就要獨立，領導這一枝派的分子，不是中産階級，而是最有覺悟的普通民衆如工人、農民、小資産階級等；他們不僅猛勇地推進獨立運動，而且還要在這個運動之中，打擊與英帝國主義者一切妥協的分子。由此看來，獨立運動，是印度民族主義的一個比較激烈的分枝，也算是民族主義的一個新的傾向。而在這新的趨勢之中，又有一個不和帝國主義妥協的傾向。至於印度的統治階級和貴族階級，不惟不贊成獨立運動，并且對於較爲温和的自治運動，也衹表示了一個陽奉陰違的態度，甚或公然的反對。

印度民族主義中的獨立運動，要算是一個最近的階段，因爲它的開始，是在一九二七年來正式表現出來的。不錯，在大戰爆發以後，曾經有少數的急進分子，再三提出獨立的口號，但是自命爲代表全印度民族運動之核心的印度國民會議（the Indian National Congress 這不是政府機關，它是由民族主義者組合而成的）不贊成獨立的要求，所以那個時候的獨立口號，衹是獨立運動的一個動機，衹是它的一個萌芽。正式的獨立運動，是從一九二七年的年底開始，因爲印度國民會議在那個時候通過了一些革命的決議案，宣布了該會議的目的是要印度的完全獨立，宣布了在未來的戰爭中絕不幫助英帝國主義，并且宣布了擁護國聯反帝國主義大同盟。同時，在印度國會中和省議會中之民族主義派的議員，也拒絕參加西門委員會（the Simon Commission）的工作。

但是印度國民會議爲什麽不在一九二七年以前承認急進派的獨立口號呢？這裏有兩個理由：第一，由資産階級組合而成立的印度國民會議，多少受了英帝國主義的改良主義之籠絡，所以不肯斷然提出獨立的要求，和英國斷絶關係。第二，印度資産階級更進一步的希望和英國資産階級共同發展印度的資本主義，以維持并增進其固有之地位。英國的改良主義，雖然不是自動的，雖然不是誠意的，它却不完全是空談。在政治和行政兩方面，改良主義，都有具體的表現，足以引起印度資産階級的同情。所以代表資産階級的領袖 Gokhale 曾經説過：最後，我是有希望了，假如我們善於利用我們的機會，我們在五十年之内，定可以成爲一個自由的國家（這是對於一九〇九年的改良派所發表的意見）。

其他的領袖和資産階級與 Gokhale 同調的，自然是很多的。改良主義的效力和深入，也就由此可見了。我們如果要追述改良主義在印度的歷史，它確有了二三十年的時光，并且受了印度人的歡迎，然而它何以不能消滅印度的民族運動呢？就反面看來，印度的民族運動，從開始到現在，是向前進而不是向後退的，在近幾年來，它已變成了一個很有勢力的運動。這個理由是在什麽地方看出的呢？我們若要解答這個問題，我們必須知道英國的改良主義，不是漫無限制的；他方面，印度民族資産階級希望改良主義之到來，仿佛如『得隴望蜀』一樣，加以印度的普通群衆，已經表現了不妥協的精神，因此改良主義，失掉了它的效力。而况英國統治印度，不完全靠着改良主義：她往往不惜以高壓手段對付她所視爲印度過分的民族運動，因此引起了印度激烈的反對。

在印度的歷史中，我們可以看得出來在某個時期之内，英國的改良主義和印度的民族運動，是同時推進的，换一句話説，民族運動前進一步，改良主義也隨着前進一步，原來改良主義的目的，是要和緩民族運動的發展，我們將這兩者相互的關係，略加説明於如左：

我們要曉得英國的改良主義，是有一定的限度的，在一定的限度之内，她可以儘量退讓，譬如在政治上要求設立議會，要求有批評政府的權能，要求選舉議員，這都是英帝國主義者可以容許的。實際上在一九〇五年的改革即 Morley-Minto Reforms 中，這些辦法，都是已經實行了的，但是管理政府的全權，還是握在英人的手中，英人對於這一種權能，是絕不肯放弃的。印度的民族主義者，僅僅取得一點評政權，當然是不滿意的。所以在省議會中的民族主義者，爲發牢騷起見，往往吹毛求疵地批評政府，責難政府。

大戰開始以後，民族主義者的希望，暫時消沉了下去，但是自威爾遜發表自决的原則以後，印度民族主義者，受了它的戟刺，又復鼓噪起來了。加以協約國自己公然承認爲自由而奮鬥，那麽印度也是協約國之一部分，應當享受自由的報酬，所以他要求自治，因此自治的論調，便愈唱愈高了。以前鼓吹自治者，概是印度人，而回教徒因爲宗教的關係，不相信印度主義，實際上他們的文化，是和西方很接近的，因此他們没有加入印度的民族運動。但是歐洲的大戰，震動了他們的惰性，因爲英國的軍隊，在那時進攻土耳其和其他信奉回教的國家。印度的回教徒，認定英國的進攻，差不多是一種破壞回教的戰争，所以他們情願加入印度的民族主義，一九一六年的十二月杪，印度國民會議和回教同盟（the Moslem League）在 Lucknow 開了一個聯席會議，制定了一個自治政府的整個計劃。在這個時候，駐在印度的英國大員，覺得要馬上宣布英國的政策，所以他們急切地向英國國會請示，以便答覆民族主義者的要求。

一九一七年八月，訓令到了。這個訓令，宣布了印度的政府是一種責任的政府（responsible govornment）。所謂責任的政府，即是對議會負責的政府。但是這個政府的制度，不能够馬上實現，它的實施，是有步驟的，頭一個階段盡可以立刻開始，但是要到最後的一個階段，才能希望真正的責任政府之成立。這個原則就是一九一九年英國國會改組印度的藍本。在這個制度之下，印度人可以選舉議員，參與政府的工作，但是極端的民族主義者，不接受這個辦法，因爲那個時候反英的潮流激蕩得太甚了，甚至親英的領袖們，也懷疑英國的信義了。甘地（Gandhi）所領導的革命運動，也在這時候爆發了。

甘地的革命，是有兩個背景：一方面頭腦明晰的印度人，知道英帝國主義者，是不可能放弃印度的；他方面，英帝國主義者在印度的躁急行動，是足以激起印度人的積恨。英國抓住印度，自然是施行她的工業政策的一部分。印度是一個出産原料的國家，英國人不僅需要她的原料，并且將原料制就貨物之後，依然賣給印度，取得許多的利潤，此其一；假若印度真能得到自治，假若她真能成爲一個製造業發達的國家，并且可以在世界的市場上和英人自由競争，那麽，英國的商務要受很大的影響，此其二；印度的財政之規定，多半以英國製造業的利益爲前提，譬如從前的棉花税，是很不利於印度的，此其三。就這三點看來，英帝國主義者，不惟不肯放弃印度，并且還不希望發展印度的工業。此外，英國人的高傲態度和虐待印度人的事實，皆足以引起廣大的和深切的憤恨。一九一九年，印度國會受英帝國主義者的指揮，通過了懲治革命罪犯的條例，於是印度人更加憤恨，一致反對。而英國人則以武力和屠殺對付他所謂過分的反對，因此印人方面更加怒不可遏了，所以甘地登高一呼，全國響應，甘地也就成了這個大規模革命運動的領袖了。甘地的政綱，主張不合作不暴動，但是革命運動爆發之後，便形成了燎原之勢，他却没有能力可以收拾了。他現在已經放弃了領導的工作，他的勢力已經消滅殆盡了，然而由這次運動所引起的仇恨，較以前厲害多了。現在印度的民族運動中，充滿了這種激昂的厭恨，所以它成爲一個頗有勢力的運動，使一切因帝國主義的和緩和欺騙的辦法，實行上都有非常的困難。

甘地的革命運動，祇在於不合作不暴動，這要算是一個很温和的主張，不過在它爆發以後，殺人放火的暴行，繼續演出，并且參加暴行的分子，不僅限於一個階級，實際上士農工商各階級都有代表加入，所以我們可以説甘地運動的目的，雖是和平的，而它的演進，却是很激烈的很普遍的。英帝國主義者爲什麽不拿起他的慣技即改良主義來和緩這個激烈的和普遍的民族運動呢？爲什麽還要用武力來摧殘它呢？在解答這個問題之先，我們要曉得英國的改良主義，祇限於政治方面，祇是一點敷衍印度人的面子的小小讓步，譬如允許建立議會，允許議會有評政權和建議權。却不許它有管理政府之權，這簡直是一個口惠而實不至的滑稽辦法。英國人施行改良主義，其目的僅在敷衍目前而已，所以他們對於這次的激烈運動，決定不再退讓，因爲他們覺得已往的讓步——敷衍面子，已到了極大的限度，更覺得印度人對於民族運動，也未免太認真了。况且那時候歐戰已經停止了，英國政府覺得很有力量整理内部的政治，所以對於印度越鬧越凶的民族運動，越不客氣的加以武力制裁。這次武力制裁的結果，使印度一般的民衆，都懷抱空前的失望和厭恨，這也是促進獨立運動勃發的一個主要原因。

自治派所要求的自治殖民地的地位，没有得到批準，甘地的不合作運動，又全歸失敗，因此，民族運動中的中産階級領袖，漸漸失去信用了。同時，英帝國主義者，頗能以鐵蹄政策維持其剥削印度的專利權，他的政策的全部，是要加强他自己的地位，是要不客氣的反對印度資産階級的需要和要求。西門委員會的成立是完全蔑視了印度民族主義者的意思，是明明的要改革印度的行政，以鞏固英帝國主義者在印度的統治地位，因此，印度的民族資産階級，不得不采取一個較强烈的反對態度。他方面，印度的貧民階級，也勃興起來了，并且還要做獨立的政治活動；農民群衆因爲貧苦不堪表現了再有革命之趨勢，貧困而有知識分子和小資産階級，如果不舉行革命的鬥争，便會坐以待斃。印度國民會議，一方面固然是要反對英帝國主義的壓迫，他方面却要防止下層民衆的革命行動，所以它在一九二七年，大膽地宣布了它的目的，是要取得印度的完全獨立。歸附這個獨立運動的印度人，有印度國會中和省議會中民族主義派的議員，他們拒絶與西門委員會發生關係。

到了一九二八年，民族運動的發展，起了一個分化：有一派向右傾；他一派則向左傾。因爲工人運動和民衆運動發展迅速的結果，上層的資産階級，起了恐慌。所以他們在去年的下期，顯然改變了他們對西門委員會的態度。現在所有的省議會，通同指派了委員會和西門委員會合作。同時又舉行了一個各黨聯席會議（An All-Parties」Conference）。印度資産階級的各個派别，以及自由黨和獨立黨（這兩派不在印度國民會議）都派有代表出席於這個會議。開會的結果，采取了一部印度憲法的草案，這草案的基本原則，不是要求獨立，而是要求英國國會批準自治殖民地的地位。這次聯席會議的主席 Dr. Ansari，就是一九二八年印度國民會議的會長，這部憲法起草的主要人物 Mr. Motilal Nehru，就是印度國民會議的會長，由此可以見得該代表大會從前所通過的獨立決議案是騙人的。

全國代表大會中的這些領袖，是擁護這個憲法草案的，他們擁護的理由是：祇有這部憲法是代表民族運動各派關於印度要求的共同主張的最大限度。因爲要得到大多數右派的同意，所以憲法的精神，自然要受他們的支配。憲法的草案已經交給西門委員會，這便是一種和它合作的表示。憲法之中，有一個擔保財産的規定，其辭曰：『在自治政府成立時，所享有的一切私産和動産的所有權，即由這個條文擔保。』由此看來，這部憲法是露骨的資産階級的憲法。私産的保障，既是有了條文的規定，那麽民族主義派的領袖，便可向大地主説明民族運動的目標，不是剥奪他們的財産，或瓜分他們的土地，并且可以向英國資産階級説明，他們的投資，是絶對不受影響的。

在這種情形之下，印度國民會議是顯然放弃它的獨立主張，同時民衆的革命化又一天一天的加强，所以國民會議中的左派領袖，不得不挺身而起，公然喊擁護獨立的口號。於是『完全的獨立』和『自治殖民地的地位』這兩個題目，就變成了民族主義派的報紙中和政治會議中争執最烈的焦點。不贊成各黨聯席會議的温和主張的印度人，便建議組織一個印度獨立同盟（the Indian League for Independence），以便將他們的主張訴之於全國，但是這個新組織的發起人，大多數參加了各黨聯席會議，這要算是一個有趣味的特點。實際上這個同盟的起原，是以 Mr. Jawarlal Nehru 在各黨聯席會議所發表的一個宣言爲根據，這個宣言得到了其他三十個出席的 congressmen（這就是印度國民會議的會員）的贊成，至於 Jawarlal Nehru，他是 Motilal Nehru 的兒子，并且是印度國民會議中的青年急進派的領袖。新同盟的發起人，宣稱他們之所以贊成各黨聯席會議的決議案，是因爲要維持統一，但是同時不放弃他們的獨立主張，現在爲擁護這個主張起見，他們才提議要成立一個特别的組織。

印度各地方，果然對於這個提議有迅速的響應，起初，在 Madras 建設了一個組織，推 Srinivasa Iyengar 爲首長。從前全國代表大會，是在他的領導之下，通過了獨立的決議案，他因爲各黨聯席會議拋弃獨立的主張，不肯參加會議，在著名的領袖中，不肯參加這個會議的，也衹有他一人。嗣後，民族主義者又開了一個會議，決定了同時擁護獨立和自治兩個主張，代表大會的會長 Dr. Ansari，也説明了接受各黨聯席會議的主張，斷不致使 congressmen 放弃獨立的口號，因此，Iyengar 受了調和的軟化。

實際上，新同盟會的組織，是在 Bose 領導之下才正式成立的。它成立之後，便發表了一篇宣言和一個臨時的政綱，在大體上説，這個政綱略略經過修改之後，便成爲全國的政綱了。這政綱對於獨立運動的積極和消極兩方面，皆有極鋭利和極明瞭的表示，政綱共分爲三部分，第一部分是經濟的民主（economic democracy），第二是政治的民主（political democracy），第三是社會的民主（social democracy）。所謂政治的民主，就是要完全獨立，congressmen 的要求，也僅在於完全獨立，并没有提起其他的政治問題。

經濟的民主，要算是政綱中最重要的一部分，它的範圍是比較的擴大，印度民族資産階級的團體，從來没有提出一個這樣廣大的政綱。它顯然帶着社會主義的色彩，它替民衆提出了許多的要求，譬如要排除經濟上的不平等，要財富的公平支配，要將重要工業和運輸事業收歸國有，要施行八小時工作的制度，要發給失業費和制定産業勞工保護法，要施行全國一律的土地租借法，并且還要取消農業的債務和地主制度等。這些新的要求，是印度民族運動的歷史中從没有見過的，因此反映了民族運動方向的改變。同時，印度獨立同盟却是一個替印度資産階級謀利益的機關，因爲它主張勞資間一切的糾紛，都要交給仲裁機關來判決，務使罷工和停工不致發生。

至於社會政綱的項目是很多的，我們不必詳細説明，就大體講，社會政綱所包含的内容，仿佛是由民族主義社會主義和民主主義三部分結合而成。印度獨立同盟之所以采取帶有社會主義色彩的政綱，這是大半由於Jawarlal Nehru積極宣傳的結果，這位先生不僅利用種種機會來説明社會主義是獨立運動的目的之一，而且他假借歐洲社會民主黨的改良主義，來成立一個奪取政權的理論。所以他於去年十月在Delhi Political Conference曾經説過：

現代戰術的發展，使有組織的國家，具有可怕的能力。要用暴力打倒政府，是不可能的。在歐洲奪取政權的新方法，不是基於暴力，而是基於工農和其他分子的和平組織。我們印度也衹有采用這個方法。

印度新的獨立運動，没有革命性，這是可以由剛才所援引的一段話裏看得出來的，Jawarlal Nehru、Bose和其他民族資産階級的領袖，不是代表革命的社會主義，而是替社會民主黨的改良主義供奔走，他們發言是很激烈，但是到了行動的時候，他們便畏縮不前了。因爲他們采取了這個態度，所以他們居然漠視蒸蒸日上的民衆的革命運動。我們説一個比方，農民革命正在進展——這是由於農民群衆不勝封建地主和帝國主義的壓迫而發動的一個暴動。印度獨立同盟不僅没有表示在將來要領導農民的鬥争，而且很漠視這個基本的鬥争。它解決這個鬥争的建議，便是以代價廢除地主制度。

印度獨立同盟對於各黨聯席會議的關係，是若即若離的，我們曾經説過了，但是它對於現在的民衆運動是怎樣的，我們應該加以説明：第一，我們要知道獨立同盟是在去年十一月間才正式成立的，它的會長是Iyengar，它的秘書是Bose和Jawarlal Nehru兩人，它雖然得到許多有名的congressmen的擁護，然而它的組織上，却没有普通民衆的成分。第二，獨立同盟成立的時候，正是印度工人大罷工的時候；印度的群衆，也正要謀獨立政治的活動，因爲他們不相信民族資産階級和改良派的領導，結果，他們慢慢地擁護工農黨（the Workers' and Peasants' Party）的領袖。工農黨已經在行動上企圖領導工農群衆的鬥争，它替群衆制定了經濟解放和政治解放的要求，它是第一個號召群衆來擁護完全獨立的團體。

在這些情形之下，印度獨立同盟，難免不向工農黨挑釁，難免不企圖恢復民族資産階級超過群衆的影響，因爲群衆已經要脱離它的勢力，獨立同盟的領袖，從没有加入或擁護工農黨，有名的領袖如Bose，曾經特别出力來解決罷工以求廠主的滿意。

這樣看來，我説如果要正確地估量印度民族運動的新發展，我們不僅要承認反英帝國主義鬥争的激烈，同時還要承認印度無産階級和印度資産階級間的鬥争之發展。在後者鬥争中，印度無産階級不僅要和印度資産階級發生衝突，并且還要争取國民革命的領導權。印度群衆在最近所要完成的革命工作，如解放印度，打破封建制度，確定農工的社會和政治權利，都在資産階級民權革命的範圍之中。現在的印度，總要經過許多的階段，才能開始社會主義的革命，不過其民族運動革命的推進，或須要無産階級的努力，因爲獨立同盟所領導的民族運動，在發軔的時期，雖曾表示了革命的狂熱，但是它很容易投降到英帝國主義威嚇之下，他到了行動的時候，便如水泡一樣，忽然破裂，甘地的革命運動之消滅，就是一個明證。

（原載《東方雜志》一九二九年第二十期，署名『董之學』）

英帝國制定關税的方法

關税的制定，在事前要有詳細的調查和考慮，真是一個很麻煩的工作。從前帝國主義者，恐怕我們中國政府不願意或不能够擔負這樣麻煩的職務，便替我們用條約規定了進口税和出口税的税率，我們中國的官廳，也樂於垂拱而治。但是自從去年二月以後，帝國主義者，不得再替我們代勞，嗣後我們對於關税的制定和修改，衹好竭智盡力，勉爲其難。因此，我們對於各國制定關税的方法，實有研究和參考之必要，這裏便就英帝國制定關税的方法來考察一下。

英國帝國政府制定關税的方法和她的殖民地略有不同，所以我們應該分別研究，先論英國，次論加拿大，最後輪到澳洲。

英國

英國政府修改關税或添加新税，通常適用兩個方法：一個方法是將此項修改或添加，包括在每年的預算中，他一個是把關税委員會研究的結果，用特種命令頒布之。第一個法則是歷代相沿的，每值春季，英國財政大臣，即於預算中提出關税的修改。在預算提出的頭一天，修改了的新關税，便在夜半發生臨時的效力。全國的海關，也在那天提早封關，以免和新税混淆。但是政府的修改，必須經過國會的批準，才能發生永久的效力，在國會討論的時候，往往對於政府的修改，又有重要的修正，其效力是倒退的，以追溯到提出預算之日爲止。

財政大臣提議修改關税，似乎没有一定的政策，他的目的，似乎要增加收入，以裕國用。但是近年以來，保護政策的聲浪，愈唱愈高了。因此，有人認定好幾種税原先純屬收入的性質，現在却成爲保護的性質了。Mokenna duties，就是一個好例。這一類的關税，在大戰期中才頒行，其目的在減少奢侈品的輸入和保存輸入的噸數（import tonnage）。工黨執政曾經把它廢除，但是在一九二五年保守黨登臺，又將它恢復了，并且將它的種類也擴充了。

財政部附設有專家若干人，來研究各種關税法案和其他的財政法案。財政大臣恐怕人家輕視他的關税或財政建議，所以他常説在預算建議的過程中，曾經得到專家的指導，藉以自重。關税改變的提議，多半由工業或實業代表團所發動，每值代表團拜訪財政大臣或總理大臣之後，便要提出種種的修改。政府對於代表團的提議，當然有答覆，不過答覆的性質，不是絶對肯定的，祇允許對於提議加以研究，有時總理大臣，毫不客氣的將他們的提議批駁，説與政府不施行一般保護税則的普通政策不合。

英國制定關税的第一個方法，便是由政府根據特種委員會研究的結果，對於某幾種貨品，頒布徵税或加税的命令，并且把這個命令交給國會認可。有人批評這個方法，説它没有一定的法律的根據，不過也有人説它是一九二一年《工業保護法》（the Safequarding of Industries Acts of 1921）的精神和目的的『勢所必至』。在這個法律之下，有幾種的工業，多半是主要工業（key industry），可以得到關税的保護。

此外還有一個所謂『白紙法則』（white paper procedure）。它是英國在目前制定關税的方法之基礎，依照這個辦法，一切工業，除糧食在外，都可以請求商務署（Board of Trade）修改關税。假如商務署認定所請求的確有理由，便指定一個由三人至五人的委員會，來充分的和仔細的調查有關系的工業之現狀。委員會的會議是公開的，但事關秘密者不在此限，調查完後，便將所得的結果和建議呈報商務署。假如委員會做了一個贊成的報告，商務署又同意於它的報告，那末即將所提議修改的税則列入財政議案（Finance Bill）中，請國會核準。

商務署對於修改關税的請求，不是一呼便應，實際上，在令飭調查之先，它必須知道：

（一）請求的工業，是否充分的重要；

（二）外國進口品的競争，是否特别厲害，是否對雇用有重大的影響；

（三）競争是否不公平，因爲輸出國占有以下的三個便利：（a）她的金融跌價，（b）她給予補助津貼，（c）她的工價低，時間長，或雇用條件的不公平；

（四）本國的工業，是否辦理有相當的效能或經濟；

（五）新税施行後，是否對别種工業的雇用有不良的影響。

在這五點的範圍内，商務署如果得到滿意的答覆，那末，它便下一個命令，組織特種委員會，仍復根據這幾點的標準，進行考察的工作，實際上委員會除那五點之外，還要考察外國貨品的價格，調查本國的工業，是否可以製造同樣的貨物，是否以同樣的價格出賣，還可以賺錢。如果委員會覺得某種工業的請求確能成立，它就在報告中提議修改税率，來抵制不公平的競争。委員會的報告，都要印刷出來，并且印刷得很快。至於商務署對請求修改關税的態度，向來不用報告公布出來。

自從這個制定關税的方法實施以來，已經有了三年半的時光。計工業中之請求保護者，共有四十九起，其中二十九起被商務署拒絶；被拒絶的案件，包含有鐵鋼、麻布和别的重要工業。其餘由委員會調查之二十起案件，祇有九起達到請求的目的；其餘的十一起，因爲理由不確切，被委員會拒絶。這九起案件，都是關係不重要的工業，國會照例給予批準。

這個制定關税的方法，以商務署委員會的報告爲根據，確有一種便利；其便利在於能够詳悉地審查各個修改關税的提議，較之國會的直接討論好多了。但是近來各方面對於這個方法的運用，多有怨言，説那五個條件太苛刻了，進行的程序太遲緩而且没有定準，尤其説商務署不應該馬上拒絶許多重要工業的請求——應該把這種請求，交給委員會詳細地研究。每一個分開的委員會審查一個提議，自然免不了分道揚鑣的趨勢，其結果各委員會對於『非常的輸入』和『不公平的競争』兩個標準，各有不同的解釋，因此它們的建議，表現了顯著的不一貫。英國總理大臣鮑爾特温（Staney Baldwin）曾經説過：『這個方法，應該改爲單簡一點。』他并且又説：『任何工業，皆可以把它的情形陳訴於相當的機關，辨論指證，聽所欲爲。』但是他不贊成糧食加税，不願意藉保護工業來做一個旁門或後門來施行一般的關税（general tariff）。就目下的情形看來，保守黨在此届總選中，已失敗了。工黨現在再執政權，它是否要改變以前所規定了的那五個條件，即工業請求修改税率所必須履行的條件，或者要把委員會改爲一個永久的調查機關，使它的進行略加迅速，刻下都還不能説定咧。

加拿大

在加拿大，税率的制定，大約是每年一次。關税的修改，概於每年春季連同全國預算提交國會核定。國會雖有修改權或删除權，但是提議修改之權，則屬於内閣，財政部長之權猶大，自一九二六年關務處（Advisory Board on Tariff and Texation）成立後，財政部長對於每一個新的提議，必先令關務處調查和報告，然後他纔下一個決斷。

就大體講，加拿大制定關税的方法，似乎和英國的辦法差不多；但是我們若要加以過細的審查，便覺她們確有很大的區别，最顯著的區别，便是關税的範圍，在英國的現在政策之下，祇有幾種的貨品在關税的範圍内，對於糧食和大工業，已經由總理大臣的誓約所擔保，絶不徵收關税，至於加拿大的關税制度，則發展較爲擴大；所有一切商品，皆在關税的範圍内，政府和國會，得隨時徵收新税或改變税率。英國的關税，向來以收入爲原則，没有别的作用，所以政府的提議，一經交到國會，國會便予以批準，不必加以重要的修改，因爲修改太多，便有使預算不能出入相抵的危險。至於加拿大政府的關税提議，則往往受國會重大的修改，這是由於加拿大的關税，漸漸由收入的性質變而爲保護的性質，也許由於加拿大政府，爲便利本國工業或消耗者起見，故意減輕税率，使他們能够以廉價購買外來貨物或設備，但是近來英國關税的趨勢，也由收入的原則變而爲保護的原則，那末，將來國會對於政府的提議，必定加以活躍的討論。

目下加拿大的關税政策，從事實上看來，約有三個要點：第一要施行相當的保護政策，來維護國内的工業，不過同時要減輕生活的用費。第二，爲提倡工業的發展，自願放弃或減少機構和設備的進口税，因爲這種貨物在國内的生産很少。第三，要推廣帝國間的商務(inter-Empire trade)，要在加拿大市場上增加英國貨物和其他互惠的殖民地貨物的優先程度（margins of preference）。至於宣布關税政策的責任，在英國和在加拿大是不同的，在英國首相實負擔了那個責任的全部，在加拿大則由財政部長專負其責。

一九二六年以前，修改關税的程序，没有一定的途徑可循，但是在那年，關務處成立了，請求改變關税者，纔知道有一定的方法可以適用，按照以前的方法，如欲請求修改關税，可由製造者結合一個團體，或選派代表，或由各省議會的議員或國會議員向内閣閣員請願，呈遞請願書，要求修改這個或那個關税，可是現在把這方式完全廢除了，請求人可以書面呈請財政部長轉令關務處着手查問。假如財政部長認定所請者確有理由，他便將此事交給關務處核辦，假定關務處經過一度審查後，認定它值得研究，那末，關務處便擇定一個日期，公開的審問有關係的各當事人，可以提出口頭的或書面的叙述，并且可以將他們的意見充實到禀帖裏面去。無論何種公開的審問，都要事前通知，其目的在給予任何人一個機會陳述他的意見，祇要他對於本案有一點興趣，公開的審問祇一次或二次也有第三次。開了一次公開的審問之後，必須經過幾個月纔繼續舉行第二次的審問，以便使關務處的專家，得以從容從事於調查，或者還要到各處實地調查。

加拿大的關務處，仿佛像一個法院，可以處理關於税率的争議，假定有一個人主張對於某種貨品要徵收高率的關税，而另一個人則堅持低税的主張，那末，關務處便可以公判人的資格，爲之判决或調處。但是關務處不像一個正式的法院，没有固定的規則來限制『程序和證據』，它辦事的程序，是由經驗中發展出來的。關務處履行職務，没有精確的標準可以遵循，因爲國會没有給予它這樣一個標準。對於修改的關税的請求，或承認或拒絶，關務處祇好酌量行之。在法律上講，它可以『仔細研究關税，關税收入和關税與連帶的問題對於工業農業的影響』。但這個標準太空洞了。

關務處的性質，照法律的規定，應該是一個公平無私的機關，實際上看來，它的確是這樣的，因爲它現在祇三個處員，一個是主張高率關税者，其餘一個是折衷派。不過關務處是政府機關之一部分，當然要仰承執政者的政黨之意旨，來執行它的主張；現在加拿大的政府黨是自由黨，主張温和的保護，那末，關務處也要照這個政策進行。關務處對於每個案件所研究的結果和它的建議，不是對外公開的，衹是秘密的呈報到財政部長，聽他做一個決定。至於關務處的組織，它衹有處長一人和處員三人，但是可以雇用專家或調用財政部農業部和勞工部的部員，現任的處長是一個著名的經濟學家。

關務處成立於一九二六年四月，成立一年內，一共接收修改關税的請求六十七件，其中有三十一件要求加税，三十五件請求減税，其餘一件關係於優先關税（preferential tariff）。在這一年中，關務處於六十七件之中，選擇了五十件出來加以研究，公開審問，但是它對財政部長的呈報衹有一十六件，可知呈請者雖多，却難得到它的認可。它的報告是不許公布的，内容如何，要到下一年的預算中才能够找得出。

照一九二八年的預算看來，關務處不僅主張加税，并且主張減税，或加或減，完全取決於每個案件的特别情形。如果决定減税，衹將英國貨物的或互惠殖民地貨物的優先關税減低就行了，不必改變其他的税率。就去年的税率修改看來，加拿大減税的舉動，可有兩重的目的，一方面使國内的消耗者能够得到廉價的貨物；他方面又要增加英國貨物在加拿大市場上的關税便宜。

自一九二六年四月到一九二八年止，約有兩年半的時光，關務處所接收的案件，共一百一十七起，其中有四十九起要增加税率，有六十五起要減低税率。根據實在的報告，關務處舉行了一四五項公開的審問，來應付一百一十一起的請求，其呈報於財政部長者，究有若干，現在不能知道，不過確有一大部分的案件是呈報了的。一個案件的調查，總要幾個月的工夫，纔能完成，這算是很快的。關務處能够辦事迅速，是有兩個理由：第一，加拿大工業上的組織和構造頗單簡，所以每個案件的顯著事實，很容易調查出來。第二，關務處進行調查，衹需遵照普通的，不是嚴格的標準，其所作的結論，也衹基於事實和現狀，不必需要詳細的和精確的統計，如果需要這種統計，那就需要長期的時間了。

附帶預算裏面提出關税的修改來，這是一個制定關税的主要的方法，此外尚有兩個次要的方式。依照加拿大的關税法，總督有減税權能，并且還可以免税，不論天然的或製造的物品，確爲加拿大製造業所需要者，總督可以減輕或免除它的關税，這個方式以行政手續執行國會的意志，是不能算爲一個添加的制税方法。依照法律的規定，機械和設備，果係國内工業所需要，而且不能在國内製造者，準其免税輸入。免税與徵税，由税務行政處决定，交由海關當局執行。第二個次要的修正關税方法，便是關係於政府的締約權，政府和外國締約的時候，可以拿關税退讓和外國交换。加拿大的税率有兩種：即調和率（intermediate rate）和英國優先率（『British Preferential rate』）。加拿大可以減輕税率以取得外國政府同樣的退讓；英國殖民地，照例得到優先率的利益，外國政府則得到調和率的利益。加政府的税率，雖然規定的高一點，却留有伸縮的地步，以便政府於締結條約時，可以在税率上讓步，使加拿大的出品在英國市場或外國市場得到互惠的利益。此外尚有一個方法却不甚常用：假如英國或外國政府給予加拿大商務以若干利益，總督認爲滿意，那末他可以

Governor-in-Council 的資格，將調和率或優先率的全部或部分授予英國或外國。

澳洲

就大體講，澳洲制税的法則，很像加拿大的制度。澳洲的制度，頗似加拿大和英國的模型，計有兩點：第一，關税的修改，若要發生永久的效力，必須徵求國會的討論和認可。第二，修改關税的方案，必須由商務海關部長提出，并且設有一個關税機關，可以爲該部長的輔助。但是澳洲的制度，確有兩個重要的特點。

澳洲關税的『歲入性質』是很顯著的，至於關税的修改，不是與預算同時提出，也不是將零碎的修改合并起來成爲一個專案，於每年提交國會。就前十年的事實看來，澳洲關税的修改，多半是普遍的修正，每隔若干時間舉行一次，但是若經關務處調查，認爲有采取緊急行動之必要時，商務海關部長可以提出臨時的關税修正。

澳洲的關務處，占有極其重要的位置，它的職務也很繁重，從某種貨物的税率問題以至普通關税問題，工業政策的問題，皆在它的職掌之内。其次，照法律的規定，部長或國會没有事前經過關務處的調查和報告，不得徑行采取關於關税的行動，如關税修正或施行新税。這樣看來，澳洲的關務處，的確是澳洲制度的一個特點。

澳洲各政黨都贊成保護和奬勵國内的農業與製造業，這是它們的共同政策，其保護的方法，在於施行進口税或津貼或其他在政府權力之内的方法，同時却要顧及消耗者的利益，并且還要站在國家的觀點上來考慮這個問題：要發展和保護某種事業，是否值得如許大的犧牲。（這是指的提高物價）至於工黨方面，它從前本主張將保護的利益由製造者擴充到消耗者和工人身上，要製造者定出公道的價格和公道的工價，但是它現在也贊成强烈的保護政策。而農民黨則鼓吹要政府用關税或别的方法來協助農産品，并且它積極的從事於減輕農具輸入的税率。

關務處的職務，在研究關税的運用和關税對工業發展的影響，在搜集確切的證據和報告，以貢獻於國會，使國會討論關税的時候，能够得到一個可靠的根據。關務處負有保障消耗者的責任，務使製造者不得藉保護的名義來定出來不正當的高價。從前的關税，都是基於實際的經驗，關務處成立之後，一般人希望它能够制定科學的關税出來。關務處還要假商務海關部長的顧問，譬如津貼的許可，免税和減税，都要倚靠它做顧問，至於締結『互惠關税』的條約和施行『從緩的關税』（defered duties），也要有事前的調查和考究，關務處便負擔這個調查的工作。不過關務處的職務太多了，其中有屬於海關行政者，也有屬於海關上訴院者，這種職務很可以删除去。

用法律的規定來徵收關税，已經公認爲振興國内工業和規定對外商業關係的一個法門。如果法定的關税，可由從緩的關税，『反對東平』（anti-dumping duties）（案：東平 Dumping 是一種極端的賤賣）津貼等辦法來減輕，那末，這種關税很有伸縮的餘地。執行這些辦法的威權，由法律賦予部長，在行使之前，應由關務處預先調查翔實。

關務處的處員，原先僅有三人，以後加了一個，都由總督選任，任期自一年至三年不等。關務處的處長，照例應該由商務海關部的部員充當，這是因爲要把商務部的經驗給予關務處，使這兩個機關得以密切地聯繫。處員三人中，有一個代表製造者，另一個代表進口商人，還有一個代表農業，但是處員遇有直接關係本身利益的事件，應該回避，不得行使其職權。關務處有招集證人和證物的全權，并且可以審問證人，要他發誓。如有拒絶作證或藏匿文件或給予虚僞的證據，或傷害證人，都應該受處罰。證人的旅費和别的費用，都由公家津貼。

關務處固然可以自動地着手調查或研究，但是關税的修改，多半由有關係的個人或工業團體所發動；個人或團體，可以稟請商務海關部長，予以保護或救濟。部長如果認可，即將稟帖交與商務處查核呈報。照法律的規定，不論徵收新税，或加税，或減税，或從緩徵税，必須先由部長交與關務處核辦，没有得到關務處的呈報，部長不能采取任何行動，因此，澳洲制定關税的程序，其動力在於關務處。

請求改變關税者，以要求加税的數目占大多數，關務處應付的方法，約有兩個：第一，看請求者的工業是否辦得有效能。第二，生産費究有多少，關務處得聘請會計師詳細地查明。這兩個標準，可以合并爲一，因爲效能最大的工業，必定不需要很高的生産費。澳洲的關務處在決定關税修改的時候，固然注重生産費，但是它對於生産費，似無精確之研究。并不調查入口貨的比較生産費（comparative cost），尤其没有派人到外國執行實地的調查。不錯的，關務處是要稽核國貨的生産費，并且從證人方面偶爾收集關於外國的貨價、工價和生産情形的報告，但是，它調查的意思，不是把國貨生産費來做税率的標準，而是要找出地方的工業，是否辦理得有效能，本國工業和外國工業間的工價和生産費，是否相差太大不能用關税來救濟使兩者相等，若要勉强令其相等，那就會要把關税過量地提高，把物價也過量地增高，使國内的消耗者減受痛苦。

入口貨物，爲本國所無者，是謂非競争品（non-competive articles），否則爲競争品（competitive articles）。在每次調查中，關務處對於外貨和國貨的競争情形，加以極詳細的研究。研究的目的，在找出一個税率使國貨能和外貨競争。關務處對於國貨之具有優越的質地者，認爲可與外貨競争，不必予以保護，其對於本地不易生産之貨物，亦不輕與予以保護。至於某種工業，是否宜於本地，也由關務處加以調查，其調查集中於（一）内地是否具有必須的生産便利和充足的原料；（二）此種工業是否屬於天然，能否旺盛；（三）可否容納很多的工人，關務處采用『特率』（specific rate）（以貨物的容量數爲標準）或采用『值率』（ad vatorem rate）（以貨物的價值爲標準），都以便利本國的貨物爲前提。外國貨物的價格，若是等級太多，或没有充分的標準，關務處對待它的辦法，便是采取多種的税率，低價的入口品，適用特率，高價的入口品，適用最低的值率。

關務處對於修改關税的請求，津貼的請求，或濫用保護税率的控告，必須加以公開的審問，接收證據也要公開，并且還要證人發誓，但秘密的證據，有關公共利益者，可不必當衆呈獻。審問時不準用律師，因爲律師對於證據，没有密切的關係，審問的公告，必須於數禮拜前登在報紙上。澳洲的面積不甚遼闊，運輸也很方便，關務處巡視各州，實地調查，每至一處，即考察工業的實在情形，并且接待地方的代表團，以咨詢其意見，其所經過的地點，多是至要的城市，在這些地方，公開審問多次，自然够了，不必遍歷各地。

關務處調查完竣後，就將它所得的結果和提議做一個報告，呈報商務海關部長，但是部長不限定爲他的提議所拘束，也不限定接到報告之後，就要采取行動。假如部長認爲適當，他便做一個決議案，修改某關税，提交國會議核，議案提出後，關税的修改，即臨時發生效力。關税的修改案，如果僅屬於幾個貨物，國會多半不加以重要的修正；假如部長所提交的議案，關係普遍的修改，那末，國會常常予以重大的修正。國會對於關税，衹有修改權、贊成權或否認權，它不是關税法的提出者，非經關務處於事前考查和報告，它不得采取修改關税的行動。

爲便利國會和民衆起見，關務處須於每年七月，將關税的運動和工業的發展，正式呈報商務和海關部長，并且將先一年關務處的建議一并抄録於報告中，使國會和民衆得到它的教益。部長收到報告後，即將它轉交國會，并且附以辦理每個建議的經過。澳洲和英國的報紙，對於關務處的報告，是很注意的，因爲這種報告，不僅指出澳洲工業發展的現狀和連帶的問題，并且還載有關務處在一年中關於關税的活動。部長没有接受的建議，一概不準付印。部長或國會往往不肯根據報告有所動作，甚或采取反對建議的步驟，因而引起輿論的批評。

關税的修改，在澳洲多半以普遍的修正行之，其以單獨法案謀關税之修改者，爲數甚少，譬如由一九二二年到一九二五年，僅有十一種貨物，由特案修改其關税。一九二六年國會批準之修正案，牽涉約一〇〇項目，此爲第一項普遍的修正。由一九二六年到一九二七年又有十二類的貨物，受了關税的修正。一九二八年，國會舉行了第二次的普遍的修正，牽涉一三五個項目。特種的修正，是不常舉行的，因爲它是應付緊急的問題。一九二六年到一九二八年，關務處呈報了差不多六十種的貨品，主張修改其關税，其爲國會所認可者，共有四十二種，由此可以曉得關務處的主張，有三分之二可以得到國會的同意。

關務處確有很多的優點，請求增加關税者，再不能以一面之詞，企圖徼倖成功，要求加税的理由，必須充分地表白出來，請關務處加以斟酌，贊成和反對兩造，都可以在關務處，親聆請求者的證據，假如證據不確，可以提出辯駁的理由來，以作反證，或另外提出一個解釋來，請求者必須站在經濟的觀點上，指出其要求不但於自身有益而且於社會也一樣的有利。這樣一來，國會可以除去許多濫用保護政策的機會。

澳洲的關務處，負有保護消耗者的利益的責任，這要算是澳洲制定關税制度的一個特點。在公開審問的時候，自然没有辯護士出席，來替民衆爭持，但是民衆的利益，確由關務處代表了，因爲關務處於訊問時，不但要查明加税是否影響其他的工業，而且要問明關税的增加，是否抬高民衆所需要的貨品的價格。關務處既是注重民衆的利益，於是請求者便極言關税雖加，决不會提高物價。人們説，高率關税，會要懲罰進款少的消耗者，因爲這種消耗者，財力綿薄，買不起高價的貨物，衹好不買，或者要出昂價購買，關務處對於這一點，也曾經加以考慮，關務處責備主張高率税的人們，説他們不應信口雌黄，認定廉價的入口品都是『無用的渣滓』和『買者的禍害』，它覺得賤價的貨物，也有用處，也可以供民衆的消耗。

消耗者的利益必須保護，已經由法律承認了，因爲法律上説得很明白，凡屬一切的控告，如果指出了製造者假借保護抬高價格妨害公益，應該由部長交給關務處核辦。假如關務處認定控告確有理由，它就提議減少或取消所控告的關税，但在提議之先，它必須慎重調查有關係的整個工業狀况。實際上有無此種控告發生，因無卷宗，無從查悉。

法定關税之外，又有所謂 By-law Items，這種項目，有伸縮的性質。在這種項目之下，入口貨的關税，經由部長裁可，可以減少或完全免除，其目的在使某種貨物——澳洲本地不能産生的貨物——不受普通關税的拘束。By-law Items 所規定的貨物的種類，多半屬於：（一）機械和原料，這是農業所必需的物品；（二）於社會的安全和康健有關係的器具和貨物；（三）獎勵教育藝術和文化的用品，或於公用所必需的貨物。

减税和免税，要在一定的條件之下，纔可以舉行。第一，要考察外國的貨物，是否和同樣的國貨相競爭。第二，有時貨物有幾個用處，輸入商人必須擔保他所運進的貨品，即使受了優待，絶不移作别用。第三，輸入商人必須用書面承認其所運入的機械，讓工程師檢閲，以爲將來在國内製造此種機械的地步。他方面優待的關税，可以隨時收回。我們引一個比喻，紡織機械和機師工具，現在都是免税入口，假如國内將來有此種貨物發現，而關務處因調查的結果，覺得國貨製造者的要求很有理由，那末，優待條件，可以立即取消，外國貨物，即須繳納十足的法定關税，部長在允準優待關税之先，必須令關務處查明呈報，然後决定，否則其决定無效。優待關税的請求，數目很多，在一九二六年計有七三〇起，在一九二七年計有八六一起，在一九二八年計有七一七起，其中有百分之六十，經關務處認可由部長執行。

澳洲的關税，除現行的税率外，另有所謂『從緩的關税』。這種關税的税率，已經由國會認可，列入關税表，其目的在給予某種工業以保護政策的擔保，某種工業或者已經在國内得到相當的基礎，不過尚不足以供給多量的貨物，國會爲奬勵起見，即於現在予以擔保，將它在將來應得保護，明明白白地列入關税表，一俟它的出品值得保護的時候，便實行對同樣的外國貨物徵收保護税。從緩的税率，何時施行，自有一定的日期，不過也不限定到期實行。假如關務處查得某種工業的出品，已經到了規定時期，還不能够産生相當的數量和充分的質量，那末，它就建議於部長，請他從緩實行保護税。一九二六年關務處辦理『從緩税率』的案件四十七起，一九二七年三十六起。關務處對於大多數的案件，覺得請求實行保護的工業，尚没有充分的進步，值得這樣的奬勵，所以它主張征税的日期，還要推遲。

關税的效力與『東平』（極端的賤賣）是相反的，前者之目的，在不要外貨進口，後者之效力，則在於逃避關税的障礙，長驅直入。澳洲的關税，以值率爲形式，以保護爲動機，澳政府對於外貨的混入，是特别的留心警戒。反對東平的法律，大約和美國與加拿大差不多。如果發覺了有東平發生了事情，并且又發覺了東平於國内的工業有妨害，那末，衹好提高關税，以圖抵制。澳洲反對東平法律所包括的範圍，比美國和加拿大要寬闊得多。

泛言之，澳洲政府可以在兩種情形之下，施行反對東平關税：第一，外貨在澳洲所賣的價格，比它在本國在起運時所賣的市價要低些，或者它賣與一個澳洲入口商人，其價格在『合理的價格』（reasonable price）之下，又或者它由外國以特别低廉的運費和特别的輔助金，運到澳洲，實行賤賣。第二，從金融跌價的國家運來的入口品，自然可以在澳洲市場上大賤賣而特賤賣，國内的工業免不了要受它的牽連。爲抵制計，衹有反對東平關税最相宜，商務海關部長在適用反對東平關税之先，必須要關務處查詢和報告，纔能采取動作。關於這一類的案件，經由關務處與以核辦者，每年約有兩百起。關務處對於大多數請求施行反對東平關税的案件，認爲於實情不合，不予批準。但是在它成立以後的六年中，它曾經核準并轉呈部長裁可的呈請書，也有幾百件，部長照例批準。原先反對東平關税，其大部分是適用於由歐洲各國入口的貨物，因爲這些國家金融的交换價值跌落了，但到後來，抵制外貨的賤價税率，也漸漸推行到由英倫南非洲和美國運來的貨品。

最後，關務處還有一個重要的工作，這就是考慮互惠關税的建議案。假如澳洲政府要和大英帝國的其他的部分或外國締結關税互惠的條約，那末，不論這種提議，是從那一邊來的，總要經過關務處的審查，纔能談到第二步的動作。查澳洲和紐絲綸與加拿大所成立的互惠關税條約，都由關務處起草，經有關係的政府批準施行。按照條約規定，簽名國各各承認對於幾種貨物，減低其税率。在互惠的條約之下，澳政府對於由英倫或英國殖民地運來的貨物，制定了嚴格的條件，尤其關於總生産費（包括工價和材料）定有很苛刻的限制，由關係國運入的貨物，必須合於這些嚴酷的條件，纔能够享受優待關税的利益，到現在止，澳政府尚未和英帝國以外的國家訂立互惠關税的條約，因此，所有的外國必須受普遍通税率之制裁。

根據法律的規定，關務處可以自動地考慮：（一）關税的運用對於第一業和第二業的影響（澳洲稱農業爲第一業 primary industry，製造業爲第二業 secondary industry），（二）海關法律之財政的和工業的效力，（三）其他關係於以關税鼓勵農業工業之事項。就法律上的條文看來，關務處一方面要研究關税問題的全部，并且要從極寬泛的方面來研究它，他方面又要審查特種案件和擬訂税率。在近幾年來，關務處很注重不關切於制定税率手續的問題，它之所以這樣做，其原因在於欲以廣大的遠照全國的眼光來研究關税問題。

關務處常常視察工業區域和工廠，以便和各種工業發生密切的聯繫，它考驗加税的請求，不大注意於要求加税的貨物的本身，它的視綫完全集中到有關係的工業身上。關務處在檢閲工業的情况發生密切的時候，要從大處着眼，要顧及由某種工業推進全國經濟進步的可能，要看到有關係的生產者以外的國家利益。關務處毫不客氣地指出保護的流弊。加税的請求，一天一天地增多，從前已經得到很多保護的工業，申明數年前的保護關税，在那時候本已够了，不過到了現在，舶來品的競争太厲害，認定以前所定的保護簡直不够，因此，他們請求加税；關務處爲之駭然，於是發表了很多的警告。它指出了外國的生產費正在低降，而澳洲的生產費仍是比較的高昂不能減少，所以它宣布這樣的情形，不能單由較高的關税來救濟。它覺得有些工業請求加税，其目的在掩護陳腐的方法和機械，或維持爲技術發展戰敗了的生產計劃，或保護由過量的支配費和巨大的利潤所抬高的價格。關務處對於勞工也有相當的警告，説工人要求增加工價，製造者也會要請求增加關税，那末，生產費和物價，必定隨着增加，必至危害全國工業的健全的發展。

國内的農業和工業，固然應當受扶助，關務處是很熱心樂於扶助的，不過它并不是祇顧保護而不顧及全國的利益的，比如某種保護，是否使全國吃虧太大，對於這個問題，關務處曾經加以考慮。其次，關務處覺得澳洲農產品的大部分，必須運銷於外國，當然不可提高生產費，使它超過競争的國家之上。此外尚有一個根本問題，一方面國内的農產品必須運往外國的市場上出售，并且要照世界的行情出售，他方面關税太高，製造品的價格因此抬高，把這兩個要素合并起來，是否要終久歸於增加生產費和生活費，是否終久要減低一般人民的生活程度，關務處曾經把這個問題向國會和民衆表示出來。

關務處對於國内生產者和消耗者，可謂雙方兼顧。我們可舉一個例來説明它：有一次關務處研究農業的需要和關税的關係，發覺了鐵網最爲農民所必需的東西，鄉中的農民需要鐵網來保護他們的農產，以防兔子和野犬等的侵害，它又發覺了本地所造的鐵網，爲數太少，全不够用，從外國運進的大批鐵網，必須交納普遍的關税。關務處乃自動地呈請部長免除鐵網的入口税，并且給予津貼於國内生產者，來代替關税，政府批準了它的呈請，兩年以後，關務處查出了英國的鐵網，在澳洲市場上有東平的行爲，它立即主張徵收反對東平關税。這樣看來，關務處固然想減輕税率來救濟農民，同時覺得要保護國内生產者以防禦外貨不公平的競争，也是應該的，就是對於英國的貨物，也是一律的看待。

檢閲以上的事實，可以得到以下的幾個簡括的結論：

第一，關税的修改，大率於事前經過由關税專家所組成的機關來審查。這個制度，尤以澳洲有最大的發展，因爲在澳洲加税減税或施行新税，必須先交關務處審查報告，部長和國會反立於被動地位。制定關税的預備工作，何以要交給專家呢？其理由有二：（一）物品的種類很多，片面的證據太繁，誰是誰非衹有專家容易判斷，而且專家不受政治考慮的支配。（二）國内議員感受私人請托的麻煩，衹有將制税的頭一步工夫，交與不受政治支配的機關，才能够擺脱無謂的幹請。

第二，關税政策，由内閣總理或財政部長宣布，前後才能貫徹，關税的修正，以廣泛的國家政策爲立場，期於一貫，務要免除枝節横生的流弊。關税的構造（tariff structure），可以一貫和平衡，使國内利害不同的各分子，都能够各得其所。國會制定關税，總免不了同惡相助（logrolling）的流弊，英國制税的方法，可以把這個毛病大大的減少。以上所列舉的幾點，都是英國制度的優點。

第三，關務處的處員，通常不過有三人至五人。處員非代表政黨，他們所代表的是工業商業和消耗者的要求。處長多半是一個閑人，具有寬闊的眼界，也可以説他是一個折衷派。關務處純爲一個查明事實的機關，擔負制税的預備工作，其調查與研究，一以政府的廣泛的國家政策爲準則，不必受嚴格的專門的標準之限制。它的報告，固然在貢獻政府和國會以明確的事實和論斷，他方面却可將改税的理由昭示全國。關務處既是一個調查事實的機關，所以用不着律師出席説明，因爲他不知道事實。（如澳洲）

第四，關税的修正，或每年連同預算提交國會議決，或由關務處積累若干的報告，等候大規模修正時期的到來，然後舉行，這是於商務有利益的，因爲它可以免除『不穩定』的恐慌。假若時時修正關税，商人們必定也會要時時張皇，對於他們的業務，自然不至放膽前進，關税的修改，既是要事前的調查和審問，那末，一切有關係的人們，都有辯護的機會，自然用不着張皇了。

第五，在澳洲和加拿大，關務處得以保護人的資格，監視製造者所定的價目，看他有無假借保護關税不合理地提高價格的情事，如有，它可以提議減税或將它取消。

第六，關務處應該查明要求加税的工業，是否辦理得有效能和經濟，（如英國）某種工業是否宜於本地的情形，能否有健全發展的希望，（如澳洲）無效能的工業，或生産費太高，或機械陳古不適用，當然不能享受保護的利益，所以他們要求加税，關務處照例不準。工業有效能與否，可以從它的生産費中看得一些出來，如果它的生産費太高了，當然用不着保護來扶助它的擴大。

第七，澳洲和加拿大關税的伸縮性，是值得我們大注意。澳洲從緩的關税，一方面給幼稚的工業以獎勵的擔保，他方面却可免除消耗者的無謂的重大負擔。製造者既已曉得他的出品，已經列入保護税率中，當然要益加奮興，勇往直前，以取得所懸的獎勵。但是製造者的貨物，尚不能應國内的要求，將來他的工業能否有發達的希望，也不能確實的斷定，那末，在這個情勢之下，硬要施行關税來保護他的成功尚不可必的工業，硬要用户償付高昂的物價，這未免太無意義了。在加拿大和澳洲，不必經過國會的行動，政府就可以減少或免除機械、設備和物料的入口税，祇要這些物件，是國内生産上所必需的，并且國内所不能得到的。在許多的國家裏面，某種機械入口，必須交納很多的進口税，以爲培養國内生産的地步，但是國内的工廠，不能够供給那種機械中某幾個物件的需要。調濟的方法，惟有實行有彈性的關税。就國家的觀點看來，如果真有輸入外貨之必要，那祇好用行政手續將關税減輕，免得抬高物價，使用户吃虧。此外，津貼的制度，亦有可以采取的地方，國産既不豐裕，保護又有增加物價的缺點，那末，拿津貼來救濟，也是可以的，現在澳洲和英國，都采行這個辦法，但是津貼當然要以少數的貨物爲限，并且津貼的時期，也要有限制，過了若干時日，津貼便須停止。

第八，授與關務處以自動研究的權能，可於促進它的研究興味，澳洲就是一個好例，因爲澳洲的關務處，曾經自動地考究國内工業發展的現狀和問題感受關税的運用到若何程度。要以國家利益和工業前途的眼光來解决特種修改關税的請求，這是英國和她的殖民地的一個絶妙制税的方法。澳洲關務處本其鋭利的分析和大無畏的精神來披露保護的濫用，來指出國内的和競争國的生産費相差太甚的危險，可見關務處的功勞，是有足稱的地方。這僅就消極一方面講，至於積極方面，它分析了生産費高昂和經濟進步緩慢的原因，并且提議了解决『改良工業的效能增進工業的競争能力』的路綫。它特别注重工業自救的辦法，設置現代的機械，減少分配費，采取美國所謂『簡化的辦法』，要勞工不抬高工價，要較大的個人的效能，關務處覺得這些方法，比較進一步的高税和别的政府援助的辦法要好些。

（原載《東方雜志》一九三〇年第二十七卷第十四號，署名『董之學』）

紐約的嚇詐匪

美國的大城市如紐約，芝加哥，都被强有力的流氓團體所宰制，尤以芝加哥爲最厲害，因爲在這裏，包庇酒賭的流氓與嚇詐匪（reckcteer）的活動，比較在其他任何城市都要猖獗些。這是一般的判斷，也經芝加哥自己不愉快地默認了。但是依據最近的發現，紐約的流氓統治，尤其是嚇詐匪的活動，也就非常地可怕。最近幾年來，不僅大城市不能免於嚇詐匪的宰割，就是小市鎮也要受他的威脅。受害的民衆，簡直敢怒而不敢言。

在過去，批評美國民主政體的人們，祇説邦政與市政辦理不善，而聯邦政府，也受政客與財閥的操縱。這兩階級形成所謂看不見政府，批評家認定它爲美國政治的顯著流弊。到現在，又添加了一種新的恐怖形式——城市中嚇詐匪的横行，對於美國的都市社會，算是一種極壞的禍害。現在美國全國都警覺了它的存在；請求中央政府嚴辦的呈文，總有幾大堆，但是胡佛總統僅指出：中央的職權有限，他却願意調集中央各部的實力，以抵制嚇詐匪的行動，同時，勸告美國人民，必須設法以圖自救。

紐約嚇詐匪的驚人消息，是去年夏季傳出來的。那時市政方面，發現了接二連三的舞弊案和行政官與司法官的任命，有連帶的關係。公家律師（類似我國的檢察官），憤而辭職，極力揭破紐約市政的腐敗。繼任的公家律師，宣布了要和流氓與嚇詐匪作戰，并且號召了紐約的公民代表團來援助他。

據他的宣稱，嚇詐匪的活動範圍，是很廣泛的，差不多件件事情，都受他的干涉。有人估計紐約的嚇詐匪的團體，共有二三〇個。這就是説，差不多每個職業都在他們的範圍内。嚇詐匪的技術，是非常單簡野蠻的。他們選擇某種商人或商店或作坊，做他們的犧牲品，派遣槍手到被害人那裏去説可以幫忙，使他不受競争的影響或政府的干涉或檢查。他們替商人定出價格，向商人需索金錢，假若被拒絶了，便行使强制的方法。不願意的店主或工匠，就要挨打；他的貨物或機械，就要被破壞，他的房屋被炸毁或焚燒。他祇有兩條路可走：或投降或逃走。投訴於警察，是無用的，因爲他們是互通聲氣的。投訴於高級行政官吏，便會碰着殺身的危險，所以没有人敢於冒險。

結果，祇好降順與出錢。錢的多少由嚇詐匪規定。因此，一切價格都要提高，歸一般購買人負擔。聽説紐約的整個牛奶供給，都捲入嚇詐匪的漩渦。洗衣店也受敲詐。洗染業以及補衣的與熨衣的裁縫，都做了他的犧牲品。操這些職業的人，多半是從中歐與南歐來的移民，或是猶太人——運命注定的被掠奪者。代殮人（undertakers），必須出錢來應酬敲詐者，否則他們的運棺車將受干涉，他們的『奠堂』將受褻瀆。苟延殘喘的音樂家，已經被有聲電影逼迫得沒有飯吃了，尚須每晚積存一塊洋錢，交給埋伏路側的嚇詐匪。賽狗場，賽球場，成爲嚇詐匪的富饒領域。糧食行經常地被敲詐，因爲嚇詐匪不必費好多心力，就可以把『易壞貨物』消毀。至於勞動的工人，算是可憐極了，也不能免於敲詐。他若在高屋的頂上工作，或在地下用機器掘土，大約都要每日出錢一元，方敢繼續工作。紐約的公家與私人企業，無一不受敲詐。契約與舞弊，是彼此分不開的。紐約的船廠與江邊諸局，被重重黑幕所籠罩，倘若一旦揭破，將必令人咋舌。

自不待說，紐約的公家律師，是爲輿論所擁護，并且正在搜集大量的證據，來進行反敲詐的戰爭，同時，首都華盛頓有關係的各部，也接收了許多的證據與呈文。但是要將這一活動，轉變爲一般的改革運動，或有力地打破紐約的或其他大城市的嚇詐團體，不是容易的。因爲這個團體的恐怖，是特別地巨大，而且非常地滋蔓，受害的人們，祇能偷偷摸摸地供給證據。到現在止，公家律師僅能勾引少數嚇詐匪，披露他們的秘密，但是没有捉着人——危險太大了。

他方面，紐約被敲詐的市民，也不敢公開地出面反對，除非市政當局能够切實地保護生命與財産。但就前半年的事變看來，市民對於當局殊無信仰，因爲那時有一個法官無故失踪，另有一個被處六年的徒刑，更有一個行政官吏以賄買他的委任狀（花洋一萬元）被提起公訴。這些舞弊案，有許多人認定是市長的責任問題，要他特别負責，但是另有若干報紙，説舞弊案和某一個制度分不開，在此制度下，本地小政客得以操縱地方法院，以毫無法律知識與人格的法官濫竽法曹。

關於流氓統治與敲詐一項，紐約與芝加哥，没有多大的分别，其不同的地方就是：在紐約，互相敵視的流氓集團，彼此不用機關槍互相火拼，而芝加哥因爲地理的與其他的原因，却可以成爲流氓火拼的戰場。芝加哥流氓世界的總司令，叫做Scarface Al Capone，而統治紐約地下世界的是Uack Diamend。這兩人有没有相同的地方，或是完全相同，殊不能斷定，因爲没有統計作證明。據官家的估計，Al Capone的活動，每年可産生一〇五，〇〇〇，〇〇〇金元的收入，就中的百分之六十來自賣酒，其餘的來自關於私娼、賭博、體育競賽（賽球）、商業的敲詐。

現在對於這一問題，正在公開地討論。將來報紙上當有更多的無情披露，對於如何鏟除這個禍害的方法，當有一番熱烈的争論。胡佛總統説，中央政府不能負擔這一工作的全部，他顯然是對的。邦政府與市政府，應該着手於工作的主要部分。三個月以前，美國軍團（The American Legion）自請組織義勇隊，來肅清流氓。這個舉動引起了相當的注意。美國人向來喜歡以激烈的行動來恢復秩序，如三K黨與守望隊（Vigilantes），可爲明證。警察與法院，既不能盡職，祇好組織公民警衛隊，來和惡勢力作戰了。

（原載《東方雜志》一九三一年第二十八卷第六號，署名『董之學』）

德國國會選舉後政治變化之動向

舉世矚目之德國國會（Reichstag）選舉，已於七月三十一日如期舉行，其結果亦經揭曉。希特勒（Adolph Hitler）之政黨，即民族社會黨（Die National sozialistische Dentsche Arbeiterpartei 通常譯爲國民社會黨或國家社會黨）一躍而躋於冠軍地位，成爲國會中最大之政黨，唯未能超過國會議席之半數耳。次多數爲社會民主黨（Die Sozial demokratische Partei Deutschlands），再次爲共産黨（Die Kommuistische Partei Deutschlands），至於天主教中央黨（Die Katholische Volkspartei），則退居第四位。此外可以提及者，尚有國權黨（Die Deutsche Nationale Volkspartei），可與民族社會黨合作，蓋同屬於極右派。同時，國權黨公開主張復辟，民社黨亦未反對，似有默契存於其間也。而巴威國民黨（Die Bayerisehe Volkspartei），亦恒與中央黨互相提挈，是又應注意者也。除小黨不計外，茲將本届國會選舉結果表列如左：

黨名	本届議席	前届議席	比較
民社黨	二二九席	一一〇席	增一一九席
社民黨	一三三席	一三六席	減　三席
共産黨	八九席	七八席	增　一一席
中央黨	七六席	六九席	增　七席
國權黨	三七席	四一席	減　六席
巴威國民黨	二〇席	—	—

德國選民，共四千四百萬，此次投票者達三千六百萬，約占選民總數百分之八十三，是已有八百萬選民放弃投票權矣。若以各黨所得票數相比較，則民族社會黨獲一三，七三二，〇〇〇，社會民主黨獲七，九五一，〇〇〇，共産黨得五，二七八，〇〇〇，中央黨得四，五八六，〇〇〇，國權黨獲二，一七二，〇〇〇。就上表觀之，發展最猛者，首推民族社會黨，蓋其票數與議席，已較前增加一倍

以上矣。其次則爲共産黨，增加一一席，中央黨之進展甚微，至於社會民主黨，匪特是進步，反見退化，因減少三席故也。

根據此次投票之結果，國會議席總額，應定爲六〇二。趾高氣揚之民族社會黨，殊未能達到其所預測之二五〇至二八〇席之額數。即使徼倖獲得如許之議席，亦未能超過六〇二之半數。今該黨僅有二二九席，再益以其附庸國權黨之三七席，亦不過湊成二六六，不及半數甚遠。在此情況下，民族社會黨所懷抱之掌握政權之野心，殊不能在目前運用憲政常軌以實現之。

他方面，中央黨與社會民主黨議席之總計，僅得二〇九席，再連合巴威國民黨，亦不過二二九席，更無共組内閣、破鏡重圓之可能。至於共産黨之議席雖多，頗有舉足輕重之勢，然以其黨之性質，與各資産階級政黨，根本不同，而其掌握政權之方式，尤不願藉議會爲進身之階，因此，當不至加入任何資産階級派别之内閣。是以就目前國會各黨之分野觀之，當無有一黨或兩三黨之結合，共負組閣之責者，勢非行成一僵局（stalemate）不可。至於僵局如何打破，殊耐人思索，更含有極大的危險性，處理不當則流血隨之，軒然大波，於焉以興；吾人所誠惶誠恐之世界大戰，或即以此爲導火綫。今欲知如何跳出僵局，以及其對國内與國際之影響若何，當不能徒憑臆想以決定之。舉凡政治事變，咸有其經濟與歷史之基礎，明乎此，則可預測其動向之所在矣。

一、政治變化之經濟基礎

『倘使吾人不認識政治現象所賴以存在之經濟基礎，則不能檢驗政治現象』（Ernst Ottwalt，Deutschland erwachel Geschichte Nationalsozialismus，1632，S. 12）具體言之，德國民族社會主義，何以能於數年之内，有突飛猛進之發展；而與此極端相反之共産主義，亦有偉大之進步。至於其他各中間黨（die mittere Partein），除中央黨外，莫不惴惴然不能自保，且有完全瓦解者。個中原因，熟悉德國經濟之發展者，類能道之。蓋自一九二九年世界經濟危機爆發以來，德國以被凡爾賽條約（dasVersailles system）壓榨之故所遭受之打擊，實較各國爲重大。在經濟衰落之條件下，一般生活，咸趨惡化，於是群衆方面，各依其階級之立場，走向極右或極左之端。而一般人認定德國政治發展之特點，在此兩極端之向前猛進。

基於資本主義總危機（Allgemeine Krise）之世界經濟危機，已使德國民族經濟，瀕於破産狀態，尤以今年爲最險惡。去年六月美總統胡佛（Herhert Hoover），鑒於德國情勢之窘迫，提議緩付賠款一年，俾德國於喘息之餘，徐圖蘇蘇。今行之一年有餘，效果毫無，而經濟病態，反日趨沉重。兹就統計數字所及，説明德國生産衰落之梗概如次：

一九三二年之生産，已退縮至三十五年以前之水準。在生産手段方面，一九三一之生産，祇等於：

亞鉛…………一八六〇；生鐵…………一八八六；鉛…………一八九五；鋼…………一八九九至一九〇〇；石炭…………一八九九至一九〇〇；機器…………一九〇三至一九〇四之生產。

其關於消費手段者，一九三一之生產值，祇等於：

啤酒…………一八七五；酒…………一八八六；糖…………一八九五；食料…………一八九九；紡織…………一九〇四；烟…………一九〇八之生產，唯褐炭、銅、電氣、無綫電、人造絲等，尚超立於戰前水準之上。今年石炭之產量，較去年同季減少百分之二十以上，褐炭減少百分之十，生鐵減少百分之五十，生鋼亦幾減少百分之五十。鐵之銷路所以有如此鋭利之減縮者，實由建築業、機械業、鐵路之不振所致耳。

對外貿易方面，亦充滿悲觀氣象。一九二九之每月進口出口貿易各爲一，一二一，〇〇〇，〇〇〇馬克，降至今年三月，則進口方面，減爲三六四，〇〇〇，〇〇〇，出口貿易減爲五二七，〇〇〇，〇〇〇。觀於此，現今之對外貿易，就進口言，祇等於一九二九年三分之一，而出口則不足一半。所幸者，對蘇聯之輸出，以機械爲大宗，尚年有增加，例如一九二九爲三五三百萬馬克，一九三〇爲四三〇百萬馬克，一九三一爲七六二百萬馬克，否則德國之出口貿易，當再減縮百分之十。

失業工人，恒在六百萬以上，已成爲逐漸加多之慢性失業。在業工人，亦已苦於部分之失業，每人每日平均計算，祇能工作六時餘以至七時。工廠生產能力，亦未開足，若以六時（Arbeitsstunden）計之，其在生產手段業者，自百分之二十七以達三〇點九，其在消費手段業者，自百分之四十三以達四七。是則生產能力，祇開足三分之一乃至一半。至於消費能力，以完全或部分失業之關係，業已大大減低，益以前内閣總理白魯寧（Dr. Heinrich Bruning）與現總理巴本（Von Papen）之緊急命令（Notverordnungen），頻頻頒降，或減削工人之工資，或取消廢兵之津貼，或減縮失業者之社會保險，致使大衆之有限購買力更爲削弱。因此，一九二九年後之消費手段之消耗，統行減削。例如生活資料減少百分之十三，衣服減少百分之二十四，傢具減少百分之二十五，文化與奢侈減低百分之三十三。而不勞而食之徒，其飲食起居，亦如恒常，當不感『消費緊縮』之苦也。

就私人經濟現狀言，則大規模之破產，方接踵而至。舉凡一切大企業，至今猶未健全化者，莫不凜凜然懼破產之來臨。所謂破産者，係指債務超過財産而言，不能履行債務即其具體表現。企業現狀之惡化，已反映於股票中。茲就 Die Deutsche Volksnwirtschaft（德國國民經濟）之股票指數觀之，股票之價格，步步降落：一九二八末爲一六五點四，一九二九末爲一二八，一九三〇末爲九〇點六，一九三一年四月十三日爲四六點五，不及一九二八年三分之一。

世界經濟危機，至今年乃又表現一特點，即缺乏 Saisonbesserung（季節改善）的。蓋參考過去數年之經驗，每逢春季，工業活動，即如樹木之欣欣向榮，表現起色，失業工人，有一極小部分，得以回復工作，此固屜見不爽者也。今也不然，所謂『季節改善』，祇是欺人之幻想，望梅止渴，終無所得，不特德國如此，即其他各國亦莫不如是也。（以上所援引之關於德國生産之統計數字，係取材於Vierteljahreshefte für Konjunktur forschung 6. Jahrgang，Heft 4"，Wirtschaft and Wirtschaftspolitik im 1. Vierteljahr 1932，Spezieller Teil，Deutscheand°）

更有進者，資本家爲減少生産費計，決計增加資本之有機構成（Composition organique du Capital），而減削所雇工人之數目，同時復提高勞動之强度（J'intensite dutravail）以增益剩餘價值率。具體言之，生産中之機械部分，照比例增多，而工人則依比例減少。此一增多與減少之進程，頗爲迅速，尤以晚近爲甚，以故工人之失業者日衆，已成慢性之症，殊難救治。是則德國及其他各國之失業狀態，暫無改善之望，將來能否改進，亦係絶大之疑問。（參閲E. Varga，L'économie de la période de déclin du capitalismeaprès la stabilisation，p. 37，45，63。）

準是以觀，一千八百萬德國工人之運命，已爲資本主義發展之定律所注定，其生活減低與失業之痛苦，在資本主義範圍内，當無法減輕或解除。然而捲入經濟危機之狂潮中而失去其生活之安定者，尚有盈千累萬之小資産階級。若輩之小小財産，已被浪潮掃去，而謀生之路，亦極狹隘，甚至日暮途窮，徒作牛衣之對泣而已。此兩階級，在經濟危機壓迫之下，各本其階級之覺悟，演出種種驚人之政劇，一則走向極右之法西斯蒂運動，即民族社會主義運動，一則走向普羅列塔利亞（Proletariat）之自身解放運動。此兩運動之矛盾，已由思想鬥争而入於武裝行動，而且每一運動皆有廣大群衆做後援，決非一二人之恐怖行動可比。試一檢閲關於德國之新聞，則因武裝衝突而斃命者，皆依左右派分子，尤以左派死傷爲多。此類慘劇，無日無之，稱之爲内戰之發端，亦未始不可。

二、黑色戰綫之開展

近三四年來，民族社會主義運動，亦稱黑色戰綫（Die schwarze Fronte），發展極猛。在一九三〇年之國會選舉，由一二席驟增至一一〇席，今復擴展至二二九席。兩三年之短促時間内，居然有如許之發展，遂引起全世界之注意，且有由艷羡而模仿之者。民社運動，已成爲有組織之大規模群衆運動，就此次所得之票數觀之，贊成民社之辦法者，將近一千四百萬人，其魔力之偉大，殊爲近代政黨史上所僅見。然此一廣泛運動，決非由少數人之臆想所造出，實乃自歷史中生長而來也。經濟危機之深刻化，愈足以促其壯大。

至於法西斯蒂主義，似亦爲資本主義發展至托辣斯資本（Trustkapitalismus）時代之産物，以適合托辣斯資本之需要。高度資本主義

（Hochkapitalismus）在其發展之初期，已使君主政體，成爲無意義之制度。因之各國君主政體，先後崩潰。適合自由競争資本主義（Konkurrenzkapitalismus）之政體，仍爲民主式之共和國。從自由競争資本主義轉變爲托辣斯資本主義之發展，已使企業家之個性趨於消失，形成集體資本主義，以故政治形勢，亦須隨之改變。換言之，即政體必須改變。法西斯蒂主義式之國家與經濟制度，最適合於托辣斯資本主義，以故就理論言，法西斯蒂主義之産生，當非偶然，實以資本主義發展至較高階段（即獨占階段）爲其背景。

民社運動，以小資産階級爲其大本營，此爲人所共曉，不過小資産階級，常游移於兩大階級之利益間，不能鼓勵其自身之革命能力，以從事於本階級之解放。小資産階級之左傾，甚至公然采取革命行動，係常見之事實，但若蓄意與普羅列塔利亞之革命動作相對抗，其結果必至代表統治階級之利益（參看E. Ottwalt, *Geschichte des Nationalsozialismus*, S. 14）。今德國之民社黨，業已自『後門』擁護統治階級之利益矣。

德國法西斯蒂之威力：在相信『國民大同』（Volksgemeinschaft）之可能，每一國民得有生活之地位在；逃避彰明較著之現實而入於幻想。意大利爲各種派别法西斯蒂之始祖，然究其實際，所謂法西政府，不過爲財政資本之工具而已。今若揭破墨索里尼（H Duce Mussolini）之假面具，則所暴露者徒爲真正統治意大利之大地主銀行家之猙獰面目。（參看A. *Kurella*, *Mussolini Ohne Maske*, S. 8。此書在一九三一出版，係從下層考察法西意大利之現狀。）

民族社會黨之政綱，係由民族主義與社會主義勉强編織而成，其關於經濟部分者，多半自德國民族經濟學者之遺著抄襲而來，無足稱道。且政綱中之矛盾甚多，例如尊重私有財産，本爲民社黨之根本觀念，然政綱之執行，則又需要大大限制私有財産。諸如此類者甚多。其政綱共分二十五條，然撮其要者而論之，仍不外求德國民族之平等與反對某一部分資本主義。其表現民族主義者，在要求德國之自决，要求平等待遇，要求廢除凡爾賽條約，要求取得殖民地，以解决過剩人口。德國共和成立後十餘年之辱國痛史，以及當局應付外交之辱國政策，實供給充分材料，以作極端民族主義之宣傳，尤其是小資産階級之民衆，更容易受其鼓動。至關於社會主義方面者，則主張廢除利息之奴役（Brechung der Zinsknechtschaft），更因此而連帶反對猶太人，蓋經營貸款之業者，以猶太人居多故也。更主張没收profiteer（因戰事致富者）之利益，并將大規模企業（Grossbetriebe）收歸國有。總之，民社黨不反對整個資本制度，并將資本分裂爲Schaffendes Kapital 與 raffendes Kapital 兩部。前者可譯爲創造資本，包含工業資本在内，後者爲掠奪資本，以貸款資本（Leihkapital）爲代表，爲民社黨所特别反對。苟國家之性質不根本改變，則所采行之社會主義，不論其打擊某一部分資本至如何程度，直是資本主義之别名。打擊一部分資本擁護另一部分之資本，此不過爲資本主義内部之衝突，固與社會主義風馬牛不相及也。（蕭淑宇氏，曾列舉民族社會黨政綱二十六條，據記者所知僅二十五條。未知孰是，容待考證。參閱《新創造》一卷五期，『政治轉變中的德國』。）

民社黨固以小資産階級爲中堅分子，尤以青年與壯年人物居多數，黨員年齡，平均計之，自十七歲達三十五歲，蓋亦本於『Wer die Jugend bat' bat die Zukunft』（有青年斯有前程）之原則耳。社會民主黨黨員之年齡，自四十至六十，共産黨自二十至四十，以與民社黨相比較，未免略有遜色。至國權黨之黨員年齡，皆在古稀以上，更無足論也。（參閲 H．lager，*die Nationalsozialistische Deutsche Arbeiter-partei*，*Imprekorr*．1932，Nr．44）

民族社會黨員，約有六十萬左右，多係學生小商人農民以及苦悶之知識分子與雇員官吏。軍警之加入者，亦復不少。失業工人與青年勞苦群衆，亦多被愚弄而投入挺進隊（Sturmabteilung）者。此次獲得一千四百萬人之同情，雖可稱爲巨大之勝利，但是發展似已達於高峰，過此將有江河日下之勢。

三、政治前途之預測

基於上述之經濟基礎與民族社會黨發展之經過，吾人對於德國之政治前途，可依唯物辯證法加以預測，但預測亦祇限於預測，應驗與否，當視其間有無阻撓之因素（the intervening factors）以爲斷。吾人絶非宿命論者（fatalist），既不願作無病之呻吟，尤不肯爲過分或不足之估量。民族社會黨，在德國政局之轉化中，已起偉大之作用，其在最近將來之影響，尤爲一般人所注視。德國資産階級之政權，能否轉危爲安，一方面當視民社黨之發展與努力，另一面又視反法西斯蒂之廣泛運動有無大大推展以爲斷，最重要者，設使經濟危機仍無轉機，則民社黨亦將愛莫能助。

自一九二九年以來，德國資産階級政府，已陷入左右夾擊之中，飄摇震撼，幾有朝不保夕之概。中央黨與社會民主黨之聯合政權，鞠躬盡瘁，兩年於兹，卒不能收起死回生之效。主人厭惡之，遂於六月一日，正式放逐之，成立會黨無派之巴本内閣。究其實際，巴本非真無黨，特無正式之黨籍耳。明白言之，巴本實民社黨之傀儡也。減削失業工人之津貼，宣布普魯士之獨裁政府，驅逐社民黨之高級官吏，宣布柏林戒嚴，拘捕社民黨之警察廳長，剥奪民衆之基本憲法權利如集會出版等之自由，此皆民社黨所欲爲而不敢爲，迨巴本登場，乃令一一爲之。如是，巴本居首惡之名，使衆矢之的，而民社黨仍得隱藏於幕後，高談其民族主義與社會主義，以廣續其欺騙之伎倆。要之，中央黨社民黨以及其他政黨，以維護資産階級政權爲目的者，皆已捉襟見肘，表現無能，唯有此年少英俊之民社黨，乃能擔負援回狂瀾之重任，以故主人特别眷顧之，行將授以公開組織獨裁之任務。

白魯寧内閣，巴本内閣，皆恃憲法第四十八條，頒布緊急命令，置國會於不顧，事實上成爲一獨裁政府。内閣雖有遞嬗，而統治之實質則未絲毫變動。新國會之分解，已成一僵局，是巴本之國民内閣，尚有繼續存在之可能，繼續執行民族社會黨之命令，此係一可能之前途。唯希特勒鑒於該黨發展之將近頂點，以及黨中『要求做官』之迫切，乃决心奪取政權，聞於八月二日，以哀的美敦書（Ultimatum）致大總統興登堡（Von Hindinburg），要求將德國與普魯士政權全部讓渡。惟兹事體大，乃在政府嚴重考慮之中。并聞希特勒决以武力執行其要求。民社黨於二日發表宣言，自命有權指導全德之政事，唯未言明達到指導地位之方法，大概對於威脅與暴力，兩皆用之。苟民社黨於脅迫或暴力之下，接收政權，則其第一步即建立公開法西獨裁，實現das dritte Reich（第三國家），較巴本之獨裁當更進一步。此又一前途也。

日前白魯寧暗示：中央黨願於憲法常軌内，可以與民社黨共同參加政權，是則代表各黨（除共産黨）之聯立内閣，亦不無可能。現今政府正考慮民社黨參入政權之辦法，在混合内閣中，民社黨當立於支配地位，蓋政權現已落於國防部長希萊雪（General von Schleicher）之手，而希萊雪爲高級軍官，完全代表軍部意見，與日本之陸相荒木貞夫地位相似，而對於希特勒尤奉命惟謹。聯立内閣，此爲可能之第三前途。至於小資産階級占百分之五十以上之社會民主黨，始終爲維護資産階級政權之有力支柱，無論在朝在野，均不至改變其本心。其在朝也，則儘量使用政權之威力，以壓迫勞苦群衆之行動，其在野也，則散布種種消極與悲觀之理論，以防遏群衆之鬥争。至對於建立獨裁，壓迫群衆之行動，减低工人之生活標準，皆實際贊成之，不過口頭上仍未放弃打擊法西斯蒂主義之廢話耳。

以上列舉之三種可能前途，於廣大勞苦群衆皆不利，尤以公開法西獨裁爲最不可忍耐。以故勞苦群衆之反法西聯合戰綫，日益開展，在此次選舉中與日常鬥争中，皆於法西斯蒂以有效之打擊，例如此次競選，將民社黨從工業中心逐出，以及革命政黨所獲票數之增加，皆例證也。反法西之聯合戰綫，以革命群衆爲主體踴躍加入者，有社民黨所影響之群衆及其他勞苦民衆，因社民黨上層領袖之右傾，適以促進下層群衆之左傾也。職是之故，民社黨更加痛恨共産黨，反馬克思之行動，較前更加嚴厲，除於機關報上要求禁止共産黨外，更經常向共産黨員及其機關，作恐怖之襲擊，受傷死亡者日有所聞，而政府代言人如巴本等，反指共産黨『爲首滋事』，是則進行階級鬥争者，統治階級應負提倡之責。

法西獨裁成立後，自必立即禁止共産黨與壓迫五百餘萬之左傾群衆，然此類群衆并非散漫如沙礫，是否其願延頸就戮，是否挺身而起，熟悉德國政情者應能道之。以故内戰前途滿有可能，惟德國經濟危機較前益惡，再加以内戰之破壞，則統治階級之崩潰愈速，而况民社黨之經濟政策，純係因襲民族經濟之舊，其不能援救目前之危機，自不待言。法西意大利對於經濟危機束手無策，寧非事實耶？總之，以資本主義之法則，救濟資本主義之危機，徒表現『圖窮匕現』而已。經濟現狀不改進，則法西政府欲以暴力與欺騙謀部分與暫時的穩定，誠戛戛乎其難矣。

另一面，整個資本主義世界，方預備以戰争爲解決經濟危機之出路。希特勒現正在民族主義口號之下，極力謀英法德之妥協，奉法國爲盟者，進行其鏟共反俄之企圖。觀洛桑會議（The Lausanne Conference）之結果，廢除楊格計劃（the Young Plan），減低賠款數目，則知民社黨業已附法，其對法之賠款，仍須於三年後一次償完，此猶繼續前政府之Erfullungspolitik（履行條約政策）也。巴本所簽字之洛桑草約，德國左右派報紙，多表示不滿，獨民社黨之機關報，噤若寒蟬，以示默認，故曰民社黨早已附法，然就其政策之動向論，亦不能不附法，否則内戰發生，内有强敵，外有强鄰，將無以自存也。附法條件，大致妥洽，然而猶斷斷争辯未已者，蓋在要求軍備之平等，以便易於執行反共仇俄之工作。此點關係法國霸權之將來，未能輕易同意。總之，法國整個資産階級之報紙，對希特勒黨從未批評，弦外之音，當可知矣。

因此德國内戰之開始，自必聯系於反俄之國際戰争，而反俄戰争，又視法日所定計劃成熟至若何程度以爲斷。反之，萬一德國内戰，提早爆發，則法日籌備戰争之工作，亦當加速，對俄戰事亦將提早。加入附合者，將有各帝國主義之國家。

兹概括言之，德國政局變化之前途，不外（一）組織總統内閣（Prösidial-Kabinett），由各黨妥協後成立之，即所謂國民内閣或聯立内閣是也。國會之是否贊同，是否再被解散，以及總揆屬於何人均無重要關係；（二）由希特勒黨建立獨裁，甚或爲和緩右派反對計，請其參加，亦未可知，蓋右派各黨與希黨尚未能完全一致也。在此兩場合中，希黨自力於支配地位尤以後者爲甚。至於希黨能否解決目前之緊急經濟政治各問題，實爲一絶大疑問，其恐怖手段，尤足以引起内戰與國際戰争，不過就目前趨勢觀之，希黨似可免『冲入柏林』（Marsch auf Berlin）之勞也。

九月一日於上海

（原載《申報月刊》一九三二年第一卷第三號，署名『董之學』）

美國各政黨之總統選舉運動

美國大總統，四年一任，大約在任滿前之五月内，應即辦理大選，而大選之前，又必須依據法定程序，由各政黨提出總統與副總統候選人名單。候選人提名大會，即所謂 Convention，照例在總統選舉前之數月内召集開會，多半在六月或七月，并擇適中地點爲會址。美總統采間接選舉制，先由人民選出法定數目之代表，即 Presidential Electors（直接投票選舉總統者），組織復選機關，稱曰 Electoral College。就法律言，候選人之運命，即決定於此，實則間接選舉制，久已名存實亡，蓋各代表以必須服從人民意志之故，殊已失去自由投票之權能，以故人民選舉代表之日，曰係選舉總統之日，至於復選，則徒爲具文而已。報紙上常見之術語，如 The Republicans or democrats carried New York or Pennsylvania 或 New York went Republican or democratie 則係指選舉代表時某黨之勝利而言也。

在選舉運動之過程中，有兩事足以令人奮興鼓舞者，一爲候選人提名大會，一爲初選代表之選舉日，至於競選人之演講，游行，以及五花八門之點綴，雖往往足以動人，然亦不過爲題中應有之文章，未有若何之特别戟刺力也。提名大會在法律上爲必須之步驟，否則提名無效。大會係政黨性質，由各黨自身主持，莅會代表，亦由各邦黨員從本黨同志中選出之。因此遂有共和黨或民主黨大會之名稱。提名大會之召集，可稱爲競選運動之正式開始，蓋以前之幕後布置、談判等，皆爲總攻擊之預備工作，并未得法律之認可也，大會重要任務有二：用投票方式，提出正式候選人；討論本黨之政綱，以爲號召之標準。人名提出與政綱公布以後，大會即行解散，另組全國委員會（National Committee），以爲指揮選舉運動之總機關。委員會主席，極有權威，垂涎者頗不乏人，但非候選人之親信，則無入選之希望也。

尤令人注意者，則爲大會之提名，蓋每黨中候選人甚多，黨羽亦衆，勾心鬥角，各不相下，一等領袖，往往以相持之故，而名落孫山，二三等幹部，反可榮膺首選。會外群衆，亦可持門户之見，親其親，友其友，每值提名之際，莫不屏息以待，驚走相告。是總統候選人之提名，殆亦等於中彩，宜乎一般人注意之也。至於重要政綱之討論，反表現淡漠，唯今年之禁酒問題，則引起劇烈之争論耳。（詳見後。）實際上，提名徒爲形式，獨攬選舉之權者，厥爲隱於幕後之『黨魁』（Boss），黨魁指定甲則甲獲選，指定乙則乙勝利。所謂黨魁者，并非黨之正式首領，乃資本家之集團也。此類資本家，無所謂黨籍，唯擇某黨某人之願受其指揮者而指定之。若資本家不能同意於某一候選人，則提名即感困難，甚至投票數十次，始能得一結果。一九一二年，民主黨之領袖威爾遜（Woodrow Wilson），對於黨魁之操縱，極表不滿，公然申斥之，謂黨爲黨首置入衣袋内，而黨首又爲黨外資本家置入衣袋内。重重黑幕，非個中人不易知之也。初選人代表揭曉之日，亦極爲人所注意，蓋總統之選出，即於是日決定之也。

美國繼承英國兩黨之制，迄今已百五十年，猶未表現重大之變動。今日更迭握美國之政權者，仍爲共和黨與民主黨。其他如社會黨，共産黨，組織殊薄弱，未可與大黨相頡頏。至於禁酒黨，農民黨，時隱時現，殊不能於政治舞臺上取得一立足之地。反觀英國，則政黨林立，迥非舊觀。保守黨雖能保持統一，然包爾温（Stanley Baldwin）派，丘吉爾（Winston Churchill）派，洛德米爾（Rothermerc）派，俾味布洛克（Ford Beauerbrook）派，互相傾軋，勢同水火，曾於年前表現一度之分裂，後經斡旋，乃言歸於好。自由黨分爲三個派，西門（Simon），珊繆爾（Samuel），喬治（Lloyd George），各領其一。年前雄視一世之工黨，亦成鼎足之勢，惟麥克唐納（MacDonald）、蘭斯堡（Lansbury）及馬斯登（Maxton），各樹一幟，勢難復合，美國祇有共和民主兩大政黨，誠足引此以自豪也。

就表面觀之，兩大政黨之存在，似可以便利總統之選舉，蓋劇烈之競争，祇限於對立之兩陣綫，不必糾合多黨，以擁護共同贊成之候選人，如德國前次之選舉興登堡而多黨之聯合，不但協議困難，甚至不易成功。然按之實際，各大黨之内部，派别頗爲復雜，奔競與傾軋至爲劇烈，尤以關於對人問題爲最著。兹將共和民主兩黨提名大會之經過，分述如次，於以見瓜分官位，一本當仁不讓之精神，中外莫不相同也。

共和黨大會

本届共和民主兩黨之代表大會，均先後於芝加哥（Chicago）舉行。共和黨大會開幕日期，爲六月十四日，民主黨大會則於六月廿七日開幕。兩黨均租定芝加哥競技場（the Chicago Stadium）爲會址。溯自經濟危機爆發以來，芝城已陷於最貧困之境，今乃忽受三千代表之光降，旅館酒樓，均蒙其賜，是亦可紀之佳話也。芝加哥爲美國第二大名城，僅次於紐約，而且居全國之中心，交通極便，是以有被選爲會址之資格。

共和黨大會，顯然爲胡佛（Herbert Hoover）所操縱，提名與政綱，均已前定，不過須經大會以完成其形式，俾得合於習慣與法律耳。六月十四日，大會正式開幕，參議員費斯（Simeon D. Fess）主席，未有若何討論，墻壁上與旁聽席上，均未懸挂胡佛肖像，似於現任大總統表示淡漠。各代表寓國會旅館（Congress Hotel）。更於旅館内設置一私用電話，以與首都之白宫（The White House）相銜接。重要事件皆須用電話向白宫報告請示。胡佛爲就地指導起見，復派其私人秘書李杰（D. Richey）與政治秘書牛頓（W. Newton）兩人來芝城，負聯絡之責，蓋私用電話之聯絡，尚嫌不充分故也。

大會既被胡佛支配，自不汲汲於『總統提名』，因提出胡佛，係事前布置，決無若何困難。大會對於政綱，表現興趣之缺乏，未加絲毫討論，更無所謂争論，唯於禁酒問題，以關係國民經濟與競選之前途，頗有争辯。禁酒問題，以禁絶不易，不但常常引起資本家之衝突，而且影響失業與農品者至巨，遂成爲全國争論之焦點。另一方面，禁酒問題，不僅關係道德，而且於國家之體面與法律之尊嚴，均有重大影響；若欲舉十餘年來之成法而一日廢除之，不將引起國外之非笑與國内之反抗乎？廢除禁酒，若爲野黨提出，諒無不可，今若出諸朝黨之口，則未免授政敵以攻擊之口實。以故胡佛對於整個禁酒之處置，殊感困難。最後，決定用憲法修正案，將禁酒問題提出，徵求各邦之同意，務圖保存『肅清酒禍』之既得勝利，與保存中央政府對於禁酒問題之支配權。胡佛并派大員一人，即陸軍總長哈萊氏（Hurley）揣帶其所預定之草案，赴芝城疏解。同時，大會之政綱起草委員會，舉行長時間之會議，所取主張與反對『禁酒修正』兩派之意見，以作起草之參考。

參議員賓漢（Hiram Bingham）氏，主張立刻廢止酒禁，以作黨綱之一，未蒙起草委員會之采納，遂提出异議。起草委員會，既接收胡佛幹濕并重之政綱，一面主禁，一面弛禁，而賓漢氏又主張立即廢除禁酒之法律，勢不得不有一場激烈之争辯。十五日晚，賓漢氏領導其黨羽，向所謂虚僞政綱進攻，并申斥胡佛爪牙如米爾斯（O. L Milis）（現任財政部長）爲假仁假義之徒。哥倫比亞大學校長拔特勒（Dr. N. M. Butler）氏，起而附和之，指幹濕并重之政策，殊滑稽可笑。結果，投票表决，贊成胡佛主張者六八一票，贊成立即弛禁者四七二票。

禁酒問題解决後，大會氣象似趨沉寂，對政綱之宣讀，衹有『視而不見，聽而不聞』而已；對於嘉奬胡佛之領導全黨，尤視之淡然。

其次爲提名。胡佛候選，早經决定，本無庸投票表决，但以限於法律之規定不得不辦。胡佛之名，由司各特（J. L. Scott）提出。同時參議員法蘭西（J. L. France），不揣鄙陋，居然毛遂自薦，更欲提出前大總統顧理治（Calvin Coolidge）立即奪取講壇，以犯警規與法律，被警察拉下。投票結果，胡佛於一一五四票中得一一二六又二分之一；參議員法蘭西得四票；顧理治得四票又二分之一；道威斯（Gen. Dawes）得一票；布倫（J. J. Blaine）得十三票；瓦得斯渥（Wadsworth）得一票。放弃投票權者三人，缺席者一人。對於副總統之提名，向本不甚注意。候選人名單中，有寇蒂斯（Charles Curtis），上校馬克萊得（Colonel H. MacNider），少將哈波得（J. G. Harbord），將軍馬丁（E. martin）等，其中略經波折，寇蒂斯當選爲正式候選人。最後舉出珊得斯（E. Sanders）氏爲共和黨全國委員會之主席，辦理選舉事務。大會乃宣告解散。

民主黨大會

共和黨大會閉幕後，民主黨大會即於六月廿七日開會。空氣頗緊張，蓋民主黨失去政權已十餘年，資望較高之領袖，如前總統威爾遜，業已去世多年，中心人物寥寥無幾，而且派別紛歧，各不相下，尤以本屆大會爲甚。此次代表，其最有勢力者，可分爲羅斯福（Franklin D. Roosvelt）派，史密司（Alfred Smith）派，加勒（Garner）派。羅氏現任紐約邦總督，史密斯係前任總督，加勒爲國會議長，其中以羅氏之勢力爲最大，首先莅臨芝城者爲羅氏黨羽，蓋對於提名問題，早抱必得之心，不能不從早籌備也。次之爲史密司，此人長於辭説，引力頗大，前次由民主黨推爲候選人，被胡佛擊敗，迄今雄心未死，且有Tammany Hall爲後援，故亦躍躍欲試。加勒爲西美大邦加尼福尼亞（California）人，全恃該邦代表團四十四人爲基礎，捧場者有前財政部長馬克亞多（Gibos McAdoo）氏。

在大會開幕之初，羅斯福派與反羅派，即開始接觸，争取大會之支配權；對於審查各邦代表團之資格，各懷私心，於擁護我者即承認其資格，否則否認其資格，結果引起若干無謂之糾紛。羅派既占優勢，諸反對派乃合力抵抗之，是謂『阻羅』（Stop Roosvelt）運動，并散布種種流言，謂羅氏太弱，不能争取東部諸邦之票數。

羅黨固早已知其所得之票將占多數，然殊不能達到三分之二，因此，極力鼓吹修改百年來之常規，以便一蹴即得，不致使二三等領袖坐收漁人之利。蓋民主黨有一習慣，凡欲取得候選資格者，須經出席代表三分之二之認可，修改常規之議，不爲多數代表所接受，遂舉行投票，結果，羅斯福得六六六又四分之一；史密司得二〇一又四分之三；加勒得九〇又四分之一；李齊（Ritchie）二一；柏克（Baker）八又二分之一；懷德（White）五二；冒勒（Murray）二三；提勒婁（Traylor）四二又四分之一；俾爾德（Byrd）二五；李德（Reed）二四。羅票最多，然未及三分之二，不能當選。後繼續舉行兩次之投票，亦無重大變化。自此遂休會半日，進行妥協。迨第四次投票，協議即成立。加尼福尼亞總代表馬克亞多氏登壇報告，謂本邦之四十四票，統行贊成羅氏，史密司派聞之不歡，報以惡聲。於是各邦代表，皆急轉直下，擁戴羅氏，唯紐約等邦則未加入。一一五四代表中，投羅票者九四五，羅氏遂成爲正式候選人，加勒亦取得副座候選資格。羅黨更選舉參議員華爾西（Thomas J. Walsh）爲全國委員會主席，使蕭士（J. Shouse）失望，蕭乃反唇相稽，責羅黨背信，因爲後者曾以此位置許之故也。

羅斯福與前總統Theodre Roosvelt爲堂兄弟，呼之爲五哥。一九〇四畢業於哈佛大學（Harvard University）時，Theodre（五哥）已貴爲總統矣。一九一〇被選舉爲紐約邦參議員。一九一二任海軍次長。一九二〇被推爲副總統候選人。一九二九，就紐約邦總督任，一九三〇復當選爲總督。與盤踞紐約之Tammany Hall沆瀣一氣，久已人言嘖嘖。有所謂激烈分子曰布律文（B. Bliven）者，偏譽之曰，羅氏濟貧而不害富。若然，此誠世界上之公正人也！羅氏本人，富於進取之精神，今年五秩晋一，猶如壯年云。

大會代表，對於草定之政綱，無甚异議，唯一聞廢除酒禁之誦讀聲，則驚喜發狂，歡呼之聲，震耳欲聾，且有從席次躍下，作蛇舞者，於是堂堂廳事，頓變舞場，亦珍聞也。至於反對弛禁之民主黨員，亦提出所謂少數派之意見，主張弛禁法案由國會提出之，後效何如，黨不負責，亦效法共和黨之半乾半濕之辦法也。半推半就，又哭又笑，本爲各政黨在競選時之巧妙伎倆，無足爲奇。但大會仍通過立刻弛禁之辦法。

兩黨之政策

民主共和兩黨之大會，各歷一星期之久即散去。其任務之重要者，厥爲提出候選人與通過政綱。提名見前，兹不贅，唯政綱則尚須補充。共和政綱，長六千字，無非頌揚胡佛之政績及决定今後之方針；而民主政綱，則僅一千五百字，對共和黨之執政，肆意攻擊，力主推翻，以謀經濟繁榮之恢復。政綱中能引起廣泛之注意者，唯禁酒一項而已；共和黨主張半禁半不禁，民主黨主張完全弛禁，是五十步與百步之比耳。獨占資本家如洛克菲勒（John D. Rockfeller）以前捐資扶助禁酒運動，但在本年六月六日，則又宣稱禁酒之害，大於不禁。五月十五日，有六萬至八萬之群衆，因受資本家之運動，在紐約舉行游街示威，竟日不休。準此，當無怪兩黨之主張弛禁，其略有不同意者，一則爽直宣布之（民主），一則忸怩言之（共和）。至於政綱之其他項目，多屬大同小异，不必紀述。關於對外政策，民主黨宣布：維持和平與國際公約，國際争議交付國際仲裁等；而共和黨除主張維持國際公約外，更特别宣稱：不承認中日間由武力與由違反《凱洛格非戰公約》（the Kellog Pact）所造成之形勢與條約。

社會黨大會

美國社會黨，組織力甚爲薄弱，向不爲人所重視。黨員數目，無從考查。其在國會選舉中所得之票數，亦不及百萬，是其號召能力亦不强大。社會黨雖係小小政團，殊不肯放弃政治權利，以故於五月杪在米爾俄紀（Milwaukee）召集本黨代表大會，出席代表不詳。大會通過湯馬斯（Norman Thomas）爲總統候選人，磨勒（J. H. Maurer）爲副總統候選人。其政綱主張：由中央政府救濟失業，由各邦通過種種勞動法，廢除童工，增加所得税遺産税，電力銀行及其他産業，統行收歸國有（社會主義化）。更主張承認蘇聯加入國聯，裁减軍備，取消戰債。對兩大黨作激烈之攻擊。在劇烈争論之後，采取弛禁之主張。資本家既堅持廢除酒禁，則維持資本主義之社會黨，當俯首聽命也。最奇妙者，莫如要求黨之領袖『美國化』，辭意含糊，莫可推測，想係狹義民族主義之蜕化物也。

共産黨大會

五月廿八日，美國共産黨亦於芝加哥舉行代表大會，與會代表，究有若干，無從探悉。共産黨在美國之發展，甚爲遲滯，聞僅有黨員兩三萬，號召群衆之能力亦有限。前届國會選舉，僅有少數民衆投共産黨票，其總數不及十萬。而各邦對共黨競選，取締極嚴。在西美南美，共黨活動多不爲法律所允許，選舉運動亦在禁止之列。其在允許競選之區域，又受當局之種種要脅與留難，不克行使其合法之權利。甚至候選人名，亦不準提出，即使依法提出向當局呈報，亦往往因刁難而無結果。所謂自由國家（Land of Liberty）亦不過如是如是。

本届共産黨大會，推舉傅士德（William Z. Foster）爲總統候選人，福特（James W. Ford）爲副總統候選人。傅氏本爲美國總工會（American Federation of Labov）職員，因不滿該會理論與策略，决計脱離而加入共黨，現任共黨領袖。至於福特，并非汽車大王，乃美籍黑人也。黑人多窮苦無告，傾向共黨者甚衆。芝城黑籍人物，握有巨大之勢力，白人競選者，往往屈膝卑詞以聯絡之。將來芝城『黑』票，或有一大部分歸於共産黨也。共黨主張，不外反資本家之進攻，救濟失業等；藉選舉動員群衆以反抗資方之攻擊，與保護群衆之日常利益，尤爲共黨之普通策略。

結論

以上四黨，顯然衹有胡佛與羅斯福有成功之希望。即以兩氏論，胡佛勝利之機會，實多於羅氏，蓋前者利用政權，早已準備妥貼，對於大資本家所需要之津貼與貸款，皆一一允諾，以故獲選較易，而羅氏殊不能控制全黨，雖以廢除酒禁相號召，然共和黨并非反對弛禁也。究屬誰勝誰敗，則尚待十一月初旬之選舉以决定之。

（原載《申報月刊》一九三二年第一卷第四號，署名『董之學』）

國聯成立經過及其組織

『九一八』事變，確實替國際聯盟（La Societe des Nations）在我國做了極廣泛的宣傳，把它介紹到我國廣大群衆的面前。以前忽視它或不知道它的人，現在反轉頭來注視它，甚至於研究它。加以國府屢次宣布信賴它，更把它尊貴化了。淺見寡聞的人，誤認它是公理與和平的標幟。另一面，也有憤恨國聯袒日的，認爲它是帝國主義瓜分弱小民族的强盗機關。不管怎樣，它是巍然存在的。它存在一日，便有一日的作用。衹有對於這個作用，加以理智的瞭解，才能判定國聯究竟是個什麽東西。

國聯到底是含有怎樣性質的國際組織呢？我想英、法、日各國的外交代表就會馬上答覆你：它是爲和平而工作的高尚機關，它的唯一任務，在於用和平的方法，尤其是秘密談判，來掃除和平的障礙；或於和平受威脅的時候，采用調和的方法，來維護争議國家間的尋常關係。國聯是否於其歷史上及其組織上完成了它所負的和平任務，本志《國聯的真面目與假面具》一文中，當有詳細的剖釋；本文的目的，衹在平面地説明國聯成立的經過及其組織的大概，藉給讀者一個關於國聯的『輪廓』而已。

國聯成立的經過

國際聯盟是一九二〇年成立的，到現在差不多有了十三年的時光。美國前大總統威爾遜，算是一個有力的發起人。當他提出國聯草案的時候，協約各國衹表示虚與委蛇的態度，法總理克勒蒙梭（Clemenceau）且公然反對。但是美國自從大戰以後，差不多在歐洲的財政上取得了支配的地位，加以美國參戰的結果，軍事上也有巨大的力量，所以代表美國財政資本家的威爾遜，是一九一九年巴黎和會中最重要的人物，他的談話與提案，不論合不合協約各國的口胃，是具有壓倒的力量的。

威爾遜既有這樣偉大的威權，所以他堅决主張的國際和平機關——國聯，在巴黎和會的高級幹部會議（即五强會議）中，終於得到各國的贊許，雖然這種贊許不一定是出於誠意。當時大戰初停，經過幾年祈禱的和平，才能徐徐出現，一般人民，誰不願意創設一個保障和平的機關？協約各國的統治者，也就將計就計，利用威爾遜的和平口號，來引起民衆的和平幻想。

那末，爲什麽威爾遜要發起國際聯盟呢？這可以歸功於他的迂腐與欺騙。威爾遜是個政治學者，關於政學的著述是非常豐富的。他的杰作 *The State*（《國家》）至今還有一讀的價值。打開他的作品一瞧，就可以知道他是一位陳腐的冬烘先生，而且是個 Pacifist（虛僞的和平主義者）。他在美國的新澤斯邦（State of New Jersey）做過兩任總督，到一九一二年當選爲民主黨的美國大總統。一九一六年，他又在一個響亮的和平口號『Keep out of war』（不捲入戰争）下當選爲第二任大總統。不料這個和平口號的餘音尚没有沉静下去，他便受了美國財政資本家的指揮，實行參戰。那時美國反戰的空氣非常濃厚，尤其是西方與中部。威爾遜便向民衆解説：消滅這次戰争以後，當設法不許再有戰事了。這也是他堅决發起國聯的一個動機。

根據這樣的背景，威爾遜於一九一八年一月八日，向美國國會發表了有名的十四點（Fourteen points），作爲協約國方面罷戰媾和的先决條件，其第十四點，宣布國際聯盟的創設。這樣，他正式地發起了國際聯盟。一九一九年一月二十五日，巴黎和會第二次大會，根據列强協議的結果，關於國聯問題，通過了如左的决議案。

（一）爲要維持國際正義，急宜建立一個國際聯盟，來做國際互助的機關，來保障條約義務的履行，來防止戰事的發生。

（二）國聯的創設，應該規定在和約中，凡屬信任與贊成國聯的國家，都可以加入。

（三）國聯的委員國家（member states），派遣代表出席於按期舉行的國際會議；另設一個常用機關與秘書處以處理會議停閉期内的事務。

嗣後和會更設立一個五强主持的委員會，來討論國聯的組織與職權。威爾遜自己做主席，四月二十八日，國聯草案成立了，提出於和會的第五次大會通過。威爾遜提議：任命英人杜拉蒙爵士（Sir Eric Dramond）爲國聯的秘書長，并由五强與西班牙、巴西、比利時、希臘各國的代表，組織國聯籌備委員會。國聯的公約凡二十六章，對於國聯本身的組織與職權以及會員國家的權利與義務，都有明白的規定，仿佛是個很有效力的和平機關。

國聯公約，列於對戰敗國家，即德、奥、匈、保加利亞、土耳其各國的媾和條約的篇首。一九二〇年一月十日，凡爾賽和約，經德國與協約國方面的批準，於是和約與公約，同時發生效力。國際聯盟，遂從此在法律上存在了。那時加入的國家，大小共有四十多個。俄羅斯是被資本主義國家排斥於『文明』以外，没有請它加入；實則，站在社會主義立場的蘇俄，即使請它，也未必肯加入；這樣不是什麽奇怪的事情。最奇怪的，是威爾遜的祖國美利堅，也没有加入國聯。

美國財政資本家，那時已經握住了歐洲經濟的牛耳。在財政這方面，被大戰打得七死八活的法蘭西，當然還不能和美國平分天下，如現在一樣。所以美國資本家對於威爾遜堅持的國聯計劃，認爲無足輕重，即使沒有國聯，也不妨害他們對歐洲的經濟支配。資本家既沒有定見，於是民主黨魁威爾遜與共和黨操縱下的參議院，發生了劇烈的政治鬥争。參議院有批準或拒絕國聯公約的全權。它不歡喜威爾遜在歐洲出了十足的而且是過分的風頭，來提高本國民衆對民主黨的幻想，來阻礙共和黨復握政權的企圖。於是藉口『門羅主義』（The Monroe Doctrine），斷然拒絕了批準國聯公約。以後十餘年間，都是共和黨的天下，當然不會談到加入國聯了。

一九二〇年十一月十五日，按照國聯公約的規定，召集第一屆大會（Assembly），國聯才算正式成立了。德國於一九二六年經過幾度波折後，也加入了國聯。戰敗各國都陸續加入了，土耳其於去年才加入，算是最遲。一九二六年，巴西與西班牙通知退出國聯，但後者迄今仍未退出。現在除俄美兩大國外，計有會員國家五十一個。

國際聯盟的組織

國聯的會址，常設於風景明媚的日内瓦，不過開會的地點，不一定都在日内瓦，比如一九二七年曾經在西班牙的京城瑪得里（Madrid）開過會，一九三一年行政院（Council）關於遼案的討論，也在巴黎開過會。但是大本營仍然在日内瓦，駐在那裏的各國新聞記者，有一千二百多人，代表一千多種的報紙與刊物。可見日内瓦确有很大的吸引力。

國際聯盟，是個龐然大物，單就秘書處講，供職的大小官僚，共計六百人以上。若把其他無數駢枝機關的職員合計起來，恐怕要超過四位數字以上。兹將國聯的機關分列於後：

（一）主要機關——大會、行政會、秘書處。

（二）輔助機關——經濟財政局、交通局、衛生局，此外還有關於軍備、委任統治、文化協作、婦孺保護、鴉片、國聯經費保管、國聯經費分派諸問題的顧問委員會。更有種種臨時委員會如國際法典、國際賑濟、籌備國際裁軍會議、裁軍問題混合委員會等。最後尚有幾個行政機關，例如但澤（Dantzig）自由城總督署、薩爾（Sarre）區行政委員會、避難人民總督署等等。

（三）獨立機關——國際永久法庭（設於海牙），國際勞工局。

（四）特種機關——國際文化協作學社（設於巴黎），統一私法委員會（設於羅馬）。

這些機關，構成國際聯盟的組織系統，此外還有其他臨時設立的不重要的機關。以上諸機關中，大會、行政院、秘書處、國際法庭及國際勞工局的作用較大，兹分述於後，其他的機關，因限於篇幅，衹好從略。

大會——各委員國家，可以選派代表三人出席於大會，但祇有一個投票權。大會於每年九月第一個星期一開會，但也可以依法增加開會的次數。出席的人數，總在百人以上。大會很像美國國會的衆議院，不大爲人所重視。

行政院——行政院好比是各國國會的上議院，但是它的權限很大。行政院的會員有十四個人，其中五人是常任委員，其餘九人是非常任委員。常任委員由英、法、意、日、德各占一位，非常任委員由大會於國聯會員中選舉之。事實上，行政院以及整個國聯的實權，都操縱於英、法、日的掌握中，德國當然無權過問，就是意大利也没有多大的勢力。意大利屢次以退出國聯相恫喝，其原因就在於此。行政院每三個月開會一次，即三月、六月、九月、十二月是，但亦可以召集臨時會議。

大會與行政院的職權——選舉行政院的非常任委員，通過新會員國家的加入，勸告會員國家審議不能適用的國際條約與危及和平的國際情勢——這些都是大會的獨占職權。委任秘書處的人員，建議解決國際争端，建議調動陸海空兵力來擁護國聯，提出國際法庭的組織案，建議應付戰機的方法，保證各會員國家領土的完整與政治的獨立，建議裁軍的計劃，發給委任統治的委任狀——這些都是行政院的獨占職權，此外尚有大會與行政院共有的職權，如修改國聯公約等。大會與行政院的關係，未經公約明白規定，事實上，在兩者共有的職權内，問題誰先討論，便由誰解決。『五强』集中他們的力量於行政院，因此行政院支配了大會及整個國聯。

秘書處——這個機關辦理日常事務，成爲大會與行政院間、國聯各機關與行政院間、國聯與各會員國家間的仲介機關。秘書處先設於倫敦，後來遷到日内瓦；其下更分設局處，實行『分工合作』。職員達六百人，多半是冗員。秘書處的首腦，便是秘書長，輔以幫辦秘書長一人，副秘書長三人。秘書長的權限與勢力是很大的。

國際法庭——這個司法機關設於海牙，置推事十一人，候補推事四人。他們都是各國有名的法律專家。庭長與副庭長，由法庭自己選聘。關於勞工的案件，尚可添補陪審官四人。法庭的職務有顧問與司法兩種。大會或行政院關於某種法律問題，可以咨詢法庭的意見，采納與否，由它們自己決定，不受任何拘束。這就叫做顧問的意見。關於訴訟案件，如兩造都承認交付法庭，則法庭的裁決權是有强制性的。

國際勞工局——它的任務在於集合各國代表，討論於可能的範圍内來改善勞工的待遇；調查各國勞動狀况及其他有關係的經濟情形與社會情形。勞工局又分爲三個組織：國際勞工會議、勞工處行政會及勞工處。國際勞工會議，每年開會一次，由各國各派代表四人出席，其中二人代表政府，一人代表雇主，一人代表工人。他們關於勞工問題討論的結果，交由各國政府批準或采擇施行。勞工處行政會，顯係駢枝機關，從略。勞工處是辦理例行公事的機關。

此外的機關，前已舉出，説明從略。

尾　語

國聯在成立以後的十三年中，祇表現它是個有名無實的和平機關，對於帝國主義衝突不甚厲害的國際争議，如一九二〇年芬蘭與瑞典關於阿蘭島（L'iles d' Aaland）的争議，一九二一年德、波關於上西萊西亞（Upper Silesia）的隸屬問題的争端，一九二三年希臘與意大利衝突的科甫（Corfu）事件，以及一九二九年南美波里維亞（Bolivia）與巴拉圭（Paraguay）的戰争，尚能處置裕如，這可以算是國聯最得意的和平成績。國聯對於以委任統治的方式，瓜分德國的殖民地，或用監督管理的辦法來保障對德國土地的占領，也還能容易解决。但是關於帝國主義衝突最尖鋭的問題，如裁減軍備，停止關税戰争，制止日軍侵占我東北等等，國聯便不能表現它的和平作用。涉及各國勞工争議的階級鬥争問題，即所謂工業和平的問題，國聯更是没有能力來解决了。

（原載《新中華雜志》一九三三年第一卷第五期，署名『董之學』）

德國新國會選舉的意義

今年七月三十一日纔選出來的德國國會，僅在法律上生存四十多天，就被巴本總理（Kanzler von Papen）用命令解散了。在政黨林立的國家內，如法國解散國會的事實，本是不常見的現象，可是現在德國顧盼自雄的巴本首相，自入閣以來，不到五個月工夫，便把他的政敵（國會）解散了兩次，聽説還要第三次解散它，這爲的什麽呢？本來在先進資産階級的國家，解散國會的辦法，是解決政治危機與運用憲政的通常手段，没有一點可以非難的地方，但是巴本兩次逐走國會，既没有解決政治危機，又没有依據憲法的真正精神，不過想繼續他的狄克推多（Diktatur）罷了。巴本認爲國會不能代表民意，他自己却充分地代表民意，所以要學英國人 We go to the country（我們投訴於全國）的辦法，趕走國會，讓全國人民舉出贊成他的政綱的代議士。可是兩次選舉的結果，祇表示一極小部分的民衆，是願意站在巴本的背後。來作他的後盾，那末，他不要國會，違反憲法，實行獨裁的决心，豈不是完全顯露出來了麽？而且擁護巴本的那一極小部分的人民，都是帝制餘孽國權黨（Die Deutsche Nationale）的吆喝隊伍，和一般廣大群衆無絲毫的關係。

明白地説，巴本解散國會，并不是爲的試探民意，而是爲着繼續獨裁政治，祇有不要國會，獨裁纔能暢行他的政策而無阻，然而憲法規定了總理和同僚所組成的内閣，必須對國會負責，現今適得其反：祇見到首相的權威，任意解散國會，而國會則絶對不能控制内閣。照這樣幹法，現代憲政的精神，完全掃地無遺了，社會民主黨所説的『憲法是德國民衆的保障』，簡直是自欺欺人的胡説，這裏我們却要原諒社會民主黨，因爲它是富於妥協性的，并且是想委曲求全維持共和憲法的。

新國會選舉的結果

舊國會在九月十二日被巴本解散。那天巴本首相率領全體閣員到國會宣布他的大政方針，可是國會中的共産黨先提出不信任總揆的動議，不準總理開口説話。結果由國會議長點名投票，六百〇八名議員中，不信任總理的，有五百六十多名，祇有國權黨的三十二名是擁護總理的，在未投票以前，諸位閣員大人，見事不妙，都暗中一個一個溜去了，僅剩巴本一人坐鎮議臺上。後來議長報告投票的結果——不信任；巴本立刻探摸他的文書夾，以便拿出早經預備好了的國會解散令，可是不幸得很，這命令忘記帶來了。後來急忙把他補送上來，短命的國會就從此結束了。

新國會選舉，於十一月六日舉行了，結果是：

黨名	本屆議席	前屆議席	比較
民族社會黨	一九六	二三〇	減三四
社會民主黨	一二一	一三三	減一二
共産黨	一〇〇	八九	增一一
中央黨	七〇	七六	減六
國權黨	五一	三七	增一四
巴威人民黨	一八	二〇	減二

除上列諸黨外，尚有好幾個小黨，在政治上都不重要，所以把它們删除了。這次民社黨得票一千一百餘萬，比前次減少兩百多萬，所以在德國的比例制度下，喪失三十四席。社會民主黨得票七百萬，比前次減少七十萬，喪失十二席。共産黨得票約六百萬，較前加多七十萬，所以加多十一席。中央黨損失票數不多，尚且能够自保。巴本的國權黨（即帝制黨）比以前增多十四席，報紙上稱它是最大的勝利者，但是仍不能掩護巴本這次在選舉中的失敗，因爲巴本派的議員，不及國會議員總數十分之一。它不能給予首相以許多有效的幫助，而首相却有大總統興登堡與希萊雪將軍（Gen. Kurt von Schleicher）以及大地主（Die Junker）重工業（Die schwere Industrie）做後臺老闆，也不很需要國權黨的幫助。

德國選民四千四百萬當中，前次有百分之八十三到場投票，這次投票的減低到百分之七十九。前届投票的選民多一點，所以國會議席的總額是六〇八，這回減低到五百九十名。本届投票人數減少的原因，或者是由於今年的選舉太多了，或者是由於不瞭解選舉的重要性，或者兩下都有關系。

這回德京柏林的選民所投的票數，分配如下：

共産黨…………八六一，〇〇〇

民社黨…………七二○，○○○
社民黨…………六四○，○○○

其他各黨所得的票數，每黨不及五萬。柏林户口三百五十萬，每四人中，有一人投共産黨的票，可知共産黨在首都的勢力不弱。又，民族社會黨在它的大本營柯堡（Coburg）城，失掉三分之一的票數，也是一件值得注意的事。

這次國會選舉，表現了幾個特點。第一，代表民族社會主義即法西斯主義的希特勒黨，從極峰猛降下來了。這大概是由於它的欺騙宣傳被民衆看破了，反法西斯的聯合戰綫也擴大了，法西斯主義的信徒掉轉頭來擁護現成的法西斯政府（巴本政府）了。希特勒進攻勞動者的社會主義與投降法國的民族主義，自然是很容易看穿的西洋鏡。他的目的，無非是建立獨裁與嚴厲反共，但是巴本關於這兩點的本領與成績，并不一定趕不及他。因此，希特勒的武斷宣傳，喪失了它一部分的麻醉力。他的同情者與擁護者，自然就減少了。

其次，幫助巴本政府向勞動者進攻的社會民主黨，也是江河日下，因爲黨内許多工人脱離了黨，向别黨投奔，而所剩下來的黨員與同情人，多半是四五十歲以上的小資産階級分子。這些資産階級的『馬克思主義者』，近來流年不利，一方面被巴本從普魯士政府内一脚踢出來，另一面又受群衆的白眼看待，真令人氣煞憤煞呵！

第三，共産黨的票數也增加了。這表示德國工人運動的轉變的動向。這次德國共黨議席加多，就是這個動向的表現。德國革命危機的鋭利化，也就在這個地方。

第四，國權黨所增加的議席，是完全從民社黨的隊伍中奪取過來的。以前説過，法西斯主義，并不是那一派那一黨所能獨占，那末，贊助希特勒的人，也就可以贊助巴本的現存獨裁，所以這次便有兩百多萬選民脱離民社黨而加入巴本所信賴的國權黨。這樣一來，德國法西斯運動中的派别與糾紛，也就會隨即加多，萬萬不能像意大利的法西斯蒂，完全統一於一個領袖的威權下的。

綜觀這次德國國會選舉，總是巴本的失敗，倫敦與其他外國報紙，都表示這種意見，不過巴本自身却没有想到他已經失敗了，因爲他在選舉後的第二日便向國外新聞記者發表公開談話，説選舉的結果，不會使他改變他的政策，就是説，他不會放弃他的獨裁政治，社民黨的報紙《星期一》（*Die Welt am Montag*）對共産黨勢力的擴大，表示怨恨與疑懼。希特勒大聲疾呼地説着，國會中有了一百名共産黨議員，赤禍來了，祇有民社黨才能保全德國人民不受赤禍的影響。

巴本内閣的成績

首相巴本從六月一日接事以來，也有將近半年的時光來發展他的建設計劃，他最驚人的成績便是兩次解散國會，其次就是他的『繁榮政綱』（繁榮德國的政綱），在這裏我們要説明巴本在政府中的真實地位。德國報紙通常稱巴本政府爲 Die Papen Sebleicher Regierung（巴本希萊雪政府）。實際上還不是這麼一回事。巴本不能够獨斷獨行，凡事必須請示希萊雪。

巴本一不是雄才，二不是政黨的首腦，三不接近政府要人（如興登堡）。然而在這些不順利的條件下，他何以竟能取得了首相的地位呢？這裏却并没有什麼神秘不可解説的地方。回溯德國政府自被經濟危機顛簸以來，它的重心已慢慢移到軍部，而軍部中最有權威的與陰謀最多的人物，便是希萊雪氏。這位高級軍官，富於智謀，非常陰險，追隨興登堡三四十年，從排長以至師長，都是由他老人家一手提拔出來的。因此希萊雪得到了他老人家的無限信任，再由無限信任便做了他主人的主人翁。每次重要政變，都是希師長發動的。譬如從前國防部長格林勒（von Gröner）去職，前内閣白魯寧（Dr. Bruening）坍台，都是希萊雪事前布置好了的。巴本内閣，也完全是由他選擇的。所以從事實上講，他倒是太上内閣總理。但在表面上他的官位低於巴本，因爲他衹是個掌管國防部的閣員而已。

大地主與重工業，若不歡喜内閣一般或某幾種的設施，便可示意於希萊雪，或和他密談，然後由他個人全權計劃辦理，務使内閣全體傾倒或更動某幾個閣員而後已。他把計劃定好以後，就乘機向興登堡進言，要他書諾。興登堡是八十歲以上的老翁，是大地主重工業與軍人的代表，對於希氏所擬定的有利於地主資本家以及軍人的計劃的，没有不唯命是聽的。結果，希萊雪的個人勢力天天提高，把自動的内閣總理，變成了被動的傀儡。

巴本上臺，負有三個使命：（一）取得外交上的新勝利，如減輕賠款軍備平等種種，以便號召民族主義者站立在自己的旗幟下，一面鞏固自己的政治地位，一面加强反共的陣綫；（二）統一相互衝突的各種各色的資産階級團體，以便聯合反抗赤化運動的猛進；（三）消滅一切共産黨與革命的工人組織，來把經濟危機的負擔轉嫁於勞苦群衆。所以巴本的主要任務，還是對付共産黨所領導的赤化運動，就近三年來的選舉結果看來，赤化運動一天高似一天，使得德國的資産階級心驚膽戰，不能不下最大的決心來制止乃至消滅赤色波浪的鼓蕩。

事實上，洛桑會議認爲可以減輕的賠款協定，到現在還没有批準；軍備平等的要求，先由希萊雪將軍用强硬的態度提出來，仿佛可以威脅法國讓步，而能取得相當的成功，可是後來英政府拿出戰勝國的餘威，嚇退了德國關於軍備平等的要求。嗣後要求軍備平等的呼聲，也就沉寂無聞了。

至於統一資産階級的各種派别與團體，也不見得有什麼成功。在經濟危機深刻化的今日，各資本家爲着瓜分減縮了的利潤，總覺得粥少僧多，分配難均，所以他們中間的相互鬥争，總是步步趨於劇烈，這樣便使巴本所主張的超黨内閣，或稱混合内閣，雖經長期的談判，總是勞而無功。巴本代表的地主資本家，要他繼續獨裁，同時也邀請資産階級政黨參加幫忙。希特勒所代表的資産階級，却要他獨占政權，支配一切。白魯寧的後臺老闆，也命令他乘巴本希特勒相持不下的當兒，進行組閣的工作。結果，巴希兩人的妥協，固然没有成功，就是白魯寧和民社黨的長期協議，也成了泡影，國會遂被解散了。

巴本對於壓迫與鏟除共産黨以及革命的工人組織，衹做到了一部分的成功。拘捕共産分子，查禁共産報紙，解散共産集會，格殺共産群衆，這是巴本的拿手好戲。至於根本消滅赤化，巴本固然没有辦法，就是禁止共産，把它趕入地下，他也不敢輕易冒險嘗試，共産黨也公開提出了反抗的鬥争口號：總同盟罷工，反對緊急法令，反對減少工錢與失業津貼，反對法西斯主義與巴本，舉行民衆革命，成立德國工農蘇維埃政府。

總理巴本根據三大使命，在内政方面定出了所謂『繁榮政綱』，由大總統於九月五日用命令公布，從十月一日起開始執行。政府爲着獎勵實業與減少失業，準備了七萬萬二千萬美金；以一萬萬八千萬開辦政府實業，增加雇用工人的數目，以一萬萬八千萬津貼資本家來雇用更多的新工人，使失業減少，又以三萬萬六千萬直接交給資本家作爲津貼。但是這筆津貼不是現金而是退回税款的證券。同時政綱上規定了減少工錢與失業津貼的辦法。這個政綱的效果何如，現在還不能知道。

結 論

從經濟危機中生長出來的革命客觀條件，正在日益成熟，而工人運動的左傾，又日益顯著。同時資産階級所希望的强硬政府，也還没有出現；現在巴本内閣，還没有完成消滅資産階級的内在矛盾與統一各資産階級派别的任務。在這種情形下的德國，確碰着了空前未有的難關。解散國會，自然没有搔着癢處，就是組織聯合内閣，嚴厲地執行『繁榮政綱』，也不見得有什麽效力。

主要辦法，應該是着重開闢國内外的市場，促進生産進程的復活，減少失業工人的數目，加强資産階級的地位，那末政局就可局部地安定下去了。但是德國没有殖民地，而外國的關税壁壘又很高，開拓國外市場是無希望了。同時德國工人與雇員的工薪，也越減越低，因此國内市場，不但不能推廣，反而漸見縮小了。何況德國又是一個無産階級占多數的國家，馬克思學説也彌漫了廣大群衆，巴本和他的代表的階級，自然就不能够平安地渡過去了。

（原載《申報月刊》一九三二年第一卷第六號，署名『董之學』）

拉斯基政治哲學的根本錯誤

與其説拉斯基（Harold J. Laski）是政治學者（Political scientist），不如説他是政治學家，因爲他的思想，不僅在於批評過去的以及現代的政治哲學，而且企圖建立他自己的理論體系。可惜到現在止，他還没有能够創造系統的理論，但是對於傳統派政治學者，却發表了許多許多的批評，使他們感覺不安，使他們的朋友與同情者，憤憤不平，發出反抗的呼聲。從他的著作中，不論是書本或短篇論文，他充分地表現：他是資産階級學者，忠實地擁護資産階級意識與制度。

拉斯基的生活

國際馳名的拉斯基，是個很有權威的政治學教授。原先他在英國牛津大學（Oxford University）教書，很有聲名，尤其是他的著作，很引起政治學者的注意。不久，他來到美國擔任哈佛大學（Harvard University）的政治學教授，結識了美國的幾位左傾教授，如俾爾德（Charles A. Beard），魯濱孫（James H. Robinson）等。俾爾德是哥倫比亞大學（Columbia University）的政治學教授，魯濱孫是歷史學教授。他們兩人的思想很接近，合著了很多的史學教科書。他們兩人總覺得歷史的編制法與社會科學的研究法，都要推陳出新，不可因襲舊法。他們都注重社會制度與現象以及社會進化的經濟基礎。這可以説是美國社會科學文獻中的新紀元。同時拉斯基也不滿意政治學方面的傳統派的理論與方法，自然願意和俾爾德魯濱孫做同志，來共同擔負社會科學革命的任務。

一九一九年，拉斯基和俾爾德魯濱孫三人在紐約創辦了一個School of Social Sciences（社會科學院），招來了一兩千學生。凡屬慕羡他們幾位的名譽的與傾向他們的思想的，都争先恐後地報名入學。那時我也去聽講，同時更有金岳霖、張耘、周銘幾位好學的中國學生，也去聽聽那幾個有名教授的講演。

講到School or Social Sciences，它有一段反抗壓迫的歷史。人人都説美國是Land of Liberty（自由的國家），美國人也拿這個名詞自詩，并且在紐約港樹立了一個大如巨人的自由神象（Liberty Statue），表現美國是自由的。究竟自由在什麽地方，我差不多耗費了八年的光陰，終久找不到。一般人的意思，以爲學校總是可以自由的，尤其是所謂最高的學府——大學。那個曉得這塊地方就不自由，和其他的地方一樣。

一九一六年美國參加歐戰以後，政府變成了狄克推多（dictaror），對於一切反對戰争的，都賜以 pacifist（和平主義者）或 slackers（企圖避免兵役者）的頭銜，可以任意拘捕他或囚禁他。俾爾德、魯濱孫等，因爲反對參戰，被學校斥退。那時學生方面，非常憤激，蠢蠢思動，要鬧風潮，學生所辦的校報，*Spectator*（《觀察報》），發表反抗的文字，終於被學校當局鎮壓下去了。俾爾德等氣憤不過，另外組織了一個社會科學院，邀請了左傾的著名教授，高談社會科學的理論。拉斯基也被邀請，每周講演一兩次。

拉斯基的著作很多，最著名的有 *The Authority of the Law in a Modern State*（《現代國家内法律的權威》），*The Problems of Sovereignty*（《主權問題》），*a Grammar of Polics*（《政治規範》，有華文譯本，張君勱譯，商務印書館出版）等。第一書最精髓最著名，已經譯成了好幾國的文字。其餘短篇論文多極了，難於枚舉。

拉斯基的理論

我們現在要談到拉斯基的理論了。拉斯基是個青年的批評家，却不是系統的理論家。他批評了别人，并且企圖拿自己的理想來代替他的；却不能從他自己零零碎碎的批評論文中，建立一貫的理論。這就是説，他善於抓住人家的短處，加以披露與駁斥，却不能表現自己的長處，加以説明與潤色，使成爲『自成一家』的拉斯基理論系統。他講來講去，總脱離不了資産階級意識的範圍。講到國家的性質上與政治的前途上，他做了社會民主黨的尾巴。

拉斯基在英美的言論界，握有多少權威，并且影響了不少的知識分子。你衹看他的著作一出版，便可以銷售得特别多，并且不久就要再版乃至四版、五版。所以單就客觀講，他的言論是值得批評的。而且他現在是倫敦經濟政治學院（London School of Economics and Political Science）的教授，口講指畫，可以迷惑許多思想未成熟的青年。所以我們必須揭破他的根本錯誤。

現代政治學中的思想動向，已經步步注重於國家與社會的性質了。近來拉斯基也着重這一點。他的理論的中心，也是以這點爲基礎。從前他反對最激烈的，便是國家的主權高於一切。他以爲國家也不過是一種的 association（社團），和其他的社團，没有根本不同的地方。何以國家有最高的權能，壓倒一切，而其他的社團衹是俯首聽命？關於這一點法國左傾學者狄驥（Léon Duguit）也和他的意見一樣。他的這種説法，自然含有極濃厚的個人主義（individualism）的色彩。但是另一面，他没有認清國家的性質，他不曉得國家的用處在什麽地方。我們更可以説：他根本没有理解社會的構成與進化的程序，所以對於由社會内生長出來的國家，自然不能瞭解。

國家爲什麽不高於一切？爲什麽不强制一切？假如它不高於一切，便不能壓迫，如果不能壓迫，便是没用處了。拉斯基完全不瞭解現代的社會是階級社會（Klassengesellschaft），現代的統治是階級統治（Klassenherrschaft），國家是統治階級用來壓迫被統治的階級的。恩格爾（Friedrich Engels）氏説過，國家本從社會中生長出來，却慢慢脱離了社會而站在它的上面。這就是説，國家離開了大衆，變成了少數人的工具了，一直到現在，祇有極少的獨占資本家，掌握國家的全部。因此，有名的經濟學者華爾家（E. Varga）氏，竟説現代國家，并不是整個資産階級的國家，而祇是小數獨占資本家的國家（L'Etat actuel n'est plus l'Etat de l'ensemble de la bourgeoisie', mais l'Etat de la pétite clique de capitalistes monopolistes，請參閲 Varga，*Léconomie de la périod de déclin du capitalisme*，1928，p. 95）。

拉斯基最近的説法

我想多才多藝會説會寫的拉斯基教授，是個善於學習的學生。他毫無疑義地受了不可否認的事實的教訓，不能不提高他的政治認識。他最近在本年八月份的 *Political Science Review*（《政治學評論》）中，發表了一篇文章，題目叫做 *The Present Position of Representative Democracy*（《代議民主的現狀》），對於現代國家的實際，有一點較爲進步的認識，但仍是非常不徹底。

拉斯基在那篇文章内，承認了一些彰明較著的現實（reality）。譬如他説，石油大王，石炭大王，鋼鐵大王，高級財政資本，使用政治機關來謀取利潤；他們的活動，彌漫全世界，没有一個國家能够站在他們的勢力範圍以外；各資本家團體於争取經濟權能的活動中，引起戰争；對國家屬於握有經濟權能的人們，所以國家機關的活動自然於他們有利益。同於他没有説出一個字來指出：現代國家是資産階級的，除資産階級以外，還有被壓迫的廣大無産階級，與介於這兩大階級間的岌岌可危的小資産階級分子，總括一句，他不承認國家的階級性，其用意在於否定階級鬥争。

無疑地，拉斯基是自由主義派的小資産階級分子，所以主張民主社會（democratic society）與平等社會（eaual society），加以他是英國人，自然要帶着極濃厚的自由傳統（liberal tradition）的色彩。他替民主社會下了個定義，説是在這個社會内，國家的政策，不是爲着某一派來決定的，而是以平等利益給予一切人民。這個定義，想必可以適用於平等社會。他觀察英國的政治，有一個畸形發展。一方面是平等政治民主政治（political demecracy），大衆都享有平等權利，另一面却是經濟專制（economic oligarchy），祇有少數銀行家資本家支配國會法院及其他政治機關，大多數工人與勞苦群衆，祇是於被壓迫與被剥削底下，過着半死半活的生活，形成經濟上的不平等。

根據上述的理由，拉斯基承認現代的代議民主是不穩定的，因爲政治的平等與經濟的不平等，時常發生衝突，統治階級與被治群衆，也發生鬥争。因此英國的議會制度便不能運用自如，去年英國放弃責任内閣，組織超黨的國民政府，便是一個最明顯的例證。拉斯基并作了一個説明：從前英國資本家因爲工業的優越地位與利潤豐厚，能够向工人的要求讓步，不至損害自己的權利，現在英國的工業優勢已經失掉，再不能作這樣的讓步，結果，工人的行動左傾起來了，口口聲聲要廢除資本主義，而代以社會主義。

拉斯基的政治出路

一方面，資本家不願意改變現存的制度，使於他們自己不利益，另一面工人群衆的奮起却有點可怕，小資産階級的拉斯基，處於這兩難的問題的中間，未免有點左右爲難，所以他拿出百分之百的唯心論主張，要争議的兩方，爲着公共利益（common good）着想，尤其是獲得權利較少的階級，更加要爲着公共利益而讓步。誰得較少的利益？自然是廣大的勞苦群衆。拉斯基替誰説話，自然就可知道了。

拉斯基最後的結論是：We opproach a position wherein the masses may capture the political machinery and use it to redress economic inequality（我們走近到一個地步，群衆在這裏可以取得政治機關，用以救濟經濟上的不平等）。這就是説，群衆仍然要靠投票來奪取資産階級的機關。這是英國工黨以及其他各國社會民主黨的舊調子，没有一點新奇的地方。拉斯基的平等社會，想必也就從此可以實現罷。由此我們可以知道他是一個十足的空想家。英國工黨兩次組閣，一次在一九二三年，另一次在一九二八到一九三一年，實現了平等社會没有？是否走向了平等社會的大路？德國的社會民主黨，更不知道組織多少次數的内閣，結果做了維持資本主義的主要支柱，做了屠殺勞苦群衆的劊子手。英國工黨也是一樣呵！

拉斯基的根本錯誤

照現在的情形看來，除蘇聯外，没有一個國家不是資産階級的，拉斯基在他一切的著作中，否認了這一點，他認爲支配政府的幾個獨占資本家，没有階級的結合，祇是幾個私人。他没有看見在他們的背後，站着整個的資産階級。對於少數資本家霸占政府（一九二八年胡佛的七個閣員中有五個的家財都在百萬以上），他覺得很不滿意，所以要用互讓的方法，來建立平等的社會。假如個個資産階級分子，都和拉斯基一樣，富於退讓的精神，那末，平等社會，的確是可以容易達到的，是可以不必要革命鬥争的。現在無産運動者，真是盲動呵！

其次，拉斯基的一切理論，離開了經濟論據。他對於國家性質的認識，簡真没有聯係到資本主義經濟的發展。他不知道現在已是獨占資本時代，既没有經濟的自由主義，焉能有政治的自由主義（參閲P. Lucins，*Faillité du Capitalisme*？1932，chapitre14）。這就是説，自由競争的經濟，既已轉變爲獨占經濟，那末基於自由經濟的主義國家，也就隨着變爲獨裁政治。事實上，現在不是資産階級的獨裁（意國，英國，德國，日本等），便是無産階級的獨裁（如蘇聯）。九月份的英文《時事月報》（*The Current History*，September，1932）中，登載了奥格教授（Prof. Frederick a. Ogg）的 *Does Americ a Need a Dictator*？（《美國需要獨裁麽?·》）。奥格懷疑美國或許發生共産主義的或法西主義的革命，但是他總覺得憲法是個抵制革命的有力保障。這和拉斯基一樣地犯了離開經濟論據的錯誤。在獨占經濟時代，要想找自由主義的代議民主，還希望這個民主和平地擴大到平等社會，是何等的空想呵！

再其次，拉斯基没有認識現在的民主是什麽東西。他不承認代議民主是資産階級的獨裁。實際上，所謂民主，衹是少數的德謨克拉西，衹是一個階級在壓迫另一個階級的組織（Eine Organization zur systematischen Vergewaltigung einer Klasse durch die andere，eines Teiles der Beölkerung durch den anderen，參閲N. Lenin，*Staat und Revolution*，S. 79）。我們在現在的經濟基礎上來擴大這個民主到拉斯基的平等社會，尤其是采用投票的方法，是萬萬做不到的。衹有毁滅資産階級的民主，建立大衆的民衆政權，極寬泛的德謨克拉西，才有可能；至於平等社會，恐怕是經濟條件成熟後國家死亡後才可以實現罷。然而這是拉斯基萬萬不能理解的。

（原載《學藝雜志》一九三二年第十一卷第十號，署名『董之學』）

評國人發明的能力主義

人們一到日暮途窮的時候，除悲憤憂鬱以外，總不免想入非非，以求自救。海市蜃樓，便從此而起。所謂『黄粱夢』『南柯夢』，當然可以供我們一時的愉快。現在華北停戰協定簽字，天下復歸太平，窮苦無告的人，不受炮火的驚駭，自然更可以多做幾個好夢來指點我們衆生的迷途。

曾憶胡愈之先生主編《東方雜志》的時代，不惜重價聘請現代的名人與作家，請他們多做幾個好夢，并把各家的想像力的結晶發表出來，以供大衆的鑒賞。果然真是琳琅滿目，美不勝言。我現在想步胡先生的後塵，自願盡盡義務，來替新社會介紹一個天字號大小的夢——中國道地的能力主義。講到能力主義這個東西，確有洋貨與國貨的分別。理工統治（Technocracy）是最時髦的美國貨，在我們要打倒帝國主義的時代，衹好不去理會洋貨罷了。我們本國既然有了同樣的貨色，自應竭力提倡，廣爲宣傳。

能力主義的發明人

距今五六年前，湖南的劉冕執先生，發明了能力主義，不過那時他自己或者不很相信這個主義的實際性，所以没有竭力鼓吹，即使鼓吹了，也許『曲高和寡』，不能風行一時。劉氏現年六十晋一，精神飽滿，體格旺健，雖不像個哲學家的樣子，却顛倒了不少的黨國要人。聽説湖南省政府主席何鍵氏，非常羡慕他的學説，財政廳長張開璉，更加五體投地，非馬上實行他的學説不可。中委蔡元培等認爲陳義精詳辦法周到，曾經提議於中央黨部，希望把它『擇地試辦』一下（《民治周刊》第十五期八四頁）。

劉氏這次赴湘講學，深得湖南人的欽仰，組織了錢幣革命協進會湖南分會，并建議整理湖南的市鈔（私人發出的鈔票）。聽説湖南省政府對於能力主義的實施，做了幾次非正式的討論，除省委黄士衡不同意外，餘皆不發一言，想係默認，而最熱心提倡的，便是那位財政廳長。何主席也是急於先『觀其成功』的一個。

據説最近的將來，湖南省政府還要正式提出討論，作一個最後的決定。湖南大學的經濟教授和專家，則極端反對，至於他們所持的理由是怎樣，我没有功夫去探問。贊否兩方，各執一詞，已經鬧到了滿城風雨的地步。因此，能力主義在湖南的地位與聲望，差不多和何主席的相同，省内人士没有不知道的。

湖南省内既有這樣的事，當然是值得我們的注意的。能力主義的内容怎樣，也是值得介紹的。

能力主義的内容

劉冕執先生的能力主義，大約是這樣的：把能力做人類經濟生活的本位，發明能力通用券，由『能力通用券發行局』專管這件事，個人或團體都可以拿財産價值或勞力收入做保證，向該局請領一定制度的能力券，在市面行使。詳細辦法，都載在劉著的《能力主義與能力本位制》與《錢幣革命實行方案彙覽》兩書。

這僅是學説的綱領。它的目的究竟是怎樣？它提議解決怎樣的社會經濟問題呢？

『今日之世界，非社會革命，無以謀人類之安全』，又『社會革命，非可以激變出之，激變則極感痛苦。斯制（能力本位制）之行也，於社會組織，除添設二三機關外，「則無甚變革」（此語係吾添入，以求文氣之貫通。）能力券之價值，仍與貨幣之價值無异。富者仍不失其富，貧者乃立去其貧，故變革之程度，極屬温和』。（見《能力主義》第三版五六頁）

在革命當中求安全，即是等於跑到槍林彈雨中求安全，這真是妙論，非大思想家一定料想不到。社會上祇添設幾個能力券發行局或能力保證委員會，就算社會革命成功，這算單簡容易極了。至於發財的不會因革命喪失財産，貧窮的都因革命發了財，這種八面玲瓏有益無損的社會革命，自然受全人類的歡迎。這樣，革命的本來意義也革命了，因爲它絶不是破壞而是替窮人製造財富的積極建設工作。這確是社會設設，窮人衹要向發行局領券發行，便可一身吃着不盡，至於勞動不勞動，劉先生并不很重視。

『通用券之發行，倘以財産之多寡爲標準，則富者愈富，貧者愈貧。例如挾資百萬，更得發券百萬，則流通資本，頓增一倍，貧者一券莫舉，何能望其項背乎？故當嚴加限制，不許以財産爲發行之標準，而僅許以能力資格爲發行之標準。』（同書二〇頁）

這樣，富人便不能發行能力券，他却可以而且祇有他們可以做保證委員，財産最大的纔可以做第一等保證委員，以次類推，保證委員實際上握有發行權。一方面壓迫富人，另一面又抬高富人，劉先生的辦法真是持平得很。但是在另一處，劉先生又説可以用財産十分之二做標準，發行能力通用券（同書六二頁），究竟誰是誰非，希望劉先生趕快解决了自己的矛盾點再告訴。

劉先生説：『非提供能力，則無以得衣食，故游惰之習，不禁而自消。』（同書五七頁）游民是無論哪一國都有的，可是現在世界上最嚴重的社會問題，絶不是自甘游惰的問題。現在美國有一千六百萬不甘願游惰而没有事做的人，德國有六百萬，英國有三百萬，請劉先生指示他們一個方法：要怎樣纔會不被迫失業而不得不游惰。不做工而發行大批的通用能力券，試問要何人承受，衹好把它收集起來亦給劉先生做柴燒。

『每歲八月以後，即可統計明年所有能力種類及人數，預備與辦相當事業，俾各盡所能各取所需，不致有供求不相应之感。』（同書四六頁）現在比較組織完備的先進資本主義國家，尚且不敢作這樣的嘗試，我不知道在中國，誰去管這些閑事。

湖南省政府最欽佩劉先生的地方，當然要推這一段：『豪杰可用斯制而建功業。假令某有能力者，撫有能力人民一千萬，每年每人平均約值一百元，其財產每人平均五百元。……以能力資格發行通用券一萬萬元，以財產資格發行通用券十萬萬元。加以舊幣每人平均一元計算共約一千萬元，以爲對外流通之用。合計三者，驟得流通資本十二萬萬元之譜，其爲富殖何如！以之籌餉，何餉不籌；以之購械，何械不購。』（同書六二頁）

發行大批無確實擔保的流通券，其結果不過是漫無限價的膨脹，然而畢竟把它當做好好的財富看待，也衹有劉先生的慧眼才能够發現。劉先生耗費四十年的光陰才發明的辦法，也不過歸結到替政府籌餉購械，未免可惜。

結論

單用發紙幣的方法，來推進社會的轉變，是劉先生的期望，所以『斯制充分發展，國界必泯，禮讓斯興，乃漸入於導之以德齊之以禮之共産主義時代矣。人類生活，完滿發達，……通用券已無須發行，即發行亦無須保證……人人皆視國事如家事，視人事如己事，豈非無政府主義亦可以實現乎？』（同書九至十頁）

劉先生動輒斥共産主義是空想的烏托邦，爲什麽他想像的新社會，還要經過這個烏托邦？明知共産主義行不通，却還要走向這條路，那末，劉先生一定認爲是走得通的，不然他自己也是空想家，他的整個綱領都是空想，更談不到什麽無政府主義了。能力主義的根本弱點，在於離開能力衹以能力做紙幣的保證。

劉先生的學説，是否預先參考了理工統治以後纔發明的，我們不得而知，但是它衹是一個明顯的通貨膨脹，絶對没有什麽新的發明；它的結果，不會和膨脹的結局有什麽不同。在這一政策下，大多數的人要破産，破了産的要提前死亡，能够趁火打劫却變成巨富的，衹得寥寥數人而已。湖南是個農村破産了的省份，對於多發紙幣，自然非常歡迎，尤其在目前專心安内的時候，籌措軍費，更不容緩，多多發行不兑現的紙幣，是絶對必須的。這樣，無怪湖南當局要尊劉先生爲上賓了。

（原載《新社會半月刊》一九三三年第五卷第一號，署名『董之學』）

一九三三年世界經濟之展望

自從一九二九年後半期以來，整個資本主義世界，包括殖民地與半殖民地在内，都先後陷入了經濟危機的深淵。就是享有種種優越條件的法國資本主義，雖然起初尚不很感覺到經濟危機的鋭利影響，但是畢竟抵抗不了危機的狂潮而被它捲入了漩渦。現在我們根據不可否認的事實，盡可以安全地説：整個資本主義的世界經濟（Weltwirtschaft）都表現極端的動摇與崩潰，不過在這動摇與崩潰的進程當中，各資本主義國家，因爲各有特殊的情形，表現顯著的不平衡的傾向。

照目前的形勢看來，世界經濟危機尚在向前進展，并没有表現回頭的徵象。除少數政客與經濟學者表現樂觀主義外，都認爲方在發展的經濟危機，并没有達到極峰，即是説，還没有渡過最危險的時期。世界馳名的德國商業研究院（Institut der Konjunkturforschung），雖然發出了一些關於經濟復元的樂觀消息，但是得不到大多數經濟學家的同意。至於胡佛（Hoover）所説的：危機過去了，繁榮又開始了，更是不值一錢的欺人語，所以美國《民族周報》（*The Nation*）稱它爲『用大字標題所得的繁榮』（Prosperity by Headlines）。這次胡佛落選，證明了美國民衆不相信他所大吹特吹的繁榮復活。另一方面，又有若干資産階級的學者，認爲絶大的禍難行將到來。甚至有預言整個資本主義，將會從此坍台了。所以，Ende des Kapitalismus 或 Fin du Capitalisme 的論文，時常發現於最近的著作中。

究竟一九三三年的世界經濟，將會呈露一種什麽景象呢？經濟危機會緩和乃至消滅麽？人們在許久以前所盼望的否極泰來會實現麽？

這個問題，現在縈回於無數人民的腦筋中，是不易於解答的。作者不敏，現在這篇短文裏，給予一個通俗的答案：并且提出幾個具體問題，加以分析，使讀者容易瞭解我的解答。

（附注）因爲關於一九三二年的經濟過程的事實，已經在本刊《一九三二年世界經濟之回顧》一篇論文中多多少少地説明了，所以本文祇着重分析與理論，對於統計數字，恕不大批地援引。

工業危機的動向

現在全世界有六分之五的地方，正被工業危機震撼着，其餘的六分之一是『危機不能侵入』（Crisis proof）。倘若我們要談世界經濟，便不能忽略這占地面六分之一的國家——蘇聯。實際上，在歐美各國的刊物與書籍中，也并没有忽視它，反來很注重它，因爲它的特殊經濟制度，即社會主義經濟，已經指出了一個新的解决經濟危機的實際辦法。一方面固然要理解資本主義在經濟危機進攻底下所走的道路的方向，另一面當然要知道社會主義經濟發展的動向，這樣便可以曉得現在的世界是向那一方移動的。

工業危機的起因，據説是由於生產過剩，换句話説，是由於生產量超過消費量的結果。爲什麽不使生產適應於消費呢？爲什麽要生產過量的商品呢？這個問題是絕頂聰明的資產階級學者所不能答覆的。美國的小麥，無人過問，所以把它當作柴燒，但是没有麵包吃的美國窮人，差不多有兩千多萬。這豈不是生產過剩中的矛盾現象麽？

我們在目前的經濟危機進程中，衹看見各資本主義國家的生產特別減低與失業特別加多。比如美國的生產指數，減低到百分之六十一點六（以一九二六爲一〇〇），德國的減低到百分之五十九點二（以一九二八爲一〇〇），英國的與法國的也正在降落着，但是不及美國德國的那樣厲害。美國的失業人數超過一千二百萬，德國的在八百萬以上，連知識分子失業的一并在内（官方發表的衹五百二十餘萬），英國的失業工人遠於二百三十萬（官方數字二百二十萬），法國的一百五十多萬（官方發表的三十一萬餘。）

綜觀目前的形勢，各國的生產并没有表現提高的傾向，失業的人數自然不會減少，反要增加，因爲冬季到來，就有許多產業停止或縮小活動，開除工人。資產階級擴大市場與提高生產的計劃，就以加强競爭能力與減低成本爲出發點。爲着加强競爭能力，資產階級政府便定出以大批公款津貼或援助資本家，并且同時要減少工錢與失業津貼（dole）的整個計劃，比如德國巴本（Von Papen）内閣的繁榮計劃，美國胡佛恢復信用（Confidence）的辦法，便是兩個典型的實例。以巨量公款津貼資本家的辦法，被社會民主黨稱爲一種國家資本主義（Staatskapitalismus）的表徵。

在這裏，資產階級遇着了一個難以解决的矛盾：一方面企圖減輕成本推廣銷路，另一面因爲裁減工人與減縮工資以及失業津貼的結果，國内市場縮小，同時外國提高關税，使減低成本的企圖，成爲泡影。十一月六日巴本於國會選舉中大大地失敗，同月八日胡佛於總統選舉中名落孫山，可以説是多半由於救濟經濟危機的失敗所致。失業工人與在業工人，被飢寒所驅使，已經舉行了許多次數的大規模政治經濟鬥争（Politico-Economic struggles），毆打警察，搗毁地方政府機關，是經常看見的現象。這種鬥争，自然隨着危機的加深而逐步鋭利化，那末，已經削弱了的資產階級，是否能够抵抗它的繼續衝鋒呢？不是一個很大的疑問麽？

照學理講，工業危機本是起源於生産力（Productionskraft）與生産關係（Productionsverhaltnisse）間的矛盾（F. Engels，*Die Entwicklung des Snzialismus von der Utopie Zur Wissenschaft*，1929，S. 35）。因爲資産階級努力的結果，這個矛盾經過相當時期後，也可以緩和下去，所以沒有『不斷的危機』（Permanente Krise）。但是這次資産階級救濟危機的辦法，徒使危機步步惡化，徒使它的時期延長，於是革命出路説（Theorie Desrevolutionaren Auswegs aus der Krise），漸漸有力了。

農業危機的發展

農業危機正和工業危機平行地發展着。生産過剩與價格低降，是農業危機的顯著特點。在過去三年内，農産品如小麥、大麥、玉蜀黍、羊肉、醃肉、猪油、白糖、棉花、毛等等，都跌三分之一乃至一半。七月間，美國芝加哥（Chicago）的這期麥價，跌到四角五分金元一英斛，除開運費在外，農民衹能得到兩角五分至三角，不够成本，所以讓小麥爛在田野，不去割刈。八月間，美國埃阿瓦（Iowa）邦的農民，宣布罷業，拒絶以牛奶運交城市，也是因爲不够成本的關係。

它方面，去年的秋收又是豐盈，德法兩國的秋收超過尋常水準，美國與加拿大的小麥收成，也不比前去年減少。同時全世界小麥耕地，也比以前多一百萬『黑克圖』（Hectare）。準此，一九三二年的收成，必定加多，使過剩的農品愈積愈多。同時工業危機的深刻與持久，使勞動群衆的消費量不斷地減縮。這當然又要成爲農業危機逐步惡化的一個重要元素。

在英美德法四國的農業中，當然以法國的占有比較優越的地位，以美德的爲最苦。因爲法國農業品價格的指數是四九〇，而工業品的是三六九，這是法政府實行保護關税的結果。但是現在呢，生産加多，保護難於持久，那末過剩的積累也要增加，結果一定和美德的農業一樣，感受高度鋭利的恐慌。因此世界農業危機，在以上所説的條件下，恐怕要延長下去。

商業容量的減縮

現在一切資本主義國家的對外貿易，差不多通統是繼續減縮的。一九三二年度大約減了百分之二十。減縮的原因，一方面由於生産減少，另一面由於物價跌落。至於一般學者認定關税限制是貿易縮小的原因，那是不對的，因爲先有危機，貿易然後才減少，然後才施行種種關於限制國際貿易的方案。在目前的經濟危機當中，各國資産階級都想以提高關税、禁止入口或限制入口種種辦法來獨占國内市場，這自然使國際貿易更加縮小。所以在經濟危機没有克服以前，是不能够希望擴大國際貿易的容量的。

不但國際貿易難於推廣，就是英國保守黨所希望的帝國自由貿易（Empire Free Trade），也没有能够做到。去年七月二十一至八月二十一的渥太華會議（The Ottawa Conference），畢竟衹得到妥協的結果，仍然以所謂優待關税（preferential duties）爲交换條件。英政府原來想開拓自己所支配的殖民地的市場，來推銷自己積剩的工業品，以减輕工業危機，另一面又想吸收殖民地的過剩農産品，以緩和它的農業危機，無奈各殖民地總想經濟獨立，不願意受英貨的打擊，同時英國與殖民地也不願意妨害對第三國家的貿易。結果，帝國内的貿易（英國與各殖民地間的貿易），不能自由，仍須受關税的限制，不過比外貨的關税，按成减輕罷了。

總括一句，在生産膨脹與消費减縮間的鴻溝加寬的條件下，國際貿易是難得推廣的。

賠款戰債問題

戰債與賠款，本是兩個問題：賠款是從戰敗的德國榨取出來的，而戰債是從前協約各國向美國借來作戰的，但是自從去年七月九日洛桑會議（The Lausaune Conference）閉幕以來，在協約國方面，仿佛已經把賠款與戰債作爲一個問題了，不過美國前經聲明不承認這兩個問題的聯繫。洛桑會議的决定，推翻了楊格計劃（The Young Plan），規定了德國的賠款爲三〇〇〇百萬馬克，三年後由德國政府發行公債一次償清。有關係的諸國家，衹須美國取消戰債，便可以批準這個草擬的計劃。於是賠款與戰債，就混爲一談了。

英法諸國對美的戰債，約有一百二十萬萬金元，其中有一部分於一九三二年底到期，英法政府即於十一月照會美政府磋商改訂戰債的辦法。胡佛的意思，可以允許緩付，但是反對取消戰債，而操縱美國國會與政府的民主黨，不但劇烈地反對取消戰債，并且反對胡佛的緩付辦法。

美國資産階級的企圖，在於把戰債問題和軍縮問題、戰役問題、貿易問題連爲一塊兒，合并解决，這就是説，若要美國减少或取消戰債，那末英法各國必須裁减軍備，使美國的軍事優越得以確立；并且還要英法减低關税或定出其他的優待辦法，使美貨得以暢銷。在經濟危機惡化與準備大戰的今日，美國的要求自然是必被拒絶的。同時申請美國取消戰債的要求，固然會同樣地被否認，就是洛桑會議所議决的紳士協定（Gentlemens'Agreement），也必定成爲廢紙。我想賠款與戰債問題，不經過一個驚人的事變，如德國革命或世界大戰，是不能輕易解决的。（附注——紳士協定就是規定德國賠款的新條約，尚没有批準。）

統制經濟問題

自從蘇聯五年計劃成功以來，於是統制經濟（Kontrollewirtschaft）或計劃經濟（Hanwirtschaft）種種名詞，便風行一時了，什麽『三年計劃』『四年計劃』，也時時傳達到我們的耳膜了。在統制經濟這個名詞下，我們可以見到社會民主黨的國家資本主義（Staatskapitalismus），漢陀（E．Hantas）的Managementder Wirtschaft（即Planmassigere Bewirtschaftung der Rohstaffe，Zweekmassigere Organisation der Markte，U．S．W．即統制經濟的意見，見Die Rationalisierung der Weltwirtschaft，1930，S．5 ff），鐘瑪尼（F．Somany）的獨占經濟渡過到無階級的經濟（Klassenlosenwirtschaft）的辦法（見Wanndlungen der Wolwirtschaft seit dem Kriege，1929，5．152），其他各種各色的名詞，還不知道有多少。這些都不是真實的統制經濟。

總括地説，統制經濟，不是理想的名詞，而是不可否認的現實。事實上，蘇聯所施行的計劃經濟，提高了生産力而没有過剩的弊害，根本解决了經濟危機與失業問題；而資本主義國家所表現的危機、失業、飢餓、窮乏種種，恰恰和蘇聯相反。於是不歡喜蘇聯，却羡慕它的統制經濟的學者與政客們，便欲『取其所長而弃其所短』，把計劃經濟機械地搬到資本主義國家來，希望收穫它的利益。這就是説，資本主義可以平和地長成社會主義。

問題是：資本主義社會内可以實行統制經濟麽？如果可以的話，那真是好極了，因爲不經過流血的社會革命就可以得到社會革命的利益，這是人們無上的福利。不過我們觀察事實，還不能找得證實這個結論的任何證據。『三年計劃』『四年計劃』不能成功的原因，就在這裏。個别工廠的有組織與整個生産的無政府狀態，是資本主義的内在矛盾，除非資本主義倒塌了，這個矛盾是永遠不會消滅的，所以統制經濟，祇能適用於某個工廠或某種獨占工業，决不能應用到整個生産。祇看近來獨占資本主義的相互競争，國際獨占資本組織的先後瓦解，就可以知道統制經濟於資本主義範圍内是行不通的。統制經濟，是要有幾個先决的條件，纔可以實行。

最後，就目前的統計來研究，一九三三年資本主義世界的經濟前途，仍然是慘淡無光，危機的克服，還有待於將來。危機會緩和下去麽？危機會更鋭利麽？這都看資産階級怎樣應付，也要看被剥削的人們怎樣去鬥争。説資本主義决不會倒的人，固然是盲信家，説資本主義自動崩潰的人，也是害了幼稚病。主要的問題，在於鬥争的發展，因爲資産階級的鬥争勝利了，自然可以跳出危機，暫時局部地穩定下去，否則就真没有出路了。但是國際資産階級，并不會同時倒下去，這是由於危機不平衡發展的緣故。德國資産階級，變成了最弱的一環，恐怕要首先坍塌，亦未可知。

（原載《申報月刊》一九三三年第二卷第一號，署名『董之學』）

法西斯主義之國際性

現今激蕩歐亞各國之法西斯主義（Faschismus 或 Fascism）亦稱棒喝主義，其黨徒或戲稱曰棒客，又以各國棒客所着制服色彩之不同，乃有黑衫黨（意大利）、褐衫黨（德意志）之種種名目，然考究其理論與行動，則名异而實多相同，法西斯運動之國際性，即在於此。意也，德也，日本也，尤爲棒客勢力最蓬勃之國家。其他各國，如奥、匈、法，甚至『不自由無寧死』之英國，莫不有棒客之踪迹。德國法西斯黨首領希特勒（Adolf Hitler），以羡慕莫索里尼（Benedict Mussolini）之創造棒喝黨，獨握意大利之政權，曾親往羅馬，數謁莫氏，磋商擴大棒喝組織之問題，并索得莫氏肖像一幀，置諸座右，以示欽仰。又英國棒喝黨首腦莫士勒爵士（Sir Oswald Mosley），亦極崇信希特勒氏，對於德國褐衫黨運動，加以嚴密之研究。至於其他各國之繼起效顰，組織法西斯黨者，正如雨後春笋，難以枚舉，尤以晚近爲甚。然則棒喝主義，已成爲一雄壯之國際勢力矣。

吾人對於含有國際性之棒喝主義，不可因其爲國際運動，即信以爲國際主義（internationalism）之表現，信以爲國際和平之保障。蓋各國之棒客，口頭上均以極端愛國主義（Chauvinism）爲出發點，決不能形成以國際主義爲核心之國際組織，即使勉强構成之，亦不能持久，亦不能成爲堅强之中心組織。現今之國際聯盟，對於列强利益衝突之問題，衹能極力敷衍，不敢爲左右袒，而對於殖民地則盡其宰割之責，即令將來棒喝黨成立一國際中央，其結果與國際聯盟當無二致，此固可斷言者也。按棒喝黨日以民族主義相號召，未必信仰國際組織。所謂國際民族主義（international nationalism），已成爲一不合邏輯之名詞。今日帝國主義與社會主義之矛盾，視前固已鋭倍徙其爆發之可能性特大。但國際帝國主義之相互矛盾，以受經濟危機之激刺，亦日見劇烈，太平洋之風雲，日趨緊急，何莫非帝國主義混戰之預兆。因此，帝國主義大戰，在所不免，即有Sur-impérialisme（超帝國主義）亦莫能挽救（所謂超帝國主義者，即列强締結相互間之聯盟，以謀財政資本之國際統一，其性質衹是暫時有效。此類聯盟，成立於本世紀者甚多，究不能防阻世界大戰。參閲 N. Lenine, *Impérialisme dernière ètape dn Capitalisme*, p. 102）。棒喝黨係獨占資本主義（Monopolkapitalismus）時代之産物，爲各國資産階級挽救危亡之工具，其不能脱離資本主義與消滅帝國主義之内在矛盾，趨向真正國際主義保障世界和平，自不待言。再，棒喝黨反對過激主義

（Bolschewismus）亦爲其誕生條件之一，祇有在此條件之基礎上，俟過激主義威脅整個世界時，或可成立一國際中心組織，以圖撲滅之。

吾人欲知棒喝黨成爲國際運動之理由，則須首先知悉其本質之所在，與其産生之條件。今依次分論之。

何謂法西斯主義？匪特吾儕局外人不能答覆，即其創造者莫索里尼氏，亦不敢輕易下一定義。人常以此問題詢於莫氏，請其解答，未蒙首肯。近來莫氏已作一整個之研究，於《意大利百科全書》（*Italian Encyclopaedia*）之尾卷中，發表其二千字之論文，以爲其棒喝主義下一定義。氏謂：法西斯主義，實際上并非一種主義，乃生活之方法（Manner of living）耳，法西斯主義認定生活爲鬥争，在此鬥争中，個人之義務，在於首先克服本身，俾得效勞於本身、國家、人類。就法西斯立場言，生活爲嚴重與嚴正之問題，鄙視安逸與妥協。更反對抽象之個人主義、唯物主義與烏托邦（utopia）。就政治立場言，法西斯主義爲一種現實主義，企圖於實際基礎上解決一切問題。自法西斯信徒觀之，一切皆在國家内，捨國家則一切人事與神事皆無價值可言。是以法西斯主義，即總括主義，在於解釋民族之整個生活。人民成立國家，包含人民之全部，非僅包含大多數人也。因此，法西斯主義，反對德謨克拉西，蓋以民主政治，使人民同趨於大多數之較低水平綫故也。而法西斯主義，則訓練個人與民族，使趨於較高水平綫，以故對於紀律、權威、精神，務使提高。此莫氏自身之解釋也。論者謂棒喝主義，爲一種政治哲學，爲現實主義之唯心主義一種體系，産生於本世紀，以適合戰後世界心緒之變化，以唤起個人之自制與效勞。此亦非真知棒喝主義者之諛詞也。

棒喝政府，實一暴力統治（Gewaltherrschaft），以故與自由主義支配下之民主政治，不能相容，務必推翻之而後可以暢行其暴力，不受絲毫之阻撓。至於莫氏之輕視民衆，嘲笑民衆，尤令人難堪。近來德國文學家路德威（Emil Ludwig）氏撰述『莫氏叢談』（Colloqui Con Mossolini），風行一時，其中叙述莫氏應付民衆之言曰：『民衆愛悦孔武有力者，如婦人然。民衆若無組織，直不過一群馴羊耳。余決不反對民衆，特否認其有自治之能力耳。民衆需要兩繮，一爲熱心，一爲自利。』民衆愛好壯漢，且無自治能力，苟得强暴者爲之料理政事與滿足其欲望，自是兩情相洽，水乳交融，無怪莫氏獨裁意大利十餘年，不聞人民有怨聲也。（豈真無怨聲？特不準人聞之耳。）

法西斯主義之本質，爲暴力，爲獨裁，爲絶對專制，蓋已返乎德謨克拉西以前之時期矣，特其行使暴力與專制之方法，較前略爲巧妙耳。議會、内閣等民治形式，尚能保持其面目，至其所含蓄之些許民主精神，則早已摧毁無遺矣。就常理言，人類解放當隨時代之演進而實現，今反愈受縛束，對於過去所争得之些許自由，反不能保有，而被法西斯掠奪以去，斯何故耶？

今欲解答此問題，則須檢閲社會經濟之發展。資本主義，現已進至獨占之階段；握政權者，便係極少數之坐擁百萬乃至千萬之獨占資本家。彼輩之所欲爲者，如締結有利之國際條約等，則授意政府以執行之。因此，形式上政府爲民選，爲民意之結晶，實則爲大資本家之傀儡而已。美國前總統威爾遜（Woodrow Wilson）於一九一二年憤大資本家（Big Business）之專横操縱，竟謂政黨與選舉，咸受其威脅與支配。最近法前總理泰狄歐（André Tardieu），右派首領也。亦公開承認：少數財閥威逼國家，使不得盡其保護公共幸福之責任（係一九三〇在Dijon之演説）。然則政府爲何人之機關，保護何人之利益，當可知之矣。近一兩年來，日本民政黨之內閣濱口雄幸以及政友會之總揆犬養毅，皆先後被刺身死，蓋日本小資産階級中之激烈分子，深恨民政政友之政權轉移，徒爲三井三菱兩公司勢力消長之表徵，對於大衆福利，毫不關心，在此情況下，謂現今之所謂資産階級政府，僅握於少數資本家之手，誠非虚語也。

此種少數資本家之獨裁政府，在尋常狀態下，本可相安無事，運用如意，當不至有動摇之虞，無奈戰後資本主義之總危機，日益加深，由此所生産之經濟危機，不易克服，幸能逃出危機之漩渦，亦祇能得到部分與暫時之穩定。資本主義，乃發生可驚之動摇。民主假面具，不能不暫時卸下。建立公開獨裁，壓迫騷動民衆，挽救資本主義之危亡，重新奠定國民經濟之石基，遂成爲刻不容緩之要求。此項要求之執行，非獨占資本家之既成政黨所能勝任，必也揀選一有效之工具以實現之。在過去與現今，棒喝黨運動，於理論上與行動上，均爲擁護獨占資本與資産階級之有力支柱，故能入選，事實上已被選去而掌握大權矣。法西斯亦有反資本主義口號，殊淺薄可笑，説明見後。

總括言之，産生棒喝主義之根本條件，爲：（一）資本主義之高度發展，達於獨占之階段；（二）資本主義發生重大危機，有傾覆滅亡之虞；（三）勞苦群衆之革命運動，已進呈較高之水準，達直接行動。竊觀今日討論法西斯生産條件之書籍與短篇論文，至爲繁多，皆曰獨占資本與經濟危機，爲棒喝主義降生人世之重大原因。其言雖是，然其解説則不充分。蓋因先進資本主義國家，均已進至獨占階段，何以法西斯專政祇獨出現於意大利，德日之棒喝運動，雖在鼓蕩震撼之中，皆未能獨攬政權，而英法各國，則無若何之進展。解之者曰，世界經濟危機，并不以同等之程度打擊各資本主義國家，其受禍最深者，需要法西斯之救助亦最迫切。此説是也，唯有未盡。過去英國於經濟危機之中，停止金鎊，裁減薪俸，釀成小學教員與陸海軍兵士之種種騷動，是危機之深刻已極嚴重，在此情況下，法西斯運動，宜有長足之進展，然按之事實，莫士勒爵士所領導之棒喝黨，即新政黨（The New Party），曾於國會選舉中慘遭失敗，未能贏得一席，即所得票數，亦寥寥無幾。準此，獨占資本與經濟危機，亦不能充分説明法西斯之猛進或不進。

余今以第三因素（革命運動）補充之。試觀一九二〇之意大利，城市工人奪取工廠，鄉村農民奪取土地，紛亂現象，尤以北部與中部爲最。莫索里尼之黑衫黨，乃乘機奮起，首先擊破暴動之農民，繼乃冲入城市，以完成其擁護統治階級之使命。德國之無産運動，有飛躍之進步，而希特勒運動且有過之，證明兩極端説（the theory of two extremes）之正確，所謂兩極端説者，即法西斯與無産派同時猛進之意。日本之秘密無産運動，聞頗積極，其暴露於報端者，亦表現活躍，以故棒喝運動亦猛烈，殺首相，擲炸彈，全國爲之震嚇。準此，棒喝與無産兩運動，似適合物理學上原動（action）與反動（reaction）之原則。英法各國，無産運動，無驚人之發展，故棒喝主義表現停滯。余言當否，望讀者有以教之。

法西斯運動，如意之莫索里尼黨，德之希特勒黨，皆有盈千累萬之群衆以作後援，故其勢力極爲雄厚，足以暫時支撑資産階級政府之危局。其無廣大群衆擁護者，則脆弱易於坍塌，如西班牙里夫拉（Primo de Rivera）之獨裁，南斯拉夫之君主獨裁，皆未能獲得群衆之擁戴，故不久即歸消滅。本文所論，以形成廣大群衆法西斯運動者爲限。

棒喝主義，本基於民族主義，故有『民族限制性』（Nationale Beschränktheit），換言之，即各國之法西斯，各有其互异之點。然又以其爲國際運動，亦自有相同之特點，今羅列於次：

（一）法西斯爲獨占資本主義之産物，其任務在以獨裁形式壓迫與掃除妨害資本主義之任何運動。一切棒客，均主張建立强硬之國家（einen Starken Staat），以爲獨裁之政治哲學之基礎。依若輩之解釋，自由國家（P Eata liberal），爲十八世紀哲學所産生之自由經濟（Peconomie liberale）之必然後果。自由主義，已不可能。吾人必須服從紀律，雖不願意，仍不能不出於服從之途也。經濟中之自由，既不存在，則國家亦必須放弃自由政策。所謂 Etatisme（即强硬國家主義），遂應運而生焉。［參閲 Pierre Lucius，Faillité du Capitalisme？1932，pp. 173. 166；Eugene Matbon，Preface，Ibid.。是書作者，雖否認棒喝主義（一八一頁），但其理論確爲法西斯之出發點，唯辦法略有不同耳。］

（二）發動與領導法西斯運動者，大多數爲小資産階級分子，例如意之莫索里尼，德之希特勒，皆小資産階級隊伍中之梟雄也。至其群衆，實以小資産分子居大多，青年尤多。蓋獨占資本時代，小産者已瀕於危殆，益以空前之經濟恐慌，其破産之過程愈速，是以經濟震恐，極感不安。因此，其行動愈趨激烈，以謀自救；對於統治階級，深表不滿，甚至欲推翻之。另一方面，經濟恐慌之進程中，無産運動，亦着着逼人，予統治者以莫大之威脅。遂使小産者處於兩大之間，極端動摇，一部分加入無産運動，其大部分則受統治者之利用與收買，而成爲統治階級之良好工具，一九二〇至一九二二之黑衫黨，即其例也。

（三）棒喝主義，除以民族主義爲出發點外，尚有或多或少之『反資本主義』之傾向，如希特勒黨之反對銀行資本，打破 Zinsknechtschaft（利息奴役制），日本棒喝黨之刺殺銀行資本之代表，皆表現濃厚反資本之色彩，不過其反資本之用意，并非推翻之，乃所以維持之，唯欲維護之，則不能不取締之，此乃社會民主黨之舊調重彈，惟略加以修改而已。（參閲 David，Der Bankrott des Rdfarmismus，1932，S. 176）其所以披着反資本之外衣者，蓋逢合工人群衆對資方之不滿，欲藉此以吸收之也。法西斯運動中之有工人附着，其故在此。

（四）法西斯主義，多發祥於農村，以農民爲大本營，蓋農民階層甚多，其主要者爲富農中農貧農雇農，捨貧農雇農外，餘均極易法西斯化。在農業占重要部分之國家，鄉村封建勢力頗爲濃厚，剥削方式，仍屬於中世紀主義。地主爲維持其剥削與支配，當不容許農民之反叛行動，以故在一九二〇年意大利農民奪取土地之時，地主遂賄買棒喝黨以撲滅之。考之德日，亦多半如是。因此，法西斯，農民，封建勢力，遂成爲『三位一體』，此初期之現象也。嗣後棒喝黨冲入城市，則其所代表者，不僅爲地主，而且有金融資本家重工業家等。德國之棒喝主義，其發展之方向則略有不同，詳見後。

（五）棒喝黨爲小資産階級之政黨，其歷史任務之一，在於反對過激主義。吾人若參照歷史，當知斯言非虚。例如俄國之社會革命黨與少數黨（Menschewiki），皆代表農民之小資産階級政黨也。當其反抗沙皇主義，亦曾參加革命行動，迨其手握政權，則極端摧殘過激主義。及自身傾覆以後，迄於今兹，仍不放弃反過激主義之主張，至於下層黨員群衆，則早已琵琶别抱矣。意大利嚴禁過激主義；希特勒要求封閉共産黨，并令黨徒殘殺共産分子；日本法西斯之以反共産爲政綱，皆明顯之例證也。小資産者本爲動摇不定之階級，絶不能單獨保護本身之利益，不依附『布爾喬亞』（Bourgeoisie）則寄托於『普羅列塔利亞』（Proletariat），其依傍前者而反對後者，自是其本性之所必然。

（六）棒喝黨本其强硬國家之政治哲學，故無往而不强硬，其在組織方面與對於黨員，亦莫不爾爾。無所謂民主集中，更無所謂黨員民主。一切唯黨魁之馬首是瞻而受其絶對之指揮。結果，唯表現黨首之獨裁而已。莫希兩氏，各集政權黨權於一身，指導政務，委任官吏（黨官在内），皆一手爲之，他人莫之能制也。去年八月初莫氏更易外交大員五人，其素所親信之外務大臣格蘭第（Signor Grandi）亦在内，是獨裁之炙手可熱，固昭昭然矣，而莫氏則美其名曰『注射朝氣』。

總之法西斯運動之主要任務，在保護資本主義，以反抗共産主義，即資産階級之政論家，亦公開言之矣。（Facsim served primarily to Protect Capitalism against Communism，參閲 RShow，『Facsim becomes International』。）其實現保護責任之程度，在各國亦有不同。意大利之法西斯前於一九二〇至一九二二年之期間，盡其挽回狂瀾之責，但目前爲經濟危機所扼，表現顯著之無能，德國法西斯運動，尚未能統一。民族社會黨（NSDAP），雖是天之驕子，然主人尚未能一致贊成急以政權授之，而反法西斯運動亦頗激烈。九月十二日，德國新選國會之又被解散，當以此種種復雜元素爲背景。日本之法西斯運動，亦如德國，尚無堅强之中心組織，法西團體與派别，多至數十，現雖由軍部領導之，又恐有脱離群衆之危險，如從前西班牙之里夫拉。齋藤内閣窮於應付，倒閣之聲，甚囂塵上，然繼起承乏者，未必爲正統派法西斯人物，蓋客觀形勢與主人見解，或尚不汲汲需要此物也。

附議：本文原分兩部，各占一半。前部説明法西斯之一般理論，後部描寫各國之法西斯運動。唯以限於篇幅，祇得留前去後。俟有機緣，或得再將各國法西斯運動之實情報告於諸君也。

（原載《申報月刊》一九三三年第二卷第一號，署名『董之學』）

停戰協定後的驚人消息

據一般人的觀察，五月三十一號簽字的塘沽停戰協定，算是結束了中日關係上一幕駭人的悲劇，華北的報紙，對於這個忍痛簽字的協定，大概表示歡迎。就是向來以敢言見稱的天津《大公報》，也在『害小』的口號下，暗示了接受的意思。中國的政治家，言論家，哲學家，經濟學家，以及專靠宣傳吃飯的煽動家，總覺得在平津一帶是萬分不能就現有的實力來抵制日軍的狂暴進攻，因此，情願拋弄中國來挽救平津的危急。即是説，中國可以亡，而平津則不可不救。

果然平津救住了，北平政務委員長黄郛氏安然就職了，河北省政府主席于學忠將軍，也安然穩坐主席的交椅了。至於戰區被蹂躪的老百姓，雖然没有家室可歸，或是歸了家而没有飯吃，那到底不成什麽重大的問題。衹要日軍不再前進，做官的便可以穩坐釣魚臺，不但現在的官位不會動摇，而且搜刮剥削得來的萬貫家財，决不會像以前東三省的要人們的一樣，通統被日本人一筆没收。甚至有些善於逢迎上峰意旨的官僚，還可以因此獲得重賞。衹要這個問題解决了，那末一切的『政治問題』，盡可暫時不談。

我政府關於塘沽協定的交涉，采取極端豁達大度的態度，對於日方提出的各點，不屑和它争論，一一答應了，就是對於日機飛到我防綫内來偵察軍情的，也慨然應允加以保護并給它種種便利。我政府既肯這樣寬大爲懷，日本自然也要更加表示親切，來和我方相呼應。最近日本報紙上與中國的報紙上宣傳種種消息，仿佛是日本爲着體諒我政府的好意，不能不有這樣的具體表現。日本已經决定了替我們發展經濟，維持我們的治安，這是何等愛護我們的辦法呵！

六月二十八日東京《讀賣新聞》，用頭號大字登載日政府的新外交政策，即：中國政府應該參加日本所提倡的政治經濟軍事的同盟；和中國各地方的政府締結攻守同盟的條約，由日軍擔任中國的國防，維持中國的治安及肅清中國的赤黨；極端排斥第三國干涉日本的這種政策的實施；抗日抵貨，剿共，收回租界，治外法權等問題，由中日設常用委員會來解决；由中國地方政府創立日貨進口的信用制度，來交换兩方的貨物。

又，七月一日的《東京日日新聞》，披露了日外務省與軍部擴充華北的政治經濟組織的計劃。這計劃的内容是：以黄河做中心，在華北形成一個安定的地帶；拿青島做華北貿易的中心，使它成爲上海第二；把山東鐵道延長到西安，再延長到甘肅，在經過英比兩國有關係的地帶，應由日政府向該兩國作虚心坦懷的協商，約定該三國以協同借款的形式，共同經營那條鐵道。

這兩段新聞，早經全國各日報登載了，雖是疑信參半，總有點使人驚恐不置。檢察員爲什麽不把它删去，我却不知道。在太平的今日，我認爲一切擾亂天下人心的新聞，都應該一筆勾銷。而况亡國的大禍來了，最好是不使人民知道，否則社會將驚憂起來，替警備司令部公安局巡捕房引起許多無謂的糾紛。

以上披露的消息，没有經日本官廳的否認，也没有經我國的代言人的駁斥，這到底是充耳不聞呢，或完全是真相呢？

我看那個計劃，是千確萬確的。至於它是否行得通，是否能够得到我國的同意，當然成爲問題了。行得通與不通，是日本能否有多大能力排斥其他各國的問題；我國同意與不同意，是我國政府能否和人民趨於一致的問題。

日本的計劃（第二個消息），已經很明顯地把華北當做滿蒙第二了。在這裏，關於政治經濟組織的擴大，日本早已以主人翁自命，至建設鐵道一層，表示願意和英國在機會均等的原則下合作，但對美國則一字未提，這無非是縱横捭闔中『遠交近攻』的老調子，拉攏一個利害關係較輕的帝國主義來打擊一個利害關係較重的帝國主義。

第一個計劃，當然來得更凶。它主張排去一切第三國的障礙，主張獨占中國，把我全國當做滿蒙第二。其中最厲害的一條，便是利用各軍閥的割據形式，成立無數的『滿洲國』，實行先蠶食然後鯨吞的惡毒政策。我想這個分途和各地方政府勾結的方法，比較援助一個較强的單獨軍閥統一中國後再來强占中國，是更巧妙更實際。

英國滅印度與現在保持它在印度的血腥統治，都是利用印度國内的分裂與分頭和各地接洽的方法。把這方法略加以修改，搬到中國來應用，當然是可以的。從前我聽到某巨頭和日本親善，願意遇事退讓，衹要日本助以餉械，統一中國，作爲交换條件。那時我不相信日本有這樣愚蠢來接受他的辦法，現在我的估量得到多少的證據了。雖不敢説報紙的記載可以做明確的憑證，我總千萬相信日本絶不利用一個强大的工具來替它鋪平獨占中國的道路。

我們對於日本的計劃，不必多多研究。問題是：那計劃有成功的希望嗎？以前説過，這要看日本的實力是否足以肅清歐美在中國的勢力，第二，中國民衆是否願意追隨各地政府或巨頭來和日本締結攻守的盟約（即亡國的盟約）。日本在經濟上被歐美排斥，自然要更加集中力量來獨霸中國的廣大市場。現在世界各帝國主義國家，雖然都表現極端的混亂，但是日本也是被經濟危機打擊的一個。就經濟軍事與社會制度這幾點講，日本并没有占如何優越的地方。要想單獨擊破其他帝國主義，是没有絲毫的把握的。

關於第二點，中國的廣泛群衆，是决不會簽字於賣身契約的，就是萬一有大膽替他們簽字的，想必是要受他們的唾罵與否認的。或許這些簽字的賣國賊，也要被他們打倒的。天下太平是民衆們馨香禱祝的，但是因拍賣民族利益得來的天下太平，是民衆們誓死反對的。這一堅决的反對，就要使分途結約的辦法受到障礙乃至歸結到不成功。

但在另一面，大連會議已告成功，僞軍李際春已允由政府收編，改爲警察。從此日本在華北的勢力，已經得到一個法律的根據。日外務省軍部關於擴大華北政治經濟組織的預定計劃，好像已經開始表現初步的成績了。

我認爲日本的蠶食辦法在國際局勢愈加混亂的當兒，自然是要逐步推行的，暫時是不會遇到中國方面有力的抵抗的。反轉過來説，恐怕還有許多高等華人引頸企踵以望，并且説道：『那個旭日旗爲什麽還不來了！』民衆們！撕毁那個旭日旗的責任，衹有我們才能負擔得起！

七月六日

（原載《新社會半月刊》一九三三年第五卷第二號，署名『董之學』）

評國聯技術合作委員會

現在我們大家犯了一個極嚴重的錯誤：不了解國際形勢與中國的微妙關係。倘若我們打開報紙雜志一看，的確可以找得不少的國際通與中國通，但若要找得一個正確地理解中國問題與國際形勢的聯繫的人，真是件很不容易的事。中國的各大報紙，連平日以尖鋭批評著名的報紙在内，都不免於分析國際形勢時，把中國的獨立立場抹煞了。倘若這一抹煞是出於有心的話，那末我們又多了幾個甘願亡國的夥計。

在國家危難當頭的時候，人人各找出路，不獨彼此有不同的意見，而且還免不了彼此懷疑。我們當然不能説祇有自己是保衛民族的，而他人則是秦檜張邦昌等一流的人物，但是社會上矛盾的發展，與近來事實的演進，使我們對於他人的估計，不能不首先注意到他的社會本身。我們對於報紙，也可以采取同樣的態度。

不過在恐怖抬頭的當兒，我們對於報紙也無妨寬恕一點，無妨假定它所發表的意見是出於至誠，事前没有受到威嚇的影響。然而我們仍不能不責備中國的報紙是缺乏對於國際形勢與中國問題的關係的正確認識的。

譬如國聯技術委員會這個問題，究竟是利於中國的或是妨害中國的呢。我讀過了幾種大報關於這個問題的時評，得到了極不好的印象。這使我對於各報的認識根本懷疑。具體地説，那些報紙都歡迎國聯技術的合作，痛斥日本的妄加干涉，其中也有抱着懷疑態度而歡迎的。

痛斥日本是對的。我們不但關於這個問題要痛斥日本，就是關於其他一切的無理干涉，都要嚴厲地加以指斥。不過日本爲什麼要干涉呢？却没有探討它的理由。我們姑且把日本的干涉的經過與理由説明如次：

自從國聯技術合作委員會在巴黎成立以後，日本政府便給以極大的注意。七月十八日，外務省發表了强硬的態度。它説技術合作委員會一旦闖入了政治的範圍，日本便立刻采取自衛手段。這是日本半官場的聯合社的消息。

七月二十二日，聯合社又重新聲明外務的意見，説『國聯委派以排日著名的拉西曼爲委員長，參加中國一般的内政，其意圖在什麼地方，當不難於推測得到。倘若該委員會，即國聯技術合作委員會，脱離經濟的性質而進到政治的策劃，那末和中國有密切利害關係的日本，立即采取自衛的行動』云云。

這以上的兩個日聯社的電報，已經很明白地表示了日本對於國聯技術委員會的態度。但日本駐華公使館須磨氏關於這點的聲明，來得更明白更强硬。兹把他對大美晚報記者談話轉載如次：

『蓋日本與中國，無論在歷史上和地理上，均有特殊關係。日本素願輔助中國的發展。今中國舍近友而就遠友，其涵意無非仍沿襲以夷制夷的政策。將來國聯與中國合作，若萬一有政治作用的表現，則日本將如何應付，目下不能明言。釀成第二滿洲事變或第二上海事變之發生，是均非任何人所能保證其必無。且觀宋氏回國後之處置如何，但本人觀察，宋氏爲一靈活的政治家，彼或自有良好的措置吧！』（《大美晚報》七月二十二日）

又據華聯社本月二日的消息，日本陸軍省發表這樣的消息：宋子文在歐美的活動，其目的在拉攏英美兩國做後盾，對抗日本。宋氏的運動已經得到意外的成功。日本朝野認清宋子文歸國的形勢，以入日英日美全局對立的最後的階段。日本應該在這個認識底下準備一切。

我們從這些電報當中，看出了日本堅決反對國聯技術合作委員會，甚至用武力進攻中國在所不惜。其反對的理由是：技術合作委員會要干涉中國的政治。日本陸軍省更指出日美日英全局的對立。那末日政府反對的目標，不僅是技術合作委員會，而且明明白白是美英兩個國家。這樣由技術合作委員會所引起的國際局勢是很嚴重的了。

另一面，宋子文氏在倫敦世界經濟會議的演説，毫不含糊地排斥了日本所提倡的東亞孟羅主義，即獨占中國的主義；公開歡迎了國際關於中國經濟建設的合作。查宋氏不但是我國政府中的數一數二的領袖，而且是中國出席世界經濟會議的代表團的首腦。他的演説，照道理講，應該代表中國政府的意思，恐怕也許是於事前和有關係的國家磋商過的。他既已得到政府與列國的後援，當然可以表示比較强硬的態度。

但是七月二十八日汪蔣從廬山發出的通電，聲明了國聯技術合作委員會，決不妨害它的利益，決不妨害東洋的和平，但對於技術委員會則没有表示放弃的意思，不過在語氣上則比宋氏的演説緩和多了。那末，這個委員會還是要繼續進行的。圍繞於這個問題的國際矛盾，自然也是要繼續發展着。

這裏我們要舉出日本反對技術委員會的真正理由。第一，日本的大陸政策，已經從占領滿蒙開始實現了。它最怕的是國聯的合力干涉，因這一干涉足以阻撓它的侵略政策。技術委員會是國際在和平假面具下抵制日本侵略的有效行動，是幕後把持中國政府與無形占領揚子江流域的一個殺人不見血的工具。

第二，由於日美海軍競賽尖銳化了的國際衝突已經是到了快要爆發的時期。在這一威脅的緊逼下，日本斷不容許其他帝國主義國家在中國建立一個政治的軍事的根據地，尤其那些國家是和它對立的。國聯技術合作委員會，是以美英做中心。美國雖不是國聯的會員，但經過宋氏的斡旋，是很可以和國聯合作的。我們不必須曉得：美國固然是日本的仇敵，而英國因爲日英商戰的結果，也變成了日本的『敵國』。日本爲着準備世界大戰，當然不允許英美操縱中國而取得將來對日作戰上的種種便利。

這是日本反對國聯技術合作委員會的理由，同時也是它對於它的觀察。國聯技術委員會，究竟是怎樣的一個東西呢？我們關於這個問題的觀察，假若不從中國獨立的立場出發，假若不從中國問題與國際局勢的奥妙關係出發，我們就會得出這樣的結論：日本是我們的仇人，它所反對的東西，一定於是我們有利益的，這正是『鄰國之貞敵國之賊』的意思。這樣，技術合作委員會，好像是我們的好朋友；假如它不是好朋友，日本爲什麼反對它呢？

就表面看來，技術委員會祇拿高超的技術來幫助我國的經濟建設，這算是很友好的表現，是值得我們的感謝的。事實上，一般報紙大概被這個友好的表現所麻醉，祇喊出了歡迎的口號，反對它的報紙，我還没有看見過。

這是何等危險的狀態呵！中國人的傳統習慣，祇是害怕看得見的危險，如日軍占領滿蒙與華北。但對於看不見的危險，是絲毫不畏懼的，甚至還要糊裏糊涂地歡迎它的。其實祇要是危險，那裏有看不見的，但怕我們不願意去觀察它。

技術合作委員會，是中國政府底下的一個雇用機關，完全受政府的指揮，好像没有什麼危險。我想祇有形式主義者，才會做出這種膚淺的結論。這裏我要問問：從前乃至現在中國海關中的洋大人，事實上是不是政府的雇員呢？現在滿洲傀儡政府底下的大批日籍官吏，是偽政府的屬員還是上司呢？這一問題，我想讀者定可以自己解答，用不着我來饒舌。

我們祇看見洋大人做中國的官，祇看見他們每人從國庫領取幾千銀子一月的薪俸，祇看見他們在政府的保護下過着極優裕的生活，但没有看見他們背後的大戰艦、開花炮、轟炸機等等，更没有看到這些可怕的武器從不輕易開放一炮，但可和平地經由洋官的努力來征服中國。與其説洋官是幫助我們的，毋寧説他們是幫助我們使我們屈服於帝國主義的。

從前征服印度的，不是英國的東印度公司麽？東印度公司不是一個商業機關麽？可見得帝國主義征服殖民地，不一定使用武力，甚至在某種條件下還要避免武力而使用更有效的方式。我覺得没有絲毫把握來保證技術委員會不會變成東印度公司。中國本不是獨立的，不見得雇用了一個外國技術委員會就變成獨立國家了。在不獨立或半獨立狀態底下來雇用洋大人，就中國過去與別國的經濟看來，完全是一出『引狼入室』的重演！

另一面，我國是否具備了經濟建設的條件。這條件當中有兩個重要點：（一）資金，（二）和平。窮乏的中國當然可以從外國借得資金來，借得技術來，但和平是無論如何借不來的。我國不斷軍閥混戰與廣泛的農村騷動，已經把偌大的國家變成了一個可怕的漩渦。在國際帝國主義集中全力瓜分中國的今日，既辦不到内亂的消弭，更談不到保障和平的任何條件。既然没有和平，我不曉得建設從那裏着手，過去建設成績的空虚，證明了這一論點的不可推翻。

帝國主義的先鋒隊伍技術委員會，即使真願參加我國的經濟建設，它必定首先着眼於保障本國的利益，要計劃到怎樣使中國容易消納帝國主義的商品，怎樣使中國容易做帝國主義作戰的根據地。這個問題，是世界經濟會議失敗後極關重要的問題。最近國際經濟戰争的尖鋭化，世界大戰籌備的白熱化，已經把中國變成了一個帝國主義的競技場。中國的危機，已經是迫在眉睫了。中國已經是帝國國際帝國主義的被害人。要是中國不能自主，無論洋大人來硬的或來軟的，於中國無益的。根據這樣的認識，便不會相信日本反對技術委員會是有益我們的，或相信技術委員會反抗日本也是有益我們的。祇有把中國的獨立民族的立場和國際帝國主義瓜分中國的企圖對立起來，則今後的中國才有辦法。

（原載《新社會半月刊》一九三三年第五卷第四號，署名『董之學』）

反對第二次帝國主義大戰

資本主義的發展，注定了周期性的帝國主義戰爭的必然到來，注定了帝國主義是要遲早包括全世界。現在已經是帝國主義戰爭與種種革命的時期，而世界大戰的威脅比從前更顯著了。第二次帝國主義大戰，早已在遠東急速地醞釀着，隨時可以爆發。日本占領滿蒙與華北的軍事行動，以及去年的上海戰事，都可以説是帝國主義大戰的前哨戰，然而這一前哨戰所以没有發展成爲世界大戰的緣故，并不是如一般人所説的武裝準備的不充分，而是由於反俄戰綫的不易成功。假若各國都真準備好了，或許反而没有戰事，因爲都覺得勝利没有把握了。

現在帝國主義加緊備戰，添造軍艦，添造飛機，還有大批的化學工程師秘密地工作於實驗室内，企圖發明最毒的瓦斯。海軍操演，空軍操演，是繼續不斷地舉行着，照現在的情形看來，各帝國主義好像是準備戰爭，追求戰爭，而畢竟不能在目前得到戰爭。

倫敦世界經濟會議的失敗，證明了國際調協的終止，代替國際調協的，必定是個别帝國主義的相互勾結與經濟戰争的尖鋭化，完全緊逼着大戰的前夜。然而帝國主義都不敢輕易下手。爲什麽？因爲帝國主義鑒於共同敵人的威脅，必須首先設法解决那共同的敵人。具體點説，這個共同敵人是俄國，或更恰切點説，是革命的社會主義。近十餘年來，俄國抱定了一貫的和平政策，并且和許多國家締結了多邊的或雙邊的互不侵犯條約，這證明俄國是有百分之百的誠意來貫徹和平宗旨的。這一和平政策，尚不能説完全成功，因爲黷武的國家如日本等，還不願意和俄國締結不侵犯條約。不過俄國尚不因爲這樣便氣餒起來，她仍然努力於和平的保障。但是不侵犯條約是寫在紙上的，它的效力恐怕不得比紙的大些。衹要帝國主義發出了『一二三開步跑』的口令，所謂不侵犯條約就馬上撕毁了。

然而俄國在實際上是需要和平來做建設社會主義勝利的保障的。她對於不侵犯條約，是有充分的信仰，但這不是説她會相信帝國主義僅僅被一紙的條約所束縛便不來侵犯她，另一面她相信各資本主義國家内有極廣泛的民衆反對戰争反對進攻社會主義國家。反戰的群衆越多，不侵犯條約的能力便越大。尤其是勞苦群衆的反戰運動，比什麽來得更凶。使好戰的軍閥們與資本家發生極大的恐慌。比如在日本，反戰行動與宣傳是絶對禁止的，因爲這種運動極易得到廣大群衆的同情與擁護，使軍閥們的預定計劃不易開始執行，即或勉强開始了，也是容易受挫折的。

這樣，不侵犯條約，衹能擔保俄國不侵犯別國，斷不能保證帝國主義國家不侵犯俄國。這種保證既是限於一方，便不能防遏戰争的危險。事實上，進攻俄國的大陰謀，不斷地暴露着。最近德國的代表團，在剛剛休會的世界經濟會議中公開提出了瓜分俄國領土與瓜分俄國市場的説帖。帝國主義國家，連解除了武裝的强盜（德國）在内，無論在外交談話中或會議中，都把對俄國問題放在議程上的第一位。這一問題已經從幕後移轉到幕前了。這充分證明了對俄矛盾的尖鋭化。

現在有些作家没有正確地把握着社會主義國家與帝國主義國家的暫時的『和平同居』，更没有瞭解俄國和平政策的實際意義。他們認爲不侵犯條約的簽字，是保證俄國安全的莫大成功。假如這種估量是真實可靠的話，爲什麽俄國在第一個五年計劃終了的那一年即去年，還要用極大的努力來建立國防工業與充實國防的能力呢？實際上，在十多年以前，俄國的領袖們，已經再三指出這一『和平同居』隨時可以破裂的。不侵犯條約，衹可以暫時在帝國主義間的相互關係的轉變下來和緩對俄的衝突，然而不能改變社會主義與資本主義的根本矛盾。

社會主義變成了帝國主義眼中的釘子，恰與它決計打倒帝國主義，是同樣地堅決。有名的語句『誰戰勝誰』（Kovo Kem）是早已馳名了的。换句話説不是社會主義打倒帝國主義，便是後者摧毁社會主義，決死的鬥争是正在許多形式底下進行着。帝國主義正想保持最嚴重的鬥争形式（即武力進攻），來做最後的嘗試。

還有一點：指導各國革命運動的最高機關，仍然設在莫斯科，這使處於革命浪潮中的帝國主義國家更加感覺不安。因此，反社會主義行動，必定要從國内與國際兩方面同時着手，否則連半成功的肅清都是没有希望的。國内的肅清工作，由法西斯蒂擔任，至於國際的肅清工作，則必須依靠國際協力，即是説，必須在消滅共同敵人的口號下建立聯合進攻的戰綫。最近德國的法西斯蒂，本其盡忠於資本主義的信念與努力，算是於肅清的工作中收了相當的實效。至於國際的聯合戰綫，衹是尚在加緊籌備的狀態中。

呻吟於四年以來的世界經濟危機下的資本主義國家，在争取俄國建設社會主義所需要的材料的巨大訂單這一點上，是不能個個馬上同意於爆發一個剿滅社會主義國家的戰争，同時還有藉反俄反共的口號作爲擴大本國領土的國家（如日本），要求其他帝國主義對它自己做種種不可能的讓步，來保持它的霸權與盡量完成其種種欲望，作爲它加入聯合戰綫與擔任前鋒的代價。同時，聯合戰綫的領導權問題與帝國主義的相互矛盾的問題，都不容易解決，使聯合戰綫總是陷入將成未成的境地。

凡屬資産階級的學者與作家，幾乎個個都知道帝國主義大戰給予社會主義的機會與衝動，這個社會革命『惡魔』的形色，都無時不憧憬於資産階級統治者的前面的，一到戰争開始以後，它的真面目越加表現得可怕。因此，倘若帝國主義要在比較安全的條件下來互相火拼，最好把那個可憎的『惡魔』首先去掉，免得給它在前方與後方一個擾亂的機會。在這個工作没有完成以前，頂好不要動手發亂，否則資本主義的文明與制度，就會嗚呼哀哉了。這一點是略略具有國際常識的人所承認的，也是帝國主義大戰的一個制動機。

但以上確定了的那個論點，衹能説明帝國主義大戰來得遲緩的一個決定的原因，它不能保證帝國主義國家在共同進攻俄以前絶對不會火拼起來。全世界反對戰争的運動，是根據人道的觀點與政治的理由，堅決反對第二次帝國主義大戰，不論它是采取進攻俄國的形式，或完全是帝國主義的互相火拼。

帝國主義國家爲着轉嫁經濟危迫的擔負，早已計劃到在戰争找出路，日本占領滿蒙與華北，是最鮮明的例證。全世界的社會民主黨的老爺們（他們做過大官如首相大臣等，有的還接受了皇帝的敕封如英國的史諾登，應該稱他們做大人纔合身份）也喊着戰争來了工人纔有工作做纔有飽飯吃，法國國會中的社會民主黨議員一二九人，幾乎全部投票贊成擴大備戰的費用。德國國會中的社會民主黨議員，在本年五月十七日全體投票接受德國專制魔王希特勒（Hitler）的侵略主義式的演説，這一切都是幫助加速度的推進大戰的準備。

另一面，没有忘記第一次世界大戰的痛苦的人們，或是站在自己的立場上覺悟到不願做帝國主義者的炮灰的人們，發起了并且推動了全世界的反戰運動。去年在荷蘭舉行了全世界反戰大會，出席的有各國的各階級的代表三千多人。今年巴黎又舉行了一個反戰大會，參加的群衆達五萬多人。其他各國的各大城市的反戰示威運動，還不知道有多少。這些廣大群衆的行動，使好鬥的黷武主義者不能不慎重地考慮到『一二三開步跑』以後的實際困難，使他們不能不慢慢地發布開步跑的命令。

反戰運動，不僅是宣傳鼓動而已。廣大群衆的罷工怠工運動乃至兵士的拒絶開拔，那就縛住了戰神的四肢，使他動彈不得。小規模的反戰實際行動，也好像是冷水澆灑了發燒的脊骨神經，使狂熱病者從戰夢中清醒出來。

爲什麼要打仗，那衹有剥削者才知道，被剥削者是不知道的。放炮流血，殘殺自己的兄弟，無非是爲那剥削者争取利益。倘若被剥削者也覺悟了，他不獨要立刻放下屠刀，反要勸勸同胞兄弟也放下屠刀。那在戰場上槍對槍的兵士，不算是仇敵，他們本可以互相做朋友做兄弟，他們的利益，衹有相親相愛才能發展與擴大。他們的真正敵人，是那國内國外高高在上的統治者。

世界反戰大會，決定本年九月三日在上海開幕。該會主席英國爵士馬萊（Marley）與法比英各國的代表已於八月十八日到了上海，受到上海群衆的熱烈歡迎，馬氏説：遠東成爲戰争的焦點，所以要在上海開會，看看東方人士關於這個問題有什麼意見發表。（注：現在各國都派代表出席反戰大會）

我們的意見是：我中國人民做國際帝國主義的奴隸，已經有八九十年了，最近兩年來受日軍的屠殺，已經使我們無法逃生了，而以中國做戰場的第二次帝國主義大戰的大屠殺，正在威脅着我們。因此我們極端反對第二次世界大戰，我們準備以血肉反對這一大戰，來争取與保護中華民族的完全獨立。

我們希望反戰大會的代表同志們，尤其是遠東各國的代表，定出積極反對的辦法，同時要瞭解中國民衆的要求來反對帝國主義奴役中國的武力侵略與和平侵略，要幫助中國民衆的已經展開了的民族革命戰争，要實行全世界反戰同志的大團結。過去日本反戰同志在上海事變中所采取的破壞戰争的行動，以及最近又在東京防空演習中所做的破壞工作，都是很有效能的，是值得我們的欽仰的。這種行動雖然是廣大群衆所贊許的，但是還没有發展到寬泛民衆參加的反戰運動，百尺竿頭，尚須更進一步。

希望全世界痛恨戰争的人，不論他是社會下層或中上層，都加入我們反戰隊伍。但是消極行動，如組織『人肉墻壁』，來離隔兩軍的炮火，那祇是在『英勇』二字掩護下的最怯弱的行動，不獨不能阻止戰争，反來要受到好鬥者的冷笑。哀懇帝國主義者放下屠刀是絶對無效的。同時祇反對别個帝國主義的黷武主義，但對於本國的則噤若寒蟬，這是破壞反戰的聯合戰綫的可耻行動。要反對一切帝國主義戰争。

（原載《新社會半月刊》一九三三年第五卷第五號，署名『董之學』）

中日關係恢復常態

近來日本報紙，大吹大擂地宣傳中日關係要恢復常態了。關於這一點，我們如墮五里霧中，真是莫名其妙。什麼叫做恢復常態？查中日兩國的關係，向來就没有脱離常態。日軍占領滿洲，又占熱河，再攻華北，也曾一度進擾上海。雖有這些事變，我們的政府却并未和日本斷絶友好關係。就理論講，不斷絶國交，算不得對外關係上起變態。既没有變態的表現，當然不應該有『恢復常態』了。

然而據個中人的秘密消息，自今春日軍進攻華北，蔣公使作賓從東京奉召返國以後，一直到現在還没有回任，前幾日汪院長兆銘在赴廬山以前，曾經發表談話，説蔣公使就要赴東京回任了。蔣公使奉召回國，本不能算是外交關係上的變態，不過其中也隱含着一幕悲劇，很可以把它當做一個變相的變態。

今春日軍進攻華北，平津危急萬分，中國的要人，雖然没有方法糾正，但是代表帝國主義的日内瓦，非常震驚，很想使用外交的與經濟的壓力來抵制日帝國主義勢力的前進。所以盟約第十六條所規定的經濟制裁的呼聲充滿了日内瓦。中國的代表團，也异常奮興起來，要求適用經濟制裁。

然而這其中有個小小困難：中國不和日本斷絶國交，我們的帝國主義朋友們，不好説打抱不平的話。我們的朋友，屢次訪問我國代表團，質問有不有和日本絶交的決心，那時恰值日軍猛烈進攻的時候。代表團受不過朋友們冷語熱嘲，決然主張斷交，并以去職相争。於是蔣公使才『奉召回國，向政府陳説外交的意見』。就外表看來，中日關係，仿佛從此陷入了半絶交的狀態。一方面企圖轉移日内瓦的視聽，另一面又想維持和敵人的友好關係。面面俱到，煞費苦心！

現在蔣公使回任，却又含有新的意義了。現在中日的關係，又不是蔣公使奉召回國以前的狀態了。去年五月五日的上海協定，早已被認爲中日關係的改善的一個證明；本年五月卅日的塘沽協定，又比以前的改善更加改善。從友好變爲好友，大可爲中日關係的前途以及我國當局的前途道賀。

塘沽協定簽字以後，華北的日貨市場，比從前大大地加多，漢口六月份七月份的日貨進口，從以前的每月兩千萬突加多到五千萬。同時漢口方面取締排貨運動，比各口岸來得更凶。

假定九一八事變以前的中日關係是常態，那末滿洲熱河應該歸還中國，華北中立區域應該撤銷，這才算是恢復常態。現今把這些問題丢開不談，祇要蔣作賓回任，表面上美其名曰恢復常態，實際上等於接受日本武力造成的變態（日本武裝占領東四省，中日關係自動地改變了）。外國人尚且不承認這樣的非法變態，我們却大膽地默認了，而且還用種種投機取巧的行動來掩護我們的默認，我不知道始作俑者將何以卸責。

羅文幹去職，蔣作賓回任，恰巧先後實現。黄郛長外交與行政院的呼聲，又是甚囂塵上。這其中的曲折，當然不難瞭解。日本人非常恭維黄郛，説他是中國人中的頭腦比較清明的，説他能够瞭解中日的關係。中國人對黄氏有不有同樣的感想，我無從知道，不過我聽説黄氏於一九二八年在濟南被日軍軟禁了一天，那時他是堂堂的外交部長。那時他受日人的侮辱，現他受日人的贊揚，這還是由於他的態度改變了呢，或是由於日本的態度改變了呢？

日本人對我們始終保持常態——即侵略，昨天是這樣的，今天也是這樣的，没有什麽變動。如果有了變動，那祇是從陰謀的方式轉向公開的武裝侵略。然則日人宣傳的恢復常態，是不是又由明目張膽的侵略轉變爲陰謀了呢？看現在的情形，日本采取了静觀主義，即陰謀，這陰謀的對象，無非是怎樣使中國的領土一塊一塊地變成滿洲第二，使中國的親日分子一個一個地掌握中樞的政權。日人不要日人親自動手，便可以席捲我們的大好河山，陰謀是最有價值的。

中國民衆是不是願意恢復常態，倒是很成問題。我們已經看到比較獨立的各大報對於恢復常態的懷疑。有的説：兩國的敵意未消，遽爾高談親善，恐怕是做不到的。也有説就使中日兩國間的敵意消除了，中日也不能親善，勉强親善的結果，會要使中國變成一個悲慘的帝國主義大戰的大戰場。但是大戰場總是將來的事，『祇顧目前』的人，那裏想到？

中日恢復常態，是一件極可怕的事情，長期抵抗的取消（日本報紙説延期三年）和恢復常態没有關係，因爲它老早就名存實亡了。不過有些主張打了幾仗才恢復常態，有些認爲這没有什麽意義，最好在外交上變變戲法，在迷離惝恍的空氣中恢復常態。這兩種主張都在事實上得到證明。

恢復常態，即是恢復和平，照理論講，應該是可喜的，不應該是可怕的，然而我們覺得可怕的就是亡了國還不曉得。尤其可怕的是：面貌猶是中國人，而他的精神却受了東京的洗禮，而他不肯和溥儀鄭孝胥一樣，顯示他的真面目。和平亡國，恐怕要在歷史上留下破天荒的大笑話。

重説一句：民衆是不贊成恢復常態的，除非失地收回了。東北民衆組織的義勇軍，尚在彼伏此起，和日軍抗戰，這是民衆不願意恢復常態的表現。我們在中國本部的民衆，也是這一樣的。

（原載《新社會半月刊》一九三三年第五卷第六號，署名『董之學』）

反戰會議開不成功

宣傳了很久的上海反戰反帝的國際會議，恐怕是開不成功了，除非民衆們自動地起來，衝破一切難關，拼命擁護這一會議。我們不能説開了反戰會議，就可以高枕無憂没有戰争了，但是在戰争迫切的當兒，唤起一般人注意戰争的危險以及如何阻止這個危險是絶對必須的。同時，日本與租界當局以及其他方面，都不歡迎反戰會議，都不許可它開會，這反證戰争的威脅是很緊張的了。

戰争空氣越是緊迫，反戰越是需要，衹有那盤踞政府與指揮軍隊上火綫送死，而自己却安閑自在的人，因爲戰争於他們有百利而無一害，才會絶對不反戰争。我們在報紙上常見到各國軍事工業資本家，尤其是美國的，在日内瓦軍縮會議花了不少銅鈿（錢）來做到軍縮的失敗，以期維持他們從軍事工業榨取得來的巨大利潤。

我想這個説法不很適合事實。第一，希望從戰争中維持資本主義的運命的，决不止軍事工業資本家，而是整個的資産階級，這個階級的奴婢，也是非常贊成馬上爆發一個戰争來解决資本主義的危機。在這裏，他們的目的并不是像他們嘴巴裏所宣傳的，要給工人吃飽飯，而是要加速以戰争的方法來加速一部分的資本家消滅另一部分的資本家的過程，這樣，他們自家的主人（資本家）發了横財，他們也可以傍神享福，分得横財的一部分。

第一次世界大戰的結束，果然戰勝國的資産階級，尤其美國日本的，都比從前肥胖多了，日美兩國也一躍而變成了天字號的帝國主義家。現在各國的資産階級都受了這個榜樣的激刺，加緊備戰，單看近一兩個月來日美英三國的軍備競賽，便感覺大戰的快要到來。單衹軍事工業家，决没有這樣偉大的力量來推進大規模戰争的準備。

其次，各國的軍事工業資本家，在積極備戰的過程中，越加提高了自己的地位，越加有力量來影響與支配政府關於軍備增加的行動與方針。他們衹須對自己的政府做個暗示或建議，便可使軍縮歸於流産，何必遠遠地走到日内瓦來花費許多不必花的銅鈿。他們更可利用整個資産階級備戰的心理以及小資産階級的過分愛國主義，便能獲得偉大的成效，確實没有到日内瓦花錢的必要。

講到目前的遠東，不僅受大戰憧憬的威脅，而且大規模的與小規模的戰争，鬧了足有兩年。這個戰争的蹂躪的地方不僅是滿洲，而且有上海及其他的城市。我們飽嘗了戰争的痛苦。我們固然反對以我國爲魚肉的未來世界大戰，但同時却要積極備戰。我們積極備戰，不要誤會了，决不是參加帝國主義大戰，來替帝國主義當炮灰，如參加第一次世界大戰一樣。那次參加戰争的結果，除幾個軍閥因借外款發財，引起了直皖戰争以外，衹是加深了帝國主義對我國的奴役。

剛才説過，我們要積極備戰，這和我們反對世界大戰的理論與觀點不獨没有矛盾，而且反對帝國主義戰争的主張，必然邏輯地歸結到弱小民族的備戰。我們準備的是民族革命的戰争，是打倒帝國主義的支配與解放中華民族的戰争。這個戰争在原則上根本和帝國主義戰争不同。换句話説，帝國主義戰争是瓜分世界與奴役殖民地的，而民族革命戰争是争取被壓民衆的獨立的。

站在這兩個戰争原則的對立的觀點上，就能明白我們的爲什麽一面反戰而另一面又要備戰了。我們要拿血與肉，來摧毁帝國主義的鐵的統治。實際上，弱小民族的血肉的力量，確比帝國主義的鋼彈毒氣的力量偉大些。你不看見印度民衆的血肉，已經使英國統治印度的地位日趨没落了麽？反過來説，甘地的請願自治的運動，向英政府作揖，懇求給予印度的自治地位，結果，英國和他玩笑，公開侮辱他的人格，今天把他關在監獄裏，明天高興起來又把他放了出去。究竟有什麽益處呢？

在帝國主義與其走狗的壓迫底下，上海的反戰國際會議，也許是開不成功的。這證明帝國主義者已經是開足馬力，向戰争的目標狂奔，懸崖勒馬是絶對不可能了。但是民衆反戰的情緒决不會消減下去，而我們準備民族革命的企圖反可以積極起來。反戰與要戰，恰恰是一個鋏子，來箝制帝國主義的死命。各弱小民族的解放運動與各資本主義國家的勞工運動的怒潮，要淹斃帝國主義的生命。

（原載《新社會半月刊》一九三三年第五卷第六號，署名『董之學』）

廣田新外相的對華外交政策

最近日本外相内田辭職，新外相廣田就任，要算是遠東局勢上的一個最有意義的事變。這一事變不僅於中國有重要的反應，就是對於整個世界政治，也要發生很大的影響。尤其是美國方面對於這一外相的更迭，認爲關係非常重大。

我就外交的歷史看來，外交負責大員的更迭，大概是意味着外交路綫上的矛盾發展到了頂點。而不能不以代表新的路綫的人員代替舊路綫的代表者。反轉過來説，外交路綫不變，則外交大員也就不變。最明顯的實例，便是法國的外交。它的外交總方針，從戰後以來就没有改變過，因此，它的内閣雖不到六個月更迭一次，但是它從前的外交部長一向是白里安（Briand）擔任。有人估計白里安的任期，差不多有二十年。

假定現任外交首腦死亡了，那末繼任的人物，也許是蕭規曹隨，當然談不到外交路綫的轉换。不過中國外交部長的更换，向來没有什麽原則。九一八事變以後，顧維鈞代替王正廷，羅文幹又代替了顧維鈞，然而外交路綫，始終是信賴國聯與一面交涉，而交涉的結果，徒使日人的軍事勝利日見鞏固。

無論如何，這次廣田就任新外相我們認爲日本的外交路綫上是多少的修改與補充的。日本自從占領滿洲以來，它的外交地位逐漸走向孤立的途徑。英法從前袒日，現在日本反而孤立起來，這是什麽緣故呢？其理由是很容易瞭解的。日本在滿洲與華北的軍事行動，得到了英國保守黨的高聲喝彩，但同時中國民衆的普遍的反抗運動，把大部分的日貨從中國市場上趕出去了。日本這個窮國家，非出賣商品又不能在財政上維持它的武裝侵略，衹好把中國民衆驅逐出來的商貨，貶價賣給它的好朋友——英國。

但是英國這個好朋友，不願意接受日本的友誼，把它的殖民地市場，統統關閉起來。英國從這一經濟鬥争出發，促使它與法國支配下的國聯，通過了不承認滿洲僞國的决議案。那時候，日本的外交孤立的情勢，便非常明瞭了。它乃將計就計，以强硬外交的形式，悍然退出國聯。退脱國聯後的日本，很顯然地立於更孤立的地位，雖然它自己不肯承認孤立，雖然它仍竭力要和英法保存調協的友好關係。

日本退脱國聯，自稱是行使强硬的自主外交。其實這僅是欺騙日本的無知的民衆的説法。從國聯退出來，當然反映着帝國主義内在矛盾的尖鋭化，但同時又顯示日本外交的失敗主義。在失敗主義的悲觀條件下，談不到什麽强硬，即使勉强做出强硬的模樣，那也不過是外强中乾罷了。

日本自從滿洲事變以來，它的外交中心，是對準着如何保存滿洲與如何擴大日本在中國的勢力，但同時又要在可能的範圍内來維持和各國的調協。前幣原外相的『以外交保障占領』的政策，其用意就在這裏。外交保障占領，衹是一個空洞的目的，到現在還没有看出這一政策的成效來。日本所以能够抓住滿洲與伸張其勢力到熱河與華北，與其説是由於外交的保障，毋寧説是由於飛機大炮的推動。

簡括一句：在日本整個武裝侵略的過程中，外務省的作用到底是很微弱的。前幣原外相是被一般日本人認爲很柔弱的。他認爲日本能够在帝國主義衝突極鋭利的中國來霸占滿洲，而且可以打銷列强的干涉，這就可以算是日本最大的成功。他的外交保障占領，也就在種種方面適應於這個目標。不過他仍希望日本的軍閥緩緩進行，以便外交的保障得以發揮最大的作用。

由於意外的軍事勝利喜得發狂的日本軍閥，認爲幣原的外交方針足以妨礙軍事的發展，於是毅然決然把他踢出了，決定了以『焦土』外交家内田繼任。『焦土』兩字，含有極端强硬的意思，即是説，那怕把日本全國化爲焦土了，也還是要向侵略的道路邁進的。但内田在他的任内，恰和一般人的預期相反，没有留下轟轟烈烈的成績，尤其是他没有使日本成爲焦土，殊令人大大失望。他衹是在言論上與行動上竭力擁護軍部的侵略，同時他更在日内瓦布置一個非常嚴肅的外交陣勢，以期滿足軍閥的欲望。然而上天不從人願，靖國神社畢竟不靈，日本派出國聯的代表，都一個一個地垂頭喪氣跑回來了。就是多才善辯的松岡洋右，也不能不自認晦氣。

日本在國聯的失敗，愈加使軍部看不起内田。自從日本在華北的軍事活動成功以來，塘沽協定簽字，北京友好的政權成立，這些都是軍部大可以自豪的單純的軍事勝利，和内田没有絲毫的關係。那時軍部眼中的内田，已經變爲一個可耻的庸怯無能的人物了。而况内田對於應付國聯委派技術委員會到中國來的問題，一直到現在還是茫無頭緒。

最近行政院長汪精衛氏，在他的英文機關雜志《國民論壇》中發表了一篇文章，足以反徵内田的對華外交還是虚無縹紗。他説：『現在有人高談和甲方親善，又有人高談和乙方親善，這種種都是無用空談，因爲我們和一方交好以前，却和另一方面早已發生衝突了。倘若我們認識自己現在所處的地位，當然不致采取這種危險的途徑了。』表面上主宰中樞的汪氏，算是認識了中國的國際地位，這個地位便是内田高唱的親華政策中的可怕的暗礁。

這樣，内田既不能打開日内瓦的僵局，反來招致失敗；他又不能在軍部暫時休息的當兒來圓滿地應付英美對中國的進出。他在這樣的狀態下，衹好退避罷了。新任外相廣田，發表了外交的擔負。他説一九三五年是國際的大危機出現的時期。他爲着打開日本的外交上的僵局，必須采取的外交手段，對歐美他預備進行更調協的外交，對中國則采取更積極的外交，清算從前的什麽静觀主義。我們認爲這是廣田亂吹牛皮，來洗刷國內的沉悶氣象，也許他意在對軍部拍拍馬屁，來提高軍部對他的信仰。

我們認定由於日本軍閥的積極侵略所引起的國際危機的尖鋭化，到那一年才達到頂點，是很難預言的。一九三五年也許是太遠了一點；或許也太近了一點。我們所能推斷的，祗是這一危機必然日趨緊張。若是日本的軍事行動越加來得凶猛，那末國際危機的成熟越加來得迅速，不必等到一九三五年。總之，日本的危機與國難，是日本軍部自己製成的，它將來是否埋葬在這個國難當中，要看日本的廣大群衆是否能够起來打倒自己的軍閥，建立一個和鄰國可以和平同居的政權，但軍閥指導下的外交是不會挽救日本危機的，而且不會減輕這個危機的嚴重性。

就造艦的競賽與經濟的戰爭看來，日美與日英的對立，都較前尖鋭了。日本認爲比較可靠的朋友——法國，也因爲歐洲形勢的急變，在表面上采取了接近俄國的態度。這次法國急進黨的領袖赫里歐（Herriot）訪問莫斯科，與法國航空部長帶領飛機隊漫游向俄國飛去，已經會有不少的政治意味。赫里歐回國以後，更發表親俄的言論，足以證明那一政治意味的濃厚性。

法國轉向莫斯科，使日本對俄國硬幹的策略，不能不略略緩和下來，以俄國通著名的廣田，當然可以貢獻許多意見，來使這一和緩不但不妨害日本進攻俄國的總路綫，原來可以加强對俄的種種準備。

這樣看來，日本的外交不僅處於孤立的狀態中，而且是早已被重重包圍了。美國的包圍政策，更是鋒鋭不敢當。它在大戰的後半期，采取了積極包圍德國的攻勢。肅清了德國在全世界範圍內的外交關係。近來俄國在西歐的外交成功，也要加重對日本的壓力。

廣田怎樣排除這些困難，暫時可以不說，我們現在且單單把他對華的外交政策提出來說。

我們輿論對廣田的推測，不外（一）廣田會要行使對華的强硬政策，（二）他會和我們作緩和的調協，暫時無妨試試以外交的力量代替軍事的力量，來進行與完成對中國的支配。這兩個推測，都不適合事實。日本向來没有强硬到底的政策，也没調協到底的政策。事實上表現出來的是：軍事猛進的時候，日本政府毫不遲疑地行使强硬的外交政策，等到軍事告了一個段落，它便昌言調協了。强硬，在於保障既得的軍事勝利；調協，在於預備取得未來的勝利。然而强硬當中有調協，調協當中又有强硬，結果，勝利總是歸於日本。

這樣，日本對華的外交政策，無論强硬或調協，都是加深對中國的殖民地化。因此，强硬政策固然可怕，調協政策也絶不是福音。看現在的趨勢，廣田外相無論高唱『躍進』與否，想没有施行强硬的必要。他如果希望中國的妥協分子幫助抵制歐美的勢力，恐怕非積極求妥協不可。同時我國國內的情勢也很混雜，而且是含有威脅性的混雜，也勢非積極求妥協不可，那麽兩方妥協要求的極性，也許可以幫助廣田的積極政策的大成功。然而這一大成功的後果是很可慮的。它不會引起世界大戰麽？它不會把中國變成屠場麽？

總之，日本的軍閥在備戰的狂潮中，失掉了大部分的理性，他們支配下的外交政策，無論由誰來執行，也必然失掉它的大部分的理性。同時國際局勢的變化，又是急劇突兀。在這樣的條件下來推斷日本的對華外交，當然含有或多或少的不可靠的因素。我們認爲日本在目前當然要以積極的乃至妥協手段，來鞏固它在華北的勢力，同時還要抵制英美在揚子江的勢力的伸張。

（原載一九三三年《新社會半月刊》第五卷第七號，署名『董之學』）

我們是不是應該反對一切帝國主義

自從九一八事變以來，帝國主義對中國的民衆表現了形形色色的面孔，其中有猙獰可怕的，但也有温柔可愛的。日本帝國主義忽然占據我們的城池，屠殺我們的民衆，顯示了它的猙獰可怕的面孔。同時美帝國主義發表許多文告與談話，不承認日本的侵略行動，這不是一副多麼慷慨多麼俠義可愛的面孔？因此，帝國主義的實質，被它的面孔所掩蔽了。我們單從面孔上去認識帝國主義，那是非常靠不住的。

大多數的中國知識分子，知道帝國主義是壞蛋，然而也有認爲不是一切帝國主義都是加害於中國的。所以打倒帝國主義這個口號，在原則上是可以贊成的，不過要打倒一切帝國主義，那就不對了。爲什麽呢？具體講來，打倒日本帝國主義是對的，而且是必須的，但若又要同時打倒美帝國主義，那就非常不對了。因爲美國在過去的這兩年内，處處幫助我們，并且在它國幣空虚的時候，還拿五千萬美金的貨物借款，來接濟我們。像這樣的好朋友，還去懷疑與打倒它麽？

這不過是一種的意見罷了。概括起來，中國人關於帝國主義的意見，大約有三種。第一種認爲無打倒帝國主義的必要。第二種覺得不必打倒一切帝國主義。第三種要打倒一切帝國主義。

最上層的分子，處處感覺到帝國主義的保證與利益，不獨對於美國不應該喊出打倒的口號，就是對於侵占我們土地與殺害我們同胞的日本，也不應該作打倒的宣傳，因爲實際上中國的武力打它不倒。目前對日妥協的政策，完全以這個理論做基礎。

事實上，上層分子最怕的是真要把帝國主義打倒。假如帝國主義真被打倒了，那末許多許多下了野的軍閥與政客，便找不到租界做安樂窩，便不能把他們收刮來的巨量金錢，投資於地皮，來收買大宗的地皮。他們要想把自己的巨款轉存於外國銀行，也就没有現在這樣容易了。他們要想擴大實力或擴大地盤，便得不到帝國主義軍火的接濟。倘使庫款拮据起來了，也得不到帝國主義的大宗借款。買辦階級與類似買辦階級的資産階級，都靠帝國主義吃飯，不但不會和它破臉，反來要積極地擁護它。他們認爲没有打倒帝國主義的必要，這是他們主觀上應有的認識。

其次便是認爲不是所有的帝國主義都是壞東西。他們的觀察，已經在上面講過了，不過也還有未盡的地方。他們甚至退一步説，就是帝國主義都是壞蛋，我們也可以利用帝國主義的相互衝突，來集中我們的火力打倒一個敵人，決不要得罪一切帝國主義，使它們堅固地聯合起來對付我們。我以爲利用帝國主義的衝突，當然是可以的，不過因爲要利用它，便放弃打倒帝國主義的主張，這就鬆懈了我們自己的陣容，給予帝國主義以可乘的機會。

關於這點，歷史上給予我們許多可怕的教訓。美國從前幫助菲律賓打倒了西班牙的勢力，日本也幫助朝鮮解除了清朝的支配，然而結果則菲律賓做了美國的殖民地，而朝鮮則被日本并吞了。這裏所得的血的教訓是：殖民地認帝國主義做朋友，但帝國主義始終認它做殖民地。現在我們受不過日本的壓迫，情願和任何反日的帝國主義做朋友，結果，我們將受朋友的支配，非變成菲律賓朝鮮第二不可。

我們原想利用帝國主義，但結果則反被它利用了。中國從李鴻章到現在，還是沿用以夷制夷的外交政策；假如夷不肯制夷，和現在一樣，那我們就束手無策。天天討論外交，天天衹聲明『外交路綫不變』，然而一問起現存的外交方針是怎樣，則又没有人願意答覆，他實在是答覆不了。這兩年以來，天天討論怎樣利用帝國主義的相互衝突，但是帝國主義都比我們聰明些，畢竟不肯受我們的利用而自相火拼，它們反來采取共同的行動來壓迫我們。那末希望和帝國主義做朋友，斷無利益可言了。

打倒一切帝國主義，是中國廣大勞苦群衆與進步分子的要求。衹有他們在自己的經驗當中，才知道帝國主義不論挂上怎樣的面具都是奴役殖民地的。要實現我們自己的完全解放，萬不可和帝國主義作任何妥協。對帝國主義的妥協，就是對帝國主義的投降。對某一部分帝國主義的投降，也就是對整個帝國主義的投降。

有人説，除開以武裝侵略我們的帝國主義以外，何必要作打倒其他和平的帝國主義的宣傳，戟刺它對我們的侵略？這個説法是非常錯誤的。帝國主義根本不是和平的。平和的侵略與武裝的侵略，衹是形式上的不同，决没有實質上的差别，然而，講到侵略，它即是鬥爭的表徵，决不是和平的反映。帝國主義爲着便利它的侵略，必須天天備戰，而其結果則爆發周期性的帝國主義大戰。現在醞釀着空前未有的第二次世界大戰。所以帝國主義制度下是談不到和平的，衹能説它是暫時的休戰。

如果説帝國主義對中國的侵略是我們反帝的宣傳招來的，這更是不通的理論。前清末年，政府衹知壓迫與殘殺國内的『家奴』，對外則脅肩諂笑，極盡獻媚的能事，何嘗得罪帝國主義，然而列强侵略中國的成績，便是恰在那時候完成的。民國成立以後，又何嘗得罪帝國主義，然而列强仍竭力鞏固與擴大它的既得權利。反過來講，帝國主義最怕的，不是什麽反帝的宣傳，而是反帝的實際鬥爭。比如一九二六年中國民衆反帝運動最高漲，而民衆反帝的鬥争最鋭利的時候，英國趕快把它在漢口與九江的租界全部交還，日本侵占滿蒙，是不肯反帝的必然後果。接着來的所謂不抵抗不反帝政策，便利了日帝國主義完成侵略華北的企圖。據最近的趨勢看來，類似滿洲僞國的『華北國』，是滿有成立的可能的。

這樣看來，我們越不説反帝的話，帝國主義對我們的侵略越來得凶猛，我們越向帝國主義表示好感，甚至作揖磕頭在所不惜，我們便要越加受到它的玩弄與揶揄。比如灤東剿匪，屢次派人往長春向日本關東司令部做種種談判。實際上等於向它請示，這是如何委婉曲折的態度，然而所得的結果祇是未便照準。從前黄郛在就任華北政治委員長以前，公開發表談話，説要與日本講和，意思非常誠懇，然而日人在行動上對他的答覆是：援助一切匪賊與漢奸，來成立所謂華北國。

另一面，民衆反帝的廣泛行動是非常有效力的。九一八事變以來，政府的不抵抗，激動了全國民衆的排貨行動，把日貨的大部分排擠出去了。日本的軍事勝利恰和它的貿易失敗構成了一個反比例，結果，日本的財閥與産業資本家，反要和我們調協。前次内田外相高唱的親華政策，也可以認爲是這一傾向的表現，不過日軍閥不能同意，所以親華的呼聲便低微沉淪下去了。

單從客觀上看來，帝國主義侵略是一致的。日本占領東北，英法極力袒護，而美國則不贊成日本的獨占，但同意與國際的共管。然而獨占是侵略，共管就不是侵略了麽？日本還要侵吞蒙古與新疆，現在更注意到福建，要和美國鬥争。英國奪取西藏以後，現在更經營西康四川青海與新疆。法國加深對雲南的統治，并且要分劃廣西的一部。美國已取得華中華南的航空權，現在更投巨資於福建修築漳厦鐵路，使日人非常感覺不安。

這些事實不是證明帝國主義侵略中國的一致行動麽？它們既已一致侵略我們，爲什麽還在它們當中找朋友呢？爲什麽還怕開罪他們呢？至於它們的互相火拼，那是資本主義發展的必然性，和我們做不做朋友没有絲毫關係。利用它們的火拼來完成我們的民族革命，這是當然的辦法，但不可因此來放弃打倒一切帝國主義的主張，萬不可祇打倒一部分的帝國主義，而擁護另一部分的帝國主義。

（原載《新社會半月刊》一九三三年第五卷第八號，署名『董之學』）

美國金融風潮的原因與影響

『有了美國的財富與利源，還要鬧什麽金融風潮，這真是一件可耻的事情。』這是上海出版的《密勒氏評論報》主筆美國人包惠爾（J. B. Powell）所發表的意見（見 *The China Weekly Review*, March 11, 1933）。但我以爲這却没有什麽可耻，因爲這完全是資本主義在發展中必然表現出來的常態。資本主義的周期繁榮，固然是常事；它的周期危機也是常事，决没有什麽神秘不可索解的地方。美國現在許多銀行發生擠兑、停業、倒閉的種種現象，與其説它是耻辱，毋寧説整個資本主義是耻辱的。單把耻辱兩字加於美國的金融危機，這是非常不公平的。

事實上，美國的銀行風潮，并不是突如其來的，用不着大驚小怪。遠在一九三〇年以前，危機發軔的端倪，早已就顯露出來了。那年倒閉的銀行，共有一三四五家，次年倒閉的共有二二九八家，去年倒閉的，合計一四五三家。三年合計，總共停歇了五〇九六家，包含存款三，二八六，六五一，〇〇〇金元。本年一月份又倒了兩百多家。這些雖然都是資本不足的小銀行，但我們於此，可以看出它的危機的出現并非從今日始了。無論産業危機、商業危機、金融危機，一朝到來，首先滅亡的便是小生産者與資本家，而資本雄厚的公司，反可以幸灾樂禍，加强自己的實力。這次美國銀行停業，完全證實了這種『優勝劣敗』的進化過程是絲毫不爽的。

至於歐洲。從一九二九年以來，在奧國、德國都已先後發生過嚴重的銀行風潮。一九三一年，英國也遇着極鋭利的財政金融危機，不得不放弃金本位。亞洲亦不在例外，日本的曾經重新禁金出口，也是應付金融財政危機而不能不停止金本位的一種救急的辦法，但這次美國全國的銀行一度通統暫時停業，是世界金融界上一陣空前的狂風暴雨，以使人們把各國以前的金融恐慌看得仿佛輕淡些了。

銀行風潮的經過

金元不穩的現象，前已説過，是緊隨一九二九年一般經濟恐慌就暴露出來了的。美國前總統胡佛爲着穩定銀行的地位與回復民衆的信心，即於一九三一年十一月命令組織一個全國信用公司（National Credit Corporation），發行十萬萬金票，由各國家銀行（National

Banks）釀款維持，這無非是企圖集中銀行必需的流通資本來應付提款的緊急問題。不過杯水車薪，仍不敷用。結果，由胡佛於去年春季另外建立一個規模更大的但性質類同的善後財政公司（Reconstruction Finane Corporation）來執行同樣的任務。去年銀行倒閉的數目，比前年少一半，大概是由於這種急救的辦法發生了多少效力的緣故吧。

養成這次銀行風潮的條件，本來早已成熟了，可是它的發端則始於以第特羅（Detroit）爲工業中心的米雪根（Michigan）邦。大約在二月的下旬，該邦政府爲著救濟銀行的危急與所謂保護存款的存户，便下令全邦銀行休假五日。等到復業的時候，提款的并不擁擠，滿天風雲，好像完全吹散了。但是不久瑪里蘭（Maryland）邦，也下令銀行休假與限制停款。從此以後，全美銀行風潮，便如排山倒海般襲來，莫可遏止了。三月一日，亭勒西（Tennessee）與肯塔啓（Kentucky）兩邦的銀行，都自動休業五天。次日，加利福利亞（California）、奧克拉和瑪（Oklahoma）、路易齊安那（Louisiana）等十八邦捲入了漩渦。四日，被牽涉的邦越加增多了；甚至美國的兩個金融中心，即紐約與芝加哥（Chicago），也各宣布休業三天。這樣，全國便捲入金融恐慌的怒潮。

美新總統羅斯福（F. D. Roosvelt）於三月四日就職，即碰着了這金融風潮的盛大歡迎，自然是有點當不起。六日，他發布了一個命令，禁止金銀出口，禁止外國提取存款，并宣布全國銀行休假四天；且又發行票據清理所小票（Clearing House Certficares），嚴禁窖藏通貨。

財政部長伍定（William Woodin）説：『美國并没有放弃金本位。任何放弃金本位的解釋是嚴重的錯誤。這不過是統制金融（Managed Currency）的狀態罷了。』他并且指出瑞士保存金本位，但是禁金出口。他雖這樣説，今後的事實怎樣，當然要看將來變化了。

羅斯福對於銀行休假與禁金出口，到了三月十日，因爲形勢還是不佳，衹得復頒延期的文告。先是前兩三天，他爲應急起見，還提出一個銀行法案於國會，經國會於九日通過。該法案的内容，不外（一）集中全國金貨於聯邦準備銀行（Federal Reserve Bank），允許其他各銀行可以拿起美國公債或匯票或商用票據等，來交換聯邦準備銀行所發行的通用鈔票；（二）衹允許『健全的』銀行可以即時開門復業，其餘的必須改組；（三）允許大總統得取締或禁止外匯交易、銀行與銀行間的信用轉移，并禁止輸出或窖藏或鎔毁金幣與銀幣；（四）允許財政部長向私人或公司徵取他們或它們所有的金幣或生金或鈔，另以等量的别種通貨形式來作交換。

再展期的銀行休假，到了三月十三日，才告終結的。聯邦準備銀行與其所在地的諸銀行，雖都於那天重新開市，但外匯仍受財政部的限制。存户提款的也并不多。不過金禁仍未解除。紐約各種交易所，如證券、棉花、橡皮等，都準備復業，美政府預備加發聯邦準備銀行鈔票三十萬萬元，來調節流通資金的缺乏，但究竟增發多少與何時發行，則没有明文規定。現在自然還不是全體復業，即復了業的銀行，也還不是完全復業，因爲提款及其他業務尚須受種種的限制。

照一九二九年的統計，美國銀行共有二五，〇〇〇家，但是因爲倒閉與合并的結果，現在衹剩下一八，〇〇〇家。其中完全有支付能力的第一級銀行，尚有五千多家；第二級有四千家，其地位尚穩定，但是它們的信用如何，要由財政部加以調查後才能知道。第三級都是小銀行，決沒有恢復的能力。可見這回勉强復業的，充其量衹是一半而已。

美國銀行，非常復雜，有『聯邦準備銀行』、『國家銀行』、『邦銀行』（State Banks）、『土地銀行』（Land Banks）種種名目。此外還有信托公司（The Trust Company），也經營銀行業務，例如紐約的『加蘭提信托公司』（The Guaranty Trust Company），擁有資本二十萬萬金元，可與資本最雄厚的花旗銀行（The National City Bank of New York）相頡頏。這些銀行當中，以聯邦準備銀行最占勢力；它的數目雖然衹有十二個，但是它貸出的款項與投資，占全國銀行百分之六十二。它是銀行界的支配者。它這回不能救濟別的銀行，反而被曳下水，單從這一點説，這次風潮的嚴重亦不難想見了。

金融風潮的原因

關於銀行危機的原因，三月四日從紐約發來的國民社電報，有這樣幾句話：『此次金融怒潮，現已蔓延全國，但究由何發生，即銀行專家亦不能確知。』銀行專家本來不能確知，因爲他們向來衹是忙於本身的業務，萬萬想不到有什麽危機醖釀着。羅斯福咨送新銀行法於國會的時候，也説到美國銀行有百分之百的健全性，民衆對銀行的懷疑是毫無根據的。我想這回美國民衆，無端不信任銀行，鬧出巨浪滔天的風潮，真是罪該萬死呵！路透社七日倫敦電，説英國某經濟學家，認爲美國金融危機的問題太大，不能解答（The Question is Too Big to Answer.）。

就以上所援引的意見看來，美國的銀行狂潮，是没有什麽經濟的原因的，如果説它有原因，也不過是心理上的作用而已，即是説，是由於民衆無理由的懷疑而已。另一面，在我國也有人舉出了不少的原因，如謂美國不肯放弃金本位，過分的投機，美國基於戰債的公債發生動摇等等。然這些説法，不是没有搔着癢處，便是斷章取義。

此外更有人指出：存款減低，是直接的原因。照這個説法，過去美國民間窖藏的金貨金鈔，數達十萬萬金元；歐洲從美國市場撤回的資金，也達十萬萬金元。截至三月八日止，聯邦準備銀行的存金減少了一萬〇一百萬金元，而流通貨幣則加多了八萬一千八百萬金元；在十二家聯邦準備銀行當中，現金準備減低到百分之四十五點五，比法定最低額衹高百分之五點五。但這也不能算是根本原因。

上海《密勒氏評論報》説銀行風潮的原因，是基於管理銀行的法規的鬆懈，更是隔靴搔癢。有人説銀行的流通資金不充裕，因此不能應付存户的要求。流通資金何以缺乏呢？事實上，本年二月間貨幣流通於美國境内的數量，加多了九〇六，〇〇〇，〇〇〇金元，共達六，五四六，〇〇〇，〇〇〇金元；金幣流通，從四七八，八三七，〇〇〇金元，加到五一七，一三八，〇〇〇金元。全國每人流通額，從四五點〇六金元加到五二點二三元，這是一九二〇年後絕無僅有的最高紀録。照這樣看來，流通資金既已加多，似不應該表現缺乏。

我們對於銀行危機的根本原因，不必在别的地方去追尋，衹於銀行和工業的密切聯繫中就可找得到了。在財政資金資本時代，固然談不到銀行支配一切，但是銀行所積累的資本，如果要利用它，必須把它交給工業用。同時現代經濟的基礎，并不是信用而是生産，即是説，經濟基礎（生産）發生了動摇，那末一切經濟上層結構（如信用），就會隨着發生動摇。這樣美國銀行危機就可以容易説明了。

這幾年來，美國的生産，從以前的突飛猛進，鋭減到戰前的水準，去年的對外貿易，比一九二九年減少三分之一。農業方面，也表現非常的衰退。假若以一九二九年作爲一〇〇，那末去年的小麥價格，衹是五六點五，玉蜀黍跌到六六點八。全國農民所欠的債務，達到了兩千萬萬的驚人數目。工業恐慌與農業破産的結果，造成了一千六百萬的失業工人。去年年底，救濟委員會主席柏克爾（Newton Baker）氏曾説美國全户口中有四分之一的人民，没有涓滴的收入來維持自己的生活。

從這個基本原因出發，便産生了以下的幾個次要現象促進金融危機的爆發，第一便是股票與債券的猛跌。一九三一年巴柏生（Babson）選擇了三十種頭等産業股票，發覺了它們的價格從一九三〇年九月以後，低降了百分之四十三，從一九二九年九月以後，低降了百分之六十三。到去年止，它們的價格差不多比一九二九年跌去了四分之三。除聯邦準備銀行以外，其餘的銀行，都是做這種股票的買賣的，因此它們的虧折是非常重大的。這自然會動摇民衆對銀行的信心。

其次便是美國公債發生動摇的問題。美國銀行所發行的鈔票，都一律拿政府公債作擔保。這擔保品近來根本動摇起來了。第一是因爲美國放出的巨量戰債受了德國不能支付賠款的影響，有不能收回的危險；第二是因爲美政府的收入鋭減不能使預算平衡，而支出中却有一個巨大的項目（十萬萬元），是專爲償付公債的本息的。預付不能平衡，這個專案就會落空，銀行鈔票也就會隨着落空。

第三，工業的衰退與農業的凋敝以及貿易的縮減，使銀行的債務者不能如期償款，因此使銀行的資産『凍結』起來了，通常稱它做『凍結了的資産』（Frozen Assets）。大部分資産陷入凍結的銀行，除閉門外没有别的路可走。至於存户提款，通常加以『不信任』或窖藏的罪名，這是笑話極了。年來銀行繼續地與大批地倒閉，自然不能不使人懷疑，自然會要使人把款子提到家裏來，這何能責備民衆缺乏信任心？而况没有收入的達到一千六百萬人，他們提回少數款子買飯喫，這也説他們不應該做麽？還有中小人家，提回款子衹做家用，這也可以駡他們是窖藏麽？

美國的生産，表現劇烈的減低，從這裏産生出來的金融風潮，也就表現得特别劇烈。這個秘密，自然是銀行專家不容易知道的。在這次風潮當中，代理中央銀行的十二家聯邦準備銀行，簡直是面面相覷，愛莫能助，便可以想見風潮是很難制服的。現在銀行雖然復業了，但衹是部分的而且是有限制的復業。限制一天不撤除，則危機的形態還不能算是已經脱去。至於銀行是十足健全的話，那更不知是從何處説起了。

銀行風潮的影響

銀行危機的怒潮，就目前的情形看來，如果説它好像過去了，這話是我們的期望呢，還是我們的幻想呢？我想兩者都是兼有的。退一步講，就使承認狂潮已過去，它所遺留下來的影響，是不會馬上消滅的。祇有具備暫時性質的影響，才會於目前喪失它的效力。

自從美政府宣布銀行休假與禁金出口以後，倫敦、巴黎、柏林、羅馬等各大城市，都停止對美匯兑的交易。在中國的上海與日本的東京，也照樣辦理，尤以東京受禍爲最烈，因爲在那裏一切交易所都暫時停市了。然而這不過是暫時影響。在美國銀行復業以後，它自然要隨即消失的，用不着詳細説明。

我們須注重的，是危機的比較永久的影響。在這裏，最令人注目的，便是金禁期的延長，和日本的現勢差不多。這就是放弃金本位的一種形式。這就會使美幣跌價。跌價的結果，一定歸結到通貨膨脹與減低多數民衆的購買力，結果，國内市場愈見縮小，又會形成生産愈加過剩，使失業人數愈加增多，引起更嚴重的社會問題。

另一面，美幣跌價，將使世界上喪失了一個便利的金融標準，其結果會造成世界金融的大混亂與强迫世界各國通統放弃金本位。今後世界上將出現所謂貨幣跌價的大競賽，因爲通貨跌落，可以戟刺出口貿易，可以藉此恢復國内的生産力。貨幣跌價的國家，在出口貿易的競争上當然占了優勢，同時，受影響的國家，也可以故意減低通貨的價格與提高關税，來對消優勢所給予的利益。美國是個大債權國家，倘若它的金本位幣大跌價，那它關於戰債以及一切投資的收入，自然會隨即大減而特減，不過關於這點，它可以利用英國金磅跌價的教訓來穩定跌價的限度。

美國保存的金貨占世界百分之四十以上。倘若解除金禁，便會有一大部分馬上流出國外，事實上，過去存金不斷地流出，未嘗不是推進這次金融風潮的一個小小動力。這樣，我們斷定金禁不至解除，除非國内的繁榮與國際信用都可回復。然而這是日前情況下萬萬辦不到的。

這次銀行風潮對我國的影響，除上海停止美匯與天津花旗銀行擠兑外，還没有表有它的永久性與擴大性。我想在金禁不解除的條件下，這樣性質的影響，也許是要逐步出現的。美金降落，是不可避免的趨勢。這一傾向，自不待説，是於我們有利的。我國是消費的國家，而美國對華貿易，又占我國國際貿易中的百分之二十五，比日本或英國對我貿易幾乎加多一倍。即是説，我們拿去洋錢買貨，絶對不怕貨賤，但對於賤到極點的仇貨，是不應該買進的。在這裏，不應該拿純粹的消費家的理由做出發點，而是拿打擊帝國主義做行動的標準。

至於保護民族金融，如紡織、麵粉、絲業等，那是另外一個問題。關於棉織業，美國不是我們的競敵，生棉跌價，反可以幫助我們和日本紗織業競争（我國生棉都從美國買來）。麵粉早被美人獨占，和美金跌價沒有多大的關係。華絲銷美早已不振，不至受美金跌價的大不良的影響。

美貨賤賣，可以在若干方面幫助我們抵制日貨。美金跌價，更可以使我們打個折扣來償美債。

準此，我們不怕金融降落，不怕金貨傾銷。

尾　語

在人們渴望與高興談世界繁榮的時候，突然來了一個這樣的金融風潮，把它的不良影響散布到全世界，把人們的希望打得粉碎，假若它真是世界危機的頂點，如一般人所傳説，那末苦境算是過去了，擺在我們眼前的，便是漸移漸進的光明。這是可靠的話麼？

關於這個問題，沒有一個經濟學家敢做肯定確切的答覆，假如他是充分地與正確地研究了經濟發展的過程，資本主義穩定已經很少希望，這是可以斷言的。同時資本主義的總危機，使這次世界危機非常地延長與普遍，仿佛否定了它的周期性，即是説，使它不能够即早解決。

什麽是資本主義的總危機呢？它的特點是：兩個體系的互鬥，大部分生産的資本長期『賦閑』，大部分的工人長期失業，及農業的慢性危機。從這個總危機發展出來的世界危機，可將資本主義體系破壞到以前未有的程度，所以它不同於以前的尋常經濟危機。我不敢相信美國金融風潮够得上『最壞的過去了』（the worst is over）這句話。近來美國風靡一時的工藝統治派（technocrats）（編者案：關於此派之主張以及對於此派之評論，請閱本期所在鄭、胡兩君之文），説繁榮就是恢復了，失業還要加多，在不久的將來，就要達到兩千萬人的高峰。假如繁榮不回復，那『最壞的』必然到來。假如最壞的果真來，恐怕後人又要將現在的金融怒潮視若輕微的風波了。

（原載《申報月刊》一九三三年第二卷第四號，署名『董之學』）

世界經濟恐慌與世界經濟會議

跳出世界經濟恐慌的道路，本來衹有兩條：一條是推翻資本主義，使循環不絕的經濟恐慌，永遠不能發生；另一條是以頭痛醫頭脚痛醫脚的辦法，把恐慌暫時克服，孕育恐慌的資本主義制度，則仍舊讓它存在。世界經濟會議，便是一個於維持資本主義社會範圍內克服經濟恐慌的辦法。現在受經濟恐慌打擊的國家，總説這經濟恐慌不是從國內生長出來的，是從國外傳染得來的。英國首相麥克唐納（Macdonald），美國落選了的總統胡佛，以及其他各國的政治家，都説經濟恐慌的原因多半來自國外；所以要和這恐慌作有效的奮鬥，務必取得國外的協助。這就是各國贊成舉行世界經濟會議的根本動機。

許多經濟學家，認爲世界經濟會議，就是經濟上的軍縮會議（Economic Disarmament Conference）。衹要藉這會議解除了各國經濟的武裝，如保護關税等，那末，什麽恐慌、什麽危機，都可不成問題。但可惜這種武裝不易解除；這是因爲經濟恐慌的根本原因，并不是關税這一類的障礙物，相反的，提高關税，是經濟恐慌爆發後所引起的結果。恐慌越深刻，關税越提高；兩者互相因果，於是關税更增加，恐慌更深刻。蓋一國提高關税，固然可以防止外來的經濟侵略，但是同時會引起外國的報復行動，馴致各國的關税，一律地提高。關税障壁的武裝，其所以不易解除，原因在此。世界經濟會議之不易有結果，亦意中事。兹就最近各國籌備這世界經濟會議的經過，及其所負的使命，略加叙述，而殿以該會議結果的預測，以爲本文的結束。

世界經濟會議的籌備

世界經濟會議的開始籌備，遠在半年以前。去年五月十日，英國卸任財政大臣邱吉爾（Winston Churchill）在英國國會討論財政方案的時候，便極力陳説世界經濟會議的必要；他的主要目的，在於維持金幣價值與安定通貨。七月十四日，國聯特别理事會，關於世界經濟會議，通過了如左的決定：

（一）由國聯指定專門委員會，研究財政經濟問題；

（二）推定西門（Sir John Simon）爲委員長；

（三）專門委員會下，設立兩個分科委員會，各由財政家三名組織而成，并徵求國聯秘書處財政經濟各部理事的援助；

（四）徵求國際勞工局及羅馬萬國農業協會的參加；

（五）由國聯擔負用費。

這種條款發表以後，美國方面表示熱烈的贊同。這次經濟會議的主要目的，雖説是安定通貨，其實在經濟恐慌深刻化的今日，世界經濟問題亟待解決的，決不止安定通貨一項，關税問題、外匯問題、賠款戰債問題、銀價問題，都應加以討論。美總統胡佛，恐怕關於賠款戰債問題，被英法各國所要脅，起初聲明不討論戰債，其後又於競選演説與談話中，提出銀價爲世界經濟會議的主要議題。列强勾心鬥角的用意，在該會議剛剛發動的時候就表現出來了。

世界經濟會議的開會日期，原定去年十月在倫敦舉行。後又改期。到了去年十二月，籌備世界經濟會議的工作，才逐步緊張。專門委員會、經濟委員會等，才陸續開會，討論種種有關係的問題。尤其是專門委員會開會最多，它的討論與決議，也是比較的重要。

一月二十五日，世界經濟會議的組織委員會，通過了籌備委員會所編定的報告，并決定須於三個月以前通知各國到會，但是開會的確期還没有決定，開會的地點，暫定倫敦，并邀請英相麥克唐納爲大會的主席，已經得到他的同意。我國覺得這次會議很重要，足以影響我國民經濟的某幾部門，如銀價問題，決由財政部派孔祥熙就近參加。美國方面，也準備參加，并指撥經費十五萬金元，作爲該國代表的費用，算是闊哉闊哉！這樣，會期未定的世界經濟會議，確是走入積極籌備的階段了。

籌備委員會編制的報告書，頗關重要。報告書首先説明事態的嚴重，貨幣的紊亂、物價的跌落、貿易的減縮，但是同時也舉出了某幾否極泰來的現象。該報告繼續宣稱：各政府間的債務（指戰債）應該從速設法解決，因爲它妨害經濟與財政的復興。照籌備委員會的意見，這次世界經濟會議應該提出『恢復國際間的真實貨幣本位』、『撤廢國外匯兑的監督』、『廢除經濟恐慌所引起的特别商業障礙』、『用輕利政策來便利産業的健全發展』等，作爲討論的主要題目。最後，該委員會鄭重聲明：爲商業自由而奮鬥，爲貨幣安定而努力！

世界經濟會議的使命

我們看到了籌備委員會的報告大綱，便知道世界經濟會議的使命了。簡括説來，它預備解決（一）戰債問題，（二）賠款問題，

（三）通貨問題，（四）關稅問題。此外銀價問題，雖然没有列入報告書，大概是要提出來討論的。世界經濟會議的總任務，可以説是尋覓一條跳出經濟恐慌的輕便途徑。

賠款與戰債之爲加深世界經濟恐慌的原因之一，這是無疑的事實。因爲英法各國全靠德國的賠款來償還美國的戰債，可是德國在歐戰之後，國内經濟幾瀕破産。它要償付賠款，其法有二：一是『借債還債』的辦法，二是『以貨還債』的辦法。前者，德國現已負有二百四十萬萬至三百萬萬馬克的巨債，幾乎無可再借，後者，現因各國高築關税障壁，輸出貿易也萎縮不堪。在如此狀况之下，德國要每年償付十五萬萬的賠款以及相等於此數的利息，那『談何容易』，結果必然是銀行倒閉，工廠關門。在今日各國的經濟脉脉相關，德國的恐慌自然要影響到世界經濟，而促其恐慌加甚。以擺脱世界經濟恐慌爲目的的世界經濟會議，對此賠款與戰債問題，自不能不謀相當的解決。

次於賠款戰債問題的，要算是關税問題。這一問題牽涉到多數國家的切身利害。去年下半期，商業戰争愈加猛烈。增加商品入口税的國家有五十二個，禁止某幾種商品輸入的國家有九個，限制入口的國家有二十一個，强迫使用國貨的國家有十個，由政府包運入口品的國家有七個。結果，去年上半期的整個國際貿易，比較前年上半期減低百分之三十四；世界市場，衹是紙上的空名；保護關税提得太高，便促成各國國貨的滯銷（如德國的農産品），而造成所謂『生産過剩』的現象。生産品既無銷路，工廠衹得停業，經濟恐慌必然加甚。因此，掃除這種『商業武裝』，使各國的産品能有世界的流通，也是世界經濟會議所負的重要使命之一。

其次，便是安定貨幣的問題，英國自從一九三〇年放弃金本位以來，在商業方面，確收到相當的效果，奪取了美國一部分的商務。同時各國金融受了英鎊的影響，起了紛亂的現象。除美法尚能保持真正的金本位外，其餘的國家都遭受紙幣跌價的損害，如日本的跌去百分之六十，阿根廷的跌去百分之四十六，智利的跌去百分之五十（對美國金元的對比）。就目前的形勢看來，各國紙幣的價值，還有下跌的趨勢，如何可以阻止這種趨勢，促成所謂貨幣的安定，也是世界經濟會議所負的使命之一。

再次，便是銀價問題。近年以來，銀價狂跌，産銀的國家，固然大受損失，用銀國家如中國，因銀價低廉，購買力低少，直接使吾國民經濟更加貧困，間接使各國對華貿易衰退，加深了世界經濟恐慌的程度。所以如何提高銀價，也爲世界經濟會議所負的使命之一。

世界經濟會議結果的預測

世界經濟會議的使命，已如上述；我們現在要討論一下，它能否完成這種重要的使命？

我們先從賠款戰債問題説起。這問題雖然很重要，但不至於列入議事日程，即使勉强列入，也不能有圓滿的解決。前面已經説過，來的。與會各國，既都同床异夢，故如望世界經濟會議能完成其緩和乃至克服世界經濟恐慌的使命，未免過於樂觀。從一九二八年舉行賠款（去年洛桑會議決定緩付三年）。美國的主張，則以回復金本位與協議銀價爲中心。這些問題，都是由各國站在自己的立場上提出

要而言之，在這世界經濟會議中，英、法、意各國則急切地要求取消對美的戰債，約計一百二十萬萬金元。德國則急切地要求取消

問題，并不十分重視。

祇有美國、中國以及兩三個小國而已。英日各國，因其自己的通貨跌價，很可以抵消銀價慘落在對華貿易中的不良影響，所以對這銀價付外債，都受了銀價慘落的損失，自然希望銀價高漲。不過在這次世界經濟會議中，銀價問題，恐怕不能占重要的地位，因爲最關心的美國資本家。英國對於這一問題，始終不表現興趣。但在我國方面，確認爲有切身的利害關係。我國是用銀的國家，年來入超迭增，償關係印度外，没有特别深切的利害關係。就使銀價提高，印度究竟祇是一個貯藏所，不能得到多少利益。獲利最多的，祇是生産銀條的印度是藏銀的國家。提高銀價，固爲美國所最希望的，但非藉國際的合作不行，尤其是需要英國予以合作。這一問題，在英國方面，除

至於銀價問題，更不能引起廣泛的注意，不但不會有何種的解決，恐怕不會有熱烈的討論。主要的理由是因爲美國是産銀的國家，

共濟，自屬難事。

美國代表都主張恢復貨幣的常態，英代表總説礙難實行，針鋒相對，顯然可見。關於這安定通貨問題，各國利害既不一致，欲望其和衷國因爲是個債權國，所以不肯放弃金本位來自受損失，於是乃藉口穩定通貨，要求英國回復金本位。專門委員會屢次討論這一問題時，

再次是安定貨幣問題，這問題也很少有解決的可能，因爲紙幣跌價的國家，在第三國家内競争市場時，要占很大的便利。反之，美

關，那麽，保護關税，自然不能在資本家的政權下撤銷。

也要保護；自由貿易的祖國也行保護貿易政策。結果，没有一個主要産業可以不要扶持而能立足。保護既和一般資本主義的生命息息相議，總是鬧得不歡而散。它的總原因是：得了關税保護利益的資本家，不肯放弃這種利益。從前祇有幼稚工業需要保護，現在老大工業

其次是關税的問題，這一問題的解決是世界經濟會議最重要，也是很困難的工作。國聯從一九二八年起，開了好幾次的關税休戰會

濟會議來討論。就使戰債問題提出來了，美、英、法等國，既各有成見，當然不能有圓滿的解決。法聯合的要脅，更爲着拉攏英國，遂采取了個别談判的形式。個别談判，既是美國決定了的態度，所以它主張戰債問題不用提出世界經的危急，立刻照會英國重開戰債談判，其目的在以戰債作武器，來争取外交上的勝利。它對於法國，却没有什麽表示。美國爲着避免英戰債，到期不付，創立了一個頭等資本主義國家賴債的惡例。英國的部分付清了，但是表示十分的憤慨。一月初旬，美國鑒於遠東局勢賠款問題是戰債問題的附庸，戰債不解決，它是永遠不會解決的。戰債問題的本身，已經不是整個的了。去年十二月十五日法國對美的

的軍縮會議，到現在還看不見它的些順成功。我想這次經濟方面的軍縮會議，也不會有較好的結果。我們知道這一點，各國政府又何嘗不知道這種空談無益的把戲，不過它們總不肯坐而待斃，不得不做最後的『奮鬥』而已。

二月十日

（原載《新中華雜志》一九三三年第一卷第四號，署名『董之學』）

法國的新國家運動

法蘭西從第三次共和（La Troisieme Republique）成立以後，就變成了保守主義的大本營，喪失了革命的法國（La France revolutionaire）的榮譽。法國人的急進主義，就它的實質講，并没有離開保守主義，衹是披上新外衣的保守主義而已。近來法國資産階級，以現存政治制度，不足以應付經濟恐慌的困難問題，才有改革政體的提議，其目的在以新的政治手段剔除現行經濟制度的弊端，加强資産階級的統治。這種改革政體的運動，已經開始進行，由少數知識分子與工業資本所領導。但是這裏必須聲明的，即是該運動的新舊問題，换句話説，這運動是走向新的方面，或是走向舊的方面呢？作者敢大膽答覆一句：它是法國政治上的復古運動。

這個運動的領袖，現有兩個，一個是知識分子，名叫路斯五（Pierre Lucius），出版了 *Taillite du Capitalisme ?*（《資本主義失敗了麽？》一九三二年出版），極力鼓吹新國家的改造；另一個是馬頓（Eugene Mathon，President du Comite Central de la Laine），是工業界的領袖，很贊成路氏的主張。不過運動尚在初期，僅用文字作宣傳，回應的與附和的，還不很多。但是它的理論，尤其是關於批評現存制度的理論，是值得我們注意的。因此，便把它忠實地介紹出來，使我們大家都知道被保守主義束縛着的法蘭西，也受着世界經濟危機的震撼，不得不謀政治的改革以適應於經濟的新變化。

産業公團運動的理論基礎

我們必須知道：自從世界經濟危機爆發以來，已經有許多先進資本主義國家，改變了它們的政治制度傳統，法國因爲經濟危機發生較遲，所以在政治上（尤其是政治制度上）没有表現什麽可紀的變動。德國聯邦政府充分引用憲法第四十八條，遂使中央政府變成了獨裁，舉凡政府所欲施行的重大政策，都不經由議會的同意與通過。英國的傳統内閣制度，也在去年放弃了，而代以所謂各黨集中的國民政府（National Govermment）。日本的責任内閣，向來由民政、政友兩黨迭相把持，也於一九三二年五月被廢止了，而代以齋藤的混合内閣。美國是代表總統制度的典型國家，因爲總統的權能很寬泛，尤其是在處緊急事變的時期，所以現今在表面上尚保存它的本來面目。意大利早已是個法西斯蒂專政的國家了。這樣看來，世界六大强國中，已經有多數改變了它們的政治傳統與習慣，除非政治制度上含有絕大的彈性，以便適應於緊急的嚴重的事變，則不能不於形式上有所改變。

在整個資產階級性的德謨克拉西發生了動摇的當兒，在多數資產階級政府成立了或正在建立獨裁的當兒，保守的法蘭西當然不能够站住脚根不動。它雖然没有站在時代的前綫，做一個革命先鋒隊伍，如大革命時的法國一樣，但是最低的限度，它總不願意遠遠地留落於潮流的背後。至少路斯五、馬頓諸人，必定有這種感觸與自覺，所以發出了改造法國國家的 Appel（訴請）。

照他們的主張，現存的法國國家，已經不能够執行十八世紀自由主義賦予它的任務，它不能够解决許多重要的經濟問題。因此，它的任務與權能，都要減輕。他們認定經濟中的自由時代已經告終（La fin de l'ere liberale en economie），認定國家有放弃自由政策的必要（La necessite pour l' Etat de renoncer, lui aussi, a la politique liberale）。因此，一方面要改造經濟，另一方面必須改革國家。但是經濟改造的企圖，非經國家的同意是不能成功的。這就是説，改造經濟，應該先從改革國家着手。

法國國家，應該怎樣改造呢？根據抛弃自由主義的原則，既不保存國家的現有機構，也不建立法西斯蒂的獨裁，而是要組織所謂强迫的産職業公團（coparation pro gessionnelle obligatoire）。每一産業都有個公團，賦予這公團一種權能，俾得爲團員制定法規，徵收課税，統制生産（包括量與質），取締生産和消費的關係，擔保於最好的條件下分配産品。就公團的社會地位講，它聯合雇主、雇員（les employes）與工人（les ouvriers）爲一氣，辦理一切社會職務。明白地説，這公團就是一種政府了，而且是新式政府了。

這樣組織起來的公團，應該參與國務會議，發表意見。它固然應該享有極大的自治權，但是仍然受國家的統制，不能脱離國家的範圍。至於國家本身，衹是一個監督機關，是個最高的公斷人，是一般利益（interets genereaux）的保護者。這樣，便把自我統制（de se controler）與自我制裁（de se discipliner）的事務，交給有關係的個人來執行。這樣，國家的工作，也就單簡化了，一般國庫支出也減少了，也再不受私人利益的攻擊了。

據馬頓的説法，這是最自由最單簡最實際的辦法。這是分權的表現，同時又是『有組織』的表現。并且可以隨各地方與各産業的實際情形，而采取各種不同的方案。所以它的彈性是很大的。現今産業中的混亂，將必進至經濟的崩潰與革命的爆發。現今一般人認爲有建立單簡的與效能的經濟組織的必要。這自然和現存制度不合，但是它脱胎於從前的公團，他們不過加以現代化，使它合於目前的情勢罷了。

以上通統是馬頓説的。路斯五則加以詳細的解説與例解。他們兩人的結論是相同的——組織强迫的産業公團，來做政治組織的重心，和法國從拿破侖以來所采取的極端中央集權制，是完全相反的。總括地説，他們所須要的，就是老早聽過的基爾特社會主義（gied soe-ialism）或稱職務主義（functionalism）。就歷史講，他們的理論，并不是新發明的，他們自己也没有這樣説，不過他們認爲它可以解决經濟中的困難問題，如生産與消費的矛盾，生産中的混亂狀態等。這在目前的世界經濟危機中，自然引起了許多人的新的生意。

産業公團的效能

自路斯五的《資本主義失敗了麽?》出版以後，常常喚起了輿論界的注意。想脱離保守主義而實際上不能脱離的人們，往往表示歡迎，不過仍懷疑産業公團對於防阻生産混亂的效能。我們必須知道：産業公團的主要任務，不是解决單純的政治問題（國家改造問題），而是以政治改革來調濟生産與分配的齷齪狀態。我們爲着考慮産業公團是否能够完成它的主要任務，便聯想到它所要打倒的經濟自由主義（liberaliyme economique）的性質。（實際上，經濟自由主義已被獨占資本打倒了。）

所謂經濟自由主義，便是指的自然定律的運用，可以調和各種利益（le jeu deslois naturelles a mettre en harmonie tous les interets）。這是十八世紀歐洲經濟學家對於經濟情狀的觀察，他們所着重的自然定律，是從純粹科學中借來的。他們認定精神界（le monde moral）與物質界（le monde physique）都有一個 nature deschoses（事物的自然性）。物質界的自然，決定了一切，使萬物各得其所，那末，非物質界的自然，一定有同樣的效力。所以關於經濟問題，祇求其能够自然罷了。法國自由派的經濟學家色（fean-Baptiste Say）氏，主張社會的自然組織，不要加以干涉，讓個人完全自由行動。又有一個著名的法國自由派經濟學家杜里夜（Dunoyer）氏，也要求施行無限制的經濟（economie sans entrailles）。

色氏根據純粹空想的理論，竟説生産可爲産品關聯銷路（La produetion ouvres des debcuches aux produits）。他認爲祇要交換自由，生産過剩是不成爲問題的，因爲在過剩的狀態中，我們祇須提高一般生産（a production generale），以甲種商品的過剩做銷場，來容納乙種商品的過剩，物物交換，簡直没有多餘，所以一般的生産過剩，是數學上不能有的事體（mathematiquement impossible）。像這種荒謬的理論，不知道還有多少，我們用不着去理會它，不過在十八十九世紀的時期，因爲新市場開辟的結果，供給往往不够要求，所以發展生産力，是當時資本家日夜努力以求解决的問題，凡屬妨害生産的障礙物，資産階級都絶對地加以剔除，務須達到生産發展的完全自由。經濟自由主義的實際根據，就在這裏。但是自從生産技術不斷地進步以來，生産力已經步步提高，而容納産品的市場，則不但不能相對地擴大，反日見縮小，於是生産力和生産條件的衝突，也日見鋭利化了。在這種衝突的過程中，各國爲着保障自己的生産，高築關税壁壘，排斥外來貨物，於是國際商業中的自由主義，已經墮入深淵了。同時國內的財政資本（haute finance），支配一切，於是國內的經濟自由主義，也完全没落了。因此，自由主義失掉了事實上的根據。不但在法國是這樣的，就是在其他資本主義國家，無一不是這樣的。這是整個資本主義的特點。

在這裏，我們還要補充幾句。法國雖然不是高度工業化的國家，但是它的財政資本家，却和其他國家的一樣，取得了支配地位，變成了財政寡頭政體。歐洲大戰前法國的銀行業務，有驚人的發展，成爲産業資金的廣大來源。法國大財政家兼銀行家如羅得西爾德（James de Rothschied）、伯尼爾兄弟（Les freres Pereire）、馬勒（Les Mallet）、阿廷厄（Hottinger）、胡爾德（Fould）、戴希達爾（d'Eichthal）、當非爾（Cahend，anvers）、米勒波（Mirabaud）、家林（Blanc Collin）、興齊（Hentsch）等，在十九世紀都是財政界中的赫赫大人物，其中羅得西爾德不但控制了法國，而且把比利時、荷蘭、奥地利等國都放在他的支配下。假如諸財政資本家能够聯合一致，共同維持國内的經濟，那或者可以除去經濟上的許多混亂現象，甚至可以施行現在所要求的統制經濟，不過他們都想争取最大的利潤，都想做到『唯我獨尊』的地步，結果，免不了彼此競争，互相殘殺。例如一八二六年，代表維也納銀行（Tries et Cie）的巴里西（Dauid Parish）氏，競被羅得西爾德打倒，投河自盡。財閥的相互火并，促進經濟上的更大混亂，是近來資本主義發展中常見的現象。什麽國際加提爾（Cartel）或托辣斯（Trust），都於世界經濟危機尖鋭化的行程當中，先後傾坍了。所以在財政資本支配下的法國，我們也衹見到混亂，助長這種混亂的，不僅是自由主義，而且是『有組織的』財政資本。

基於經濟自由主義的政治自由主義（liberalisme pohtique），破壞了國家的權威，陷入了混亂的無政府狀態。這是一般經濟學家，自最右傾的以至最左傾的，大家都承認的。但是他們的共同點，也就盡於此而已。至於如何去救濟經濟的混亂，那就有種種的説法，所謂産業公團的組織（或基爾特社會主義），便是其中的一種。這種辦法，會能够制止社會經濟中的混亂麽?

以上的問題，照我的看法，衹能得到一個否定的答覆。不了解社會主義的先生們，總以爲國家干涉或援助私人的經濟活動，便是走向社會主義的表現。所以德國社會民主主義，認定這次巴本（Von Papen）内閣以三萬萬六千萬美金津貼德國的産業資本家，也是社會主義的表徵。産業公團的目的，在於取締生産與分配（與其説是分配，不如説是消費）間的奥妙關係。假如個個産業都能這樣取締，豈不是整個經濟便有組織了麽?在資本主義的經濟下，個個工廠都是有組織的，不過工廠以外便是anarchie（無政府狀態）。那麽基爾特社會主義下的經濟組織，仍然不能脱離anarchie的危險，因爲個個産業的有組織，不會合并攏來成爲整個生産的有組織；因爲基爾特社會主義，根本不是社會主義。如果不是真正社會主義，便不能肅清與防止生産中的混亂。真正社會主義，包含兩個重要條件：（一）廢除『人剥削人』的一切辦法；（二）把一切生産手段置於直接生産者（producteurs immediats）的統制下（直接生産者獨握政權）。在這樣的條例下，所謂統制經濟（economie dirigee），才可實現，生産上的無政府狀態，才可廓清。産業公團，既不是在這樣條件下組織起來的，自然不能完成它所負的使命——剔除自由主義所引起的生産混亂。

産業公團，前已説過，包含着雇主（産業資本家）、雇員與雇工（直接生産者）三種人物，據説都是贊成生産費低廉的。它於制止經濟混亂，固然是没有什麽效力，但是於模糊工人的階級觀念與和緩工人的鬥争，確能够發生很大的作用。所以代表産業資本的馬頓，不惜苦口婆心，現身説法，主張以産業公團妨止社會主義與布林塞維克主義（bolchevisme）的到來，否則現今的經濟混亂，將使全部經濟歸於崩潰，發生革命（説見前）。這種警告，已經使資本家不寒而栗，而况法國失業工人已經超過一百五十萬（非官場發表的數字），在業工人的鬥争（如怠工罷工）騷動了法國的北部與中部，資本家更是栗栗危懼。所以階級合作，在這種情况底下，是非常必需的。産業公團就是階級合作的機關，而合作的原則，便是基於雇主、雇員、雇工都贊成生産的低廉。它可以供資本家的利用，來籠絡與壓迫它的奴隸——雇員與雇工。這樣，所謂産業公團，就變成了美國最流行的公司工會（The Company's Trade Unions），即是由資本家與工人合組的工會了。我想産業公團的成績，决不會超過公司工會的成績——或多少地和緩工人的鬥争，至於防遏生産的混亂，那是絶對談不到的。

（原載《學藝雜志》一九三三年第十二卷第四號，署名『董之學』）

中國現代化的基本問題

現在有不少的人相信：生產力的發展，可以推進生產關係與一般經濟關係的變化，更進而推動社會關係以及文化、政治、法律等的變化，那末，中國現代化的問題，不論它表現於哪一方面，總要歸結到中國生產力的發展。中國怎樣現代化即是等於怎樣發展中國的生產力。

提倡中國的生產，盡可能地擴大中國生產力，已經成爲國人一般的要求了，但是事實上我們從這個要求所得的結果，仍是極端地不滿意，『維新』、『變政』、『革命』，都在我國經濟上没有留下很多可紀念的成績。一九二六年大革命時代所公布的經濟綱領，不但早已被遺忘了，就是對於純粹以研究中國經濟爲目的的史學家，也認爲那已没有多大的價值，因爲它從没有被人搬到實驗場中充分地大膽地試驗過。

中國的經濟問題，早已成爲一個難於解説的啞謎。從前苦於材料缺乏，認識不足，討論稀少，現在却苦於材料太多，議論太雜，認識仍是非常模糊。從前的學者，專談外國學理，認爲中國落後的經濟是值不得研究的努力的。現在的學者，以高談中國經濟問題爲榮耀，尤其是洋八股式的學者們，幾乎獨占了經濟討論的論壇。照他們的理想，外國已經資本主義化了，中國也不能不變成資本主義社會了，他們更把些譯錯了的馬克思理論，來證明中國是資本主義國家——這未免太滑稽了。越是叫得響亮的『革命』理論家，越是容易犯這個錯誤。

『中國是資本主義社會』，不説稍爲研究中國經濟的不敢相信，就是門外漢也覺得有些奇怪。但中國究竟是怎樣的一個社會呢？這個問題的提出，决不是爲着否認或是認哪一個或哪一派的學説，而是爲的要客觀地與徹底地討論中國現代化的問題。中國將要沿着哪一條路綫來現代化呢？采取資本主義呢，或社會主義呢，或國家資本主義呢，或非資本主義呢？

也當然還有其他的種種路綫，不過現在人們所最注意的，衹是這幾個罷了。哪一條路綫才是比較地適合於我國的條件，這要看中國社會的經濟構成是怎樣。離開了中國的經濟現狀來談生產發展的路綫，那恰是閉門造車的烏托邦理想。在討論我們的基本問題以前，確定中國的社會性質是必需的。

一、中國社會的性質

已經有很多新式作家分析了中國社會的結構，確定了中國社會的形式。在他們所得的各種各色的結論中，大概可以找得四個比較普通的範疇，即（一）資本主義社會，（二）封建主義社會，（三）商業資本社會，（四）半封建主義半資本主義社會。照他們的論斷，中國社會總不出這四種形式以外。

（一）資本主義社會說　據這一説的解釋，中國已經是完全資本主義的社會了，和歐美各國的社會在性質上與構成上没有什麽分别。中國資本主義化了的最顯著的特徵，在於商品經濟與貨幣經濟支配了中國的整個經濟體系。講到農村經濟與土地關係，也是被資本主義形式宰制着。農村依靠市鎮，市鎮又依靠大城市，大城市或大商埠又依靠帝國主義，這樣，便造成了中國經濟依賴世界經濟的連環性。同時尚遺留於中國社會當中的封建主義，已經被帝國主義的優越經濟摧毁了，衹剩得一點殘餘的殘餘了；而這個殘餘，改變了它原有的作用，不惟不妨害而反助長中國資本主義的發展。

中國的『新馬克思主義者』，多半維持這一説。他們的理論，也往往有彼此相异的地方，但有一個最基本的共同點：目前中國流行着的商品經濟，是資本主義化的明確的標記。他們却承認中國的資産階級，仍然維持殘酷的封建剥削，以便完成資本的原始積累；他們認爲這是中國資本主義化的進程中的好現象，至於他們所説的『中國軍閥也被資本主義化』（即『資本主義軍閥』）與『中國民族資本和帝國主義并没有根本衝突』，那更是他們理論的别致處。因爲中國既是資本主義，所以他們主張馬上采行社會主義，掃除中國經濟發展上的障礙與推進中國的經濟。

（二）封建主義社會説　和資本主義説完全相對立的，便是認定中國爲封建主義社會的説法。這派認爲中國的經濟完全是封建經濟。他們指出：封建經濟的特質，就是割據的經濟，一切經濟的基礎都不統一。他們更舉出貨幣與度量衡的紛歧做封建經濟的例證。關於貨幣計算，他們有這樣的説法：『我們試看今日的中國，用來計算的籌碼，各地不同，上海用規元，天津用法碼，廣東用小洋，國家所定貨幣，在市場上差不多還當作一種貨物，可以高下其值。』（民族一卷四四期四九〇頁）他們認爲這和歐洲中古時代即封建時代的經濟相同。

又，『譬如我開了一家磚窑，如果没有標準，簡直不能製磚瓦，非等到人家拿了尺度來訂製，絶對不敢預先動手』（同書同頁）。可是他們認爲中國已經具備資本主義發展的種種條件，自然會要客觀地走向資本主義的前途。

不從封建生産與剥削的關係上來斷定社會的性質與形式，而僅拿貨幣與尺度的參差做標準，這不但不合辯證法，并且連形式邏輯都够不上。事實上貨幣經濟的發展，就是擊破封建經濟的一個有力的證據；至於它的不統一，尤其在中國這樣廣闊的區域内，乃是次要的問題。

在真正的封建主義社會中，我們可以找得這樣的特點：生産是以自然的農業經濟與家庭手工業的聯繫做前提，剥削則將經濟剥削與超經濟的剥削合并爲一起；政權形式是分權化。農民對於地主，不僅有經濟的關係（繳納力租與物租），而且有政治上的服從關係，所以政治關係上表現地域色彩，土地關係上表現政治色彩。

倘若拿這個標準來衡量中國的社會，當然不能説中國的經濟完全停滯在封建的階段，即自足的經濟階段。所以中國不是純粹的封建主義社會。

（三）商業資本社會説　更有一般經濟學者，説中國既不是資本主義的也不是社會主義的社會，而是商業資本統治着的社會。他們認爲這個社會并不是現在才露面的，實際上它已經存在了兩千多年。它經過這樣久遠的時間而没有變動，是現在中國經濟學家所不能答覆的。

可是商業資本，僅代表交换關係，它自己并没有特殊的生産力。實際上它并不生産什麽。在資本主義萌芽的時期，它僅以流通關係幫助資本的原始積累。就生産關係講，商業資本不能形成一個獨立的社會，我對於這個意見完全同意。所以中國不是商業資本主義的社會。

（四）混合社會説　這派表示如下的意見：中國經濟的發展，當然是不均衡的，在通商口岸如上海或工業中心如無錫，現代資本主義的現象，是到處可以看得見的，但在雲南、貴州窮鄉僻壤的地帶，人民尚過着穴居野處的生活（原始經濟）。抛開這兩個極端不算，大部分的中國，决不是單純地被哪一種經濟體系所能獨占。它包含資本主義成分，也保存封建主義成分，至於商業資本，乃是以前各時代與現在各社會中都有的（除開蘇聯）。這種分析的方法，我認爲適合於中國的社會現狀。

這裏應當指出的：在城市，尤其是大商埠，資本主義成分占優勢，在農村則以封建剥削占優勢，而聯繫城市與農村經濟的，便是帝國主義支配下的商業資本與買辦資本。中國農村經濟的崩潰，主要地是由於封建剥削的加重與帝國主義商品的襲擊。

舉例來説。『綏遠五原紅糧二百六十斤，價僅七角，穀子七角有奇。百畝地收一萬三千斤，僅售洋三十元，但省税竟達三十元，附加五十元。人民將全部掃數出售，尚不敷五十元。人民感於捐税之痛苦，多任穀物毁敗於地，以求免税。』（《中國經濟》創刊號《最近中國農村經濟諸實相之暴露》第五頁）這僅指課税一項而言，地租尚不在内。僅賦税一項，就把農民的收入、利潤乃至工資都掠奪完了。這是何等殘酷的超經濟的封建剥削呵！在中國邊鄙的省份與内地，像這樣的或類似的實例，是很普通的。

又，帝國主義價廉物美的商品，破壞了農村中的自足經濟與手工業以後，已成爲農村中不可缺乏的消費品，衣食住這三者當中，差不多没有一樣不仰給於洋貨（近來大批糧食進口便是我們逐步依賴外國糧食的一個實例）。結果，農村的現金大批地流入都市（或外國），成爲游資，而農村中則財源枯竭，周轉不靈，農民迫於捐税與債務，不能不做高利貸的犧牲品，於是農民貧窮化的過程也加速了，農村過剩人口也加多了。

『中國是混合社會』——照這派經濟學者的説法，中國在目前并没有發展社會主義的客觀條件，却可以采取非資本主義發展的路綫，在比較長遠的時期内，來改造（并不是取消）中國的小農經濟與加速工業化的過程，最後過渡到社會主義的階段。

二、中國經濟的出路

我們在上面已經指出了中國經濟發展的幾個路綫，即資本主義化、社會主義化、非資本主義發展。忘記提及了國家資本化的命題。最近福建成立的某政黨，在政綱上規定了以國家資本主義爲達到社會主義的過渡階段。

客觀的中國，究竟適合於哪一條路綫，自然是個不容易答覆的問題。我們在前面所作的關於中國社會性質的分析，當然可以幫助我們來答覆這個問題，但是就使我們完全明瞭社會的性質，也不能由我們自由地把決定了的路綫演化成爲事實。政治的障礙與反抗，是很成問題的。每個經濟體系的背後，都站着很强大的政治勢力，不許我們來侵犯它，自然更談不到推翻它了。

中國的『新馬克思主義者』，認爲中國已是資本主義社會，就要實行社會主義，這是極端的謬誤。帝國主義的商品，破壞了農村，占住了從前手工業出品所占的市場，這就算是資本化了麽？現在洋糧進口，天天加多，一方面表現了我國農村的大破壞，另一面更促進大破壞的普遍化。這也算是農村已經資本主義化的象徵麽？不從生產關係與生產方法，單拿經濟破壞這點來説明中國的資本主義化，這是破天荒的大笑話。

辛亥革命（一九一一），中國資產階級并没有握住政權。以後連年内戰，經濟凋敝，它真是受害不淺。一九二六年大革命結束後，革命既尚没有成功，怎麽出現了資產階級社會呢？不需要資產階級革命，而資本主義化就可以完全成功，這是和他們（社會主義革命者）的公式不合的。他們的公式是：資產階級革命推翻封建主義，社會主義革命打倒資本主義。

事實上，中國的資本主義是非常微弱的。中國的民族工業（如棉織業），衹能支配國内市場到百分之五十以内，而中國各銀行的資本總額，衹能占外國駐華銀行資本的四分之一弱。中國的産業工人衹有三百萬，約合全國户口的百分之〇點七，來和美國的百分之二十，德國的百分之三十，英國的百分之二十五相比較，真是『藐乎小矣』。

我們的結論是：社會主義的口號是超時代的，即是過早的。

其次，資本主義的口號，也自認有相當的號召能力。自不待説，中國具有許多順利的條件來發展資本主義。這些條件是：豐富的天然物産、大量的廉價勞力、氣候的適宜種種。但是就使資本主義本身很健全的，資本主義化這個進程，在中國要碰着兩個大的障礙，即：愈加依賴殖民地市場的國際帝國主義與封建主義式的剥削制度。而況資本主義本身，已經陷入許多不能解决的矛盾中了。過去四年中澎湃着的世界經濟危機，好像是個探海燈，照透了這些矛盾的形形色色。廣大群衆所受的痛苦，更是難以言語形容。

换句話説，帝國主義的廉價商品與封建勢力的殘酷剥削（如苛捐雜税），絶對不容許中國的産業有蓬勃的發展。從一九一四到一九二一年，中國棉織業也曾有個繁榮的時期，這是由於帝國主義忙於互相殘殺的戰争不能不暫時放弃殖民地市場的緣故。嗣後大戰一停，帝國主義又來了，中國的民族工業也就隨着衰退起來。可見得帝國主義確是中國資本主義發展的制動機。

帝國主義從外打擊中國的産業，中國的封建勢力則從國内提高對國貨的税率，來幫它完成破壞的工作，正和現在北方日機偵查我們、進攻我們的時候，我們反要保護日機的情形差不多。經過買辦資本的中介，中國的封建勢力，已經和帝國主義結了不解緣。在這個夾攻底下，中國經濟不能不由凋敝而没落。這是資本主義化的前途。

國家資本主義，衹是和資本主義的名稱不同，它的作用與前途不會有兩樣。

再其次便是我所贊同的非資本主義的發展。

這個路綫，不僅顧及現在的客觀條件，而且確定了中國社會發展的前途。它的任務，不僅在憑藉廣泛的政治力量來掃除封建勢力掩護下的殘酷剥削與消滅帝國主義的經濟政治支配，而且還要確立進步的經濟政策來改造涣散的小農發展，經過相當的發展以後，再開始從各經濟部門轉變爲社會主義經濟。

爲什麽要在非資本主義發展的路綫下才能够粉碎經濟進展的障礙（帝國主義與封建主義），而資本主義化則不能擔負這個任務呢？

我們的答覆是：資本主義化的開始與進展，必然是以資産階級爲中心的領導力量，而這一階級由於本身實力的脆弱，總不免於危迫時對它的敵人表示讓步，抛弃原來的主張。至於非資本主義的發展，則以廣大被剥削者爲骨幹，絶不會和帝國主義與封建主義相妥協，因爲他們自身是被它們所壓迫與剥削。除非他們不願意謀自己的徹底解放，他們當不至允許剥削與壓迫者保存一半乃至全部的支配。除非保障非資本主義路綫的政治條件可以實現，則打倒帝國主義與廢除苛捐雜税的口號都是虚空的，甚至是騙人的。

三、結論

我重復説一次：中國不是單純的資本主義社會，可以不需要社會主義革命；它也不是單純的封建主義社會，所以不需要歐美式的資本主義化；它僅是介於兩者中間的復式社會，很可以而且需要采取非資本主義的路綫。

在這裏我們應當認識的，切不要把中國的經濟問題看作單簡的技術問題或經濟政策的問題。以爲有了技術，有了經濟政策，有了資本，中國的整個經濟都有了辦法了。我的意見，恰和這個相反。關於如何發展生産的問題，我認爲主要的還是要從政治上來想辦法，來想出根本的徹底的辦法。如何取得與使用技術，如何籌集與分配資本，倒是比較次要的問題。

從來『提倡生産』的口號，衹是歸結到生産衰落，甚至連衰退了的生産事業（如紡織）都岌岌不可終日，顯然是由於政治問題没有解決。我們的路綫，即非資本主義路綫，也需要首先解決這個有決定意義的問題。在現存政制底下，希望走向非資本主義的道路，衹是一個幻夢，正和希望在目前發展資本主義的幻夢一樣。妨害我國經濟發展的帝國主義與封建主義，決不能用和平手段去制裁。

要解決政治問題，決不是一個或幾個英雄或少數巨頭所能勝任，必定要廣大被壓迫群衆自動地聯合起來組織起來擔負這個任務。以便造成保證非資本主義的勝利的政治條件。

另一面，走不通的資本主義，因爲找不出强大的資産階級來做領導，自然是百分之百地没有希望。歐美的資本主義社會，是資産階級自己在無産群衆幫助下樹立起來的。要想利用無産群衆做中心來建立資本主義的社會形態，那衹是幻想而已。因爲無産群衆既能發揮這樣的偉大力量，他們將要不甘願封建主義的乃至資本主義的剥削，而創立利於本身的經濟發展的路綫。

這是歷史上有充分的證明的。在全部的階級鬥争中，我們從没有看見一個對抗的營壘勝利以後，還自願擁護與改進敵人的經濟制度。勝利了的歐美資産階級，絶不沿襲封建體制，其原因就在這裏。中國的民族革命與民權革命，本來早已流産了，没有一個被壓迫的階級得了勝利，所以根本談不到經濟的基本轉變。

回歸本題，説一句總括的話：衹要政治問題得到解決，我敢信非資本主義的經濟改造與建設，是可以一帆風順地進行的。

（原載《申報月刊》一九三三年第二卷第七號，署名『董之學』）

世界經濟會議休會了

轟轟烈烈的世界經濟會議，已於七月二十七日下午四點三十八分鐘中休會了。列强政府的代言人，既不敢公開宣揚世界經濟會議的成功，又不願公開宣稱他的失敗，所以僅僅説它休會了。我們若把世界經濟會議的議程檢閲一下，再把它的成績對照一下，的確不能説它成功，雖然有幾個代表，硬説它是成功的。另一面，休會了的世界經濟會議，如果還有重開的希望，那末，在現時就總括地評定它的成功或失敗，也許是太早了一點。

列强的代言人，雖然拿這種温語來安慰我們，但總覺得他們的安慰是討厭的。實際上，我們决不是在事後論長道短，而是早已預料到世界經濟會議必無成功。即是説，會議的失敗，不是在檢查它的成績以後才發現的，而是在分析它的先决條件中就早已估量到了的。胡愈之、章乃器兩先生，早已就把他們兩位關於世界經濟會議的診斷在本刊先後發表了（參閲本刊第二卷第五號與第七號）——現在我們再重説一句：世界經濟會議失敗了。

一、世界經濟會議爲什麼失敗

世界經濟會議，决不是現在才發現的一味救命湯，老實説，它是一個屢試不效的廢物。一九二二年在意大利基諾亞（Genoa）舉行了第一次世界經濟會議，一九二七年又在日内瓦舉行了第二次的會議，今年六月十二日在倫敦舉行的，要算是第三個的世界經濟會議了。每次會議的結果，總不外説『休會并不是由於失敗或懊喪，徒因各委員需要較長的時間來繼續他們的討論』。（本届會議主席麥克唐納在休會時也説這樣的話）

屢次舉行的世界經濟會議爲什麼都失敗了呢？既然每個會議都在特種條件底下失敗的，不過它有一個總原因，即：資本主義的固有的無政府狀態。這種狀態，隨着資本主義的危機與矛盾的尖鋭化而日趨險惡，排斥了全世界範圍内的國際調協。

這次世界經濟會議，面臨着的問題如左：

（一）貨幣與信用政策　在這個題目底下，應該討論（a）如何恢復自由的國際金本位的條件，（b）在恢復以前，應該採行怎樣的超貨政策，（c）金本位的功用，（d）白銀問題；

（二）物價　討論（a）物價與生產費的不均衡，（b）怎樣恢復均衡；

（三）資金移動問題　（a）撤銷外匯的限制，（b）現存債務問題，（c）資本的移動；

（四）國際貿易的限制　（a）經濟的因果，（b）匯兑統制與債務清算協定等問題，（c）間接保護主義，（d）取消限制的可能；

（五）關税與商約政策　（a）關税增加的停止，（b）最惠國的待遇；

（六）生産與貿易的組織　（a）經濟協定，（b）小麥問題，（c）其他産品，（d）運輸問題。

這些問題，都在小組委員會討論過。委員會主張：（一）恢復金本位，由各國中央銀行的合作來保護物價的安定；（二）提高物價；關於生産過剩的商品，應該限制它的生産或出口；（三）撤銷國外匯兑的限制；（四）撤銷各國現行的限制對外的緊急法令，廢除關税的障壁，恢復貿易的自由。

在這些討論中，值得我們特别注意的，便是貨幣的安定問題與關税障壁的問題。因爲這兩個問題是世界經濟會議的暗礁。事實上，這兩個問題，也不過是一個問題的兩面罷了。目前資本主義的主要目標，在於争取市場。這個前提，决定了資本主義國家爲什麽要故意减削貨幣的價值，爲什麽要大大提高關税的障壁，爲着争取縮小了的海外市場，祇有用低價的貨幣才能衝破高的關税與打倒貨幣没有跌價的國家的商品，反轉過來，爲着保存縮小了的國内市場，當然要高築關税的障壁，來抵制外來賤貨的涌進。因此，有了跌價的貨幣，必然會有高的關税障壁，同時，高的關税，一定要激起别國的『陰謀破壞』——貨幣跌值。平常靠關税來抵制外貨的國家，一聽到外國貨幣跌了價，便戰栗起來了。

這次世界經濟會議，恰如我們所預料，一經碰到了貨幣問題的暗礁，便不能不慢慢沉没下去。其次便是關税减低的問題，一九二七年的世界經濟會議，就死在這個問題的上面。我們預料世界經濟會議是不能通過這兩個難關的。

二、貨幣戰争

决定了世界經濟會議的死命的貨幣戰争，雖然是個舊的問題，却在改變了的條件底下含有新的意義。一九二七年爲什麽不提出這個問題來？那時候世界經濟，還在相當的安定時期，各資本主義國家，祇是設法防護自己的市場，所以都不肯撤銷或減低自己的關稅。那時尚用不着減低貨幣的價值來奪取市場。

自從世界經濟危機逐步地深刻化以來，各資本主義國家的對外貿易，莫不大大減少。美國在四年中減少三分之二，歐洲各國減少二分之一。各國爲着開發市場，必須采取衝破關稅的或爭取別國貿易的傾銷方法，即是説，必須采取衝鋒式的進攻方法。減低貨幣的價值，對於傾銷是有莫大的幫助的。

這次世界經濟會議中的關於貨幣穩定的爭執，完全是尖鋭化了的爭取市場鬥爭的反映。英國放弃了金本位以後，得到了對外貿易上的順調。日本也是一樣的，這刺激了美國放弃了金本位的野心。就這次的形勢看來，貨幣戰爭采取了三角形的姿勢，一角是美國，一角是英國，另一角是以法國爲核心的金集團（Gold Bloc）。金集團要求穩定金元，美國是反穩定的，英國則游移不定。

我們要記得：英國放弃金本位以後，時時受到美國的怨謗，時時受到它對於恢復金磅的要求，然而曾幾何時，美國自己又踏了英國的覆轍。現在法國代替了美國從前要求恢復金本位的地位。至於英國則立於比較中和的地位：它不贊成恢復金本位，最大限度也祇能要求從早穩定美元，使它不致跌到奪取自己利益的水平綫下，同時，它更不贊成美元繼續跌下去，因而感受它的危脅。

七月三日，美國首席代表赫爾（Hull）正式宣布穩定貨幣是一種似是而非的舉動。五日，美總統宣言：目前第一個要着，便是恢復物價……各國的需要與政策，不必彼此一一相同。假若一律都需穩定貨幣，那未免矯揉造作，無補實際，并且恐怕還要妨害別國實現繁榮的政策。美國絶不妨害他國的利益，云云。同時組成金集團的國家，如法、比、意、荷、瑞士、波蘭六國，也發表了維持金本位的宣言，其後（八日）該六國的中央銀行的總裁，結集於巴黎的法蘭西銀行，決定聯合六國爲一個集團，通力合作，來防備外匯的漲落，并且籌設公共基金來保護關係各國的貨幣與現金兑換的自由。英國方面，則毫無確定的表示。

美國不肯穩定貨幣，大約具有這樣的幾個理由：（一）爲着和緩國內的金融危機，不能不放弃金本位；（二）實行通貨膨脹，提高物價，引起農業資産階級對新政的好感；（三）通貨膨脹以後，可以減少負債很多的鐵路與其他企業的負擔；（四）在歐美以及英國的殖民地内，可以推廣美貨的市場，提高遠東各國的購買力，尤其是中國的；（五）在國内因爲提高物價的結果，可以引起暫時的工商業景氣。至於穩定貨幣，也是於美國有利益的，祇好從略罷了。

法國爲什麽反對美幣跌價呢？這是由於它是個黄金集中的國家，握有極大的財權，而它本身却不是個工業國家。從前它使用財政壓力，逼迫了英國，但它於英國放弃金本位以後受到了很大的損失。它在歐洲各國放了不少政治性質的借款，它購買了不少的外國證券，尤其是美國的。美國不維持金本位，它也難於獨立撐持了。它很防備美貨的傾銷。法幣若是隨美元跌了價，與它没有什麽好處，因爲它既不是高度工業化的國家，反來要受對外投資巨大損失。

英國處於法美的貨幣鬥爭中，既不願附和法國穩定金元的要求，因爲它自己也是得到了貨幣跌價的利益的；它也不願金元長期跌落下去，以致妨害它的對外貿易的優勢，理由已經在前面説過了。所以它的地位是動摇不定的。

三、今後的經濟戰争

我們檢查世界經濟會議的成績，祇見到它花費了三十八日的時光，用去了八噸的紙張，分發了兩百萬小册；英國用出了七萬鎊的款項（其他參加各國當然也各花巨款）罷了。至於會議究竟得到了一點成功没有呢？關於這個問題，我們祇見到美國堅持貨幣不穩定的主張成功了，用金國家的集團也成功了，英國的兩面政策也算成功了，最後，會議休會的提議也可以説是成功了。但這一切的『成功』，恰和英國報紙的評論相反，不獨没有減輕將來的困難，而且是未來的更猛烈的經濟戰争的預兆（『銀協定』恐怕祇是唯一的成績，但將來做得到做不到是很成問題的）。

資本主義已陷入了極端的矛盾中，所謂資本主義的暫時的與局部的穩定，已經在去年下半期完全告終了。在這種條件下舉行國際的調協會議，已經是太晚了。某幾個國的經濟調協，在某種限度内，或許是可能的，但以全世界做基礎的任何協定，是可以斷定必無成功。今後各國的經濟戰争，不但要愈加强烈，恐怕還要很迅速地轉變爲武裝戰争。

你看美國：削減金元的價值，加緊執行所謂國内經濟復興的綱領，同時并於庫款奇拙的情形下，於三年内建造軍艦三十二支（一説三十七支），建立珠島、檀香山等地海島軍根據地。這不是并雙管齊下的經濟戰争與武裝戰争的準備麽？

你看國聯：組織了繼續合作委員會來輔助中國，并要英法諸國借款給中國來建設中國的經濟，其目的在保衛它們在我國的市場，來抵制瘋狂般的日本對華的侵略——獨占。這不是經濟鬥争政治鬥争同時進行的表徵麽？

你看日本：毫不爲畏懼地繼續對華的侵略，猛烈地充實與擴大陸海空軍，實行全國經濟統制，絶對反抗國聯繼續合作委員會。這不是很明白地正在進行經濟軍事政治的鬥争麽？

至於資本主義各國對蘇聯實行經濟抵制，日貨在全世界被排斥，這更是很强烈的經濟戰争，是武裝戰争前夜的經濟戰争。

恰如日本人所説，中國具備了種種殖民地的良好條件，如土地廣大、物産豐富、勞力充盈與廉賤、政治薄弱等等，因此，我國遂越加成爲各帝國主義經濟政治鬥争的一個重心。財政部長宋子文氏在世界經濟會議演説，毫不含糊地排斥日本的大亞細亞孟羅主義，歡迎國聯關於中國經濟建設的合作。國聯技術合作委員會成立後，馬上派大員拉西曼（Rajchman）來華布置。日本方面，極力否認這個委員會，并且説出了要以武力解决的狂語，獨占與共管，已經到了短兵相接的生死關頭。然則經濟戰争演化成爲政治乃至軍事鬥争的徵兆，已經是不能隱諱了。而這一鬥争的戰場，恐怕是中國，望國人早早準備！

七月三十一日

（原載《申報月刊》一九三三年第二卷第八號，署名『董之學』）

俄美復交與東亞和平

俄美復交的問題，起碼宣傳了兩年，自從羅斯福就任總統以後，不斷地放出了承認蘇聯的空氣，然而總是密雲不雨。而兩國的復交問題，也衹供一些外交家與新聞紙談話的資料而已。但是這次報紙上所揭載的俄美復交，好像比以前更具體更緊迫。從十月十日羅斯福向蘇聯政府請求談判復交的公函以後蘇聯政府的復電看來，兩國都表示願意開始談判，來消除兩國間障礙以恢復外交的關係了。

俄美復交，好像没有什麽多大的問題了。然英國的輿論，尚懷抱多少的疑慮，日本則基於它仇俄勾美的策略，認定俄美復交是變幻莫測的。

俄美復交是否可能，這衹是次要的問題。具有決定意義的問題，不單是復交的成功或不成功，而是該兩國因復交而實現的政治接近要達到如何程度，以及復交對於維持世界和平，尤其是遠東的和平，將要發生如何的作用。要瞭解這些問題，自然先要正確地瞭解國際局勢發展的動向，尤其要明白遠東問題的急劇變化。更須明白日、美、俄的相互關係以及該三國對我國的關係。

一、國際形勢的特徵

俄美復交的問題，決不是突如其來的，而是國際形勢情形到了一定的階段所産生出來的一個事象。這個事象，現在雖不一定達到完全成熟的時期，但它的出現是不足怪的。

目前的國際局勢，有一個最鮮明的特點，即各帝國主義國家，都是多少有些孤立的，而兩不相容的資本主義國家與社會主義國家（蘇聯）倒反來傾向於保持或建立通常的友好關係。這不是説，一切資本主義國家都願和蘇聯保持和平的關係，衹是説，某幾個受戰爭威脅最厲害的資本主義國家，企圖維持自己的生存條件與支配地位，不能不希望蘇聯出來共同抵禦戰爭的威脅，不能不要求它出來對經濟危機投一服清涼劑。

現在我們看看英、美、日、法、德、意這六個較大的帝國主義國家當中，哪一個不是孤立的，所差的，不過是孤立的程度不同罷了。但反過來説，它們的相互衝突，則天天向上發展着。日美的衝突，日英的衝突，德法的衝突，英美的矛盾，法意的矛盾，這些都是不可否認的事實。在這種對立的尖鋭化的過程中，它們在經濟上與政治上差不多都没有找得朋友和伴侣的可能。經濟的政治的民族主義，滲透了各國對内對外的種種政策。這一民族主義將要領導各國走到更孤立的地位。軍縮會議與世界經濟的破産，都是各國不願意以『孤立』交『合作』爲其主要的原因。

各民族的孤立，是被資本主義決定了的。資本主義日漸崩潰起來，則孤立的程度必然日見加大。全世界雖然緊逼着大戰的危機，但醞釀這個大戰的國際局勢，是和歐戰以前的形式迥然不同的。那時候德、奥、意三國同盟和英、俄、法三國協約尖鋭地對立着，即是説，國家集團與國家集團對立着。但在現今呢，我們祇見到各國與各國相對立。要想結合幾個國家做一個政治的或經濟的集團，仿佛是不可能的（除附庸國家在外）。

在另一方面，我們又見到另一個傾向，即資本主義國家與社會主義國家間的暫時平衡，比從前獲得了更多的支持它的元素，如蘇聯發起的許多不侵犯條約的簽定，法俄的親善等。在這裏蘇聯表現了它的和平政策的大成功。這當然不是説資本主義與社會主義的根本矛盾就從此消滅了，資本主義國家就從此抛弃對蘇聯的進攻了。相反的，因爲蘇聯經濟建設的進步與資本主義危機的加深，這一進攻不能不采取迂迴的策略。各資本主義國家，在迂迴的策略下，爲着改進自己的政治經濟的地位，也無妨表示和蘇聯來進行暫時的接近。蘇聯爲着要貫徹它的建設計劃，對於這種表示當然是歡迎的。這也是目前國際形勢中的一個特徵。

二、日美俄的相互關係

至於日、美、俄的錯綜關係，寬泛地説，乃是以遠東問題做核心的，也可以説是以中國問題做中心的。可惜中國不争氣，以對外不抵抗爲寬大，以哀訴國聯爲對策，竟喪失了它在遠東局勢中的一個主人翁的地位，對遠東的和平不能做一個有力的砥柱。

日本占領滿洲、熱河、河北的北部，現在更嗾使以德王爲中心的内蒙王公宣布自治，一再并吞整個的華北，這固然是向中國人民的挑釁，但同時也未嘗不是向珊姆大叔（Uncle Sam，即美國）的挑釁。因爲日本的武裝侵略，是違反美國領導下的九國公約與凱洛格（The Kellog Pact）非戰公約的。然而美國對這種挑釁的答覆，不是高喊反對的口號，便是虚聲恫喝地調兵遣將，結果祇便利了日本軍閥擴大武備的藉口。後來它看這種形勢越加不對，索性連口號也不叫了，祇是埋頭地推進軍艦建造的程式，這其中當然也含有不少恫喝的意思。我認爲中國問題是日美關係緊張中的一個決定元素。

中國問題，又是日俄關係尖鋭化的發動機。問題的内容大概是這樣的：日本爲謀經濟恐慌的出路與其帝國主義膨脹的去路，爲準備世界大戰與進攻蘇聯，必須奪取滿蒙、華北來滿足它自己的經濟與軍事方面的要求。滿蒙的占領，從軍事方面講，可以説是進攻蘇聯的初步工作。這一初步工作，現在尚没有完成，因爲中俄支配下的中東鐵路還巍然存在着，雖然中國對於該路應享的一半管理權暫時被傀儡僞國奪取去了。

現在美國雜志，紛紛登載關於日本陰謀搶奪中東鐵路與改設寬軌以便軍事運輸的種種消息，另一面，蘇聯政府於九月二十一日警告日本政府不要破壞中東鐵路的條約關係，後於十月九日公布日本陰謀奪路的秘密文件四件。同時日政府秘密地加緊布置軍事準備進攻西伯利亞，但嗾使日本的報紙與爲其工具的通訊社儘量宣傳蘇聯集中軍隊於遠東邊境威脅僞國的消息。路透社從哈爾濱發出來的電報，没有一天不提及『日俄戰爭一觸即發』的話。

事實上，日俄戰爭的空氣是非常緊張的。日帝國主義已經下了最後的決心，要做資本主義世界進攻蘇聯的急先鋒。它情願站在資本主義的共同立場，暫時求得美國和英法的諒解，來集中它的火力消滅它敵人當中最孤立的一個（蘇聯），消滅這個敵人的企圖成功以後，它當然有更多的把握來對付其餘的敵人（美國）了。日本軍閥急於要征俄與石井菊次郎要和美國講求協調，如談判日美公斷條約，其理由是從一國共同點出發的，施行對諸敵人的個別擊破，并且首先打倒它認爲最孤立而『最怯弱』的那個敵國——俄國。

美國方面對於日俄戰爭的態度，是不難於推測的。它既不愛惜日本，更不愛惜俄國。在過去的十餘年内，它堅持不承認蘇聯，它痛恨赤俄的程度也就可知了。以毒攻毒，是美國資産階級馨香禱祝的。兩敗俱傷，更是它所歡迎的。關於日俄戰爭的問題，美日必定可以在某種條件底下成立過渡性質的妥協。日本苟能辦到這點，當然可以心滿意足，專力征戰，認爲勝利是很有把握的。最低的限度，日本也可以辦到美國嚴守中立。這自然是有利於日本對蘇聯作戰的一個條件。

美俄最近表示傾向於接近，恐怕是由中國問題發生急變的結果。這點容於後面再講。總之，以中國問題爲重心的日俄與日美關係，是趨向於緊張的。

三、美國復交的動機

在日俄戰爭空氣極度緊張的時候，美國大總統羅斯福（Roosvelt）突然於十月十日向蘇聯政府提出復交談判的動議，而蘇聯政府也馬上復電贊成。據國民社的電報，這個動議并不是十月十日發去的，實在是十九日才用電報傳達於蘇聯的。倒填九天日期的作用，據説是爲避免利用日俄關係緊張的嫌疑。蘇聯外長李維諾夫（Litvinov）於十月二十六日匆匆離開莫斯科往華盛頓舉行談判，足證美俄的接近是雙方渴望的。

羅斯福的動議公表以後，世界輿論除英國、日本以外，大多表示贊成。日内瓦方面認爲這一步驟足以便利遠東不安局勢的解決，并可以緩和日本的亞洲大陸政策。俄國《真理報》發表了這樣的意見：『一般冒險主義者，正想利用現在的國際情勢，使全世界陷入新的灾禍中。』它隨後又提一個問題：『誰能懷疑俄美間的尋常關係，將創造一種勢力的聯繫，使努力破壞和平的冒險主義者不能不有所顧慮？』

英國的報紙，指出俄美的接近是遠東時局的不安所造成的。法德的言論，認爲這一接近還有排日與警告日本的性質。法國右派的報紙，指斥羅斯福的提議，無异鞏固蘇聯蘇維埃的政治，而急進派的言論則聲稱蘇聯志在實行和平政策。日本外交當局，對俄美復交的前途認爲很可懷疑的，但若復交成功也没什麽稀奇。

美國有六十八種報紙，要求無條件地復交。從前共和黨中的頑固派，也多半取消反對復交的言論。參議院外交委員長波拉（Borah）氏，公開聲明俄美復交不但是維持和平，而且是加强美國在遠東的地位。祇有美國勞工會長與少數退伍軍人尚反對承認蘇聯。而代表美國金融資本的垣街（Wall Street）對復交也表示滿意。

這樣看來，俄美復交大概是不成什麽問題的。萬一談判不能成功，這倒出乎我們的意料以外了。俄美復交的動機，當然是維持遠東的和平，但若美國單是爲着維持遠東的和平的話，那末爲什麽它不在去年日本進攻上海今年日本進攻華北的時候來向蘇聯提議復交呢？

自從華北停戰以後，中日關係急速地轉變着。北平政權的成立，駐日蔣公使的從早回任，近來杉村德川的翩聯來華，代表華北的李擇一赴日，最近行政院副院長兼財政部長宋子文的辭職，這種種表示了中日關係轉變的方向。這一轉變的結果，將要造成美國竭力擁護的『門户開放』政策的反面，即東方的閉關主義。這樣，自高自大的美國，其勢力不但要從亞洲大陸退出，還要從太平洋的一邊退去，然而這是它絶不願意做的。

在這個緊迫的當兒，彷徨徘徊的美國政府，從倫敦、巴黎得不到什麽援助，才於十二分的不願意當中，向莫斯科做握手的姿勢。這個握手的姿勢，想可以辦到兩國國交的恢復，不過邦交的恢復，是否能够擔保東亞的和平，是否能够加强美國在遠東的地位，這要看兩國關於遠東問題的諒解，是否能够産生『一種勢力的聯繫』來制止那在東方擾亂和平者的暴力，尋常的外交關係的恢復恐怕是不能保證和平的。

（原載《申報月刊》一九三三年第二卷第十一號，署名『董之學』）

美國承認蘇聯的經過與意義

一、美國承認蘇聯的過程

十一月十七日午後十一時五十分，俄美正式宣布確立兩國間的通常關係，清算十六年以來存在於兩國間的外交障礙。對於這個外交關係的確立，有人認定它是恢復國交，也有人説它是『承認蘇聯』。好吧。不必在名詞的异同上來挑起争論，衹須記着美俄已經成立正式的外交關係就够了。

美俄復交的談判，是以十月十日做起點。在那天，美國大總統羅斯福寫了一封公函給蘇聯人民委員會主席加里寧，要求舉行兩國的復交談判，美總統在他的公函中説了這幾句扼要的話：

『我當初在就職的時候，就願意設法消除現在美國一萬萬三千萬人民與蘇聯一萬萬六千萬人民間的反常關係……對於兩國間的困難，當然可以用坦白的與友善的談話來消滅它。假如閣下具有同樣的意見，那麽我很願意接待閣下指派的任何代表來和我個人討論兩國間的種種問題，但此種談判當然不致束縛雙方的未來行動的方針。』加里寧馬上寫了一個復函，接受了羅斯福的提議，并指派蘇聯外交人民委員長李維諾夫（Litvinov）做代表前往美京華盛頓參加談話。加里寧并説：

『閣下在尊函中正確地指出了反常的局勢，這一局勢不僅不利於兩國的利益，而且不利於一般的國際情勢，因爲它能够增加不安的元素，能够阻撓締結世界和平的行程，兼能激發破壞和平的力量。』

這次俄美兩國進行的復交談判，抹煞了外交上的許多成例。美國既没有承認蘇聯，照外交的常軌講，它就不應該青天霹靂般地正式申請蘇聯舉行復交的談判，這一申請實際上等於承認了蘇聯。至於蘇聯方面，也有破除成例的地方，在過去，它拒絶和不承認他的國家作任何談判，但這次它好像没有經過多少的考慮便答應了和美國討論復交的問題。這樣，雙方的態度都是很坦白的。

美俄既同意於復交問題的討論，蘇聯代表李維諾夫遂匆匆起程赴美，十一月七日達到華盛頓。美政府以招待正式外交代表的禮節來歡迎李維諾夫。因此有人説美國已經承認蘇聯了，在白宫舉行的復交談話，經過了十天的光陰，才產生了具體的結果（承認蘇聯）。李維諾夫在巴黎向新聞記者説過，祇須半個鐘頭的功夫，就可以結束談話，哪裏曉得需要十多天的時光才可以結束呢。因此有人懷疑復交談話觸了暗礁，後來談話的結果表現圓滿，才知道懷疑是無根據的。

到了十七日，俄美交换了八個復交的檔，完成了承認蘇聯的手續。第一件换文，叙述雙方樂於恢復邦交，并希望以通常的與友誼的方式來互相合作，增進雙方的福利，維持世界的和平。第二件保證雙方不干涉内政。第三件保證兩國人民在對方的境内的信仰自由。第四第五第六件不很重要，從略。第七件是李維諾夫的聲明書，説『蘇聯不要求美政府負擔一九一八年美兵在西伯利亞損害財産的責任』。第八件是羅李兩人的共同宣言，聲明他們關於兩國間的懸案如債務等的解決方法業已交换意見，并希望把它們迅速地解決。

十一月十八日，美政府通令駐外國的外交代表，即刻和蘇聯的外交代表開始正式往來於普通的酬酢。美國外交部長赫爾（Hull）就無綫電演説，對於復交談判的成功表示欣慰。總統羅斯福於十八日在薩梵那演説，聲稱美國承認蘇聯的主要動機，在於維持世界的和平。

蘇聯共産黨言論機關《真理報》對於美俄復交發表這樣的意見：

『美國放弃它傳統的不承認政策，這是蘇聯實力與重要性的最大表現……蘇聯何以成爲世界最大的因素，其唯一的説明，僅在蘇聯具有經濟的政治的軍事的實力……蘇聯在政治上與經濟上已成爲最大的强國，即使最大的資本主義强國對它也不得不加以考慮。』

同時尚有種種傳説，認爲正式的協定以外，還有秘密的條文。如十七日的哈瓦斯電説：

『美俄兩國的談判，還討論到最重要而又最秘密的問題，便是國際局勢。尤其是遠東的局勢，關於此層，俄日的關係僞「滿洲國」，海軍問題，自居首要的地位。』十七日的美聯社電也提及『蘇聯放弃對一九一八年美國出兵西伯利亞損害的要求。這是俄方的讓步，以换取美國贊助蘇聯維持現有領土的暗中擔保』。羅馬的報紙，相信兩國的協定内，含有關於遠東方面的政治上的密切合作或軍事性質的條文。

這些傳説，也許可信，也許不可信。

二、各國對復交的批評

俄美復交具有廣泛的客觀的國際意義，引起了各國輿論的深切注意。美俄兩國的報紙，大都表示滿意。但《紐約名聲講壇報》祇歡迎國交的恢復，對於兩國的軍事政治的聯盟，則加以否認與排斥。自命爲世界和平大本營的日內瓦，對美俄復交，認爲可以減少遠東衝突的可能性。

法國半官式的報紙《時報》認定美國承認蘇聯，主要地還不是着眼於經濟的利益，而是害怕日本的侵略行動擴大到西伯利亞。英國的報紙也紛紛加以評論，大都集中於三點，即（一）美國急切地需要俄國的市場；（二）蘇聯急切地需要美國的貸款；（三）兩國在遠東有共同的利害。英法對俄美復交的態度，各各表示不同。法國看見德意志的法西斯蒂猖獗起來，不免發抖，所以決定改進對蘇聯的外交關係。因此它對俄美復交表示相當的歡迎。保守黨支配下的英國，則本其仇俄的傳統政策，對美國承認蘇聯感覺不安，因爲它覺得這一承認足以提高俄國的國際地位。

德國法西斯蒂操縱下的報紙，對社會主義的蘇聯向來是仇視的，當然不會歡迎俄美復交。而况美國於承認蘇聯後，就要奪取德國在俄境內的市場，這使德國資本家感覺惶惑。德國各報紙關於美俄復交的意義作了種種的估量。《攻擊報》（法西黨報）認爲美俄協定，雖不能視爲作戰條約，但在相當的範圍内，可以認爲含有此種性質。德文《通俗報》，認爲『日本對亞細亞的大陸政策將大受美俄復交的影響。兩國復交足以鞏固蘇聯的軍事地位，因爲利用美國的經驗與幫助，於實現蘇聯的航空計劃將有實際的價值』。

意大利的政治評論家，相信美俄復交，是於美國的貿易有利益的，尤其是對於棉花業與紡織業。他們覺得復交的協定中或許含有軍事性質的條文。意國各報認爲美俄復交，世界和平得到更進一步的保障。

奥國、維也納的報紙，如《新自由報》，覺得『美俄間成立協定，并非根據經濟方面的考慮，兩國接近的主要原因，在於對外政策的考慮』。聯邦郵報，略謂『美俄本以國情相反，不相聞問，可是現在世界政治與經濟上的危機，反使它們接近起來，不過新協定的效果，要到將來才能看得出』。

其他如波蘭、捷克的輿論，多半同情於美俄的復交。

自不待説，日本各方面對於美國承認蘇聯，加以極密切的注意。大家預料俄國對遠東的態度，必趨强硬化，但認爲美國對於遠東問題已拋弃所謂史汀生主義（Stimonsonism）并決定了不積極干涉各種問題，除非它有害於美國的利益；它并且把太平洋艦隊調往大西洋，以圖和緩日美間的空氣。大家覺得美國對於遠東究竟采取怎樣的積極態度，殊難逆料，不過俄美復交的結果，遠東與全世界所受的最大影響是，蘇俄借用美國的龐大財力來進行它的經濟建設與產業計劃，以圖赤化中國、印度等國。

日本外務省發表了這樣的意見：（一）美國要以俄美復交爲牽制日本的一種手段，這當然是毫無疑義的，但羅斯福未必就因此把對日政策具體地强硬化；（二）蘇俄得到美國的援助，或許也要對日强硬起來；（三）今後俄美能否成立對日協定，尚不能判明；（四）

中國的對日態度，當不至因美俄復交的結果而發生急遽的變化；（五）日本根據五相會議的決定，以開發滿洲爲第一要着，但爲準備萬一起見，應該和中、俄、美實施外交工作（十八日電通電）。外務省的代言人對以上的意見，更作了一個補充，即軍事合作或許舊事重提，到一九三六年中、俄、美三國當較現在更加接近。

日本陸軍省認爲美俄復交，爲世界和平計，是值得祝賀的，但它對於日本的影響，諒不至比現在更爲惡劣。日本海軍省，説俄美復交是時間問題，没有什麽奇怪，但日本不至因俄美提携而受何等的威脅，同時俄美也不至因復交而改變對日的態度。

三、俄美復交的涵義

自從一九二四年以後，各資本主義國家，以英國爲領袖，都先後承認了蘇聯（蘇維埃社會主義聯邦共和國），這在當時引起了多少的疑慮，認爲資本主義與社會主義妥協了。事實上，當然不能否認它不是暫時的妥協，可是需要這個妥協更迫切的不是蘇聯，而是充滿了諸内在矛盾的資本主義國家。那時英法各國既不能從政治上與軍事上排除蘇聯的存在，則從經濟上來利用蘇聯，即是説，來争取蘇聯的市場，自然是邏輯不過了的結論。在這方面，蘇聯的和平政策也發生了偉大的效力。可是自從世界經濟危機日漸深刻化以來，蘇聯這個怪物，不但可以吸收大批的資本主義商品，來改善資本主義國家的對外貿易，而且它顯示了巨大的政治軍事的力量，對於維持世界的和平可有決定的影響。這樣，蘇聯和資本主義國家的關係上便漸次含有政治的意味了。

明白了這個歷史的背景，自然就可瞭解美國承認蘇聯的實際意義了。美國承認蘇聯，至少意味着：（一）承認蘇聯是一個龐大的和平支柱；（二）制裁日本的對外的侵略；（三）擴大對俄的貿易。

蘇聯是社會主義國家，是實際地廢除了『人剥削人』的國家。它從此便根本上鏟除了擾亂和平的種子（爲剥削而起的戰争）。這樣，蘇聯的和平政策才有真實的穩固基礎。真實的和平，才能在這個基礎上發展出來。雖蘇聯的和平政策，每每被人誤解，甚至有人認爲這個政策是怯弱畏縮的别名。蘇聯既鄙視與放弃了剥削制度，它自然用不着對外的侵略來奴役與剥削其他的民族，但這僅是和平政策的一方面，同時蘇聯爲着防止剥削制度的復活，它準備以充分的實力來粉碎外來的復活剥削的企圖（外來的侵略），這是和平政策的另一面。從這兩面觀察蘇聯的整個和平政策，才知道它具有最大的實際性質效能，是和虚偽的和平主義迥乎不同的。這次美國承認蘇聯，我們認爲它確實認清了蘇聯的和平觀與和平力。

其次，狼奔豕突的日本帝國主義，漸次暴露了它先擊破俄國，再征服太平洋的絶大野心。俄國固然感受莫大的威脅，但美國所感覺到的威脅也很大。這是由於美國在太平洋中的殖民地如夏威夷、菲律賓關島以及美國太平洋沿岸各邦，没有一處不害怕日軍的侵襲，而同時美國對日的軍事準備尚不充分。目下美國尚輾轉呻吟於經濟恐慌的苦況中，而蘇聯則可以單獨應付日軍的侵略。這樣，從作戰的實際行動上來對付共同的敵人，則美國更加需要俄國的合作，美國承認蘇聯不見得附帶了軍事性質的協定，但誰也不敢斷定完全没有這種條文。關於防禦共同的灾禍（如戰火），我們不應該説資本主義與社會主義絶對不能或不可合作，但這不是説消解了資本主義與社會主義之間的矛盾。

至於復交的經濟意義，其實也是很重大的。蘇聯每年從美國購買了四萬萬金元的商品，或許可以略略減輕美國資本主義在目前的『不消化病』的嚴重性。蘇聯的軍事政治的力量，更可以被美國資本主義利用來對抗日本横衝直撞的瘋狂主義。這樣，便難怪美國要急遽地承認蘇聯了。

（原載《申報月刊》一九三三年第二卷第十二號，署名『董之學』）

一九三三世界經濟危機的檢討

嚴格地計算起來，到現在爲止，世界經濟恐慌已經具有了四年六個月的歷史了。這一恐慌開始於一九二九年十月。它雖然仍復表現循環式的特點，但它包含着許多新的元素，如普遍的通貨膨脹、停止付款、貿易戰争，這種種終結了資本主義的相對穩定，創出了戰争與革命的新時期。資本主義在這一危機中，到現在還找不着『通常的』出路，這次的世界經濟恐慌，好像和以前的多少相同，又好像和以前的多少不相同。因此有若干學問淵博的資產階級學者，都被它的延長性和强烈性所迷惑了。

自不待説，自由競争時代的經濟恐慌的發展，是和獨占資本時代的不同的。在今日，經濟恐慌具有以下的特點，即（一）獨占資本家爲着維持獨占價格與利潤，把生產特別地減縮。（二）獨占資本家使用一切方法來減低生產的成本，如減少工資、提高勞動的强度等等。（三）但獨占資本下的嘉德爾（Kartelle），也常常不能够阻止物價的跌落，它也不需要這樣做，因爲它不僅出賣商品，而且還要買入商品。它對於非嘉德爾化了的生產部門的物價，是要把它壓低的，同時，它又提高國内的物價，而對於國外則實行傾銷。（四）農民群衆因爲工業品的價格與農業品的價格間的存在很大的不平衡，更加迅速地破產了。（五）信用危機（Kreditkrise）對於各資本家具有不同的意義，因爲財政資本的政策，在於不以款項借給中小企業，但同時則以信用供給大銀行與托拉斯（小銀行缺乏流通的資金，而大銀行的銀庫中則堆積了巨量的游資）。大銀行爲着挽救凍結了的投資，拚命地向依賴它的企業索回貨款，因此把它們逼倒了。同時往往也牽連到自己的本身而被逼倒了。（六）證券股票的跌價的結果，廣大的小投資者破產，而大資本家反因收購跌價的股票而獲利。又，通貨跌價，使大資本家與大地主得以解除自己的債務，而城市的小資產階級與收租階級（Rentier）則被剥奪其蓄積與收入的一大部分，工人與『薪水生活者』的工資與薪水當然也大大地減低了。（七）國家對於財閥組織的銀行、托拉斯、大公司等，反以借款、信用、津貼種種來給予幫助。

全世界祇有蘇聯脱離了資本主義的體系纔不受經濟恐慌的襲擊。這一事實，以及剛才舉出來的經濟恐慌的種種特點與獨占資本應付危機的整個政策，把恐慌發展的過程擾亂了。通常克服恐慌的方法，如傾銷存貨、開發市場、改良技術、減縮生產、肅清陳腐薄弱的企業等等，都很難發生效力。但這不是説資本主義會自動地崩潰下去，在獨占資本的這種政策下，廣大群衆的生活越加惡化。這一政策越是得到勝利的結果，則對内對外的市場越加要縮小。資産階級認爲唯一的出路在於向生産階級與别的國家而鬥争，在於建立法西斯獨裁，在於武裝的帝國主義戰鬥。

在四年經濟恐慌的過程中，把生産的最高點和生産的最低點平均計算起來，全世界的生産量，减少了百分之四十，在美國與波蘭，生産量平均地减少了百分之五十以上。德國减低了百分之四十，法國也减低百分之四十，英國减低百分之二十五，日本减低百分之二十。從現在不充分的與不完備的材料看來，這次生産的低降，幾乎比從前危機中的要加多一倍。生産的减縮在各國是不一致的，這是由於各國經濟的發展有特殊的情形，同時各國編制指數的方法也各有差异，不獨各國生産的减低是不平衡的，就是在各國内也發現了各生産部門間的不平衡狀態，比如生産手段的生産的減縮，則較大於消費商品的生産的減低。因爲建築業、鋼鐵業、工程業、造船業，都表現大大的衰退。至於所謂新工業，因爲和軍隊的産生有密切的關係，如摩托車、飛機、人造絲等，不但没有多少地减退，反而在某些場合中加多了。這是由於各國積極備戰的缘故。

兹把一九三三年度各國生産的指數表列如左：

年别	一九三〇	一九三一	一九三二	一九三三—一月	四月	七月	八月
美國	八六點九	七二點九	五七點九	五八點六	五九點五	八八點三	八五點〇
英國	九七點八	八八點五	八八點〇	八九點九	八九點九	—	—
德國	九〇點一	七三點六	六一點三	六二點七	六六點一	七一點四	七一點六
法國	一一〇點八	九八點〇	七六點〇	七九點〇	八四點五	八八點五	—
日本	一〇二點五	一〇二點一	一一七點一	一二七點四	一三五點〇	—	—
全世界（除蘇俄）	九〇點五	七七點九	六六點一	六七點三	六八點九	八五點八	—

從上表看來，一九三三年度的生産量都漸漸增加了。這是景氣轉好的表徵麽？據德國景氣研究學院的調查，一九三三年八月以前的四國當中，生産總額膨脹了百分之三十以上。但生産的增加，并不是基於固定資本的擴大或改變，也不是社會的消費力的增加的結果，它僅是暫時的現象。除軍事目的的建築外，一般的建築活動大多陷於停滯的狀態。工程業衹使用其能力的一部分。造船業降到了四十年以來最低的水準。貨物的堆棧，經過了四年的危機，本已漸逐落卸空了，但是現在批發商人與另賣商人又把製造好了的商品滿滿地貯入堆棧了。投機的商人，尤其是在美國，認爲膨脹行將到來，預完購買大批的商貨。國家的建設事業雖在進行中，國家雖發出許多訂單

（比如德國發出訂單來造車輛），但在經濟上看來，這都是多餘的。這無非是想以人工的方法來逃出危機與準備大戰。去年德國輸入更多的非鐵質的金屬與生皮，更增加了汽車的生産，這完全是爲準備戰爭。法國的備戰，對於它的工業生産的提高，也起了很大的作用。這種生産加多的狀態，仍然是反常的特殊現象，和繁榮的恢復没有多大的關係。

物價低落好像緩和了，而且在有些國家内，物價已經高漲，不過現在的金融非常紊亂，我們很難準確地瞭解物價水準的發展。國内市場的物價，受了種種的限制，逐漸和世界物價的水準隔離起來了。海關税、營業税種種，創出了人工的物價水準，不足以表徵貿易發展的狀態。

另一面，資本的利用確實改善了。各資本家使用危機的合理化，例如把會産機關適應於要求的較低水準，提高勞力的生産性，減低工資薪水以及社會保險，取得原料的廉價等等，他們（資本家）成功了大大減低生産的成本。同時他們獲得租税的便利、津貼、高利的軍事性質的定單。因此他們具有更大的抵抗能力。

美國大總統羅斯福（Roosevelt）企圖施行的法西斯蒂經濟統制，即經濟復興運動，因金元跌價的結果（十二月的跌去百分之四十），略略戟刺物價的上騰與實驗活動（Business Activity）的高漲，但據九月份的估計，失業工人仍在一千一百萬以上（原先是一千四百萬）。九月份英國失業工人在二百六十萬以上，德國的失業工人在五百萬以上（以前是六百萬）。各國減少失業工人的方法，不外，（一）少列數字，（二）恐嚇失業工人，使他們不敢登記；（三）實行强迫勞動（如德國美國）；（四）國家興辦土木工程。真正由經濟復興而重新獲得工作的工人，恐怕是非常稀少的。

其次要話到農業恐慌問題。在這四年當中，慢性的農業恐慌，也正在尖鋭化。工業恐慌減少了工人與薪水生活者的購買力，減少了對農業出品的要求。因此滯銷的農産品越積越多，價格也就跌到了一九二九年的三分之一了；同時農民負擔的地租則没有低降，再加上政府的重視與金融資本家的重利，廣大的中小農民逐不能不破産，甚至有些富農與地主也捲入了破産的漩渦。農民購買力的減低又牽連到對工業品的要求的低降，遂促進工業危機的尖鋭化。

獨占資本可以限制工業的生産，使它適應於客觀的要求，但農業概是散漫的小經營，而又加以地租、利息、租税的重負，是不容易受生産的限制的。事實上，農品的産量也減少了，這多半是由於農民缺乏資金來維持再生産。經濟壓迫下的農民，没有能力來蓄養良好的牲口，來更换機器，來使用較多的肥料。有許多農民變更了生産的目的物：他現在不爲市場但爲家内消費而生産了。現在農村的耕作方法，又有回復原始的趨向，比如機器不用馬拖而改用人拖等。

在過去的一年中，據德國貿易調查所的研究，農産品的存貨也有減少了的，也有加多了的，也有不加不減的。比如小麥、大麥、裸麥、咖啡固然減少了，但雀麥、可可茶則加多了，而玉蜀黍、蔗糖、棉花則無增無減。存貨的減少，或許是由於生産的衰退與毀滅（農民痛恨貨品不能脱售，往往把它銷毁）。

美國中部農民，因憤恨羅斯福的復興運動的利益祇是被資本家拿去了，即於十月舉行罷農運動，要求通貨膨脹與提高物價，加入罷農運動的達兩萬多人，準備和軍警决鬥，勇敢的農民居然拿炸彈、短槍，或其他粗劣的武器，實行暴動。他們更搗毁牛奶棚。後來這一暴動在軍警的高壓下失敗了，但從此可以曉得美國的農業危機没有轉好。

（原載《新社會半月刊》一九三四年第六卷第六號，署名『董之學』）

轉形期中的法國強力政治

目前法郎帝國主義，也要追隨黑衣宰相與褐衫總理的背後，大踏步地向強力政治的目標邁進者。法國的政治轉變，映着它國內的危機，然而正在發展的法國危機是否能被強力政治克服，當然誰也不得下一個肯定的斷語。那些鼓吹與努力強力政治的金融資本家的代表們，連老頭兒內閣總理杜美格（Doumergue）在內，也不覺得有克服危機的絕對把握，可是他們越覺得沒有把握，便越加相信強力政治是救命湯，因爲法國資本主義，也和別國的資本主義一樣，已失去了完全恢復繁榮的能力，在這一前提下，法國也許要渡過到公開的獨裁，或竟被革命把現在強力政府推翻而代以民衆政權。所以目前的法國，是在革命與戰爭的新階段中。

一、法國經濟的轉好

法國是世界資本主義的一重鎮，故自世界經濟恐慌以來，它也逃不出這恐慌的打擊。到了去年，法國經濟在某幾種方面，總算有了一個稍可令人滿意的好轉。去年法國生產的總指數（一月至十一月）是一〇七點五，比一九三三年增加一一點五，但比一九三一年仍小一六點五。可是這證明了危機的最深點已經過去了。各生產部門中，增加率是很不平衡的。和軍事工業有直接或間接關係的生產部門，表現急速的增加，而機械工業、建築等等，則因爲沒有受到帝國主義備戰的刺激，衹是表現慢慢地提高生產膨脹率。這一現象不僅在法國暴露出來，就在別的國家也是大致相同的。因爲生產增加率已提高，原料的消費也增多，生棉、羊毛、生絲、銅、鉛、錫等比以前一年多消費了百分之二至一七。

可是另一面則又出現了和生產提高相反的現象，如債票價格的低落與利金停滯在較低的水準等。在跌價的債票中，不僅有政府公債，而且包含巨額的公司債票。公債價格比年前低落百分之二〇，而私家債票則徙跌百分十（去年第一季）。這是信用危機的一個尖銳形態。同時貨幣市場中的短期利金，常常迴旋於百分之一與百分之二的中間。可見長期投資，仍然是不活躍的。單就金融方面看來，法國目下經濟的好轉是隨時可以惡化的。這種不合危機循環的説法好像有點奇怪，其實是很科學的。原來現在資本主義危機，已經多少失掉了固有的周期性。升到了不景氣階段的經濟危機，也許要長期停在那兒，也許惡化下去，因爲從不景氣升到繁榮的周期過程，已經大大地被攪亂了。

至於法國的財政危機，也更加尖鋭化了。在這裏，充分反映慢性經濟危機的存在與法郎帝國主義備戰的猛進。法政府每年的總支出，大約是五百萬萬法郎左右（約合國幣一百萬萬），其中百分二〇用於軍事，另一百分二〇用於債務方面。債務費雖是逐年減少，而軍務費則逐年加多。因爲這個含有決定意義的專案不能減削，同時國家的收入又在不景氣的壓力下大大緊縮，於是一百多萬萬法郎的預算虧空，成爲絶大的難題，而且成爲極難解决的政治問題了。薩勞（Sarraut）内閣是被它逼倒的，旭單（Chautemps）也是被它逼倒的，那青年政治家達拉第（Daladier）組織的短命内閣，也是死在它的手裏。直待外灰内黑的老頭兒杜美格拿出墨索里尼的手段來，不許國會囉囉唕唕，才把本年度的預算馬馬虎虎通過了。杜美格老頭兒，天不怕地不怕，拿起一柄大斧頭，向公職員與雇員的薪資亂砍，什麽裁員，什麽減薪，都完全辦到了。員工被裁的有七八萬人，薪資被減削的也在百分十的左右。假若不是這樣做，便不能把預算弄得平衡。

然而裁人減薪政策下的受害人，即公務員工人等，因不願接受杜美格的辦法，紛紛提出抗議，并開會示威表示反抗。四月七日，法國公務員下聯合會在巴黎舉行大會，主張抗拒政府的減薪命令。各師範學校的男女校長，也召集大會，决定和公務員聯合會行動一致。最激烈的是郵務員工，他們在郵電部前面的廣場集合示威，高唱國際歌，并駡政府。他們當中更激烈的分子，主張從五月一日起宣布總罷工，直到政府撤回裁員減薪的計劃才甘休。到了四月中旬，反對減薪的運動，越加嚴重起來了。全國一百四十個城市的公務員，都在四月十五日作反對減薪的示威運動，巴黎小學教員也集合於市政廳前，作示威的舉動。而法國官僚政府對群衆示威的答覆是，開除大批搗亂的員工與嚴令軍警防範，并命令政府機關，不得延見請願代表。這種示威運動雖然没有達到取消減薪的目的，但裁汰八萬員工的大計劃却没有能够實現。群衆的力量到底是不可侮的！

法國財政危機的滋長，不但傷害了法郎帝國主義的體面，而且動摇了法國傳統的維持霸權的外交政策的部分。法政府停付對美戰債，固然是和德國延期支付賠款有若干關係，但最重要的關鍵還是在於準備戰争與財政危機間的矛盾。把大批的現金運往美國來償還失掉了軍事意義的戰債，以至鬆懈了支持凡爾賽奴隸制度的『國防』，這是法帝國主義絶不願意的。所以它情願受賴債的譏笑。假如法國財政危機不是十分嚴重的話，它當然可以和英國一樣，付出戰債的一部分，以避免賴債的惡名與可能的損害（法國也是個大債權國家，它自己賴債的惡例可以被債務國作爲賴債的口實）。可是法國財政上的嚴重狀態，不許它扮演一面還債一面賴債的滑稽戲劇。

同時法帝國主義的附庸國家，如波蘭、捷克、南斯拉夫、羅馬尼亞，也因爲法國財政接濟的不足（當然也有其他重要的原因）而有逐漸脱離的傾向。關於這點，後來再講，我們在這裏僅指出：法國要首先以平衡預算爲急務，決不願在支出大大超過收入的時候，以大量政治借款給予附庸國家。去年法國國會屢次拒絶批準這種政治借款，就是這個道理；另一面，荷蘭與小約國離開法國的傾向，在最近幾個月來已經逐漸明顯了。因此法國的外交政策，有一部分已經動摇起來了。

二、法國右傾政治的抬頭

一九三二年的國會選舉，大家認爲是左派諸黨的勝利。尤其是激進黨與社會黨，大大超過了預定的勝利的程度。後來歷次的短命内閣，都是急進黨組織的，内閣總理如達拉第、薩勞、旭丹都是急進黨的領袖人物。然而在這個左派諸黨的政治支配下，右傾的强力政治却畢竟抬起頭來了。現在杜美格的超黨内閣，暗地裏受操縱於强力政治派。無論超黨内閣的名詞是怎樣好聽，它在實質上是推翻多數政黨與代替多數政黨的制度的。在這點上，它和意大利、德意志索性禁止敵黨的辦法，没有多大的不同。可是以擁護民主自命的法國左派諸黨，完全同意并支持妨害民主政治的超黨内閣，并且不斷地以獨裁權授予它，這就大大便利了右派團體成功强力政治的企圖，現在杜美格内閣的地位，逐步强固起來，因而强力政治的基礎也隨即强固起來了。從某幾方面看來，口口聲聲不要獨裁的杜美格，已經變成了法蘭西的墨索里尼。

杜美格强力政治的發動機與主要支持點，當然是右傾的諸團體，其中包含着保皇黨與國家主義派。現在把最近右傾組織的實力披露如次：

（一）法蘭西行動派（Action Francaise），保皇黨會員有六萬，在巴黎的暴動實力有一千二百人；

（二）愛國青年（Jeunesse Patriots），是右傾青年組織的，會員達九萬，暴動實力有兩千人；

（三）法國大團結（Solidarite Francaise）會員有十八萬，暴動實力達一千五百人；

（四）火十字（Coix de Feu）是一部分退伍軍人組織的，人數十六萬五千，暴動實力一千五百；

（五）納税人協會，會員有七十萬；

（六）退伍軍人大同盟，會員達三百萬人；

（七）國王衛士團（Camelots du Roi），是附屬於保皇黨的半武裝組織，人數不詳。

這一切右傾組織，因爲不滿於左派諸黨統治下的政治經濟現狀，利用種種藉口，來推翻法國的議會制度，而代以意式與德式的政治是强力政治的表現麽？因此，暴動失敗後的右派，已經從後門達到他們目的底一部分了。

對右派要求的限制（乃至推翻）國會、增加軍事經費、彈壓左派活動、裁員減薪、優待保皇黨等等，都先後予以徹底的執行，這難道不

年右派抬他做總統的話劇的重演。這一次，右派暴動失敗，對整個政權可望而不可即，自然更感覺到有利用他的必要。杜美格上臺以後，

（杜美格）也就執行了逐步限制國會特權的路綫。他這次出山組閣，表面上雖是三請四邀才肯擔任組閣的任務，但是實際上是一九二四

至於右派所利用的老頭兒杜美格，從一九一四年起，屢次表現了反民主的傾向。一九二四年右派利用他做總統來向國會進攻，而他

第爲了先發制人，把他撤换了，因而越加激發了右派的憤怒。夏浦本人也成爲暴動中的渠魁。

Weygand）、泰迪歐（Tardieu）、佛南丁（Flandin）和他自己（右派中的四大金剛）爲總裁。他和右派的這種陰謀，不幸泄露出來。達拉

實際上，夏浦已經和右派結合了。他和右派人物密謀推翻現政府，而另組一個總裁機關（directorate），以魏剛將軍（Gen

（Gorgulov）刺殺了前法總統杜美（Deumen），夏浦很有左袒刺客的嫌疑。這樣看來，夏浦具備了和右派融合的心理條件。

裁政府，復活了一八九六年反無政府派及左傾分子的國際警員條約，他對於留居法國的白俄則表示非常的寬大，從前有個白俄戈古諾夫

國幣一萬萬元）。同時夏浦非常贊美外國的獨裁政治，認爲法國應該摹仿（參閲 La Stammpa，Feb，1930）。他商同西班牙與意大利的獨

望蜀，要做法國全國警員的老總。他不惜浪費巨額的金錢來把巴黎警員變成個人的勢力。巴黎市每年要付出五萬萬法郎的警員費（約合

物，他和暴動的醞釀，有極密切的關係。他加速了暴動成熟的進程。一九二七年，他由密友的提拔，受任爲巴黎警員廳長，可是他得隴

最顯著的是他們抓住了巴黎警員廳長夏浦（Chiappe）與前總統杜美格等等來做他們的工具。在二月暴動的前後，夏普也算是個中心人

右派的武裝暴動雖然失敗了，但他們對於强力政治的計劃，可以説是相當地成功的。他們也采取迂迴策略：勾結軍警與利用政客。

多數吧！

死十六人（恐怕不止此數），傷六百多人。不幸得很，死傷的是什麽人，統計上并没有分别出來。爲着反强力政治而犧牲的，恐怕要占

達拉第』的喊聲，簡直嚇跑了那位『强硬的』政治家，左派勇敢地團結起來，做了反右派的大示威，和右派分子大决鬥。混戰的結果，

明知道這麽一回事，却毫不加以干涉。等到暴動已經發作，達拉第政府連辭職的國務會議都不敢舉行，當然談不到鎮壓暴動了。『槍斃

於政府的戒備森嚴，而是遭遇了反右傾的左派群衆的無情打擊。右派團體暗中積極武裝自己，準備暴動，已經是公開的秘密，警察廳明

機構。本年二月六日巴黎大暴動，完全是右傾團體準備奪取政權的第一步。可是他們没有成功，這不是由於他們的實力不足，也不是由

三、左派的責任問題

從以上的單簡説明看來，杜美格控制下的强力政治業已采取半法西斯的形式，是不難於完全法西斯化的。目前右派正在努力於完全法西斯化。爲着這個目的，他們不但要利用現政府，還要準備奪取整個政權的暴動，右派各黨公開地在杜美格過渡政府的掩護下，進行武裝暴動的準備。假如他們得不到軍警的援助，當然難於成功。不過軍警當中已經有了他們的影響，而况從意德的先例看來，右派爭取軍警的支配，不是很難的事情。杜美格超黨内閣的掩護，更便利了右派爭取軍警與政權的企圖。

法國内部的形勢，充滿着内戰的可能。對立的雙方：一方是企圖把法國政治完全黑化的右派分子；另一面是反對黑化的左派諸黨。這一尖鋭的對立，在二月暴動中得到極明顯的證明。二月暴動事實上是意味着一幕三角的鬥爭：右派要推翻政府，左派要粉碎黑化的嘗試，政府方面則集中火力反對過激分子。現在鬥爭的形勢依然是這樣的，雖然杜美格笑容滿面地報告着：政治休戰已成功了。目前的形式好像是大不利於左黨的。談到這裏，我們不能不説這是由於左黨的領袖的動摇與投降。

左黨嘉德爾（The Left Cartel），至少包括急進黨、社會黨等等，都是把握着政權的政黨。他們爲什麽不利用其支配下的政權來彈壓右派的活動與暴動呢？如果它是不知道右派圖謀政變的陰謀，那是情有可原的，但四月八日，達拉第公開向他的選舉區民衆宣稱：『二月六日法西斯諸組織，都動員起來要打入國會，要宣布國會的死亡，要成立獨裁政府。』證明這些的可靠文件以及鼓吹暴動的傳單，却交給調查委員會（調查暴動的真相）了。左派政府既已得到這樣可靠的消息，爲什麽不拘捕一個右派人物？爲什麽不干涉公開鼓吹暴動的右派報紙？

另一面，達拉第却嚴重地表示：政府并没有命令開槍，也并没有把一支來福槍和機關槍交給軍警。這樣看來，左派政府没有采取嚴厲的步驟來抵抗右派的進攻，一到暴動發作，他們便衹有辭職，而且在事態緊急的當兒，衹是各個抱頭鼠竄。那時候，達拉第要内閣全體辭職，『以謝國人』，可是各閣員同寅都各自逃命去了，開不成辭職的内閣會議。結果，達拉第便衹好和他們一齊辭職。

急進黨社會黨在國會中占絶大的多數。在暴動的前夜，經過通宵的辯論後，國會終於批準了達拉第的對内政策，然而國會的多數，絶不足以鼓勵他的勇氣。他任國會内的勝利，反使他急速地沮喪。他和國會中的多數同志，竟成爲紙老虎，經不起暴風的震蕩。最可耻的，急進黨與新社會黨的同志們，還盡力支持杜美格的右派内閣，并且運動國會以獨裁全權交給老頭兒，使他得以儘量向『民主政治』進攻。可見急進黨的領袖們毫没有擁護『民主』的决心，而且是幫助右派進攻『民主』的，抵制這個進攻的表現，衹是二月十一日總罷工。在那日，電車、公共汽車、街車、報館、郵局、學校、理髮店等等，都加入罷工，人數達兩百萬。罷工雖衹達二十四小時，它却表示反對『復古的政府與好殺的警員』。但政府則調動了警員二七，〇〇〇人與步兵一八，〇〇〇人來彈壓暴動（僅在巴黎一區）。軍警并開機關槍殺人。擁護民主的責任，自然而然地落在大衆自己身上來了。由大衆拿出自己的血汗來豢養的那些閣員議員官吏軍警，都不是熱心保護民主的。

四、法國對外關係的轉變

法國的外交政策，一向是以聯結英國與抓緊小約國及波蘭來支持《凡爾賽條約》的奴役制度。在這個奴役制度的保護下，法郎帝國主義穩定了它在歐洲的霸權，而英帝國主義則不免懷着多少的嫉妒，在六月初舉行的軍事會議中，英法發生正面的衝突，主要的是由於英國不願意輔助維持法國在大陸的霸權。英國也想爲着自己的利益來修改《凡爾賽條約》的某幾部分，正和黑衣宰相的意見一樣，其目的不一定是打擊法國。然而英法關係的日趨疏遠，不僅在軍縮與安全方面，或在其他歐洲政治問題上，都是表現得很明白的。這是法國近兩年來外交關係上的新變化的一個形態。

其次便是波蘭與小約國對法國的關係，也陷入了慢性的惡化過程。這幾個小國，波蘭、捷克、南斯拉夫、羅馬尼亞都被認定是法國的衛星。法國爲了維持諸衛星的向心力，花費了巨額的公帑。它不時以政治借款貸予諸衛星，對於償還款項這一點，是非常寬大的，就是永不歸還也未嘗不可。同時法國對於衛星國家的財政監督，也未免過於嚴辣。它如果不承認衛星國家的某個內閣的財政政策（即認爲於法國不利），那個內閣必要傾覆下去。

這些衛星國家，大多是以農立國，而且都蓄養多數的常備軍，從三十萬到四十萬不等。然而戰後的農業危機，一直到現在，仍然在這些國家內不快不慢地發展着。因此，各衛星國家感到財政上的極大困難，而龐大軍費的支出，更是非常棘手。這樣，法國的財政援助是於衛星諸國極端重要的。法國也願意在這方面多花一點錢，它認爲衛星國家的常備軍無异是它的第一綫補充隊伍。可是近幾年來，法國國內的尖鋭經濟危機，再不容許它做一個舉止豪闊的大少爺了。對衛星國家的財政援助，或是完全斷絶，或是減少到極低微的程度，這成爲法國與衛星國家間關係冷淡的一個重要原因。

同時諸衛星國家，除財政援助以外，并不是和法國立於不可變的關係上的。拿波蘭來説罷，它所以要服從法國，無非爲的西防德國與東防蘇俄，尤其是畏懼德國索還它所占據的德國領土如 Posen、Upper Stlesia 等，但是自從俄波與德波不侵犯條約成立以後，波蘭害怕的切身的威脅，大大地減輕其嚴重性了。最近以進攻蘇聯爲基調的德波關係的改善，使波蘭感覺到：即使暫時和法國疏遠一點，決不致有如何重大的危險。

羅馬尼亞要親近法國，爲的是要防備蘇聯、保加利亞、匈牙利。最近它承認蘇聯，并表示願意和保國妥協。南斯拉夫因爲反對意大利的緣故，自然要依賴和意國處於反目的關係中的法蘭西，可是近來它很羨慕希特勒主義（Hriterism），願意和德國妥協。最近德國法西斯蒂第二把交椅戈林將軍（Gen Goring）游歷南斯拉夫，便是很好的證明。現在南國醞釀着極嚴重的社會問題與少數民族（Croats、Slovenes）問題。大學生中有百分七五同情於蘇俄，而被壓迫的諸少數民族，更是崇拜蘇俄的民族政策。農民中更多羨慕蘇聯的分子。最近捷羅兩國都承認了蘇聯，唯獨南斯拉夫至今還没有承認蘇聯的表示。這一面是由於南國從主義的立場上不敢輕易承認社會制度不同的國家的表示，另一面也反映了它不聽指揮而有和法國漸趨疏遠的傾向。在軍事工業的聯繫上，捷克和法國發生了比較密切的關係，而兩國對希特勒主義的猖獗，都因爲國境毗連，具有絶大的戒心，因此還能保持密切的合作。不過在經濟方面，捷克却要在巴爾幹找出路。總括一句，法國和衛星國家的關係，是從動摇而逐漸分離起來了。爲了防阻與改正這一傾向，法外長巴爾都（Barthou）走訪了各衛星國，聽説并無多大的成功。

法國今年在外交上的最大失敗，是在中歐占重要地位的奥匈被黑衣宰相拉到他的支配下去了。在過去，奥匈也是法國的半附屬國家，從法國國庫領得了不少的津貼。可是法國現在『家道中落』，難乎爲繼，祇好讓它們兩國琵琶别抱了。在這裏，法國也許有意讓開一條道路，使黑衫褐衫同志們比一比武藝的意思。

最後法俄關係趨向好轉，對它們兩個與歐洲和平都是很有裨益的。法國急進黨倡導的法俄親善，從去年起已經産生很多的果實。法國固然痛恨俄國的過激主義，俄國又何嘗不痛恨法參謀部領導的反蘇聯陣綫，可是希特勒主義在德國的成功，把這種相互的痛恨推到不注意的地位。現在法國東部邊境感覺的不安，正和蘇聯西部邊境的不安，是恰恰相同了。這樣兩國對於防止戰争，多少具有同樣的見解以從促進兩國的親交。可是法俄的親交決是不能長遠穩固的，法國將來因國際關係的改變而向蘇聯翻臉，依然做反俄戰綫的總司令，還是很可能的。

（原載《申報月刊》一九三四年第三卷第七號，署名『董之學』）

大戰後世界經濟發展的回顧與展望

一、弁言

對於世界經濟（Weltwirtschaft）這個名詞，最好是采取它的通俗意義，不要把它搬到理想的領域内，而祇是認定它是一種可以容易把握的現實罷了，即是說，祇認定它是世界範圍内現存的經濟組織與發展的狀態罷了。切不要和德國的經濟學家一樣，把世界經濟當作一種理想中的目標，認定它具有代替國民經濟（Volkswirtschaft）的傾向與能力（參閲 Hantos，Die Rationalisierung der Weltwirtschaft，1930）。事實上目前的世界經濟與國民經濟，祇是相互地反應着，尚談不到其他的關係。筆者决定避免理想中的世界經濟，而專論現實的世界經濟。

戰後現實的世界經濟，在它發展的方向上，表現了一個空前未有的現象：兩個既成的經濟體系的相互鬥争。一方面是過熟的世界資本主義的日趨没落，另一面是新興的社會主義逐步壯大起來。可是資本主義的没落，雖然具有它的必然性，但資本主義體系决不會自己崩潰下去，也不會經過一度的危機便死亡下去，更不會在一切國家内同時傾倒。

大戰前的社會主義，祇是煽動家的宣傳資料。社會主義的樂園，祇是在理論家的書本中才可以找得出來。但自俄國布爾塞維克（多數）派在一九一七年十月取得政權以後，一個嶄新的社會主義國家，出現於世界六分之一的領土上。這就是蘇維埃社會主義共和國聯盟（簡稱蘇聯）。布爾塞維克派自命是社會主義國家，進步的經濟學者也承認蘇聯是社會主義國家。這一社會主義國家的確立，在戰後經濟的發展過程中，具有非常重大的意義。它給予資本主義以嚴重的打擊。

社會主義與資本主義兩個體系的不斷鬥争，從停戰到現在，經過了十七年的時光，采取了各種各色的形式，從武裝鬥争到『和平方式法』。一九一九年到一九二〇年，蘇聯拿自己的力量，粉碎了帝國主義的圍攻，但資本主義世界包圍蘇聯的企圖，仍是始終不懈。蘇聯和資本主義國家建立的通常外交關係，祇能證明蘇聯和平政策的成功，而不能證明帝國主義不再以蘇聯做進攻的對象了。兩個體系的鬥爭，是『誰戰勝誰』的問題，是資本主義或社會主義要統治全世界的問題。這個鬥爭對於戰後世界經濟的發展，發揮了極大的作用，在將來它還要決定世界經濟是支配於社會主義或資本主義。

二、戰後世界經濟的三個時期

我們的戰後世界經濟的範圍，當然要包含現實的資本主義世界與社會主義世界。這兩世界内經濟發展的段落，也是在時間上多少相同的。戰後資本主義世界的經濟發展，可以分成三個時期：從停戰起到德國革命終結止，即一九一八到一九二三止，這是第一時期。從一九二四至一九二七，這是第二個時期。第三個時期從一九二八年起到現在爲止。也有稱它做戰後資本主義第一時期、第二時期、第三時期的。蘇聯社會主義國家的經濟發展，也可以分爲三個時期：（一）從十月革命至戰時共産主義終了爲止（一九一七至一九二一年春季）；（二）從新經濟政策（一九二一）至一九二八；（三）兩個五年計劃（一九二九至一九三七）。

戰後資本主義的第一時期，表現種種的特點，如生産的減退、貿易的衰落、金融的混亂、破産的增加，尤其重要的是許多資本主義國家内，發生了無産階級的革命。第二時期内，資本主義獲得了局部的暫時的穩定，厲行了生産合理化，因而有若干經濟學者，認爲這是『有組織的資本主義』，甚至可以由此轉變爲有計劃的生産的社會主義原則（Hilferding in seinem Referat auf dem Kieler Kongress der Sozial-demokraten in 1927）。這一時期，也好像是戰後資本主義黄金的時代。第三時期恰巧是世界經濟恐慌時代，是戰後資本主義最悲慘的時代。到現在，恐慌最低的深度雖然過去了，但恢復舊時代的繁榮，是資本主義發展的規律所不許可的。

另一面，蘇聯的經濟，也約略同樣經過了三個時期（也有把它分作五個時期的，但就經濟發展的主要方向看來，三個時期也好像够了）。在第一時期内，蘇聯經過無産階級的獨裁，占領主要的經濟要塞，并以有名的戰時共産主義的形式，完成那一占領。第二時期是以新經濟政策爲主要的内容，來預備建設社會主義必需的基礎。猛烈的社會主義建設，是第三時期的特點。蘇聯在這個時期内，完成了第一個五年計劃，把農業的俄國變成了工業的蘇聯，并且還要完成以建立無産階級的社會爲目標的第二個五年計劃。

三、戰後資本主義第一時期

前已説過，第一時期是以一九一八爲起點，而終於一九二三年。資本主義的總危機，便是在這個時期開始的。在總危機的基礎上，爆發了一九二一與一九二九的經濟恐慌。這些恐慌，尤其是一九二九的世界經濟恐慌，因爲是生長於總危機的基礎上，表現了許多和以前不同的特點。資本主義的總危機，決定了資本主義没落的行程。究竟總危機是什麼呢？

在這裏，不能不談到資本主義總危機和世界大戰的關係。自不待説，争取世界市場、原料、投資、殖民地的鬥争，當然要進到帝國主義大戰。世界大戰是帝國主義諸矛盾的總爆發，幾乎捲入了世界上的一切國家，把帝國主義（垂死的資本主義）引導到資本主義的總危機。世界大戰的本身是一種非常尖鋭的危機，它産生了這樣的結果：世界六分之一的領土内，推翻了資本主義。世界大戰這個危機，和以前的種種危機有一個根本不同的一點，從前的危機，都遲早恢復了資本主義體系的平衡，而諸矛盾也是在資本主義體系内解決的，可是以世界大戰形式出現的危機，居然歸結到資本主義制度自身的破裂，使帝俄的資産階級被推翻，即是説，統治全世界的資本主義經濟就從此終結。

資本主義總危機的第一個特點，便是兩個互相排斥的經濟社會制度的對立。這個對立的事實，對資本主義世界進一步的發展，給予很深刻的影響。資本主義發展的根本規律，當然是繼續有效的，不過因爲蘇聯存在的緣故，資本主義的諸内在矛盾，更加尖鋭化了。歐美的資本主義制度，已經處在很大的危險中。社會革命的憧憬是多少可怕的。

資本主義總危機的第二個特點，是殖民地革命運動的急速化。它愈加威脅了資本主義的基礎。殖民地革命運動，與蘇聯社會主義建設的偉大成功，加速了歐美各資本主義國家内的革命運動的發展。

第三，在總危機的時期，資本主義的一切内在矛盾通統特别尖鋭化起來了，尤其是生産力與生産關係間的矛盾，來得特别尖鋭。一方面，資本家迫於相互的競争，都傾向於生産的無限擴大，另一方面，資本主義社會的消費力則大大地縮小。這兩者間的矛盾，是表現得非常鋭利。在戰前資本主義的時期，這個矛盾不過是産生了經濟危機的周期重演，但在資本主義總危機的時期，它却傾向於長遠的尖鋭化。資本主義市場的吸收力，甚至在繁榮的狀態下，決定足以適應生産機關的完全使用。生産機關的大部分，是不斷地停閉。另一面，資本主義市場的吸收力，更不足以保證全體無産階級都有工作做。從前失業預備軍，在繁榮時，總是減少到最低的水準，總危機時代的大批失業是慢性的。

這樣，停止使用了的生產手段與停止使用了的勞動力，是資本主義總危機的又一個經濟標幟（第四個特點）。工業與農業，都顯露這個特點。

最後，慢性的農業恐慌，是資本主義總危機中危機的一部分。它代表着生產加多與消費減低間的矛盾。在資本主義總危機的時期，農業恐慌與工業恐慌，兩者打成一片，使工業恐慌愈加尖銳化，因爲它減低了農民對工業品的購買力。同時農業恐慌又受工業恐慌的影響而惡化起來，因爲工業恐慌減少對農產品的需要。

資本主義總危機，一直到現在，仍然是發展着。

被資本主義總危機支配着的世界經濟（資本主義的）第一時期，在經濟的領域內，表現了生產的減低、貿易的衰退、信用與金融的破壞、財政的紊亂與破產等等。生產的減低，是由於四年的世界大戰與繼起的內戰，把生產機關與勞動力大大地破滅了。看看左表，便可以曉得生產減低的程度。

大戰前後生鐵的產量（單位　百萬噸）

國＼年	一九一三	一九一九	一九二〇	一九二一	一九二二	一九二三
德國	一六·八	五·七	六·四	七·五	九·四	四·七
法國	五·二	二·四	三·四	三·四	五·一	五·四
比國	二·五	〇·三	一·一	〇·九	一·六	二·二
英國	一〇·四	七·五	八·二	二·七	五·〇	七·六
美國	三一·五	三一·五	三七·五	一七·〇	二七·五	四一·〇
瑞典	〇·七	〇·五	〇·五	〇·三	〇·三	〇·三
盧森堡	二·五	〇·五	〇·七	一·〇	一·七	一·四
總計	六九·六	四八·四	五七·八	三二·八	五〇·六	六二·六

大戰前後石炭生產量（單位百萬噸）

區域＼年份	一九一三	一九一九	一九二〇	一九二一	一九二二	一九二三
全歐洲	五九七・四	四二七・九	四四九・九	三九二・五	四九三・一	四八五・五
美國	五一七・一	五〇二・五	五九七・二	四五一・二	四二四・五	五八一・四
全世界	一二〇一・八	一〇三六・八	一一五〇・三	九四四・九	一〇一七・九	一一七二・三

就大體講，鐵煤的生產，在戰後都比戰前減低，尤其是在停戰後的兩三年內。鐵煤是生產中的兩個基本部門，它們的衰退，可以代表一般生產的低落。在資本主義發展不平衡的定律下，各國生產的減退，是不一致的，特別是美國，它的生產反來表現加多了（這是由於美國受戰爭的打擊是比較的輕微）。一九一九以後，生產逐年提高，是資本主義從世界戰爭的大動摇走向局部安定的表徵。

國際貿易也急速地衰退了。這是歸咎於生產的緊縮、購買力的貧弱、關税壁壘的提高、國外匯兑的劇烈變動等等。左表是顯示貿易減退的程度（表中數字爲百分比）。

大戰前後世界貿易狀況（基於十一個主要國家）

進出口＼年份	一九一三	一九二〇	一九二一	一九二二	一九二三
進口	六一・一	四八・二	四二・〇	四五・八	四八・九
出口	五四・九	四三・三	三八・三	四二・一	四五・一

其他如金融的紊亂、通貨的膨脹、公債的加多、人民的貧窮化種種，也達到了可驚的程度。例如德國的紙幣，在一九一三年祇有二十萬萬馬克，到一九二一年却加多至八百萬萬馬克。法國的紙幣，也從一九一三的五，七二三百萬法郎，加到一九二一的三七，〇〇〇百萬法郎。其他各國也有同樣的狀態出現。結果造成了紙幣充斥的世界。物價因而高騰，破産因而增多。後來馬克廢除，受害的更是累

上加累。法國的法郎，一直到現在，仍不能回復到原來的平價。又世界各國的公債，也膨脹得可驚。一九一四年，它的總數量是一，七六〇百萬金馬克，到一九一八加到九一，〇〇〇百萬金馬克，到一九二〇又增至一，〇二〇，〇〇〇百萬金馬克了。

戰後資本主義的第一時期内，經濟的極端動摇與衰敗，逐漸培養成政治危機的爆發，同時蘇聯的十月革命，也發生了寬泛的影響。因而在歐洲大陸與殖民地國家内，爆發了革命與革命運動。兹把各國的革命運動，依時間的先後，記録如次：

一九一八芬蘭工人革命，同年的秋季，日本發生搶米風潮。一九一八的十一月，德奥革命成功，推翻了半封建的帝制。一九一九年三月，匈牙利發生無産階級革命，高麗也有暴動。同年四月，德國的馬維利亞邦（Bavaria）建立蘇維埃政權。一九二〇年正月，土耳其成功了資産階級性的國民革命。同年九月，意大利的工人奪取工廠。一九二三年三月，德國的先進工人舉行暴動。一九二三年九月，保加利亞發生暴動。同年秋季，德國又爆發革命。在這個蓬勃的革命運動中，蘇聯十月革命的影響，是非常鮮明的。

同時要知道：戰後各資本主義國家的相對的經濟地位也被世界戰争改變了。戰後的美帝國主義，便成爲世界經濟範圍内的支配勢力。它把世界金融支配權，從倫敦搬到紐約。它在世界貿易上的地位，也從一九二一年百分之十一點三（世界貿易中美國占有的百分數）增到一九二五年的百分之十五點六。它占世界貿易的第一位。此外，美國又是世界上最大的債權國家，它放到國外的債款，總數在一萬萬美金以上。同樣，日帝國主義的經濟地位也大大地提高了，它在大戰的四年中，把工業生産增加了一倍，商船的增長，更是來得可怕。但它對外的投資，衹是略略增加罷了。

戰敗國家，尤其是德國，因爲受了協約國（戰勝國）的極端掠奪，如賠款、割地等，愈加走向没落的泥坎。又，通貨膨脹或緊縮，適足以促進獨占資本的擴大。因而總危機時期的資本主義的獨占性質，達到了最高的階段。但是這又使資本主義社會的消費力，迅速地趨於相對的減縮，醖成難於解決的新困難。

以上是戰後資本主義的第一時期的形象。蘇聯社會主義的第一時期，也是充滿了戰争帶來的種種困難，如生産的破壞、一般經濟的衰退等等。但這種困難是發展上的困難（diffculty of growth），即是説，它可以隨經濟的發展而得到解決的。它不是妨害發展的困難，如在戰後資本主義的第一時期一樣。蘇聯第一時期的經濟任務，是服從於確保與鞏固蘇維埃政權的中心目的，并且要創出種種施行社會主義經濟的先決條件。因此，便没收土地、工廠、工場，實行生産手段的國有。并且成立了最高國民經濟會議，來管理經濟事務。後來内戰與干涉（帝國主義的）同時爆發，蘇維埃政府爲了適應戰争的需要，采行了臨時的『戰時共産主義』，把糧食供給、生産、財政、分配等等，都極端地集中起來。一切都由命令來辦理。對於徵發農民的餘糧，更是雷厲風行。

戰時共産主義，使蘇維埃政權得以完成其目的，即粉碎國外的干涉與國内的反動，并鞏固蘇維埃的本身。可是它不受農民的歡迎，因此，在一九一八的春季，便尊重農民大衆的公意把它取消了。接踵而來的，便是列寧的新經濟政策。

總括起來，社會主義的第一時期，可算成功了創立種種先決條件來進行社會主義的建設，如成立與保障無産階級獨裁，没收生産手段等等。

四、戰後資本主義第二時期

第二時期的資本主義，算是得到了暫時的局部的穩定。但穩定決不是安定不動的意思（Stabilisation ne signifie pas stabilite）。在過去，從來没有這樣安定的資本主義，而況在總危機存在的時期，安定不動的資本主義更是不可能的。在一種社會內，生産者和生産手段分離起來，人和人的關係衹是基於商品的關係，人類的運命衹是服從於他們自己不了解的盲目的規律，大多數的人民被極少數支配着剥削着，那末，安定不動是不可能的。資本主義制度下的平衡（equilibre），是不能安定的，在資本主義顯然安定的時期，便不斷地發展了矛盾的諸元素，到後來，這些元素被危機暴烈地解決了，然後才恢復短小時期的平衡。危機，是暫時解決現存諸矛盾的暴烈方法。

没有危機的安定的資本主義，是事實上找不出來的，但歐洲的資産階級，面臨着革命潮流涌進的時候，它却善於作退却的運動。它作出種種姿勢來，要把政權交給革命群衆，或和他們平分政權。它爲了維持資本主義制度，不惜作種種巨大的犧牲，在有些國家，它把政權交給温和派的領袖。它承認政治要求，如廢除帝制與參議院、普選權利、各種自由等等。對於工人的社會經濟要求，如八小時、社會保險、起用退伍兵士、監督生産等等，也完全答允了。關於工資問題，它也做了種種的讓步，并且宣布準備復興農村的綱領。這一切都是爲的緩和民衆的革命。要這樣才能獲得相當的時間來恢復削弱了的壓迫機關，并且使温和派把群衆的革命運動，歸納到合法的範圍內。

從資本主義第二時期的政治經濟看來，歐洲資産階級的退却運動，是完全成功的。在多數的國家內，政治的穩定，是表現於憲政常軌的恢復。其餘的國家，如意大利、西班牙等，是以法西斯蒂的强力政治，來保持穩定的狀態。外表的政治穩定是成功了的。

至於經濟方面的穩定，也是可以從下列的數字看出來的，生産與貿易，都逐年增加了。歐美資産階級，一面對革命的大衆作種種政治的讓步，以求統治的暫時穩定，但另一面則努力於合理化，以謀經濟的復興。從一九二三到一九二七，算是合理化的最全盛時代。合理化是開始於被戰爭打倒了的德國，後來美國也夢想到合理化下的永久繁榮。

全世界鋼鐵五金生產量（單位　百萬）

	一九〇九至一九一三	一九二〇至一九二四	一九二五	一九二六	一九二七
鐵（噸）	六八·三	五八·九	七六·九	七七·五	八五·〇
鋼（瓩）	六五·二	五八·九	九一·六	九一·六	九九·一
銅	一，〇三〇	一，〇一五	一，四九一	一，四九一	一，五一〇
鉛	一，一九四	一，〇八四	一，五八七	一，五八七	一，六四三
亞鉛	九七六	七六〇	一，一三二	一，二四九	一，三〇〇
錫	一三三	一二八	一五〇	一四七	—
鋁	六三	一二三	一七九	二一一	二一三
金	七六八	五二五	五九三	六〇〇	六〇〇
銀	六，六九四	六，四六七	七，五一四	七，四五四	七，四五四

世界糧食生產數量（單位　百萬噸）

	一九〇九至一九一三	一九二〇至一九二四	一九二五	一九二六	一九二七
小麥	八二·二	八八·七	九〇·二	九一·八	九四·七
裸麥	二六·一	二一·一	二五·六	二〇·四	二三·一
大麥	二八·七	二七·六	三〇·九	二九·五	三〇·九
燕麥	五二·一	五二·〇	五八·二	五三·八	五三·六
玉蜀黍	一〇二·九	一〇八·〇	一一三·六	一〇七·〇	—
米	七七·五	八三·二	八五·三	八四·六	—
馬鈴薯	一二八·六	一二八·八	一四三·六	一二〇·九	一四五·五

世界紡織原料生產量（單位　百萬噸）

	一九〇九至一九一三	一九二〇至一九二四	一九二五	一九二六	一九二七
生棉	四·八四	四·三三	六·〇	五·九九	四·四〇
羊毛	一·四六三	一·二四九	一·三三九	一·四〇五	—
生絲	二九·二	三八·二	四五·八	四七·二	—
人造絲	一四·一	四九·四	八七·〇	九九·五	一三〇

世界燃料生產量（單位　百萬）

	一九〇九至一九一三	一九二〇至一九二四	一九二五	一九二六	一九二七
石炭（噸）	一，〇九八	一，一二六	一，一八七	一，二一七	一，二八三
石油（桶）	一，三八五	八六〇	一，〇六七	一，〇九五	一，二三四

以上是戰後資本主義第二時期内世界生產增加的數字，此外機械電氣的生產，也比戰前及第一時期加多了。自不待説，生產的增加，必至引起貿易的更加活躍。兹將這一時期的世界貿易表列如次：

	進口（每月平均數）出口（歐洲二四國合計）	進口（每月平均數）出口（其他二〇國合計）	合計
一九一三	八，一五三，六	四，一五二，一	一二，三〇五，七
一九二二	五，一七七，五	四，七七七，一	九，九五四，六
一九二四	六，五五七，四	三，九五二，六	一〇，五一〇，〇

續表

	進口（每月平均數）出口（歐洲二四國合計）	進口（每月平均數）出口（其他二〇國合計）	合計
一九二七	一一，四二九，六	八，二三一，八	一九，六六一，四
一九二八	一一，七〇三，四	八，四〇九，九	二〇，一一三，三

主要資本主義國家的資金的發行與出口，因爲生産與貿易的增加，也是逐年向上移動着。兹將英美兩國資金的出口與新發行揭示如次：

資金的新發行與出口（單位　百萬）

	一九一三	一九二三	一九二四	一九二五	一九二六	一九二七
英（磅）	三六	——	八四·六	一五五	一二九·二	二〇六·九
美（元）	——	四，三〇四	五，五九三	六，二二三	八，三一一	——

就以上各表所列的數字看來，戰後資本主義第二時期的實業活動，（business activity）確實逐年向上發展着。并且在有些國家（如美國），勞動階級的真實工資，也是年年提高（例如美國的，從一九二二的一〇〇提高到一九二七的一二二）。各表中揭載的一切關於實業活動的與其他數字，就大體講，都達到了乃至超過了戰前的水準。這樣看來，資本主義不但穩定了，而且比以前更『繁榮』了。難怪有些經濟學者得出了這樣的結論：資本主義每經過一次危機，反來增加了它的力量。

資本主義爲着穩定本身與克服危機，便努力於合理化的工作。合理化在戰後資本主義的第二時期，起了絶大的作用，這是不可否認的事實。合理化的内容，不外是（一）減低生産成本與（二）成功地組織獨占以便掠取更大的利潤。

資本家減低生産成本的對策，首先要以機械的改善與勞動的組織來提高勞動的生産力，并且要以標準化通常化（normalisation）來減低每個産品單位的工作時間（rabocheevremya），更以提高勞動的强度與采用特别計算工資的方法，來減少工作時間的有酬部分（paid part）。

然則從原則上看來，合理化并不是什麽新的東西。它包括資本家向來用以追逐利潤的一切方法，却成爲一個更系統化集中化的名詞。但是有一個不同的地方：『勞動生産力提高的意義，和提高勞動的剥削相比較，是相對地減低了，這是以平等的或較低的工資極端强化勞動的結果。』（E. Varga，Mirovoi Krizisi Borba Dvux Sistem，1932，stra. 94）衹要合理化是出現於生産機關的更新與擴大的形式，它便代表真正的資本積累。因此，合理化和資本積累，具有同樣的影響，即積累前進的時候，它激刺景氣的活躍（合理化景氣），但達到一定的程度，便引起危機的到來與鋭化。越是厲行合理化，危機便越加深刻化。比如德美兩國在這次世界經濟恐慌中受到了最嚴重的打擊，未嘗不是由於猛烈進行合理化的後果。

合理化更促進了獨占資本的發展。資本家爲了瓜分剥削剩餘價值的常數（Somme immua ble de laplus-value），往往結成獨占形式，以便提高物價與增加利潤，使其他非獨占資本受到損失。但是合理化不論内容如何，形成與方法又如何，它不僅改變資本主義發展的周期進程，而且引起資本主義生産手段的根本矛盾的尖鋭化。（張琴撫：《國際經濟政治學原理》一四八至一五三頁與E. Varga.l'Economie de la periode de declin du Capitalisme apres la Stabilization，1928，pp. 37-45關於合理化的理論與實例均加以詳細的叙述。）

戰後第二時期的資本主義，畢竟衹獲得了局部的穩定。而在這個穩定下，出現了一個可憂的但没有方法挽救的現象，即慢性的大批失業。兩個頭等資本主義國家（如英德）的失業人數，總在一百萬以上。歐洲資産階級政府對於大批的失業工人，除給以不够生活的津貼（dole）外，簡直是一籌莫展，甚至有時還把津貼取消或減少。這些多餘的人口，年年處在飢寒的狀態中，這顯然暴露了資本主義社會的可恨的不合理性。兹把第二時期各國失業數字表列如次：

官方發表的失業數字（單位　百萬）

	一九二〇第四季	一九二四十二月	一九二五十二月	一九二六十二月	一九二七十二月
英	〇·五二六	一·二六〇	一·一二四	一·四三二	一·一九四
德	〇·三六八	一·五三六	一·四九八	一·七四九	一·一八三
意	〇·一九四	〇·一五〇	〇·一一二	〇·一九二	〇·四一四
美	—	—	—	—	—

失業與有業的比較，總在百分之十的左右，歐美的資産階級不獨不能解决失業問題，而且施行所謂合理化的方法，使失業愈加嚴重

起來，使它成爲普遍的世界現象（即世界失業）。但這個現象，又是資本主義發展的規律注定了的。

就常理講，穩定時期的資本主義，應該是在擴大生產的原則下，雇用更多的工人，然而事實上所表現出來的，則使我們失望，在世界經濟平衡的背後，仍然有不少的元素，如殖民地工業化、歐洲的貧窮、慢性的農業恐慌等，來阻撓失業的減少，但這決不是根本的原因。慢性的大批失業，是導源於資本主義內在諸矛盾的惡化。

差不多在八九十年以前，就有人發現了這樣的真理：『和資本總數同時增殖的，自然（資本）其中包含的可變部分（可變資本Capital Variable）即勞動力，也同樣增殖了，不過增殖的比例是繼續迭減的……工人生產的資本雖加多了，但工人群衆無异創造更多方法來解除自己的工作。』最近幾十年資本主義生產的發展，顯示了生產與工人數目，都同時增加。在主要的資本主義國家生產提高到百分之一四七，但雇用的工人數目衹加多百分之三十五。資本主義生產的方式的内在矛盾是：利潤的總額雖等於價值的總額，但每一個別的資本主義企業，不斷地企圖減少它雇用的人工的數目，企圖以機械代替人力，因而減低了剩餘價值。

資本家衹見到競爭的劇烈，并不瞭解資本主義經濟的規律的正確運用，他衹要減低生產的成本（減工裁人），以求取得更多的利潤，殊不知在這點上，他和整個資本家階級要儘量利用整個資本，發生了利益上的矛盾。然而資本主義社會，决不能糾正這一點。因而失業問題，在資本主義穩定時期固然是很嚴重的，而到了恐慌時期則更加尖鋭起來。這次世界經濟恐慌中巨大的失業數字，打破了以前的一切記録（詳見後），據工治派（technocrats）的預測，即使資本主義的繁榮真能恢復，失業衹是有加無減。

在資本主義穩定的局勢下，有兩個頭等帝國主義國家，確定地走向了没落途徑。這就是德國與英國。德國以戰敗國家的地位，儘受協約國的掠奪，付出巨額的賠款。同時德國資産階級榨取所依賴的一個廣大來源，即殖民地，也通統被協約國强搶去了。從經濟動摇發生的政治混亂與賠款能力的短絀，使協約國於一九二四年采取道威斯計劃（The Dawes Plan）。道威斯計劃的目的，在於確定德國在一九二四後最初五年内及以後每年交付賠款的數目，以便安定德國的貨幣，均衡德國的財政，使德國經濟向上發展，來供協約國繼續的更嚴厲的榨取。

德國支付賠款的辦法，便是借入外債與增加出口貿易。從一九二五至一九二八，德國從外洋借入了十五萬萬馬克，來支付賠款。至於推廣出口貿易，因爲受了各國關税壁壘的阻撓，没有獲得很大的收穫。計算從一九二五年起到一九二八年止，出口貿易衹加多百分之三十七。世界經濟恐慌爆發以後，出口貿易鋭減，外債也不能借到，結果，一九三二年的落桑會議（The Lausanne Conference）承認事實上取消德國的賠款支付。德國的没落，也可以從失業這點上看出來。穩定時期的德國失業工人，每年都在百萬以上，到一九三三年春季，居然超過六百多萬。德國現政府解决失業問題的具體方案，衹是造成了新的危險局勢。

其次，英國雖是戰勝國，但它也確實没落下去了。英國没落的最明顯的標志是，它的基本工業都失去了優越的地位與競争的能力。英國的鋼鐵業，從一九二四到一九二八，每月都衹生産十萬噸左右，表現停滯與不振的模樣。造船業也處於同樣不振的狀態中。英國在一九一〇造出船舶一九，二五七千噸，到一九三〇年衹加到二〇，四三八千噸，而美國則加多三倍，日本加多兩倍半（德國反來減少）。煤炭業更是悲慘地衰落起來了。最衰退的算是棉紡織業，棉布從一九二四的四，四四四減到一九二八的三，八六六（百萬碼），棉紗衹能略略維持現狀。英國的棉貨，在遠東失去了百分之八十以上的市場。據一九二八英國政府自己的調查，一切基本工業，如果得不到關税的保護或政府的津貼，都不能維持下去。目前英政府實行保護政策，便是英國工業没落的證明。

此外，成爲金融市場的倫敦，已失掉了它的支配地位，不能不讓位於紐約，同時倫敦已不能再握資本市場的霸權。關於資本的出口，英國遠不及新興的美國。一九二五年，美國對外投資量爲一，〇三一點二百萬元，而英國的衹是四三九百萬元，即是説，不及美國的半數。一九二七年，美國的資本出口，加至一，三七五點七百萬元，而英國的衹是六九三點五百萬元，也是不及半數。在以後的幾年當中，情形也是大致如此。就金融與投資看來，英國也表現没落了。

失業問題，也充分表現英國老大衰朽的模樣。從一九二四到一九二七，失業數字常在百萬以上，一九三〇年的失業工人，達到三，七二五，〇〇〇名的高峰，現在仍停滯於兩百萬以上。目前失業問題最嚴重的國家，首推英、美、德、意，慢性的大批失業，在這幾國來得特别頑强。它抵抗一切要克服它的『有效』方法，資本主義失去了解決失業問題的能力，老大衰朽的英國，當然不會例外。

蘇聯社會主義經濟的第二時期，開始於一九二一年新經濟政策實施的那一年。那時蘇聯恰巧處在世界大戰帝國主義聯合干涉以及劇烈的内戰以後，生産與經濟的破壞，達到了最大的程度。要想在這樣的情狀下來建設社會主義，當然衹是夢想，現實主義者列寧氏，排除一切的反對，堅決施行國家資本主義性質的新經濟政策。以社會主義國家來執行國家資本主義，本有點令人難解。反對蘇聯的人，便借題發揮，認爲是俄國共産黨的總退却。歐美的政治家也暗中自喜，認爲它們馴服蘇聯的工作，到底獲得預期的結果了。

然而新經濟政策的唯一任務，在於建立社會主義建設所需要的物質的基礎與加强社會主義經濟部分的領導。在農村，新經濟政策許可穀物的自由買賣，并解除土地租佃與雇傭勞動的禁令。在工業方面，努力整理國有企業，允許設立私人的新企業，務使國民經濟内的社會主義部分發揮更大的支配作用。『各自發財』（Enrich yourself），是新經濟政策下提高私人自動性（initiative）的有力口號。

新經濟政策的結果，恢復了蘇聯的生産力，圓滑了農村與城市在經濟上的聯繫。在這個政策下，蘇聯完成了一九二八至一九三二大轉變（Perelom）前的預備工作。兹把蘇聯生産力恢復的過程揭示如左（以一九一三爲一〇〇）：

年份	工業	農業
一九一三	一〇〇	一〇〇
一九二一至一九二二	三〇・一%	四四・四%
一九二三至一九二四	四八・〇%	七九・九%
一九二六至一九二七	一〇三・九%	一〇六・五%
一九二七至一九二八	一一九・六%	一〇五・六%

五、戰後資本主義第三時期

蔓延了五年的世界經濟恐慌，是戰後資本主義第三時期的主要内容。從一九二八年起，資本主義便進入了第三時期。在一般人看來，資本主義的第三時期，仿佛等於梅毒或肺病的第三時期，是難於救治的。劃分戰後資本主義爲三個時期的學者們，也就和看相的人一樣，祇談到第三期爲止；他們好像隱含着：資本主義要死亡於第三時期。資本主義難道没有第四期麽？這個問題雖有點滑稽，但在日本的雜志上引起了廣泛的争論。據多數人推定，資本主義已到熟爛發腐的地步，恐怕是不能延長到第四時期的，可是第三時期的長度，也没有人加以推算。

戰後資本主義的診斷，是在一九二八年發表的。那時候資本主義已經表現了病體惡化的徵象，不過庸俗的醫士，還不能辯認出來。一九二九年經濟恐慌的爆發，證實了診斷不是空洞的預言，而是根據事實的合理判斷。從一九二九年起，空前未有的經濟恐慌，狂風暴雨般地震蕩了整個資本主義世界。它對於資本主義造成的損失，據説也和世界大戰差不多。龐大的生産機關，被它摧毁了一大半。幾千萬的勞動人民，過着無業無食的飢餓生活。餓死的、殺死的、被傷的不幸人民，如果把他們編入統計，其數目一定是驚人的。目前的世界經濟恐慌，在任何時候都可以變成反蘇聯的或火拼的帝國主義大戰（詳見後）。兹先把經濟恐慌造成的損失開列一賬單如左：

資本主義生産低降表（以一九二八爲一〇〇）

	美國	英國	德國	法國	日本
一九二八	一〇〇	一〇〇	一〇〇	一〇〇	一〇〇
一九二九	一〇七・二	一〇六・〇	一〇〇・四	一〇九・四	
一九三〇	八六・五	九七・九	九〇・一	一二〇・二	一〇五・六
一九三一	七三・五	八八・八	七三・六	九七・六	一〇〇・七
一九三二	五七・七	八八・四	六一・二	七五・六	一〇七・九
一九三三	六九・三	九三・一	六八・六	八四・六	一二八・四
一九三四年二月	七二・九	九八・六	七七・八	八三・五	——

資本主義生産戰前戰後比較表

	美國	英國	德國	法國
一九一三	一〇〇	一〇〇	一〇〇	一〇〇
一九二九	一七〇・二	九九・一	一二三・〇	一三九・〇
一九三〇	一三七・三	九一・八	九九・八	一四〇・〇
一九三一	一二五・九	八三・〇	八一・〇	一二四・〇
一九三二	九一・四	八二・五	六七・六	九六・一
一九三三	一一〇・二	八五・二	七五・四	一〇七・六

各資本主義國家的生産既已減退，它的貿易自然也要縮小。關税壁壘的增高，國家經濟主義的猖獗，以及大衆購買力的減低，使世界貿易的容量愈加縮小。

世界貿易每月減縮表（單位　千鎊）

	一九一三	一九二九	一九三二	一九三三	一九三四年二月
英	四三，八〇〇	六〇，七七八	三〇，四〇〇	三〇，六〇〇	三一，六〇〇
美	四一，九〇〇	八八，三〇〇	二六，五〇〇	二八，七〇〇	三五，〇〇〇
德	四一，一〇〇	五一，六〇〇	二二，一〇〇	一五，六〇〇	一三，〇〇〇
法	二二，七〇〇	三三，六〇〇	一三，二〇〇	一二，三六〇	一二，二〇〇
日	五，三〇〇	一七，九〇〇	一二，一〇〇	一五，六〇〇	一三，〇〇〇

照上表看來，各國貿易都還没有達到戰前的水準，祇有日本是除外的。自一九二九起，美國對外貿易的衰退，更是猛烈可怕。到一九三三年，它跌到一九二九的三分之一以内。日本以傾銷與武裝，開展了它的海外市場，可是遇着了强烈的反抗，因此從本年起，它的貿易要顯著地減退下去。除戰争以外，資本主義再没有解決世界市場的適當辦法了。

社會主義國家内的失業問題，雖然早已解決了，但資本主義國家内的失業後備軍，簡直是膨脹得可怕。英、美、德、意的慢性大批失業，成爲非常嚴重的經濟社會政治問題。

資本主義世界失業表（單位　千人）

	一九二九	一九三〇	一九三一	一九三二	一九三三	一九三四年三月
英	一，二六七	一，九七五	二，七三一	二，八一三	二，五八三（一月份）	二，二〇二
美	—	—	—	—	二，四〇〇	三，〇〇〇
德（注）	一，九一五	三，一三九	四，五七三	五，五八〇	四，七三八	—
意	三〇一	四二五	七三四	一，〇〇六	一，〇一九	（二月）一，一五〇
法	一〇	一四	七五	三〇八	三〇七	—

（注）從一九三三起，德國失業數位是不可靠的。

從以上的幾個表格中，當然可以看出世界經濟恐慌造成的損失的大概與維持過熟的資本主義的代價。此外如物價狂跌、財政破産、企業倒閉（銀行在内）、債券跌價、人民貧窮化種種尚不在内。不錯的，經濟恐慌已經在去年通過了最低的深度，已經提升到特種的不景氣（depression）的階段，但這不可視爲一種樂觀的標志。在總危機時代，穩定終結了（一九三二）的資本主義，不論它在何處的形態下，是不容許樂觀的。

這次世界經濟恐慌，雖是表現了好轉的模樣，但仍在周期性的過程中，并且是隨時可以惡化下去的。這次經濟恐慌是一切恐慌中最嚴重的一個，它和以前的恐慌有許多不同的地方，其最不同的一點：是它經過最長久的時間。從前的各個恐慌，經過一兩年便終結了，但現在恐慌，已經有五年的歷史了。而且它還没有終結。這樣長久的恐慌，可以援引下列的理由來加以説明：

第一，這次恐慌無例外地捲入了一切國家，使某些國家難於把自己的損失轉嫁到别的國家。

第二，工業危機和農業危機打成一片了，而農業危機又捲入了一切農業國家與半農業國家。這當然又使農業危機愈加復雜愈加深刻。

第三，處於現時期的農業危機，越加尖鋭了。它捲入了農業的一切部門，連家畜業在内。它低降了農作技術，使人力代替機器，使馬匹代替電耕機，使人造肥料的消費減少乃至完全不用，這又延長了工業危機的時間。

第四，支配工業的獨占資本，努力於維持商品的高價，使存貨難於被吸收。

第五，最關重要的是：工業危機是在資本主義總危機的條件下爆發的。這時候，資本主義不論在本國也好，或在殖民地國家也好，再不能具有大戰以前的那種力量與安定。這時候，資本主義方苦於大戰賜給它的遺産：衹開半車的生産機關與千百萬的失業後備軍（注）。

（注）參閲J. Stalin，Report to the 17th party Congress（C. P. S. U.）

這次的經濟恐慌，不僅限於生産與貿易，而且擾亂了信用金融與債務關係（賴債與債務延期）。它打破了國家與國家間以及社會集團與社會集團間的傳統關係。物價的猛跌，尤其是對於無組織的（非獨占的）生産者，如農民、手工業者、小資本家等，給予嚴重的打擊，使這些欠債的階級，受到極大的虧損，但債權者反來占極大的便利。這一局勢造成了大批的破産（公司與個人）。由於金融的跌價與銀行的倒閉，信用制度根本發生動摇，隨即停止了債款的償還與資本的出口。争取國外市場的貿易戰争，正在瘋狂般地進行着。

就以前的表格看來，工業危機已經在去年從最低的深度轉變到特種的不景氣。這種不景氣，和尋常的衰落不同。它不能進到工業繁榮的地步，也不會壓迫工業到衰退的最低深度。總之，這次經濟恐慌最壞的時期是過去了。有人以爲這是由於戰争好景氣（War-inflation boom），其實除戰争好景氣以外，還有資本主義内在經濟力量的運用。資本主義成功了略略改善工業的地位，以工人做犧牲（如加强工人的工作），以農民做犧牲（如以最低價格購買農產物），以殖民地的農民做犧牲（如減低他們出產的原料和糧食的價格）。然而關於工業好景氣快要到來的材料，現在還没有出現，在最近的將來，恐怕也不會出現吧！

就一般的統計看來，好景氣最明顯的，要首推美國。美大總統羅斯福（Roosevelt）在過去一年中，花費了一百三十多萬萬金元（是美國通常預算的三倍），來製造好景氣，結果衹是平常。而這一結果，早已引起了小資本家與廣大下層群衆的憤恨（如The Darrow Inquiry Commission的報告所指摘的）。據七月七日哈瓦斯（Havas）紐約電稱，『據熟悉實業情形者的報告，美國工商業，現又進入混亂與不安的狀態中，其形勢爲從來所未見。前星期生產降落二二點，冶金業比工作能力低落百分之二十三。紡織業在六月一日以前，曾經十足使用生產能力，但現在又減低百分之二十五。建築使用的木材，比本年第二季減少百分之十五。汽車價格狂跌，交易額比平常減少百分之十五。貨物流通額，也比去年少多了』。這給予特種不景氣説一個顯明的例解。

美國的失業工人，到現在還是一千兩百萬，而工人的罷工鬥争，更是异常激烈與普遍。然則美國的好景氣，也衹是不安定的好景氣（即特種不景氣），不會在最近的將來回復到繁榮。德國目前的現狀，比美國的還要壞得多。在那裏，生産雖提高了，但距離戰前的水準尚遠得很。在那裏，實際上失業的工人，也還在五百萬以上。對外貿易已經從順調變爲逆調，財政與金融都處在破産的關頭，中央銀行公開宣布不能履行私人的債務，這衹能算是非常危險的好景氣。就美德兩國的現狀看來，特種不景氣説，是有客觀事實做根據的。動摇與腐爛，是資本主義在現階段中的特徵。資本主義的穩定，已經於一九三二年告終了。資本主義的内在矛盾，越加尖鋭起來。但資本主義仍或有方法來維持其生存，除非被反對的勢力推倒了。

資本主義的穩定，建立在經濟的政治的國際的三個元素上：（一）經濟的，世界經濟恢復到戰前的水準（金融穩定、資本主義合理化等）；（二）政治的，資産階級鎮壓革命運動的成功；（三）國際的，帝國主義關於榨取德國、中國及其他殖民地成立諒解，并對於蘇聯發生經常的關係。但到了一九三二的時候，生産异常減縮，世界貿易減少一半，失業特别增大。由此引起的國内矛盾，廣泛地爆發着。同時帝國主義間的矛盾（如重新分割世界的鬥争），也趨於極端的尖鋭。這種種表示資本主義穩定的終了。但不穩定的資本主義，仍然是能够生存的，祇要它有鬥争的辦法與能力。

蘇聯社會主義經濟的第三時期，開始於一九二八年。那時候，蘇聯在一國可以建設社會主義的理論下，堅决執行第一個五年計劃，并且由於群衆的積極支持，在四年内完成了五年的工作。隨即開始第二個五年計劃，完成了一年半的工作。由於猛烈建設社會主義的結果，蘇聯的工業生産表現飛躍的進步。假如以一九一三年爲一〇〇，則一九二九年的是一九四點三，一九三一的是三一四點七，一九三三的是三一三點九，比戰前加多三倍。假使以一九二八的工業生産爲一〇〇，我們便可以從下表中看出資本主義世界與社會主義世界，在生産的數字上有一個顯然不同的區别：即前者的生産是迭減的（一九三三除外），而後者的生産則是迭加的。

全世界的工業生産（以一九二八为一〇〇）

年度	資本主義世界	社會主義世界（蘇聯）
一九一三	七一二·〇	七〇·〇
一九二九	一〇七·〇	一二四·〇
一九三〇	九〇·五	一五九·五
一九三一	七七·九	一九三·六
一九三二	六六·一	二〇六·五
一九三三	七四·九	二一七·〇

第一個五年計劃，把蘇聯變成了先進的工業國家，不受世界經濟危機的影響，而且具備技術的基礎來改造整個國民經濟，并具備强大的國防基礎來保證擊退武裝干涉的企圖。第二個五年計劃的任務，在於把蘇聯在技術經濟關係上變成獨立的國家，把蘇聯在技術關係上變成一個最先進的歐洲國家；并且最後還要完成無階級社會的建立（參閱 Vaisberg《蘇聯經濟政策的諸階段》，一九三四年，俄文版，七五—八七頁）。照一年半來的成績看來，第二個五年計劃，是能依照既定的標準來完成的。

六、結　語

今後世界經濟，將要向哪一個方向動進着，已經成爲一般人非常注意的問題，尤其在目前占有世界六分之五的資本主義不能迅速解決經濟危機的時候，這次世界經濟恐慌，對生産造成極大的破壞，對人類造成極大的痛苦，加以歐美資産階級關於克服經濟恐慌的能力又表現得非常薄弱，因此，資本主義在群衆中失掉了信仰，特别是在直接生産者的廣泛群衆中。經濟恐慌雖然已經好轉到不景氣，但仍未能脱離危機的最後階段，而且也不會提升到尋常的工業好景氣（ordinary Industrial boom）（説見前）。現階段中的世界經濟，充滿了各資本主義國没落的標幟。英國、德國固然没落下去了（説見前），就是號稱世界資本主義王國的北美合衆國，也是同樣在不景氣階段中慢性地没落着。（參閱慶應大學《恐慌與世界經濟》，和文第三版，六三至九六頁）。

另一方面，社會主義經濟，則表現另一幅的圖像。它不但不妨害生産力的發展（蘇聯生産的增多，表見前），而且需要生産力的猛烈發展（大衆生活提高，需要超過供給）。因此它消滅了危機與失業。它提高了大衆生活的水準。它解决了資本主義所不解决的諸問題（市場問題失業問題等）。蘇聯社會主義建設的偉大成功，具有廣泛的而且實際的國際意義。

今後世界經濟的動向，支配於資本主義與社會主義兩個體系鬥争的進程。在目前，社會主義好像得了優勢，因爲它給予我們以解决許多緊急的問題的種種方法。在將來，社會主義也許有更大的勝利。但這都要靠兩個體系的力量對比的變化，尤其要靠鬥争發展的速度。

問題

（一）在戰後世界經濟的發展上，有一個什麽對立的現象？

（二）戰後資本主義與社會主義世界經濟的發展，各分爲哪三個時期？每一個時期有什麽特點？

（録自一九三五年版高三西史學科補充教材《國際時事論文選》）

（原載《中山文化教育館季刊》一九三四年創刊號，署名『董之學』）

第二次世界大戰的導火綫——捷克問題

我們斷定：捷克問題，必然成爲第二次世界大戰的導火綫，衹有法西斯獨裁者希特勒，才能够否定我們的這種判斷。换句話説，衹要希特勒不侵略捷克，不把捷克當做奥地利第二，第二次世界大戰是可以延緩下去的。這樣看來，最近會不會爆發第二次世界大戰，那就要取决於希特勒。他要戰争就會發生戰争，他不要戰争便不至於引起戰争。所以捷克問題的國際背景雖然復雜，但是解决的方法仍然是很單簡的。衹要德國少數法西斯領袖放下屠刀，捷克便安然無事了。

就這幾天國際形勢的發展看來，捷克問題似乎很和緩，似乎可以由和緩而得到滿意的解决。其實不然，德國法西斯陰謀家，正在運用其鬼蜮的伎倆，來求得問題的緩和，以便於可能時以迅雷不及掩耳的手段，并吞捷克。法西斯不僅着重暴力，尤其注重陰謀。它屢次的成功，都是基於暴力與陰謀的交織。捷克問題緩和的時候，正是德國法西斯儘量運用其陰謀的時候。德國法西斯的陰謀，現在是以英法爲其對象。它要英國不干預捷克問題，它也要法國不援助捷克。所以它派遣秘密使節到英國，向張伯倫説明利害關係，把害怕戰争的張伯倫嚇退幾百里，使法國孤立起來，使法國不履行對捷克的義務。法國果真個孤立，那忠實於蘇捷互助條約的蘇聯，也就無能爲力。現在德國法西斯，正在乘捷克問題的喘息時間，利用一切的可能來完成離間英法離間法捷的陰謀。不幸得很，英法的政治家與外交家，表現了或多或少的上了德國法西斯的圈套，因爲它們在目前以調解的態度代替了明顯的援助捷克的態度。

同時，捷克問題得到暫時的緩和，不僅是由於德國法西斯要運用它的陰謀，而且由於别的重大的元素：第一，從捷克問題開始嚴重化的那一天，捷克政府表示了保衛國土的嚴重態度，動員了十五萬正規軍與十四萬後備軍，派遣了大軍防守邊境并巡邏蘇台德區，積極地采取了各種緊急軍事措置等。這推翻了德國法西斯預定的并吞捷克的計劃。同時更重要的是：法國毫不含糊地表示了履行對捷克的義務，蘇聯也有同樣的表示。這又使得德國法西斯不能不重新考慮其侵略捷克的計劃。至於英國對德國法西斯的表示：不能容忍它對捷克的軍事行動，雖是很含糊的很空洞的，但也使德國法西斯發生了多少的疑慮。

現在有一種誤解：以爲捷克問題和緩與否，是以英法的態度爲轉移的，英法緩和，則捷克問題也隨着緩和。我們的意見，恰恰與此相反。正是因爲英法態度趨於和緩，捷克問題便趨於嚴重。你不看見德國法西斯最近屢次抗議捷克飛機侵入德國領空嗎？你不看見五月二十九日捷克市議會選舉裏蘇台德黨人又在暴動挑釁嗎？這都是德國法西斯爲了侵入捷克製造出來的藉口。這和日本軍閥製造瀋陽事變、盧溝橋事變如出一轍。我們敢説：假使英法的態度更加趨於温和，則捷克當遭受更大的危險。所謂温和，便是冷淡的别名。德國法西斯歡迎英法對捷克的冷淡。這樣，捷克便孤立起來了，必定要遭受希特勒的瘋狂侵略，正和我國受日本軍閥的蹂躪一樣。

捷克問題必然繼續嚴重下去，是毫無疑問的。其嚴重的程度，可從兩方面加以説明。第一，捷克受到德國法西斯的武裝侵略，若果没有外援，很難維持它的獨立，即是説，有亡國的危險。第二，假使捷克獲得外援，則有引起世界大戰的危險。我們現在最注意的，就是這世界大戰的問題。我們認爲捷克抵抗侵略，不單是捷克亡國不亡國的問題，而是會不會引起世界大戰的問題。在過去，有不少的國際性的問題，如阿比西尼亞問題、西班牙問題、奥地利問題，以及現在中國抗戰的問題，都引起了全世界注意於第二次世界大戰爆發的可能性。

兩年前發生的阿比西尼亞問題，没有引起大規模的國際戰争。這是由於英國不肯以最大限度的援助給予阿比西尼亞，法國更不願捲入漩渦。西班牙問題没有引起世界大戰，其原因是：英國公開地袒護叛軍并向德意繼續讓步。它并且誘勸法國讓步妥協。關於德國并奥的問題，英法望風投降，没有發生任何國際糾紛。我國抗戰十個月，也没有掀起世界戰争。這裏有幾個理由。和我們有直接的利害關係的英國，一方面祇願意對我們做有限度的物質援助，另一方面它還没有拋弃和日本妥協的傳統觀念。美國現在似乎被孤立政策所支配，對中國抗戰祇感覺到道德上的興趣。蘇聯在它的和平政策下，一向贊成集體安全，一向贊成以集體行動制裁侵略（可惜爲英法所拒絶），但不贊成單獨出兵。

但是捷克問題確有引起第二次世界大戰的危險，其理由是：

（一）捷克和法國與蘇聯簽訂了互助條約，因而法蘇對捷克的被侵略不能坐視。法蘇已經表示了於必要時以軍力援助捷克。

（二）基於英法同盟的關係，英國有支持法國援助捷克的道德上的義務。

（三）法國不能不援助捷克，因爲在歐洲大陸它祇剩下一個忠實的朋友——捷克，它的盟友，如波蘭與羅馬尼亞已經成爲德國的附庸，南斯拉夫進入了黑色意大利的勢力圈，比利時恢復了它的中立地位。

（四）全世界愛好和平的人士，除直接援助捷克外，必定壓迫他們的政府采取同樣的行動。這種民衆力量，一天大過一天，已經成爲國際政治中的一個重要的因素。

日内瓦的觀察家估計到：本年七月歐洲將要爆發大戰。我想歐洲大戰的爆發，或許等不到這樣久，因爲：

（一）希特勒與墨索里尼在五月初於羅馬晤談後，捷克、羅馬尼亞、匈牙利都劃入了德國的勢力圈。德國法西斯向中歐的發展，最怕的是意大利的干涉。現在意大利承認了德國法西斯的勢力範圍，那麽，希特勒便可以對捷克自由行動，而且要急速地行動。强盗們合夥打劫，没有不急速分贓的，否則他們中間相互矛盾的發展，使他們的分贓不能成功。所以希特勒必定急速地向捷克進攻。

（二）德國法西斯收回海外殖民地的要求，已被英國拒絶了。同時它的四年計劃，即經濟自足的計劃，造成了德國經濟危機的深刻化。這樣，德國法西斯從它的經濟立場上，不能不趕快向中歐發展，來挽救它的經濟厄運。這一發展的第一個障礙，便是捷克。所以希特勒要以快刀斬亂麻的手段來對付捷克。德國法西斯的侵略史，表現了一個刺目的特點——急速。它進軍萊茵，進軍奥地利，便是最顯著的例子。

（三）英法對捷克問題的調停態度，使德國法西斯感覺到：對捷克自由行動的時機已經成熟。英法越要調停，德國法西斯認爲對捷克的進攻不可緩。我們承認捷克問題確定緊迫，但歐洲大戰仍可避免。前面已經説過：衹要希特勒不侵略捷克，歐洲仍可安然無事，但怎樣才能使希特勒放弃對捷克的進攻呢？我們認爲少數强國采取集體制裁侵略的辦法，就可以使希特勒回心轉意。具體來説，英、法、蘇聯合地或個别地公開告訴德國法西斯及全世界：它們將一致以武力援助捷克，假使捷克受到武力侵略。以三比一的力量來壓迫德國法西斯，我們覺得很有勝利的把握，而且這一勝利必然是不流血的勝利。

五月三十一日於漢口

（原載《全民週刊》一九三八年第二卷第一號，署名『董維鍵』）

日本軍事法西斯的剖析

前次日本内閣的改組，因爲有兩名大將（宇垣一成長外交，荒木貞夫長教育）和一個金融巨頭（池田成彬長財政）的參加，曾經引起了我全國及全世界注意於日本政治發展的動向。大家都認爲日本内閣更加軍人化了（日本内閣現有五名大將）。

日本内閣這次改組，毫無疑義的是爲了加强對内的暴力統治與加緊對外的侵略戰爭。就是説，今後日本的政治，要更加法西斯化，説得恰當一點，要更加軍事法西斯化。在軍事法西斯化的前提下，日本的暴力統治，不僅是瞄準着下層的廣泛群衆，而且是要犧牲既成的政黨乃至元老重臣。在軍事法西斯化的前提下，日本的侵略戰争，不僅以中國爲主要對象，還要對準着各愛好和平的民主國家。在日本目前的條件下，它的對外侵略戰争，已經是和它的對内暴力統治打成一片了。這一事實，反映了日本軍事法西主義的必然的猛進。

到現在，日本還不是純粹的法西主義國家，而是軍事的法西主義國家。這是日本法西主義的一個重大的不能克服的弱點。法西主義愈加軍事化，它愈脆弱愈危險。所謂軍事的法西主義，便是以暴力統治服從冒險的軍事發展的意思。日本法西主義的領導者是軍人，執行法西任務者是軍人，在法西勢力的推動下而挑起對外的侵略戰争者又是軍人。日本軍人，確切一點説，日本的少壯軍人，包辦了日本的法西主義。因此，日本法西主義，好像衹包含兩個元素：軍人與戰争。這是很明顯的軍事法西主義。至於加緊了對内暴力統治，不過是加緊對外侵略戰争的副産物。日本軍閥爲了求得對華速戰速決的成功，不能不强化對内的暴力統治，以便制止國内日益劇烈的許多矛盾，以便强迫國内各階級一致撑持對華的侵略。

關於這一點，日本的法西主義表現了和德意法西主義有一個很大的差别。在德意兩國，法西主義先以暴力穩定國内的統治，然後才敢進行向外的軍事侵略。日本則不然，在那裏，法西主義是從不斷的對外侵略中强大起來的。在那裏，對外的繼續侵略，促成了對内的暴力統治的逐步極端化。

舉例説來，九一八事變前，日本的自由主義者尚可相當地活動。九一八事變後，日本對外侵略逐漸加緊，對内的暴力統治也隨着加緊，國會外的自由主義者固然不説了，就是國會議員中的老前輩如尾崎行雄（自由主義派人物）也不敢多開口。直到現在，日本對華的侵略愈逼愈緊，無論在國會内或國會外，一個尾崎行雄也找不到了。這是因爲日本軍閥決定加緊對華侵略戰爭的緣故。前幾天日本藏相池田成彬公開要求緩和對輿論的壓迫，當然不會獲得什麽結果（不過欺騙群衆罷了），但反映了日本政治的軍事法西斯化的程度。

日本的軍事法西主義，代表了軍事主義與法西主義的結合。橫暴的軍人與瘋狂的對外侵略——這是軍事主義發展出來的必然現象。破壞民主與壓迫民衆——這是法西主義的基本目的。從法西斯主義的立場看來，日本僅有的一點民主制度，已經被摧毁了。日本的憲法也和被希特勒推翻了的德國魏瑪憲法一樣，變成了廢紙。日本的國會（譬如七十三屆國會）對於軍部的要求，如電力統制法案、全國總動員法案等，雖然起了多少的爭執，但終於接受了。這和希特勒、墨索里尼的國會沒有什麽差别。日本的民衆不能享受集會言論的自由，和德意法西暴力統治下的民衆又没有什麽差别。很顯然地，日本對内的統治方法，是法西主義的方法。不過因爲日本法西主義本身尚有不可克服的缺點，它不能收穫和德意一樣的成果，即是説，它不能無限制地統治全國。

最近日本的軍事主義，在它的發展上表現了兩個特點：第一，它要把日本内閣完全放在它的控制下。日本軍部對内閣老早就行使了它的支配權，但它還嫌不够。這次陸相杉山元下臺，是因爲他不能反映少壯軍人對政治的意見，即是説，軍事法西斯不能完全支配内閣。新陸相板垣征四郎上臺，是要完全統制内閣的任務。在這方面，陸軍比海軍占着更優越的地位。第二，日本的軍事主義，發展成爲猛烈的對外侵略，如對華的瘋狂侵略。

日本軍事主義與法西主義的結合，重復地説來，是因爲對外的侵略需要對内的暴力統治，同時不是因爲國内的暴力政治需要對外的侵略來支持。但前一個因素較爲重要。這形成了所謂軍事的法西主義。

日本資本主義的發展有着它的特殊性——是從三個對外戰爭（一八九四對華戰爭，一九〇四對俄戰爭，一九一四對德戰爭）發育長成的。因此，有人説：日本是軍事的帝國主義。日本的工業機構，在它的最上層表現着現代工業的形式與資本集中的事實，但就整個工業生産説，日本的手工業還是一個最大的元素。全國手工業生産，占生産總額的百分之六十七。就日本整個經濟機構看來，它還是個農業國家。日本的軍事法西主義，便是導源於日本農村經濟條件的惡化。

日本資本主義的長成，既然需要戰爭，同樣日本資本主義的撑持也需要戰爭。現在日本對華的侵略，變成了日本資本主義的一個有力的（日本軍事法西斯有這樣的看法）支柱。同時日本農村破産，從破産了的農民出身的日本少壯軍人，受了法西主義的傳染，負起了支持腐爛的日本資本主義的任務。他們組成了所謂軍事法西斯，但同時却又妨害了民間法西主義的發展。據日本作家長穀如是閑的估計，日本大大小小的法西團體，差不多有四佰個。現在它們衹擔負摇旗吶喊的任務，少壯軍人成爲唯一的正統派法西斯了。

日本的軍事法西主義，有着左列的缺點：

（一）日本法西主義還没有一個真正的强壯黨的組織，和德意法西斯一樣。德意法西斯，有着嚴密的堅强的黨的組織和群衆團體。尤其是在意大利。可是在日本，我們祇看到許多個别的法西斯軍人或少壯軍人及無數法西斯小團體。换句話説，日本的法西主義還没有在組織上統一起來。現役少壯軍人，祇是借着現有的權位經過日本内閣來實行暴力統治，但是還没有組成一個戰鬥的法西斯政黨，更没有統一全國的組織。就是軍人内部也常不一致，也常常發生相互的衝突。日本軍人在政治上的威力，與其説是來自法西斯，不如説來自日本的軍事傳統較爲恰當。日本自藩閥還政以後，并没有削弱軍人的勢力。薩閥長、閥歷來盤據了日本的海陸軍。它們在不同的時期在日本政治上起了微妙的支配作用。

（二）日本法西主義没有群衆的基礎。它不是經過艱苦的鬥争從群衆中生長出來的，德意的法西政黨，在取得政權以前，都經過了長期的鬥争，都有成千成萬的黨員群衆和非黨員群衆跟着後面跑。意國法西主義從一九一九到一九二二發展三四十萬的黨員群衆，非黨員尚不在内。德國法西主義從一九一九到一九三三争取了一千三百餘萬的群衆（指的一九三二德國大總統的投票）。日本法西主義除開少數軍人和極右派分子外，没有廣大的有組織的與無組織的群衆。它并不是經過鬥争而是經過現有的權位來取得政權。它既没有鬥争，便不能以鬥争來吸收群衆，所以它没群衆，至少没有和德意法西主義執政以前那樣廣泛的群衆。

（三）日本法西主義，要依賴對外的侵略戰争，尤其是對華的武裝侵略。它支持動摇的日本資本主義——那是一件事；它要撑持它自己在政治上的支配地位——那又是一件事。首先爲了後者，它改組了日本内閣，多加入了兩名大將，加緊了對華的戰争。但是中國的持久戰消耗戰，嚴重地打擊了日本的侵略，加深了日本各階級間的矛盾。這些矛盾的深刻化，表現於日本内閣的局部改組。所以對華的武裝侵略，是日本軍事法西主義的最危險的嘗試。

（四）日本法西主義，要依賴日本軍人，尤其少壯軍人，做它的支柱。這是日本軍事法西主義最脆弱的地方。從前西班牙李維納將軍組織了一個軍事法西獨裁的政府，但經過五年的時間後，軍事法西獨裁政府自動地倒坍了。倒坍的原因是：該政府得不到軍人内部的一致的擁護。現在日本的軍事法西主義也有着同樣的危險。

這裏有一個必須聲明：一切法西主義都含有或多或少的軍事性質。比如德意的法西主義，也是軍人領導的，也是走向戰争的，但希特勒與墨索里尼在開始組織政黨的時候，祇是退伍的軍人，不像日本軍事法西主義開始就被現役軍人領導了。老實説，德意的現役軍人，祇執行法西斯交給他們的任務——對外的侵略戰争。但是日本法西斯軍人，一面計劃法西任務，另一面又執行法西任務。因此，日本法西主義表現着更濃厚的軍事色彩。正因爲一切法西主義都歡迎戰争，它們必定被戰争的烽火燒個精光。

以上指出來的日本軍事法西斯主義的四個弱點尚在繼續發展着，因而日本政治的愈加法西主義化，是滿有可能的。上次日本内閣的改組，還不能認爲那些弱點發展到了頂點，也不能認爲日本軍事法西主義達到了頂點。就使日本内閣全體閣員都由陸海軍大將擔任，也不能認定日本軍事法西主義爬到了頂點。達到頂點的時候，就是日本軍事法西斯不能支持對外侵略戰争與對内暴力統治的時候。祇有我們加緊抗戰，祇有日本國内的廣大民衆加緊反戰反法西斯統治，才可以使日本軍事法西斯主義迫近它的頂點。

六月二十日於武昌

（原載《新學識》一九三八年第二期，署名『董維鍵』）

歐洲的地下火藥庫

『歐洲是和局』——有些作家們仍舊這樣説。但是歐洲究竟是和局嗎？最近幾個月歐洲的大事變，如德國并吞奥國，捷克被瓜分，證明了歐洲并不是和局，而祇是一個混亂的苟安局面。把混亂的苟安局面當作和局，不是認識上的錯誤，便是有意散布破壞抗戰的宣傳。現在有些落後的中國作家，從自己的偏見出發，預先得出一種結論，再拿一二件偶然發生的事變，來證明他們的結論的正確。這樣的作家們，不僅違背了正確的方法論，而且犯了不可容恕的罪惡。『歐洲是和局』，這種説法很可以引起抗戰中的某些中國人對和平的幻想，很可以鬆懈他們抗戰的緊張情緒，所以這是一種罪惡。

我們説：歐洲并不是和局，也不是戰局，而是介於和與戰之間的一個不安的局勢。現在英國首相張伯倫，法國内閣總理達拉第，正在被這一不安的局勢包圍着苦惱着。他們東奔西走，今天會見希特勒，明天籲請墨索里尼；今天舉行四强會議，明天舉行英法會談，無非冀圖穩定歐洲不安的局勢。然而他們所采行的政策，所使用的方法，不但不會達到穩定的目的，反而增加不安的因素。現在歐洲的局勢固然不安，歐洲的政治家們無感不安。這一不安定的表現，是英法的積極擴軍，英法參謀部積極合作。最近法國達拉第到過倫敦幾次，英國張伯倫也到過巴黎一次，祇是指出了英法兩政府領袖如何的不安。其次，歐洲局勢的不安，再加上日帝國主義向中國殘酷地進攻，也反映到了美國。現在羅斯福的擴軍計劃，需要在兩年内花費一十五萬萬金元，預備把美國的陸軍從一十六萬加到四十萬，空軍飛機加到七千架，海軍儘量擴充，飛機生産量每月提高到一千架以上。這些事實表示了：歐洲乃至世界局勢的不安祇是每日增加着。

認爲歐洲是和局的作家們，忽視了正在這和局底下發展中的戰争危機。他們祇見到英法避免戰争，便認爲歐洲没有戰争。這是非常武斷的結論。某一方面的避免戰争，絶對不能擔保没有戰争。從一九一四年第一次世界大戰的經驗看來，避免戰争，不獨不能維持和平，反而加速了戰争的爆發。一九一四年的英國，正和現在的英國政府一樣，不想捲入戰争的漩渦，不表示堅决的態度，致使德國大膽向法國進攻，結果，英國也被捲入了。可見避免戰争倒不是和平的保證，反之，避免戰争很可以促進戰争的到來。那麼，越是避免戰争，和平越是没有保障，戰争越有爆發的可能。避免戰争，絶不是維持和平的方法。從避免戰争得來的『和平』，不過是戰争的暫時苟安罷了。

它決不是真正和平。照目前的國際情形看來，真正的和平，是要建築在集體安全制度上，要以集體行動制裁侵略，使侵略國家不敢虛聲恫嚇，也不敢真正侵略。實際上，現在的侵略國家，沒有多大能力來進行對外的冒險戰争。它們過去侵略的成功，祇是它們虛聲恫嚇的成功。祇要揭穿它們的紙老虎，便可以使它們不能够動彈了。不幸得很，歐洲的老練政治家，不敢也不能揭穿這個紙老虎。他們應該以爲這是莫大的耻辱，不應該自誇是一種勝利。關於捷克問題，英法算是把侵略國家的紙老虎揭穿了一半，但不敢揭穿後一半。因此，德國法西斯紙老虎得以横行於歐洲。

把避免戰争視爲和平的來源——這是絶大的錯誤。英法當權政治家以及許多落後的中國作家，都犯了這個錯誤，都認定維持和平必須避免戰争。所以他們每避免一次戰争，便自鳴得意地説：和平又勝利了。他們曉得：避免戰争的代價，便是向侵略國家讓步。這就是説，每避免一次戰争，等於向侵略國家多一次讓步。我們每後退一步，侵略國家便進一步。换句話説，我們每退一步，就是等於侵略（戰争）逼近了一步。我們越後退，侵略與戰争越逼近。這祇造成了戰争的局勢，還有和平可説嗎？所以避免戰争，決不是和平的來源。避免戰争與維持和平，畢竟是兩件没多大的關係的事情。我們要維持和平，必須另外找一個可靠的有效的方法。那個方法便是剛才所説的集體安全制。若是單單避免戰争來維持和平，那無异爲好戰的侵略國家擴充實力，結果會引導到戰争。

當捷克問題緊張的時候，有人認爲世界大戰馬上要爆發，也有人認爲戰争仍可避免。主張前一説的人，拿捷克問題做戰争的唯一原因，所以得出大戰快要爆發的結論。主張後一説的人，拿英法避免戰争爲唯一論據，所以得出大戰不爆發的結論。其實這兩個估計，都不是從正確的觀點出發。捷克問題，祇能視爲戰争的一個重大因素，不能作爲戰争的原因。至於英法想要避免戰争，更不能成爲戰争的決定元素。戰争是否要爆發，單看有没有戰争危機發展着。世界戰争的危機，在歐洲與遠東發展得特别明顯，但是隔離國際政治很遠或觀察不深刻的人們，却不能發現它。這一世界戰争危機，是法西斯國家的侵略與英法對侵略讓步所造成的。英法愈讓步，法西斯愈侵略，戰争危機愈加向前推進。但是戰争危機没有發展到頂點，世界大戰是不至爆發的。至於捷克問題，并不是戰争危機發展到了頂點的表現。所以它可以引起戰争，也可以延緩戰争。在那時候我們就表示了這樣的意見。至於何時戰争危機才發展到頂點，我們可以肯定地説：必定是法西斯國家不顧一切肆行侵略的時候，同時也是英法不顧一切向侵略者屈服的時候。這個時候一經到來，英法就是想避免戰争，也和一九一四年一樣無從避免了，而况該兩國的廣大民衆與反對派的領袖們，也不容許英法再有進一步的屈服了。

目前的歐洲形勢，好比是個地下火藥庫。在歐洲的地平綫上，我們看不見它。確實在地下，我們不僅發現它，還能看見它快要爆炸的情形。祇有帶了着色眼鏡的人，或患近視病的人，才不能瞧見它。但無論瞧不瞧見它，祇是認識的問題，而不是它存在不存在的問題，我們根本反對那些以存在取決於知覺的荒唐的哲學家。歐洲的地下火藥庫，是客觀的存在着的。讓那些不認識它的作家們，暴露自己眼光的狹隘，暴露自己的論據被事實粉碎罷了。

這一歐洲地下火藥庫，是德、意、日布置的。但是英法兩國，則盡了最大的努力，幫助來完成這一火藥庫的建築，并且保證它可以及時乃至提前爆炸。火藥庫裏，德意本没有放置很多的爆炸物，原不過想拿它恐嚇英法，要它們輔助自己的侵略而已。所以德意并不要把火藥庫降在地下來，而是要樹立在地平綫上，以便嚇壞一切膽小的短視的國家來幫助它們侵略。所以希特勒、墨索里尼常常公開談論戰爭爆發的可能。并且希特勒動員了兩百多萬的大軍，來壓迫捷克。

但是英法總不免害怕，一定要把火藥庫移到地下來，然後才肯幫助加緊它的建築。因此，德意要扛它上頭，英法就要扛它下來，譬如基於捷克問題，德意對於戰爭，没有絲毫隱諱，而英法則主張開慕尼克會議，瓜分捷克，來避免戰爭，把戰爭危機暫時隱蔽起來。它們并且厚顔自誇：和平又勝利了。和平真勝利了嗎？到底是侵略勝利了。衹有侵略國家求仁得仁，滿載而歸，而英法得到的，衹是屈辱投降。可是英法可以藉此把火藥庫扛到地下來。它們的目的，僅止於此而已。

好吧！歐洲的火藥庫，讓它依英法的主張搬到地下來。可是火藥庫仍舊是火藥庫，它的性質衹有更加暴烈，不會有絲毫減輕。英法要把火藥庫移到地下來的缘故是：不移到地下來，便不能向本國人民宣布和平勝利；不自誇和平勝利，便不能把握國人的心理，便不能繼續掌握政權。

現在歐洲的賢明政治家，與廣大的真正保衛和平的人們，莫不見到侵略國家的兇惡，莫不見到英法政策的錯誤。所以他們反對法西斯國家的侵略，更加反對英法政策的錯誤。英國保守黨前外相艾登、保守黨反對派領袖邱吉爾，自由黨領袖辛克萊、前首相路易喬治，以及工黨、獨立黨、共産黨，都反對張伯倫對侵略者讓步而把自己國家降爲二三等國家的政策。同時法國的總罷工，也是反對達拉第的屈辱投降的政策。參加這次罷工的，有社會黨、共産黨以及没有黨派的工人群衆。社共兩黨，是法國兩個最大的工人政黨，是工人的領導者。這次它們表現了統一的勞工陣綫反戰反法西斯反屈辱投降的偉大力量。最近英國補缺選舉，表示了保守黨票數的減少，表示了張伯倫政策的没落。法國達拉第的屈辱投降政策，也遇到了國内總罷工最嚴重的試驗。因此，英法一意孤行的政策，遇到了最嚴重的挫折，暗示了没落的憧憬。

現在德、意、日的侵略陣綫，不僅因反共協定的簽字而加緊侵略，反而因英法的幫忙而得到更多的便利。德、意、日不獨繼續侵略，英法反繼續幫兇。可是這一侵略，并不止以弱小民族爲對象，而且還以英法爲對象。它是同時向弱小民族與英法進行的。它現在衹趨向弱小民族，因爲它的力量衹能對付弱小民族，同時它還要吸收弱小民族的力量，補給它自己的力量。但以德國而論，它既并吞了奥國，不戰而征服了捷克，它還伸出血腥的爪子，來把蘇聯、波蘭、捷克的烏克蘭變成德國的殖民地。德國這一陰謀，被蘇波識透了，因而促進蘇波協定的成立，使德國法西斯碰壁，使德波的關係起了一個很大的裂痕。據傳，德國已秘密動員了十五萬大軍來壓迫波蘭、匈牙利。然則歐洲地下火藥庫，又要出現於地面上了。德國法西斯，還要向羅馬尼亞、南斯拉夫以及巴爾幹各小國擴大自己的勢力。它此外對準蘇聯，要侵占蘇聯的土地。并且它在今年夏季，嗾使它所豢養的看家狗——日本帝國主義，向蘇聯在張鼓峰挑釁，結果，看家狗完全抱頭鼠竄。

德國一面向東南歐的弱小民族侵略，同時却又向英法進攻。它提出的收回殖民地的問題，不僅予英國以嚴重的打擊，并且還要法國吐出吞下的舊贓物——德國舊殖民地。它收回殖民地的態度，仿佛像金剛石一樣的强硬。并且爲了便於收回殖民地，它不惜餘力以利誘威脅的方法，誘致法國，使它與德國合作，發表非戰共同宣言：使它逐漸脱離英國的領導，陷於孤立狀態，然後才把它變成德國的附庸。現在英國受德國的支配，法國又受英國的支配。毫無疑義的，法國已是被現今的政府領袖們出賣，變成三等强國。這次法國總罷工的決定，除上述的意義外，還含有反對這個事實的意味。法德共同宣言，不必有好多實際意義，可是共同宣言發表後，德國還有别的圈套——提議德法互不侵犯，甚至互助條約，務使英法同盟以及法蘇互助公約成爲廢紙。那末，英國要拆散柏林羅馬軸心的企圖，還祇是口頭談談，而德國法西斯要拆散英法同盟，倒是着了先鞭。英國見到這點，便除英意協定外，還要定於明年一月派張伯倫與哈利法克斯訪意，來做拆散柏林羅馬軸心的工作。但是英國的這種做法，除自欺外，是不能欺他人的。德意的聯合，不但不會削弱，反因英國的心勞日拙，獲得許多意外的收穫。

現在德英正在外交上鬥法寶：德國要拆散英法同盟拉攏法國，英國要拆散德意結合拉攏意國，假使德國失敗，英國斷無利益可圖；假使德國成功，英國將要還在法國之前，嘗到德國法西斯侵略的苦味——首先是殖民地退回及重新分配的問題。英殖民帝國以及由此得來的霸權，必定蕩然無存。假使英國的政策不改變，英國必然失敗無疑。

意大利已經并吞了阿比西尼亞，捉住了西班牙。除南斯拉夫、保加利亞、亞爾巴利亞劃歸自己勢力圈外，意大利還想侵占英國的巴勒斯坦，并染指蘇彝士運河，來確保地中海的霸權。英國準備承認這些事實。即是説，張伯倫準備讓意大利侵略的悲劇，一幕一幕揭開，并且贊揚墨索里尼是努力『和平』的。不幸得很，這裏所謂『和平』，便是侵略的别名。

德意的結合，是以德國爲領袖，意大利甘願受它支配；英法的同盟，是以英國爲領袖，法國甘願受它支配。現在外交鬥争，主要的是集中於英德之間，而意法不過是配角罷了。德意的侵略，繼續展開；英法幫助侵略，幫助戰争危機的發展，也是同樣繼續下去。世界大戰的悲劇，就在這裏埋伏發展着！除非英法錯誤的政策，被國内勢力改正過來，重新建立集體安全制，第二次世界大戰是無法避免的。至於英德外交鬥争的結局，對制止世界大戰是没有關係的。依目前國際形勢看來，歐洲地下火藥庫，仍有隨時爆炸的危險，火藥庫上的和平氛圍，是非常危險的。

十二月一日於桂林

（原載一九三八年《國民公論》第一卷第四號，署名『董維鍵』）

世界戰争的危機與中國抗戰

一九一四年開始的世界大戰，顯示了一個常常被人忽視的特點：世界上天字第一號的頭等强國，英、美、法、俄、德、意、日、奥匈帝國，没有一個不在戰争過程中被牽入了互相屠殺的漩渦。戰争的烽火，雖然集中在歐洲，但參加的戰鬥員，是從世界各地運送去的。在這個意義上，那時的歐洲大戰，可稱爲世界大戰。過去的第一次世界大戰是如此，未來的第二次世界大戰，也必然是如此。即是説，不管人們口裏怎樣高呼避免戰争，不管人們距離戰場怎樣遥遠，遲早要被捲入戰争漩渦的。這可以叫做定命論或規律性。

在那次大戰的初期，作者正在美國讀書，聽到那時美國的『和平』總統威爾遜氏大聲疾呼地要避免戰争，一九一六年，擁護威爾遜競選總統的民主黨人，居然把威爾遜能够避免戰争這點作爲他必須當選爲下屆總統的有力的理由。幸運得很，威爾遜居然騙得了中美、西美廣泛的小資産階級的擁護而當選爲總統了，自不待説，這些小資産者是擁護避免戰争的。現在美國的孤立派，就以他們做骨幹。但威爾遜就任總統後，他做的第一件大事，便是簽字於對德宣戰的文件。大衆渴望的避免戰争，便無踪無影地幻滅了。目前的美國孤立派，就在這種幻滅中討生活，未免太缺乏經驗了。

像以上所説的那樣世界大戰，還不會出現於今日，但大戰的危機，則是有加無已。希特勒吞滅奥國，并積極向捷克進攻。法西斯大元帥墨索里尼，於三月三十一日在參議院演説，開口便説：進攻是最好的防禦。他并且宣布備戰已經完成，衹等機會了吧。他又宣言將要舉行第三次戰争——大約第一次是指的吞并阿比西尼亞的戰争，第二次是幫助佛朗哥進攻西班牙的戰争。但是第三次戰争的對象在哪裏，法西斯大元帥没有説出來，不過他已準備進攻是毫無疑義了。同時希特勒在他的演説（科倫）中公開提出了：居住捷克的，三百五十萬德國人，應該獲得日耳曼式的和平，即是説要把捷克希特勒化。這些法西斯獨裁者們，已經毫無保留地説出他們的心思來了，已經明白地告訴我們世界戰機是如何迫切了。這樣歐洲廣泛的國際戰争的危機，至少是和遠東同樣嚴重，衹有庸俗的政論家才會得出『歐洲是和局，遠東是戰局』的結論來。

然而法西斯獨裁者們，何以敢於公開宣布從事侵略戰争呢？這不能不歸咎於張伯倫向侵略國家一貫的讓步的政策。造成歐洲緊張局勢的，即是説，造成歐洲迫切的戰争的，不外侵略集團的蓄意進攻與支持這個進攻的張伯倫外交政策。假使把這個關係用數學等式表示出來，我們可以寫下：

世界戰争危機＝法西集團的侵略與威嚇＋張伯倫向侵略者讓步的外交政策＋美國國策的孤立傾向

從這等式看來，單祇法西斯集團的侵略，尚不足以構成嚴重的世界戰争危機。去掉張伯倫向侵略讓步的政策與美國國策的孤立傾向，而代以反侵略的集體聯合行動，戰機是可以確定地緩和的。反侵略是和争取和平同一意義的。惟其如此，世界各國愛好和平的領袖與民衆，都積極幫助中國抵抗日帝國主義的侵略。這裏要指出：中國果真戰勝了（我們自信可以戰勝），遠東孕育的戰争危機，就可以暫時消滅了，英、美、法、蘇各民主國可以在這方面高枕無憂了，這可以説明：即使不贊成中國民族解放的國家，也得要幫助中國抗戰，爲的是反抗侵略，争取於它們有利的和平。

現在最大的危機在於一二個民主國家，如英美，祇知消極地敷衍和平，而不知積極地聯合一切民主國家反對侵略。尤其是英國的張伯倫先生，祇是給侵略國家以重大的讓步，换取一時的苟安，直接助長侵略的兇焰，更是絶頂的糊塗。有人説他是現實家，毋寧説他是幻想家，因爲他把現實的苟安作爲幻想的和平。四月一日，美國前總統胡佛在紐約發表演説，主張民主國家和法西國家共同維持和平，也和張伯倫犯了同樣的認識錯誤，同樣屬於幻想家的範疇。要侵犯和平的國家，共同維持和平，這是不可思議的幻想。

現今已經不是單祇談論維持和平的時候了，而是要進一步聯合一切民主國家反對侵略，制裁侵略，才能緩和世界戰争危機。我們擁護李維諾夫的提議：邀請各民主國家磋商與集體聯合的行動制裁侵略，擁護全世界反侵略運動，加緊它的工作，一方面來把政府的政策從消極維持和平轉變爲積極反對侵略，另一方面從實際上來打擊侵略者的行動，這是阻止戰争爆發的有效辦法。法西斯國家的間諜們説，『除了戰争，空話是不能損害侵略者毫髮的』。這裏暴露了間諜們的陰謀，要掀起世界大屠殺，妄想在國内竊取政權，又脱離了群衆的間諜們受到群衆的唾弃，所以拿輕視群衆的口語來加以報復，認爲群衆反侵略運動是空話。因此他們對内主張暗殺，對外主張戰争（反和平國家的戰争）。實際上，戰争是反侵略最高的而且是最後的手段。就全世界講，目前還不需要使用它。原因是：侵略國家的力量，并不像它們自己估計的那樣强大，而且它們自己中間還有不可解决的很多矛盾，對消了彼此的若干力量。它們的若干冒險的侵略行動，是多半用布拉夫（bluff）成功的。像去年英法在尼翁會議采取的種種防止地中海海盜的辦法，就可以制止侵略與戰争。誰説非戰争便不能損害侵略者毫髮呢？

談到中國的抗戰，情形便是兩樣了。中國非用那最高的最後的手段來抵抗日帝國主義的武裝侵略，便要失去自己的獨立與生存；并且還要長久地抗戰到底，才能獲得最後的勝利。日本軍閥占領我們的領土，屠殺我們的人民——這是侵略。我們就拿這個做侵略國與和平國分野的標準。凡是在現階段以武力占領它國的土地的，便是侵略國，否則爲和平國；至於從理論上討論誰是侵略國和非侵略國，倒反不合現實政治的需要。譬如日本占領我十幾省，意并吞阿比西尼亞，德國兼并奥地利，這些都是侵略國，由這些國家組織成立的集團，例如日、德、意反共同盟，便是侵略陣綫。

侵略陣綫，不僅是名義上的集團，而且是行動上的集團，譬如日本正在以武力分裂中國土地的時候，意德就承認僞滿洲國來加以呼應，并且以軍火與人才供給日本來吞滅我國。又，德意以軍隊軍火進攻西班牙，希特勒攫取奥國，都是緊密的配合於日本軍閥向中國的進攻。侵略國家是一致行動的，衹有甘心替侵略國家辯護的間諜們，才説没有侵略陣綫。

最後要談到世界戰争危機和我們抗戰的關係。

我們正在以較劣的軍備對抗日帝國主義的瘋狂的侵略。這一事實，使許多人對於民族解放的前途發生許多憂慮，對於外來助力發生許多幻想，世界大戰會爆發麽？這一幻想是非常普遍的，甚至有人説，大戰要兩年後方能出現，中國抗戰未必能支持兩年。這不是糟糕麽？

我們的答覆是，中國抗戰的勝利不必依賴國際戰争，而是依賴自己的實力。假使大戰爆發太快，或許反要多少妨礙我們的抗戰，我們現在所急需的，既不是和外國訂立互助條約，也不是想友邦出兵，更不是世界大戰，而是怎樣培植與增加新的民族力量。這一力量的重點，要放在武裝的擴大與『武裝和民衆』的關係上。抗戰八個月以來，我們在這方面的成績是很多的。有了這樣的成績，才能在山西、津浦綫及東戰場阻止日軍的前途。我們的這種勝利，含有深刻的政治意義：新的民族力量，誠如我們所期望的加强了。這是我們最後勝利的最大保證。

祇要民衆力量以更大的速度繼續增加下去，粉碎敵人的進攻是不成問題的。在目前國際形勢下，即是説，在世界戰争危機增强的形勢下，我們可以保證力量，尤其是武裝力量的擴大。外來的軍火，不會發生什麽問題，不過一旦大戰爆發，交通受到阻礙，而各國自己軍火的消耗又突然增加，那末軍火的來源便有問題了。因此，必須趕快建立新的國防工業，尤其是飛機廠、坦克車廠等，使我們新式武裝力量的擴大獲得一個有力的保證。直到這個及其他缺點克服以前，我們不獨不希望大戰爆發，而且恐怕它很快地爆發。

（原載《世界知識》一九三八年第八期，署名『董維鍵』）

什麼是現實外交

現實外交，是最近流行的最時髦的名詞。但是，它可以作好的看，也可以作壞的看。就好的方面講，它能順應潮流，獲得對某一困難問題的實際解決。就壞的方面講，它衹是承認事實，甘願做事實的尾巴，跟着事實瞎跑，而且趕不上事實，遠遠落在事實的後面，致爲事實所愚弄與嗤笑。現在有許多素負盛名的外交家，都自稱是現實的外交家，拼命跟着事實狂追，但是追到什麼地方，是他們自己所不知道的。

不幸得很，最近國際事件的演化，指出了：現實外交中壞的成分多於好的成分。即是説，現在的所謂現實外交，解决不了重大的國際問題，甚至也不能解决次要的問題，但它在國際認識不足的人們中，却散布了許多有害的幻想。它驅使人們追隨事實前進，不管這一事實是引導他們到天堂或地獄。現實的外交家，多半是受事實的盲目支配，而不能操縱事實。他們處處立於被動的地位，處處向後面撤退，但他們并不是不能自動，并不是不能前進。不，他們有着很大的力量，可以自動，可以前進，可是他們患了近視病，使他們的手足不敢動彈，害怕觸着外界的危險。不幸得很，外界的危險越逼越近，似乎無法抵抗，在這個情形下，我們的現實外交家，爲了目前自己的安全，衹好向後面撤退，而且遠遠地向後面撤退，這樣所謂現實外交，便是向後退的外交。

現在國際形勢發展到這樣的地步：一方面侵略國家在外交上在軍事上表現了向前猛撲的姿態，比如德國向倫敦提出了收回殖民地的要求，希特勒兼并了奥地利，意大利要求承認吞并阿比西尼亞，日本帝國主義正在大舉進攻中國，另一方面英美法各和平國家却在外交上不斷地向後退。這一個向前進與向後退的交互作用，加速了世界戰争危機的尖鋭化。向後退——這不是避免危險，而是吸引危險；不是緩和戰争，而是加速戰争。這不是理論，而是事實。這是英意談判結束，英國對意大利算是遠遠地向後退了，但是僅僅經過幾天的時間，捷克的國内形勢居然發展到了德國兼并奥地利的前夜。張伯倫先生安定歐洲的計劃，遇着了一個强有力的反駁。所以向後退的現實政治家，是含有很大的危險性的。他不是和平的功臣，而是和平的罪人；他不是保衛和平的，而是保護破壞和平的。

現實外交這一名詞，使我們追想到中古時代馬基雅福利的政治功利主義，在這一功利主義下，馬基雅福利親王做了許多違背信義、破壞道德的事情，來完成他所希望的功業。現代的現實外交，遠趕不上馬基雅福利，因爲它違背了信義，破壞了道德，仍不能完成它所希望的功業。我們的現實外交家，正式通知了國聯，要它撤銷承認兼并阿比西尼亞的障礙，要它放弃過去不承認侵占領土的諾言，要它承認强盗打劫的合法，要它做一個勇敢的國際道德的叛徒，可是它所要完成的大業，即安定的歐洲，仍是長夜漫漫，毫無把握。這樣看來，我們的現實外交家，倒是百分之百的理想家，但不是高明的理想家罷了。

近來在歐洲在遠東有不少的政論家和刊物，盛稱張伯倫先生是現實的政治家，但是這種盛贊能否提高他的價值，是一個大大的疑問。英意談話開始以前，有很多人替張伯倫擔心，害怕談話不能成功，害怕張伯倫政府就會因此坍臺。其實張伯倫老早準備送一批大大的禮物，不愁没有人接受，即是説，不愁意大利不接受英國的重大讓步。英意談話的一帆風順，早在意料之中。這不足以顯示張伯倫的高明，反之，它暴露了他是一個自覺的傻瓜。不過有些人把張伯倫作爲純粹的傻瓜看待，那就錯誤了。張伯倫準備送禮物，好在是出於自覺，因此，他還具有必要的警戒性，還能够在必要時糾正自己的錯誤。譬如拿這次草簽了的英意協定來説，張伯倫的現實外交，衹有外表是現實的，而其重要部分却是理想的。這一理想的部分，構成了整個張伯倫外交的獨一的支柱。要張伯倫的現實外交不坍臺，就要依靠這一支柱的獨立撑持。

有人説，整個的英意協定是現實的，這協定的實際價值也就表現在這裏。這僅是膚淺的觀察。爲什麼呢？因爲英意協定顯然是由兩部分構成的，可以稱爲現實的那第一部分（協定的正文），衹有次要性；而最重要的，要算是那可以稱爲理想的第二部分，即附帶的兩個必須履行的先决條件（英國包辦承認兼并阿比西尼亞，意國保證從西班牙撤回它的志願兵）。可以説，現實的那一部分，本身没有什麼價值；假使認爲它有的話，它的價值是從理想的那一個部分轉移過來的。换句話説，兩個先决條件不履行，整個協定便要抛到字紙簍裏去。這樣，英意協定不完全是現實的，而它的實際價值反表現於理想的那一部分，即剛才提及的那兩個先决條件。所以説，『這一理想的部分構成了張伯倫外交的獨一的支柱』。不過在目前國際形勢看來，那兩個先决條件也會要落空。那末説整個英意協定没有價值，也未嘗不可。

就使張伯倫的整個現實外交破産，英國紳士們所失掉的衹是面子而不是實利，對於他們自己没有多大的損害，但對於弱小民族，尤其對於正在抵抗侵略的弱小民族如西班牙等，則産生了非常不利的影響，因爲要求意大利撤回它在西班牙的志願兵，無异乎要求意大利趕快把西班牙合法政府推倒（意國表示不撤回志願兵，除非西班牙政府被推翻了）。至於承認兼并阿比西尼亞，更用不着説了。因此，英國的現實外交，形成了國際罪惡的源泉，這幾天國際事變的發展，指出了它有幫助造成歐洲大恐慌大混亂的危險，而歐洲第三個被犧牲的弱小民族，將要輪到捷克斯拉夫。

言歸正傳。如果説現實外交可以促進國際的調協，可以保衛世界的和平，可以切實制裁法西斯國家或半法西斯國家的瘋狂侵略，那是值得我們歡迎的，反之，則要受到我們的唾弃。事實上是不是有過這樣的現實外交？我們的答覆是：有過的。一九二二年華盛頓會議以後，各國的外交，就大體講，都是現實的。在這裏，所謂現實就等於妥協。妥協不一定是壞的名詞，問題衹是能不能獲得妥協。不能成功的妥協才是壞的，那時妥協容易成功，是由於戰争後各資本主義列强，不願意再拿戰争解决它們相互的矛盾，因爲結束不久的戰争的教訓，是太辛辣了。

但現在國際形勢，顯示着一個根本的差别：一方面，排列着三個好戰的國家（德、意、日），另一方面排列着幾個散沙式的民主國家（英、美、法）。現在諸侵略國家都準備而且實行以戰争解决國際間的矛盾，使侵略國與非侵略國間的妥協成爲不可能。因而整個的國際調協也成爲不可能。所以在這時候談妥協（侵略國與非侵略國間的妥協），談調協，都是不合時宜的。以這種妥協爲目標的現實外交，必然要碰壁，而且實際上已經碰壁好幾次了。

恰如上面所説，現時流行的現實外交，已不能促進國際調協，更不能保衛世界和平。對於德、意、日的侵略，除積極尋求不能成功的妥協外，没有絲毫確實的制裁辦法。這種現實外交，没有值得稱頌的任何價值，它應該讓位於另一種形式的現實外交。

新式的現實外交，認定侵略是現實的，制裁侵略也是現實的。它主張以現實（制裁侵略）對付現實（侵略），和舊式現實外交之以理想（不成功的妥協）對付現實（侵略）根本不同。它主張以集體行動制裁侵略，和舊式現實外交之以集體妥協向侵略者讓步又是根本不同。在現實世界中，惟有現實才可以戰勝現實，即是説，惟有制裁侵略的集體行動才可以制止侵略。理想，尤其過時的理想（即向侵略者妥協的理想），不獨不能克服現實，反而要被它征服，就是説，要被侵略所粉碎。

在目前，如果要够得上一個現實外交家的資格，他必須首先着眼於制裁瘋狂的侵略，作爲保衛世界和平的先决條件，而這一制裁又必須經過多數和平國家的集體行動，才能發生效力。關於這一點，和平國家（尤其是英法）的多數民衆，都有明白的認識，所以他們要求政府，實行聯合制裁侵略。法西斯國家的侵略愈猖獗，則他們的政府的外交路綫將愈破産，他們的要求——新式的現實外交——將愈有力而不可抵抗。因此我們相信：新式的現實外交必將代替舊式的現實外交。

（原載《世界知識》一九三八年第七期，署名『董維鍵』）

訓令（七則）

湖南省教育廳訓令（教字第六六六號）　令大麓學校

爲令行事：我省各地方女子教育，或尚未萌芽，或初創幼稚，極應竭力開發，以昭普遍而增動能。查中國國民黨對於婦女教育，迭次決議有案。最近我省學生聯合會及女界各團體，亦時有催促實現擴展并改良教育之請願。茲特援前由，斟酌情勢，規定進行方法四點：

第一，各縣應即迅速籌辦女子高級小學及女子職業學校，所籌辦情形隨時具報。

第二，各男校應即開放女禁，凡所設科目，在女子有學習之可能者，但論入學程度是否相符。招收學生不得依照性別拒受。

第三，學校對於女生，但施以良母賢妻之教育，實屬偏畸，數千年來女子地位之未臻健全，由於此項教育觀念之所誤。嗣後女校課程應求革新，女校設施之未完善者，亦須當謀改進。至如何革新改善之處，仰并就地妥籌辦法隨時具報，以便彙成方案，用資地方辦理女子教育者之遵循。

第四，女校向來管理女生，多無端束縛各情事，如已婚者不得入學，如在學者不得剪髮，均屬非是；如檢查通信，限制會客及禁阻出入等，在學生自治公約中，應自有其相當之辦法。在教職員考察個性以便分別施教時，亦須因應適宜，若特對女生故作禁令，無异蔑視女性，殊違教育原理，且不合於男女平等之旨趣，是當竭力避免。

除本廳統籌全局，另謀開辦女中班次，增益女校經費，以期男女教育平等進展外，所有前開各點，合行令仰該校長即便遵照，妥爲辦理，是爲至要。此令。

廳長　董維鍵

湖南省教育廳訓令（教字第六六七號）　令私立大麓學校

爲令行事：查湖南全省學生聯合會爲本省青年運動之中堅，業經政府備案并酌給津貼，各校學生自應一體組織，以固基礎而資聯絡；各校校長及教職員對於學生會之組織，應隨時指導進行，一俟組織完善，并應於校務會議容許各該會選派代表參加，以便考察各該會學生之意見。如遇學生有違犯校規必須開除學籍時，校長宜將理由向該會宣布，俾共明瞭。惟學校爲教育之場所，學生以求學爲目的，教職員、學生均應聯絡一致，共謀進行。苟非發生關於革命工作之重要事務，不得輕易停課或提前放假，以免荒廢學業。除分行外，合行令仰該校長即便遵照辦理。此令。

廳長　董維鍵

湖南省教育廳訓令（教字第六七二號）　令私立大麓學校

爲令遵事案：奉國民政府教育行政委員會令，開爲通令事：財政統一，政府早有明令。現查各地有等私立學校，尚未深明此意，往往藉名籌措學校經費，私相抽收地方各種税捐。此舉於手續上固屬不合，尤是妨礙財政統一。爲此令仰該廳迅即通令各市縣轉飭所屬私立學校遵照，除呈準政府補助經費外，不得抽收地方各種税捐，以免妨礙財政統一，是爲至要。此令。事因奉此，查私立學校間有因經費困難，請求於厘金雜税附加税捐學款以資彌補者，其已領得省款或縣款補助的，此項附加學款自應立予停止徵收，以符法令。惟未經籌有別項學款之學校，專恃附加税捐以資維持者，一旦取消，學校立見停頓，又非維持教育之道，似應斟酌地方情形分別辦理，以免發生窒礙。除望財政廳查照辦理外，合行令仰該校長即便遵照辦理。此令。

廳長　董維鍵

湖南省教育廳訓令（教字第一五八八號） 令大麓學校

爲令行事案：查教育委員會第四次常會議決案，學校須設校務委員會，由下列各項人員組織之：一、校長開會時蓋爲主席。二、主持教務者。三、主管訓練者。四、總攬事務者。五、經濟委員會之代表一人。六、學生會之代表一人。七、教職員會之代表一人。合行令仰該校長即便轉行教職員及學生一體查照此令。

民國十六年（一九二七）二月十八日

廳長　董維鍵

湖南省教育廳訓令（教字第一八八七號） 令嶽雲中校

爲令行事案：查本省私立各校受省款補助辦法，業經省務會議依教育行政大綱第二十三條、第二十四條之規定，另行議定私立學校補助條例十七條，所有原有之私立學校補助條例應即廢止。嗣後凡屬已受省款補助之私立學校，應否再給補助及補助金額之多寡，爲以合於此項新條例者爲限。合亟檢發新條例一份。令仰該校遵照此令。

中華民國十六年（一九二七）三月七日

廳長　董維鍵

令乾城縣長

爲令行事案：視學周仁炳、王保蘭爲呈請通令實驗履歷以杜假冒而重教育事。竊教育爲國家之要，興衰所關；人員爲育才之本，資格至重。伏查教育局組織大綱，須具有師範或中學以上畢業資格暨實辦教育多年者方能充當局長、視學職事。又查前教育司第四、五號通令，略謂學界人才之任用，須先僅師範畢業生，足見鈞廳之注重教育人才資格至周且詳。乃近有一般無耻之徒，結黨爲奸，夤緣官廳，組織僞董事會彼此推選，假注履歷，捏造資格，朦呈爲局長爲視學，考其實在既未曾入學肄業，復未嘗辦何種學務。究其爲人，非蠅營苟且之土豪劣紳，即阻撓新政之廩貢增附。而鈞廳相距天涯，無從別其真僞，一旦予以委任，夜郎自大，職員則换其同類，課程則不離子曰。似此主辦教育，不啻毒殺青年，人才隱逸殆盡，無聊之一般宵小充實學界矣。又奚以仰倚鈞廳因才設教刷新教育之本意，本視學有鑒於此，再思補苴方，須杜朦呈之弊。嗣後各縣呈委教育局局長及縣視學員，必令實驗承委人之畢業證書及歷年辦學履歷，方準予以委任，否則嚴行駁斥。各縣縣長無受賄朦呈之弊，教育有光明振刷之機，一舉兩得，美善如此。所有實驗履歷，杜絶假冒，緣由理合。備文呈請鈞廳俯賜鑒核，可否準予通令施行之處，伏乞指示。深爲學便謹呈等情。案此，查湖南各縣教育局暫行組織大綱，對於董事、局長、縣視學資格，均有明確之規定，除指令該縣視學周仁炳等呈悉準予通令各縣縣長照辦，仰即知照此令印發并通行外，合令仰該縣長遵照辦理爲要。此令。

廳長　董維鍵

湖南教育廳訓令（尚字第六號）　令乾城縣長

爲令行事：兹制定湖南各縣教育局産款經理要則十二條，除呈由湖南省政府公布并分行外，合行令仰該縣長轉飭遵照此令。

廳長　董維鍵

中華民國十五年（一九二六）十二月三十一日

（注：以上七訓令據藏於湖南省檔案館的董維鍵手稿抄録）

體格和性格的種類

假如我們站在一個歐洲大城市沿街窗户的旁邊，來審慎地考察來往經過的行人，那末，我們不僅看見各色的人種，如身材長大而頭髮金黄色的北方人，頎長壯大的黑人，矮小黝黑的南歐人和其他的人種，但是在同一人種中，我們可以發現各種的體格。現在假定有兩個人排列在我們的面前，他們兩人的頭髮都是金黄色，眼睛都是青藍色，我們一望便知道他們是密切的親族，不過有一個長頎瘦弱，他一個却是短小肥碩。在熱鬧的旅舍中，我們也可以作同樣的觀察。在我們的旁邊，坐着一個矮小肥胖的先生，他的頭項很短，兩肩却豐腴，雙目烱烱然望着内容豐富的菜單，點菜之後便狼吞虎咽，食量至宏，鄰席坐着一個瘦長的婦女，食量很微，彷彿如黄雀一樣。第三個桌子上坐着一個格外康健的青年，四肢非常靈活，正在享用適於衛生不必客氣的午餐。

我們揭開一本有圖畫的雜志，看看它上面所登載的著名拳術家、電影明星、政治家、工業家的肖像，我們便發現他們的體格，彼此各有不同，在同一個國家的人民中，體格固然是不同，就是在同一種族中，體型也常有分别。於是我們不知不覺地便問我們自己，『這體格的不同，是不是基於一種律例呢？』在最近幾年中，心理學方積極從事於找出一定的性格的種類和各種的性情，同時人種學也設法由測量和比較，想找出重要的體格和種類，并且還想從外表的形態，來得到關於組織和精神結構的結論。

在近數年中，人們對於這個題目着手了連續的有趣味的研究，結果不但體格的重要種類找出了，就是它們和性格種類的關係也確定了。他方面對於體格形成的原因，也要加以研究，并且還要確定，這些原因受遺傳的支配到如何程度，或是與職業、食物、體育活動、氣候或其他的環境影響有何關係。

Sigaud 和他的門人 Chailloes 與 Macaulliffe 定了一個很精細的分類。他們假定人體之組成，是環境影響之産物，空氣、水土是環境影響中之較有效力的東西。他們分類如次：呼吸種類（Atmungstyp，type reshiratoire），消化種類（Verdauungstyp，type digestin），筋肉種類（Muskeltyp，type Musclair）和腦髓種類（Gohirntyp，type zerebral）。第一類（呼吸種類）的體格的呼吸部分，因爲受了空氣的作用，是有特别的發展，它的特點便是身材高大，胸膛寬闊，鼻大而隆起，頭項很長。游牧民族和山野人民，便表現了這種的特殊狀態。第二類（消化種類）的身體的消化機關的表面、嘴穴、腸胃，受了溶解於水中的食品之影響，發育較爲完備，這種人們的外形是矮縮肥胖，且有發展脂肪的傾向。他的腹部主宰了全身，腿、手和指都是很短，微有筋肉暴露。面貌的下部和嘴巴，有强烈的發育，額頭則凹入。這種的人們，常常發現於食物富饒和物價便宜的地方。第三筋肉種類的人，因其必須於每日的工作中和天地（Erde und natur）有親密的接觸，所以他們的皮肉隆起，至爲觸目。身體很强大，頗符合於希臘的理想美，農民、體育家、匠人、搬運夫，屬於這一類，此外如能够疾走者和慣於登山者，也都屬於這一類。第四，腦髓種類的人，多半身材短小。光和聲經由五官，將腦髓和神經機關發展到顯著的部位，面貌上的額頭，作隆起之狀，至爲顯著。有許多的偉人先生屬於這一類。這四個種類的區分，當然不能算爲十二分的精密。還有許多的人們，屬於混合的形式，例如鐵血宰相俾士麥（Bismarck）是由筋肉腦髓兩種形式合并而成的，而厭世哲學家叔本華（Schopenhauer）是集合消化和腦髓兩種的形式。

Kretschmer 氏他的名著《身體和性格》（*Körperbau und Charakter*）中，將人類的體格分爲三類，不過他的立足點是完全不同的。法國作家曾經假定體格的形成，大半是受着直接環境的影響之支配，他却排斥這個假定。他認定遺傳的内部的組成是最重要的，至於環境的影響，還在第二層。他曾經檢查身體的异同，决定了幾個一定的體格，但是他的研究，因爲要想找出體格和性格的關係，很含有重大的意義。他的意思，以爲外部的身體的形狀，便是性格的一幀寫照。他將體格僅分爲三類，這就是（一）呼吸式（leptosomen order asthenischen），和法國的呼吸種類有點相像，（二）體育式（atletischen），相當於法國的筋肉種類，（三）消化式（pyknischen），是符合於法國派的消化種類。他以心理學家的資格，做了一個驚人的觀察，他覺得在大多數的情形之下，有幾種的精神病是與一定的體格有連帶的關係，譬如所謂『精神分裂病』（Schizophrenie）衹發現於呼吸式一類的人；又如『精神鼓噪病』（Irresein）有時表示過量的悲傷，有時却暴露很多的無意識的歡喜，這種喜怒無常態的精神病，多半發現於消化式一類的人。依照 Kretschmer 氏的見解，這兩種精神病，衹能發展於其兩種特別的精神的組織中。依普通而論，在呼吸式人們中，有個自成一格的性格中組，這個性格組的形式，Kretschmer 氏稱爲 schizothym，因爲精神病發作的時候，所謂精神分裂病，往往由那個性格滋長出來。在消化式人們中也有一個自成一格的性格組，其形式他稱之爲 zyklothym，在這個性格裏，精神鼓噪病，總有最後爆發之可能。高貴的和文雅的人們、非常的理想家、鎮定的貴族和純粹的自私自利的人們，屬於呼吸式的性格組式（schizothym）。至於不做聲息的快樂派、和平的詼諧家、有實力的政治家和卑劣的快樂者，屬於消化式的性格式（zyklothym）這種 Kretschmer 的分類，却受了很多的反對，反對派指出他所决定的體格的特點，不能成爲各種族的特别標識，瘦長的人們，不限定屬於北方的種族，肥矮的人們，也不限定屬於南方種族。這個問題，引起了許多新的重要的研究，研究的結果，由德國海德堡（Heidelberg）大學的教授 Weidenreich 氏，刊印於他的剛才出版的著作《種族和體格》中，Weidenreich 得到了一個結果，指明 Kretschmer 體格的種類，不能成爲種族的標識，因爲這些種類，在各種族中，都可以明明白白地看得出來，他自己衹承認兩個主要的種類，這就是長瘦和肥矮，這個區別在一切人民中，是早已發現了的，他稱第一類爲長體格，恰與 Kretschmer 的 Ceptosom 相同，稱第二類爲寬體格，又和 Kretschmer 的 Pyknik 一樣。他不承認筋肉種類是特種的體格，他認定它衹是一點變態，這變態在一定情形之下，可以發現於兩個主要的格式中。拳術家和體育家，可以有長瘦的體格，也可以有短肥的體格。有許多的肖像中，可以證明這兩種格式，自從最古的石器時代，便散見於一切的種族中，并可以證明，這兩個格式在純粹的狀態中，好像可以視爲人類體格的兩個極端的形式。

關於 Weidereich 氏兩種格式形成的原因，現在尚在研究中，還没有得到確定的結果，但是其中有一點，現在很可以説明。人類的長成發育不論它是向上，或是向兩旁進展，是要受着各種腺的功用的影響，這已經是大半確定了的。我們現已知道甲狀腺和人們長成發育的關係，我們知道甲狀腺的運用如果正確，空氣中的沃典成分如果充足，可以助長人類的生長，反之，人們的長成發育必至早時就停止了。因此普通而論，沿海居民，因爲居住富於沃典的濱海空氣中，大半是體格魁梧雄偉。而據内地和山嶽的人民，因爲空氣缺少沃典，大半身體較小，并且在一定情形之下，常常表現矮短的樣子，除甲狀腺之外，還有别種的血腺，於身體的形成，也是很有關系的。

所以體格的種類，衹有兩個：一個是 leptosomen，體長而細，面作橢圓形，鼻小而隆起，兩眼睛的距離很近；他一個是 euryeom，體短而圓，面作圓形，鼻寬而扁平，兩眼間的距離很寬。符合於這兩個體格的性格，也有兩種，一種是 schizothym，容易受刺激，過於敏捷，或是麻木，他自己的本身常常有開裂性的；還有一種是 zyklothym，是有實力的，鎮静的，快樂的，他自己的本身有封閉性的，幾乎這兩種基本的種類之間，還可以有許許多多不同的犬牙交錯的形式。

（原載《東方雜志》一九二九年第一期，署名『之學』）

電氣療病新法

電氣療病的方法是很多的，使用高電壓，低電壓，大電流或小電流，直流或交流，或急變電流，皆可以得到治療的效果，其中尤以急變電流的效力爲最顯著，不過在各個場合之中，要以何種電流爲適宜，那就要看實際的情形，才能够決定。

關於電氣治療，現在却發現了一個新的方法，這個新方法的特點，便是完全不用外來的電流，來發生治病的效力。發明這個新方法的人物，是一個德國的工程師，名叫 Josef Zacher，他在柏林實驗所的結果算是成績很好，於是利用這個結果，做了一個儀器，叫做 Jonisator。他并且將這器具呈準政府立案，得到專利的保護了。

這個發明者的意思，覺得一切活的有機物體都含有很多的液體和鹽分，可以拿來做製造電氣之用。果然，他的思想實現了，他的辦法便是運用兩個電極，即銅電池和亞鉛電池，來吸取人體上的特種電流，這種電流治病的效力，超過以前電療的一切方式。

這種人體內自發的電流，不但可以止痛，而且它的止痛的能力是堪驚人；它還可以自動地治療好病源。它在健康人們的體內，可以補體養神，可以提高作事的能力，可以强健神經和肌肉。

Jonisator 是一個很單簡的東西，其中存放着幾個不同的預備好了的和包好了的電極。這電極可以隨時適用於人體的各部。此外，尚有一個感覺很靈敏的測電器，可以測得 0.01MA 到 1.0MA 間的電力，這個機器上所通過的電流是不痛的無害的，如果醫生偶然請不來，那末，不懂醫學的人們，可以把它拿來自行試用，絕無危險。

Jonisator 的電力雖小——或者因爲它的電力很小的緣故，它的治療力却是很大，而且簡直是偉大驚人，以上已經説過了。它的這種偉大的力量，已經在各色的病患中表示出來了，并且是與體内由有機體活動所産生的電流成正比例的。照以前的經驗看來，這個新發明的機器，是有促進身體新陳代謝和提高作事能力的功用，這是已經證明了的。它的别種作用尚多，但是不及這兩種之顯著，它可以影響神經，尤其是交感神經能於短促的時間内，除去知覺上、睡眠上和食欲上的一切煩擾。此外，它還可以醫治腫爛静脉發腫、血症和婦女的經期不調等，它的止痛的功力是特别之大，這也是證明了的。筋骨痛、關節痛、神經痛、筋肉痛、四肢痛、頭痛等，它都可以診得好，并且效率也很偉大。它診這些病可以馬上見功，不過遇有難診的病痛，勢必多診幾次方能收效，從前人們對於脊髓病、癆症、膀胱病、久治不愈的氣管病等，不會實行電氣的治療法，但是現在這些病，都可以由新法診得好，而且它的效力是驚人的。

（原載《東方雜志》一九二九年第二期，署名『之學』）

最初的人類

幾十年以前，人們尚不十分知道地球的年代和它的構造的年代以及地球上動物植物石化了的遺體，而對於人類生存的年代，尤其不甚明白，照大河流淤積的速度計算起來，人們認定地球存在的歷史，僅僅經過了一萬萬年。但是這個估量是不可靠的。人們現在却發現了一個比較可靠的計算的方法了，這個方法便是從鐳的活動（radioaktine）元素的變化中觀察出來的。我們知道鈾（Uran）常發出 a、b、和 y 三種光，它并且經過各種的階段後，最後便變成了鉛了，變化的速度，不絲毫受最强大的壓力和最高温度的影響，所以我們可以把這速度作爲一個比較可靠的測試器。在 a 光内有一種瓦斯——即鋳（Helium）的氣流，所以變化的結果，便是由鉛和鋳結合的産物，其比例是一原子的鉛對八原子的鋳。這個變化是繼續不斷地前進，不過它的效力，却是非常地緩慢，一定量的鈾，需要六千萬年的時光，才能變成鉛和鋳，而且原來的分量，衹能變化了一半，這就證明了變化的法則，未免太慢了。若是我們要决定岩石的年代，我們便可將岩石中所含的鈾之重量和變成了的鉛鋳之重量，兩相比較，那麽，我們可以得到一個很可靠的結果。照這個方法計算起來，地球的年代或是它的最古的岩石構成，總在十四萬萬年的光景。

人們對於人類生存之年代，其觀察似乎很不一致，不久以前，有人説它（即年代）衹是萬年，又有人説它是十萬年，但是到了現在，又有人認定在百萬年以前，地球上已有人類的生存了。

古代人類的遺骸，已經在亞細亞洲喜馬拉雅山以北發現了，所以現在人們希望在蒙古和中國要再發現較古老的屬於地質第三時期的人類或像人的遺體，這種人體或遺體的年代，或者要在幾百萬年以上，也有估量到六千萬年的。

美國博物院，爲搜索中央亞細亞洲起見，曾經在紐約組織了三次大規模的科學的遠征隊，第三次的遠征隊，在蒙古的岩石中，發現了地球的和它的最古動物的一部單簡的歷史。地球的歷史有好幾個部分没有找出來，這次把它們發現了。從前在别的地方所得的結果，也經這次的發見證實了。所以這回的發現，是充實了我們的知識，因此是很有價值的。

第三次亞細亞遠征隊的最重要的發現，要算是一種爬蟲類的蛋，在爬蟲類是叫做 Dinogaurus，是一種原始時代的蜥蜴，這蛋的大小和形狀，與以前所認識的一切蛋都不同，由以下的幾個考慮，我們可以準確地斷定，這些蛋是有巨大的蜥蜴類産生出來的。第一，在發現這許多蛋的地層中，同時發現了七十多個尖嘴蜥蜴的石化了的頭蓋和骨架，却没有看見别的動物的遺體。第二，這個地層，包含尖嘴蜥蜴的發育所經過的各個階段，其中很顯著的一個，便是剛才孵化出來的很幼稚的動物骨架。第三，有幾個蛋包含着一部分骨化了的幼稚動物的骨架，這骨架的形狀，與幼稚蜥蜴的形體是一樣的。照比國大學教授 Straelen 的報告，這蛋殼在顯微鏡下所暴露出來的組織，是處處類似於法國南部蜥蜴蛋殼的構造。

此外，這是遠征隊對於最初的哺乳動物，又補充了多少的説明，人們曾經假定在『白堊時期』（Creidezeit），業已有高等哺乳期動祖宗的存在了，不過它們的體格是很小的，而且它們是食蟲動物。最初哺乳動物的遺迹，從前是不知道的。是這次在蒙古纔發現的。到現在人們纔能準確地説，哺乳動物在『白堊時代』，確實已經存在，并且還可以説，它們在那個時期，并不是纔祇開始發展，而是已經有了長期的發展，已經分化成爲幾個種類了，這些小的哺乳動物，居然能够將巨大的爬蟲趕跑，這是值得我們考究的；以理測之，這或者是因爲哺乳動物有較大的適合於環境的能力，或者是因爲它們有較好的行動機關，有較優的知識上的發展，有合於經濟的繁殖方法，但是，最重要的原因是由於哺乳動物有熱血的作用，能够適合於各種温度。巨大的爬蟲類，雖然能够延長它們的生命幾十年，然而它們到了白堊時期的末葉，它們便須壽終正寢。因此，它們絶迹於蒙古和其他的地方，巨大强悍的動物乃投降於藐小孱弱的動物。

這種藐小的哺乳動物，是靠蟲類爲生活，也有吃食植物的，此外尚有很多食肉的哺乳動物，它們的日常的食品，便是它們的較弱的同類。這類動物中之最大的要推 Andrewsar chus，它是一種大熊，它的頭蓋，約莫有八三厘米長，照 Osborn 教授的説法，這個動物，要算是我們在地球上所發現的動物中之最大的陸地哺乳動物。它的頭蓋，較之現在生存的最大的食肉動物（如 Alaska 的褐熊）的頭蓋要長兩倍寬兩倍，比狼的頭蓋要長寬三倍。

人類的骨架的化石遺迹，表現了人們在發展較早的階段中，和類似人們的猴子，尤其是和 Schimpason 猿有密切的親戚關係。有人説，中央亞細亞真是人類發祥的地方，就許多的情形看起來，這句話是真的，動物在蒙古，有繼續不斷的發展，這是證實了的事實，可以證明這句話是真的，我們不能就因爲别的地方有了同樣的發現，便説那句話不是真的了。譬如我在埃及 Oligozan 地方，發現了很老的很原始的人類或類似人類的遺體，我們不能便把這件實事拿來做一個反證，硬説埃及的那塊地方——可以説是非洲的一部分——在從前不和南亞細亞洲有寬闊的聯繫。

照 black 博士的意見，人們的祖宗和猴子分化，是與中央亞細亞土地的隆起或幹化（Austrocknung）同時并進的，不過這個隆起和幹化的法則，是慢慢地向前進展。

在Cozan 的時期，中亞的陸地是低平的，而且是被半熱帶樹林所遮罩着。到了Oligozan 的時期，喜馬拉雅山乃隆然聳立，中央亞細亞乃變成了大樹林的淵藪，和現今的錫蘭（Ceylon）一樣。在Miozan 的時期，簡直是樹林的世界，但是，它此時的北方性（Nordliches Charakter）較多，并且原有舒敞的平原，散見於各地，轉到Pleistozan 的時代，陸地盆形隆起，居然變成了大平原的場所，樹林的部位，因此減少了。Black 以爲這種環境上的變化，雖不能開始却可以促進人類和猴子的分裂，猴子富於保守性，在比較早的一點的時候，便停歇了它的發育，并且它適應於環境變化的能力，也是比較的小一點，所以它們走向適合於它們性情的地方，就在大樹林所遺留下來的榛莽中安居樂業了。至於人類，是進步的動物，在很早的時候，他便有繼續發育的傾向，因此在較遲的期間，他的頭蓋，也完滿發達了，頭蓋的內容——腦筋——也照樣的增加了。人類在精神上的能力，繼續增加之後，他就放弃樹林的生活，而遷移到平坦舒敞的地方，并且他進一步的更適應於環境，向較高的種類求發展。我們曾經假定有最初的人體埋在蒙古內，現今即使沒有發現，我們却在蒙古和中國在最近幾年的過程中找得了很多人們所用的器具，和最早石器時代的產物，第三次亞細亞遠征隊在蒙古發現了同樣的器具。并且這些器具不祇屬於一個時期，而是屬於不同的時代，這樣一來，一部人類最初的歷史，就可以差不多無殘缺地補足了。

（原載《東方雜志》一九二九年第二期，署名『之學』）

新發明的一種能力

最近德國的科學家做出了一個非常重要的發明，這個發明所得的結果，就是所謂『空間能力』（Raumenergie），在將來必有很廣的用途，可以做物力的來源。這個新式能力的發現者，共有三人。一個是P．Housomeister工程師，另一個是J．C．Noegerath工程師，還有一個是Cohen大學教授。他們三人在實驗的過程中，彼此不相聞問，都是做的獨立工作，這個發明是由水的分解中觀察得來。水在分解時，必須消耗一定數量的能力，同時却又產生了一種壓力，這壓力逐漸增加，它所需用的電流也逐漸減少。這種新的發現，是違反從前一切物理上的觀察，經過許多的實驗之後，方敢公布，作爲定論，現在我們敢於肯定地說，在水的電解的時候，壓力的產生，可以達到一八六五Atmospharen，這個巨大的壓力，就是能力的一種形式，是可以隨時應用的。以前物理學家，把水這種東西，看得有點神秘不可解。因爲水是不服從一切定論和定理的。在凉冽的時候，它可以收縮到一定的程度，此後它却又膨脹起來了，它不像別的物件，不能由你任意榨壓的，它對於每一個榨壓必盡力抵抗。這次發現的新式能力，好像以同樣的原則爲根據，因爲它有一種特性，所以發明者稱它爲『空間能力』，在製造石腦油的時候，也觀察到同樣的現象，但是人們尚不能够十二分地確定它。可是到了現在，這能力的性質，大半已被人們知道了，且簡直可以應用於實際，現在人們實行應用它起來了，一方面產生酸素和水素，并不耗費多少金錢來供工藝的用途，他方面製造摩托機，以便利用在機内由水的電解所産生的不費成本的壓力。但是壓力的高度既是達到一八六五Atmospharen，當然祇可在實驗室運用，尚不能用於大的實業之中，而且找不着一種材料來支持這樣大的壓力，現在我們做了一個金鋼的渦輪機，已能將二〇〇到三〇〇Atmosphären的壓力，移到工作裏去。

我們對於初次試用空間能力的機器，是不能够希望它有很大的工作能力。渦輪内放着一個長圓筒，這桶中充滿了水，水的電氣分解，就在桶内舉行，由分解所生的二〇〇Atmosphären的壓力，於炸裂瓦斯逃出機蓋時，可增加到三Atmosphären。這個危險的瓦斯，那怕受了高的壓力，究竟它的炸裂性，不像我們科學所認識的那樣激烈。瓦斯和壓力，統統進到另外一個炸裂機裏去，於是馬上適用電火，瓦斯即行炸裂而變爲蒸汽。這樣蒸汽出了火室之後，尚有充分的壓力，能够在蒸汽機械内舉行有用的工作。

Housomeister 已經替德國鐵路製造了這樣的一個機器，同時他又製造了一個飛摩托。這摩托中所用的推動的材料，是重油和炸裂瓦斯的混合物，但是這一切，祇是利用空間能力的開端。

（原載《東方雜志》一九二九年第三期，署名『之學』）

夢之解釋

夢幻在一切時代的歷史中，占有重要的地位，人們對於這個問題，曾經做過詳細的研究。在最初的時候，人們的傾向，是要從夢幻中找出預言來，所以上古的阿拉伯、波斯、巴比倫和猶太人，常常有説明夢幻者（Traumdenter）這一流人。到了希臘和羅馬時代，人們每做一事，多半以夢兆爲前提，譬如 Krösus 之進攻 Kyros，亞力山大之攻打 Tyrus，都是明證，Delphi 地方女巫的預言（Orakelsprüche），是於希臘全國人民有重大的意義的。Augustus 皇帝，因爲他的醫生做了一個夢，就決定在 Philippi 打了一仗。

夢幻之於美術的創作，是有重大關係的，所以它於詩人和美術家有重要的意義，這是小説和傳奇常常告訴我們的。Tartini 從事於『鬼歌』的創造，這是因爲鬼在他夢中曾經有一個這樣的預示。Zoroaster，Raffael，Mozart，各人的工作，都受了夢幻的鼓勵。福禄特爾在夢中做詩，富蘭克令在夢中找得最好的意念，Kantianer Reinhold 的演繹法，也是在夢中找出來的。

耶蘇降生後的第二世紀，有一個 Artemidoros，才從事於夢兆的研究，夢兆中找出意義來。他并且勸人立於做夢者的地位來查究夢幻的意義。浪漫主義派和它的哲學家，也承認夢幻有重大的意義，但是這還不是近代研究夢幻的開始。德國理想派的哲學家 Scherner 氏，曾經給與近代的夢幻研究一個推動。真正的第一個近代的夢幻研究者，要推佛絡特（S. Freud），他用科學研究夢兆的理由，并且將夢兆做成一個系統。

我們要理解夢話和它的符號（Symbolik），我們首先要知道標識之爲物，在古代其用途比在現今要廣泛些。這些標識，并不限定爲詩人所獨占的優先權利。古時有許多符號，如賣田地的時候，必須交出一鏟土，訂婚的時候，必須交換指環等。所以這些符號和成語，宛然表示人們精神生活退返到較早的階段去了。我們不要忘記最初人類的本性，還是隱藏在我們的意識內，它因爲受了文化和社會生活的鉗制，所以不敢猖獗起來，它是躲在必須的虚僞的背後。印度的哲學家説，心靈在最初所得的一切經驗，是不消滅的。不曾知道動物學的人們，他們可以因『物質的記憶』（Gedächtnis der Materie）而認識生物學。照『物質的記憶』之原則，凡曾經想過某事或做過某事，以後便不忘記了。

以上所舉的原始時代的動力，在夢中充分地活動。不過它爲避免恐嚇做夢者起見，它表現出來的形狀，乃是一些符號。假如我們能够認識這些符號，把它們譯成日常的語言，那麽，我們便可以發覺人類思想中最深密的心理的過去事變。我們可以由這個方法找出潛伏的和人們幼年痛苦有密切關係的隱秘事件；假使目前的事故，使我們記起從前的傷心處，那麽，它便令我們傷感。夢幻的説明，不僅供給健全的人們一個方法來更深切地認識自己，而且給與神經衰弱的人們一個鎖鑰來找出内部的衝突——這個衝突，可以成爲神經病的原因——并且可以由此找出這衝突的説明和醫治它的方法……不可解和不可思議的事情，往往恐嚇人，有許多急性神經病者致病之由，就在這裏。

有一個希臘的哲學者説，醒的時候，所有的人們，都在一個共同世界活動，但是在睡眠中，各人自走各人的道路去了：病人夢見康健，男子夢見他所愛的女人，野心家夢見權力和財富。我們的夢幻，是以願望爲核心。無論在什麽場合，衹要做夢者的願望主宰了他的知覺，它便産生一幅夢畫來滿足他的欲望。這幅夢畫，與夢幻的内容，有多少的關係，衹要我們找得最重要的意思，我們便可知道夢幻的意義了。這種夢幻，多半是聯繫於睡眠以前的隱秘思想，做夢者却不願意將此隱秘的思想公布，而夢幻仍把它用符號披露出來。夢幻是要把這種思想附托於可見的形體，因爲它不能够抓住抽象的意思。譬如要把否字（Nein）由夢中表示出來，而否字在外界又没有一個具體的物件做它的代表，那麽，這否字可以由一種情緒如反抗、怨恨和焦急表示出來。

以上所講的是願望夢（Wunschträume），此外尚有一種將來夢（Zukunftsträume）或稱目的夢（telepathische Träume），也是很重要的，不過人們不重視它，這是錯誤的。這種夢幻，多半是關係於作夢者於清醒中時時在念的思量、希望和恐懼。做夢者對於他所懷抱的希望或思量，在夢中得到解決，由此而心中安慰。從前有人説，夢幻是人們欲望的反映，這句話可以適用於希望夢。Hebbel 也説過，要從一個夢幻中預言人們的遭遇，這是不可能的，不過他們將要做什麽，是可以由夢幻中預先察看出來的。由此可見夢兆决没有預示的意義。

還有一類的夢幻，是不受希望心的影響的。它們是所謂繼續的夢幻（Behärrungsträume），它們和激烈的情緒是相連接的。在這種夢幻中，作夢者重新感受日前有繼續性的恐怖。希望的夢幻，是企圖得到一個順利的結果，而做夢者當然不想重新感受日前的恐怖。至於繼續的夢幻，則與此相反，實際上這種夢幻的背景，多半起於心靈的遺留；作夢者不曾將這種遺留排除净盡，所以它潛伏於意識内，爲同樣的事變所觸發。但是罕有因爲這個理由而夢見自己死去的。

此外有夢見死人夢見活人夢見親戚朋友，甚至常常有夢見殺人的。殺人的夢幻，使人們於清醒後感覺激烈的恐怖，這是由於人們在清醒的狀態中，没有設法制止那種危險思想再度發生。佛絡特證明做夢者在清醒的時候，不承認懷抱殺人的心思，但是骨子裏他却久有此心的醖釀。小孩子是不怕死的，他談起死的情形是完全安閑自在的，但他常常因爲起了偶然之念希望其人死去的。殺人的夢幻，就以這種小孩子的願望爲背景。

此外尚有考試的夢幻（Prüfungsträume）。這種夢幻的起源，多半以極端的焦急爲背景。假如有一個人夢見很困難的考試而又没有落第，那麽，那個人定可以由此得到多少的鼓勵。大凡人們當着一個困難的問題而難於解决的時候，往往遇見此夢。所以這種夢幻最後的目的，是給與做夢者以勇氣。

人們也夢見飛騰或降落的，這些符號，不是難於分析的，祇要我們知道飛騰是代表人的夢（Traum der Menschheit），并且它在小孩子的幻想中，是有很大的作用的。假如我們用兩手把小孩子高高地舉起在空中旋舞，他是非常之歡喜的。在這種夢幻中，表示了野心的企圖和不費力的高升。至於降落的夢幻，是懼怕失敗的表示，若是婦女們做了這種夢，那往往是愛情破裂的預兆。

除以上所列舉的幾種夢幻之外，尚有其他重要的夢幻，我們不及備説。單就這幾種夢幻看來，夢幻當然不是無意義的。我們可以説，一切的夢幻，都有一個更深切的甚至不易瞭解的意義。假如我們認識夢幻的符號并且知道研究夢幻的方法，那麽，我們或者可以由此認識人們以後的神秘生活。Hebbel 説得很有道理：『現在人們的心靈，猶是一個不可解的東西，而心靈的一切秘密中之秘密，便是夢幻。』

（原載一九二九年《東方雜志》第二十六卷第四號，署名『之學』）

四千年以前的航海

回憶幾年以前，祇有大的海船，能够在大洋之中飄來飄去。最近，有些大無畏的人們，開始坐飛機氣球或飛船來渡過海洋。在最近的將來，坐飛船渡海，是要成爲每日的事實的。從前兩地相隔，或許有幾個禮拜的路程，可是現在的距離縮減了，朝發可以夕至。現在的人們，征服了空間，覺得很光榮的，不過很容易忘記過去的事迹。

我們須知幾百年以前幾千年以前，就有幾種人民，值得我們大大地欽仰。每個學校兒童，都知道在人民移動的時代，日耳曼種族，是由Wolga的高原，經由中歐洲各國來到地中海的沿岸，并且向北非洲推進；他并且知道匈奴種族和蒙古人的侵入，曾經達到Oder和萊茵河。在基督降生後一〇〇〇年的光景，諾耳曼的海員經由Island和格陵蘭（Grönland）直達北美洲，於是發現了美利堅，這是人人都知道的。但是罕有人知道從前曾經有人往南亞細亞經過印度洋到達非洲，再由非洲渡過大海直抵美利堅的事實。

人們在好久以前便知道Madagaskar（非洲旁邊的一個島子）的居民的中間有一部分，不是來自鄰近的非洲大陸，而是來自東南亞細亞的群島。Madagaskar的中央和東邊的部分，有一種民族叫做Howa，論起他們的體格語言和文化，完全是melanesisch，他們好像是由十世紀到十四世紀移入的，大概在同時，又有一種民族，Maori，占領没有人迹的紐絲蘭（Neuseeland），按，Maori人是屬於polynesisch族，是從Samoa或Tonga，經過二〇〇〇法里的海洋，才到達此地。這種民族，現在漸歸消滅，不過那次的航海，是鼓動了他們的勇氣，因爲有一群的Maori人，又從紐絲蘭東行六〇〇〇法里，而達於智利屬的東島（Osterinsel），這島上的居民都是melanesisch，已經安居樂業了幾百年。

這些事實是好久以前就知道了的，現在却又有許多新的事實足以證明美利堅的民族，是和亞細亞與polynesisch民族有連帶的關係。從前祇以爲印度人（Indianer非印度人）是美洲的土人，祇以爲他們是一個特别的種族即美洲種族的分枝，但是現代的考古家，證明了這個意見是錯誤的，考古家的泰斗Riret氏，舉行了種種的考求，指出來Melanesia-polynesisch和印度人的語言之間，有顯著的符合，并且Maori的語言和秘魯Ketschua的語言，也有相同的地方，這些考證都是由美國的和阿根廷的學者所證實了的，印度人和亞洲人的關係，又可以從器具相同這一點看出來，如吊床、吊橋、吹管、跳舞的面具、以結繩代文字等，還有一個可信的證據，就是中美利堅的Maya印度人，有拜象的習慣。美洲没有象，是一個顯著的事實，那麼這土人是從什麼地方知道象呢？這便證明了印度人是直接或間接由安南移入的。此外尚有一個有力的證據：這就是驗血。據驗血的新法 Isohamoagglution 的結果，印度人、菲律賓人、澳洲土人和安南人間的血統關係，是比較和其他種族間的關係爲密切。因此我可以説，印度人的大部分，是從西方渡海而來的，是由 Polynesien 移入的，而 Polynesien 人，又是從亞洲大陸的東南移來的。這些移入的人民，因爲當地的生活情形改變了，所以經過幾千年以後，便發展成爲一個新异的種族。

照最近的考據，從前由西向東渡過海洋到達美洲的移民路綫，不祇一條，是有幾條，而且是平行的。北方的路綫起自菲律賓經過Marshall 群島和夏威夷，而至美國的加利福尼亞州（Kalifonnien）。中間的路綫，從 Bismarck 群島，渡過 Samoa Marquesas 群島、Galahagos 群島，而到達中央美利堅和秘魯。南方的路綫，則由紐絲蘭和 Tonga 群島，經過東島而至南美洲的西岸。移民發動的時間，約在基督降生前五〇〇〇和二〇〇〇年間，嗣後在有史的時代，自然還有些零碎的移民運動。那時候的人民，居然能够航行這樣寬廣的地帶，幾乎包繞地周的一半，我們是否要認爲很驚訝的，但是我們不要詫异，因爲那時的航海術是很高超的，現在 Marshall 和 Bismarck 群島的居民，就有這種高超的航海術。Polynesien 人乘坐容易破碎的小船，能够在海上航行幾百法里，祇要用一根由網罟做成的海圖和依照星宿的方向，便可以達到他們的目的地。他們知道用罐頭的方法來保存魚類和果子，所以他們在途中不致缺乏糧食，因此航海的推進，也要感受它的便宜。

那時的航海總要感受許多的困難，烈風和洋流，便是很大的障礙，被它們破壞的船隻，不知道有多少，適在赤道北方的附近，有一種小而强的由西向東的洋流往往打碎漂海的船舶，總而言之，四〇〇〇年以前的人民，是如何的粗笨，然而他們居然能够以極小限度的幫助，來飄過大海，這種航海術是值得我們欽佩的。

（原載《東方雜志》一九二九年第五期，署名『之學』）

最近發現地中海内的寶藏

地中海的深處，埋藏着許多上古時代的秘密和寶貝，它的兩岸，被一些毁滅了的城市遮蓋着，它的海底被一些船舶和寶物鋪蓋着。在腓尼基戰争（Punische Kriege）的時期，沉没於地中海的船隻，大概以百數計，常常有一隊一隊的裝載金銀寶貝的船舶，通同沉下去了。德人B．Graf Khun de Prorok 和他的同伴，爲考古的熱心所驅使，要在水下探搜古物。知道從前有一個都市名叫 Guallaber 的，它的遺迹沉在水下。且曾有幾個 Verberisch 的潜水者，發現這遺迹的所在。他們經過長期磋商之後，基於一九二五年五月杪，在那裏開始搜索的工作。下面的文字，便是他們在發掘的經過。

這次的發現物，是一座墻壁，它是一個有規則的建築物，離海岸約有三〇〇米突，在水下約有自二米突到一一〇米突之深。我們爲執行測量的工作起見，駕了一衹船，在駛過海峽的時候，仿佛在粘土的海岸中，看見建築物的遺迹，這塊地方差不多是對着我所希望首先得到結果的地點，在陸地上，我們遇着羅馬的墻和井之遺迹，這足以證實我們以前的假定。因此我們便得到一個近似的感想，我們以爲這就是那個沉没了的城市的幾個部分，這些部分，即以此地爲出發點，伸張到水下去了，關於這幾部分的存在，從前曾經有幾個潜水者報告過。我們想在海岸的斜坡上找街道的踪迹，但是没有找得到，却於破敗的廢址中，抓出來了鑄幣和瓶子的碎片，不過這座廢址，差不多變爲塵埃了。這個城市的形象，好像是 Meninx 和 Guallala，不過它已經打得很粉碎了。但是它爲什麽打得這樣的粉碎，我們却不知道，海岸旁邊的岩石爲風雨所剥蝕而朽壞，因此，漸漸被激烈的海流冲到水裏去了。我們以這塊地方的踪迹爲出發點向海面游弋，不久便得到了一些足資鼓勵的綫索。但是我們活動的消息，久已傳播出去了，於是有許多成群結隊的旅行家和看熱鬧的人們，絡繹不絶地來到這個島上，我們的工作，常常被他們所阻撓，他們是從大陸乘坐阿拉伯的小船來的，幾乎把我們擁擠到海中去了，最後我們貼出一個通告，還在我們工作進行的時候，我們絶不接待外來賓客。

到了第六天，第二次的潜水者報告我們説，他仿佛在一個墻中看見一個物件，這本來不是一件重要的事，却可以刺激我們，使我們精神上感受極强烈的緊張。這個潜水者，又復一躍入水，不多時，他又上來了，當他還没出水，我們便看見他手裏拿着人們用手工做出來的産物，在水中揮舞。我們心中雖然因爲歡喜而有點鼓噪，但是我們很留心於這個物件的移動，我們拿它起來的時候，我們的行動是很緩慢而且審慎的，以免將它損壞。我們便將這個發現物更密切地審驗一番。我們各個人的臉面上仿佛表現了這個問題：我們發現了，那個消滅了的城市嗎？

這個潛水者從深海中帶回來的物件，是三個瓶子（Amphoren），這瓶子上面被一層厚的介殼類和海草所封鎖，在時間的過程中，這些瓶子，一方面受海流的衝壓，他方面又爲海中動物所盤據，所以結成了一個堅固的集團，潛水者用了很大的力量，才把它扯脱了。潛水者在海中發現一堆石頭似的塊然大物，他衹以爲它是一座墻，他想拿一個尖鍬，去砍鬆它。於是他帶起一個鍬和一根繩，又復潛没到水中去。這次他沉下去，是很緩慢的，他好像是要使我們擔憂，同時我們急切地而且仔細地望着氣壓測量機上的米突數字，他沉没到五米突的時候，好像停歇了一下，但是他已繼續沉没下去，一直達到一五米突，我們心裏有點慌張，到了一六米突的時候，我們簡直是手忙脚亂，而且氣壓測量機立即停止活動，我們乃大歡喜，從前有一個潛水者，把他的發現報告於總督，他説他所達到的深度是一六米突，這次我們也達到一六米突，所以不禁歡然而喜了。

我們於是注意到船頭上的那位先生，因爲他手中拿着救生繩。有一次這繩子忽被拉緊，這是嚴重的信號，我們趕快提起繩子，好像有一塊龐然大物掛在繩子上面。等繩子達到水面，我們便看見又有一些打碎了的瓶子擺在面前，我們在這時的歡喜，簡直不可言喻。我們不謀而合地歡呼，不僅是特别的影響，而且是很有意義的，因爲海的秘密，是終究擺在我們的面前了，我們把過去幾天的艱苦的工作和喪氣的失望，都忘却乾净了，我們在這一刻的感觸，衹有與我們同在歡喜之中的人們，才能够體會出來。我們費了很大的力量，才得到一點點土，但是這點粘土，是已經由人們化成了美術上和歷史上的意義，這點粘土，已經把假設變爲確定了，甚至懷疑我們的人們，必須瞭解我們所得到的成績，是考古歷史上的一個重要部分。

此後天氣和潮流，强迫我們暫時停頓，我們雖因此着急，衹好忍住把我們的時間用之於搜索另外一個沉没了的城市。這個城市，在Adschim登陸地的西北，離它有幾個法里的路程。人們在這裏，可以看見岸上一個廟宇的地基的旁邊，有華美房屋的踪迹，究之這是一個城市，抑或是一個村落，尚没有一個人可以確定。這是因爲没有歷史上的暗示來做考究這些廢址的指南。

五月二十日，我們再到海上去，又感受第二次的激刺，潛水者沉没不到八分鐘的功夫，他有幾次激烈的拉扯吊繩。船長説，這好像是他在這回真正發現了什麽東西，我們大家好像爲魔術所束縛，都呆呆地望着水泡出現的地方。在緑水的底下，我們仿佛看見有一個形狀模糊的物件，等到這個物件浮上來，顯示了它的形狀，我們才於清水中瞧着它是一個腓尼基的瓶子，它是一個很精緻的瓶子，不過它的表面，被海中的淤泥所掩蓋了，我們將它從水中拖出來，隨着它來的，就是那個潛水者，他手裏拿着一把鍬子，他做了許多的手勢，要我們把他的盔甲取下，參與我們的歡樂。

我們將這個粘土的瓶子，放在船中的草墊上，它有一米突多高。它的兩耳和尖角都没有損壞。這證明了我們的潛水者，在工作的時候，是非常之細心的，我很感謝他的。瓶子上面充滿了介殼類、菌類和海綿等等的東西。但是，它的大小和形狀，足以使我們認識它和 Pater Delattre 在最古的腓尼基濠溝中所找得的那個瓶子相像。這個瓶子的口，是決定時代的一個重要標識，腓尼基和羅馬瓶子不同的地方就在它的口子。

阿拉伯人和 Verber 人都不認識這個瓶子，他們异口同聲地説，Dscherba 地方，從没有製造過這種粘土的瓶子，我們回到 Hunt Suk 去，把我們的發現，告訴這個島上的官廳，他要求我們在第二天去工作的時候，允許他同去。但是第二天的風很大，那個官吏便取消了他的要求，至於我們呢，除非有一個旋天轉地的風暴，才能阻止我們前往。我們所雇用的潛水者，都慫恿我們前去，因爲他們搜索寶物的貪心，已經是一發不可復止。他們雖是這樣熱烈，我們却不允許他們下水，因爲海中的浪花，飛到我們的船上，但是潛水者第二號，還是堅决地要去，因此幾乎惹出一不幸的事情來了。他下水不久，就有一個要求上來的信號發動了——繩子震動了，我們就將繩子提起，但是提不動，這仿佛是潛水者在水下被東西壓住了。我們很着急，連忙轉變摩托的方向，與海流對抗，但是風力太猛，海流因之加倍地猛烈。膽小的人們看見目前的情勢很嚴重，臉上現出了蒼白的和焦急的顔色，我們再拖一拖繩子，并且多加了幾個人做打氣（Luftpumpe）的工人，但是都不成功。經過十分鐘以後——我們覺得這十分鐘比一年還要長遠些，我們看見一些水泡上來了，我們乃想到海底的這一幕悲劇。此時遇險的這位潛水者離水面有二〇米突之深。我們心裏這樣想，他莫是墜入一個皇宫的窗户裏頭去了。幾年以前，有人才談起這個皇宫。

我們正要派人下去的時候，繩子忽然一動，拿繩子的這位先生，才嘘一口氣，表示已經得到安慰，最後這個潛水者脱了險。過了幾刻，他的呆凝的身材浮到水上來了，他的臉面是向下的，他没有受傷，我們心裏就安慰了，我們把他放在艙板上，他的面容現出了慘白的模樣，他的鼻子裏有一綫血流出來，他躺在那裏有好幾分鐘，簡直没有動，我們替他注射了强身劑，他的顔色才回轉來，才有生存的表現。

他在水底下作了一個艱苦的奮鬥，因爲他被海流壓到凸出的岩石下去了，而這岩石之下黑暗得和漆一般，他被監禁在這個黑窟内，這時候的海流，正在旋轉，它一刻一刻地變得更兇猛了，同時，他脱險的機會，也就漸次減少了，他本打算把他的兩足釘在沙内，以便逃脱，但是他一着力，沙便退讓，所以他仍復被海流壓迫到岩窟中去了，最後我們的船遷移了地點來救他，他確是被我們救起來了。不過在脱險的那一刻中，他就失去了知覺。

（原載一九二九年《東方雜志》第二十六卷第六號，署名『之學』）